V&Runipress

Arbeiten zur Religionspädagogik

Band 30

Herausgegeben von Gottfried Adam
und Rainer Lachmann

V&R unipress

Astrid Dinter

Adoleszenz und Computer

Von Bildungsprozessen und religiöser Valenz

V&R unipress

„Dieses Hardcover wurde auf FSC-zertifiziertem Papier gedruckt. FSC (Forest Stewardship Council) ist eine nichtstaatliche, gemeinnützige Organisation, die sich für eine ökologische und sozialverantwortliche Nutzung der Wälder unserer Erde einsetzt."

Bibliografische Information der Deutschen Nationalbibliothek

Die Deutsche Nationalbibliothek verzeichnet diese Publikation in der Deutschen Nationalbibliografie; detaillierte bibliografische Daten sind im Internet über http://dnb.d-nb.de abrufbar.

ISBN 978-3-89971-328-2

© 2007, V&R unipress in Göttingen / www.vr-unipress.de

Alle Rechte vorbehalten. Das Werk und seine Teile sind urheberrechtlich geschützt. Jede Verwertung in anderen als den gesetzlich zugelassenen Fällen bedarf der vorherigen schriftlichen Einwilligung des Verlages. Hinweis zu § 52a UrhG: Weder das Werk noch seine Teile dürfen ohne vorherige schriftliche Einwilligung des Verlages öffentlich zugänglich gemacht werden. Dies gilt auch bei einer entsprechenden Nutzung für Lehr- und Unterrichtszwecke. Printed in Germany.

Gedruckt auf alterungsbeständigem Papier.

Und der Engel des Herrn kam zum zweitenmal wieder und rührte ihn an und sprach: Steh auf und iß! Denn du hast einen weiten Weg vor dir.

1 Kön 19,7

Vorwort

Der vorliegende – inzwischen überarbeitete – Band wurde als Habilitationsschrift im Februar 2006 vom Fachbereich Evangelische Theologie der Johann Wolfgang Goethe-Universität Frankfurt angenommen. Dem Fachbereich Evangelische Theologie ist für die schnelle und unkomplizierte Abwicklung des Habilitationsverfahrens zu danken.

Mein Dank gilt an dieser Stelle insbesondere Prof. Dr. Hans-Günter Heimbrock für die intensive Betreuung der Arbeit und die schnelle Erstellung des Gutachtens. An dieser Stelle möchte ich Hans Günter Heimbrock zugleich sehr herzlich für die guten Jahre der Zusammenarbeit danken, in denen ich viel von ihm gelernt habe.

Besonderen Dank möchte ich auch PD Dr. Inken Mädler für die Erarbeitung des Zweitgutachtens aussprechen. Beide Gutachten haben wichtige Impulse für die Überarbeitung der Arbeit erbracht.

Sehr dankbar bin ich auch Prof. Dr. Dr. Rainer Lachmann und Prof. Dr. Dr. Gottfried Adam für die Aufnahme meiner Habilitationsschrift in die Reihe »Arbeiten zur Religionspädagogik« (ARP). Auch dem Verlag V&R unipress sei für die nachhaltige Unterstützung bei der Herausgabe der Arbeit sehr herzlich gedankt.

Das Erscheinen dieser Arbeit wurde dankenswerterweise von der Evangelischen Landeskirche in Bayern unterstützt. Der Evangelischen Landeskirche in Bayern ist überdies sehr herzlich für die langjährige Unterstützung meiner wissenschaftlichen Laufbahn zu danken.

Zu danken ist an dieser Stelle vor allem den Freunden und Freundinnen sowie den Kollegen und Kolleginnen in Frankfurt, Heidelberg, Göttingen, Bensheim, Augsburg, Aalen, Lüneburg, Bayreuth und Passau – tätig in Pädagogik und Theologie in Theorie und Praxis. Ohne sie wäre diese Arbeit – wie auch meine gesamte wissenschaftliche Laufbahn – nicht möglich gewesen. Ihre Unterstützung und die nach wie vor ungebrochene Freude an pädagogischer und theologischer Lehre und Forschung sind es, die mir immer wieder Mut gemacht haben, den begonnen, schwierigen Weg fortzusetzen.

Mein ganzer Dank gilt vor allem meinem Mann Thomas, der maßgeblich zum Gelingen (nicht nur) dieser Arbeit beigetragen hat. Ihm sei sie gewidmet. Danke für alles!

Bensheim, 5. 4. 2007

Inhalt

A) ZUR PROBLEMSTELLUNG 15

1   Einleitung...17
1.1   Computer in der Jugendkultur..17
1.2   Die kritische Haltung von Theologie und Kirche 18
1.3   Zum phänomenologisch-wahrnehmungsorientierten
      Forschungsansatz..21
1.4   Zum Defizit einer lebensweltlichen Orientierung am Lernort
      »Schule« – ein religionspädagogisches Desiderat 23
1.5   Phänomenologisch-wahrnehmungsorientierter
      Forschungsansatz..28
1.6   Zur Forschungsstruktur..31

2   Religionspädagogische Entwürfe zum Thema Computer und
      Internet..37
2.1   Die deutschsprachige Diskussion und ihr Kontext 37
2.2   Zur Entwicklung computergestützten Lernens 37
2.3   Wolfgang Schindler: Menschen am Computer (seit 1984)..........40
2.4   B. Beuscher: Schnittstelle Mensch / Remedia (seit 1994) 47
2.5   W. Vogel: Religion Digital / Religionspädagogik
      kommunikativ-vernetzt..52
2.6   A. Mertin: Internet im Religionsunterricht (seit 2000) 58
2.7   M. Sander-Gaiser: Lernen mit vernetzten Computern in
      religionspädagogischer Perspektive (2001) 61
2.8   J. Siemann: Jugend und Religion im Zeitalter der
      Globalisierung (2002) 65
2.9   Ch. Brenner: Der Computer als Medium im
      Religionsunterricht? (2003) 70
2.10 Zum Desiderat einer lebensweltlich-
      feldforschungsgestützten Perspektive...76

3   Adoleszenz, Technik und Medialität..79

3.1	Zur Veränderung des Jugendbegriffs in der Postmoderne	79
3.2	Zur Relation von Jugend und Technik	82
3.3	JIM 2002: Jugend, Information, (Multi-)Media	86
3.4	Zum Desiderat einer lebensweltlich orientierten empirischen Feldforschung zum Medienumgang Jugendlicher	90

B) JUGENDLICHE AM COMPUTER: DER THEORIEHORIZONT … 93

4	Zur Relation von Theorie und Empirie	95
5	Identität und Bildung	99
5.1	Zur Problemstellung	99
5.2	Person und Identitätsbildung: Von der Freiheit zur Selbstgestaltung	101
5.3	Von der Personmaske und dem Interface	104
5.4	Von der Prozessualität der Identitätsbildung: Adoleszenz und Identitätsentwicklung	108
5.5	Identität und Fragment: Identitätsgenese in der Postmoderne	112
5.6	Zur Konvergenz theologischer und postmoderner Identitätskonzepte	116
5.6.1	Zur Identitätsbalance von »persönlicher Identität« und »sozialer Identität«	116
5.6.2	Zur Fragmentarität des Identitätsbegriffs	122
5.7	Von der Gestaltung von Selbstbildungsprozessen: Zur Theorie strukturaler Bildung	127
5.8	Imago – Bild – Bildung	131
5.9	Auswertung: Implikationen zur Gestaltung des Identitäts- und Bildungsbegriffs	136
6	Religion und religiöse Valenz	139
6.1	Zur Problemstellung	139
6.2	Zur Relation von Theorie und Empirie	142
6.3	Zum religionstheoretischen Horizont der Analyse »impliziter Religion« bzw. »religiöser Valenz«	143
6.4	Der religionstheoretische Horizont zur Explikation jugendlichen Computerumgangs	155
6.5	Exkurs: Zur Diskussion um »Medienreligion«	171
6.6	Exkurs: »Spielräume«	180

6.7	Auswertung: Implikationen zur Gestaltung des Religionsbegriffs	187

C) JUGENDLICHE AM COMPUTER: DIE EMPIRISCHE FELDSTUDIE 191

7	Methodologie und Methode	193
7.1	Zur Methodologie	193
7.2	Zur Methodik der empirischen Feldstudie	199
7.3	Das Sample	205
7.4	Zur Sampling-Strategie	208
7.5	Thematische Selbstverortung	209
7.6	Zur Ergebnis-Valenz	210
8	Jugendliche am Computer am Ende der 80-er und zu Beginn der 90-er Jahre	215
8.1	Die Baerenreiter-Studie (1990): Männliche Computeruser in der zweiten Hälfte der 80-er Jahre: Eine Re-Analyse	215
8.1.1	Einführung	215
8.1.2	Zur Bedeutung von Computerspielen im Leben männlicher Jugendlicher	219
8.1.3	Zur Bedeutung des Programmierens im Leben männlicher Jugendlicher	222
8.1.4	Der Computer als evokatorisches Objekt sozialen Erfolgs	226
8.1.5	Der Computer als Symbol der Leistungsgesellschaft	229
8.1.6	Der Computer als Artefakt des männlichen Jugendalters	234
8.1.7	Der Computer als Übergangsobjekt	237
8.1.8	Metaphysische Dimensionen der Computernutzung	239
8.1.9	Auswertung: Selbstbildung, Identitätsgenese und religiöse Valenz	243
8.2	Die Ritter-Studie: Weibliche Computeruser zu Beginn der 90-er Jahre: Eine Re-Analyse	245
8.2.1	Einführung	245
8.2.2	Der Computer als Symbol der Teilhabe an der selbstbestimmten, männlichen Welt	250
8.2.3	Programmieren als kontrollierte Selbststabilisierung in einer unkontrollierbaren Welt	252
8.2.4	Die Computernutzung als Gewinn an Autonomie durch die Überwindung angstbesetzter Grenzen an einem dämonisierten Objekt	258
8.2.5	Auswertung: Selbstbildung, Identitätsgenese und religiöse Valenz	264
9	Jugendliche am Computer zu Beginn des 21. Jahrhunderts	267

9.1	Alltagsethnographische Studien zur Computernutzung Jugendlicher zu Beginn des 21. Jahrhunderts	267
9.1.1	Ein Internetprojekt für männliche und weibliche Jugendliche in Baden-Württemberg im kleinstädtischen Rahmen	268
9.1.2	Ein Internetprojekt für männliche und weibliche Jugendliche in Hessen im kleinstädtischen Rahmen	271
9.1.3	Ein Mädchen-Internetprojekt in einer bayrischen Stadt mittlerer Größe	272
9.1.4	Einzelbeobachtung: Der Besuch einer Chat-Night	278
9.1.5	Einzelbeobachtung: Der Besuch einer LAN-Party	281
9.1.6	Auswertung: Selbstbildung, Identitätsgenese und religiöse Valenz	283
9.1.7	Auswertung: Pädagogische Implikationen	287
9.2	Einzelfallstudien: Männliche Computeruser zu Beginn des 21. Jahrhunderts	289
9.2.1	Zur Bedeutung von Computerspielen	289
9.2.2	Jugendliche Eliten als Multiuser	296
9.2.3	Der Computer als Lebensphasen begleitendes Übergangsobjekt	302
9.2.4	Der Computer als Instrument realitätsnaher Simulationen	304
9.2.5	Der Computer als begleitendes Instrument eines Freizeithobbys	308
9.2.6	Web-Design als kommerzieller Nebenverdienst	313
9.2.7	Auswertung: Selbstbildung, Identitätsgenese und religiöse Valenz	318
9.3	Einzelfallstudien: Weibliche Computeruser zu Beginn des 21. Jahrhunderts	321
9.3.1	Zur Divergenz von realer und virtueller Präsentation	322
9.3.2	Zur Relation von Fantasy und Virtualität	326
9.3.3	Der Computer als Distributionsinstrument von Auswahlmöglichkeiten in einer postmodernen Konsumgesellschaft	331
9.3.4	Der Computer als neben- bis nachgeordnetes Medium	335
9.3.5	Der Computer als Medium globaler Kommunikation jugendlicher Eliten	338
9.3.6	Der Computer als Medium anonymer Kommunikation in schwieriger Lebenssituation	344
9.3.7	Auswertung: Selbstbildung, Identitätsgenese und religiöse Valenz	350
9.4	Entwicklungen vom Ende der 80-er Jahre bis zum Beginn des 21. Jahrhunderts	353
9.5	Zum Vergleich der empirischen Feldstudie mit JIM 2002	356

D) JUGENDLICHE AM COMPUTER: ERGEBNISSE UND IMPLIKATIONEN 359

10	Jugendliche am Computer: Ergebnisse der Prozesse abduktiver Korrellierung von Theorie und Empirie 361	
10.1	Dimensionen von Identitäts- und Selbstbildung 361	
10.2	Dimensionen der Bildung am Allgemeinen als Element strukturaler Bildungsprozesse 365	
10.3	Dimensionen religiöser Valenz 368	
11	Religionspädagogische Implikationen der Computernutzung Jugendlicher 375	
11.1	Adoleszente Subjektwerdung und Computer: Eine Herausforderung für Bildung in ihrer religiösen Dimension 375	
11.2	Adoleszente Subjektwerdung und Computer: Ein exemplarisches Element »religiöser Grundbildung« 378	
11.3	Adoleszente Subjektwerdung und Computer: Konkrete Gestaltungselemente 381	
12	Adoleszente Subjektwerdung und Computer: Grundeinsichten zur Gestalt Praktischer Theologie bzw. Religionspädagogik 387	
13	Glossar 391	
14	Literaturverzeichnis 395	

A) Zur Problemstellung

1 Einleitung

1.1 Computer in der Jugendkultur

Doris ist 16 Jahre alt und besucht die 11. Klasse eines Gymnasiums. Sie hat Mathematik mit Informatik und Biologie als Leistungskurse gewählt und geht in ihrer Freizeit gerne zum Tanzen, Reiten und Klettern. Doris hat seit einigen Jahren privat mit Computern zu tun und besitzt ein eigenes Gerät. Sie hat den Computer selbst mit ihren Brüdern zusammengebaut, nutzt den Computer für die Schule, hört damit Musik und chattet mit Leuten, die sie persönlich z.B. aus dem Urlaub kennt. Zu Anfang ihrer Chat-Aktivitäten hat sie auch ausprobiert, Kontakt mit fremden Leuten aufzunehmen. Im Bereich der Computerspiele bevorzugt sie Strategiespiele. Kampfspiele lehnt sie ab. Doris plant, das Programmieren von Webseiten zu erlernen. Eine LAN-Party hat Doris auch schon besucht. Sie hat bei dieser nicht selbst gespielt, sondern war mehr an Sozialkontakten interessiert.

Die Fallstudie von Doris deutet an, daß das Medium Computer eine zentrale Rolle im Leben von Jugendlichen spielt. Das Interesse an und die Anwendungsfähigkeiten von neuester medialer Technik sind zu einem Kennzeichen moderner Adoleszenz geworden. So bietet das Medium Computer u.a. Möglichkeiten der Programmierung, des Spiels und der Textverarbeitung. Durch das Internet finden sich in den Privathaushalten ganz neue Möglichkeiten: Z.B. sind nun die künstlichen Welten der Multi User Dungeons (MUDs) entstanden, in denen man in einer textuellen oder graphischen Umwelt agieren kann, es haben sich Newsgroups und Mailing-Listen, Chat-Foren und Internet-Börsen wie Ebay etabliert. Und auch die Spiele haben sich gewandelt. So lassen Elemente künstlicher Intelligenz nun virtuelle Welten von ganz eigenem Charakter entstehen. Diese multiplen Möglichkeiten neuer Medien besitzen eine hohe Anziehungskraft auf Jugendliche und spielen in ihrem Leben eine nicht zu unterschätzende Rolle. Gerade sie sind es, die in ihr Alltagsleben Nutzungsweisen neuer Medien in unterschiedlichsten Ausprägungen eingebaut haben. In der Relation von Medium und Subjekt ereignet sich – wie entsprechende Untersuchungen zeigen[1] – individuelle Identitätsbildung[2] und Selbststabilisierung, geschehen Suchbewegungen und Explorationen von Subjektgestaltung. Auf diese Relation von Subjekt und

---

1 Vgl. dazu u.a. Döring, N., Sozialpsychologie des Internet, 2. Aufl., Göttingen / Bern / Toronto / Seattle 2003 und Turkle, S., Leben im Netz, Reinbek bei Hamburg 1999.
2 Vgl. dazu Kapitel 5 »Identität und Bildung«.

1 Einleitung

Medium und ihre Ausdifferenzierung ist der Fokus der vorliegenden Arbeit gerichtet. Dies ist gemeint, wenn von »Computernutzung«, »Nutzungsverhalten«, »Computergebrauch« und »Computerumgang« gesprochen wird. Es geht dabei nicht um die einfache technische Anwendung, sondern um die in der Relation von Subjekt und Medium stattfindenden Identitäts-, Selbstbildungs- bzw. Sinnfindungsprozesse.[3]

Innerhalb des Relationengefüges von Subjekt und Medium ist zu beobachten, daß die jeweiligen Interessensschwerpunkte eine geschlechtsspezifische Differenzierung aufweisen. So interessieren sich weibliche Jugendliche für ein bestimmtes Genre an Computerspielen wie Denk- und Geschicklichkeitsspielen, nutzen die neuen Medien pragmatisch als Werkzeug zur Informationsbeschaffung, zur Text- und Bildverarbeitung und vor allem für Kommunikation. Bei den männlichen Jugendlichen spielen dagegen Gewaltspiele und das Programmieren eine nicht unerhebliche Rolle.[4]

1.2 Die kritische Haltung von Theologie und Kirche

Theologie und Kirche stehen den technologischen Innovationen gerade auch im Bereich neuer Medien – sofern sie diese überhaupt wahrnehmen – eher kritisch bis ambivalent gegenüber.[5] So geht die EKD-Studie »Die neuen Informations- und Kommunikationstechniken. Chancen, Gefahren, Aufgaben verantwortlicher Gestaltung« aus dem Jahr 1985 von einer notwendigen theologischen Vorrangstellung der face to face-Kommunikation gegenüber der medialen, technisch-vermittelten aus.[6] In der 1997 vom Rat der Evangelischen Kirche in Deutschland und dem Sekretariat der Deutschen Bischofskonferenz verabschiedeten Erklärung »Chancen und Risiken der Mediengesellschaft« kommt es dann zu einem Abwägen der Chancen moderner medialer Kommunikation gegenüber ihren negativen Seiten.[7] So sei – wie schon bei der Einführung der Schriftkultur – anzunehmen, daß die neuen Medien zu einer Transformation des »Selbst- und Weltverhältnis(ses)« der Menschen und ihrer »Wahrnehmungsformen« führen werden. Dabei lassen sich nach

---

3 In der Fachliteratur erscheint zumeist der Nutzungsbegriff. Vgl. z.B. auch Döring, N. Sozialpsychologie des Internet, 2. Aufl., Göttingen / Bern / Toronto / Seattle 2003 und Feil, Ch., Decker, R., u.a. (Hrsg.), Wie entdecken Kinder das Internet? Wiesbaden 2004.
4 Vgl. dazu Kapitel 3 »Adoleszenz, Technik und Medialität«.
5 Vgl. zu den Analysen zur Religionspädagogik Kapitel 2 »Religionspädagogische Entwürfe zum Thema ›Computer und Internet‹«. Vgl. dazu auch Dinter, Adoleszenz – Computer – Bildung, S. 200–217.
6 Vgl. dazu Kirchenamt der EKD, Die neuen Informations- und Kommunikationstechniken. Chancen, Gefahren, Aufgaben, Hannover 1985.
7 Vgl. dazu Kirchenamt der EKD / Sekretariat der Deutschen Bischofskonferenz (Hrsg.), Chancen und Risiken der Mediengesellschaft, Hannover / Bonn 1997.

Ansicht der Denkschrift bereits jetzt bestimmte Gefahren dieser Entwicklungen wie weitere Arbeitslosigkeit, Diskriminierung und Ausbeutung minderqualifizierter und unorganisierter Arbeitskräfte sowie der Mißbrauch der neuen Medien zur Personen- und Datenüberwachung erkennen. Es wird bemerkt: »Es mehren sich Befürchtungen, daß sich die Risiken und Gefahren der Mediennutzung in allen Lebensbereichen auswirken«.[8]

Ebenso zeigt die Denkschrift des Rates der Evangelischen Kirche in Deutschland »Maße des Menschlichen. Evangelische Perspektiven zur Bildung in der Wissens- und Lerngesellschaft« aus dem Jahr 2003 eine ambivalente Ausrichtung gegenüber moderner Technologie und dem Medium Computer. Technik kommt zunächst unter negativer Perspektive in den Blick und wird einem positiv gefaßten Naturbegriff gegenübergestellt: »Ökologische Gefahren sind zum großen Teil schon auf länger andauernde Auswirkungen konventioneller Technik zurückzuführen«.[9] Die Denkschrift lehnt eine zu einseitige Engführung von Medienkompetenz auf allein technologische Bildung hin ab. Eine derartige Einseitigkeit sieht sie auch in der Initiative »Schulen ans Netz«[10] gegeben:

> »Die ausschnitthafte Konzentration mancher bildungspolitischen Initiativen auf die Informationstechnologien ist verständlich, sollte aber nicht darauf verengt werden. Eine Losung wie ›Schüler an den Computer und Schulen ans Internet!‹ begründet oder erzeugt keine Bildung. Die Bildungsoffensive darf in Deutschland in dieser Frage nicht provinziell ablaufen und die Stimmen in der internationalen Debatte überhören, die zum Für und Wider längst kritisch aus der Mitte der Elite der Computerspezialisten selbst kommen. Was Schulen und andere Bildungseinrichtungen brauchen, ist nicht lediglich ein äußerer Modernisierungsschub, sondern eine kriterienbewußte kategoriale technologische Bildung als ausgewiesener Teil der Allgemeinbildung«.[11]

Grundsätzlich erkennt die EKD-Denkschrift die Notwendigkeit der Entwicklung von Technikkompetenz an. Kritisch ist jedoch gegenüber der EKD-Denkschrift zu bemerken, daß das Programm »Schulen ans Netz« gerade im Bereich der Konzeptionsgestaltung eng mit einer entsprechenden internationalen Kooperation verbunden ist. Zudem ist »Schulen ans Netz« immer auf

---

8 Vgl. Kirchenamt der EKD, a.a.O., Vorwort, S. 1.
9 Vgl. Kirchenamt der EKD (Hrsg.), Maße des Menschlichen. Evangelische Perspektiven zur Bildung in der Wissens- und Lerngesellschaft, 2. Aufl., Gütersloh 2003, S. 78.
10 Schulen ans Netz e.V. ist ein gemeinnütziger Verein, der das Lehren und Lernen mit neuen Medien im schulischen Umfeld fördert. Ein Hauptziel des Vereins ist es, die eigenverantwortliche und kritische Nutzung von neuen Medien und ihrer Inhalte in der schulischen Bildung als eine alltägliche Selbstverständlichkeit für Lehrerinnen und Lehrer sowie Schülerinnen und Schüler zu etablieren.
11 Vgl. Kirchenamt der EKD, a.a.O., S. 79.

ein breites Spektrum an Medienkompetenz gerichtet, wie es der Begriff der »kriterienbewußten kategorialen technologischen Bildung« fordert und hat nicht nur die einfache technische Anwendung im Blick. Zu den von der Denkschrift »Maße des Menschlichen« favorisierten, medienkritischen internationalen Spezialisten gehört Neil Postman. Dieser wird in »Maße des Menschlichen« zitiert mit den Worten: »Es ist nicht zu bezweifeln, ›dass wir uns darauf einstellen können, mehr mit Maschinen als mit Menschen zu reden. Aber damit ist noch keine einzige Frage beantwortet‹«.[12] In dem Sinne wird wiederum die face-to-face-Kommunikation favorisiert:

> »Gleichzeitig ist lapidar festzuhalten, dass Personen nicht zu ersetzen sind. Einer schulischen Grundversorgung in Form von Unterricht ohne notorischen Stundenausfall mit überschaubaren Klassenstärken und mit genügend Lehrkräften gebührt Vorrang vor technischen Modernisierungen ... Erziehen und Bilden bleiben in ihrer Grundstruktur personale Prozesse. Apparate sind brauchbare Instrumente, nicht mehr«.[13]

Ziel ist eine medienkritische Bildung, die auf die »Kenntnis der problematischen Veränderungen der Wirklichkeitswahrnehmung aufgrund virtueller medialer Einflüsse und des besonnenen Umgangs mit ihnen«[14] abzielt. So stellt die Denkschrift heraus, daß »virtuelle Wirklichkeit nicht ersetzen (kann), etwas wirklich erfahren zu haben«[15]. So schaffe die künstliche digitale Welt zwar enorme Möglichkeiten des Zugriffs auf Informationen und fiktive Spielräume für Phantasien über menschliche Möglichkeiten. Demgegenüber wird jedoch in der Denkschrift ein Bildungsansatz vertreten, der eine nüchterne Analyse der Wirklichkeit einschließt.

In aktuellen Reaktionen von Seiten der Theologie zur Nutzung von computergestützten Informationstechnologien zeigt sich immer wieder ein kritischer Zugang zur Technik.[16] Es finden sich im Zusammenhang der Überlegungen zur Computernutzung anmaßend anmutende Äußerungen, die eine derartig negative Haltung diesem Medium und den virtuellen Realitäten gegenüber durchaus zu rechtfertigen scheinen. So sind metaphysisch überhöhte, hybride Deutungen der Computernutzung bzw. der generellen Nutzung von neuen Informationstechnologien zu verzeichnen. Diese ins Religiöse übersteigerten Erwartungen gegenüber dem Medium Computer finden ihren Höhepunkt in den radikalen Zukunftsvisionen der Vorreiter der Debatte um künstliche Intelligenz (KI), für die der Mensch ein unvollkommenes Wesen darstellt. Diesem Zustand wollen Vertreter der auf posthumanistische Entwicklungen abzielenden KI-Bewegung wie Marvin Minsky Abhilfe schaffen.

---

12 Vgl. Kirchenamt der EKD, a.a.O., S. 80.
13 Vgl. Kirchenamt der EKD, ebd.
14 Vgl. Kirchenamt der EKD, a.a.O., S. 15.
15 Vgl. Kirchenamt der EKD, a.a.O., S. 51.
16 Vgl. dazu Schwarke, Demonic Spirit? S. 79–94.

1.3 Zum phänomenologisch-wahrnehmungsorientierten Forschungsansatz

Daher plant er derartige Schwächen der menschlichen Natur durch eingepflanzte Neurochips zu beheben. »I consider these future machines our progeny, ›mind children‹ built in our images and likeness, ourselves in a more potent form«[17]. Minskys Kollege Hans Moravec wiederum will den menschlichen Geist ganz von der sterblichen Hülle befreien und in einen Roboter »hineinladen«. Das eigentliche Ziel ist der Traum von der Unsterblichkeit. Minsky konstatiert: »Mit KI wird unser Geist unsterblich«.[18] Damit geht es in den radikalen Visionen bezüglich der Nutzung der computergestützten Informationstechnologie darum, sich endgültig vom menschlichen Körper – der sogenannten »Wet-ware« – zu lösen. In dem Sinne stellt der Philosoph Valentine Turchin dann fest:

> »The declines of traditional religions appealing to metaphysical immortality threatens to degrade modern society. Cybernetic immortality can take the place of metaphysical immortality to provide the ultimate goals and values for the emerging global civilization«.[19]

Ist angesichts dieser düsteren Zukunftsvisionen die Negativhaltung der Theologie gegenüber modernen Technologieformen nicht geradezu geboten? Hat die Theologie nicht derartige metaphysische Übergriffe zu kritisieren und die in medialem technischen Handeln enthaltenen zweifelhaften Ziele offenzulegen?[20] Ist nicht gerade die Welt moderner computergestützter Informationstechnologie eine, »der jegliche Wärme und Menschlichkeit fehlt«?[21] Speziell aus religionspädagogischer Perspektive sind die genannten Fragen zu stellen. Welche Haltung soll die evangelische Religionspädagogik gegenüber den aktuellen Neuerungen der computergestützten Informationstechnologie einnehmen, die heute die Lebenswelt von Jugendlichen nachhaltig prägen? Es wäre möglich, bei den genannten »Maximalvisionen« zu verharren, diese abzuwehren und im Gefolge die gesamte Nutzung der neuen computergestützten Informationstechnologie negativ zu bewerten. Eine andere Zugangsweise – die das vorliegende Forschungsprojekt charakterisiert – soll im folgenden entfaltet werden.

1.3 Zum phänomenologisch-wahrnehmungsorientierten Forschungsansatz

Ein phänomenologisch orientierter Ansatz bildet den paradigmatischen Theoriehintergrund der vorliegenden Studie. Ein solcher phänomenologisch

---

17 Vgl. Moravec, Robot, S. 13.
18 Vgl. Martins, Denn Sie wissen nicht, was sie tun, S. 136 und dazu auch Nord, Von der Religion im Rechner, S. 10.
19 Vgl. Turchin, »Cybernetic Immortality«, S. 2 sowie Krüger, O., Virtualität und Unsterblichkeit, Freiburg 2004.
20 Vgl. dazu Dinter, Models of how to relate science and theology, S. 245–257.
21 Vgl. Stoll, Die Wüste Internet, S. 336.

orientierter Zugang geht von der Notwendigkeit einer auf die alltägliche Lebenswelt abzielenden empirischen Feldforschung aus, die damit zu einem notwendigen Element theologischer bzw. religionspädagogischer Forschung wird[22].

Eine solche phänomenologisch orientierte Annäherung an den Computerumgang Jugendlicher setzt daher bei weniger spektakulären Zusammenhängen hinsichtlich der Nutzung des Mediums Computers an und fragt nach der Einbettung dieses Mediums in die alltägliche Lebenswelt. Dabei liegt der Fokus vor allem auf dem Alltagsleben von Jugendlichen und dem Stellenwert, den Computer darin einnehmen. Eine phänomenologisch ausgerichtete Herangehensweise versucht, alle bestehenden Vorverständnisse im Sinne einer »Epoché« einzuklammern, und sich im Wissen um die eigene subjektive, intentionale Gerichtetheit, den »Sachen« selbst zuzuwenden. In diesem Sinne wird die eigene Forscherperspektive ein zentrales Element phänomenologischer Forschung. Entscheidend ist die Ausrichtung an alltäglichen Erfahrungen, wobei durch die »geduldige Arbeit des Unterscheidens und Vergleichens die ›Phänomene‹ selber in den Blick«[23] kommen sollen. Der »Ausgang vom natürlichen Sprachgebrauch (erweist sich) immer wieder als geeigneter Weg zur Erhellung der Phänomene«.[24] Aus religionspädagogischer Perspektive zeichnet sich eine phänomenologische Herangehensweise zudem dadurch aus, die Sicht von Jugendlichen auf ihre eigene Lebenswelt zu berücksichtigen, »sie in ihrer Sinngestalt«[25] zu belassen und zum Untersuchungsgegenstand zu machen.[26] Damit wird die »lebensweltlich fundierte Subjektivität nicht nur Thema, sondern auch Form pädagogischer Forschung«[27]. So wird das Forschungsdesign in enger Abstimmung mit dem Feld entwickelt. Zudem wird durch eine sich zunächst einer Bewertung enthaltende Grundeinstellung («Epoché«) versucht, sich der Jugendkultur in Hinsicht auf die dort zu verzeichnenden Phänomene der Computernutzung anzunähern. Eine solche Haltung ist einzunehmen, da sonst die Diskussion um die Nutzung computergestützter neuer Medien in einem am Pro oder Contra orientierten Metadiskurs verhaftet bleiben muß. Daher ist eine phänomenologisch orientierte Herangehensweise an die Nutzung computergestützter Informationstechnologie notwendig damit verbunden, nach derem direkten »Sitz im Leben« zu fragen und diesen zu erkunden.

22 Vgl. dazu Dinter, A. / Heimbrock, H. G. / Söderblom, K. (Hrsg.), Einführung in die empirische Theologie, Göttingen 2007.
23 Vgl. Bollnow, Die anthropologische Betrachtungsweise in der Pädagogik, S. 42.
24 Vgl. Bollnow, ebd.
25 Vgl. Lippitz, »Lebenswelt« oder die Rehabilitierung vorwissenschaftlicher Erfahrung, S. 2.
26 Vgl. dazu Biehl, Der phänomenologische Ansatz in der deutschen Religionspädagogik, S. 23–28.
27 Vgl. dazu Biehl, a.a.O., S. 27–28.

Ein derartiger Zugang zum Gebrauch der neuen computergestützten Informationstechnologie durch Jugendliche stellt ein Desiderat dar, da die lebensweltliche Perspektive der Nutzung des Mediums Computer – wie ein Überblick über einschlägige religionspädagogische Literatur zeigt[28] – noch nicht wirklich im Blick ist. Damit besteht die Hauptintention der vorliegenden Studie darin, einen Ausgleich dieses Defizits an Wahrnehmung der Relation jugendlicher Subjekte zum Medium Computer anzustreben und die gewonnenen Erkenntnisse für die Religionspädagogik nutzbar zu machen.[29] Der beschriebene wahrnehmungsorientierte Ansatz ist Teil des komplexen Feldes empirischer Theologie.[30] Allerdings sind bereits – wie sich zeigen wird – für die Phase der Wahrnehmung entscheidende Normativitätsmomente zu verzeichnen.[31]

1.4 Zum Defizit einer lebensweltlichen Orientierung am Lernort »Schule« – ein religionspädagogisches Desiderat

Der beschriebene lebensweltlich-wahrnehmungsorientierte Ansatz wird insbesondere für den schulischen Bereich virulent. So ist für die Lebenswelt der Schülerinnen und Schüler, für ihre Sorgen und Nöte, für sie als komplexe Einzelpersonen[32], für das, was sie in ihrem außerschulischen Leben stundenlang beschäftigt, oftmals kein Platz mehr. Dies gilt auch für den Religionsunterricht. Systemische und curriculare Zwänge, beschränkte Ressourcen und große Klassenstärken machen die Berücksichtigung des einzelnen Schülers und der einzelnen Schülerin schier unmöglich.

Auf dieses Defizit im schulischen Alltag verweist der Lebensweltbegriff. So findet der Lebensweltbegriff in der Religionspädagogik bzw. in der Praktischen Theologie unterschiedliche Ausdeutungen. Er drückt nach M. Jacobs »ein Interesse an der Welt der Adressatinnen und Adressaten religiöser Er-

---

28 Vgl. dazu Kapitel 2 »Religionspädagogische Entwürfe zum Thema ›Computer und Internet‹«.
29 Vgl. dazu auch Dinter, Informationstechnologie, Virtualität und Lebenswelt, S. 91–103.
    Religionspädagogisches Handeln ist nicht allein auf den schulischen Unterricht zu beschränken. Vielmehr umfaßt es komplexe Bereiche im Kontext von Kirche und Schule, von Religionsunterricht und Gemeindepädagogik.
30 Vgl. dazu Dinter, A. / Heimbrock, H. G. / Söderblom, K. (Hrsg.), Einführung in die empirische Theologie. Gelebte Religion erforschen, Göttingen 2007.
31 Vgl. dazu Kapitel 1.5 »Phänomenologisch-wahrnehmungsorientierter Forschungsansatz, Normativität und empirische Theologie«.
32 Der Personbegriff interessiert hier nicht in der Dimension der vorlaufenden Zuordnung der Menschenwürde, sondern in Beziehung auf die Grundkonstitution des Subjekts. So geht es beim Personbegriff um die äußere soziale Personalität in Relation zum hinter der Maske («persona») liegenden Ich. Vgl. dazu Kapitel 5 »Identität und Bildung«.

ziehung und gemeindlicher Pastoral aus«.[33] Es geht nach Jacobs darum »die partikulare Welt einzelner und bestimmter Zielgruppen zu umreißen.«[34] Für sie zeigt der Lebensweltbegriff die »Defiziterfahrung« an, daß eine »Lücke zwischen der Welt von Kindern bzw. Jugendlichen und der der christlichen Erwachsenen und Glaubensbezüge« entstanden ist.[35] In dem Sinne will sich der der vorliegenden Studie zugrunde liegende Begriff der Lebenswelt zunächst verstanden wissen. Es soll auf die Diastase von kindlicher bzw. jugendlicher Lebenserfahrung und schulischem Unterricht verwiesen werden. Dies geschieht jedoch im Bewußtsein, daß der Diskurs über den Lebensweltbegriff noch weiterführen muß.

So geht der Lebensweltbegriff der Phänomenologie über letztere Bestimmung hinaus. Die Phänomenologie differenziert zwischen Lebenswelt und Alltag. »Lebenswelt bezeichnet nicht nur die alltäglichen Akte, Handlungen und Wahrnehmungen, sondern die Deutungsmuster, Ordnungen und Begründungen (›Rationalitäten‹), die dem Alltag zu Grunde liegen«.[36] Es geht beim phänomenologischen Lebensweltbegriff weniger um »Ontologie«, sondern vielmehr um eine »Klärung von Erkenntnisbildung«.[37] Der phänomenologische Lebensweltbegriff beschreibt die »Art und Weise, wie uns die Realität zunächst undifferenziert im Ineinander von Vorvertrautem und als neu Aufblitzendem als ›Gestalt‹ gegeben erscheint, ehe wir vermittels bewusster Aktivitäten in ihr differenzierte Unterscheidungen vornehmen«.[38]

Damit wird die »Lebenswelt« in ihrer spezifischen Ausprägung zum Hort jeglicher stattfindenden Sinnbildung. Diese Grundtextur, die biologische Wirklichkeit, kulturelles Leben und den Aspekt der »transzendentalen« Konstitution von Wahrnehmung und Verstehen verbindet, besitzt im Sinne der »kleinen Lebenswelten« ihre jeweils individuelle Ausprägung.[39] Pädagogisch legt der phänomenologische Lebensweltbegriff noch wesentlich komplexere Bereiche offen, die über die Schülerorientierung hinaus in Richtung auf den Bildungsbegriff bzw. auf die Grundkonstitution von Wahrnehmung und damit von Lernen überhaupt abzielen.

Dabei verschärft sich die Abgrenzung von Schule und Lebenswelt gerade für den Bereich Jugendlicher insofern, als ab der Sekundarstufe mit den wechselnden Lehrpersonen und der scheinbar stärkeren curricularen Effizienzorientierung noch weniger Platz für die einzelnen Schülerinnen und

---

33 Vgl. Jacobs, Kindliche und jugendliche Lebenswelt(en) im Religionsunterricht, S. 492.
34 Vgl. Jacobs, ebd.
35 Vgl. Jacobs, ebd.
36 Vgl. Jacobs, ebd.
37 Vgl. dazu Heimbrock, Wahrnehmung als Element der Wahr-Nehmung, S. 77 sowie ders., Religionsunterricht im Kontext Europa, S. 202ff.
38 Vgl. Heimbrock, Wahrnehmung als Element der Wahr-Nehmung, S. 78.
39 Vgl. dazu Failing / Heimbrock, Gelebte Religion wahrnehmen, S. 160ff.

1.4 Zum Defizit einer lebensweltlichen Orientierung am Lernort »Schule«

Schüler bleibt. Gelingt es im Grundschulalter, daß Schülerinnen und Schüler in pädagogischen Kommunikationssettings wie dem Morgenkreis ihre persönlichen Belange vorbringen und bearbeiten können und innerhalb des Klassenlehrersystems in der Lage sind, enge, persönliche Bindungen mit der jeweiligen Lehrperson aufzubauen, so gibt es oftmals im Sekundarstufenbereich für eine derartige Kommunikation individueller, lebensweltlicher Bezüge – für ein Aufscheinen der »kleinen Lebenswelten« – nur noch wenig Gelegenheit. Gerade in den Unterstufenklassen kann man erleben, daß das Bedürfnis, die eigenen lebensweltlichen Bezüge zu kommunizieren, nach wie vor stark vorhanden ist und sich mit der Zeit mehr und mehr verringert.[40] Dabei ist letztgenannter Aspekt nicht nur auf die entwicklungspsychologischen Veränderungen im Jugendalter zurückzuführen, sondern hängt auch an systemischen Zwängen, die die lebensweltlichen Bezüge der Schüler und Schülerinnen aus dem schulischen Alltag verdrängen. Schüler und Schülerinnen kommen gerade in der schwierigen Phase der Adoleszenz als Person mit all ihren Stärken und Schwächen im schulischen Alltag immer weniger vor. So bemerkt der 16-jährige Peter: »Ich glaube auch, daß ... ich meine, es wird einfach in der Schule auch viel zu wenig darauf eingegangen, daß die Leute alleine sind, das ist einfach ... In jeder Klasse gibt es mindestens zwei Leute, die einfach alleine sind, daß man da vielleicht etwas macht«[41]. Aus den genannten Gründen ist den lebensweltlichen Bezügen der Adoleszenz ein besonderes Augenmerk zu schenken. Dies gilt überdies insofern, als dieser komplexe Zeitabschnitt der Individualentwicklung mit seinen Phasen der Selbstfindung, der Selbstzweifel und der Orientierungssuche das jeweilige Subjekt in unserer heutigen Gesellschaft vor hohe Bewältigungsleistungen stellt. Daher wird der Schwerpunkt der vorliegenden Studie auf der Adoleszenzphase und den mit dieser verbundenen Phänomenen der Identitäts- und Selbstbildung liegen, wobei versucht werden soll, durch die Wahrnehmung medialer Jugendkultur die lebensweltlichen Bezüge in diesem Bereich deutlicher ins Blickfeld kommen zu lassen.

Augenblicklich verhalten sich – wie sich gezeigt hat – die lebensweltlichen Bezüge Jugendlicher und der Lernort Schule fast komplementär. Das ist aus mehreren Gründen problematisch:

Erstens werden wichtige Elemente der Personalität der Schülerinnen und Schüler vernachlässigt. Es kommt zu einer Verengung der Perspektive auf das effiziente Schülerinnen- und Schüler-Ich. Eine institutionelle Bindung von Subjekten ist immer notwendig mit einer Reduzierung von Dimensionen

---

40 Bezeichnenderweise tauchen die eigentlichen Lerndefizite gerade im Bereich der Sekundarstufe auf, während die aktuelle Grundschulstudie »IGLU« zumindest ein zufriedenstellendes bis gutes Abschneiden deutscher Schülerinnen und Schüler aufzeigt.
41 Vgl. dazu Kapitel 9.2.2 »Jugendliche Eliten als Multiuser«.

der Personalität verbunden. Wird ausschließlich auf eine institutionelle Bindung fokussiert, besteht die Gefahr, das Subjekt als Person gänzlich aus dem Auge zu verlieren und sich nur noch an eine eng beschränkte, institutionell gekoppelte Rolle »des Schülers« und »der Schülerin« zu klammern.

Zweitens ist der Lebensweltbezug gemäß der phänomenologischen Theoriebildung Voraussetzung eines jeglichen Bildungsprozesses, der auf Selbstbildung des Subjekts abzielt. Dieser phänomenologische Lebensweltbegriff hat die komplexe Relation von Sinnfindung, Wahrnehmung und kultureller Einbettung im Blick, die jedem abgeschlossenen Begriffsverstehen vorlaufend zugrunde liegt. Lernprozesse, die sich in diesem Zusammenhang verorten, sind ausgerichtet auf eine »Schärfung des eigenen Wahrnehmungsvermögens«[42] und eine »Stärkung subjektiver Aufmerksamkeit«.[43] Die Zielrichtung geht jedoch weg von einer »bloß bestätigenden Aneignung von Welt«[44] in eine Richtung hin, in der die Wirklichkeit transzendiert und neu wahrgenommen wird. Damit gewinnt die ästhetische Dimension von Bildung – ganz im Sinne der »Aisthesis« – neue Relevanz. Die im Lebensweltbegriff verankerte Form von Wahrnehmung erscheint nun als ein notwendiges Element von Bildung überhaupt.

Drittens wird im Gefolge der phänomenologischen Theoriebildung die spezifische Wahrnehmung der Welt durch Kinder und Jugendliche entscheidend. Elemente der Kinder- und Jugendkultur sind nun Thema.[45] Dabei bildet die lebensweltliche Erfahrung der Schülerinnen und Schüler ein notwendig didaktisch zu berücksichtigendes Element von Lernen und Unterricht. Leider erweist sich jedoch manches »epochaltypische Schlüsselproblem« im Sinne W. Klafkis bei genauerer Betrachtung in seiner curricularen Umsetzung als dem Leben der Schülerinnen und Schüler vollständig fern stehend. Von der von W. Klafki eigentlich angestrebten »doppelseitigen Erschließung« von Erfahrungsbezug und zu vermittelndem Stoff ist daher wenig bis nichts mehr zu erkennen.[46] Provokant formuliert: Die Schule hat zumindest für den Rahmen des Unterrichts die Lebenswelt ihrer jugendlichen Schüler und Schülerinnen verloren.[47]

Dieser Verlust an lebensweltlichem Bezug hat gerade im Bereich neuer Medien bzw. klassischer Computeranwendungsformen fatale Folgen. So

---

42 Vgl. Failing, / Heimbrock, a.a.O., S. 254.
43 Vgl. Failing, / Heimbrock, a.a.O., S. 252.
44 Vgl. Biehl, Erfahrung – Glaube – Bildung, S. 178.
45 Vgl. dazu Lotz, Viertel nach zwölf bis eins: Gott usw., S. 178–201.
46 Vgl. dazu Klafki, W., Neue Studien zur Bildungstheorie und Didaktik, Weinheim / Basel 1985.
47 Vgl. dazu auch Dinter, »...ohne dass es jemand merkt«. Schule und Lebenswelt – vom Gegenüber zum Miteinander? S. 18–21.
    Die Schüler und Schülerinnen suchen sich in den Pausen und im Rahmen von »Nebentätigkeiten«, die nicht Teil des Unterrichts sind, ihre eigenen Freiräume.

1.4 Zum Defizit einer lebensweltlichen Orientierung am Lernort »Schule«

scheint die Nutzung neuer Medien bzw. klassischer Computeranwendungsformen in seltenen Einzelfällen kontextuell bezogen zu sein, auf die vor allem von männlichen Jugendlichen ausgehende Gewalt in Schulen (wie z.B. im Fall von Robert Steinhäuser in Erfurt oder in der Columbine High School [USA]), in deren Hintergrund in den meisten Fällen schwerwiegende familiäre und schulische Probleme stehen.[48] Diese komplexen Problemlagen sind nicht einfach zu lösen, können aber schon allein wegen dem von ihnen ausgehenden Gefährdungspotential – wie mehrere Amokläufe von Schülern in der jüngsten Zeit gezeigt haben – nicht einfach ignoriert werden. An dieser Stelle besteht notwendig Forschungs- bzw. pädagogischer Handlungsbedarf.

Doch nicht nur aus der Perspektive derartiger, sehr seltener, Gefährdungsszenarien wird die Computernutzung Jugendlicher interessant. So besitzen die neuen Medien (aber auch schon klassische Computeranwendungen) – wie bereits angedeutet – einen zentralen Stellenwert für Prozesse individueller Identitätsgenese. Damit werden sie zum Katalysator von Bildungsprozessen, die auf Subjektgestaltung abzielen. Und es sind Dimensionen der Computernutzung Jugendlicher zu beobachten, die in den Bereich der individuellen Sinngenese fallen, die in den Kontext der Diskussion um Formen »verflüssigter Religion« bzw. um »Medienreligion«[49] gehören und daher von besonderem religionspädagogischen Interesse sind. Derartige Phänomene von Alltagsreligiosität sind als »existentielle Bedürfnisse und Suchbewegungen«[50] bzw. als »stille Ekstasen«[51] zu umschreiben. Diese Elemente gehören notwendig in den Bereich religionspädagogischer Forschungsinteressen bzw. zielen auf religionspädagogische Bearbeitung ab. Für die Studie »Jugendliche am Computer« wird zudem die Dimension medialer Bildung relevant. So hat auch die Religionspädagogik – in ihrer spezifischen Ausformung – Teil an der medienerzieherischen Gesamtaufgabe schulischer Bildung. In dem Sinne hat sich die Medienwelt zu einer eigenständigen »Erziehungs- und Bildungswelt« entwickelt.[52]

Insgesamt liegt der erste Schritt, den die vorliegende Studie gehen möchte, jedoch im Bereich der Wahrnehmung der Korrelation jugendlicher Subjekte zu den neuen Medien. Die Studie »Jugendliche am Computer« sucht zunächst die lebensweltliche Relevanz der Computernutzung Jugendlicher zu erschließen, ohne sie vorschnell zu bewerten oder sofort auf praktische Verwertbarkeit gerichtet zu sein. Diese wird erst in einem zweiten Schritt relevant, der unter dem Motto »Mit der Jugendforschung zu einer besseren Pra-

---

48 Vgl. dazu Kübler, Vom Gewaltvoyeur zum virtuellen Täter? S. 4–12.
49 Vgl. dazu Kapitel 6 »Religion und religiöse Valenz«.
50 Vgl. Failing / Heimbrock, Gelebte Religion wahrnehmen, S. 243.
51 Vgl. Baacke, Die stillen Ekstasen der Jugend, S. 3ff.
52 Vgl. dazu Pirner, M., Fernsehmythen und religiöse Bildung, Frankfurt 2001, S. 30 ff.

xis« stehen könnte.⁵³ Beginnt man sich dann diesem »unbekannten« lebensweltlichen Hintergrund des Alltags Jugendlicher anzunähern, so sind komplexe Kontexte zu erkennen, in denen jene eigentlich zu Hause sind und die sie nur zum notwendigen Schulbesuch verlassen. Man taucht gut phänomenologisch in die Netze der Lebenswelt ein. Als einen solchen »Tauchgang« will sich die vorliegende Studie verstanden wissen. Ein Tauchgang, der nicht durch einen zu engen Fokus gefährdet werden darf.

1.5 Phänomenologisch-wahrnehmungsorientierter Forschungsansatz, Normativität und empirische Theologie

Die vorliegende Studie verortet sich im Rahmen des theoretischen Paradigmas eines phänomenologisch-wahrnehmungsorientierten Forschungsansatzes, den sie als eine mögliche Zugangsweise im Feld empirischer Theologie⁵⁴ versteht. Ein solcher Ansatz geht von der Notwendigkeit empirischer Forschung durch die Praktische Theologie bzw. die Religionspädagogik⁵⁵ aus:

---

53 Vgl. dazu Grimm, A. (Hrsg.), Mit der Jugendforschung zur besseren Praxis? Oder: Welche Forschung braucht die Jugendarbeit? Loccumer Protokolle 63/00, Loccum 2002.
Der der vorliegenden Studie zugrunde liegende Praxisbegriff fokussiert zunächst auf eine praktische Form von Erkenntnis, die gegen eine positivistisch-technizistische Verengung das Eingebundensein und die Relationalität aller empirischen Zusammenhänge im Blick hat (vgl. dazu Failing / Heimbrock, Gelebte Religion wahrnehmen, S. 21). Gleichzeitig impliziert ein derartiger Praxisbegriff einen komplexen Handlungsbegriff. Gegen einen allein »abgestumpften Handlungsbegriff« (Waldenfels), der an einfachen Zweck-Mittel-Relationen bzw. normenreguliertem Handeln orientiert ist, hat der Handlungsbegriff immer zugleich den Zusammenhang von Wahrnehmen, Verstehen und Gestalten in den Blick zu nehmen und ist in diesem Sinne als expressiv-performatives Handeln zu verstehen. Vgl. dazu Failing / Heimbrock, a.a.O., S. 280ff. und Habermas, Theorie des kommunikativen Handelns, Bd. 1, S. 114–151 sowie Biehl, Der phänomenologische Ansatz in der deutschen Religionspädagogik, S. 15.
54 Vgl. zur empirischen Theologie van der Ven, H., Entwurf einer empirischen Theologie, 2. Aufl., Kampen 1994 und Ziebertz, H. G., Religionspädagogik als empirische Wissenschaft, Weinheim 1994 sowie dazu Dinter, A. / Heimbrock, H. G. / Söderblom, K. (Hrsg.), Einführung in die empirische Theologie, Göttingen 2007. Ziebertz spricht von einer empirischen Orientierung in der Theologie und deutet dadurch eine gewisse Zurückhaltung gegenüber dem Begriff »empirischer Theologie« an.
55 Die Religionspädagogik fokussiert auf eine religiöse Dimension von Bildung und zu ihr relationierten Fragestellungen. Damit stellt sie eine notwendige Perspektive praktisch-theologischer Arbeit dar, wenngleich ihr Stellenwert deutlich über den einer Teildisziplin der Praktischen Theologie hinausgeht. Die Praktische Theologie integriert handlungswissenschaftliche Forschung, empirische Hermeneutik und die

»Es würde zu kurz greifen, Praxis allein spekulativ zu erfassen. Die empirische Orientierung kann freilich unterschiedlich konkretisiert werden: als Rezeption empirischer Daten oder als selbständige empirische Forschungspraxis«.[56]

Eine solche empirische Forschungspraxis der Praktischen Theologie bzw. der Religionspädagogik geschieht immer im Dialog mit den Untersuchungsergebnissen der Sozialwissenschaften bzw. unter modifizierter Anwendung der entsprechenden empirisch ausgerichteten Forschungsmethoden, wobei eine solche empirische Forschungspraxis der Praktischen Theologie bzw. der Religionspädagogik immer deutlich von den Sozialwissenschaften unterschieden bleibt. Eine selbständige empirische Forschungspraxis der Praktischen Theologie bzw. der Religionspädagogik wird notwendig, da sich ein empirisch-theologischer Zugang von einem allein sozialwissenschaftlichen unterscheidet. So versteht sich empirische Theologie immer als eine normative Form von Theologie, bei der es nicht allein um eine neutrale Weltwahrnehmung gehen kann:

»Practical theology, because it is an empirical science, is normative. Research in practical theology is normative, not despite but because of its empirical character«.[57]

In dem Sinne betrachtet sich auch ein phänomenologisch wahrnehmungsorientierter Forschungsansatz immer – wie auch die empirische Theologie insgesamt – als ein Normativität reflektierender Forschungsansatz.[58] Ihm ist nicht an einer positivistischen Form von Neutralität gelegen, wie ihn ein falsches Verständnis der »Epoché«, der Einklammerung bestehender Vorverständnisse, induzieren könnte. So erkennt ein phänomenologisch orientierter Zugang die implizite Axiomatik aller symbolischen Formen von Weltzugängen[59], wie auch des Common Sense, uneingeschränkt an und verweist durch den Gedanken der »Epoché« auf eben diesen Zusammenhang.

Wahrnehmung christlicher Lebenspraxis im Kontext von Alltag, Gesellschaft und Kultur. Wegen dieser umfassenden Ausrichtung erscheint eine sektoriale Aufgliederung der praktischen Theologie (in die Lehre von Predigt, Seelsorge, Unterricht, Gemeindeaufbau, usw.) nur mehr wenig geeignet. Vgl dazu Failing / Heimbrock, a.a.O., S. 9ff.

56 Vgl. Ziebertz, Empirische Forschung in der Praktischen Theologie als eigenständige Form des Theologie-Treibens, S. 49.

57 Vgl. van der Ven, An empirical or a normative approach to practical-theological research, S. 7.

58 Vgl. zur Frage der Relation von phänomenologischem Ansatz und Normativität auch Heimbrock, Given Through the Senses, S. 59–83.

59 Der Begriff »symbolische Formen« orientiert sich an der Vorstellung von »Formen der Weltsicht« bei Alfred North Whitehead und Ernst Cassirers »symbolischen Formen«. Cassirer nimmt an, daß verschiedene Formen der Symbolisierung auf einen für die menschliche Wahrnehmung unverfügbaren Wirklichkeitshinter-

»Empirische Forschung ist nicht einfach ›neutral‹ oder ›objektiv‹, sondern basiert auf zahlreichen Entscheidungen, die in den Ergebnissen enthalten sind bzw. ohne die es die Ergebnisse in dieser Form nicht geben würde. Im Rahmen der Positivismuskritik sind diese Einsichten Gemeingut«.[60]

In dem Sinne zielt der phänomenologisch orientierte Forschungszugang immer auf einen kontrollierten Umgang mit impliziter Axiomatik, was sich sowohl in seiner perzeptiven Ausprägung als auch in der mit einem solchen Zugang relationierten Praxis zeigt.[61] Durch eine Grundorientierung an den symbolischen Formen geht die implizite Axiomatik der Formen der Weltsicht jedoch deutlich über die Annahme der Gerichtetheit jeglicher Methodik hinaus. Die Methode ist vielmehr ein mögliches Element der symbolischen Formen (z.B. das Experiment in den Naturwissenschaften).[62]

Ein solcher phänomenologisch orientierter Forschungszugang ist sich zugleich immer der »Intentionalität«, der eigenen Gerichtetheit auf den Forschungsgegenstand, bewußt und reflektiert – wie bereits deutlich wurde[63] – zugleich die Bedeutung des eigenen Seins als Forschersubjekt für den Forschungsprozeß.

---

grund zugreifen und die jeweils spezifische Wahrnehmung aus der subjektgesteuerten differenzierten Perzeption resultiert. Bei Whitehead wird das Modell Cassirers insofern variiert, als die verschiedenen Formen der Symbolisierung einen multivalenten Realitätsgrund darstellen. Vgl. Whitehead, A. N., Wissenschaft und moderne Welt, Frankfurt 1984 sowie Cassirer, E., Philosophie der Symbolischen Formen II, 8. Aufl., Darmstadt 1987.

60 Vgl. Ziebertz, Empirische Forschung in der Praktischen Theologie als eigenständige Form des Theologie-Treibens, S. 50 sowie dazu Dinter, A. / Heimbrock, H. G. / Söderblom, K. (Hrsg.), Einführung in die empirische Theologie, Göttingen 2007.

61 Vgl. dazu Kapitel 11 »Religionspädagogische Implikationen der Computernutzung Jugendlicher«.
Vgl. zu einem derartigen Offenlegen impliziter Axiomatik für das Feld der Gentechnik auch Dinter, Religiöse Erziehung im genetischen Zeitalter, S. 101–105 sowie zur Diskussion des Konzepts impliziter Axiome Ritschl, D., Zur Logik der Theologie, München 1984 und Huber, W. (Hrsg.), Implizite Axiome, Tiefenstrukturen des Denkens und Handelns, München 1990.

62 Auch die Naturwissenschaften bieten keine in sich geschlossene methodisch abgesicherte Form des Wissensgewinns. So spielen in Prozessen naturwissenschaftlicher Theoriebildung Elemente wie subjektives Urteil und Intuition eine erhebliche Rolle. Vgl. zur Analyse des methodischen Zugangs der Naturwissenschaften bzw. der Geisteswissenschaften und ihrer Relation Dinter, A., Vom Glauben eines Physikers, Mainz 1999 bzw. zum Phänomen impliziter Axiomatik auch dies., Models of how to relate science and theology, S. 245–257.

63 Vgl. dazu Kapitel 1.3 »Zum phänomenologisch-wahrnehmungsorientierten Forschungsansatz«.

»The phenomenological method is one which acknowledges the subjective nature of all experience and helps people to become aware of and set aside their particular subjective stances. It is recognized that neutrality is impossible«.[64]

Der angezeigte phänomenologisch-wahrnehmungsorientierte Forschungsansatz besitzt unterschiedliche Dimensionen von Normativität: So zeichnet sich ein solcher Ansatz durch eine Orientierung am »Fremdverstehen« bzw. durch den Versuch, einen neuen, unverstellten Zugang zum scheinbar Bekannten zu erlangen, aus. Gerade die Zuwendung zum »Fremden« stellt – wie die biblischen Überlieferungen verdeutlichen – ein genuin theologisches Anliegen dar. So kommuniziert sich im »Fremdverstehen« das Grundprinzip der Annahme (Wertschätzung) und der Einfühlung (Empathie) des anderen, wie sie z.B. auch C. Rogers[65] für das Seelsorgegespräch kennt. In einer derartigen Form kommunizierter Annahme in Perzeption und praktischer Umsetzung dokumentiert eine phänomenologische Herangehensweise ihre Grundausrichtung am zentralen Paradigma theologischer Anthropologie – der Rechtfertigungslehre – und der vorlaufenden Annahme der Person durch Gott.[66] Eine solche Grundorientierung hat wiederum forschungsethische Folgen für die Art, wie Daten erhoben werden und wie mit den jugendlichen Subjekten umgegangen wird.[67] Das pädagogische Grundprinzip der Annahme, das im Gefolge einer phänomenologischen Haltung zum basalen Modus jeglicher Wahrnehmung und jeglichen pädagogischen Handelns wird, führt dann dazu, daß marginalisierte Perspektiven wie die jugendlicher Computernutzer in den Blickpunkt geraten und verlorene lebensweltliche Bezüge eingeholt werden. Es schließt eine Begegnung mit tradierter theologischer Norm nicht aus. So bleibt auch in einem solchen Ansatz die Frage nach einer entsprechenden theologisch-kriteriologischen Bewertung des Wahrnehmungsgegenstandes bzw. nach einer entsprechenden normengeleiteten Praxis bestehen.[68]

1.6 Zur Forschungsstruktur

Wie gestaltet sich die innere Gedankenführung der vorliegenden Studie?

---

64 Vgl. Leech, Another Look at Phenomenology and Religious Education, S. 94.
65 Vgl. Rogers, C., Entwicklung der Persönlichkeit, Stuttgart 1973.
66 Vgl. dazu Kapitel 5.2 »Person und Identitätsbildung: Von der Freiheit zur Selbstgestaltung« und Kapitel 11 »Religionspädagogische Implikationen der Computernutzung Jugendlicher«.
67 Vgl. dazu Kapitel 11 »Religionspädagogische Implikationen der Computernutzung Jugendlicher« sowie dazu Dinter, A. / Heimbrock, H. G. / Söderblom, K. (Hrsg.), Einführung in die empirische Theologie, Göttingen 2007.
68 Vgl. dazu Kapitel 11 »Religionspädagogische Implikationen der Computernutzung Jugendlicher«.

1 Einleitung

Teil A) »Zur Problemstellung« entfaltet die grundsätzlichen Forschungsdesiderate. Nach einer Einleitung (vgl. dazu Kapitel 1 »Einleitung«) erfolgt eine kritisch-reflektierende Präsentation religionspädagogischer Entwürfe zum Thema Computer und Internet im deutschsprachigen Raum. In diesem Zusammenhang werden die Entwürfe von W. Schindler, W. Vogel, A. Mertin, B. Beuscher, M. Sander-Gaiser, J. Siemann und Ch. Brenner vorgestellt und ausgewertet. Eine Analyse der genannten Entwürfe zeigt, daß keiner von diesen einen konsequent lebensweltlich orientierten, feldforschungsgestützten Forschungsansatz verfolgt und die vorliegende Studie damit einen gänzlich neuen Schritt in der aktuellen Debatte um »Computer und Internet« für die Religionspädagogik darstellt (vgl. dazu Kapitel 2 »Religionspädagogische Entwürfe zum Thema ›Computer und Internet‹«).

Das an die religionspädagogische Diskussion anschließende Kapitel 3 (vgl. dazu Kapitel 3 »Adoleszenz, Technik und Medialität«) diskutiert dann das Phänomen der Adoleszenz in Relation zu Technik und Medialität. Die Zeit der Adoleszenz hat sich verändert: Sie beginnt in einem früheren Lebensalter und zieht sich strukturell hin bis zum Anfang des dritten Lebensjahrzehnts. Erst spät erfolgt die Ablösung vom Elternhaus und die vollständige finanzielle Eigenständigkeit. Gleichzeitig sind Elemente des Erwachsenenalters Teil des Jugendalters geworden: Konsummöglichkeiten werden nun schon in jungen Jahren verfolgt. Kennzeichnend für das Jugendalter ist – wie bereits dargelegt wurde – inzwischen zudem die Nutzung neuer und neuester medialer Technik. So sind gerade Jugendliche (dies gilt für beide Geschlechter) in der Lage, Handys zu bedienen, SMS zu schreiben, den Computer als Radio oder als Fernseher zu verwenden, CDs mit aus dem Internet heruntergeladenen Programmen, mit Filmen oder mit Musik zu brennen usw. Der Besitz und die Verwendung neuester medialer Technik wird damit zu einem entscheidenden Attribut des modernen Jugendalters. Die Einbettung dieser Medientechnik in das Leben Jugendlicher bedarf einer entsprechend differenzierten empirischen Forschung, welche nach wie vor ein Desiderat darstellt.

Teil B) »Jugendliche am Computer: Der Theoriehorizont« präsentiert die zur empirischen Feldstudie assoziierten Theoriemodelle vorweg und bezieht sie auf die aus der empirischen Feldstudie resultierenden Fragestellungen. Dies ermöglicht eine systematisch geschlossene Ergebnispräsentation, wobei sich der eigentliche empirische Erarbeitungsverlauf jedoch ausgehend vom empirischen Feld gestaltet. Diese komplexe Relation von Theorie und Empirie, die im Sinne abduktiver Korrelierung charakteristisch für die der vorliegenden Arbeit zugrunde liegenden Forschungsprozesse ist, wird zunächst genauer entfaltet (vgl. dazu Kapitel 4 »Zur Relation von Theorie und Empirie«).

Zur Bestimmung der Relation Subjekt – Computer werden insbesondere der Identitätsbegriff und der Bildungsbegriff relevant, wobei es in den entsprechenden Ausführungen um keine vollständige Entfaltung der jeweiligen

Begriffe geht, sondern auf relevante Aspekte hinsichtlich der Nutzung des Mediums Computer fokussiert wird. Ausgangsthese ist dabei, daß die Phänomene der Relationierung jugendlicher Subjekte zum Medium Computer als mehrdimensionale Identitäts- bzw. Selbstbildungsprozesse zu beschreiben sind (vgl. dazu Kapitel 5 »Identität und Bildung« und die entsprechenden Unterkapitel). Implikationen für die grundsätzliche Gestaltung des Identitäts- bzw. des Bildungsbegriffes, die sich aus den theoretischen Analysen ergeben, werden abschließend verzeichnet (vgl. dazu Kapitel 5.9 »Auswertung: Implikationen zur Gestaltung des Identitäts- und Bildungsbegriffs«).

Um den im Feld zu beobachtenden Phänomenen der Subjektpräsentation bzw. -konstituierung mit Hilfe der Chat-Foren, Computerspiele und durch Programmieren gerecht zu werden, ist die theoretische Fortentwicklung von einem statischen Identitätskonzept hin zu einem dynamisch fragmentierten, prozessualen notwendig.

Zudem sind die sich abzeichnenden Phänomene in ein Konzept strukturaler Bildung einzuordnen, dessen Relationierung zum Begriff allgemeiner, inhaltlich orientierter Bildung expliziert wird. In den Kontext der Reflexion des Bildungsbegriffs gehören zudem entsprechende Überlegungen zur Relation von Bild und Bildung, die gerade für den Bereich der bildgestützten Gestaltung virtueller Welten Relevanz besitzen.

In Kapitel 6 werden geeignete metatheoretische Zugänge zur Analyse der Dimensionen religiöser Valenz, die im Kontext des Computerumgangs Jugendlicher auftauchen, entfaltet. Zugleich wird erläutert, wie sich die grundsätzliche Relation von Theorie und Empirie gestaltet. In diesem Kapitel liegt der theoretische Fokus auf dem Verhältnis von Kosmologie und Weltglauben (C. Geertz), auf der Theorie der unsichtbaren Religion (T. Luckmann), der Beziehung von Flow-Erleben (M. Cikszentmihayli) und Schwellenerfahrung (Liminalität) im Ritual (V. Turner), den verflüssigten Formen von Ritualverläufen (liminoide Phänomene; V. Turner) sowie auf der Notwendigkeit von Sinngenese als Bedingung der Möglichkeit von Identitätsbildung (vgl. dazu Kapitel 6 »Religion und religiöse Valenz« und die entsprechenden Unterkapitel). Zudem lassen sich die im Kontext jugendlicher Computernutzung zu verzeichnenden Phänomene im Rahmen eines spieltheoretischen Hintergrundrahmens verstehen, der wiederum eine enge Beziehung zu Dimensionen religiöser Valenz besitzt (vgl. dazu Kapitel 6.6 »Exkurs: ›Spielräume‹«). Auch hinsichtlich der grundsätzlichen Gestaltung des Religionsbegriffs werden entsprechende Implikationen, die sich aus den theoretischen Analysen ergeben, abschließend verzeichnet (vgl. dazu Kapitel 6.7 »Auswertung: Implikationen zur Gestaltung des Religionsbegriffs«).

Der anschließende Teil C) »Jugendliche am Computer: Die empirische Feldstudie« präsentiert die Feldergebnisse zur Computernutzung Jugendlicher unter dem Fokus von Selbst- und Identitätsbildung bzw. religiöser Valenz. Zunächst wird die Methodik der Feldstudie vorgestellt und zuvor entsprechend methodologisch reflektiert (vgl. dazu Kapitel 7 »Methodologie und Methode« und die entsprechenden Unterkapitel). Für letzteren Abschnitt ist besonders die Vernetzung von qualitativer Forschung und Phänomenologie relevant. Es folgen eine Explikation des Samples der eigenen Felduntersuchung der Jugendlichen zu Beginn des 21. Jahrhunderts (vgl. dazu Kapitel 7.3 »Das Sample«), der Sampling-Strategie (vgl. dazu Kapitel 7.4 »Zur Sampling-Strategie«), die notwendige phänomenologisch orientierte Selbstverortung hinsichtlich der Thematik »Computerumgang« (vgl. dazu Kapitel 7.5 »Thematische Selbstverortung«) und eine Diskussion der Valenz der Ergebnisse der vorliegenden qualitativ-empirischen Studie (vgl. dazu Kapitel 7.6 »Zur Ergebnis-Valenz«).

Die Feldstudie setzt ein mit einer Re-Analyse von zwei qualitativen Studien zum Computerumgang männlicher bzw. weiblicher Jugendlicher mit entsprechender systematischer Typenbildung (H. Baerenreiter, Jugendliche Computer-Fans: Stubenhocker oder Pioniere? [1990] / M. Ritter, Computer oder Stöckelschuh? Eine empirische Untersuchung über Mädchen am Computer [1994]) (vgl. dazu Kapitel 8 »Jugendliche am Computer am Ende der 80-er und zu Beginn der 90-er Jahre«). Dadurch gelingt die Erarbeitung von Grunddaten hinsichtlich der Computernutzung Jugendlicher am Ende der 80-er und zu Beginn der 90-er Jahre, die mit den eigenen Feldforschungsergebnissen korreliert werden und so eine Entwicklung vom Ende der 80-er Jahre bis zum Beginn des neuen Jahrtausends aufzeigen.

Da die vorliegende Feldstudie die notwendige, genderspezifische Differenzierung zwischen männlichen und weiblichen Jugendlichen (12–18 Jahre) im Blick hat, teilt sie das Sample der selbst durchgeführten Feldstudie zum Computerumgang Jugendlicher zu Beginn des 21. Jahrhunderts in männliche und weibliche Untersuchungsfelder auf (vgl. dazu Kapitel 7.3 »Das Sample«).

Es wurden zwei kirchlich gebundene, offene Internet-Projekte untersucht, in denen geschlechtergemischte, aber mehrheitlich von männlichen Jugendlichen geprägte Gruppen zu verzeichnen waren. Diese lagen jeweils im kleinstädtischen Milieu in Baden-Württemberg bzw. in Hessen (vgl. dazu Kapitel 9.1.1. »Ein Internetprojekt für männliche und weibliche Jugendliche in Baden-Württemberg im kleinstädtischen Rahmen« und 9.1.2 »Ein Internetprojekt für männliche und weibliche Jugendliche in Hessen im kleinstädtischen Rahmen«). Untersuchungen wurden außerdem in einem offenen Internetprojekt des Kreisjugendrings für weibliche Jugendliche in einer bayrischen Stadt mittlerer Größe im Rahmen teilnehmender Beobachtung durchgeführt (vgl. dazu Kapitel 9.1.3 »Ein Mädchen-Internetprojekt in einer bayrischen Stadt mittlerer Größe«). Speziell analysiert wurde zudem die Beobachtung weiblicher Jugendlicher im Rahmen einer Halloween-Chat-Night (vgl. dazu Kapitel 9.1.4 »Einzelbeobachtung: Der Besuch einer Chat-Night«). Diese stellte den Versuch dar, ein mädchenspezifisches Pendant zu den von männlichen Jugendlichen favorisierten LAN-Partys[69] zu schaffen. Die weiblichen Einzelinterviews entstammen dem genannten offenen Jugendprojekt in Bayern bzw. einem kleinstädtischen Gymnasium in Hessen (vgl. dazu Kapitel 9.3 »Einzelfallstudien: Weibliche Jugendliche zu Beginn des 21. Jahrhunderts«). Diese wurden wiederum in Beziehung gesetzt zu den im Netz vorliegenden Web-Seiten der entsprechenden weiblichen Jugendlichen. Diese Korrelation von realer und virtueller Eigenpräsentation gibt – gerade durch das Wechselspiel von Übereinstimmung und Differenz – einen erweiterten Aufschluß über die Funktion der virtuellen Eigenpräsentation für die im Jugendalter stattfindenden Identitäts- bzw. Selbstbildungsprozesse. Die männlichen Einzelinterviews wurden von mir in dem geschlechtergemischten Internetprojekt in Baden-Württemberg bzw. in dem kleinstädtischen Gymnasium in Hessen erhoben (vgl. dazu Kapitel 9.2 »Einzelfallstudien: Männliche Computeruser zu Beginn des 21. Jahrhunderts«). Um einen entsprechenden Eindruck von der aktuellen männlichen Jugendkultur im Zusammenhang mit dem Medium Computer zu erhalten, habe ich zudem eine LAN-Party besucht (vgl. dazu Kapitel 9.1.5 »Einzelbeobachtung: Der Besuch einer LAN-Party«).

Die eigentlichen Felduntersuchungen erstreckten sich über einen Zeitraum von 2002 bis 2003, die Vorstudie erfolgte schon im Jahr 2001. Die Feldergebnisse wurden von mir in Hinsicht auf den zentralen Untersuchungsfokus der Identitäts- und Selbstbildung bzw. der religiösen Valenz hin analysiert. Diese Ergebnisse wurden dann mit den aus den qualitativen Studien der 90-er Jahre gewonnenen Daten verknüpft, wodurch eine Entwicklung der Bedeutung des Mediums Computer für die Jugendkultur unter der Perspektive »Identitätsbildung«, »Selbstbildung« und »religiöse Valenz« nachgezeichnet werden konnte (vgl. dazu Kapitel 9.4 »Entwicklungen vom Ende der 80-er Jahre bis zum Beginn des 21. Jahrhunderts«). Zudem erfolgte eine Korrelierung mit den Ergebnissen der quantitativen Untersuchung des medienpädagogischen Forschungsverbunds Südwest JIM 2002. Jugend, Information, (Multi-) Media. Basisstudie zum Medienumgang 12- bis 19-Jähriger in Deutschland (vgl. dazu Kapitel 9.5 »Zum Vergleich der empirischen Feldstudie mit JIM 2002«).

Nach einer Präsentation der empirischen Feldstudie werden abschließend in Teil D) »Jugendliche am Computer: Ergebnisse und Implikationen« die zentralen – in Prozessen der abduktiven Korrelierung von Theorie und Empirie – erarbeiteten Ergebnisse hinsichtlich der Fragestellungen nach Identitäts- und Selbstbildung bzw. nach religiöser Valenz im Hinblick auf den Computerumgang Jugendlicher entfaltet. Die in Teil B) erarbeiteten Theorieelemente werden nun auf die in der empirischen Feldstudie gewonnenen Erkenntnisse zur Computernutzung Jugendlicher bezogen (vgl. dazu Kapitel 10.1 »Dimensionen von Identitäts- und Selbstbildung«, 10.2 »Dimensionen der

---

69 Vgl. dazu Kapitel 13 »Glossar«.

Bildung am Allgemeinen als Element strukturaler Bildungsprozesse« sowie 10.3 »Dimensionen religiöser Valenz«). Abschließend werden die Forschungsergebnisse für die Religionspädagogik in Theorie und Praxis und ihre Schlußfolgerungen für neuere Modelle der Schulentwicklung ausgewertet. Zudem wird die Relevanz der vorliegenden Analyse der Computernutzung Jugendlicher für die Praktische Theologie bzw. Religionspädagogik aufgezeigt (vgl. dazu Kapitel 11 »Religionspädagogische Implikationen der Computernutzung Jugendlicher« und Kapitel 12 »Adoleszente Subjektwerdung und Computer: Grundeinsichten zur Gestalt Praktischer Theologie bzw. Religionspädagogik«).

2 Religionspädagogische Entwürfe zum Thema Computer und Internet

2.1 Die deutschsprachige Diskussion und ihr Kontext

Die folgenden Ausführungen werden die bereits vorhandenen Analysen zur Thematik »Computer und Religionspädagogik« evaluieren und die größeren Entwürfe zu dieser Thematik im deutschsprachigen Raum (von katholischer wie evangelischer Seite) kritisch-analysierend präsentieren. Dabei bieten die bereits im deutschsprachigen Raum vorhandenen größeren Monographien und Arbeitsprojekte[70] einen paradigmatischen Einblick in die aktuell geführte Diskussion zur Thematik »Computer und Religionspädagogik«, der deutlich über den deutschsprachigen Raum hinausgeht und Grundpositionen der Diskussion weltweit abbildet.[71]

2.2 Zur Entwicklung computergestützten Lernens

Um die aktuelle Konzeptentwicklung zur Thematik »Computer und Religionspädagogik« zu verstehen und kritisch analysieren zu können, ist zunächst ein Blick auf die Entwicklung computergestützten Lernens an sich hilfreich. So stehen die Untersuchungen zum Einsatz von Computern im Religionsunterricht im Gefolge des in den USA entwickelten Versuchs, ein Modell eines programmierten Unterrichts zu erstellen.

Der amerikanische Lernpsychologe *E. L. Thorndike* (1874–1949) entwickelt eine Reiz-Reaktions-Theorie, den sogenannten »Konnektionismus«.[72] Von seinen (tier-) psychologischen Experimenten leitet er entsprechende Lernregeln ab, die sich vor allem am Erfolgsgesetz orientieren.

---

70 Die Darstellung konzentriert sich auf größere Projekte und monographische Ausführungen zum Thema »Computer und Religionspädagogik«.

71 Vgl. zur europäischen und außereuropäischen Diskussion die Analysen von Sander-Gaiser, Lernen mit vernetzten Computern in religionspädagogischer Perspektive, S. 41ff. sowie u.a. Price, C., Computers and Religious Education, Bradford 1986; Ipgrave, J., Building e-bridges: inter-faith dialogue by e-mail, Birmingham 2003; Bakker, C., Media in het Godsdientsonderwijs, Zoetermeer 1994; Bakker, T. C. / Bakker, C., Godsdienstonderwijs en multimedia, Utrecht 1995.

72 Vgl. dazu Thorndike, E. L., Education. A first book, New York 1923.

> »Es besagt, daß beim Lernen durch Versuch und Irrtum vor allem diejenigen Reaktionen an vorgegebene Reize gekoppelt werden, die dem lernenden Organismus auf irgendeine Weise erfolgreich scheinen«.[73]

Ziel eines derartigen Vorgehens ist es, daß eine erfolgreiche Reiz-Reaktion-Kopplung erzeugt wird. An dieser Orientierung an Erfolg knüpft dann die Verstärkungstheorie von *B. F. Skinner* an, die zur eigentlichen Entwicklung des programmierten Unterrichts führte.

Theoretisch basieren seine Erkenntnisse auf den Analysen des russischen Verhaltensforschers Pawlow. Dessen Theorien wendet Skinner in seinem bedeutenden Aufsatz »The science of learning and the art of teaching« auf die Pädagogik an.[74] Nach Skinner sind Reiz und Reaktion eng gekoppelt. Dabei erhöhen spezifische Reize die Wahrscheinlichkeit für das Wiederauftreten eines bestimmten Verhaltens.

> »Positive Verstärker ... z.B. Lob, Anerkennung, Zuwendung erhöhen, negative wie Tadel, Herabsetzung, Nichtbeachtung vermindern die Verhaltenswahrscheinlichkeit«.[75]

Die positive Verstärkung muß dem Verhalten unmittelbar folgen, da sonst der Verhaltensvollzug gebremst oder ausgelöscht wird. Bezogen auf den Schulunterricht kritisiert Skinner vor allem den Mangel an positiver Verstärkung und die Verzögerung der Reaktion auf schriftliche Arbeiten der Schüler und Schülerinnen. Zudem sei der herkömmliche Unterricht an einem engen Lehrer-Schüler-Verhältnis orientiert, das so in größeren Lerngruppen nicht ausreichend gewährleistet werden könne. Um diese Probleme zu überbrücken, versucht Skinner Lernprogramme zu entwickeln, die durch eine Abfolge möglichst kleiner Lernschritte abgesicherte Lernwege garantieren sollen. Derartige Lernprogramme sind nach Ansicht Skinners am ehesten durch mechanische oder elektronische Apparate zu verwirklichen, die er Lernmaschinen (»teaching machines«) nennt. Sie sollen die Funktion eines Lernmittels mit den Vorteilen des unmittelbaren Präsenzunterrichts durch die Lehrkraft verbinden und zudem die Kontrolle über die Lernvollzüge von einer Vielzahl von Schülern ermöglichen.

Drei Charakteristika kennzeichnen das Lernen innerhalb einer derartigen Konzeption des programmierten Lernens:

> »Sie geben dem Lerner in kleinen Schritten eine Information und stellen ihm in Form von Fragen, Lückentexten, unvollständigen Sätzen eine Aufgabe. Vom Lernenden wird erwartet, daß er auf irgendeine Art und Weise antwortet; er schreibt, wählt aus vorgegebenen Antworten eine aus, drückt die Taste. Programm oder Lehrmaschine sind so eingerichtet,

---

73 Vgl. Schiefele, Konkurrenz für Lehrer? S. 205.
74 Vgl. dazu Skinner, The science of learning and the art of teaching, S. 86–97.
75 Vgl. Schiefele, ebd.

daß der Lerner unmittelbar nach seiner Antwort erfährt, ob sie richtig ist«.[76]

Zudem werden im Sinne der Verstärkungstheorie Skinners richtige Antworten und Aktionen positiv hervorgehoben. Die Vorteile, die im maschinellen Lernen gesehen werden, liegen damit in der Tatsache, daß Lernmaschinen unmittelbar und individuell-affirmierend auf den Schüler reagieren können, daß sie sich am Lerntempo und am Niveau jedes einzelnen Schülers orientieren, daß versäumter Unterricht leicht nachzuholen ist und daß langsam an komplexere Aufgabenstellungen hingeführt werden kann. Damit sind die Vorteile des maschinellen Lernens vor allem dem Bereich der individuellen Differenzierung zuzuordnen.

Überdies wird ein hohes Augenmerk auf die exakte Planung von Lernprozessen gelegt. Man sucht möglichst klare Lernzielbeschreibungen und optimale Rahmenbedingungen für Lehr- und Lernprozesse zu schaffen, die man wiederum einer möglichst exakten Evaluierung unterzieht.

Gegen diese Art der Pädagogik wird die Kritik der Antibehavioristen vorgebracht, deren Erkenntnisse auf weniger spektakuläre Experimentalbefunde zurückgehen. Diese betonen kognitiven Lerntheorien folgend, daß »einsichtiges Lernen problemorientiert ist, weshalb die Lernaufgabe so dargeboten werden muß, daß sich der Lernende einer fraglichen Situation gegenübersieht, durch deren Analyse er Einsicht erreichen kann«.[77] Im Zentrum des Lernprozesses steht damit im Gegensatz zum programmierten Unterricht das Erfassen von Beziehungen, die immer wieder neu erworben und organisiert werden müssen.

Die an Lernprogrammen orientierte Pädagogik wird im deutschsprachigen Raum nur sehr zurückhaltend rezipiert. In der Religionspägogik findet sie mit einer Ausnahme keinerlei Beachtung: der 1973 erschienenen Dissertation von H. Heinemann »Programmiertes Lernen im Religionsunterricht? Entstehung, Erprobung und Einsatz eines Lernprogrammes«.[78] Heinemanns Modell ist an der Lernzielorientierung und an Operationalisierbarkeit orientiert. Durch die Entwicklung von Lernprogrammen sucht Heinemann auf die Defizite des Religionsunterrichts – sein negatives Ansehen bei den Schülern in Verbindung mit deren Desinteresse an biblischen Stoffen – zu reagieren. Aus dieser Motivation heraus entwickelte Heinemann Lernprogramme zu den biblischen Überlieferungen. Den Schülern und Schülerinnen wurden verschiedene Aufgaben präsentiert, die eine starke Ausrichtung auf Informationsvermittlung hin besaßen. Eine entsprechende Informationsdarbietung war

---

76 Vgl. Schiefele, a.a.O., S. 206.
77 Vgl. Schiefele, ebd.
78 Vgl. dazu Heinemann, H., Programmiertes Lernen im Religionsunterricht? Hannover 1973 und zur Darstellung von Heinemann auch Sander-Gaiser, a.a.O., S. 35ff.

immer sofort mit einer Lernkontrolle verbunden. Ein empirischer Test des Materials durch Heinemann ergab eine hohe Zufriedenheit der Schülerinnen und Schüler mit dem programmierten Lernen im Religionsunterricht. Dabei waren vor allem Schüler und Schülerinnen mit Verbalisierungsschwierigkeiten mit dem Lernprogramm zufrieden. Die Abneigung gegen biblische Stoffe konnte jedoch auch das Lernprogramm nicht beseitigen. Allerdings signalisierten Schüler und Schülerinnen auch ihre Unzufriedenheit mit dem Lernprogramm, das sie als langweilig empfanden. Daher bilanziert Heinemann, daß Lernprogramme nur ein Element des Religionsunterrichts darstellen können. Dennoch eignen sich Lernprogramme nach Heinemann, um Schülern und Schülerinnen eine Fülle von religiösen Einzelinformationen zu präsentieren und zu vermitteln. Dabei bleibt jedoch kritisch zu hinterfragen, ob dieses Ziel angesichts der Fülle der Informationen wirklich realisiert wird. Zudem fehlen Heinemanns Lernprogrammen jegliche spielerischen Elemente, wodurch sie wenig motivierend wirken. Sie sind stark an Sachwissen orientiert und lassen eine entsprechende Schülerorientierung vermissen. In der deutschen Religionspädagogik konnte sich Heinemanns Entwurf nicht durchsetzen, da sich hier starke Vorbehalte gegen instrumentelles, an kleinschrittiger Information orientiertes Lernen finden.

2.3 Wolfgang Schindler: Menschen am Computer (seit 1984)

Erste Pionierarbeiten zur Relation von Religionspädagogik und Computern finden sich bereits Mitte der 80-er Jahre, zu einer Zeit, die noch vom legendären C 64 bestimmt ist und in der man beginnt, sich mit der Computer-Thematik intensiver programmatisch auseinanderzusetzen.[79] So entwickelt Wolfgang Schindler zusammen mit Roland Bader im Studienzentrum für evangelische Jugendarbeit in Josefstal das sogenannte MaC*-Projekt, das als Kürzel für »Menschen am Computer« steht und auf die Entwicklung pädagogischer Kompetenz für den Gebrauch des Computers als Werkzeug, Medium und Spielzeug vor allem im Bereich der Jugendarbeit, aber auch für andere Bildungsbereiche wie die Erwachsenenbildung abzielt. Schindler ist bereits seit Mitte der 80-er Jahre publikatorisch in diesem Themenbereich engagiert. Sein Hauptfokus ist auf die Computernutzung innerhalb der Jugendarbeit gerichtet. Insgesamt ist sein Ansatz stark an der allgemeinen Medienpädagogik orientiert. Durch eine Rückbindung an die evangelische Jugendarbeit ist jedoch immer auch eine Vernetzung mit religionspädagogischem und gemeindepädagogischem Handeln impliziert. Aus dem genannten Projekt sind u.a. drei größere Sammelbände hervorgegangen[80]: »Menschen am Computer«

---

79 Vgl. zu einer Analyse wichtiger Positionen der Religionspädagogik im Kontext der Computerthematik auch Bobert-Stützel, Zukunft E-Learning? S. 37ff.
80 Vgl. dazu u.a. Schindler, W. (Hrsg.), Spieglein, Spieglein, in der Hand ... Kritische Texte zur Aneignung Persönlicher Computer, Stuttgart 1990.

aus dem Jahr 1995[81] und »Bildung in virtuellen Welten« aus dem Jahr 2001[82] sowie »Bildung und Lernen online«[83] aus dem Jahr 2004.

Menschen am Computer (1995)

Im Sammelband »Menschen am Computer« wird »programmatisch und exemplarisch für das Handlungsfeld außerschulischer Bildungs- und Jugendarbeit skizziert (werden), worauf das Konzept ›Computermedienpädagogik‹ zielt: Aufklärung über und Partizipation am Siegeszug der Querschnitttechnologie Computer«.[84]

Frühzeitig wird bei Schindler die emotional aufgeladene Relation des Subjekts zum Medium sowie dessen Charakter als Übergangsobjekt[85] erkannt. Diese intensive Beziehungsrelation vom Subjekt zum Medium Computer impliziert wiederum komplexe pädagogische Anforderungen, die deutlich über einfache technische Anwendungen hinausgehen. Computermedienpädagogik »erschöpft sich nicht darin, Jugendliche spielen zu lassen oder sie Computerprogramme beherrschen zu lehren, sondern bedeutet, Lernumgebungen zu schaffen, in denen Erfahrungen und experimentierendes Lernen mit anderen Menschen und mit Software möglich sind«.[86] Schindler geht es um einen prozeßorientierten Ansatz, der »auf die Bearbeitung der Lebenswirklichkeit von Jugendlichen, JugendleiterInnen, PädagogInnen und deren Zielgruppen gleichermaßen zielt«.[87] So ist »Prozeßorientierung ... dafür sensibel, greift auf, was für ›Menschen am Computer‹ von sachlicher, aber eben auch von emotionaler Bedeutung ist«.[88] In dem Sinne kennt Schindler eine lebensweltliche Orientierung, die sich an die Adressaten der medienpädagogischen Arbeit hinsichtlich des Mediums Computer richtet.

Schindler setzt sich in »Menschen am Computer« kritisch mit kirchlich-theologischen Reflexionen der Implikationen des Mediums Computer auseinander. So wendet er sich gegen kirchlich-theologisch geprägte Versuche, das Medium Computer zu vereinnahmen:

---

81 Vgl. dazu Schindler, W. / Bader, R. (Hrsg.), Menschen am Computer. Zur Theorie und Praxis der Computermedienpädagogik in Jugendarbeit und Erwachsenenbildung, Frankfurt 1995.
82 Vgl. dazu Schindler, W. / Bader, R., u.a. (Hrsg.), Bildung in virtuellen Welten. Praxis und Theorie außerschulischer Bildung mit Internet und Computer, Frankfurt 2001.
83 Vgl. dazu Schindler, W. (Hrsg.), Bildung und Lernen online, München 2004.
84 Vgl. Schindler, Menschen am Computer, S. 9–10.
85 Vgl. dazu Kapitel 6.6 »Exkurs: ›Spielräume‹« und Kapitel 8.1.7 »Der Computer als Übergangsobjekt«.
86 Vgl. Schindler, a.a.O., S. 11.
87 Vgl. Schindler, a.a.O., S. 19.
88 Vgl. Schindler, ebd.

2 Religionspädagogische Entwürfe zum Thema Computer und Internet

»Wenn aber der PC in der kirchlichen Jugendarbeit thematisiert wird, dann häufig zunächst mit dem Versuch, die faktische oder vermeintliche Motivationskraft der neuen Medien zu funktionalisieren, etwa mit einem Bibelquiz am Bildschirm ... Ferner ist, auch in kirchlicher Publizistik, die Erörterung struktureller Fragen mit eher moralistischen Kategorien häufig anzutreffen; ›Raub‹kopieren etwa wird als Sünde enttarnt. Als das Spezifikum der kirchlichen Computergruppe gilt dann der Kampf gegen diese Sünden, die von besonders ›Fortschrittlichen‹ gar noch in einer Datenbank katalogisiert werden. Unbearbeitet dagegen bleiben die wirklich skandalösen Strukturen des PC-Marktes, der faktisch illegales Kopieren als Wachstumshormon produziert und braucht, sowie die Kriminalisierung naiver Jugendlicher«.[89]

Einer derartigen Vereinnahmung des Lebensbereiches Jugendlicher, wie er nach Schindler in »Menschen am Computer« auch im vermehrten Einsatz von Computern im schulischen Bereich zu sehen ist, sucht Schindler zu wehren:

»Computermedienpädagogik ist gelingende Selbstbehauptung gegen die technisch-funktionale Vereinnahmung, der Jugendliche und Erwachsene (der ›Menschen am Computer‹) derzeit allzuoft ausgesetzt sind. Jugendarbeit hat hier nach wie vor eine besondere Chance, aus ihrer Tradition und in ihren Rahmenbedingungen. Sie muß dies mit aller gebotenen konzeptionellen Bescheidenheit tun und kann dabei zunehmend auf dafür spezialisierte MitarbeiterInnen zurückgreifen. Notwendige Modernisierungsprozesse der Jugendarbeit sind dann nicht nur Kosmetik an der Benutzeroberfläche, sondern Unterstützung und Mitgestaltung von individuellen und sozialen Entwicklungsprozessen und Partizipation in einer von Computertechnologie weitgehend durchdrungenen Gesellschaft«.[90]

Es geht Schindler um die Verwirklichung eines ganzheitlichen Prozesses, der auf »exemplarische Anleitung zum Gebrauch der Technologie, Reflexion dieses Prozesses, seiner (Wechsel-)Wirkungen im individuellen Erleben von Menschen am Computer und seiner gesellschaftlichen Auswirkungen«[91] abzielt.

Bildung in virtuellen Welten (2001)

Im Sammelband »Bildung in virtuellen Welten« setzt sich Schindler – wiederum in enger Zusammenarbeit mit Roland Bader – mit der außerschulischen Bildung, gestützt auf Internet und Computer, auseinander. Die Projektgruppe sucht eine Bestimmung der Desiderate, die computergestützte Bildungsprozesse nach sich ziehen. Die Entwicklung neuer Konzeptionen wird notwendig:

---

89 Vgl. Schindler, a.a.O., S. 18.
90 Vgl. Schindler, a.a.O., S. 22–23.
91 Vgl. Schindler, a.a.O., S. 22.

> »Noch immer werden tradierte Lern- und Lehrformen schlicht um PC- und Internetnutzung modisch und zuschussträchtig ergänzt, fehlende Motivation der Zielgruppen soll mit ›Neuen Medien‹ erzeugt, ›Computerwissen‹ additiv dem Lehrplan zugefügt werden, ein PC in jedem Klassenzimmer stehen, um eine befürchtete neue Bildungskrise zu verhindern. Augenfällig ist eine Krise nicht weniger PädagogInnen, die mit neuen Anforderungen an technische Kompetenz, an mediendidaktisches Wissen, an neue Rollen und Aufgaben konfrontiert sind, die zwischen Neugier, Abwehr und Überforderungsempfinden schwanken und zunächst selbst anregende Bildungsräume bräuchten«.[92]

So erfordert der Erwerb von Bildung mit Hilfe digitaler Medien eine neue Lernkultur. Für den Bildungsbereich »Jugendarbeit« kommt die Ausbildung spezifischer Schlüsselkompetenzen in den Blick: »Kreativität, Eigeninitiative und Verantwortungsbereitschaft, Teamfähigkeit, Kommunikationsfähigkeit, psychosoziale Kompetenz.«[93] Die emotionalen Erfahrungsdimensionen der Internetnutzung stellen neue Anforderungen an Erziehungs- und Bildungsprozesse. Subjektivität wird nun zum Grundthema von Erziehung und Bildung. Bildungsprozesse, die dem gerecht werden, können und sollen gerade im Kontext der Jugendarbeit Verwirklichung finden, da die Jugendarbeit Chancen für offene und selbstgesteuerte Bildungsprozesse bietet.

> »Mit dem Fokus auf ›Bildung‹ knüpft computermedienpädagogische Praxis erneut an die Anfänge der Konzeptionsdebatte über Aufgaben außerschulischer Jugendarbeit an, die Ende der 60-er Jahre Jugendarbeit als Ort von Bildungprozessen identifiziert (hat). Sie verstand sie als eigenständige, dritte Erziehungsinstitution, lebensgeschichtlich nötig neben der Familie, um das Leben in der Gesellschaft zu lernen, und neben der Schule, um deren Defizite als Bildungseinrichtung korrigierend zu begleiten ... Jugendarbeit ist nach wie vor eine wenig reglementierte Struktur, in der Innovation und Experiment leichter möglich sind als dort ... Das hat – auch – seinen Preis: Freiwilligkeit der Teilnahme wird bezahlt mit dem Zwang, bedürfnisorientiert zu arbeiten, statt den Bedarf Jugendlicher im Lehrplan zu definieren und ihn dann zu erfüllen. Jugendarbeit bietet Chancen zum Selbstmachen, zu Lernen durch Handeln, durch Partizipation«.[94]

So ist Schindlers Konzeption auf »selbstgesteuerte Lernprozesse, von Einzelnen und Gruppen und Lernprozesse und Veränderungsprozesse der Institutionen«[95] ausgerichtet.

Die multiplen Projekte, die der Band »Bildung in virtuellen Welten« vorstellt, fokussieren jedoch nicht allein auf die computergestützte Jugendarbeit. Auch konkrete Elemente für den Religionsunterricht wie das Bibelprojekt

---
92 Vgl. Schindler, Bildung in virtuellen Welten, S. 12.
93 Vgl. Schindler, a.a.O., S. 15.
94 Vgl. Schindler, a.a.O., S. 16.
95 Vgl. Schindler, a.a.O., S. 17.

von Markus Waite werden vorgestellt. All diesen Projekten geht es weniger um eine spezifisch thematische Inhaltsorientierung.[96] Vielmehr verweisen sie auf ein komplexes Setting an sozialen Lernprozessen. Diese besitzen Relevanz für ein breites Spektrum an Bildungsprozessen, sowohl im Bereich des schulischen Religionsunterrichts als auch für die außerschulische Jugendarbeit:

> »Bildung mit digitalen Medien umfasst im Prinzip alle Lehr-Lern- und Organisationsformen, die infolge neuer Informations- und Kommunikationstechnologien möglich geworden sind, und bezieht sich letztlich auch auf sämtliche Bildungssituationen: angefangen von der Schule und Hochschule über die berufliche Aus- und Weiterbildung bis zur Jugendbildung und allgemeinen Erwachsenenbildung«.[97]

Schindler sucht in »Bildung in virtuellen Welten« wiederum eine kirchlich-technologiekritische Position abzuwehren:

> »Gerade die engagierte, sich emanzipatorisch begreifende Jugendarbeit teilte ja lange den antitechnischen Affekt des Bildungsbürgertums – dies mit dem glaubwürdigen Verweis auf Computertechnik als Instrument der Ausübung von staatlicher Herrschaft, aber auch als menschenfeindlicher Rationalisierungstechnologie des Kapitalismus. Undenkbar schien, dass diese Technologie etwas mit Bildung zu tun haben könne – wenn überhaupt, dann mit der minder geachteten Ausbildung. Evangelische Jugendarbeit sollte gar, so ein damaliger Vorschlag, zu einer computerfreien Zone werden. Widerstand gegen vermeintliche digitale Verblödung sei nötig, weil die Welt nicht nur aus Wahr und Falsch, Nullen und Einsen bestehe«.[98]

Doch eine solche kritische Perspektive ist nach Schindler nicht die einzig theologisch mögliche.

So sieht Schindler die neue Bildungsdebatte als Fortführung des protestantischen Erbes in der evangelischen Jugendarbeit und begreift die Ausbildung technologischer Kompetenz nur als sinnvoll im Zusammenklang mit »ökologischer, historischer, mit Identitäts- und Gerechtigkeitskompetenz«[99].

> »Die Kirche müsse sich hier als Bildungsträger bewähren, um nicht ihre Zukunft zu verspielen. Zum Bildungsbegriff, wie er in der Jugendarbeit diskutiert wird, gehöre nicht nur das Instrumentelle, sondern auch Metakommunikation und die Fragen nach dem Sinn des eigenen Tuns, nach der Beziehung zwischen eigenem Menschenbild und dem Menschenbild, das die Universalmaschine Computer nahe legt, sowie die Beschäftigung mit der eigenen Existenz als Schöpfer«.[100]

---

96 Vgl. dazu Waite, Wieviel Multimedia hält die Bibel aus? S. 48ff.
97 Vgl. Reinmann-Rothmeier, Bildung mit digitalen Medien, S. 275.
98 Vgl. Schindler, a.a.O., S. 16.
99 Vgl. Schindler, ebd.
100 Vgl. Schindler, ebd.

Eine derartige Herangehensweise ist nach Schindler als ureigenster Ausdruck protestantischer Bildungsverantwortung zu verstehen.

Schindler erkennt gerade die theologische Verantwortung innerhalb medienpädagogischer Bildungsprozesse, die bezogen ist auf die religiös valente Relation von Subjekt und Medium:

»Programmierer können sich als Schöpfer virtueller Welten empfinden; die Entschlüsselung des menschlichen Erbguts, des genetischen Codes basiert auf eben dieser Technologie. Damit sei angedeutet, dass die pädagogisch-theologische Herausforderung durch neue (Bildungs-) Technologien auch sehr grundsätzliche Fragen umfaßt: dass Kirche von ›außen‹ Kompetenz zugetraut wird, muss sie sich wohl teilweise noch erarbeiten. Die Chance allerdings besteht, hierbei eine Lücke qualifiziert zu füllen, die mehr ist als nur eine Marktnische. Für die Frage nach der eigenen Identität, nach dem Menschenbild, weiß sich Kirche kompetent. Diese Frage stellt sich neu neben vermeintlicher oder faktischer ›künstlicher Intelligenz‹ von Maschinen. Selbst wenn man neue Technologien als bloßes Werkzeug versteht, bleibt unstrittig, dass dieses als Metapher für das eigene Weltbild verwendet wird, Sprache immer wieder neu prägt. Die eigene gewachsene Tradition in der Bildungsdiskussion, in der Praxis kirchlicher Bildungsarbeit und außerschulischer Jugendarbeit müssen wir uns neu aneignen, aktualisieren. Denn wir sind mit Neuen Medien konfrontiert, die wir erst unvollkommen verstanden, geschweige denn uns inhaltlich angeeignet haben«.[101]

An den Prozessen derartiger Projektentwicklung im Hinblick auf multiple Dimensionen von Bildung in Relation zum Medium »Computer« bzw. an der Erarbeitung eines tieferen Verständnisses dieses Mediums möchte Wolfgang Schindler partizipieren.

Bildung und Lernen online (2004)

Der Band »Bildung und Lernen online« diskutiert Chancen und Grenzen des e-learning[102] für die Jugendarbeit. Hierbei verweist Schindler zunächst auf die Spannung zwischen Freiwilligkeit als Voraussetzung jeglicher Jugendarbeit und dem geschlossenen inhaltsorientierten Fokus des e-learning. Schindler sieht die e-learning-Debatte in enger Verbindung mit Diskussionen um eine stärkere Ökonomisierung und Effizienzorientierung von Bildung. Gleichzeitig erkennt er den hohen Wert jugendlicher Computernutzung für Selbstgestaltungsprozesse und entsprechende virtuelle Gruppenprozesse an. Zu fragen ist nach Schindler, wie ein derartiges Potential in der Praxis nutzbar ist. Seine Überlegungen gehen in Richtung von Lernumgebungen für Selbstlernprozesse, wobei in diesem Zusammenhang auch der Faktor der Medienkompetenz relevant wird:

---
101 Vgl. Bangert / Schindler, Zukunftsfähige Bildung, S. 354.
102 Vgl. dazu Kapitel 13 »Glossar«.

2 Religionspädagogische Entwürfe zum Thema Computer und Internet

»Die didaktische Aufgabe besteht mehr denn je darin, Bedingungen und Strukturen für solche selbstgesteuerten Lernprozesse zu schaffen, Lernumgebungen also. E-Learning ist dann eine wesentliche Komponente solcher Lernumgebungen, – aber eben nur eine. Raumaneignung virtueller Räume ist ein Selbstbildungsprozeß, den privilegierte Jugendliche oft alleine bewältigen – andere bekommen diese Chance nur, wenn pädagogisch Verantwortliche Grenzüberschreitungen und Grenzziehungen verstehen und begleiten«.[103]

Den Pädagogen und Pädagoginnen kommt innerhalb dieser Gruppenprozesse eine entscheidende Funktion zu:

»Zur Kernkompetenz von ComputermedienpädagogInnen gehört die Fähigkeit, soziale Prozesse nicht nur in leibhaftigen, sondern auch in virtuellen Räumen zu initiieren und zu fördern, damit sie sozial, ökonomisch und ökologisch produktiv werden«.[104]

Es geht um die Begleitung und Initiierung derartiger Gruppenprozesse. Schindler erteilt einer zu eng geführten e-learning-Konzeption, die sich an einer allein an Inhaltsvermittlung interessierten »Trichterpädagogik« orientiert, eine Absage. Entsprechende e-learning-Plattformen erweisen sich nur dann als sinnvoll für Jugendarbeit, »wenn sie auf die individuellen Bedürfnisse, für die didaktische Konzeption des Anbieters angepaßt werden können«.[105]

Zusammenfassend ist hinsichtlich Wolfgang Schindlers MaC*-Projekt im Studienzentrum Josefstal festzuhalten, daß es auf die Entwicklung medienpädagogischer Kompetenz für den Gebrauch des Computers in Jugendarbeit und Erwachsenenbildung abzielt. Schindler erkennt früh den Charakter des Computers als Übergangsobjekt und die emotional aufgeladene Relation des Subjekts zu diesem Medium. Auch die Dimension religiöser Valenz ist bereits im Blick, bleibt aber als weiteres Forschungsdesiderat offen. Ausgehend von den multiplen Dimensionen der Computernutzung sind nach Schindler in einem ganzheitlichen pädagogischen Prozeß, der auch eine lebensweltliche Orientierung besitzen sollte, Anleitungen zum Technologiegebrauch zu geben. Zugleich sind der Prozeß selbst und seine Wechselwirkungen hinsichtlich des individuellen Erlebens der Computeruser sowie seine gesellschaftlichen Auswirkungen zu reflektieren. Auch eine Auseinandersetzung mit kirchlicher Kritik am Medium Computer ist bereits im Blick. Demgegenüber betont Schindler das Proprium protestantischer Bildungsverantwortung. Zudem beschreibt Schindler den Umgang mit dem Computer bzw. dem Internet als Selbstlernprozeß in einer Lernumgebung, die vor allem auf Gruppenprozesse abzielt und von den Subjekten den Erwerb eines gewissen Maßes an

---

103 Vgl. Schindler, Bildung und Lernen online, S. 16–17.
104 Vgl. Schindler, a.a.O., S. 20.
105 Vgl. Schindler, a.a.O., S. 19.

2.4 B. Beuscher: Schnittstelle Mensch / Remedia (seit 1994)

Im 1999 erschienen Band »Remedia. Religion – Ethik – Medien«, der als einer der ersten im Bereich der Religionspädagogik die Diskussion um das Medium Computer in einen weiteren theoretischen Zusammenhang stellt, setzt sich Bernd Beuscher kritisch mit dem Medium Computer auseinander. Seinen Ausführungen in »Remedia« geht der Beitrag »›Homuter?‹ oder: ›Anschluß gesucht!‹« aus dem Jahr 1994 in dem von Beuscher herausgegebenen Band »Schnittstelle Mensch: Menschen und Computer – Erfahrungen zwischen Technologie und Anthropologie« voraus. In ihm entwickelt Beuscher bereits einige programmatische Aspekte, die er in »Remedia« weiterführt.[106]

»›Homuter?‹ oder: ›Anschluß gesucht!‹« (1994)

Beuscher fragt nach den Folgen der Computernutzung für den Menschen und arbeitet dadurch die Anthropologie als zentrales Thema hinsichtlich der neuen Informationstechnologien heraus.

> »Nicht die Frage: ›Wieviel Geist steckt im Computer?‹, welche im Zusammenhang mit der Thematik der künstlichen Intelligenz allerorten diskutiert wird, umschreibt die Bedrohung des Menschlichen, sondern umgekehrt die Frage, wieviel ›Computer bereits in unserem Geist steckt‹«.[107]

Damit wird die Relation von menschlichem Subjekt und Medium für Beuscher im Gefolge von Sherry Turkle zum Grundthema seiner Analysen:

> »›Im Zentrum steht nicht seine Natur als ›analytische Maschine‹, sondern seine ›zweite Natur‹ als evokatorisches Objekt, als ein Objekt, das uns fasziniert, unseren Gleichmut stört und unser Denken neuen Horizonten entgegentreibt. Computer lösen heftige Gefühle aus, und zwar auch bei denen, die nicht in unmittelbarem Kontakt mit ihnen stehen‹«.[108]

Für den Bereich der Adoleszenzentwicklung konstatiert Beuscher jedoch im Gefolge von Thomas Ziehe für die Mensch-Maschinen-Relation erhebliche Gefährdungsszenarien:

> »Was Ziehe dort noch im Bereich der Adoleszenzentwicklung als ›narzißtisch strukturierten Sozialisationstypus‹ beschrieb, hat mit der Aufkunft von ›Homecomputern‹ autistisch-psychotische Formen angenom-

---
106 Vgl. dazu auch Beuscher, Die Dinge liegen nicht so einfach, S. 81ff.
107 Vgl. Beuscher, Homuter, S. 17.
108 Vgl. Beuscher, a.a.O., S. 19 und Turkle, Wunschmaschine, S. 10.

men. Das Problemfeld psychoneurotischer Konflikte, deren Symptome als Kompromiß zwischen Wunsch und Abwehr erschienen, wird offensichtlich immer mehr zurückgestellt, aufgrund vordringlicher, akuter psychotischer Störungen, deren Symptome verzweifelte Restaurationsversuche primär gestörter libidinöser Real- bzw. Objektbeziehungen darstellen«.[109]

Daher propagiert Beuscher den Computer-Ausstieg: »Das Beste am Computer ist der ›Absturz‹«.[110]

»Der Computer tötet vielmehr, indem er verzaubert, uns besessen macht, ganz unblutig und ohne Staub aufzuwirbeln, völlig keimfrei; er tötet von innen, worüber wir uns mit Medien ubiquitär täuschen«.[111]

Remedia (1999)

In »Remedia« rekurriert Beuscher dann auf Nietzsche, der mit Blick auf die Tragödie von der Vorstellung ausging, daß traumatische Irritationen als Kunstinszenierungen immer auch ihr passendes Gegen- oder »Heilmittel« mitführen. Ein solches Heilmittel in Hinsicht auf »eine humane Nutzung und humane Kompensation von Multimedia-Technologien«[112] möchte Beuscher mit seinen Ausführungen bieten. »Die in diesem Buch erarbeitete Indikation wird lauten, Dinge (oftmals die Kommunikationsmittel selbst) wieder einer umfassenden Kommunikationskultur zugänglich zu machen«.[113] Beuscher verweist darauf, daß die Theologie weithin kritisch auf die Diskussion digitaler Welten reagierte und noch reagiert und sucht demgegenüber einen Mittelweg: »Es ist meines Erachtens ein Unding, daß sich in der kritischen Diskussion digitaler Welten selbst überwiegend nur noch »digitale Reaktionsautomaten« (euphorische Nützlichkeitsspekulationen versus verteufelnde Gefährlichkeitsspekulationen) finden«.[114] Allerdings bleiben Beuschers eigene Ausführungen ambivalent und sind oftmals eher wie schon in »Schnittstelle Mensch« den technologie- und medienkritischen Traditionen zuzurechnen, wie sie Günter Anders und Neil Postman repräsentieren. Beuscher geht davon aus, »daß der Reflexion von Anfang an Kriterien der Moderne am ausgehenden 20. Jahrhundert vorangestellt werden ... (müssen), um die besondere Faszinationsqualität, welche die EDV-Technologien wecken können, sinnvoll theologisch und auf religionspädagogische Kompensationsmöglichkeiten

---

109 Vgl. Beuscher, a.a.O., S. 19–20 und dazu Ziehe, T., Pubertät und Narzißmus, Frankfurt 1975.
110 Vgl. Beuscher, a.a.O., S. 26.
111 Vgl. Beuscher, a.a.O., S. 22.
112 Vgl. Beuscher, Remedia, S. 16.
113 Vgl. Beuscher, ebd.
114 Vgl. Beuscher, a.a.O., S. 17.

hin befragen zu können«.[115] In dem Sinne setzt sich Beuscher zunächst kritisch mit dem positivistischen Wissenschaftsbegriff der Naturwissenschaften auseinander.

Ausgehend von einer solchen Auseinandersetzung reflektiert Beuscher in deren Gefolge die empirischen Ansätze, wie sie sich in den Sozialwissenschaften, aber auch in der Theologie bzw. der Religionspädagogik finden. Von daher kommt er zu einem kritischen Urteil über die empirische Wende in der Theologie, die eng vernetzt mit der Verbreitung der Computertechnologie ist:

> »›Seit dem Ende der Romantik ist die quantifizierende Naturwissenschaft in den gebildeten Zentren Europas ohne ernstzunehmende Widersacher‹. Mit der Aufkunft erschwinglicher Computer erfolgt zur Zeit ein neuer Aufschwung der bereits 1968 von Klaus Wegenast proklamierten ›empirischen Wende in der Religionspädagogik‹ mit dem Ziel, ›die Krise des Religionsunterrichts in den Griff zu bekommen‹«.[116]

Für Beuscher wird somit gerade der Computer zum Empirie-Generator. Damit ist seine Anwendung nach Beuscher strukturell eng vernetzt mit empirischen Forschungszugängen. Mag man Beuschers Fundamentalkritik an jeglicher Form empirischer Forschung – sei sie nun quantitativer oder qualitativer Art – nicht teilen, so bleiben seine wissenschaftskritischen, an der soziologischen und philosophischen Wissenschaftstheorie orientierten Analysen (Popper, Feyerabend) durchaus bedenkenswert:

> »Mir geht es im folgenden jedoch im Gegenteil genau darum, auf das Phänomen überzogener Erwartungshaltungen an empirische Methoden (womöglich noch in Kombination mit undifferenzierten, simplifizierenden Durchführungsparametern) als Gefahr empirischer Forschungsarbeit unabhängig von unterstelltem, bewußtem Mißbrauch aufmerksam zu machen. Vor kritischer Empirie liegt Empirismuskritik«.[117]

Auf diese Fragestellungen hin ist jegliche empirische Forschung immer wieder zu befragen. So kommt Beuscher zu folgendem Resümee:

> »Man buhlt theologisch im Namen von ›Empirie‹ um die Reputation von Naturwissenschaften, und verfehlt diese gerade so, weil ›hard science‹ schon lange nicht mehr sicheren Halt ... (bietet). Da freut sich neuerdings neben ›Theologie‹ und ›Wissenschaft‹ eine dritte Kraft auf dem Markt: die Dinge in ihrer ausgereiftesten Form als elektronische Technologien. EDV-Apparaturen realisieren als ontosemiologische Maschinen mit Götzenstatus das joint-venture von Theologie und Empirie virtuell«.[118]

---

115 Vgl. Beuscher, a.a.O., S. 62.
116 Vgl. Beuscher, a.a.O., S. 71.
117 Vgl. Beuscher, a.a.O., S. 71–72.
118 Vgl. Beuscher, a.a.O., S. 80.

2 Religionspädagogische Entwürfe zum Thema Computer und Internet

Beuscher schwankt immer wieder zwischen einer konsequenten Technikkritik und einem positivem Zugang zu dieser. So kann er »virtuelle Realität mit Vorsicht genießen«.[119] Virtualität wird eingereiht in jegliche Form von Wahrnehmung und Erkenntnis und dem Fiktionalitätsbegriff gleichgestellt:

> »›Virtuell sind dann eben nicht nur die künstlichen Welten im Computer, sondern auch diejenigen auf unseren mentalen Bildschirmen, gleich ob es sich um Träume, Halluzinationen oder Wahrnehmungen handelt‹. Heikel ist daran nicht das konstruktivistische Element, das ... in Form ungebrochenen Umgangs im Gegenteil zu begrüßen wäre, sondern das womöglich ungebrochene technologische Paradigma ›mentale Bildschirme‹. Daß ›alles Wirkliche phantomhaft‹ wird und ›alles Fiktive wirklich‹ ..., ließe sich mit religionspädagogischem Gewinn nutzen, wenn die maschinellen Apparaturen der Hochtechnologien selbst wieder als Bilder gesehen und gelesen, wahrgenommen werden könnten«.[120]

In dem Sinne plädiert Beuscher für eine Anerkennung der konstruktivistischen Gestalt aller Erkenntnis und allen Seins, losgelöst von der Computerthematik.

Beuscher erkennt zudem die »medienreligiösen Dimensionen« der Computernutzung:

> »Von Anfang an sollte es ... ausdrücklich nicht um die Frage nach dem Einsatz von Medien im Sinne von Zweck-Mittel-Funktionen gehen, sondern es sollte im Blick auf religiös bedeutsame Praktiken und im Sinne differenzierter religionspädagogischer Relevanz nach theologischen Dimensionen und Phänomenen gefragt werden, die möglicherweise mit der Verwendung von Medien automatisch einsetzen und dazu neigen, sich humantheologischer, religionspädagogischer Kompensation zu entziehen«.[121]

Beuscher stellt die weitergehende Bedeutung der Kategorie »Medienreligion« heraus und diskutiert auch metaphysische Interpretamente, die immer wieder mit einer Deutung des Mediums »Computer« verbunden werden. Insgesamt geht es ihm aber darum, daß eine naturwissenschaftlich-positivistisch geprägte Rationalität nicht alle Dimensionen des Lebens umgreifen darf:

> »Man wird das Menschsein in der komplexen Multimedia-Welt als Differenzierungsspiel von virtuellen und realen Modellen (Visionen und Realisationen) leid und kommt zu einer Vermischung virtueller und realer Geschichten, wie sie sich in den folgenden Redeweisen niederschlagen: Behinderte muß man irgendwie reparieren. Epilepsie ist out, Autismus ist in. Alte gehören auf den Schrott, woran auch die Tatsache nichts

---

119 Vgl. Beuscher, a.a.O., S. 137.
120 Vgl. Beuscher, a.a.O., S. 161 und Rötzer, Ästhetische Herausforderungen, S. 37 sowie Anders, Die Antiquiertheit des Menschen, Bd. 1, S. 142.
121 Vgl. Beuscher, a.a.O., S. 165.

ändert, daß die Alten in der Mehrzahl sind. Man lernt, ganz sachlich zu sein, ohne noch zu merken, daß man dabei dem Werten nicht entkommt. Denn ›Sachlichkeit‹, ›Wertfreiheit‹ sind auch Werte, nämlich ›Maschinenwertungen‹«.[122]

Dennoch können kleine Fluchten in die virtuellen Realitäten für Beuscher durchaus legitim sein, wenn es nicht zur dauerhaften Vermischung von Virtualität und Realität kommt:

»Wenn ich am Schreibtisch mit gläsernem Blick davon träume, der König von Deutschland zu sein, erhole ich mich womöglich vom frustrierenden Realitätsdruck, den ein Knöllchen für falsches Parken, schwierige Kinder und beängstigende Vorgesetzte bei mir bewirkt haben. Solche (Realitäts)Pausen sind gesund. Problematisch würde es nur, wenn ich mir im Laufe der Zeit wirklich wie der König von Deutschland vorkäme und auch so aufträte«.[123]

Derartige Formen kleiner Fluchten liegen für Beuscher jedoch nicht auf derselben Ebene wie das Abgleiten in computergestützte virtuelle Welten:

»Die Gefahr im Blick auf eine Beeinträchtigung des Humanum liegt vielmehr darin, daß die digitalen virtuellen Realitäten aufgrund der technologischen Ubiquität zunehmend nur noch von den Lebenschancen und -nöten ablenken, anstatt diese im Unterschied zu früher üblichen, kleinen analogen Fluchten bewußt zu inszenieren. Die ›kleinen Fluchten‹ wie Kino, Videospiel, Saturday-Night-Fever oder Wochenend-Trip sowie jahreszyklische, größere Reisen waren doch mehr oder weniger noch mit Ortswechseln verbunden. Die Computerisierung gerade nicht; sie gehört zu den narzißtischen Ventil- und Übergangsphänomenen, die bei tagträumerischem Daueraufenthalt zu normaler humaner Beeinträchtigung führen können«.[124]

Der Religionspädagogik bleibt für Beuscher in diesem Setting die Hauptaufgabe der Ideologiekritik:

»Daraus ergibt sich heute als Hauptauftrag schulischen Religionsunterrichts an der Schwelle zur Jahrtausendwende die Frage nach den Bedingungen für eine mögliche nichtideologische Ideologiekritik. Die Frage nach einer möglichen persönlich-integren Religiosität aufgeklärter Menschen ist darin ebenso enthalten wie präventive Maßnahmen gegen die Neigung zur Etablierung (tech-nologischer) Goldener Kälber. Ob Computertechnologien als Totalitätsmaschinerie oder Diversifikationsspielzeug dienen, entscheidet sich an der Religiosität der Menschen«.[125]

Zusammenfassend ist hinsichtlich Beuschers Position festzuhalten, daß er einen Mittelweg zwischen Medienkritik und Medienrezeption anstrebt und

---

122 Vgl. Beuscher, a.a.O., S. 196.
123 Vgl. Beuscher, a.a.O., S. 194.
124 Vgl. Beuscher, a.a.O., S. 204–205.
125 Vgl. Beuscher, a.a.O., S. 212.

den Wert kleiner Alltagsfluchten durchaus positiv bewertet, solange diese zu keinem vollständigen Abtauchen in die Medienwelten führen. Allerdings bleibt er – auf die Gefahren der Computernutzung verweisend – gerade dem Medium Computer gegenüber eher skeptisch eingestellt. Beuscher legt die Anthropologie als zentrales Thema innerhalb der Computerthematik offen und erkennt die »medienreligiöse Dimension« dieses Mediums.[126] Gegenüber empirischen Ansätzen – die er in struktureller Parallelität zum Medium Computer sieht – hat Beuscher aus wissenschaftstheoretischen Gründen Vorbehalte. Die Hauptaufgabe des Religionsunterrichts im computergestützten Informationszeitalter besteht für ihn folglich in der Ideologiekritik.

2.5 W. Vogel: Religion Digital / Religionspädagogik kommunikativ-vernetzt (seit 1997)

Religion Digital (1997)

Der Band »Religion Digital« aus dem Jahr 1997 beschäftigt sich als einer der ersten im deutschsprachigen Raum explizit mit der Problematik des Computereinsatzes im Religionsunterricht.[127] Dabei richtet Vogel seinen Fokus auf den zu diesem Zeitpunkt bestehenden technischen »Ist-Zustand« und extrapoliert die technischen Möglichkeiten nicht gedanklich in die Zukunft (»Virtual Reality«, »Cyberspace«, »künstliche Intelligenz«). Vogel geht von der Grundannahme aus, daß die Lebenswelt der Schüler und Schülerinnen notwendig ein Thema des Religionsunterrichts darstellt. Da diese Lebenswelt heute medial geprägt ist, sollten Medien im Religionsunterricht thematisiert werden. Zudem ist mediale Informationsübermittlung eine der prägenden Kommunikationsformen der Schüler und Schülerinnen. In diesem Sinne bemerkt Vogel: »Was das Leben der Schülerinnen bestimmt, muß auch im Religionsunterricht vorkommen, und die Sprache des Unterrichts muß jene der Schülerinnen sein«.[128] Damit verfolgt Vogel eine konsequente Schülerorientierung. Diese bleibt jedoch insofern noch eingeschränkt, als er keine genauere Analyse des lebensweltlichen Umgangs mit Computern durch Schüler und Schülerinnen liefert und die Art der medialen Gestaltung des Alltagslebens der Jugendlichen nicht genauer expliziert.

Entsprechende Stellungnahmen zum Mediengebrauch von seiten der katholischen Kirche[129] zeigen nach Vogel an, daß die Heilsbotschaft auch mit Hilfe entsprechender Kommunikationsmittel verkündigt werden soll. Wichtig sei aber der angemessene Umgang mit den Medien. Von daher folgert Vogel, daß die Frage des Computereinsatzes im Religionsunterricht notwendig zu

---

126 Vgl. dazu Kapitel 6.5 »Exkurs: Zur Diskussion um ›Medienreligion‹«.
127 Vgl. dazu Vogel, W., Religion digital, Innsbruck / Wien 1997.
128 Vgl. Vogel, Religion digital, S. 10.
129 So z.B. das Pastoralschreiben »Communio et progressio« aus dem Jahr 1971.

stellen ist. Zudem sind Medien auch in einem erweiterten Rahmen im Dienste der Neuevangelisierung bzw. der seelsorgerlichen Begleitung zum Einsatz zu bringen. Um den Computereinsatz im Religionsunterricht didaktisch zu verankern, entwickelt Vogel das Modell eines computerdidaktischen Vierecks, das in Anlehnung an das Berliner Modell der Didaktik[130] die Korrelation von Inhalten, Zielen, Methoden und Medien beschreibt. Dieses Modell verbindet Vogel mit »computerdidaktischen Variablen«: Schüler, Lehrer, Computer, Programme. Bezüglich der Schüler und Schülerinnen ist nach Vogel zu fragen, ob sie in der Lage sind, mit dem Computer umzugehen. Letzteres gilt ebenso für die Lehrer und Lehrerinnen. Zudem sind die Hardware- bzw. die Software-Voraussetzungen zu prüfen. Die genannten Grundvariablen expliziert Vogel exemplarisch an der bestehenden österreichischen Situation und gibt erste Anregungen für einen sinnvollen Einsatz des Mediums Computer im schulischen Unterricht (Simulationen, Tests, Textverarbeitung, usw.), der noch nicht fachspezifisch entfaltet wird.[131] Auch eine Abwägung der Gefahren und Chancen der Computernutzung ist bei Vogel allgemein auf schulischen Unterricht und nicht spezifisch auf die Religionspädagogik ausgerichtet.

Ausgehend von einer Definition des Lernens entwickelt Vogel entsprechende Überlegungen zur spezifischen Computernutzung im Religionsunterricht. Lernen ist für ihn »die relativ dauerhafte Änderung von Verhalten aufgrund von Erfahrung, d.h. von Interaktion eines Organismus mit seiner Umwelt«.[132] Lernen ist damit ein »Prozeß, der auf Veränderung und Weiterentwicklung von Erkenntnissen, Verhaltensweisen, Einstellungen, Interessen und Wertschätzungen abzielt«.[133] Jeglicher Unterricht partizipiert an diesem Gesamtziel, wobei der Religionsunterricht seinen Fokus auf »ein den ganzen Menschen erfassendes Grundverhalten«[134] richtet. Dabei lassen sich für Vogel verschiedene Grundmuster von Lernen im Religionsunterricht unterscheiden: so z.B. das religiöse Sach- und Begriffslernen und die Befähigung zum ethischen Urteil. Diese bezieht Vogel wiederum auf das Lernen mit Computern. Dabei weisen seine konzeptionellen Ausführungen deutlich

---

130 Das Berliner Modell der Didaktik, die lerntheoretische Didaktik, unterscheidet für die Unterrichtsplanung und –analyse Entscheidungs- und Bedingungsfelder: Bedingungsfelder des Unterrichts sind die anthropogenen und soziokulturellen Grundlagen. Entscheidungsfelder umfassen Lernziele, Lerninhalte, Methoden und Medien. Zwischen den Entscheidungsfeldern besteht ein Interdependenzzusammenhang. Vgl. Heinmann, P. / Otto, G. / Schulz, W. (Hrsg.), Unterricht. Analyse und Planung, 5. Aufl, Hannover 1970 und Lämmermann, G. / Naurath, E. / Pohl-Patalong, U., Arbeitsbuch Religionspädagogik, S. 184ff.
131 Vgl. dazu Vogel, a.a.O., S. 39–48.
132 Vgl. Vogel, a.a.O., S. 48.
133 Vgl. Vogel, ebd.
134 Vgl. Vogel, ebd.

in die Richtung einer Sachinformationsvermittlung durch Lernprogramme. Selbst seine Überlegungen zum Einsatz des Computers als Medium, das spielerisch angewandt wird, bleiben stark inhalts- und stofflastig. Letzteres zeigt auch die Erarbeitung des Religionsquiz »Quizzer«. Ebenso sind die Programmempfehlungen für den Religionsunterricht durch Vogel stark an Quizspielen und der direkten Vermittlung von Sachwissen orientiert. Diese werden von Vogel entsprechend positiv bewertet. Bemerkenswert ist allerdings, daß die Programmierung des Religionsquiz »Quizzer« zum Großteil von den Schülern und Schülerinnen durchgeführt wurde und so die Struktur des einfachen Lernens mit Lernprogrammen für diese Schüler eine deutliche Erweiterung erfahren hat.

Religionspädagogik kommunikativ-vernetzt (2001)

Vogel strebt eine Weiterentwicklung seines Ansatzes zu einer kommunikativ-vernetzten Religionspädagogik, gekoppelt an die Nutzung des Internets, an.[135] Ausgangspunkt für diesen Ansatz ist die Internet-Plattform »Netburger. Das Brötchen im Netz« (http://www.netburger.at), in das auch geistliche Angebote wie Gottesdienste und religiöse Chats[136] integriert sind und in dem sich ein digitales Religionsbuch (http://www.netburger.at/religionsbuch) findet. Dieses digitale Religionsbuch will aktuell und schüler- und schülerinnengerecht sein. Es soll im Religionsunterricht eingesetzt werden, Schüler und Schülerinnen zur Religion motivieren und kommunikativ-vernetzt sein. Zudem sollen lokale und regionale Besonderheiten Berücksichtigung finden.

Eine genauere Analyse dieses programmatischen Vorgehens liefert Vogel in seiner Monographie »Religionspädagogik kommunikativ-vernetzt. Möglichkeiten religionspädagogischer Arbeit im Internet« aus dem Jahr 2001. Hier bietet Vogel zunächst eine Einführung in computervermittelte Kommunikation (CMC) und Formen der Kommunikation im Internet. Anschließend beschreibt Vogel die Entwicklung von Internetgottesdiensten und religiösen Themenchats genauer, wobei bei diesen der Faktor »Kommunikation« im Vordergrund steht. Es geht um die Etablierung einer virtuellen Gemeinschaft, bei der Anonymität eine gewisse Offenheit ermöglicht. Diese virtuelle Kommunikationsform kann nach Vogel gerade jüngere Menschen ansprechen und besitzt auch einen gewissen Unterhaltungswert. Um diesen Projektansatz zu evaluieren, hat Vogel eine empirische Untersuchung durchgeführt, die quantitative und qualitative Untersuchungsmethoden trianguliert.[137] So analysiert Vogel mit Hilfe der »new grounded theory« das Kommunikationsverhalten von Teilnehmern und Teilnehmerinnen in religiösen Chats im Rahmen des »Netburger«. Vogel stellt fest, daß das Hauptmotiv für die Teilnahme am

---
135 Vgl. Vogel, Religionspädagogik kommunikativ-vernetzt, Münster 2001.
136 Vgl. dazu Vogel, Religionspädagogik im Internetzeitalter, S. 205–218.
137 Vgl. dazu Vogel, ebd.

religiösen Chat im Wunsch besteht, Leute virtuell zu treffen. Er unterscheidet vier Phasen der Teilnahme am moderierten religiösen Chat: »Distanziertes Sachinteresse (Phase I), sachbezogene persönliche Kommunikationsbereitschaft (Phase II), virtuelle Beziehungspflege (Phase III) und kein Interesse an der Sache und am Thema (Phase 0)«.[138] Ausgehend von seinen empirischen Analysen kommt er dann zur Diagnose der Gleichwertigkeit der CMC mit herkömmlichen Kommunikationsformen.

Resultierend aus dieser Grundthese fragt Vogel danach, welche Implikationen die CMC für den religionspädagogischen Lernort Schule bzw. für den Religionsunterricht besitzt. »Welche notwendigen Veränderungen bedingt die zunehmende Vernetzung für den Religionsunterricht, und in welcher Form müssen die ReligionslehrerInnen auf die neuen kommunikativen Medien reagieren?«[139] Zunächst präsentiert Vogel Formen des Lernens im Internet. Er unterscheidet im Gefolge von N. Döring[140] Selbstlernen, Präsenzunterricht und Fernunterricht, wobei sich die jeweiligen Formen in ein Vermittlungsparadigma (explizites Selbstlernen, frontaler Unterricht, Fernkurse) und ein Problemlösungsparadigma (implizites Selbstlernen, gruppenzentrierter Präsenzunterricht, kooperatives Fernlernen) ausdifferenzieren. Unter explizitem Selbstlernen ist grundsätzlich »eine Lernsituation verstanden, die im Gegensatz zu einem Unterrichtsgeschehen selbständig vom Lerner bzw. von der Lernerin absolviert und zum Zeitpunkt des Lernens ohne fremde Hilfe bewerkstelligt wird«.[141] Derartige Formen von Selbstlernen sind dann auch in Hinsicht auf das Medium Computer und das Internet zu finden: »Im Internet wird dann zwischen direktem und indirektem Selbstlerngeschehen unterschieden«.[142] Beim impliziten Selbstlernen im Internet wird im Gegensatz zum expliziten Selbstlernen im Internet kein unmittelbarer Lerneffekt intendiert. Vielmehr handelt es sich beim impliziten Selbstlernen nach Vogel um Prozesse des entdeckenden Lernens bzw. des indirekten Lernens.[143]

Auch den Frontalunterricht kann eine entsprechende Computernutzung gemäß Vogel durch Informationsgewinnung über das Internet, durch e-mail, Chat und Videokonferenzen unterstützen.

Zudem kann der Computer bzw. das Internet zum Thema des Religionsunterrichts werden und hier zu schulischer Bildung insgesamt beitragen. Ziel dieses Unterrichts über die Medien ist die Erlangung von »Medienkompetenz«.

---

138 Vgl. Vogel, a.a.O., S. 146.
139 Vgl. Vogel, a.a.O., S. 158.
140 Vgl. Döring, Lernen und Lehren im Internet, S. 359–393.
141 Vgl. Vogel, a.a.O., S. 160.
142 Vgl. Vogel, ebd.
143 Vgl. dazu Vogel, a.a.O., S. 168 ff.

2 Religionspädagogische Entwürfe zum Thema Computer und Internet

»›Darunter können vier Dimensionen verstanden werden: 1. das Wissen über Medien – ihre Organisations- und Angebotsformen sowie ihre Produktionsbedingungen, 2. die Fähigkeit, die Medienangebote kritisch bewerten und begründet auswählen zu können, 3. die Fähigkeit, sich über Medien zu artikulieren und damit eigene (Kommunikations-)Interessen zu verwirklichen sowie die Medien kreativ als Produktionsinstrumente nutzen zu können und 4. die medialen Zeichencodes und Symbole entziffern und deuten zu können‹. Die Schule muss sich auf die ›Lebenszusammenhänge von Kindern und Jugendlichen einlassen und sie dabei unterstützen, neue (Medien-)Erfahrungen zu machen. Gefordert werden hier nicht primär Inhalte, sondern Handlungskompetenz‹«.[144]

Das Problem eines derartigen Vorgehens besteht nach Vogel darin, daß die Medien für die Jugendlichen hochaffektiv besetzt sind und nun kognitiv-bildend bearbeitet werden sollen.

»So sind bei der Verwirklichung der Förderung der Medienkompetenz neue Medienkonzepte zu erstellen, denn die ›Diskrepanz zwischen pädagogischem Anspruch und jugendlicher (Medien-)Realität scheint in der schulischen Praxis seltsam unüberbrückbar und verstärkt die Ratlosigkeit vieler Pädagogen gegenüber schulischer Medienpädagogik‹«.[145]

Diese Diskrepanz gilt es notwendig im Auge zu behalten, wenn es um die Erarbeitung von Medienkompetenz geht. Hier sind nach Vogel folgende Fragestellungen im Blick zu behalten:

»Welche Informationsquellen zu einem bestimmten Thema lassen sich ausfindig machen? Wie sind diese Informationsquellen zu bewerten? Nach welchen Kriterien? Welche Informationen sollen durchgearbeitet werden? Wie könnte man Stopp-Regeln festlegen? Welche Fragen lassen die präsentierten Informationsangebote offen? Welche Rückmeldung könnte man den Autoren geben? Wie ist die Autorenreaktion zu beurteilen? Bei solchen Aufgabenstellungen lernen die Schülerinnen nicht nur ›Inhalte‹, sondern auch wie solche im Netz zu finden sind, sie lernen, Inhalte und Quellen gegeneinander abzuwägen und zu beurteilen«.[146]

Letztere Aspekte sind aber wiederum stark inhaltslastig orientiert und durchbrechen noch nicht die von Vogel zurecht angezeigte Problemstellung.

Um eine derartige, allein inhaltsorientierte, Engführung zu überwinden, sind verschiedene Formen des Gruppenunterrichts in Relation zum Medium Computer nach Vogel zu unterscheiden: So stellt das Internet gemäß Vogel ein Medium dar, das die Möglichkeit zu Gruppenarbeiten und Projekten bietet. Beim gruppenzentrierten Präsenzunterricht arbeitet der Klassenver-

---

144 Vgl. Vogel, a.a.O., S. 176 und Hugger, Medienpädagogik im ausgehenden 20. Jahrhundert, S. 282.
145 Vgl. Vogel, a.a.O., S. 177 und Vollebrecht / Mägdefrau, Medienkompetenz als Ziel schulischer Medienpädagogik, S. 54.
146 Vgl. Vogel, ebd.

band selbständig in Kleingruppen. Beim Fernunterricht, einer allein mediengestützten Unterrichtsform, sind das Durcharbeiten fertiger Kurse im Sinne des programmierten Unterrichts bzw. das gemeinsame Erarbeiten bestimmter Aufgaben in Teams zu unterscheiden. Beim kooperativen Fernlernen »bilden sich wie im gruppenzentrierten Präsenzunterricht Teams, die auf unterschiedliche Weise medial miteinander kommunizieren, interagieren und gemeinsam Projekte realisieren«.[147]

Da das computergestützte Lernen gerade auf Kommunikation und soziale Lernprozesse abzielt, eignet es sich gemäß Vogel explizit für religionspädagogisches Lernen. Allerdings konzentriere sich ein entsprechender Einsatz des Mediums Internet bisher auf den Bereich der Vermittlung kognitiver Inhalte in Form von Lernprogrammen und entsprechenden Informationsseiten. Die CMC stellt nach Vogel eine konstruktive Reaktion der Religionspädagogik gegenüber den aktuellen Herausforderungen der Globalisierung, der Individualisierung und dem permanenten Wandel, der unsere Welt auszeichnet, dar. Zudem sucht der kommunikativ-vernetzte Religionsunterricht gemäß Vogel bewußt die Vernetzung von schulischer und außerschulischer Lebenswelt. Auch wird die Rolle des Religionslehrers und der Religionslehrerin in einer derartigen Unterrichtsform nicht obsolet, sondern vielmehr hat er oder sie als Teil eines Teams Führungs- und Coachingfunktion. Daher kommt Vogel abschließend zu folgendem Resümee:

> »Dem großen medien- und religionspädagogischen Problem, dass sich immer mehr Menschen nicht nur Informationen mit Hilfe der (Neuen) Medien selbständig aneignen, sondern auch viele Meinungsbildungs- und Persönlichkeitsentwicklungsprozesse von den Medien mitbestimmt werden, wird hier für ein bestimmtes Medium (dem Internet) ein Lösungsansatz entgegengehalten: Gibt man die dargebotenen Inhalte nicht isoliert weiter – wodurch kaum Einfluss auf das Rezeptionsverhalten der UserInnen genommen werden kann –, sondern ergänzt man sie mit Kommunikationsforen (Chatrooms, Diskussionsforen usw.), bietet das Internet völlig neue Formen des (religiösen) Lernens«.[148]

So ist zusammenfassend hinsichtlich Vogels Ansatz zur Computernutzung im Kontext der Religionspädagogik festzuhalten, daß er von einer grundsätzlichen Lebensweltorientierung ausgeht, die er aber nicht weiter expliziert. Die mediale Prägung der Lebenswelt und die medial gestützten Kommunikationsformen der Schülerinnen und Schüler werden für ihn zum Movens einer Integration des Mediums Computer in den Religionsunterricht. Allerdings analysiert er nicht die lebensweltliche Einbettung des Computerumgangs von Schülern und Schülerinnen. Seine zunächst in Richtung auf Sachinformationen und Inhalte konzentrierte Nutzung des Mediums Computer im Religi-

---

147 Vgl. Vogel, a.a.O., S. 180.
148 Vgl. Vogel, a.a.O., S. 236.

onsunterricht erfährt eine Erweiterung hin zu einer kommunikativ-vernetzten Religionspädagogik. Die Orientierung derartiger computergestützter Lernprozesse geht nach Vogel weg vom inhaltsgestützten Lernen hin zur Handlungskompetenz, besitzt eine starke Ausrichtung auf Gruppen und zielt auf soziale Lernprozesse ab. Die Schüler und Schülerinnen sollen im Religionsunterricht Medienkompetenz in ihren verschiedenen Dimensionen erwerben. Der Religionslehrer und die Religionslehrerin werden zum Coach in teamorientierten Lernprozessen.[149]

2.6 A. Mertin: Internet im Religionsunterricht (seit 2000)

Internet im Religionsunterricht (2000)

Der Band »Internet im Religionsunterricht« des Theologen und Kulturwissenschaftlers Andreas Mertin zeigt eine deutliche Orientierung hin zur religionspädagogischen Unterrichtspraxis. Er bietet zahlreiche Unterrichtsentwürfe, die die Computernutzung in jeweils unterschiedlicher Weise integrieren.

Bevor Mertin einzelne Unterrichtsentwürfe präsentiert, analysiert er, ob das Internet für den schulischen Alltag notwendig ist. Dabei hält Mertin zwei Punkte fest: Einerseits kann es nicht darum gehen, die Unterrichtsgestaltung vollständig auf Computernutzung umzustellen. So hält er es für angemessen nur etwa 4 % des Unterrichts auf Computernutzung auszurichten, weil dadurch ein weiteres Einüben der Computernutzung im häuslichen Bereich stattfinden kann. Andererseits sollte sich die Schule nicht vollständig der Computer- bzw. Internetnutzung enthalten, da ein kritischer Umgang mit dem Internet immer an ein solides Vorwissen gebunden ist. Ziel des Schulunterrichts sollte es sein, Kinder und Jugendliche zu einem bewußten Umgang mit dem Internet zu erziehen, der es diesen ermöglicht, aus dem Medium Computer möglichst viel Gewinn zu ziehen, dessen Chancen und Grenzen zu erkennen und dabei keinen Schaden zu nehmen. Die Nutzungsmöglichkeiten für den Unterricht sieht Mertin im Bereich des Internets als Informationspool. Er bemerkt:

> »Die Ausbildung der umfassenden Fähigkeit, auf allen Gebieten des Alltagslebens links, d.h. Verbindungen zu entdecken, ihnen nachzugehen oder sie herzustellen, gehört zu den wichtigen Bildungsaufgaben«.[150]

In diesen Zusammenhang stellt Mertin auch den Religionsunterricht, der schwerpunktmäßig eine kulturhermeneutische Ausrichtung besitzt:

> »Religionsunterricht muss auch verstanden werden als Ausbildung der Fähigkeit, in der Kultur links zur jüdisch-christlichen Erzähltradition

---

149 Vgl. dazu Kapitel 11 »Religionspädagogische Implikationen der Computernutzung Jugendlicher«.
150 Vgl. Mertin, Internet im Religionsunterricht, S. 49.

einzutragen bzw. derartige Verbindungen zu entdecken. In diesem Sinne ist Religionsunterricht notwendig Kulturhermeneutik: ein Verstehen und Auslegen dessen, was in der Gegenwartskultur vor sich geht. Dadurch kann sowohl ein neuer Zugang zur christlichen Tradition eröffnet werden, wie auch ein tieferes Verständnis der Gegenwart ermöglicht werden«.[151]

Damit bietet die Computernutzung nach Mertin die Möglichkeit, der grundsätzlichen Aufgabe des Religionsunterrichts nachzukommen, Gegenwart und vergangene christliche Überlieferungen miteinander zu verbinden. Zudem können über das Medium Computer auch die sich verändernden Landschaften menschlicher Spiritualität bis hin zur Virtualisierung von Religion in den Blick genommen werden. Dabei ist der Medienwechsel hin zu den neuen Medien für Mertin insofern kein Problem, als gerade die Verbreitung der Reformation mit der Hinwendung zum Buchdruck verbunden war. Damit ist eine kritische Medienerziehung, die der Religionsunterricht zu leisten hat, nicht notwendig mit einer völligen Abstinenz von der Nutzung neuester Medieninnovationen im Unterricht zu verbinden.

Betrachtet man die von Mertin entwickelten Typen an Unterrichtsmodellen, so zeigt sich, daß der Großteil der Unterrichtsmodelle dem Bereich »Information durch das Internet« zuzuordnen ist (z.B. Kirche in der Neuzeit, Holocaust usw.). Einige Themen setzen sich dezidiert mit dem Medium Internet auseinander: So finden sich Entwürfe zum Chatten und zur Internet-Sucht. Auch die Gestaltungsmöglichkeiten des Internets sollen für den Religionsunterricht genutzt werden: Daher zielen mehrere Unterrichtseinheiten (z.B. Selbstwertgefühl und Selbstvertrauen, Leben in der multikulturellen Gesellschaft) auf die Gestaltung einer eigenen Homepage ab. Zudem werden religiöse Cyber-Phänomene diskutiert. In diesem Sinne widmet sich eine Einheit der Frage nach Gott im Internet und einige Cyberkirchen bzw. Internet-Profile bestimmter Religionsgemeinschaften werden vorgestellt. Überdies entwickelt Mertin einen umfangreichen Unterrichtsentwurf für die Sekundarstufe II, der zahlreiche Aspekte des Internetgebrauchs in den Blick nimmt (z.B. die Folgen des Internet, Körperlichkeit und Internet, die Virtualisierung von Religion).

Insgesamt zeigt sich, daß Mertin stark an der kulturellen Entwicklung des Internets und seiner Bedeutung interessiert ist. Von dieser Perspektive her versucht er, diese Thematik den Schülern und Schülerinnen zugänglich zu machen. Eine konsequente Schülerorientierung und eine Ausrichtung an der Lebenswelt von Kindern und Jugendlichen ist zunächst noch nicht zu finden. Das Medium Computer bzw. Internet kommt nicht in seiner Bedeutung für die Heranwachsenden, sondern vielmehr von seiner Relevanz für die Gesamtkultur her, in den Blick. Aus dem Blickwinkel dieser Metaperspektive

---

151 Vgl. Mertin, ebd.

sollen Kinder und Jugendliche einen kritischen Umgang mit dem Internet einüben.

Nullstellung der Wahrnehmung (2003) / Neue Medien im Religionsunterict (2003)

In seinem Beitrag »Nullstellung der Wahrnehmung«[152] aus dem Jahr 2003 stellt Mertin die an Medialität gebundene Form religiöser Lehre heraus, die gerade die Reformation auszeichnet. Damit wendet er sich gegen eine einseitige Präferenz der face-to-face-Kommunikation und gegen die Kritik an Virtualität durch Kirche und Theologie. Demgegenüber sieht Mertin durchaus erzieherische Chancen in religiös orientierten Netzpräsentationen und einer Integration von Formen des e-learning. Mertin betont, daß es nach wie vor zu wenige Angebote hinsichtlich religiöser Bildung im Netz gebe. Zudem bringt die zunehmende Digitalisierung unter globaler Perspektive das Aufbrechen bzw. die Vertiefung erheblicher Differenzen mit sich. Außerdem entstehen Probleme der Datenmanipulation und damit verbunden einer notwendigen Verifikation, wodurch nach Mertin Qualitätssicherung zum entscheidenden Kriterium wird:

> »Die zentrale Herausforderung ist die der Qualitätssicherung. Dokumentiert wird zur Zeit, was Unterrichtende de facto vermitteln bzw. vermitteln wollen und nicht unbedingt, was Religion lehrt. Abgemildert könnte man sagen, dass das aktuelle Angebot die Lehrpläne und die darüber hinausgehenden Unterrichtswünsche der Schülerinnen und Schüler spiegelt, nicht notwendig aber die Gestalt der Religion in der Gegenwart. Qualitätssicherung wird durch Bewertung vorgenommen, die sich in der Regel aber auf Verwendbarkeit und nicht auf den Inhalt bezieht. Von der Qualität eines Angebots hängt aber auch seine Zukunftsfähigkeit ab ... So steht weiterhin zur Diskussion: Was sind die Standards, an denen sich im 21. Jahrhundert der Unterricht in Religion orientieren müsste? Was wird derzeit bei den professionell mit religiösen Bildungsprozessen Befassten diskutiert? Welche Vermittlungsinhalte sind zu forcieren, welche zurückzustellen? Wo sind im Rahmen der Angebote des Netzes noch Defizite – grundsätzlicher wie aktueller Art – festzustellen? Kann es religiöse Kommunikation im Sinne von Religion als einem »diskursiven Tatbestand« im Internet überhaupt geben?«[153]

In dem Sinn geht es Mertin zunächst um die Absicherung der Qualität der Inhaltsorientierung und der Effektivität religiöser Lernprozesse.

---

152 Vgl. dazu Mertin, Nullstellung der Wahrnehmung? Zur Herausforderung des Cyberspace für den Religionsunterricht, S. 105 ff.
153 Vgl. Mertin, a.a.O., S. 117–118.

In seinen Ausführungen in »Neue Medien im Religionsunterricht«[154] aus dem Jahr 2003 verweist Mertin dann darauf, daß es gelte, die Alltagsrealität der Jugendlichen im Blick zu behalten.

> »Worum es geht, ist im schulischen Kontext den gar nicht so ›geheimen Miterziehern‹ über die Schulter zu gucken, zum Beispiel im Blick darauf, was sie präsentieren oder welche Bilder sie für ein Verständnis der Welt liefern. Wahrzunehmen ist, wie Religion heute in den kulturellen Massen-Medien Gestalt gewinnt, wie sie ästhetisch erarbeitet wird, wie ihr Formen- und Ausdrucksmaterial recycelt wird, wie popkulturell das Erbe der Religion (nicht nur in säkularisierter Gestalt) wieder auftaucht«.[155]

Mertin hat nun gegenüber seinen Ausführungen aus dem Jahr 2000 die Alltagsperspektive von Jugendlichen im Blick, geht dieser aber nicht weiter nach.

So ist resümierend festzustellen, daß für Mertin – dessen Ausführungen zum Computereinsatz im Rahmen religionspädagogischen Handelns vor allem an praktischer Anwendung orientiert sind – der Umgang mit dem Internet ein notwendiger Teil schulischen Lernens ist. Das Internet stelle einen wichtigen Informationspool dar, dessen Nutzung gewisse Grundkompetenzen, wie zum Beispiel die Qualitätssicherung von Wissen durch entsprechende Beurteilungsfähigkeiten notwendig mache. Gerade für den Religionsunterricht gehe es darum, den Schülern und Schülerinnen die Links zur jüdisch-christlichen Erzähltradition offenzulegen und sie so in Prozesse der Kulturhermeneutik, die auf das Verstehen und Auslegen der Gegenwartskultur abzielen, zu integrieren. Auch die Alltagsperspektive von Jugendlichen kommt bei Mertin im Fortgang seiner Überlegungen in den Blick, wird aber nicht weiter entfaltet.

2.7 M. Sander-Gaiser: Lernen mit vernetzten Computern in religionspädagogischer Perspektive (2001)

Die Untersuchung von M. Sander-Gaiser versteht sich als »erste grundlegende, fachwissenschaftliche Orientierung und Konzeption zur Nutzung vernetzter Computer«[156]. Er geht dabei in mehreren Schritten vor: Zunächst untersucht Sander-Gaiser bereits vorliegende religionspädagogische Entwürfe zur Nutzung von Computern im Religionsunterricht, er analysiert dann entsprechende kirchliche Stellungnahmen[157], richtet den Fokus auf das Ver-

---

154 Vgl. dazu Mertin, Neue Medien im Religionsunterricht, S. 2.
155 Vgl. Mertin, a.a.O., S. 2.
156 Vgl. Sander-Gaiser, Lernen mit vernetzten Computern, S. 369. Die Darstellung orientiert sich am Kapitel »Zusammenfassung« in dem genannten Band von M. Sander-Gaiser.
157 Vgl. dazu Kapitel 1 »Einleitung«.

2 Religionspädagogische Entwürfe zum Thema Computer und Internet

hältnis von Informationstechnologie und Arbeit und entwickelt dann ein theologisches Verständnis von Lernen im Rahmen der evangelischen Religionspädagogik. Überdies setzt sich Sander-Gaiser aus religionspädagogischer Perspektive mit internationalen Forschungsansätzen zum vernetzten Lernen mit Computern auseinander. Daraus entwickelt er eine eigene Position und erste Handlungskonzeptionen.

Sander-Gaiser will einen Beitrag zur Entwicklung des »computer supported collaborated learning« (CSCL) leisten. Seine Studien bettet er in den Theorierahmen der »activity theory« ein, einer Theorie aus der soziokulturellen Psychologie. In deren Theorierahmen wird Lernen als Tätigkeit des Individuums verstanden und in enger Verbindung mit den Tätigkeiten der Gemeinschaft gedacht. Diesen Theorierahmen bezieht Sander-Gaiser direkt auf eine theologisch fundierte Lerntheorie, die für ihn konsequent mit der »activity theory« korrespondiert. Bezogen auf die Fragestellung nach dem Lernen mit vernetzten Computern kommt Sander-Gaiser zu der Schlußfolgerung, daß vernetzte Computer den Tätigkeitsbereich einer Klasse erweitern und Schülern erst dadurch die Partizipation an bestimmten kulturellen Gemeinschaftsformen ermöglicht wird, die ihnen sonst verschlossen wären.

Sander-Gaiser analysiert zunächst die bereits vorliegenden religionspädagogischen Entwürfe zum Thema »Computer und Internet« im deutschsprachigen Raum und verortet diese im europäischen Kontext. Er kommt zu dem Schluß, daß zumeist ein angemessener theoretischer Hintergrundrahmen fehlt, daß die Ausrichtung der Entwürfe zu stark in Richtung Praxis zielt und, daß das Modell eines »kommunikativ-vernetzten Religionsunterrichts«[158] erst einer konzeptionellen Klärung bedarf. Auch die Stellungnahmen der Kirchen sind allein auf die neuen Medien als Informationsmedien ausgerichtet und haben noch nicht die Möglichkeit des aktiven Lernens und Handelns mit neuen Medien im Blick. Letzterem gilt gerade Sander-Gaisers Interesse. Dabei kommt den sozialkommunikativen Fähigkeiten eine Schlüsselstellung in der modernen Informationsgesellschaft zu. Daher rücken »soft skills« ins Zentrum des schulischen Bildungsauftrags, an dem sich auch die Religionspädagogik zu beteiligen hat.

Um diese Beteiligung des Religionsunterrichts an allgemeinen Bildungsprozessen zu begründen, entwickelt er eine theologisch fundierte Lerntheorie: Er versteht Lernen – im Gefolge Luthers – als einen Prozeß der Transformation des Menschen durch das Wort Gottes, in dem dieses göttliche Wort für den Menschen bedeutsam wird. Letzteres vollzieht sich gemäß Sander-Gaiser vor allem durch sprachliche Prozesse. Darin liegt seiner Ansicht nach die enge Verknüpfung von Medialität und Lernen. Ausgehend von diesen Voranalysen entwirft Sander-Gaiser dann ein Modell des »cooperative learning« (CpL) bzw. »collaborative learning« (CL), das er auf das vernetzte Lernen

---

158 Vgl. dazu Vogel, Religionspädagogik kommunikativ-vernetzt, Münster 2001.

mit Computern (CSCL) appliziert. Ausgangsbefund ist dabei nach Sander-Gaiser, daß Arbeitsformen wie die »Gruppenarbeit« im deutschen pädagogischen Kontext schwach ausgeprägt und inhaltlich unterbestimmt sind. Unterschiedliche Theorietraditionen aufnehmend, sucht er, dieses Theoriedefizit aufzuarbeiten: So entwickelt die Motivationspsychologie Formen kooperativen Lernens, die von der Grundannahme ausgehen, daß Schüler einander helfen, weil dies in ihrem eigenen Interesse liege. Sander-Gaiser verhält sich zu diesem Konzept kritisch, da hier ein zu großes Augenmerk auf extrinsische Motivation gelegt wird und die moralische Entwicklung eine zu geringe Förderung erfährt. Interessanter erscheint ihm die Position der »social cohesion« (Cohen, Dewey), in der Kinder und Jugendliche in »Forscherteams« agieren und sich als »Fachmann« oder als »Fachfrau« verstehen und miteinander kooperieren. Das Lernen selbst verläuft nach diesem Konzept spielerisch und in Gruppen.

Zudem rezipiert Sander-Gaiser lernpsychologische Theoriemodelle (Piaget, Vygosky), die die kognitive Entwicklung und den Wissenserwerb in Prozesse unter Gleichgestellten (peers) einbinden und den Lernenden auch die Funktion der aktiven Darstellung von Wissen (lehren) zumessen. Letztere Verantwortungszuschreibung korrespondiert nach Sander-Gaiser der theologischen Lehre vom »Priestertum aller Gläubigen«. Die Schüler und Schülerinnen entwickeln so eine »morale de la coopération«, wobei das eigentliche Wissen in Korrelation zwischen den Individuen entsteht. Auffallend ist, daß Sander-Gaiser die dargelegten Theorien direkt auf theologische Interpretamente bezieht. Er bemerkt:

> »Alle Forschungsperspektiven zu CpL verstehen den Wert des kommunikativen Lernens aus unterschiedlichen Perspektiven. Sie vertiefen die theologische Reflexion dieses Themas. Ein Ergebnis des Dialogs mit CpL ist die Erkenntnis, daß religiöse Lernprozesse sowohl synchron-horizontal (Gemeinschaft) als auch asynchron-vertikal (christliche Überlieferung, vergangene Gemeinschaften) verstanden werden müssen. Lernen vollzieht sich in einer wechselseitigen Interdependenz von Individuum zur Gemeinschaft und zur Überlieferung. Ein solches Lernverständnis korrespondiert mit keinem der Forschungsansätze von CpL«.[159]

Damit bestimmt Sander-Gaiser – von einem religionspädagogischen Lernbegriff her – alle genannten Theorien als defizitär. Auch eine Übertragung auf Lernen mit dem Computer bleibt für Sander-Gaiser unterbestimmt, da derartige Theoriemodelle zwar einen Zugriff auf gemeinsame Dateien und Informationen mit sich bringen, aber Lernen sich nur klassenintern »hinter« Computern als »computer supported cooperative work« (CSCW) abspielt.

Eine theoretische Erweiterung bietet nach Sander-Gaiser dann das Modell des »computer supported collaborative learning«. Dieses gründet sich auf

---

159 Vgl. Sander-Gaiser, a.a.O., S. 374.

vier theoretische Grundlagenfelder: den sozialen Konstruktivismus, die activity theory, das kulturanthropologische Programm des »situated learning and action« sowie auf die kognitionswissenschaftliche Theorie der »distributed cognition«. Allen diesen Theorien ist gemeinsam, daß sie eine kartesische Engführung umgehen wollen. Die »activity theory« entstammt der lernpsychologischen Forschung in der ehemaligen Sowjetunion. Die Theoretiker der »activity theory« (Vygotsky, Luria, Leontjew) machen die dialogische, auf Korrelation abzielende Natur menschlichen Erkennens deutlich. Dabei verstehen sie absichtsvolle mentale und physische Tätigkeiten als Prozesse zwischen Individuum und Gemeinschaft bzw. zwischen kulturellen Artefakten, wobei solche Prozesse sowohl eine intra- als auch eine extrapsychologische Dimension besitzen. Die »activity theory« wurde zu einem Theorierahmen für das Verständnis gemeinschaftlichen, interkulturellen Handelns weiterentwickelt. Daher ist sie nach Sander-Gaiser geeignet, das Modell des »computer supported collborative learning« theoretisch zu explizieren, das davon ausgeht, daß vernetzte Computer die Tätigkeiten unterschiedlichster Formen von Gemeinschaft auf globaler Ebene verbinden. Die Theorie des »situated learning and action« (Collins, Brown, Newman) betont die Ganzheitlichkeit und lebensweltliche Situationsbezogenheit menschlichen Handelns und Lernens. Sie geht zudem davon aus, daß Kommunikationsprozesse innerhalb einer Gesellschaft sich immer von den Rändern zum Zentrum einer Gesellschaft hin orientieren. Die Theorie der »distributed cognition« versteht Lernen als Prozeß der Interaktion bzw. der Kommunikation zwischen Individuum und Gemeinschaft bzw. zwischen Artefakten. Dabei richtet sie ihren Fokus vor allem auf das Funktionieren eines »human-technischen Systems« und nimmt damit den Menschen in einer technisiert-maschinellen Perspektive wahr.

Ausgehend von diesen Grundlagentheorien wurde dann das Modell des CSCL entwickelt. Erste praktisch-empirische Versuche zeigen nach Sander-Gaiser bereits Erfolge: So ist ein Zuwachs an sozialkommunikativen Fertigkeiten, der Aufbau von höheren kognitiven Funktionen, der Wandel in der Einstellung zu einem Thema und die Zunahme in der Eigenverantwortlichkeit im gemeinsamen Forschen bei den Schülern und Schülerinnen zu verzeichnen. Aus theologischer Perspektive erscheinen die neuen Medien nach Sander-Gaiser dann als »neue Form der Selbstmediatisierung der Gesellschaft«[160], die auch mit sozialen und geistigen Veränderungen einhergeht. Der Religionspädagogik kommt innerhalb dieser Konzeption die Rolle zu, Computer als »Instrumente sozialer Kommunikation« zu verstehen und sich für den Erwerb sozialkommunikativer Kompetenzen im Unterricht einzusetzen. Dabei kann sie sich an erziehungswissenschaftlichen Ansätzen zum gemeinschaftlichen Lernen und Arbeiten (Reformpädagogik, Mandl) orien-

---

160 Vgl. Sander-Gaiser, a.a.O., S. 376.

tieren. Sander-Gaiser betont, daß das Heranführen der Schüler an das Medium Computer in kleinen Schritten zu erfolgen hat und nicht sofort eine vollständige Umstellung auf CSCL zu empfehlen ist.

Sander-Gaiser sucht in »Lernen mit vernetzten Computern in religionspädagogischer Perspektive« eine umfassende Theorie computervernetzten Lernens zu entwickeln und hat bereits komplexere Formen der Computernutzung als allein monolineare Userformen im Blick. Das Medium Computer bzw. das Internet kommen jedoch weniger in ihrer Bedeutung für die Heranwachsenden in den Blick, sondern vielmehr von ihrer Relevanz für die durch Informationstechnologie geprägten gesamtgesellschaftlichen Prozesse. Eine konsequente Schülerorientierung und eine Ausrichtung an der Lebenswelt von Kindern und Jugendlichen liegt nicht im Zentrum von Sander-Gaisers Überlegungen, wenngleich seine Orientierung am konstruktivistischen Paradigma die Perspektive der Akteure notwendig integriert.

2.8 J. Siemann: Jugend und Religion im Zeitalter der Globalisierung (2002)

J. Siemann setzt sich im 2002 erschienenen Band »Jugend und Religion im Zeitalter der Globalisierung. Computer und Internet als Thema für Religionsunterricht« mit der Thematik jugendlicher Computernutzung und ihren religionspädagogischen Implikationen auseinander. J. Siemann stellt ihren Ausführungen sechs zentrale Thesen voran:

»1. Die Wahrnehmung jugendlicher Religiosität bedarf besonderer Bemühungen und methodischer Kenntnisse.

2. Sinnfrage und Gottesfrage sind und bleiben auch im Zeitalter der Globalisierung wichtig für Jugendliche ...

3. Den Kompetenzen und der Kreativität Jugendlicher kommt ein Einsatz elektronisch gestützter Medien in Religionsunterricht und Jugendarbeit entgegen.

4. Eine massenhafte Globalisierung der persönlichen Kommunikation ist bisher nicht zu beobachten.

5. Auch und gerade im Zeitalter der Globalisierung suchen Jugendliche die kleinen Welten der Familie, Freundschaften und persönlichen Beziehungen.

6. So sind es letztendlich die zwischenmenschlichen Beziehungen, die auch in Religionsunterricht und Jugendarbeit das religiöse Lernen gestalten und prägen«.[161]

J. Siemann greift die neueren Entwicklungen der Praktischen Theologie und Religionspädagogik, die Popularkultur untersuchen, kritisch aus der Perspektive von Kindern und Jugendlichen auf:

---

161 Vgl. Siemann, Jugend und Religion, S. 7.

2 Religionspädagogische Entwürfe zum Thema Computer und Internet

»So trat ein regelrechter Boom an Entdeckungen von Religion in der Populärkultur auf. Abgesehen von grundsätzlicher wissenschaftlicher Kritik, die wir an der tiefenpsychologischen Deutung von Phänomenen der Lebenswelt unter Vernachlässigung der Rezipientenperspektive anzumelden haben, scheint dieser Zugang in der Praxis keine Frucht zu tragen«.[162]

Siemann erkennt die Notwendigkeit der empirischen Analyse der lebensweltlich gekoppelten Rezipientenperspektive, führt eine solche Untersuchung jedoch nicht selbst durch. Dennoch erachtet sie eine derartige empirische Analyse als notwendig:

»Im folgenden stellen wir das Desiderat ausreichender qualifizierter und differenzierter Untersuchungen jugendlicher Lebensformen, Denkweisen und emotionaler Betroffenheit auf dem Gebiet von Religion und Glaube auf. Die sogenannte empirische Wende hat sich noch nicht in einer Umsetzung empirisch gewonnener Erkenntnisse in der Praxis niedergeschlagen. Als zweites Desiderat hat daher der Erwerb von Wahrnehmungskompetenz in Theorie und Praxis der Religionspädagogik zu gelten«.[163]

Siemann verweist auf bereits vorliegende empirische Untersuchungen.[164] Deren Deutung wird für sie zu einem notwendig zu leistenden Element religionspädagogischen Denkens und Arbeitens:

»Die Deutung von empirischen Untersuchungen ist eine Kompetenz, die zukünftigen Religionslehrer/innen und Mitarbeiter/innen in der kirchlichen Jugendarbeit in der Aus- und Fortbildung vermittelt werden muss. Sie müssen die Solidität und das Forschungsinstrumentarium kritisch würdigen können und das leitende Erkenntnisinteresse, sofern es nicht offengelegt ist, an Hand der Art der Fragen ermitteln«.[165]

Siemann konstatiert innerhalb der Religionspädagogik eine große Zurückhaltung gegenüber der Nutzung der mit dem Computer gegebenen Möglichkeiten. Dennoch kann der Computer für die Religionspädagogik ein Medium sein, um sich mit der nach wie vor notwendig stellenden Sinnfrage, die gemäß Siemann nicht in funktionalistischer Weise zu beantworten und zu lösen ist, auseinanderzusetzen:

»Wenn es in chat-rooms sogar möglich ist, das gesellschaftliche Tabu in Bezug auf Religion zu brechen, und Menschen dort ihre religiöse Sprachfähigkeit üben, müssen Religionspädagogen ernsthaft prüfen, inwieweit sie sich bei der Verfolgung von Intentionen und Lernzielen, z.B.

---

162 Vgl. Siemann, a.a.O., S. 9.
163 Vgl. Siemann, a.a.O., S. 13.
164 Siemann verweist hierzu u.a. auf Wippermann, C., Religion, Identität und Lebensführung, Opladen 1998.
165 Vgl. Siemann, a.a.O., S. 14.

auch bei besonderen Projekten, der Möglichkeiten der sogenannten neuen Medien bedienen«.¹⁶⁶

Gerade eine entsprechende Adressatenorientierung der Religionspädagogik weist in Richtung einer konstruktiven Computernutzung im Religionsunterricht:

> »Dem entspricht in der Religionspädagogik eine Haltung, die an den Kompetenzen ihrer Adressaten ansetzt, auch im Religionsunterricht. Kompetenzbestätigung ist die Triebkraft des menschlichen Strebens nach Kompetenzgewinn. Zu den Kompetenzen heutiger Schüler/innen – im Gegensatz zu einem Großteil der Lehrer/innen – zählt der leichthändige Umgang mit dem Computer und Internet. Positive Erfahrungen mit der Nutzung von Computern und Internet im Religionsunterricht sind auch unter dieser Perspektive zu sehen«.¹⁶⁷

Um sich der Entwicklung eines entsprechenden religionspädagogischen Konzeptes anzunähern, diskutiert Siemann einige grundlegende Entwürfe zum computergestützten Religionsunterricht (u.a. Beuscher, Mertin, Vogel) und entwickelt davon ausgehend Perspektiven für die religionspädagogische Praxis. Da die gegenwärtigen »religionspädagogischen Vorschläge zum EDV-Einsatz ... sich bisher auf die Sekundarstufen mit dem Schwerpunkt auf der Internetnutzung«¹⁶⁸ beziehen, strebt J. Siemann nun eine Erweiterung hin zum Grundschulbereich an:

> »Im Interesse der oben geforderten Vermittlung religiösen Basiswissens ist jedoch auch der Einsatz in der Grundschule zu bedenken, und zwar ohne die persönliche Beziehung und das Gespräch zwischen Lehrenden und Lernenden in seiner Bedeutung zu schmälern«.¹⁶⁹

Siemann geht es um die Ergänzung und Bereicherung des traditionellen Unterrichts, wobei gleichzeitig ein religionspädagogischer Beitrag zum schulischen Auftrag der Medienerziehung geleistet werden soll:

> »Dazu gehört die begründete Selektion von Software und das Einüben im Verwenden und Verwerten von Informationen. Dass Computernutzung nicht die Erfahrung von Wirklichkeit ersetzt, muss immer im Blick bleiben und deutlich werden«.¹⁷⁰

Sie steht der Computernutzung grundsätzlich positiv gegenüber und entfaltet dies in sechs Punkten¹⁷¹:
1. Geschlechtsspezifisch ist zunächst der unbefangene Umgang von Mädchen im Grundschulalter mit Technik zu fördern.

---

166 Vgl. Siemann, a.a.O., S. 35.
167 Vgl. Siemann, a.a.O., S. 34.
168 Vgl. Siemann, a.a.O., S. 53.
169 Vgl. Siemann, ebd.
170 Vgl. Siemann, ebd.
171 Vgl. dazu Siemann, a.a.O., S. 53–55.

2. Der Computer ist als Trainer und als Informationsmittel zu nutzen.
3. Der Computer dient als Schreibwerkzeug, das den kreativen Umgang mit Worten und Texten fördert.
4. Dem Lehrenden kommt eine Schlüsselrolle beim Lernen mit dem Computer zu, die von ihm eine intensive Vorbereitung verlangen.
5. Grundschulsoftware ist für Kinder motivierend gestaltet und daher grundsätzlich positiv zu bewerten. Allerdings wird eine genaue Auswahl und vorherige Prüfung durch den Lehrenden notwendig.
6. Der Computer ist ein Medium der Differenzierung, in dem der Lernprozess kleinschrittig individuell gesteuert wird.

Entscheidend ist dabei gemäß Siemann festzuhalten, daß »der Computer mit seinen Programmen ... nur in einem von der Lehrperson gut vorbereiteten und durchdachten Unterricht einen sinnvollen Einsatz« findet.[172] An Programmen und Arbeitsmöglichkeiten sind nach Siemann drei Gruppen zu unterscheiden:
1. Lern- und Übungssoftware
2. Lernumgebungen und Informationsprogramme
3. Werkzeuge (Textverarbeitungsprogramme, »Office«-Paket)

Für die Arbeit mit dem Internet, die vor allem in der Sekundarstufe relevant wird, besteht die Herausforderung vor allem darin, die Grenzen der neuen Medien gerade im Bereich der Informationsgewinnung aufzuzeigen:

> »Medienpädagogisch lassen sich durch komplexere und differenziertere Aufgabenstellungen jedoch die Grenzen der neuen Medien nachvollziehbarer verdeutlichen. Zumindest beim Recherchieren im Internet erfahren die Schüler/innen, dass sich zu speziellen Themen zwar mit viel Können weiterführende Stichwörter finden lassen. Um fundierte, ausführliche Informationen zu erhalten, muss jedoch auf das Fachhandbuch oder das Gespräch mit Experten ... zurückgegriffen werden«.[173]

Auch die Thematik der Internetsucht ist nach Siemann zu bearbeiten. Dabei darf die Ursache dieser Problematik nicht allein bei den Schülerinnen und Schülern verortet werden:

> »Wenn Schüler/innen erklären, dass sie sich nach dem Stress des Tages spätabends bei einem Computerspiel entspannen, muss auch ein Schulsystem zur Sprache kommen, dass die Jugendlichen häufig unter einen größeren Leistungsdruck und eine höhere zeitliche Belastung setzt als das Erwerbsleben manchen Arbeitnehmer«.[174]

Um gegenüber einer solchen von Leistungsdruck geprägten Gesellschaft andere Akzente zu setzen, sind gerade die Aspekte der Unterhaltung und

---

172 Vgl. Siemann, a.a.O., S. 55.
173 Vgl. Siemann, a.a.O., S. 59.
174 Vgl. Siemann, a.a.O., S. 61.

2.8 J. Siemann: Jugend und Religion im Zeitalter der Globalisierung (2002)

Muße auch im Hinblick auf die Nutzung des Mediums Computer aus theologischer Sicht durchaus positiv zu bewerten:

> »Die Nutzung von Computer und Internet ist demnach aus theologischer Sicht nicht nur daraufhin zu betrachten, ob sie der ethischen Urteilsbildung und dem verantwortungsbewussten Handeln dient, denn auch Unterhaltung darf theologisch nicht abgewertet werden. Das Spielen mit den neuen Medien ist durchaus nicht stupide, sondern kann sehr kreativ sein. Der erzieherische Beitrag liegt darin, Freiheit zu bewahren und die Distanzierungsfähigkeit zu fördern«.[175]

Dem Aspekt der Muße hat nach Siemann dann gerade die schulnahe Jugendarbeit – aber auch gemeindegebundene Jugendarbeit – Rechnung zu tragen. Hier favorisiert sie vor allem Internetcafes, die »modellhaft als schulnahe Jugendarbeit gestaltet werden«.[176] Aber auch speziell für den kirchlichen Kontext im Sinne einer Cyberchurch werden der Computer und das Internet nach Siemann relevant:

> »Genauer betrachten wir im folgenden kreative kirchliche Initiativen als Cyberchurch, die der Seelsorge, dem Austausch, der Besinnung dienen sollen. Dabei verfolgen wir weiterhin unsere ... Frage, wie die Jugendlichen am geeignetsten selbst zu Wort kommen und dabei lernen, die allgemeine religiöse Sprachlosigkeit Stück für Stück zu überwinden«.[177]

Daher ist gerade für den Bereich der Seelsorge die Niederschwelligkeit der Angebote durch neue Medien wichtig:

> »Unserer Einschätzung nach sind es die am Computer erniedrigten Hemmschwellen, die es erleichtern, religiöse Fragen zur Sprache zu bringen, die ansonsten gesellschaftlich tabuisiert sind. Im Blick auf persönliche Probleme mag auch der verbreitete Dienstleistungsgedanke eine Rolle spielen. Schnell und unkompliziert kann man sich Seelsorge-Service ins Haus holen. Eine persönliche Inanspruchnahme oder zeitliche Verpflichtung ist nicht zu befürchten. Denn Zeit ist für viele Mangelware geworden«.[178]

J. Siemann sieht in der Computernutzung im Bereich des kirchlichen und religionspädagogischen Handelns eine Ergänzung, die jedoch nicht die persönliche Gemeinschaftserfahrung in Schule und Gemeinde ersetzen kann:

> »Es gibt also Dimensionen von Cyberchurch, die einzelne Aspekte kirchlichen Handelns fördern und unterstützen können und dabei in gewisser Hinsicht auch eine kirchenferne Klientel erreichen und ansprechen. Solche zusätzlichen Aktivitäten sind zu begrüßen, können aber keinen Gemeindecharakter haben und die sinnlich erfahrbare Gemeinde vor Ort und auch die auf Zeit nicht ersetzen. Diese Bewertung läuft pa-

---

175 Vgl. Siemann, a.a.O., S. 62.
176 Vgl. Siemann, a.a.O., S. 65.
177 Vgl. Siemann, a.a.O., S. 69.
178 Vgl. Siemann, a.a.O., S. 70.

rallel zu der Einschätzung der Anwendung von Computertechnologie im Religionsunterricht und in der Jugendarbeit. Sie bereichert das Lernen und die Gestaltung gemeinsamer Zeit, macht Freude und bestätigt und fördert die Kompetenzen Jugendlicher. Doch sie muss einhergehen mit persönlichem Engagement, der Ermöglichung von Gemeinschaft und der authentischen Zuwendung, nach der sich Jugendliche erwiesenermaßen sehnen«.[179]

Zusammenfassend ist festzuhalten, daß J. Siemann die Notwendigkeit der empirischen Analyse jugendlicher Lebenswelten gerade im Blick auf den Bereich der Medien und hier insbesondere hinsichtlich des Mediums Computer anerkennt, wenngleich sie eine derartige Untersuchung nicht durchführt, sondern auf bereits bestehendes Material zurückgreift. Eine Analyse lebensweltlicher Hintergründe Jugendlicher versteht Siemann als konsequente Umsetzung der empirischen Wende in der Religionspädagogik, steht aber den aktuellen Analysen der Popularkultur innerhalb der praktischen Theologie, soweit sie unter Absehung der Rezipientenperspektive geschehen, kritisch gegenüber. Der Computereinsatz im Religionsunterricht erscheint Siemann auch schon für den Grundschulbereich gerade aus der Perspektive der Adressatenorientierung durchaus sinnvoll, wobei es für sie nur um eine Ergänzung von Unterrichtsgestaltung gehen kann. Die Computernutzung ist nach Siemann jedoch über den schulischen Unterricht hinausgehend auch auf andere Bereiche gemeindepädagogischen Handelns an und mit Kindern und Jugendlichen zu beziehen.

2.9 Ch. Brenner: Der Computer als Medium im Religionsunterricht? (2003)

Die Dissertation »Der Computer als Medium im Religionsunterricht? Ein fachdidaktischer Beitrag zur Mediendidaktik im Zeitalter von Multimedia« aus dem Jahr 2003 untersucht, welche Aufgabe dem Computer im »Gesamt aller Medien« zukommt, analysiert, inwieweit durch Computernutzung neue Formen des Lehrens und Lernens zum Tragen kommen, setzt sich mit der Frage auseinander, inwiefern eine notwendige Schulung von Medienkompetenz mit grundsätzlichen religionspädagogischen Zielen vereinbar ist und inwieweit der Computer für die Religionspädagogik nutzbar ist. Dabei fokussiert Brenner vor allem auf den Informationsaspekt:

»Ziel der Arbeit ist es, die Relevanz der Tatsache aufzuweisen, dass der Religionspädagogik (RP) mit dem Computer ein neues Medium zur Verfügung steht. Er kann hinsichtlich der Art und Weise, wie in ihm und durch ihn Information verarbeitet wird, nicht losgelöst von den traditionellen Medien betrachtet werden. Erst indem man versteht, wie sich durch diese Rezeption von Inhalten vollzieht, ist es möglich, die Formen

---

179 Vgl. Siemann, a.a.O., S. 76.

der Informationsverarbeitung am Bildschirm zu bewerten und zu vergleichen«.[180]

Eine Bearbeitung und Vermittlung von Inhalten wird für Brenner zum zentralen pädagogischen Grundprinzip, das auch seinen Medienbegriff prägt:

> »Ein Medium beginnt erst für den Fachunterricht interessant zu werden, wenn durch seine Verwendung fachbezogene Inhalte zugänglich werden. Beim Computer ist dies für den RU längst und in vielfältiger Form der Fall«.[181]

Pädagogisches Anwendungsgebiet ist für Brenner dabei das Gymnasium bzw. die Gesamtschule.

Im ersten Teil seiner Studie setzt sich Brenner mit den Grundbegriffen Information, Medium, Kommunikation und Medienkompetenz auseinander. Information versteht er dabei – den Informationsbegriff deutlich einengend – als eine verarbeitungswerte Datenmenge.[182] »Als Medium wird in unterrichtlichen Prozessen das Instrument bezeichnet, mit dessen Hilfe Information gespeichert und zwischen zwei Systemen (z.B. Lehrer und Schüler) transportiert wird«.[183] Brenner unterscheidet im Gefolge Lämmermanns[184] Textmedien, Bildmedien, Tonmedien und AV-Medien. Textmedien bezeichnen dabei Texte, Bildmedien statische Bilder, Tonmedien auditiv wahrnehmbare Inhalte und AV-Medien Hör- und Sehsinn ansprechende Inhalte jeweils unabhängig von ihrer Präsentationsform. Auch den Kommunikationsbegriff faßt Brenner inhaltsorientiert: »Der Kommunikationsbegriff ist global als Austausch von Information zu verstehen«.[185] Der Begriff der Medienkompetenz differenziert sich nach Brenner im Gefolge von Heinz Moser[186] weiter aus in technische, kulturelle, soziale und reflexive Kompetenzen. Technische Kompetenz meint dabei Grundkenntnisse im technischen Umgang mit dem Medi-

---

180 Vgl. Brenner, Der Computer als Medium im Religionsunterricht? S. 4.
181 Vgl. Brenner, a.a.O., S. 5.
182 Vgl. dazu Brenner, a.a.O., S. 9ff.
Durch sein Verständnis von Information als verarbeitungswerter Datenmenge unterläuft Brenner die Komplexität eines differenzierten Informationsbegriffs. Der Informationsbegriff differenziert sich in eine syntaktische, eine semantische und eine pragmatische Dimension. Die syntaktische Information beschreibt die Relation zwischen Zeichen und bietet Regeln für die Informationsentwicklung. Die semantische Information beschreibt die Relation zwischen Zeichen und deren inhaltliche Festlegung. Die pragmatische Form von Information beschreibt die Relation von Zeichen, ihre inhaltliche Bedeutung ebenso wie die Handlungsanweisungen, die von der Informationssequenz ausgehen. Vgl. dazu Weizsäcker, K. F., Der Garten des Menschlichen, München / Wien 1977.
183 Vgl. Brenner, a.a.O., S. 18.
184 Vgl. dazu Lämmermann, Grundriß der Religionsdidaktik, S. 214ff.
185 Vgl. Brenner, a.a.O., S. 23.
186 Vgl. dazu Moser, Einführung in die Medienpädagogik, S. 213 ff.

2 Religionspädagogische Entwürfe zum Thema Computer und Internet

um, kulturelle Kompetenz Teilhabe an der gesamtgesellschaftlichen Nutzung der Medien und ihren Codes, soziale Kompetenz das kompetente Anwenden von Kommunikationsmustern und reflexive Kompetenz die Selbstbezüglichkeit zu durch Medien übermittelter Kommunikation. Aus religionspädagogischer Perspektive sind diese Dimensionen von Medienkompetenz nach Brenner noch um religiöse Kompetenzen zu ergänzen:

> »Darunter wird die Fähigkeit verstanden, ›religiöse Sprache‹ erfassen und deuten zu können. Auch religiöses Reden – in welcher Form auch immer – bedarf wie jeder Kommunikationsakt der Informationsmittler, also der Medien. Nur wer sich ihrer bedienen kann, ist in der Lage, an Inhalten des Glaubens Anteil zu haben«.[187]

Im zweiten Teil seiner Studie diskutiert Brenner dann die Beziehung zwischen Theologie und Medien.

> »Da sich die christliche Religion auf ein vergangenes Geschehen gründet (Tod Jesu), das in seiner Wirkung in die Gegenwart hineinreicht, bedarf die Theologie (die Religionspädagogik) der Medien, um die Information über das Geschehene zu transportieren. Sie möchte allerdings nicht nur den Inhalt, sondern zugleich auch Kompetenz bei der eigenständigen Aneignung von Inhalten, folglich dem Umgang mit Medien vermittelt wissen«.[188]

Wiederum ist Brenner stark an Inhalten und den Möglichkeiten ihrer Aneignung interessiert. Letzteres Grundprinzip prägt auch seinen Religionsbegriff: Dieser fokussiert auf das vergangene Geschehen des Lebens Jesu. Hier sind dann Anfragen an die Gegenwartsbedeutung des religionspädagogischen Konzepts Brenners zu stellen. Zwar möchte er einen zeitgemäßen Religionsunterricht entwickeln, der die Lernwege und -methoden von Kindern und Jugendlichen im Blick hat, berücksichtigt, daß eine christlich-religiöse Vorbildung nicht unbedingt existiert, generell eine lebenswelt-orientierte Ausrichtung bezogen auf Kinder und Jugendliche besitzt und christliche Inhalte entsprechend vermittelt. Allerdings geht es ihm wiederum um die möglichst effektive Vermittlung von Inhalten in Zeiten des Traditionsabbruchs. Dies prägt auch seine Schlußfolgerungen hinsichtlich des Medieneinsatzes im Religionsunterricht. So kommt Brenner zu folgender Konsequenz seiner mediendidaktischen Überlegungen für die Religionspädagogik:

> »Für die Religionspädagogik darf die Auseinandersetzung mit den Medien deshalb nicht nur aus mediendidaktischer Perspektive (›Wann setze ich welches Medium wie im Unterricht ein?‹) geführt werden. Es geht – wenn man die mittels Medien thematisierten Inhalte berücksichtigt – stets auch um zutiefst theologische und religionspädagogische Fragestellungen, die einer fachwissenschaftlichen Reflexion bedürfen, um bei ih-

---

187 Vgl. Brenner, a.a.O., S. 27.
188 Vgl. Brenner, a.a.O., S. 5.

rer Bearbeitung nicht nur Hilfestellungen, sondern auch Orientierung geben zu können«.[189]

Nach einer Einführung in allgemeine Methodik und Mediennutzung im Religionsunterricht ordnet Brenner das Medium Computer dann in den Kanon der traditionellen religionspädagogischen Medien ein (Text, Bild, Ton- und AV-Medien) und diskutiert die didaktischen und unterrichtspraktischen Probleme im Umgang mit diesen Medien genauer. Dieser Einordnung schickt Brenner einige allgemeine Analysen zum Medium Computer voraus (allgemeine gesellschaftliche Relevanz, Computer im Medienalltag von Kindern und Jugendlichen, geschlechtsspezifische Differenzierung). Bezogen auf eine allgemeine Nutzung des Mediums Computer im Rahmen übergreifender Lehrkonzepte steht Brenner einer Orientierung am allein maschinengestützten e-learning kritisch gegenüber. Vielmehr geht es ihm um eine Ergänzung bereits etablierter Methodik:

> »Die Veränderungen, die schulisches Lehren und Lernen durch den Einsatz der neuen Medien erfahren könnten, sind damit sicherlich nicht so gravierend, wie von manchen computerbegeisterten Pädagogen erhofft. Es kann in der Auseinandersetzung um zukünftige Lehrformen nicht darum gehen, etablierte grundsätzlich aufzuheben. Ein solcher Versuch ignorierte die mehrtausendjährige Bildungsgeschichte. Vielmehr muss es um eine legitime Öffnung des (methodischen) Spektrums gehen, das schulischen Unterricht momentan prägt«.[190]

So strebt Brenner gegenüber einem computerbasierten Unterricht (CBU) einen computerunterstützten Unterricht an, bei dem »der Computer – vergleichbar mit anderen Medien – eingesetzt wird, um punktuell bestimmte Inhalte zu vermitteln«[191]. Die durch das Medium transportierten Inhalte sind so aufzubereiten, daß sie in den Gesamtkontext der Stunde eingebettet werden können. Die Lehrperson leitet den Unterricht, wobei die Arbeitsaufträge am Computer – in Form von Einzel-, Partner- oder Gruppenunterricht – in Eigenregie ausführbar sein sollten«.[192] Ausgehend von dieser allgemeinen Einordnung des Mediums Computer in schulische Lernprozesse entwickelt Brenner dann sechs Thesen für den Religionsunterricht[193]:

1. Der Religionsunterricht ist ein Medienfach.
2. Computer ermöglichen neue Lehr- und Lernwege im Religionsunterricht.
3. (Computer-) Medien implizieren Religion.
4. Computer bieten explizit Zugang zu Religion.
5. Computer eröffnen neue Möglichkeiten der Sinn(es)erfahrung.

---

189 Vgl. Brenner, a.a.O., S. 80.
190 Vgl. Brenner, a.a.O., S. 138.
191 Vgl. Brenner, a.a.O., S. 158.
192 Vgl. Brenner, ebd.
193 Vgl. dazu Brenner, a.a.O., S. 162ff.

6. Es ist Aufgabe des Religionsunterrichts, Medienkompetenz zu fördern!

Im Zusammenhang dieser Überlegungen überschreitet Brenner eine allein inhaltlich orientierte Fokussierung der Computernutzung. Brenner verweist auf die sinnstiftenden, rituell strukturierten Dimensionen der Mediennutzung und die neuen Möglichkeiten der computergenerierten virtuellen Realität. Allerdings verbleiben seine diesbezüglichen Ausführungen im Bereich der Andeutungen, markieren aber entscheidende thematische Zusammenhänge hinsichtlich der Reflexion einer möglichen Computernutzung innerhalb der Religionspädagogik.

Für einen Einsatz des Computers im Religionsunterricht sind auf diesem Hintergrund nach Brenner dann fünf Voraussetzungen zu erfüllen[194]:

1. Computer haben gerade im Kommunikationsbereich einen eigenen Charakter und sind nicht als Ergänzungsmedien zu betrachten.
2. Computer sollen zur »geistigen Befreiung« beitragen.
3. Der Computereinsatz darf persönliche Kontakte oder Kommunikationswege nicht ersetzen.
4. Computer sollen spirituelle Werte veranschaulichen und die religiöse Dimension der Wirklichkeit in Form der Sinnfrage erschließen helfen.
5. Der Einsatz von Computern erfordert Lehrpersonen, die in der Lage sind, die Sprache ihrer Zeit zu sprechen und Fragen des Glaubens zu formulieren.

Im Rahmen dieser Voraussetzungen kann der Computer dann gemäß Brenner die Lehr- und Lernmöglichkeiten in den unterschiedlichen Sozialformen erweitern.

Nach einer Präsentation möglicher Programmangebote für den Religionsunterricht[195] setzt sich Brenner spezifisch mit der Thematik der Computerspiele und dem Internet auseinander.[196] Brenner zielt auf eine kritische Auseinandersetzung mit dem Bereich der Computerspiele ab:

»Derartige Computerspiele prägen Kinder und Jugendliche. Sie formen ihr Wissen und gestalten – wenn auch nur bis zu einem gewissen Grad – ihre Vorstellungen von Realität. Ein Religionsunterricht, der dies ignoriert, übergeht die Wirklichkeit vieler Schüler und versäumt es, ihnen zu einem konstruktiv-kritischen Umgang mit den Medien zu verhelfen. Aus diesem Grund sollte die Auseinandersetzung mit Computerspielen, die Diskussion über darin verborgene Wertesysteme im RU stattfinden. Auf diese Weise können die Kinder und Jugendlichen sensibel für die in den Programmen vermittelten Realitäten werden und sich selbst zu ihnen in Beziehung setzen«.[197]

---

194 Vgl. dazu Brenner, a.a.O., S. 171ff.
195 Vgl. dazu Brenner, a.a.O., S. 227ff.
196 Vgl. zu dieser Thematik auch Scholtz, Religionspädagogisches Lernen in der Welt Zeldas? S. 145ff. und Waltemathe, Virtuelle religiöse Räume, S. 45ff.
197 Vgl. Brenner, a.a.O., S. 294.

Schon allein wegen ihres Stellenwerts innerhalb der Lebenswelt von Schülern und Schülerinnen seien Computerspiele im Religionsunterricht – Brenner folgend – zu berücksichtigen. Bezüglich einer möglichen Nutzung des Internet im Religionsunterricht setzt sich Brenner im Gefolge von Mertin mit der Frage der Verfälschung von Inhalten auseinander und unterscheidet eine Nutzung des Internet zur Unterrichtsvorbereitung von einer direkten Nutzung für den Religionsunterricht. Bezogen auf letztere differenziert Brenner zwischen vier verschiedenen Anwendungsformen[198]:
1. Internetanwendung in einem geschlossenen Rahmen
2. Internetanwendung in einem offenen Rahmen
3. Internetanwendung zur Weitergabe eigener Informationen
4. Das Internet wird selbst zum Unterrichtsgegenstand

Insgesamt sucht Brenner durch seine Analyse eine Etablierung des Mediums Computer für den Religionsunterricht zu unterstützen:

> »Diese Darlegungen sollen zu einer grundlegenden Einführung des Mediums Computer in den RU beitragen. Er eröffnet dem Religionsunterricht neue Perspektiven inhaltlicher und unterrichtspraktischer Gestaltung. Die moderne Religionspädagogik muss sich vor der Auseinandersetzung mit diesem Medium nicht scheuen. Vielmehr wird mit der Reflexion über dieses Medium ein Prozess fortgesetzt, in dem sich Theologie und Religionspädagogik schon immer befanden und dem sie sich nun wieder neu zuwenden müssen, um sich den Chancen eines neuen Mediums, aber auch den daraus resultierenden Aufgaben zu stellen«.[199]

Resümierend ist festzuhalten, daß Brenner das Medium Computer konzeptionell in die bisher bestehende Nutzung klassischer Medien (Text, Bild, Ton, AV) einbettet. Sein Ansatz ist stark an der Vermittlung von entsprechenden thematischen Inhalten und an einem eng gefaßten Informationsbegriff orientiert. Diese Grundüberlegung ist mit Brenners Reflexionen zum Religionsbegriff verbunden, der für ihn in der Vergangenheit der Jesus-Historie gründet. Die Nutzung des Mediums Computer im Kontext der Religionspädagogik ist für Brenner durchaus legitim, weil der christliche Glaube immer an Medien gebunden war und ist. Allerdings ist das computergestützte Lernen nur als ein Teil religionspädagogischer Lernprozesse anzusehen, weshalb er von einem computerunterstützten Unterricht spricht. Brenner hat eine komplex gestaffelte Medienkompetenz als Ziel religionspädagogischer Lernprozesse im Blick, die er um den Faktor religiöser Kompetenz, nach der religiöse Sprache entsprechend zu deuten ist, ergänzt wissen möchte. Auch lebensweltliche Bezüge setzt religionspädagogisches Lernen für Brenner voraus, die er jedoch nicht weiter entfaltet und auf die er sich wie im Fall der Computerspiele kritisch bezieht.

---

198 Vgl. Brenner, a.a.O., S. 305.
199 Vgl. Brenner, a.a.O., S. 6–7.

2.10 Zum Desiderat einer lebensweltlich-feldforschungsgestützten Perspektive

Die vorliegenden religionspädagogischen Entwürfe zur Nutzung des Mediums Computer weisen multiple Dimensionen computergestützter Lernprozesse für die Religionspädagogik aus. So finden sich innerhalb des Feldes der religionspädagogischen Entwürfe zur Computernutzung u.a. praktische Applikationen von thematischen Inhalten durch neue Medien, medienethische bzw. medienkritische Beiträge, die Überprüfung der Möglichkeiten biblischen Lernens mit neuen Medien und die Erweiterung hin zu vernetztem Lernen im Religionsunterricht. All diese Entwürfe leisten wichtige Beiträge innerhalb der Religionspädagogik zur Erschließung der Thematik »neue Medien«. Zentrale Überlegungen derselben werden am Ende der vorliegenden Studie für eine Entwicklung religionspädagogischer Implikationen zu berücksichtigen sein. Ihnen allen gemeinsam ist die Grunderkenntnis, daß das Medium Computer notwendig in der Religionspädagogik zu berücksichtigen ist. Die Studie »Jugendliche am Computer« versteht sich als ein Ansatz in diesem Feld, möchte die Perspektive im Bereich der neuen Medien nun aber konsequent auf lebensweltliche Bezüge innerhalb der Jugendkultur lenken. So ist ein lebensweltlicher Bezug in einigen Entwürfen zwar programmatisch im Blick. Was jedoch nach wie vor offen ist, ist das Desiderat einer lebensweltlich-feldforschungsgestützten Herangehensweise an die Thematik jugendlicher Computernutzung einzuholen, und – davon ausgehend – eine neue Perspektive hinsichtlich des genannten Themenfeldes zu entwickeln sowie entsprechende Implikationen für religionspädagogische Lernprozesse freizulegen.[200] Doch bereits jetzt sind zentrale Erkenntnisse der vorliegenden Entwürfe prospektiv zu markieren. Wichtig für die weiteren Überlegungen in der vorliegenden Studie werden vor allem die theoretischen und praktischen Reflexionen zu vernetztem gruppenorientiertem Lernen mit Computern sein sowie die Erkenntnis, daß speziell das Verhältnis von Subjekt und Medium in den Blick zu nehmen ist, wenn es um eine Analyse von Computernutzung geht. Derartige gruppenorientierte, aber auch individuell ausgerichtete Lernprozesse in Relation zum Medium Computer bringen spezifische Erfordernisse hinsichtlich notwendiger Medienkompetenz der jugendlichen Subjekte bzw. die Notwendigkeit einer entsprechenden pädagogischen Begleitung mit sich. In dem Verhältnis Subjekt-Medium werden zudem Dimensionen religiöser Valenz vermutet, die in den Kontext der Diskussion um »Medienreligion«[201] gehören und auf einen religionstheoretischen Hintergrund verweisen, wobei empirische Daten diesbezüglich nach wie vor fehlen. Bedeutsam sind auch die Reflexionen der schöpferartigen Gestaltungsprozesse im Kontext

---

200 Vgl. dazu Kapitel 11 »Religionspädagogische Implikationen der Computernutzung Jugendlicher«.
201 Vgl. dazu Kapitel 6.5 »Exkurs: Zur Diskussion um ›Medienreligion‹«.

2.10 Zum Desiderat einer lebensweltlich-feldforschungsgestützten Perspektive

der Computernutzung und die multiplen Dimensionen an Lern- und Bildungsprozessen, die im Zusammenhang mit dem Medium Computer zu verzeichnen sind. Ein Desiderat bleibt zudem eine Auseinandersetzung mit den Gefahren des Mediums Computer und mit den mit der Nutzung dieses Mediums verbundenen sozialen Formen der Ausgrenzung und Benachteiligung. Auch diesbezüglich wird der Aspekt der Medienkompetenz notwendig zu reflektieren sein. Alle diese Dimensionen lassen bereits jetzt deutlich werden, daß es bei der Relation jugendlicher Subjekte zum Medium Computer um deutlich mehr als um eine einfache Inhaltsvermittlung geht. So handelt es sich bei der analytischen Bestimmung dieser Relation nach wie vor – gerade aus religionspädagogischer Perspektive – um einen unerforschten Bereich. Diesem Desiderat religionspädagogischer Forschung stellt sich die vorliegende Studie.

3 Adoleszenz, Technik und Medialität

Im folgenden werden zunächst die Veränderungen reflektiert, denen die Jugendphase zu Beginn des 21. Jahrhunderts unterliegt. Innerhalb der Jugendphase sind technische Artefakte und Medien zu einem entscheidenden Element geworden. Die folgenden Ausführungen vermitteln zudem einen ersten Überblick über bereits vorhandene Standardstudien zur Thematik »Adoleszenz, Technik und Medialität«, deren Ergebnisse für die Gestaltung des Forschungssettings der eigenen Feldstudie notwendig zu berücksichtigen sind bzw. zu den Erkenntnissen der eigenen Feldstudie relationiert werden.

3.1 Zur Veränderung des Jugendbegriffs in der Postmoderne

Der Jugendbegriff – bestehend seit dem Beginn der Institutionalisierung der Jugendforschung zu Anfang des 20. Jahrhunderts – hat sich im Gefolge gesellschaftlicher Transformationsprozesse verändert.[202] Er bezeichnete traditionellerweise eine »kollektive Statuspassage«, die sich gemäß Ferchhoff / Neubauer wie folgt gestaltete:

> »Sie fängt mit der (inzwischen zeitlich vorverlagerten) Pubertät (körperliche, psychische und soziokulturelle Entwicklungs- und Reifungsprozesse) an und endet, wenn man nicht nur juristische, nicht nur biologische und nicht nur psychologische Maßstäbe anlegt, mit dem Eintritt in das Berufsleben und/oder mit der Heirat. Zumeist wurde und wird Jugend als eine bestimmte Altersphase mit differenzierten, teilweise ›entritualisierten Teilübergängen‹ ... und vor allem nach hinten ausgedehnten, unscharfen Rändern ... – in der Regel von 13 bis cirka 25 ... Jahren (verstanden)«.[203]

Diese klassischen Definitionen haben keine Gültigkeit mehr. Vielmehr kam es zu einer zeitlichen Ausdehnung des Jugendalters nach vorne (12 Jahre), aber vor allem bis in die 30-er Jahre (bis 35 Jahre) hin. Letzteres Phänomen bezeichnet der Begriff der »Postadoleszenz«.

> »Damit ist eine wachsende Gruppe von Menschen gemeint, die kulturell, politisch sowie freizeitbezogen in der Gestaltung ihrer Lebensformen und in der Wahl ihrer Lebensstile, sieht man einmal von der kultur- und konsumindustriellen Herstellung ab, weitgehend autonom sind, als auch keiner ›pädagogischen Betreuung‹ mehr bedürfen, während sie beruflich und ökonomisch weiterhin vom Elternhaus bzw. von sozialpolitischen

---

202 Vgl. dazu Ferchhoff / Neubauer, Patchwork-Jugend, S. 109 sowie Dudek, P., Jugend als Objekt der Wissenschaften, Opladen 1990.
203 Vgl. Ferchhoff / Neubauer, ebd.

Alimentierungen abhängig und damit auch im Rahmen der Durchsetzung ihrer endgültigen Lebensplanungen zwar offen und noch nicht festgelegt, aber dennoch unselbständig sind«.[204]

Das Jugendalter ist daher nicht mehr trennscharf abzugrenzen.

»Neben einer deutlichen zeitlichen Vorverlagerung der Pubertät – Längenwachstumsschübe, Gewichtszunahme und genitale Reifung haben sich etwa im Vergleich zum 19. Jahrhundert um mehrere Jahre vorverlegt – aber auch bestimmter jugendtypischer Erlebnisformen, die, was Kognition, Selbstreflexivität und Autonomiestreben angeht, heute bis in das Kindesalter hineinreichen, und neben der beiderseitigen Ausdehnung der ›Jugend‹ – insbesondere aufgrund der gestiegenen Verweildauer in den verschiedenen Organisationen des Bildungssystems (›Jugend‹ fängt eher an und ist zugleich länger geworden) – ist es zu einer ›Entritualisierung der Statusübergänge‹ sowie zu einer ›Differenzierung der Jugendzäsuren‹ (und dies nicht nur bei rechtlichen Regelungen von Mündigkeitsterminen) gekommen. Kindheit, Jugend und Erwachsensein gehen zuweilen ineinander über und vermischen sich auf paradoxe Weise«.[205]

Trotz dieser Ausdehnung des Jugendalters bzw. der damit verbundenen definitorischen Abgrenzungsprobleme könnte das Jugendalter im Sinne von Ferchhoff / Neubauer wie folgt definiert werden:

»Mit dem Begriff ›Jugend‹ werden in der Regel die Heranwachsenden (adolescents) gekennzeichnet, die nicht mehr Kind und noch nicht vollends mündig-selbständige Erwachsene sind. Die Jugendphase wird von daher durch die mehr oder minder scharf umgrenzte und bewußte Auswahl einer Mehrzahl von menschlichen Subjekten, die einer bestimmten demographischen ›Klasse‹ von Altersjahren angehören, charakterisiert«.[206]

Dabei werden »rechtliche Zäsuren oder Mündigkeitsstufen wie etwa Volljährigkeit, Wahlberechtigung, Geschäfts-, Delikt- und Prozeßfähigkeit oder Strafmündigkeit ... lebensaltersspezifisch gesehen mittlerweile erreicht, ›noch lange bevor die Jugendphase abgeschlossen ist‹«.[207]

Nach Ferchhoff / Neubauer sind hinsichtlich des Jugendalters elf markante Kennzeichen für den Begriff »Jugend« festzustellen. Jugend bezeichnet:

»– eine bestimmte Altersgruppe oder -kohorte mit eigenen Bedürfnissen;
– eine ontogenetische Entwicklungsphase, wobei es um die Bewältigung von Reifungsprozessen oder im Zuge des Coping um die Bewältigung von gesellschaftlich vordefinierten Entwicklungsaufgaben geht – insbesondere auch was Zeitpunkt und Abfolge betrifft;

---

204 Vgl. Ferchhoff / Neubauer, ebd.
205 Vgl. Ferchhoff / Neubauer, a.a.O., S. 112–113.
206 Vgl. Ferchhoff / Neubauer, a.a.O., S. 110.
207 Vgl. Ferchhoff / Neubauer, a.a.O., S. 111.

3.1 Zur Veränderung des Jugendbegriffs in der Postmoderne

– das Gewinnen eines stabilen Selbstbewußtseins bzw. von ›Ich-Identität‹, die im Rahmen krisenhafter Auseinandersetzungen mit der inneren Natur, dem soziokulturellen Wertesystem und der äußeren Umwelt Innen- und Außenwelt funktional zusammenbringt;

– ein potentiell krisengefährdeter Lebensabschnitt, der gesellschaftlich institutionell durch pädagogische Hilfestellungen und Schonräume in einer Art ›pädagogischen Provinz‹ abgesichert wird;

– das Akzeptieren der eigenen körperlichen Erscheinung;

– die Aufnahme von Peer-Beziehungen und intimer Beziehungen;

– das Entstehen eigener Wertorientierungen und Zukunftsplanungen;

– die Ablösung von der Herkunftsfamilie;

– eine soziale Gruppe, Szene oder Subkultur mit bestimmten auffälligen Merkmalen;

– eine im Rückblick häufig emotional betrachtete Phase des eigenen Lebenslaufs;

– eine dynamisch-bewegungsfreudige Komponente des Menschseins, altersunabhängig verstanden als ›Jugendlichkeit‹«.[208]

Dabei ist von einer Pluralisierung der Lebenssituationen und Lebensstile in der Jugendphase auszugehen:

»Eine innere Differenzierung des Jugendalters geschieht oftmals über Stufenabfolgen von körperlichen, geschlechtlichen und soziokulturellen Reifeerklärungen und -dimensionen, aber auch als kumulative Zugangschance zu relevanten gesellschaftlichen Lebensbereichen. Jugend ist so gesehen in vielerlei Hinsicht (Geschlecht, Stellung im Lebenszyklus, Altersstruktur, Schicht- und Milieulage, Schulform, Dauer und Anteil von Freizeit, politische Orientierung, Lernaspiration, wirtschaftliche Abhängigkeit, Körper, sozialkulturelle Selbständigkeit etwa in den Bereichen des Konsums, der Mode, Sexualität, Stilbildungen etc.) höchst variabel. Insofern kann auch der Einheitsjugendbegriff allenfalls als heuristischer Kollektivbegriff immer nur mit größerer Vorsicht und Sensibilität verwendet werden«.[209]

Diese Variabilität des Jugendalters hat sich angesichts der Veränderungsprozesse der Gesellschaft in der Post- bzw. Spätmoderne noch verstärkt.

»Es gibt aber insbesondere in den letzten Jahrzehnten und Jahren mehr denn je nicht zuletzt angesichts tiefgreifender Veränderungen und Folgen gesellschaftlicher Strukturentwicklungen und -umbrüche sowie angesichts der zunehmenden Dynamisierung, Mobilisierung und Diversifikation der soziokulturellen Lebensverhältnisse gravierende Differenzen und erhebliche Variationsbreiten in den Ausdrucks- und Lebensformen sowie im Rahmen der Lebensführung, die stets zu der Feststellung ge-

---

208 Vgl. Ferchhoff / Neubauer, a.a.O., S. 111–112.
209 Vgl. Ferchhoff / Neubauer, a.a.O., S. 141.

führt haben und auch immer wieder führen: ›die Jugend gibt es nicht‹«.[210]

Genau diese Mannigfaltigkeit jugendlicher Lebensstile ist markant für Jugend in der Postmoderne[211].

So geht die Postmoderne im Gegensatz zur Moderne von einem Verlust des Einheitsdenkens aus und versucht, Pluralität anzuerkennen und positiv zu bewerten. Die großen Metaerzählungen besitzen – im Sinne Jean-François Lyotards – keine Allgemeingültigkeit mehr. Vielmehr kommt es zum Widerstreit unterschiedlicher Diskurse.

3.2 Zur Relation von Jugend und Technik

Die Gesellschaft der Spät- und Postmoderne wird nachhaltig von Alltagstechnologien geprägt. Dabei handelt es sich weniger um Großtechnologien, sondern vielmehr um alltägliche technische Anwendungen. Diese Verbreitung von Alltagstechnologien hat einen erheblichen Einfluß auf das Jugendalter:

»Die Jugendgeneration heute, die womöglich stärker von der Technik als von familiären Erziehungspraktiken oder schulischen Bildungsidealen affiziert ist, legt damit auch die Grundlage des Erscheinungsbildes der kommenden Gesellschaft. Jugend ist die zukünftig herrschende Generation, was die intensivere Beschäftigung mit ihren Einstellungen zu und Nutzungsgewohnheiten von Techniken notwendig macht«.[212]

Immer wieder konnte die These von der Technikfeindlichkeit Jugendlicher nicht bestätigt werden (dies gilt so auch für die 80-er Jahre).[213] Vielmehr zeigen nach der Shell-Jugendstudie 2000 $^2/_3$ der Jugendlichen ein mittleres bis hohes Technikinteresse, wobei sich diesbezüglich eine klare Präferenz männlicher Jugendlicher zeigt (m 40:100 / w 5:100).[214] Technikinteressierte Jugendliche besetzen durchschnittlich 7,4 von 19 möglichen Technikfeldern, wobei auch hier eine Geschlechterdifferenzierung zu erkennen ist. So interessieren sich weibliche Jugendliche vor allem für Photographie, Umweltschutz und Haushaltstechnik, während bei den männlichen Jugendlichen die Bereiche Computer, Auto und Multimedia eine führende Stellung einnehmen. Insgesamt erweist sich das Technikinteresse im fortgeschrittenen Jugendalter (22–26 Jahre) sowie bei höherer Bildung (Abiturienten / Abiturientinnen) ausgeprägter.

---

210 Vgl. Ferchhoff / Neubauer, a.a.O., S. 142.
211 Vgl. dazu u.a. Lyotard, J., Das postmoderne Wissen, Wien 1994 sowie ders., Der Widerstreit, 2. Aufl., München 1989.
212 Vgl. Tully, Aufwachsen in technischen Welten, S. 33–34.
213 So z.B. noch in modifizierter Form vertreten bei Schäfers, Jugendsoziologie, S. 126–127.
214 Vgl. Jugend 2000, 13. Shell Jugendstudie, S. 199 ff.

3.2 Zur Relation von Jugend und Technik

So kann die Jugendgeneration, die die Shell-Jugendstudie 2002 als »Egotaktiker« bezeichnet, nicht als technikkritisch beschrieben werden. Vielmehr handelt es sich um Jugendliche, die als Pragmatiker einen individuellen Weg der Lebensbewältigung in der Leistungsgesellschaft suchen. Es ist eine Generation, für die »tolles Aussehen«, und »Markenkleidung tragen« hoch im Kurs stehen, die danach sucht, »Karriere zu machen« und die den Neuerungen der »moderen Technik« durchaus positiv gegenüber steht. Werteinstellungen konzentrieren sich auf am Einzelindividuum orientierte Komponenten wie Freundschaft, Partnerschaft, Familienleben und Eigenverantwortung, während die klassischen Trägersysteme von Normen wie Religion und Tradition ebenso wie politisches Engagement im unteren Drittel der Interessensskala der Jugendlichen liegen.[215] Insgesamt ist ein Trend weg »vom Primat ökologischen zum Primat ökonomischen Verhaltens« festzustellen.[216] Damit nehmen leistungs-, macht- und anpassungsbezogene Wertorientierungen zu und engagementbezogene im ökologischen, sozialen und politischen Bereich ab. Diese Ausrichtung der Wertorientierung bezeichnet die Shelljugendstudie 2002 als »Pragmatisierung« bei gleichzeitiger Verbreitung eines gewissen Hedonismus. So findet sich bei den heutigen Jugendlichen eine Orientierung an Konsum und körperlicher Attraktivität und parallel dazu eine Hinwendung zur Leistungsmentalität sowie eine Offenheit gegenüber neuen Technologien. Zwar plädiert ein Großteil der Jugendlichen im Hinblick auf technischen Fortschritt für einen Verzicht auf riskante Entwicklungen. Dieser Verzicht wurzelt jedoch weniger in ideellen als vielmehr in pragmatischen Gründen der eigenen individuellen Lebensgefährdung. Zudem ist ein nicht unbeträchtlicher Anteil der Jugendlichen der Meinung, daß entsprechende Risiken neuer Technologien in Kauf zu nehmen sind.[217] Diese Grundeinstellung der Jugendlichen gilt es für eine religiöse und ethische Erziehung im Blick zu behalten. Zwar findet sich bei der Wertorientierung der gegenwärtigen Erwachsenengeneration eine stärkere Hinwendung zu konventionellen, sozial abgesicherten Werten. Ob sich die aktuelle Jugendgeneration in eben diese Richtung entwickeln wird, bleibt offen. Es ist anzunehmen, daß Phänomene wie Leistungsorientierung, Streben nach Besitz und körperlicher Attraktivität und die Offenheit gegenüber neuen Technologien durchaus für die zukünftige Erwachsenengeneration relevant sein werden.[218]

Insgesamt ist festzustellen, daß der Umgang mit Technik nun in ausgeprägter Weise den Alltag der Jugendlichen prägt: »Heute ist Technik nicht mehr nur in den Bereichen Arbeit, Bildung oder Beruf erlebbar, sondern ihre

---

215 Vgl. Jugend 2002, 14. Shell Jugendstudie, S. 143.
216 Vgl. a.a.O., S. 152.
217 Vgl. a.a.O., S. 179.
218 Diese Aspekte werden auch für den Bereich der Gentechnologie relevant. Vgl. dazu Dinter, Religiöse Erziehung im genetischen Zeitalter, S. 101–105.

neue Qualität liegt in den vielfältigen Irritationsmomenten und Anknüpfungspunkten für alltägliche Umgangsstile. Die Multioptionalität, verbunden mit der Kolonisierung des Alltags durch technische Apparate, begründet eine neue Stufe der Artifizierung der sozialen Verhältnisse«.[219] Dabei geht es bei jugendlicher Techniknutzung weniger um den Einsatz von Großtechnologien, sondern um den Gebrauch von multiplen Formen von Alltagstechnik gerade im medialen Bereich.

Nach C. Tully sind fünf Dimensionen jugendlicher Techniknutzung zu unterscheiden[220]:
1. Technik ist ein wichtiges Element, auf das Jugendliche versuchen ihre Zukunft zu gründen. Sie betrachten den Computer und das Internet als Ressource für einen zukunftsfähigen Beruf.
2. Technische Artefakte bilden für die Jugendlichen insofern ein »symbolisches Kapital«, als der Besitz dieser technischen Artefakte mit sozialer Anerkennung verbunden ist.
3. Technik stellt ein »Medium des Erlebens« dar. So haben die Jugendlichen Spaß an Techniknutzung.
4. Technische Artefakte werden zum Medium sozialer Differenzierung, wodurch der Umgang mit neuer und neuester Technik zum Kennzeichen des Jugendalters gegenüber der älteren Generation wird und der Abgrenzung dient. Zudem ist eine Geschlechterdifferenzierung im Rahmen der Nutzung von Alltagstechnik zu erkennen. In dem Sinne stellt der Computer nach wie vor ein eher männlich besetztes Artefakt dar, während weibliche Jugendliche eine hohe Affinität zu Handys besitzen.
5. Technik ordnet den sozialen Alltag, begrenzt und ermöglicht soziales Handeln, wie z.B. die in der Jugendkultur weit verbreitete Nutzung von Handys zeigt. Hier kommt es immer mehr zur spontanen kurzfristigen Verabredung von Treffen, wodurch sich etablierte Formen von Mobilität verändern. Dabei wird gerade Mobilitätstechnik wie das Auto gemäß Tully zu einem Katalysator von Individualität, so daß von einem »Tandem von Technik und Individualität« auszugehen ist.

> »Mobilitätstechnik wird auf diese Weise ähnlich der Kommunikationstechnik Teil eines persönlichen Lebensstils. Technikgestütztes Fahr- und Freizeitverhalten fungiert als Baustein der eigenen Identität«.[221]

Aber derartige Mobilitätstechnik kommt nicht allein in ihren praktischen Anwendungen in den Blick, sondern die Jugendlichen stehen derselben auch mit einer gewissen Emotionalität gegenüber:

> »Dies hat nicht immer mit den angeführten Gründen der Zeitersparnis oder der ständigen Verfügbarkeit zu tun, sondern es geht beim Fahren

---

219 Vgl. Tully, Aufwachsen in technischen Welten, S. 35.
220 Vgl. dazu Tully, a.a.O., S. 35 ff.
221 Vgl. Tully, a.a.O., S. 38.

3.2 Zur Relation von Jugend und Technik

um ›Erlebnis und Wirkung‹, um Spaß an der Technik, an Farbe und Motorsound«.²²²

Vor allem aber bleibt Mobilitätstechnik für die meisten Jugendlichen ein notwendiges Desiderat in einer Gesellschaft, in der Mobilität und Flexibilität zu entscheidenden Grundfaktoren geworden sind, denen sich die Jugendlichen zu stellen haben.

Auch innerhalb der Arbeitswelt wird Technikumgang – hier vor allem mit den neuen Informationstechnologien – für die Jugendlichen zu einer unhintergehbaren Kompetenzanforderung. So haben sich die Ausbildungsinhalte, die betrieblichen Arbeitsvollzüge und die Klientenbeziehungen verändert. Es sind neue Ausbildungsberufe gerade im IT-Bereich entstanden (jede 25. Ausbildung findet innerhalb dieses neu geschaffenen Bereichs statt).

>»Computer und Internet haben also neue Berufsbilder hervorgebracht. Sie veränderten und verändern aber ebenso nachhaltig die Arbeitswelt und das Verhältnis zwischen Firmen und Klienten«.²²³

Das Hauptinteresse der Jugendlichen gilt jedoch nach Tully technischen Artefakten für den Freizeitbereich. Hier sind vor allem mediale Formen von Technik wie Computer, Internet, Handy und Anwendungsbereiche wie Chatten, Internet-Surfen, das Herunterladen von Musik und das Schreiben von e-mails und SMS entscheidend.

> »Handy, Computer und Internet werden zu jugendkulturell besetzten Symbolen und leisten gleichzeitig einen Beitrag zur Bewältigung der Aufgaben des Jugendalters. Es zeigt sich damit, dass die sozialen Eigenschaften der Techniken nicht mit ihren technischen Parametern oder der ursprünglich gedachten Verwendungsweise zusammenfallen: So wurde die Kurznachricht für Geschäftsleute entwickelt, die auch beim Auftreten von Funklöchern erreichbar bleiben wollen. Technikgenese ist deshalb nicht gleichzusetzen mit Technikgebrauch«.²²⁴

Es geht den Jugendlichen vor allem um »convenience, comfort and joy«²²⁵ und die Multioptionalität, die Technik bietet. Die Jugendlichen »sind an ihr interessiert; sie treffen in verschiedenen sozialen Kontexten auf diese Technik, verfügen in sehr großem Maße über sie und produzieren mit ihrer Hilfe neuartige Bedeutungen und Lebensstile«.²²⁶ So sind technische Artefakte zu einem signifikanten Teil des Jugendalters geworden.

---

222 Vgl. Tully, a.a.O., S. 38–39.
223 Vgl. Tully, a.a.O., S. 39.
224 Vgl. Tully, a.a.O., S. 38.
225 Vgl. Tully, a.a.O., S. 40
226 Vgl. Tully, ebd. sowie zum Technikumgang Jugendlicher auch Tully, C., Mensch – Maschine – Megabyte, Opladen 2003.

3.3 JIM 2002: Jugend, Information, (Multi-)Media

Wie sich eine derartige Nutzung medialer Alltagstechnik statistisch verteilt, entfaltet die Studie des medienpädagogischen Forschungsverbunds Südwest »JIM 2002. Jugend, Information, (Multi-)Media. Basisstudie zum Medienumgang 12- bis 19-jähriger in Deutschland«. Diese gehört zu den quantitativen Standardstudien jugendlicher Mediennutzung. Dabei befragte diese Studie nur diejenigen unter den Jugendlichen zum Themenkomplex »Computer und Internet« genauer, bei denen zumindest eine gewisse Computer- bzw. Internetnutzung zu verzeichnen war.

Die Studie »JIM 2002« erhebt zunächst die allgemeinen Interessensschwerpunkte Jugendlicher. So favorisieren die Jugendlichen die Bereiche Freundschaft (97 %), Musik (88 %), Liebe und Partnerschaft (77 %), Ausbildung und Beruf (75 %) und Sport (72 %). Die Themen Internet (56 %) und Computer allgemein (54 %) bewegen sich eher im Mittelfeld, während die Bereiche Computerspiele (37 %), Technik (36 %) und Autos (36 %) zum letzten Drittel der allgemeinen thematischen Interessensschwerpunkte gehören. Betrachtet man diese Ergebnisse aus der Perspektive einer geschlechterdifferenzierten Analyse, so zeigt sich ein anderes Bild. Internet (m 59 % / w 53 %), Computer allgemein (m 65 % / w 43 %), Computerspiele (m 55 % / w 19 %) und Technik (m 58 % / w 14 %) interessieren vor allem die männlichen Jugendlichen, wobei das Verhältnis im Bereich Internet noch am ausgeglichensten ist. In den Bereichen Musik (m 85 % / w 91 %), Liebe und Partnerschaft (m 73 % / w 81 %) und vor allem hinsichtlich Mode und Kleidung (m 52 / w 76 %) findet sich eine klare Präferenz bei den weiblichen Jugendlichen. Insofern sind nach wie vor deutliche Geschlechterstereotypen zu erkennen.

Bezogen auf die Auswahl der wichtigsten Informationsmedien zum Thema Musik zeigt sich, daß das Internet (m 32 % / w 24 %) inzwischen das Radio (m 14 % / w 21 %) und auch das Fernsehen (m 26 % / w 25 %) überholt hat. Beim Thema Liebe und Partnerschaft sind Zeitschriften das führende Medium (m 30 % / w 38 %), gefolgt vom Internet (m 22 % / w 17 %). Im Bereich Ausbildung und Beruf ist das Medium Internet mit Abstand führend (m 42 % / w 49 %). So nimmt das Medium Computer bzw. das Internet eine entscheidende Rolle in Kernbereichen des jugendlichen Alltagslebens ein.

Bei der Medienausstattung der Jugendlichen findet sich nach wie vor bei den männlichen Jugendlichen eine etwas bessere Ausstattung als bei den weiblichen Jugendlichen. Computer besitzen 54 % der männlichen Jugendlichen und 39 % der weiblichen Jugendlichen, Spielekonsolen 48 % der männlichen Jugendlichen und 22 % der weiblichen Jugendlichen. Bei den Handys gibt es mit 77 % der männlichen Jugendlichen und 87 % der weiblichen Jugendlichen einen prozentual größeren Anteil der weiblichen Jugendlichen. Insgesamt ist gegenüber Vergleichszahlen aus dem Jahr 1998 ein wesentlicher Anstieg des Medienbesitzes Jugendlicher festzustellen. Dies gilt vor allem für die Bereiche Handy (2002: 82 % / 1998: 8 %). Das Internet, Mini-Disc-Recorder, MP3-Player und DAT-Recorder waren 1998 noch nicht zu verzeichnen.

Hinsichtlich der Medien-Beschäftigung in der Freizeit sind Fernsehen (m 95 % / w 94 %) und Musik (m 91 % / w 95 %) bei den Jugendlichen gemäß »JIM 2002« führend. Beim Medium Radio (m 80 % / w 91 %) und bei Büchern (m 27 % / w 49 %) besteht eine Präferenz der weiblichen Jugendlichen, während der Computer ein nach wie vor stärker von männlichen Jugendlichen genutztes Medium darstellt (m 77 % / w 62 %). Im Vergleich mit den Werten von 1998 ist 2002 insgesamt eine stärkere Verbreitung des Mediums Computer festzustellen (2002: 70 % / 1998: 48 %), wobei das Fernsehen nach wie vor das führende Medium darstellt (2002: 94 % / 1998: 95 %).

Bei einer Analyse der geschlechterdifferenzierten Programmauswahl hinsichtlich des Mediums Fernsehen zeigen sich klare Präferenzen. Die männlichen Jugendlichen bevorzugen Comics und Zeichentrick (m 56 % / w 18 %) sowie Sportsendungen (m 29 % / w 5 %), während die weiblichen Jugendlichen sich vor allem für Daily Soaps (m 15 % / w 83 %) und Sitcoms / Comedy (m 26 % / w 37 %) begeistern. Auch das Radio ist für 86 % der 12–19-jährigen Jugendlichen ein Medium, das sie regelmäßig nutzen. Dabei gilt das Interesse der Jugendlichen vor allem dem Bereich Musik. Bei den Präferenzen für einzelne Programmbereiche zeigen sich geschlechtsspezifische Unterschiede. Regionale Veranstaltungen sowie Konzerte von Radiosendern, Informationen zur Moderation und Hörerwünsche interessieren vor allem die weiblichen Jugendlichen, während für die männlichen Jugendlichen insbesondere Sportberichte und Tipps zu Computerspielen von Interesse sind.

Im Jahr 2002 zählten 93 % der 12–19-jährigen Jugendlichen zur Gruppe der Computer-Nutzer. Dies bedeutet im Vergleich zum Jahr 2001 einen Anstieg um 10 % (1998: 71 %). Geschlechtsspezifische Unterschiede sind nach wie vor zu vermerken, beginnen sich aber immer mehr aufzulösen (m 94 % / w 92 %). Zwar zählen männliche Jugendliche mit 77 % im Vergleich zu 62 % bei den weiblichen Jugendlichen zu den intensiven Computernutzern. Aber auch hier waren Annäherungsbewegungen zu verzeichnen. Nach wie vor läßt sich zudem ein Gefälle hinsichtlich spezifischer Bildungsschichten bei der Computernutzung erkennen (Gymnasiasten 97 % / Hauptschüler 84 %). Bei einer Analyse der Nutzungshäufigkeit sind Differenzen zu vermerken. So zeigt sich deutlich ein entsprechendes Bildungsgefälle (Gymnasiasten: 75 % / Hauptschüler: 50 %). Dies unterstreicht auch ein Einbezug der Nichtnutzer in die Untersuchung. Hier finden sich fast keine Gymnasiasten, 3 % der Realschüler und 9 % der Hauptschüler. Der Anteil der Heavy-User hat sich von 48 % auf 70 % gesteigert.

Der Computer wird inzwischen vor allem zu Hause genutzt (76 %), bei Freunden (19 %) und in der Schule (18 %). Öffentliche Orte wie Jugendeinrichtungen, Internet-Cafes, Büchereien oder Kaufhäuser / PC-Läden spielen inzwischen eine nachgeordnete Rolle. Es findet sich insofern eine Geschlechterdifferenzierung, als die männlichen Jugendlichen den Computer eher zu Hause (m 83 %) oder bei Freunden (m 26 %) nutzen, während die Computernutzung weiblicher Jugendlicher neben dem häuslichen Bereich (w 69 %), in der Schule (w 17 %) bzw. am Arbeitsplatz (w 9 %) stattfindet. 82 % der Gymnasiasten greifen zu Hause auf den Computer zu, aber nur 69 % der Hauptschüler. Letztere sind auf Freunde und die Schule als Nutzungsorte angewiesen.

Bei einer Analyse der Computernutzung der Jugendlichen zeigt sich wiederum eine Geschlechterdifferenzierung. Internet (m 59 % / w 53 %), Computerspiele (m 66 % / w 21 %) und mit dem PC Musik hören (m 52 % / w 30 %) werden nach wie vor eher von männlichen Jugendlichen praktiziert, während die weiblichen Jugendlichen Texte schreiben (m 37 % / w 44 %), für die Schule arbeiten (m 29 % / w 36 %) und Lernprogramme (m 13 % / w 17 %) bevorzugen. Dies zeigt sich auch bei der Einschätzung des Stellenwerts des PC. So sind 76 % der männlichen Jugendlichen der Meinung, daß es sich um eine schöne Freizeitbeschäftigung handelt (w 56 %), während 58 % der weiblichen Jugendlichen angeben, das Fernsehen dem PC vorzuziehen (m 40 %) bzw. 52 % lieber ein Buch lesen (m 27 %). Dieser Geschlechterunterschied ist auch bei einer Untersuchung der Motivation für die Computernutzung zu vermerken. So liegt der Nutzungsschwerpunkt der weiblichen Jugendlichen im Bereich Schule / Arbeit (m 43 % / w 59 %) und im Unterhalten eines Kontaktes zu anderen (m 36 % / w 39 %), während sich bei den männlichen Jugendlichen die Motivation im Bereich Langeweile (m 50 % / w 36 %) und Computerspiele (m 54 % / w 24 %) konzentriert. Auch die Bewältigung des Alleinseins spielt bei den männlichen Jugendlichen eine wichtigere Rolle als bei den weiblichen Jugendlichen (m 22 % / w 16 %).

Das Spielen am Computer ist abhängig vom Alter. Spielen bei den 12–13-Jährigen noch 60 % der Jugendlichen mehrmals pro Woche Computerspiele, so sind es bei den 18–19-Jährigen nur noch 27 %. Dabei geben 50 % der Jugendlichen an, sowohl alleine wie auch in Gemeinschaft Computerspiele zu spielen (m 52 % / w 47 %). Bei der Spieleauswahl zeigt sich eine deutliche geschlechtsspezifische Differenzierung. Während die männlichen Jugendlichen eher Action- und Simulationsspiele favorisieren, bevorzugen die weiblichen Jugendlichen Strategie- und Denkspiele. Rollenspiele werden vor allem von den männlichen Jugendlichen gespielt, Jump'n Run-Spiele von den weiblichen Jugendlichen. Bei beiden Geschlechtern gleichermaßen beliebt sind Adventure-Spiele.

64 % der Jugendlichen nutzen zumindest selten in der Schule einen Computer. Dabei findet der Einsatz des Computers in der Schule nach Ansicht der Jugendlichen nach wie vor zu selten statt, so daß sich 78 % der Jugendlichen

eine stärkere Einbindung in den Schulalltag wünschen.[227] Zumeist geschieht die schulische Computernutzung unter Anleitung eines Lehrers und hat einen wenig selbstbestimmten Charakter. Bemerkenswert ist, daß der Computernutzung im schulischen Bereich für die Hauptschüler eine hohe integrative Funktion zukommt und gerade sie auf die Möglichkeiten schulischer Computernutzung angewiesen sind.

Bezüglich des Internetzugangs ist dann ein erheblicher Unterschied zwischen Bildungsmilieus zu erkennen. Während 91 % der Gymnasiasten zu Hause einen Internetzugang haben, sind es nur 79 % der Haupt- und Realschüler. Einen DSL-Zugang besitzen 23 % der Gymnasiasten, aber nur 14 % der Hauptschüler. In diesem Sinne rechnen sich auch 92 % der Gymnasiasten und nur 69 % der Hauptschüler der Gruppe der Internet-Erfahrenen zu. Blickt man allgemein auf die Nutzungsfrequenz, so zeigt sich, daß zwei Drittel der Jugendlichen zu den Intensivnutzern gehören, die täglich bzw. mehrmals pro Woche das Internet nutzen. Im Geschlechtervergleich ist die Internetnutzung der weiblichen Jugendlichen etwas weniger ausgeprägt als die der männlichen Jugendlichen. Insgesamt hat sich das Internet innerhalb der Jugendkultur fest etabliert. Nur noch 7 % der Jugendlichen, die das Internet nutzen, sind seltener als einmal im Monat online. Als Orte der Internetnutzung geben 61 % der Jugendlichen eine Nutzung zu Hause an, 15 % nutzen das Internet in der Schule, 13 % bei Freunden und 6 % am Arbeitsplatz. Öffentliche Einrichtungen wie Internet-Cafes spielen allgemein kaum mehr eine Rolle. Allerdings sind Jugendliche aus dem Hauptschulbereich eher auf externe Nutzungsmöglichkeiten – wie die Schule oder Freunde – angewiesen. An Aktivitäten, die im Zusammenhang mit dem Internet stehen, nimmt das Empfangen und Versenden von e-mails die erste Stelle ein (48 %), gefolgt von der Suche nach Informationen (35 %) und dem Hören von Musik (30 %). Auch das Chatten in Chat-Rooms, das Downloaden von Musik und das Abrufen von Nachrichten sind wichtige Elemente der Internetnutzung Jugendlicher (etwa 25 %). Männliche Jugendliche geben bei fast all den genannten Bereichen eine intensivere Nutzung an als weibliche Jugendliche. Etwa parallele Werte sind bei den Bereichen der Informationssuche (vor allem hinsichtlich schuli-

---

227 Die im Januar 2006 erschienene OECD-Studie »Haben Schüler das Rüstzeug für eine technologieintensive Welt?« bietet die ersten internationalen vergleichenden Daten darüber, welche Möglichkeiten 15–jährige Schülerinnen und Schüler besitzen, zu Hause und in der Schule Computer zu benutzen, wie ihre Einstellung zum Medium »Computer« ist und welcher Zusammenhang zwischen Computernutzung und den Leistungen in wichtigen Schulfächern besteht. Im Rahmen dieser Studie wird deutlich, daß Jugendliche in Deutschland in der Schule einen schlechteren Zugang zu Computern haben als in anderen Ländern.

scher Informationen) bzw. beim Chatten[228] zu verzeichnen. Bei den männlichen Jugendlichen ist hinsichtlich der Bereiche Musik und Computerspiele ein herausragendes Interesse gegenüber den weiblichen Jugendlichen zu beobachten. An Motivationsfaktoren zum Thema Internet benennen die Jugendlichen vor allem das Kennenlernen von Neuem sowie die Nützlichkeit für Schule und Ausbildung. Zudem erweist sich das Internet als mediale Form, die heute zum Alltagsleben dazugehört und bei geringeren Unkosten auch noch häufiger und breiter von den Jugendlichen genutzt werden würde. Eine starke Bindung an das Medium Computer zeigt die Tatsache, daß der Computer nach dem Fernsehen das Medium darstellt, auf das Jugendliche glauben, am wenigsten verzichten zu können. Bei den männlichen Jugendlichen hat die Bindung an das Medium Computer sogar das Fernsehen als Leitmedium abgelöst, während bei den weiblichen Jugendlichen – im Unterschied zu den männlichen Jugendlichen – auch Radio, Buch und Zeitschriften eine wichtige Rolle spielen.

3.4 Zum Desiderat einer lebensweltlich orientierten empirischen Feldforschung zum Medienumgang Jugendlicher

Es zeigt sich, daß Medien allgemein, aber auch gerade Computernutzung und das Internet einen wichtigen Stellenwert im Leben Jugendlicher einnehmen. Die quantitative Untersuchung des medienpädagogischen Forschungsverbunds Südwest aus dem Jahr 2002 vermittelt einen ersten Überblick über den Untersuchungsgegenstand. Wie sich die Computernutzung in ihrer lebensweltlichen Vernetzung genauer ausdifferenziert, wird erst eine entsprechend qualitativ-ethnographisch ausgerichtete Studie erweisen, die das Feld in seinen Tiefendimensionen ausleuchtet. Deren Ergebnisse sollen abschließend zu der dargelegten quantitativen Untersuchung des medienpädagogischen Forschungsverbunds Südwest korreliert werden.[229] Schon jetzt ist erkennbar, daß die Relation Computer und Subjekt deutlich über einfache Nutzungsverhältnisse hinausgeht. Zudem hat eine entsprechende qualitative Untersuchung notwendig die Dimension eines geschlechterdifferenzierten Zugangs zum Medium Computer zu berücksichtigen.

Den Wert einer weiteren Ausdifferenzierung der umfassenden Fragestellung nach der Relation von Technik und jugendlichem Subjekt unterstreicht Claus Tully:

> »Traditionelle Zugänge erweisen sich nun als unzureichend. Forschungen zur Veränderung des Jugendalters und zu den gesellschaftlichen Auswirkungen sind überfällig. Insbesondere auch im interkulturellen

---

228 Hier wird die qualitative Studie unterschiedliche Nutzungsformen im Bereich des Chattens aufzeigen. Vgl. dazu Teil C) »Jugendliche am Computer: Die empirische Feldstudie«.
229 Vgl. dazu Kapitel 9.5 »Zum Vergleich der Feldstudie mit JIM 2002«.

3.4 Zum Desiderat einer lebensweltlich orientierten empirischen Feldforschung

Vergleich müssen folgende Fragen bearbeitet werden: Was sind die wirklich relevanten technischen Objekte? Wie erfolgt deren Aneignung? Welche Rolle spielen dabei spezifische Konstellationen z.B. in der Peer-Group? Von wem erlernen Mädchen und von wem Jungen den Umgang mit den Geräten? Wie viel Zeit und Geld investieren Jugendliche in die neue Technik wirklich? Leiden herkömmliche jugendtypische Freizeitformen, wie z.B. das Zusammenkommen in Cliquen, die sportliche Betätigung oder auch die politische Beteiligung, unter dem Einzug der neuen Techniken in den Jugendalltag? Welche Chancen und Risiken sind damit verbunden? Welche Beziehungsmuster zu älteren Generationen lassen sich erlernen? Alle diese Fragen und viele andere mehr indizieren einen hohen Forschungsbedarf. Eine Informationsgesellschaft muss sich mit den Grundlagen ihrer eigenen Entfaltung und speziell den Möglichkeiten ihrer sozialisatorischen Vermittlung befassen, um diesen Namen wirklich zu verdienen«.[230]

Tully verdeutlicht, daß neue Forschungsansätze notwendig werden, die auch die lebensweltliche Einbettung der technischen Artefakte wie des Mediums Computer erkennbar werden lassen. Solche Untersuchungen sind durch eine allein quantitative Zugangsweise zum Untersuchungsfeld nicht zu leisten. In dem Sinne will die vorliegende qualitativ-ethnographisch ausgerichtete Feldstudie einen entsprechenden Beitrag hinsichtlich einer Analyse des Computerumgangs Jugendlicher und der damit verbundenen komplexen Relation jugendlicher Subjekte zu diesem Medium bieten.

---

230 Vgl. Tully, a.a.O., S. 40.

B) Jugendliche am Computer:
Der Theoriehorizont

4 Zur Relation von Theorie und Empirie

Zunächst ist genauer zu explizieren, wie sich das Verhältnis von Theorie und Empirie für die vorliegende empirische Feldstudie gestaltet, bevor die theoretischen Kernbegriffe Identität, Bildung, Religion und religiöse Valenz genauer entfaltet werden. Die vorliegende Studie ist – wie bereits in der Einleitung entfaltet wurde – dem phänomenologischen Grundparadigma der Wahrnehmung verpflichtet und versteht sich als ein Beitrag zur empirischen Theologie.[231] Der Ausgangspunkt der Studie liegt damit im Sinne des Husserlschen »zu den Sachen selbst« beim empirischen Feld. In der Studie werden entsprechende Theoriemodelle, die genau auf den jeweiligen Gegenstand abgestimmt sind und keinen Anspruch auf eine vollständige Darlegung der angesprochenen Theoriegebiete Identität, Bildung, Religion und religiöse Valenz erheben, vorauslaufend und aus einer – mit den empirischen Felddaten vernetzten Perspektive – präsentiert. Die eigentliche Korrelation von Feldergebnissen und Metatheorie erfolgt dann im Kapitel 10 »Jugendliche am Computer: Ergebnisse der Prozesse abduktiver Korrelierung von Theorie und Empirie«.[232] Der analytische Erarbeitungsverlauf gestaltete sich jedoch ausgehend vom Feld, wenngleich eine enge Vernetzung von Theorie und Empirie immer unumgänglich war, da eine Erforschung des Feldes ohne eine differenzierte Theoriearbeit unmöglich ist.

>»(Die gegenstandsverankerte Theorie) wird durch systematisches Erheben und Analysieren von Daten, die sich auf das entdeckte Phänomen beziehen, entdeckt, ausgearbeitet und vorläufig bestätigt. Folglich stehen Datensammlung, Analyse und die Theorie in einer wechselseitigen Beziehung zueinander«.[233]

So handelt es sich beim alltagsethnographischen Forschungsprozeß – der seinen theoriehistorischen Ursprung u.a. in der Phänomenologie hat – um einen spiralförmigen, oszillierenden, der sich im Wechselspiel von Feld und Theorie vollzieht. In dem Sinne bemerkt der Soziologe Ronald Hitzler:

>»Ethnographisch forschen heißt, zirkulär bzw. spiralförmig forschen. Das bedeutet, es gibt keinen vernünftigen Anfang und kein vernünftiges Ende; Sie fangen irgendwann an, und Sie hören irgendwann auf ... Sie

---

231 Vgl. dazu Kapitel 1 »Einleitung« und Dinter, A. / Heimbrock, H. G. / Söderblom, K., Einführung in die empirische Theologie, Göttingen 2007.
232 Vgl. dazu Kapitel 10.1 »Dimensionen von Identitäts- und Selbstbildung«, 10.2 »Dimensionen der Bildung am Allgemeinen als Element struktureller Bildungsprozesse«, 10.3 »Dimensionen religiöser Valenz«.
233 Strauss / Corbin, Grounded Theory, S. 7.

(gehen) immer wieder in diese Schleife rein: Sie wenden die Methoden an, erhalten Ergebnisse, reflektieren sie, interpretieren das noch einmal, schreiben irgend etwas auf, gehen wieder ins Feld hinein, stellen fest, das war horrender Blödsinn, den ich da geschrieben habe, versuchen das dann besser aufzuschreiben, usw.. Ethnographisch forschen jenseits der Frage, was man im Einzelnen tut, ist ein spiralförmiger Prozeß. Und dieses tatsächlich spiralförmig und nicht nur zirkulär«.[234]

Dieser oszillierende Prozeßverlauf ist kennzeichnend für die vorliegende Studie, wobei der Ausgangspunkt – wie bereits verdeutlicht wurde – wegen der phänomenologischen Ausrichtung beim Feld liegt und die Darstellung der Theorie nur aus Gründen des besseren Verständnisses vorgezogen wird.

Der Untersuchungsgegenstand – der Computerumgang Jugendlicher – ist in seiner Fokussierung auf die Themen Identitäts- und Selbstbildung bzw. Sinngenese und religiöse Valenz nicht mit nur einer Theorie bzw. einem Theorieelement hinreichend zu beschreiben, sondern unterschiedliche Theorieelemente müssen notwendig clusterartig zusammenlaufen. In dem Sinne wird eine entsprechende Abstimmung auf den jeweiligen empirischen Gegenstand notwendig.

Innerhalb dieses oszillierenden Prozeßverlaufs lassen sich drei Theorieebenen unterscheiden: Eine formale metatheoretische Theorieebene ist von materialen Theorieelementen zu unterscheiden, aus deren Zusammenspiel wiederum Theorieelemente mittlerer Ebene hervorgehen.[235] Handelt es sich bei den materialen Theorieelementen um solche, die aus empirischen Felddaten resultieren und induktiv operieren, so entstammen die Theorieelemente mittlerer Ebene abduktiven Verfahren, die Metatheorie und materiale Theorieelemente vernetzen. Die formalen, metatheoretischen Theorieelemente operieren wiederum innerhalb deduktiver Prozesse der Theoriebildung. Sowohl bei den materialen wie auch bei den metatheoretischen Theorieelementen können wiederum erstarrte abduktive Geneseprozesse im Hintergrund stehen, wenngleich die materialen Theorieelemente im weiteren Vollzug abduktiver Korrelation zur Erarbeitung von Theorieelementen mittlerer Ebene induktiv und die formalen, metatheoretischen Theorieelemente deduktiv operieren. Wahrscheinlicher ist jedoch der Fall, daß die materialen allein aus induktiven bzw. die metatheoretischen Theorieelemente allein aus deduktiven Prozessen der Theoriegenese resultieren. Ein derartiges komplexes Zusammenspiel mehrerer Theorieebenen deutet auch Glaser an:

> »Theoretical sensitivity is an ability to generate concepts from data and to relate them according to the normal models of theory in general, and theory development in sociology, in particular. A researcher may be very

---

234 Vgl. Hitzler, Ethnographie – Die Erkundung fremder Lebenswelten, S. 15–16.
235 Auch Glaser / Strauss unterscheiden »formale« und »materiale« Theorien. Allerdings beschreiben sie durch diese Differenzierung den jeweiligen Verallgemeinerungsgrad einer Theorie. Vgl. dazu Glaser / Strauss, Grounded Theory, S. 42ff.

sensitive to his personal experience, his area in general and his data specifically, but if he does not have theoretical sensitivity, he will not end up with grounded theory«.[236]

Ein abduktives Schließen auf einer mittleren Ebene sucht einen Ausweg aus dem Dilemma, daß eine logische Ableitung aus Begriffen oder Sätzen im Sinne der Deduktion insofern sich selbst reproduzierend verbleibt, als durch solche Schlußformen kein neues Wissen generiert werden kann, sondern es sich um alleinige Prozesse von Regelanwendung handelt. Die allein induktive Ebene verbleibt ebenso im Status der Selbstreproduktion, da sie den Einzelfall zur Regel macht[237]. Bei der Abduktion handelt es sich – im Anschluß an C. S. Peirce[238] – um ein Schlußverfahren, welches von einer vorliegenden Regel und einer möglichen bzw. spontan gebildeten Regel auf einen Fall schließt.[239] Um ein überraschendes Phänomen erklärbar zu machen, wird eine Regel hypothetisch eingeführt, damit das Resultat als sinnvoller Fall der Regel betrachtet werden kann. So ermöglicht abduktives Schließen »sinnvolle Erklärungen für neue, bisher unbekannte Phänomene zu finden, um diese in einen plausiblen Kontext zu stellen. Durch abduktives Schließen werden Lösungen für überraschende Phänomene gefunden, die häufig in neues Wissen einführen und nicht nur vorhandenes überprüfen«.[240]

---

236 Vgl. Glaser, Basics of grounded theory analysis, S. 27.
237 Vgl. Reichertz, Abduktion, Deduktion und Induktion in der qualitativen Forschung, in: Flick, U. / von Kardorff, E. / Steinke, I. (Hrsg.), Qualitative Forschung, Hamburg 2000, S. 276–285.
238 Vgl. dazu u.a. Peirce, Ch. S., Reasoning and the Logic of Things, Cambridge 1992.
239 Der frühe Peirce faßt die Abduktion zunächst unter den Begriff der Hypothese. Die Abduktion erklärt etwas Unverständliches aufgrund des geistigen Entwurfs einer neuen Regel. Der späte Peirce definiert Abduktion wie folgt: x hat eine bestimmte Eigenschaft, a, b, c haben bestimmte Eigenschaften, so ist x ein a (b oder c). Etwas wird unter einer bestimmten Eigenschaft zusammengefaßt, die nicht charakteristisch für eine bestimmte Gattung sein muß. Vgl. Reichertz, a.a.O., S. 276–285.
240 Vgl. Heil / Ziebertz, Eine Religionsunterrichts-Stunde – abduktiv erforscht, S. 103.
Im Gegensatz zu dem oben beschriebenen Modell der abduktiven Korrelierung des Ergebnisses formaler begrifflich-deduktiv operierender Theorieentwicklung und dem Resultat einer induktiv-verallgemeinernden Typenbildung wenden Heil / Ziebertz die abduktive Korrelierung an, um die theoretische Hypothesenbildung in Relation zum empirischen Feld zu beschreiben. Damit operieren sie auf der Ebene einer induktiv-verallgemeinernden Typenbildung. Ihnen geht es nicht darum, das Verhältnis von formalen, begrifflich-deduktiv operierenden Theorieelementen und Empirie zu erfassen. Sie orientieren sich damit am Abduktionsbegriff des späten Peirce.

Im folgenden wird sich zeigen, daß ein derartiges theoretisches Wechselspiel von differenzierten Theorieebenen und Empirie im Sinne abduktiver Korrelierung sich als ausgesprochen fruchtbar erweisen wird, weil angemessene theoretische Reaktionen auf fundamentale Fragestellungen – wie die nach der ästhetischen oder der darüber hinausgehenden religiösen Valenz bestimmter Phänomene bzw. die nach der Relation von Wahrheit und Gewißheit – nur im engen Wechselspiel von Metatheorie und empirischem Material möglich sind und wiederum rückwirken auf die bereits bestehende Metatheorie.[241] So gilt hinsichtlich des empirischen Forschungsprozesses das Votum A. N. Whiteheads: »Die wahre Forschungsmethode gleicht einer Flugbahn. Sie hebt ab von der Grundlage einzelner Beobachtungen, schwebt durch die dünne Luft phantasievoller Verallgemeinerung und versenkt sich dann wieder in neue Beobachtungen, die durch rationale Interpretation geschärft sind«.[242]

---

241 Vgl. dazu Kapitel 6 »Religion und religiöse Valenz«.
242 Vgl. Whitehead, Prozeß und Realität, S. 34.

5 Identität und Bildung

5.1 Zur Problemstellung

Die Debatte um die Möglichkeiten computergestützter neuer Medien wird aktuell im Kontext der interdisziplinären Medienforschung auf dem Hintergrund des Identitätsbegriffs geführt.[243] Eine solche Rezeption des Identitätsbegriffes liegt, wie die folgenden Ausführungen deutlich werden lassen, die eine theoretische Explikation der empirischen Befunde darstellen, für eine theoretische Beschreibung der sich im Kontext jugendlicher Computernutzung zeigenden Phänomene nahe. Der Computerumgang Jugendlicher im Zusammenhang des Chattens, der Multi User Dungeons, aber auch im Rahmen von Computerspielen ist mit vielfältigen Möglichkeiten experimenteller Identitätsmodulation verbunden. Gleiches gilt für den Spielerfolg bzw. erfolgreiches Programmiererleben, die insofern identitätsstiftend bzw. identitätsstabilisierend wirken, als Subjekte nun virtuelle Erfolge erfahren können, die ihnen so teilweise im Leben verwehrt bleiben. Im günstigsten Fall kommt es dann zu positiven Rückkopplungen zwischen virtuellem Erfolg und realem Leben.[244]

Wie gestaltet sich ein theoretischer Identitätsbegriff, der in der Lage ist, die genannten Phänomene perspektivisch in den Blick zu nehmen, sich als anschlußfähig an einen Bildungsbegriff erweist und die untersuchten Phänomene im Zusammenhang des Computerumgangs Jugendlicher als Dimensionen struktularer Bildung bestimmen kann? Beim Identitätsbegriff handelt es sich um einen Theoriebegriff, der zu den schillerndsten und häufig gebrauchten Begriffen der anthropologischen Theoriediskussion zählt.[245] Innerhalb der praktischen Theologie kam es nach einer breiten positiven Rezeption des Identitätsbegriffs[246] zu einer kritischen Auseinandersetzung mit demselben. So wurde z.B. die Annahme der persönlichkeitsfördernden Funktion der christlichen Religion und der biblischen Symbole kritisch diskutiert.[247] Ver-

---

243 Vgl. dazu u.a. Döring, N., Die Sozialpsychologie des Internet, Göttingen / Bern / Toronto / Seattle 2003 und Fink / Kammerl, Virtuelle Identitäten, S. 10–16.
244 Vgl. dazu Kapitel 8 »Jugendliche am Computer am Ende der 80-er und zu Beginn der 90-er Jahre«.
245 Vgl. dazu Brunner, Zweisprachigkeit und Identität, S. 63 und zur Entwicklung der Identitätsforschung Keupp, Diskursarena Identität, S. 11ff.
246 Vgl. z.B. Fraas, Glaube und Identität, Göttingen 1983 sowie Kapitel 5.6 »Zur Konvergenz theologischer und postmoderner Identitätskonzepte«.
247 Vgl. Preul, Religion, Alltagswelt und Ich-Konstitution, S. 177ff. Preul erteilt einer theoretischen Rezeption des Identitätsbegriffs in der Theologie keine gene-

zichtet man im Gefolge einer derartigen Kritik besser auf jegliche Rezeption des Identitätsbegriffs? Ich denke, hier ist Henning Luthers Überlegungen zum Identitätsbegriff zu folgen, der bemerkt:

> »Der Identitätsbegriff ist ins Gerede gekommen. Nach seiner überraschenden Karriere setzt nun zunehmend die Kritik ein. Diese kritische Auseinandersetzung mit dem Identitätsbegriff speist sich allerdings aus verschiedenen Motiven und verfolgt unterschiedliche Interessen. Diese Motive und Interessen sind differenziert wahrzunehmen, um nicht einer pauschalen Trendwende aufzusitzen, die letztlich dazu führt, den Identitätsbegriff überhaupt zu verabschieden und damit zugleich seinen emanzipatorischen Gehalt preiszugeben. Gerade die sozial- und humanwissenschaftliche Verwendung des Identitätsbegriffs zehrt vom aufklärerischen Erbe, auch wo die Emphase nicht mehr vorherrscht«.[248]

So kann es nur um eine kritische Auseinandersetzung mit dem Identitätsbegriff gehen, welche die Defizite, auf die eine entsprechende kritische theologische Diskussion reagiert, wahr- und ernstnimmt:

> »Der Begriff der Identität hat in der praktisch-theologischen Diskussion der letzten fünfzehn Jahre Karriere gemacht, besonders im Bereich der Religionspädagogik und der Seelsorge. Nicht zuletzt die Beschäftigung mit einschlägigen soziologischen, psychoanalytischen und entwicklungspsychologischen Theorien hat zu seiner intensiven und bevorzugten Aufnahme beigetragen. Und er scheint sich ... trotz anfänglicher und immer wieder vorgetragener theologischer Kritik mehr oder weniger durchgesetzt zu haben«.[249]

So ist der Identitätsbegriff gerade im Kontext einer differenzierten Auseinandersetzung mit der Computernutzung Jugendlicher notwendig zu diskutieren und zu rezipieren. Allerdings wird sich zeigen, daß seine theoretische Gestalt von einem geschlossenen statischen Identitätskonzept hin zu einem dynamisch-prozessual, fragmentarischen transformiert werden muß, das notwendig auf die vorfindlichen empirischen Phänomenbestände reagiert.[250]

---

relle Absage, sondern betont eine kritische und theologiespezifische Rezeption desselben. Vgl. Preul, Religion – Bildung – Sozialisation, S. 169ff.
248 Vgl. Luther, Religion und Alltag, S. 150.
249 Vgl. Luther, a.a.O., S. 160.
250 Vgl. zur genauen Bestimmung der Relation von Theorie und Empirie Kapitel 4 »Zur Relation von Theorie und Empirie« bzw. Kapitel 6.2 »Zur Relation von Theorie und Empirie« sowie zur Entfaltung der in abduktiver Korrelierung erarbeiteten Ergebnisse hinsichtlich Identitäts- bzw. Selbstbildungsprozessen im Zusammenhang des Computerumgangs Jugendlicher Kapitel 10.1 »Dimensionen von Identitäts- und Selbstbildung« sowie 10.2 »Dimensionen der Bildung am Allgemeinen als Element strukturaler Bildungsprozesse«.

5.2 Person und Identitätsbildung: Von der Freiheit zur Selbstgestaltung

Die sich im Zusammenhang Computerumgangs Jugendlicher zeigenden Prozesse der Identitäts- und Selbstbildung konvergieren durchaus mit theologischen Grundmodellen der Anthropologie und sind daher nicht a priori der Kritik einer hybriden Anmaßung zu unterziehen. Vielmehr weisen – wie im weiteren entfaltet wird – das theologische Personkonzept – und damit verbunden ein entsprechendes Identitätskonzept – einen Freiraum zur Selbstbildung aus.

Der Identitätsbegriff besitzt eine enge Kopplung mit dem Subjekt- bzw. mit dem Personbegriff. Diese Relation zum Personbegriff – in seiner Grundstruktur wie seinen Implikationen – ist notwendig im Blick zu behalten, wenn eine Analyse des Identitätsbegriffs nicht vollständig defizitär erscheinen möchte. Beim Personbegriff handelt es sich um einen Begriff, der eng mit dem Gedanken der Menschenwürde gekoppelt ist und der aus theologischer Perspektive notwendig eine Exzentrizität auf Gott hin besitzt. Im Zusammenhang mit der Frage nach Menschenwürde und danach, welche Attribute notwendig zum Personsein gehören, wird die Debatte um den Personbegriff aktuell hinsichtlich Fragen der gentechnischen Veränderung des menschlichen Erbgutes, aber auch hinsichtlich Grundsatzfragen nach der Wertigkeit kranken und behinderten Lebens geführt. Versucht das von P. Singer vertretene utilitaristische Konzept die Wertigkeit von Personen allein an deren individuellen Eigenschaften und Potential festzumachen[251], so heben philosophische Positionen wie die von R. Spaemann und P. F. Strawson auf die Zugehörigkeit zur Spezies »Mensch« ab, an der die Personwürde hängt. Am Potential zur vollständigen Entfaltung gewisser Subjekte der Spezies hängt dann die Würde der Gesamtspezies, wodurch jedem Mitglied der Gattung Mensch die volle Personwürde zukommt.[252] Entsprechende theologische Grundüberlegungen zeigen jedoch die begrenzte Reichweite eines derartigen Ansatzes auf, insofern letztlich Personwürde doch durch Anerkennungsverhältnisse bestimmt wird und verweisen auf theologische Konzepte wie die Rechtfertigungslehre und die Lehre von der Imago Dei, die eine letzte Unverfügbarkeit des menschlichen Lebens als Person unter Absehung von spezifischen Eigenschaften implizieren.[253] Zudem machen neuere Analysen zum Personbegriff deutlich, daß Personhaftigkeit immer mit den Faktoren Körperlichkeit, Relationalität und dem Besitz spezifischer Fähigkeiten verbunden ist

---

251 Vgl. dazu Singer, P., Praktische Ethik, Stuttgart 1994.
252 Vgl. dazu Spaemann, R., Personen, Stuttgart 1996 sowie Strawson, P. F., Individuals, London 1993.
253 Vgl. dazu Körtner, Unverfügbarkeit des Lebens? S. 27–34 und Schlapkohl, C., Persona est naturae rationabilis individua substantia, Marburg 1999 sowie Dinter, Models of how to relate science and theology and their implications for the ongoing debate on genetic engineering, S. 245–257.

5 Identität und Bildung

und der Ausfall eines dieser Faktoren noch nicht notwendig den Verlust von personaler Würde bedeutet.[254]

Die Würde der Personhaftigkeit, die Gott dem Menschen als seinem Ebenbild[255] gewährt, entlastet den Menschen davon, seine Würde im Prozeß der Ich-Werdung erst gewinnen zu müssen (*I. Dalferth / E. Jüngel*).[256] Diese von Gott gewährte Würde und die ihm gegebenen Fähigkeiten kann der Mensch dann zur Ich-Werdung nutzen. Sie bleiben aber menschlichen Anforderungen insofern entzogen, als dem Menschen nicht zugestanden wird, anhand von bestimmten Kriterien anderen Menschen die Personhaftigkeit abzusprechen.

Diese Vorgängigkeit der personalen Würde, die sich entscheidend auf die Grundstruktur des Bildungsbegriffs auswirkt, entfaltet auch *P. Biehl*:

»Im Prozeß der Bildung geht es ... um den Prozeß der Subjektwerdung des Menschen in der Gesellschaft als ein ständiges Freilegen seiner ihm gewährten Möglichkeiten. Diesem Prozeß bleibt das Personsein als Grund der menschlichen Freiheit und Selbstbestimmung stets voraus. Subjekt muß der Mensch im Prozeß seiner Bildung erst werden, Person ist er schon immer ... Dementsprechend ist zwischen Person-Identität und Ich-Identität ... zu unterscheiden«.[257]

Damit ist »der Mensch schon unerreichbar viel mehr, als er in Bildungsprozessen aus sich zu machen vermag, weil er sein wahres Sein außerhalb seiner selbst bereits hat«[258].

Dies entlastet weltliche Bildungsprozesse von entsprechenden Vollkommenheitsidealen und ideologischen Bildungszielen. In dem Sinne entspricht dem eschatologisch offenen Bildungsprozeß eine Fragmentiertheit der Ich-

---

254 E. Stock entwickelt drei Kriterien zur Bestimmung von Personhaftigkeit: Körperlichkeit, soziale Relationiertheit und individuelle Fähigkeiten. Selbst wenn eines dieser Kriterien fehlt, ist noch nicht von einem Verlust von jeglicher Personhaftigkeit auszugehen, sondern die personale Würde bleibt bestehen. Vgl. dazu Stock, Menschliches Leben und Organtransplantation, S. 83–110.

255 Die Gottebenbildlichkeit des Menschen ist im Sinne von Gen 1,26–28 – nach den Erkenntnissen der neueren Exegese – keine ontologische, sondern eine funktionale Bestimmung. Sie ist eng mit dem Herrschaftsauftrag (dominium terrae) in Gen 1,28 verbunden, nach dem dem Menschen eine Sonderstellung unter allem Geschaffenen zukommt. Der Herrschaftsauftrag, der einen Funktionsauftrag an den Menschen darstellt, gilt dem Wohl der gesamten Schöpfung. Durch diesen Funktionsauftrag ist auch die Gottebenbildlichkeit des Menschen verständlich: Der Mensch vertritt als Bild der Gottheit den König »Gott« in der Welt. Vgl. dazu Link, Schöpfung II, S. 392 ff. und dazu Janowski, Tempel und Schöpfung, S. 37–68 sowie Koch, Gestaltet die Erde, doch heget das Leben! Einige Klarstellungen zum dominium terrae in Genesis 1, S. 223–237.

256 Vgl. dazu Dalferth / Jüngel, Person und Gottebenbildlichkeit, S. 58–99.

257 Vgl. Biehl, Erfahrung – Glaube – Bildung, S. 156–158.

258 Vgl. Biehl, a.a.O., S. 156.

5.2 Person und Identitätsbildung: Von der Freiheit zur Selbstgestaltung

Identität (*H. Luther*), die im folgenden noch genauer zu betrachten sein wird.[259]

Mit der letzten Unverfügbarkeit des menschlichen Personseins ist ein Raum der Freiheit eröffnet, in dem der Mensch sich verwirklichen kann. Dem korrespondiert eine anthropologische Reformulierung der Rechtfertigungslehre. Anthropologisch gewendet liegt die Pointe der Rechtfertigungslehre nicht so sehr in der Frage, »Wie bekomme ich einen gnädigen Gott?«, sondern, was heißt es, daß dem Menschen als Gerechtfertigten sein eigentliches Personsein immer vorauslaufend zugesprochen ist und er damit – von jeglicher Werkgerechtigkeit befreit – den Raum zur eigentlichen Entfaltung seines Ichs erhalten hat. Dieser Grundgedanke begründet die hohe Relevanz der Rechtfertigungslehre für Debatten – wie die aktuell geführten – um die Neuerungen der Biotechnologie[260], zeigt aber gleichzeitig, daß sie auch hinsichtlich einer Reflexion des Bildungsbegriffs Berücksichtigung finden muß. Mit der Freiheit der rechtfertigenden Annahme durch Gott ist die Verantwortung für die Ich-Gestaltung gleichzeitig mit aufgegeben. Wie Luthers Freiheitsschrift entfaltet, geht es nicht um unbegrenzten Libertinismus, sondern um verantwortete Freiheit, die aus der Rechtfertigung folgt. Dennoch ist es eine Freiheit, die jeglichen Zwang zur Selbstrechtfertigung entbehrt. Dieser Gedanke wird festzuhalten sein, wenn die Phänomene jugendlicher Computernutzung in den Blick genommen werden.

Theologisch begründete Anthropologie befreit den Menschen als Person von der Totalität der Ich-Begründung und Selbst-Schöpfung und eröffnet gleichzeitig einen Raum, in dem der Mensch die ihm geschenkten Gaben nutzen und sich als Subjekt entwickeln darf. Damit ist ein Freiraum eröffnet, innerhalb dessen sich der Mensch zu entfalten vermag, ohne daß eine derartige Entfaltung sofort in den Bereich hybriden Mißbrauchs fällt. Aus theologischer Sicht bleibt aber das Wissen um die Begrenztheit der Prozesse der Ich-Entwicklung notwendig zu berücksichtigen. Diese fallen mit Bonhoeffers Worten in den Bereich des Vorletzten.

> »Dem Menschen ist zu seinem besten die Verantwortung für sein Personsein, für das Gott einsteht, entzogen. Er ist dafür verantwortlich, daß er ein erfahrungs- und handlungsfähiges Subjekt in Individualität, Sozialität und Mitgeschöpflichkeit wird«.[261]

---

259 Vgl. dazu Kapitel 5.5 »Identität und Fragment: Identitätsgenese in der Postmoderne«.
260 Vgl. dazu Dinter, Models of how to relate science and theology and their implications for the ongoing debate on genetic engineering, S. 245–257 und dies., Religiöse Erziehung im genetischen Zeitalter, S. 101–105.
261 Vgl. Biehl, a.a.O., S. 174.

5.3 Von der Personmaske und dem Interface

Im folgenden soll die Grundstruktur des Personbegriffs in seiner Relation zum Identitätsbegriff genauer entfaltet werden. Diese Grundstruktur wird entscheidend für eine Analyse der Prozesse jugendlicher Identitätsmodulation am Computer. So gliedert sich die Person auf in inner-personale und soziale Dimensionen, zwischen denen die Personmaske – der Modus externer Präsentation des Selbst – steht. Im Kontext der Computernutzung Jugendlicher tritt dann das Interface an die Stelle der Personmaske, an der es zur spielerischen Identitätssimulation kommt.

Eine entsprechende Bestimmung der Grundkonstitution des Subjektes zeigt sich bereits in den historischen Wurzeln des Personbegriffs im Rechtswesen und im Theater. So liegt der eine Grund des Personbegriffs im Gedanken, daß einer juristischen Person – die individuellen, aber auch überindividuellen Charakter haben kann – ihre Taten zugerechnet werden können, aber auch, daß ihr als Rechtsperson bestimmte Rechte und Pflichten zukommen. Bemerkenswert ist dabei, daß die Antike den Personbegriff begrenzte und Frauen und Sklaven keine Personhaftigkeit zuerkannte. Dies wurde durch das Christentum dahingehend verändert, daß man Personhaftigkeit wegen der Vorstellung, daß alle Menschen ihr Leben am Ende als Ganzes vor dem Gericht Gottes zu verantworten haben, unterschiedslos allen Menschen zusprach.

Die andere Quelle des Personbegriffs liegt im Theater. Dort wird von der »dramatischen Person« (»dramatis personae«) gesprochen. Ein Aktor verwendete in der klassischen griechischen Tragödie Masken für die Person, die er spielte. Durch diese Masken drang der Klang der Stimme (»per sonae«). Die Rolle, die ein Aktor spielt, resultiert aus einer Wahl, die den Aktor in das strukturelle System eines Stückes einbettet. So wählt ein Aktor seine Rolle, versucht, diese möglichst deutlich auszugestalten, und wird von außen danach beurteilt, wie er die Rolle ausfüllt. Daher läßt sich mit der amerikanischen Philosophin A. *Oksenberg-Rorty* festhalten: »The idea of a person is the idea of a unified center of choice and action, the unit of ... responsibility. Having chosen, a person acts, and is actionable, liable«.[262] Damit kommen im Personbegriff die aus dem Theater und aus dem Gerichtsbereich rührenden Konnotationen zusammen.

Angelegt im zweifachen Charakter des Personbegriffs ist gemäß Oksenberg-Rorty die Möglichkeit zu einer weiteren Begriffsdifferenzierung. Wird die Komponente des Personbegriffs in Betracht gezogen, die auf die Person als Zentrum der Entscheidungsfindung und letzter Verantwortung abzielt, auf die Einheit von Denken und Handeln, so ist dieser Bereich mit den Begriffen »Geist« bzw. »Seele« zu erfassen. Tritt die Person jedoch als Besitzerin von Rechten und Pflichten in den Blick, so geht es um das Selbst.

---

262 Vgl. Oksenberg-Rorty, The Identity of Persons, S. 309.

5.3 Von der Personmaske und dem Interface

Wird der Ort einer Person in der Gesellschaft dadurch bestimmt, daß ihr verschiedene Rollen zugemessen werden, so ist es nach Oksenberg-Rorty der Begriff des »Selbst«, der beschreibt, daß Individuen aktiv Rollen für sich in der Gesellschaft einnehmen, die ihren Fähigkeiten entsprechen. Mit diesem aktiven Einnehmen von gesellschaftlichen Rollen ist immer auch materieller Besitz verbunden, der den erlangten Rollen entspricht. Damit wird das Selbst zum »Besitzer«. Diese Begriffsbestimmung des Selbst als Besitzer trifft auch auf eine metaphysische bzw. epistemologische Beschreibung des Selbst zu. Danach liegt die Identität des Selbst in seiner Erinnerungsfähigkeit – in dem bewußten Besitz von Erfahrungen.

Eng mit dem Begriff des Selbst ist nach A. Oksenberg-Rorty der Charakterbegriff verbunden. Dem Charakterbegriff geht es nicht um eine Analyse eines spezifischen Individuums. Vielmehr sind feststehende Charaktereigenschaften von Interesse, die sich in bestimmten sozialen Kontexten bei den Trägern eines Charakters wiederholen. Dabei ist es der Charakter, der die Reaktionen seiner Träger auf soziale und umweltbedingte Einflüsse bestimmt. Daher ist von einer gewissen Determiniertheit des Trägers eines Charakters durch seine Charaktereigenschaften auszugehen. Ein Charakter läßt sich somit anhand eines bestimmten, von außen klar identifizierbaren Sets von Charaktereigenschaften erkennen.

Individuen stellen für Oksenberg-Rorty das unteilbare autonome Selbst dar und sind damit von gesellschaftlichen Rollenzuschreibungen unabhängig. Im Individuumsbegriff ist dann durch den Gedanken, daß dem Individuum ein eigener Entfaltungsraum zukommt, in welchem es eigene Merkmale und Stile entwickeln kann, die es wiederum von anderen unterscheiden, immer schon die Abgrenzung gegen Sozialität enthalten. Damit rückt der Begriff des Individuums in die Nähe von existentialistischen Konzepten wie dem Satres. Dem Individuum kommt radikale Freiheit zu wählen und sich selbst zu gestalten zu. Die Natur des Individuums besteht dann in eben dieser Wahlfreiheit, durch die das Subjekt seine Identität erschafft.

Wie ist die Relation der beschriebenen Begriffe nach Oksenberg-Rorty zu bestimmen? Die Trennung der beschriebenen Begriffe ist eine rein heuristische. Bei der Konstitution von menschlicher Identität treten alle Konzeptionen in ein Wechselspiel, das manchmal von konfligierendem Charakter sein kann. So werden z.B. an die Person Rollen herangetragen, die ihrer gesellschaftlichen Stellung entsprechen, wobei die Person zugleich versucht, als Selbst eine eigene Stellung in der Gesellschaft zu erlangen. Entscheidend ist, daß nach A. Oksenberg-Rorty zwischen innerer und äußerer Person, zwischen der Person hinter und vor der Maske zu unterscheiden ist. Bezogen auf das Personkonzept ist im Gefolge von Oksenberg-Rorty festzuhalten, daß der Kontrast zwischen innerer und äußerer Person als Kontrast zwischen individueller und sozialer Maske, zwischen Natur und Kultur beschrieben werden kann. Zur Erlangung von Identität treten dann alle Komponenten in ein Wechselspiel.

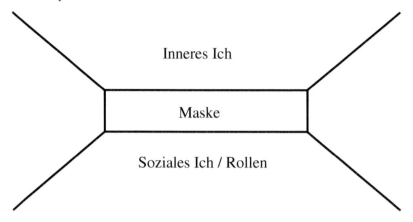

Abb.1: *Zum Personbegriff: Persona: Durchtönen / Maske im antiken Theater*

Die Unterscheidung von innerer und äußerer Person, die Oksenberg-Rorty entfaltet, findet sich in vergleichbarer Form auch bei *G. H. Mead.* Dieser entwickelt in seinem Hauptwerk »Mind, Self and Society« eine Theorie des Selbst, die von der Grundannahme ausgeht, daß das Selbst vor allem ein Produkt des sozialen Prozesses darstellt.

>»The self, as that which can be an object to itself, is essentially a social structure, and it arises in social experience. After a self has arisen, it in a certain sense provides for itself its social experiences, and so we can conceive of an absolutely solitary self. But it is impossible to conceive of a self arising outside of social experience«.[263]

Das Selbst resultiert aus sozialen Erfahrungen und erfaßt sich in einem größeren sozialen Zusammenhang. Diese Genese des Selbst ist immer ein sprachlich vermittelter Prozeß, der seinen Ursprung in basalen Formen von Kommunikationsverhalten hat (»vocal gestures«).[264] Mead unterscheidet zwischen Ich (»I«) und Selbst (»me«), zwischen denen ein komplexes Relationengefüge besteht:

>»The ›I‹, then, in this relation of the ›I‹ and the ›me‹, is something that is, so to speak, responding to a social situation which is within the experience of the individual. It is the answer which the individual makes to the attitude which others take towards him«.[265]

Damit machen Selbst und Ich zusammen die jeweils individuelle Persönlichkeit aus. Der Begriff des »Ich« (»I«) ist das Subjekt der Selbstreflexion

---

263 Vgl. Mead, Mind, Self and Society, S. 140.
264 Vgl. Mead, a.a.O., S. 69.
265 Vgl. Mead, a.a.O., S. 177.

5.3 Von der Personmaske und dem Interface

und des Handelns und gleichzeitig die Instanz der Reaktion auf das Selbst (»me«) als Ergebnis eines sozialen Prozesses. Die Erinnerung wiederum hat die Funktion, dafür zu sorgen, daß »Ich« und »Selbst« nicht konfligieren.

Gemeinsam ist dem Theoriemodell von A. Oksenberg-Rorty und von G. H. Mead, daß sie auf die innere und äußere Konstitution des Subjektes verweisen und so die Grundstruktur des Personbegriffs entfalten.[266] Identität wird in beiden Fällen durch das Zusammenspiel von unterschiedlichen Aspekten des Subjektes hergestellt und ist – wie bei John Locke – über Erinnerung vermittelt. In dem Sinne gilt: »Identität ... bezeichnet die Leistung des Individuums, zwischen Vergesellschaftung und Individuation ein Selbstkonzept zu formulieren, zu bewahren und zu entwickeln«.[267] Kritisch ist anzumerken, daß A. Oksenberg-Rorty und G. H. Mead Subjekte, die ihre volle Potenz bereits entfaltet haben, beschreiben. Wie die ersten Überlegungen zum Personbegriff gezeigt haben, bleibt die Vorstellung voll entfalteter Subjekte jedoch immer wieder allein eine regulative Idee und muß gerade aus theologischer Perspektive die Letztunverfügbarkeit von Identität und den Gedanken lebenslanger Fragmentiertheit im Blick haben. Dennoch sind beide Modelle geeignet, um einen ersten idealtypisch geprägten Einblick in Subjektkonstitution zu erreichen. Zudem ist der Entwurf von Oksenberg-Rorty sehr kognitionslastig und eine körperliche Konstitution der Subjekthaftigkeit taucht bestenfalls am Rande auf. Bei Mead wird dieses Defizit insofern überwunden, als er »von Sozialität als einem Funktionszusammenhang von leiblichen Bewegungen«[268] ausgeht. So sind gerade soziale Akte körperlich über Körperhaltungen, Bewegungen, Gesichtsausdruck und bestimmte Gebärden vermittelt. Diese leibliche Grundkommunikation bildet bei Mead die Basis für die spätere sprachlich vermittelte der »vocal gestures«, die strukturell bei der leiblichen Ebene ansetzen und die dort beginnende Sinnbildung weiterführen. »Bedeutung wird also nach Mead nicht vorrangig oder ausschließlich sprachlich konstituiert. Vielmehr existiert Bedeutung vor einem Bewußtsein der Bedeutung, nämlich in der objektiven Struktur des aktiven Verhältnisses eines Menschen zu einem bestimmten Teil seiner Umwelt im ›sozialen Akt‹ oder der ›sozialen Handlung‹, die fundamental aus einer ›Gebärdensprache‹ (›conversation of gestures‹) besteht«.[269] Wird die Frage nach

---

266 Da Oksenberg-Rorty nur die formale, an Kognition orientierte Grundstruktur des Personbegriffs entfaltet und die Relation zur Körperlichkeit noch nicht im Blick hat, wird ihr Entwurf im logischen Duktus dem von G. H. Mead – der auch die Körperlichkeit des Subjekts im Blick hat – vorangestellt, obwohl Meads Entwurf zeitlich vor dem von Oksenberg-Rorty entstanden ist. Zudem entfaltet Oksenberg-Rorty die Herleitung des Personbegriffs aus der Antike, die jeglichen Überlegungen zur formalen Bestimmung des Personbegriffs vorausgeht.
267 Vgl. Asbrand, Zusammen Leben und Lernen im Religionsunterricht, S. 74.
268 Vgl. Failing / Heimbrock, Gelebte Religion wahrnehmen, S. 51.
269 Vgl. Failing / Heimbrock, a.a.O., S. 53.

der Relation von Personalität, Subjekthaftigkeit und Identität um die Perspektive der Leiblichkeit erweitert, so kommt es zu einer erheblichen Komplexitätssteigerung. Dabei ist die Dimension der Leibhaftigkeit niemals von den Fragen nach den genannten Begriffskonzeptionen und ihrer Relation abzutrennen, sondern bildet ein Grundkonstituens des Personseins.[270]

5.4 Von der Prozessualität der Identitätsbildung
Adoleszenz und Identitätsentwicklung

Die Identitätsbildung des Subjektes unterliegt einem prozeßhaften Werden. Dabei kommt der Phase der Adoleszenz – selbst wenn Prozesse der Subjektwerdung und Identitätsbildung das ganze Leben umfassen – eine besondere Bedeutung zu, die mit notwendigen Bewältigungsleistungen und Explorationen verbunden ist, wie sie sich im weiteren im Rahmen der Computernutzung Jugendlicher auffinden lassen und für die Jugendkultur im beginnenden 21. Jahrhundert durchaus charakteristisch sind.

Die entscheidende Theorie für den Gedanken der Identitätsbildung liefern die Überlegungen von *E. Erikson,* die er u.a. in »Identität und Lebenszyklus« entfaltet.[271] Auch für Erikson geschieht Identitätsbildung – wie für Oksenberg-Rorty und Mead – »an den Schnittstellen von persönlichen Entwürfen und sozialen Zuschreibungen«.[272]

>»Der Begriff ›Identität‹ drückt also insofern eine wechselseitige Beziehung aus, als er sowohl ein dauerndes inneres Sich-Selbst-Gleichsein wie ein dauerndes Teilhaben an bestimmten gruppenspezifischen Charakterzügen umfaßt«[273].

Der Vorgang der Identitätsformierung geschieht in der Relation von innen und außen, zwischen Selbst- und Fremdbild.

>»Es wird sich dadurch einmal um ein bewußtes Gefühl der individuellen Identität, ein andernmal um das bewußte Streben nach einer Kontinuität des persönlichen Charakters zu handeln scheinen; einmal wird die Identität als ein Kriterium der stillschweigenden Akte der Ich-Synthese, dann wieder als das Festhalten an einer inneren Solidarität mit den Idealen und der Identität einer Gruppe erscheinen«.[274]

Die Identitätsbildung ist eine Aufgabe, die den Menschen gemäß Erikson ein ganzes Leben lang begleitet. Ziel dieser Identitätsformierung ist es, »seine Identitätsfragmente zu einem leistungsfähigen Ganzen zusammenfügen zu können«.[275]

---

270 Vgl. dazu Stock, E., Menschliches Leben und Organtransplantation, S. 83–110.
271 Vgl. Erikson, E., Identität und Lebenszyklus. Drei Aufsätze, Frankfurt 1966.
272 Vgl. Krappmann, Die Identitätsproblematik nach Erikson, S. 67.
273 Vgl. Erikson, a.a.O., S. 124.
274 Vgl. Erikson, a.a.O., S. 124–125.
275 Vgl. Krappmann, a.a.O., S. 67.

5.4 Von der Prozessualität der Identitätsbildung

Erikson entwickelt ein Modell fortschreitender Individualentwicklung, das die Vorstellung kontinuierlicher Subjektwerdung mit dem Gedanken spezifischer Identitätsentwicklung verbindet. Jeweils spezifische Konfliktlagen verlangen den Heranwachsenden spezifische Entwicklungsaufgaben ab.

»Die Integration, die nun in der Form der Ich-Identität stattfindet, ist mehr als die Summe der Kindheitsidentifikationen. Sie ist das innere Kapital, das zuvor in den Erfahrungen einander folgender Entwicklungsstufen angesammelt wurde, wenn eine erfolgreiche Identifikation zu einer erfolgreichen Ausrichtung der Grundtriebe des Individuums auf seine Begabung und Chancen geführt hat ... Das Gefühl der Ich-Identität ist also das angesammelte Vertrauen darauf, daß der Einheitlichkeit und Kontinuität, die man in den Augen anderer hat, eine Fähigkeit entspricht, eine innere Einheit und Kontinuität (also das Ich im Sinne der Psychologie) aufrechtzuerhalten. Dieses Selbstgefühl ... wächst sich schließlich zu der Überzeugung aus, daß man auf eine erreichbare Zukunft zuschreitet, daß man sich zu einer bestimmten Persönlichkeit innerhalb einer nunmehr verstandenen sozialen Wirklichkeit entwickelt«.[276]

Derartige Entwicklungsschritte können nach Erikson auch mißlingen, da sich Entwicklung immer krisenhaft vollzieht, in der Kindheitsentwicklung fußt und deutlich über diese hinausgeht. Innerhalb dieses lebenslangen Prozesses kommt dem Jugendalter eine herausragende Stellung zu, da sich Identitätsbildung hier fokussiert. Erikson nimmt an, »daß Jugendliche in diesem Prozeß der Identitätsbildung vorangegangene kindliche Identifikationen aufarbeiten, sich für Rollen und Laufbahnen entscheiden und Vertrauen gewinnen sollen, um die Einheit und Kontinuität ihrer Identität über ein Leben hinweg aufrechthalten zu können«.[277]

»Das Ende der Adoleszenz ist ... das Stadium einer sichtbaren Identitätskrise. Das heißt aber nicht, daß die Identitätsbildung mit der Adoleszenz beginne oder ende: sie ist vielmehr eine lebenslange Entwicklung, die für das Individuuum und seine Gesellschaft weitgehend unbewußt verläuft. Ihre Wurzeln gehen bis in die Zeit der ersten Selbst-Wahrnehmung zurück: schon im ersten antwortenden Lächeln des Säuglings ist etwas von der Selbst-Erkennung, verbunden mit einer gegenseitigen Anerkennung, enthalten«[278].

Erfolgreiche Ausbildung jugendlicher Identität ist angewiesen auf soziale Anerkennung und eine sichtbare Zukunftsperspektive. Diese Entwicklungsleistung der Identitätsbildung hat nach Erikson notwendig im Jugendalter stattzufinden, da ein ins frühe Erwachsenenalter verschleppter Identitätsbildungsprozeß fatale Folgen für die weitere Personentwicklung hat. Damit kommt dem Jugendalter nach Erikson eine entscheidende Stellung innerhalb

---

276 Vgl. Erikson, Identität und Lebenszyklus, S. 107.
277 Vgl. Krappmann, a.a.O., S. 66.
278 Vgl. Erikson, a.a.O., S. 140–141.

5 Identität und Bildung

der Individualentwicklung zu: »Die Adoleszenz bündelt alle psychosozialen Entwicklungsstränge; die Person entsteht, die am sozialen Austausch teilnehmen kann«.[279] Die Krise des Jugendalters bleibt eine notwendig zu bewältigende Aufgabe, sonst drohen »eine Zersplitterung des Selbstbildes ..., (ein) Verlust der Mitte, ein Gefühl von Verwirrung und in schweren Fällen die Furcht vor völliger Auflösung«.[280] Identitätsdiffusion und Fragmentierung werden damit nach Erikson zu einem Gefährdungsszenario, was im folgenden noch genauer diskutiert werden muß.

Zeigt Erikson die notwendige Prozesshaftigkeit von Identitätsbildung auf, die immer mit einer notwendigen Krisenbewältigung verbunden ist, so führt *James E. Marcia* Eriksons Überlegungen weiter, indem er verdeutlicht, daß Identitätsdiffusion nicht zwingend negativ zu bewerten ist. Marcia sucht eine weiterführende empirische Überprüfung von Eriksons Ausführungen hinsichtlich des Identitätsbegriffs. Er unterscheidet vier Typen des Identitätsstatus: Erarbeitete Identität (»identity achievement«), Moratorium, Identitätsübernahme (»foreclosure«) und Identitätsdiffusion (»identity diffusion«). »Identity achievement« meint eine gelungene, abgeschlossene Identitätsbildung nach einer explorativen Phase, das Moratorium kennzeichnet die Suchprozesse des Jugendalters, in denen es darum geht, durch eine explorative Phase hindurch eine Identitätsfestigung zu erreichen, Identitätsübernahme beschreibt die ohne Krisenhaftigkeit stattfindende Übernahme vorgegebener Bilder und Rollen, der keine vorlaufende explorative Phase vorausging. Im Zustand der Identitätsdiffusion befinden sich nach Marcia Personen, die weder spezifische Identitäts- und Rollenfestlegungen getroffen haben, noch sich in einer zielgerichteten engagierten Experimentierphase befinden. »Identity Diffusion persons may or may not have undergone some exploration in the above-mentioned content areas. Their outstanding characteristic is a lack of commitment and a corresponding lack of concern about their uncommittedness«.[281]

Besonderes Augenmerk wird bei Marcia auf den Prozeß der Identitätsentwicklung und weniger auf sein Resultat gelegt. Marcia stellt fest, daß ein gesellschaftlich geschlossenes Setting, das eine stabile Identitätsbildung gewährleistet, kaum mehr gegeben ist. Daher unterscheidet er verschiedene Formen der Diffusion und befreit diese von einer pathologisierenden Bewertung.

> »Firstly, there is pathological diffusion characteristic of the borderline personality which might be termed more accurately self-fragmentation. With disturbed Identity Diffusion individuals are similar to those described by Erikson in his pathography. Individuals with a carefree Diffu-

---

279 Vgl. Krappmann, a.a.O., S. 74.
280 Vgl. Erikson, a.a.O., S. 154.
281 Vgl. Marcia, Identity diffusion differentiated, S. 290.

sion tend to be socially skilled but shallow and undependable. A culturally adaptive Identity Diffusion is characterized by the tendency to make ego adaptive responses to social situations that promote exploration but discourage commitment. Finally, developmental Diffusion is represented by an individual who seems to possess all of the ego skills necessary to move on into Moratorium and Identity Achievement, but who is temporarily suspending commitment«.[282]

Marcia differenziert zwischen einer kulturell-adaptiven Identitätsdiffusion (»culturally adaptive Identity Diffusion«), einer »disturbed Identity Diffusion«, einer »carefree Diffusion« und einer »developmental Diffusion«. Der Begriff der kulturell-adaptiven Identitätsdiffusion zeigt die Vernünftigkeit an, »dort, wo die gesellschaftlichen Bedingungen Unverbindlichkeit und Indifferenz nahelegen, ... sich nicht festzulegen, Chancen zwar zu ergreifen, aber mögliche andere Optionen dabei nicht aus dem Blickfeld zu verlieren«.[283] Die »disturbed Diffusion« ist verbunden mit biographischen Verletzungen und einem daraus resultierenden Mangel an Ressourcen psychischer Bewältigungsmechanismen.

»While not so seriously disturbed in either reality testing or relationships as the borderline personality, this ›disturbed‹ Identity Diffusion would be adaptive only in an environment that most of us would consider very pathological – an environment that would force one underground psychologically. Within a typical group of late adolescents, the disturbed Identity Diffusion would appear as a loner, perhaps a bit schizoid, an isolated figure who might seek solace in fantasies of greatness or of having been greatly injured«.[284]

Die »carefree Diffusion« erweckt den Anschein von guter Integration und hoher sozialer Kompetenz, meint aber eine allein hedonistische Ausrichtung der Persönlichkeit. Die »developmental Diffusion« ist ein Durchgangsstadium auf dem Weg zu einer erfolgreichen Identitätsfindung. Sie ist vom Moratorium durch ihre stärkere Unentschiedenheit, der ein wirklich bewußt-experimenteller Charakter abgeht, gedanklich zu trennen.[285]

»Also just as directionless as the disturbed Diffusion, the carefree Diffusion possesses a fairly extensive repertoire of interpersonal skills, and, while incapable of occupational and ideological commitment, is often attractive to others ... While there is the same inner emptiness in both the disturbed and the carefree Diffusions, the latter probably has more ego strength«.[286]

---

282 Vgl. Marcia, a.a.O., S. 289
283 Vgl. Kraus / Mitzscherlich, Abschied vom Großprojekt, S. 160.
284 Vgl. Marcia, Identity diffusion differentiated, S. 291.
285 Vgl. dazu Kraus / Mitzscherlich, a.a.O., S. 160–161.
286 Vgl. Marcia, ebd.

5 Identität und Bildung

Mit dieser Hervorhebung der Bedeutung der Phasen des Moratoriums und vor allem der Annahme der nicht immer notwendig negativ zu bewertenden Identitätsdiffusion leistet Marcia einen entscheidenden Theoriebeitrag zur Analyse der Identitätsbildungsprozesse im Jugendalter im 21. Jahrhundert. Marcias Überlegungen sind im folgenden zum Gedanken einer Identitätsfragmentierung hin weiterzuführen, die eine notwendige theoretische Reaktion auf die veränderten Lebensbedingungen im 21. Jahrhundert darstellt.

5.5 Identität und Fragment: Identitätsgenese in der Postmoderne

Explorative Spiele mit Identitätsfragmenten sind für die Nutzung neuer Medien durch Jugendliche zu Beginn des 21. Jahrhunderts, wie sich zeigen wird, zum Alltag geworden. Diese Phänomene sind im Zusammenhang der Tatsache zu sehen, daß Identitätsfragmentierung ein Kennzeichen von Identität (»Bastelidentität«)[287] in der Postmoderne ausmacht. Dabei zeigt sich jedoch, daß fragmentarische Identitätsformen nicht den vollständigen Zerfall des Subjektes implizieren, sondern komplexe Prozesse des Austarierens von Einzelaspekten von Identität – verbunden mit notwendig zu leistender Sinngenese – nach sich ziehen. So geschieht im Rahmen der Identitätsbildung immer ein derartiges »Ausbalancieren« von Einzelaspekten der inneren, ichbezogenen und der äußeren, sozialen Anteile des Subjektes, wie auch ein »Ausbalancieren« der Subjektanteile im Strom der Zeit. So ist von der Gegenwart her Vergangenes zu integrieren und die Vorbereitung auf Zukünftiges hin zu leisten. Eine Hilfestellung für derartige temporale und soziale Integrationsvorgänge kann die Genese einer biographischen Selbsterzählung bieten, in der es immer zum Ausgleich zwischen Selbstbild und Fremdbild kommt.

Ein entsprechender theoretischer Rahmen für Formen der Identitätsfragmentierung wurde – im Rückgriff auf umfassende empirische Studien – maßgeblich von *Heiner Keupp* entwickelt. Dieser greift den von dem Psychologen K. Gergen entwickelten Gedanken der »Multiphrenie« auf, der auf die immer komplexer werdende menschliche Vernetzung reagiert, deren Dimensionen sich nach Gergen durch moderne Informationstechnik noch verstärken.

> »Das Konzept der Multiphrenie reagiert auf eine gesellschaftliche Umbruchsituation, die kaum zu leugnen ist: Die partikularistische Lebenssituation des modernen Menschen macht ein ständiges Umschalten auf Situationen notwendig, in denen ganz unterschiedliche, sich mitunter sogar gegenseitig ausschließende Personanteile gefordert sein können. Diese alltäglichen Diskontinuitäten fordern offensichtlich ein Subjekt, das verschiedene Rollen und die dazugehörigen Identitäten ohne permanente Verwirrung zu leben vermag. Daraus resultiert die Frage: Wie kann ich

---

287 Vgl. dazu Ferchhoff, W. / Neubauer, G., Patchwork-Jugend, Opladen 1997.

5.5 Identität und Fragment: Identitätsgenese in der Postmoderne

in einer Welt, die Flexibilität, Mobilität und Offenheit für ständig neue Entwicklungen fordert, eine Antwort auf die Frage ›Wer bin ich?‹ geben«.[288]

Dies gilt insbesondere für die Erfahrungswelten Jugendlicher »in einer Gesellschaft ... der einheitliche Ziele und Werte zunehmend abhanden kommen, die von der Pluralisierung der Lebensstile gekennzeichnet ist und in der sich die sozialstrukturell gegebenen objektiven Lebenschancen höchst unterschiedlich darstellen«.[289] In einem derartigen gesellschaftlichen Setting wird die Lebensgestaltung zunehmend schwieriger, und das einzelne Subjekt kann sich immer weniger auf eine vorgegebene Basis beziehen.

Wie bereits in Kapitel 3 »Adoleszenz, Technik und Medialität« aufgezeigt wurde, stellt die heute bestehende gesellschaftliche Lage Jugendliche vor erhebliche Herausforderungen. Einerseits werden ihnen große Freiheiten zugebilligt, andererseits sind feste Orientierungsbezüge kultureller und sozialer Art kaum mehr zu finden. Zudem sind alle materiellen Zukunftsperspektiven unsicher geworden. Der nach Erikson notwendige Ort der Eingliederungsmöglichkeiten in die Gesellschaft ist fraglich geworden. Das bedeutet für Jugendliche komplexe Anforderungen im Bereich der Identitätsfindung. Sie müssen selbst eigene Orientierungshorizonte entwickeln und ihre individuelle Nische in der permanent von dynamischen Veränderungsprozessen gekennzeichneten Gesellschaft suchen. In dem Sinne bemerkt H. Keupp: »Identitätsfindung bedeutet, für sich eine Perspektive zu finden, die sinnhaftes Handeln ermöglicht. Eine individualisierte Gesellschaft ist keine Gesellschaft der Sinnentleerung, sondern eine Gesellschaft, in der einzelne Individuen ihren Lebenssinn zunehmend selbst herausfinden und sich dafür entscheiden müssen. Individualisierung bedeutet vor allem die Freisetzung aus Traditionen und Bindungen, die das eigene Handeln im Sinne dieser feststehenden Bezüge in hohem Maße steuern. Die einzelne Person wird zur Steuerungseinheit, der die Begründung ihres Handelns sinnvoll und vernünftig erscheinen muß: Sie kann sich nicht allein auf das ›man‹ traditioneller Normierungen berufen«.[290]

So sind die etablierten Deutungsinstanzen nach Keupp als überholt zu betrachten, aber die »Sehnsucht nach Sinn« bleibt nach wie vor bestehen, wobei die Sinngenese vom Einzelnen zu leisten ist: »Der Einzelne ist der Konstrukteur seines eigenen Sinnsystems, und dabei greift er durchaus auf Materialien der traditionellen Sinninstitutionen zurück«.[291] Damit werden Fähigkeiten zur Selbstorganisation für Keupp zentral:

---

288 Vgl. Keupp, Jeder nach seiner Façon? S. 9.
289 Vgl. Keupp, ebd.
290 Vgl. Keupp, a.a.O., S. 9–10.
291 Vgl. Keupp, a.a.O., S. 10.

5 Identität und Bildung

»Im Zentrum der Anforderungen für eine gelingende Lebensbewältigung stehen die Fähigkeiten zur Selbstorganisation, zur Verknüpfung von Ansprüchen auf ein gutes und authentisches Leben mit den gegebenen Ressourcen und letztlich die innere Selbstschöpfung von Lebenssinn«.[292]

Der Einzelne hat selbstverantwortlich seinen Platz in der Gesellschaft zu suchen und sich entsprechend selbst zu gestalten.

Für eine erfolgreiche Bewältigung dieser Geneseleistung sind gemäß Keupp zwei Kriterien von maßgeblicher Relevanz: Authentizität und Anerkennung. Das Kriterium der Authentizität richtet sich auf den nach innen gewandten Aspekt der Person. Anerkennung wird nach Keupp im Gefolge von Ch. Taylor[293] zum entscheidenden Kriterium der äußeren Personanteile. »Das Gelingen dieser Identitätsarbeit bemisst sich für das Subjekt von innen an dem Kriterium der Authentizität und von außen am Kriterium der Anerkennung«.[294]

Der Identitätsbildungsprozeß konzentriert sich für Keupp – wie schon bei Erikson – dabei nicht allein auf das Jugendalter, sondern ist als lebenslange Aufgabe anzusehen. Dennoch bleibt das Jugendalter nach wie vor eine Lebensphase, in der »wichtige Prozesse der Selbstsuche und -findung durchlaufen und typische ontogenetische Krisen bewältigt werden müssen«.[295] Der in den Transformationsprozessen der Adoleszenz erworbene Status der Identitätsformation ist jedoch kein dauerhaft feststehender, sondern die Herausforderung zur Selbstkonstruktion stellt sich im Lebensprozeß immer wieder neu im Sinne notwendiger Verknüpfungsleistung im »Strom der eigenen Erfahrungen«.[296] Dabei sind es Keupp zufolge drei Aspekte, die eine entsprechende Verknüpfungsleistung des Subjektes erfordern:

»Das Subjekt (ordnet) seine Selbsterfahrungen zum einen einer zeitlichen Perspektive unter (verknüpft Vergangenheit mit Gegenwärtigem und Zukünftigem). Zum zweiten verknüpft es die Selbsterfahrungen unter bestimmten lebensweltlichen Gesichtspunkten (Erfahrungen von einem selbst als Lebenspartner, als Berufstätiger, als Sportler ...), und es stellt drittens Verknüpfungen auf der Ebene von Ähnlichkeit und Unterschiedlichkeit her (vereinfacht gesagt zwischen Selbsterfahrungen, die bereits vorhandene Erfahrungen bestätigen, und anderen, die den vorhandenen widersprechen, oder solchen, die ›einfach neu‹ sind)«.[297]

---

292 Vgl. Keupp, ebd.
293 Vgl. dazu Taylor, Ch., Quellen des Selbst, Frankfurt 1994.
294 Vgl. Keupp, a.a.O., S. 10.
295 Vgl. Keupp, Identitätskonstruktionen, S. 82.
296 Vgl. Keupp, Jeder nach seiner Façon? S. 11.
297 Vgl. Keupp, a.a.O., S. 11.

5.5 Identität und Fragment: Identitätsgenese in der Postmoderne

Identität als Verknüpfungsarbeit

Abb. 2[298]

Wichtig ist dabei, daß das Subjekt nicht in eine unkontrollierte Identitätsdiffusion verfällt, sondern in den Syntheseprozessen immer wieder Kohärenz hergestellt werden muß und so »gelingende« Identität erst möglich wird. In diesem Kontext erhält die biographische Selbsterzählung dann eine zentrale identitätsfokussierende Rolle.[299]

---

298 Vgl. dazu Keupp, Identitätskonstruktionen, S. 191
299 Vgl. dazu Keupp, Identitätskonstruktionen, S. 101–108.
Die Relevanz der biographischen Selbsterzählung für die Identitätsbildung hebt auch Holger Oertel im Rückgriff auf H. Keupp in seiner Studie »Gesucht wird: Gott?« hervor. Bei Oertel bleibt die komplexe Einheitskonstruktion des postmodernen Subjekts jedoch allein auf die biographische Selbsterzählung bezogen, während sie nach Keupp noch andere Dimensionen umfaßt. Vgl. Oertel, »Gesucht wird Gott?«, S. 67 ff.

5 Identität und Bildung

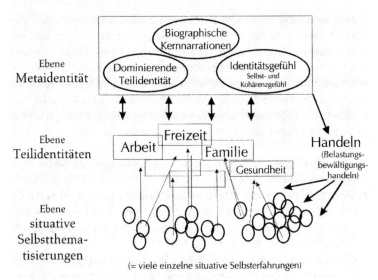

Konstruktionen der Identitätsarbeit

Abb. 3[300]

5.6 Zur Konvergenz theologischer und postmoderner Identitätskonzepte

Im folgenden ist zu fragen, wie sich die Theologie zur Frage fragmentarischer Identitätskonzepte verhält. Ist einer theologischen Sichtweise ein postmodern inspirierter, durch Fragmentarität gekennzeichneter Begriff von Subjekt und Identität – wie ihn u.a. die Phänomene im Zusammenhang des Computerumgangs Jugendlicher implizieren – vermittelbar?

5.6.1 Zur Identitätsbalance von »persönlicher Identität« und »sozialer Identität«

Entscheidende theologische Entwürfe zum Identitätsbegriff und seiner religionspädagogischen Bedeutung aus der Mitte der 80-er Jahre wie der von H.-J. Fraas und F. Schweitzer haben die Bedeutung einer notwendig zu leistenden »Identitätsbalance« im Sinne L. Krappmanns und die klassische Relation von »persönlicher Identität« und »sozialer Identität« im Blick. Eine Identitätsfragmentierung wird noch nicht reflektiert. Allerdings analysiert Fraas die sich verändernde gesellschaftliche Situation, die eine Transformation bisher bestehender theoretischer Grundparadigmen nach sich zieht. Identitätsbildung ist nun nicht mehr gekoppelt an feststehende gesellschaftliche

---

300 Vgl. dazu Keupp, Identitätskonstruktionen, S. 218.

5.6 Zur Konvergenz theologischer und postmoderner Identitätskonzepte

Muster, die dieser vorgeordnet sind. Genau diesen Ausfall der Einbindung in bestehende Gefüge kritisiert Friedrich Schweitzer. Schule bzw. der Religionsunterricht sollen nach Fraas und Schweitzer als »vermittelnde Struktur« dem Ausbalancieren der erweiterten Anforderungen der Identitäts- bzw. Subjektbildung in einer immer komplexer werdenden Gesellschaft dienen.

H.-J. Fraas legt seiner Didaktik religiöser Lernprozesse mit dem Titel »Glaube und Identität« aus dem Jahr 1983 den Identitätsbegriff zugrunde. Er sucht die Herausforderungen für die Religionspädagogik im Hinblick auf eine zentrale Ausrichtung auf Emanzipation und Selbstbestimmung kritisch aufzunehmen, und verfolgt zugleich eine grundlegende Orientierung am Identitätsbegriff. Theoretisch konzipiert er den Identitätsbegriff im Gefolge von G. H. Mead und E. Goffman[301] zwischen »persönlicher Identität« und »sozialer Identität«. Im Sinne von L. Krappmann[302] gilt Identität dann als Aufgabe, die der einzelne durch die Vermittlung von innen und außen im Sinne einer »Identitätsbalance« zu leisten hat. Dabei geht für Fraas – L. Krappmann folgend – das Ich aus der ursprünglichen Mutter-Kind-Beziehung hervor, die allen weiteren Prozessen der Identitätsentwicklung als Bedingung der Möglichkeit zugrunde liegt.

Fraas macht deutlich, daß durch die gesellschaftlichen Neuerungen der Neuzeit die Integration des Einzelsubjektes in eine bestehende Kollektividentität und Gruppennorm fragwürdig geworden ist. Dennoch bleibt der Identitätsbegriff für Fraas exzentrisch-transzendent konzipiert:

> »›Der Sinnbegriff ist primär, also ohne den Bezug auf den Subjektbegriff zu definieren, weil dieser als sinnhaft konstituierte Identität den Sinnbegriff schon voraussetzt‹. Der Sinnbegriff als vorauszusetzender Horizont, auf den Identität bezogen ist, ist im Gottesgedanken konkretisiert«.[303]

Diese Exzentrizität bildet sich – wie W. Pannenberg verdeutlicht – in der Mutter-Kind-Beziehung ab, so daß »die frühkindliche Kind-Mutter-Beziehung, die später möglichen Gottesbeziehungen präfiguriert«.[304] Eine derartige Grundlage der Identität bleibt bestehen, selbst wenn der weitere Identitätsbildungsprozeß immer wieder ein krisenhaftes Szenario bleibt.

Die Sehnsucht nach Ganzheit – über die Krisenhaftigkeit des eigenen Selbst hinaus – besitzt nach Fraas ebenso einen transzendenten Verweisungs-

---

301 Vgl. dazu Goffman, E., Das Individuum im öffentlichen Austausch, Frankfurt 1974.
302 Vgl. dazu Krappmann, L., Soziologische Dimensionen der Identität, 4. Aufl., Stuttgart 1979.
303 Vgl. Fraas, Glaube und Identität, S. 52–53 und dazu Herms, Theologie – Eine Erfahrungswissenschaft, S. 45.
304 Vgl. Fraas, a.a.O., S. 113 und dazu Pannenberg, Anthropologie, S. 219ff.
Für Pannenberg ist menschliches Sein in seiner Temporalität immer von Exzentrizität gekennzeichnet.

5 Identität und Bildung

charakter. Bewältigungsstrategien hinsichtlich derartiger Defiziterfahrungen und Krisenszenarien individueller bzw. kollektiver Art bieten nach Fraas Ritus und Symbol, die auch in der sich verändernden neuzeitlichen Gesellschaft erhebliche Relevanz gegenüber allein kognitiven religiösen und sinnhaften Welt- und Lebensdeutungen erfahren haben. Fraas erkennt an, daß entsprechende Sinndeutungen immer weniger im Horizont bestehender Überlieferungen und Traditionen geschehen.

Das Hauptaugenmerk des Religionsunterrichts gilt nach Fraas der Frage nach der Identitätsfindung:

> »Was für den Erzieher und die Schule insgesamt gilt, das gilt für den Religionslehrer und den Religionsunterricht in erhöhtem Maß, denn der Religionsunterricht steht in besonderer Beziehung zur Identitätsfindung ... Religionsunterricht ist der Ort, wo Identität selbst in ihrer Transzendentalität thematisiert wird«.[305]

Bei der Transzendentalität von Identität geht es um deren temporalen Verweisungscharakter und ihre vorlaufende Unabgeschlossenheit, die eines über sie hinausweisenden Grundes bedarf. In dem Sinne besitzt der Religionsunterricht eine wichtige Funktion für die Schule an sich, indem er zwischen Schule, Gesellschaft und Kirche vermittelt:

> »Wenn Schule nicht nur Ort der Wissensvermittlung, sondern Erziehungsinstanz ist, dann muß die Frage nach der Bedingungsstruktur von Identität, nach ihrem Ermöglichungsgrund nicht nur im sozialen, sondern auch im transzendentalen Sinn und nach deren Realisierung in Symbolsystemen institutionalisiert sein – wenn Kirche sich als Verwalterin dieser Transzendentalität bzw. des entsprechenden, im Rahmen der Wirkungsgeschichte des christlichen Glaubens für unsere Gesellschaft und geschichtliche Situation grundlegenden Symbolsystems weiß, dann muß sie bemüht sein, sich eben an diesem Ort gemäß den Bedingungen der pluralistischen Verfaßtheit der Gesellschaft einzubringen und darzustellen«.[306]

So übt der Schüler im Religionsunterricht das »Ausbalancieren von Identität« und das »Ertragen von Widersprüchen«.[307] Bei der Begleitung und Reflexion derartiger Identitätsbildungsprozesse kommt dem Religionslehrer nach Fraas dann eine wichtige Funktion zu.

Auch *Friedrich Schweitzer* setzt sich in seiner 1985 erschienenen Monographie »Identität und Erziehung« intensiv mit dem Identitätsbegriff auseinander. Schweitzer diskutiert in »Identität und Erziehung« kritisch den Identitätsbegriff der Erziehungswissenschaften. So geht es der emanzipatorischen

---

305 Vgl. Fraas, a.a.O., S. 254.
306 Vgl. Fraas, a.a.O., S. 255.
307 Vgl. Fraas, a.a.O., S. 255–256.

5.6 Zur Konvergenz theologischer und postmoderner Identitätskonzepte

Pädagogik – z.B. vertreten von K. Mollenhauer[308] – um eine Erziehung zur Mündigkeit hin. Dieses Programm ist eng mit dem Identitätsbegriff verbunden und sucht zugleich, auf die gesellschaftlichen Veränderungen zu reagieren. Schweitzer nimmt derartige pädagogische Ansätze kritisch in den Blick. Er möchte vor allem die Probleme der sich abzeichnenden gesellschaftlichen Veränderungen aufzeigen:

> »Dagegen scheint es mir erforderlich, auch die Probleme und Schwierigkeiten zu verdeutlichen, die sich für Kinder und Jugendliche aus der gesellschaftlichen Entwicklung ergeben. Meine Einwände beziehen sich also nicht auf eine Erziehung zur Mündigkeit, sondern auf den Versuch, eine solche Erziehung als Identitätsbildung zu interpretieren«.[309]

Problematisch erscheint es Schweitzer zudem, daß die Pädagogik nach seiner Einschätzung einen sozialwissenschaftlichen Identitätsbegriff übernommen hat und keine Entwicklung eines eigenen entsprechenden Identitätsbegriffs zu verzeichnen ist. Überdies ist die Tatsache für Schweitzer mit Schwierigkeiten verbunden, daß die Erziehungswissenschaft den Entwicklungsgedanken in bezug auf den Identitätsbegriff nicht wirklich im Blick hat. So geht es dem pädagogischen Identitätsbegriff gemäß Schweitzer im Gefolge der Sozialwissenschaften schwerpunktmäßig um Emanzipation und Individuation. Ziel ist die individuelle Selbstbestimmung.

Schweitzer versucht dagegen – anlehnend an K. E. Nipkow – zu verdeutlichen, daß Entwicklung als Integration in bestehende Gefüge zu verstehen ist. Zudem betont Schweitzer die institutionelle Bindung von Entwicklungsprozessen:

> »Statt dessen käme es darauf an, pädagogische Institutionen als Erfahrungsräume für Kinder und Jugendliche zu gestalten und so für eine Lebenswelt zu sorgen, in der sie auch Bindung, Verantwortung und Zugehörigkeit erfahren«.[310]

Diese Akzente sind für Schweitzer für die Bestimmung des Identitätsbegriffs gegenüber einer allein emanzipatorischen Haltung deutlich zu machen. Dennoch sind mit dem Identitätsbegriff Problemlagen angezeigt, die gerade die adoleszente Wendung zum eigenen »Ich« in einer Gesellschaft beschreiben, in der feste institutionelle Zusammenhänge fragwürdig geworden sind.

Aus dieser Einschätzung resultiert nach Schweitzer, »daß die Pädagogik ebensowenig auf den Identitätsbegriff verzichten kann, wie es ihr zugleich unmöglich ist, sich bei ihrer Theoriebildung von diesem Begriff leiten zu lassen. Der Identitätsbegriff ist für die Pädagogik unentbehrlich, weil er Probleme bezeichnet, mit denen Jugendliche in der modernen Gesellschaft häufig

---

308 Vgl. dazu Mollenhauer, K., Erziehung und Emanzipation, 7. Aufl., München 1977.
309 Vgl. Schweitzer, Identität und Erziehung, S. 7.
310 Vgl. Schweitzer, a.a.O., S. 14.

5 Identität und Bildung

zu kämpfen haben. Andererseits lassen sich diese Probleme gemäß Schweitzer als Identitätsprobleme nicht zureichend verstehen: Vielmehr verweisen sie auf einen Wandel der lebensweltlichen Erfahrungen, von denen auch die Möglichkeiten der Erziehung abhängig sind«.[311]

Um auf diese Problemlagen zu reagieren, entwickelt Schweitzer Überlegungen im Hinblick auf die Bedeutung von Schule: Schule soll für Kinder und Jugendliche zum Erfahrungsraum werden, zur »vermittelnden Struktur« zwischen der individuellen Privatsphäre und der systemischen Ebene der Großinstitutionen. Durch die »vermittelnde Struktur« Schule kann nach Schweitzer auch die »Aufrechterhaltung eines mit anderen geteilten Sinnhorizontes« gelingen.[312]

Exkurs: Identität und Verständigung

Hinter die komplexen Überlegungen zum Identitätsbegriff von Fraas und Schweitzer, die zwar noch keine Identitätsfragmentierung annehmen, aber mit der Korrelation von Innen- und Außenperspektive des Subjekts und deren notwendiger Ausbalancierung arbeiten, fällt die *EKD-Denkschrift »Identität und Verständigung«*, in deren Zentrum der Identitätsbegriff steht, aus dem Jahr 1994 deutlich zurück.[313] In ihr wird ein statisches Identitätskonzept entwickelt, das annimmt, daß einmal erworbene Identität sich kaum mehr verändert.

Die Denkschrift reagiert auf die Tatsache, daß die moderne Gesellschaft zunehmend pluralistisch und vordergründig säkular erscheint. Sie gesteht zu, daß die institutionell vorgegebene Religion Kindern und Jugendlichen immer weniger attraktiv erscheint. Ihr basales Begründungsmuster findet sie in einer allgemeinen Bildungstheorie im Sinne Klafkis: Religiöse Grundfragen werden damit zu »epochalen Schlüsselproblemen«. Zudem wird der Religionsunterricht eingebettet in das pädagogische Gesamtgefüge schulischer Bildung. Dem Religionsunterricht soll in diesem Sinne im Rahmen des allgemeinen Bildungsauftrags der öffentlichen Schule innerhalb der gemeinsamen Fächergruppe Ethik, Philosophie und Religion der Status eines Pflichtfachs zukommen. Hauptaufgabe des Religionsunterrichts bleibt es jedoch, einen »Beitrag zur persönlichen religiösen Orientierung und Bildung« zu leisten.[314] Ein derartiger Beitrag soll dem Grundsatz entsprechen, »die selbständige erfahrungsbezogene Aneignung und Auseinandersetzung zu fördern«.[315]

---

311 Vgl. Schweitzer, a.a.O., S. 110.
312 Vgl. Schweitzer, a.a.O., S. 112.
313 Vgl. dazu Identität und Verständigung. Standort und Perspektiven des Religionsunterrichts in der Pluralität. Eine Denkschrift der Evangelischen Kirche in Deutschland, Gütersloh 1994.
314 Vgl. a.a.O., S. 26.
315 Vgl. a.a.O., S. 27.

5.6 Zur Konvergenz theologischer und postmoderner Identitätskonzepte

Konzeptionell wird am konfessionellen Religionsunterricht festgehalten, wenngleich die konfessionelle Kooperation bzw. die fächerübergreifende Kooperation innerhalb der beschriebenen Fächergruppe durchaus im Blick ist. Dieses Fokussieren auf das konfessionell kooperative Modell des Religionsunterrichts hängt am Identitätsbegriff: So stellt die Denkschrift fest: »Einerseits ermöglicht der Religionsunterricht identifikatorisches Lernen und hilft so zur Identitätsbildung; ein konfessionell orientierter Religionsunterricht erlaubt Identifikation. Andererseits fördert die gleichzeitige Öffnung des Religionsunterrichts das Verstehen anderer Auffassungen und die Verständigung mit anderen Fächern«.[316] Die Denkschrift sucht eine komplementäre Konzeption zu vertreten. So hat »eine neue Allgemeinbildung ... im Bereich der Sinn- und Wertfragen zwei Zielen zu dienen, der geschichtsbewußten Vertiefung in die weltanschaulich-religiösen und ethischen Fragen gemäß den geschichtlich gewordenen Traditionen (Prinzip konfessioneller Bestimmtheit) und der allseitigen Verständigung (Prinzip dialogischer Kooperation)«.[317] Sie bewegt sich in einem Spannungsfeld, indem sie einerseits ein Verständnis für fremde Überzeugungen sucht und zugleich andererseits auf die Entwicklung einer eigenen Überzeugung abzielt. Um dies zu erreichen wird davon ausgegangen, daß »ein heranwachsender Mensch erst einmal in einer religiösen Tradition beheimatet und durch sie geprägt sein muß, um eigene Haltungen aufbauen zu können«[318]. Identität entsteht somit nur im homogenen Kontext, unterstützt durch identifikatorisches Lernen am Vorbild des Religionspädagogen und der Religionspädagogin und nicht im multikulturellen Setting. Der in der Denkschrift beschriebene »Identitätsbegriff« erweckt daher einen statischen Eindruck: Einmal erworbene Identität kann nur schwerlich verloren werden. In dem Sinne bemerkt die Denkschrift: »Die Menschen in unserer enger werdenden ›Einen Welt‹ brauchen das fruchtbare Wechselspiel von gewachsener Identität und anzustrebender Verständigungsfähigkeit. Wir leben in einer pluralen, von Gegensätzen gezeichneten Welt. Dabei nehmen gegenwärtig weltweit die nationalen, ethnischen, kulturellen und religiösen Identitätsängste zu, die kollektiven wie die individuellen. Sie werden sich steigern, wenn die vorhandene Pluralität einer schematischen Vereinheitlichung unterworfen werden soll, die die individuellen nationalen und kulturellen Traditionen und Lebensformen absterben läßt ... Deshalb sind Fähigkeiten und Verhaltensweisen zu entwickeln, um komplexe Strukturen und pluralistische Heterogenität zu bewältigen. Wer nicht um seine Identität zu fürchten braucht, kann sich für andere öffnen und Verantwortung übernehmen«.[319] Zwar sollen Fähigkeiten erworben werden, um die Herausforde-

---

316 Vgl. a.a.O., S. 60.
317 Vgl. a.a.O., S. 59.
318 Vgl. a.a.O., S. 56.
319 Vgl. a.a.O., S. 82.

rungen wachsender Pluralisierung zu meistern, doch ein solcher Umgang mit Pluralität setzt nach Ansicht der Denkschrift eine statisch feststehende Identität voraus.[320]

5.6.2 Zur Fragmentarität des Identitätsbegriffs

Ein theologischer Ansatz, der sich frühzeitig den Herausforderungen einer postmodernen Gesellschaft zu stellen sucht und damit wegweisend für die Bewältigung der Herausforderungen einer solchen Gesellschaft wird, ist der von *H. Luther*. Luther kritisiert bereits Mitte der 80-er Jahre in seinem zentralen Beitrag »Identität und Fragment« einen Identitätsbegriff, der von der »Ausbildung und Bewahrung einer vollständigen, ganzen und integrierten Identität«[321] ausgeht. Er fokussiert den Identitätsbegriff zunächst in Abgrenzung gegen eine alleinige Orientierung an fremdbestimmter Sozialisation:

> »Identitätsentwicklung meint danach nicht die Gründung und Behauptung einer Identität als vielmehr einen ständigen Prozeß der durch Abgrenzungsleistungen sich vollziehenden Identitätssuche«.[322]

Somit hat Luther auch den prozessualen Charakter der Identitätsentwicklung im Blick. Allerdings kann es nicht darum gehen, den Identitätsgedanken als konstitutives Ziel und nicht als ein regulatives Prinzip einer Entwicklung zu verstehen.

> »Vielfach wird – mehr oder weniger explizit – bei der Verwendung des Identitätsbegriffs genau dies unterstellt, als ginge es um die Schaffung und Herausbildung einer Identität, die zu einem bestimmten Zeitpunkt der individuellen Bildungsgeschichte – vorausgesetzt, sie verlaufe unter optimalen Bedingungen – erreichbar ist«.[323]

Henning Luther legt dem Gedanken der Identität das Grundprinzip der Fragmentarität zugrunde. Ursache dieser Fragmentarität ist die Endlichkeit des Lebens:

> »Wir sind immer zugleich auch gleichsam Ruinen unserer Vergangenheit, Fragmente zerbrochener Hoffnungen, verronnener Lebenswünsche, verworfener Möglichkeiten, vertaner und verspielter Chancen. Wir sind Ruinen aufgrund unseres Versagens und unserer Schuld ebenso wie aufgrund zugefügter Verletzungen und erlittener und widerfahrener Verluste und Niederlagen. Dies ist der Schmerz des Fragments«.[324]

Diese Begrenztheit weist jedoch immer über sich hinaus, transzendiert sich. So besitzt das Fragmentarische des Selbst eine zeitliche Dimension,

---

320 Vgl. zu einer kritischen Auseinandersetzung mit einem statischen Konzept »religiöser Identität« auch Heimbrock, Religious Identity, S. 63ff.
321 Vgl. Luther, a.a.O., S. 160.
322 Vgl. Luther, a.a.O., S. 162.
323 Vgl. Luther, a.a.O., S. 163.
324 Vgl. Luther, a.a.O., S. 168–169.

5.6 Zur Konvergenz theologischer und postmoderner Identitätskonzepte

insofern ihm ein Verweisungscharakter auf die Zukunft hin zukommt. Und das Fragmentarische des Selbst verweist immer auf den anderen, der das Selbst wiederum transzendiert: »Das Ich ohne die anderen ist fragmentarisch. Selbsttranszendenz meint hier also die notwendige über sich hinausweisende Bewegung zum anderen«.[325] Diese Selbsttranszendierung durch die Begegnung mit dem anderen nimmt auch gerade das Leiden des anderen in den Blick. Eine derartige Fokussierung auf das Leiden macht es unmöglich, sich am verfehlten »Ideal einer vollständigen und gelingenden Ich-Identität«[326] zu orientieren.

So sind nach Luther drei zentrale Gründe für eine fragmentarische Identitätskonzeption zu nennen: Erstens stellt jedes Stadium der Ich-Entwicklung immer auch einen Bruch bzw. einen Verlust dar. Zweitens besitzt die Ich-Entwicklung eine Orientierung auf Zukunft hin, von der noch nicht klar ist, wie sich diese gestalten wird. Drittens fordert jede Begegnung mit dem anderen die Identitätsentwicklung neu heraus. In dem Sinne gilt nach Luther:

> »Ein Identitätskonzept, das die Entfaltung und Herausbildung einer vollständigen und dauerhaften Ich-Identität anstrebt und für erreichbar hält und das dementsprechend eine starke Ich-Identität für das Merkmal einer gesunden, reifen Persönlichkeit hält und fragmentarische Ich-Identitäten für pathologische Abweichungen, stellt seinerseits eine folgenschwere Verkürzung dar«.[327]

Vielmehr handelt es sich bei einer an einer feststehenden Identität orientierten Identitätskonzeption um eine negativ zu bewertende Degenerationsform des Identitätsbegriffs, die aus der Unfähigkeit zu trauern, aus der Hoffnungslosigkeit und der Lieblosigkeit resultiert.

> »Unter dem Zwang, identisch sein zu müssen, der – dies sei eingefügt – sich dem Interesse an der Verrechenbarkeit und Planbarkeit des Lebens verdankt, ist eine auf Vollständigkeit und Dauerhaftigkeit insistierende Ich-Identität daher letztlich selbstwidersprüchlich. Sie betrügt die Ich-Entwicklung um entscheidende Dimensionen«.[328]

Eine Leugnung einer derartigen Fragmentarität der Ich-Identität ist dann dem Bereich der Sünde zuzurechnen. Der christliche Glaube rechnet dagegen von seinem ureigensten Zentrum her mit der Fragmentarität der Ich-Identität. Als paradigmatisch für das christliche Proprium kann nach Henning Luther das Leben Jesu gelten, dessen Fragmentarität gerade in seinem Kreuzestod Ausdruck findet:

> »Im Glauben an Kreuz und Auferstehung erweist sich, daß Jesus nicht insofern exemplarischer Mensch ist, als er eine gelungene Ich-Identität

---

325 Vgl. Luther, a.a.O., S. 169.
326 Vgl. Luther, ebd.
327 Vgl. Luther, a.a.O., S. 170.
328 Vgl. Luther, a.a.O., S. 171.

vorgelebt hätte, gleichsam ein Held der Ich-Identität wäre, sondern insofern exemplarischer Mensch, als in seinem Leben und Tod das Annehmen von Fragmentarität exemplarisch verwirklicht und ermöglicht ist«.[329] Im Gedanken der Auferstehung ist aber die Hoffnung mitgegeben, daß im »Fragment ... die Ganzheit gerade als abwesende auch anwesend (ist). Darum ist es immer auch Verkörperung von Hoffnung. Als fragmentarische ist die Ich-Entwicklung auf Zukunft aus«.[330]

Eine derartige Grundausrichtung des Identitätsbegriffs am Fragmentarischen hat nach Luther dann für eine Entwicklung des Bildungsbegriffs zur Folge, daß es ebenso hinsichtlich des Bildungsbegriffs nicht darum gehen kann, entsprechenden Idealen der Vollkommenheit der Subjektgestaltung anzuhängen.

Auch der katholische Religionspädagoge *N. Mette* nimmt den Gedanken fragmentarischer Identitätsgestaltung in mehreren Beiträgen seit dem Ende der 80-er Jahre positiv auf. Mette geht bei der Analyse des Identitätsbegriffs von der Gesellschaftsanalyse des Freiburger Soziologen M. Ebertz aus:

»»Von allen Altersgruppen fühlen sich die Jugendlichen nicht nur am wenigsten der christlichen Tradition nahe, sondern betonen sogar mehrheitlich, keine Affinität zu einer bestimmten expliziten Religion zu haben‹. In der jungen Generation habe sich weitgehend jene Lebenseinstellung durchgesetzt, die auch unter Älteren vermehrt an Bedeutung gewinnt: Persönlichkeitsentwicklung, viel Freude im Leben zu haben und Lebensgenuß als Selbstzweck. Das schließe nicht aus, daß Bindung an andere, Partnerschaft und Harmonie mit anderen, Engagement für andere und für die eigene Überzeugung nicht ebenfalls für wichtig gehalten würden. Aber auch dafür seien keine (explizit) religiösen Motivationen erkennbar«.[331]

Mette stellt sich damit der Transformation der gesellschaftlichen Realitäten und analysiert, welche Veränderungen eine derartiges Setting für Fragen nach dem Identitätsbegriff mit sich bringt. Er macht deutlich, daß die klassische »substantiell-teleologische Identitätsform«, die auf ein festes, inhaltlich vorgegebenes Ziel hin ausgerichtet ist und Verankerung in traditionellen Religionsformen findet, in einem derartigen soziologischen Setting als überholt gelten muß. Diese theologisch verankerten Formen der Bestimmung des Identitätsbegriffs sind im Kontext konventioneller Konzepte von Identitätsbildung anzusiedeln, wie sie auch die klassische, aus der Aufklärung her resultierende Bildungstheorie kennt:

»Gelungene Ich-Identität galt als Fähigkeit zur Einheitsbildung unter konkurrierenden Rollenansprüchen mit dem moralphilosophisch zentra-

---

329 Vgl. Luther, a.a.O., S. 173.
330 Vgl. Luther, a.a.O., S. 175.
331 Vgl. Mette, Identitätsbildung heute, S. 397 und dazu Ebertz, Erosion der Gnadenanstalt, S. 123.

5.6 Zur Konvergenz theologischer und postmoderner Identitätskonzepte

len Begriff der Autonomie verbunden. Erziehung sollte dazu beitragen, Rollen zu erwerben, zu reflektieren, sich über ihre Konventionalität hinwegzusetzen und Individualität zu ermöglichen«.[332]

Postmoderne Identitätskonzepte versuchen den Identitätsbegriff daher anders zu bestimmen:

»Das Subjekt in der postmodernen Vorstellung ist Effekt diskursiver Strategien, es entsteht, wandelt sich, vergeht. Die Vorstellung von Autonomie wird dahingehend kritisiert, dass sie den Anderen immer objektiviere und damit zu tilgen versuche. Das Subjekt wird relativiert und in seiner diskursiven Abhängigkeit gesehen ... Fragmentierungserfahrungen werden in der postmodernen Theoriebildung als Chance begriffen, die unaufhebbare Differenz zum Anderen nicht tilgen zu wollen, sondern aufrecht zu erhalten, was als Bedingung von Freiheit verstanden wird. Identität kann in diesem Zusammenhang nicht mehr normativer Gehalt von Bildung sein, die Forderung nach Pluralität und Multiplizität tritt an die Vorstellung einer gelingenden Ich-Identität«.[333]

Mette erkennt die neuen soziologischen Herausforderungen für das Subjekt an, richtet aber an die postmodernen Identitätskonzepte die Frage, ob sie zu schnell die für die »gelingende Ich-Identität« notwendigen Aspekte der Kontinuität und Konsistenz aufgeben. Mette betont zugleich, daß eine derartige »gelingende Ich-Identität ein fortwährender und lebenslanger Suchprozeß und nicht der irgendwann einmal eintretende End- und Fixpunkt einer Entwicklung« ist.[334] Damit hebt Mette einen Aspekt hervor, der durchaus mit einem Konzept wie dem von Keupp kompatibel ist. Vollständige Identitätsdiffusion führt zum Identitäts- und Subjektzerfall und nicht zu gelingender Subjektivität. Mette arbeitet heraus, daß auch die postmodernen Identitätskonzepte – im Sinne Keupps – notwendig Annahme und Anerkennung durch den anderen und eine entsprechende Sinngenese voraussetzen:

»Der Mensch gewinnt Identität und damit Sinn für seine individuelle Lebensführung nur in dem Maße, wie er anerkennt, daß er in einen das Einzeldasein übergreifenden und kollektiv wertgeschätzten Sinnzusammenhang eingebettet ist, der allein Geborgenheit und Sicherheit zu gewährleisten vermag«.[335]

Mette unterscheidet sich jedoch durch die Annahme eines bereits bestehenden »Sinnzusammenhangs«, in den sich der Mensch hineinfinden kann, von Keupp. Nach Keupp ist eine Form intersubjektiver Anerkennung im Sinne Charles Taylors eine notwendige Bedingung von Identitätsgenese. Der Sinnzusammenhang ist vom Individuum jedoch erst herzustellen. Allerdings findet eine derartige, postmodernen Identitätskonzepten innewohnende Iden-

---

332 Vgl. Mette, a.a.O., S. 398 und dazu Heinrichs, Identität oder nicht? S. 32
333 Vgl. Mette, a.a.O., S. 399 und dazu Heinrichs, a.a.O., S. 33.
334 Vgl. Mette, ebd.
335 Vgl. Mette, ebd.

5 Identität und Bildung

titäts- bzw. Sinngenese nicht notwendig losgelöst von bestehenden Traditionen und Inhalten statt. Vielmehr ist die Relation der Subjekte zu den Inhalten unterschiedlich. Das jeweilige Subjekt bestimmt autonom, »was es wollen wolle, gemäß der Kriterien, die es selbst bestimmen könne«.[336] Damit wird die Begründung von Inhalten allein aus Konvention aufgehoben. In diesem Sinne nimmt N. Mette die Erkenntnisse postmoderner Identitätstheorien auf und stellt auf ihrem Hintergrund die Frage nach christlicher Identität:

> »Identität erwächst nicht aus einer permanenten Beschäftigung mit sich selbst, sozusagen in der ständigen Fixierung auf die eigene Selbstverwirklichung, sondern sie vollzieht sich und entwickelt sich weiter im Zusammenhang mit bestimmten inhaltlichen Engagements. Die Form bzw. das Niveau der Identität entscheidet sich nicht an den Inhalten, sondern am Modus ihrer – reflexiven und selbstbestimmten – Aneignung«.[337]

Damit geht es aus christlicher Perspektive um das Erlangen einer bestimmten Haltung des Subjekts:

> »Der christliche Glaube macht die Menschen aufgeschlossen für das Leiden der Welt, er sollte ihre Augen nicht davor verschließen. Zu einer Zeit, in der enorme Probleme die Menschheit herausfordern, würde es wahnsinnig sein und gegenläufig zur Sendung Gottes, die christlichen Energien auf die Verteidigung der Grenzen zwischen den eigenen Traditionen und den übrigen spirituellen Traditionen zu konzentrieren«.[338]

In dem Sinne führen aktuelle postmoderne Identitätskonzepte für Mette zu keinem Verlust des theologischen Propriums.

Wird im Rahmen derartiger Konzepte agiert, dann verändert sich auch die Grundkonzeption von Religionspädagogik. Einerseits kommt der Frage nach Subjekt- bzw. Identitätsbildung nun eine hervorgehobene Stellung zu, soweit »die Suche nach Identität – insofern sie auf ein immer neues Transzendieren des jeweils Vorfindlichen ausgerichtet (ist) – selbst bereits als religiöses Phänomen zu begreifen (ist)«.[339]

> »Gerade angesichts der für die (post-)moderne Gesellschaft charakteristischen, höchst prekären Bedingungen für eine gelingende Identitätsbildung habe die existentielle Suche nach persönlicher Reife und sozialer Relevanz einen dermaßen hohen Stellenwert gewonnen, dass sie, die Frage nach dem eigenen Selbst, zu dem religiösen Problem schlechthin geworden (ist)«.[340]

Mette selbst teilt eine derartige Position nur in modifizierter Form, bestimmt aber als Aufgabe des Religionsunterrichts, »die Individuen zu befähi-

---

336 Vgl. Mette, a.a.O., S. 401.
337 Vgl. Mette, a.a.O., S. 402.
338 Vgl. Mette, a.a.O., S. 403.
339 Vgl. Mette, Identität, S. 851.
340 Vgl. Mette, ebd.

gen, autonom zu bestimmen, was sie wollen, und zwar gemäß Kriterien, die sie selbst bestimmen können, ohne damit allerdings das Ich absolut zu setzen, sondern es als an kommunikative Praxis gebunden erfahren zu lassen«.[341] Eine derartige Befähigung der Individuen zur Entwicklung der eigenen Subjektivität bleibt aber zurückgebunden an den Glauben.

Der Glaube läßt »die eigene Identität als Geschenk erfahren und befreit damit von der Last, sich ständig selbst verwirklichen zu müssen. Sich je eigene Identität grundlegen und zu ihrer Entfaltung kommen zu lassen, heißt entsprechend diesem Glauben, sich auf die erlösende und daraus befreiende Wirklichkeit Gottes einzulassen, sich von ihm prinzipiell geliebt und in Freiheit gesetzt wissen zu dürfen und diese Erfahrung praktisch im Mitteilen und Teilen anderen zuteil werden zu lassen. Ihrer inneren Logik nach zielt diese Praxis auf eine universale Solidarität, die allen Menschen Identität zugesteht und ermöglicht«.[342]

Zu einer derartigen Annahme des Werdens der eigenen Identität als Geschenk, dem das Urbild Christi zugrunde liegt, gehört – wie sich gezeigt hat – im Sinne Henning Luthers das Aushalten der eigenen Fragmentarität, die sich wiederum in Gott aufgehoben weiß.[343] Damit wird die Fragmentarität notwendiger Teil theologischer Anthropologie.

5.7 Von der Gestaltung von Selbstbildungsprozessen
Zur Theorie strukturaler Bildung

Für eine theoretische Explikation der Phänomene, die sich im Kontext jugendlicher Computernutzung zeigen, wird der Bildungsbegriff zentral. Daher sollen im folgenden Dimensionen des Bildungsbegriffs entfaltet werden, die die Phänomene der Relation jugendlicher Subjekte zum Medium Computer in den Blick nehmen. Gerade dieser Bereich unterlag und unterliegt – wie bereits dargelegt wurde – immer wieder einer kritischen Betrachtung.[344] Bildung solle, so wird gefordert, vor den Deformationen durch Medien schützen.[345] Dennoch ist eine abwägende Klärung der Relation von neuen Medien und Bildung unerläßlich in einer Zeit, in der diese nachhaltig die Lebenswelt erreicht haben und gerade den Alltag von Kindern und Jugendlichen prägen.

Der Bildungsbegriff selbst kann auf eine lange wechselvolle Geschichte zurückblicken, die bereits in seinem Ursprung eng mit Religion verbunden ist und insofern »eine religiöse Dimension aufweist, (als) Bildung auf das noch

---

341 Vgl. Mette, a.a.O., S. 854.
342 Vgl. Mette, ebd.
343 Vgl. Luther, a.a.O., S. 160ff.
344 Vgl. dazu Kapitel 8.1 »Die Baerenreiter-Studie (1990): Männliche Computeruser in der zweiten Hälfte der 80-er Jahre: Eine Re-Aanlyse«.
345 Vgl. dazu auch Kapitel 1 »Einleitung«.

5 Identität und Bildung

ausstehende Ganze des menschlichen Lebens verweist«.[346] Er stand lange Zeit in enger Korrelation zum Religiösen und speziell zur Lehre von der Gottebenbildlichkeit. Diese religiöse Bestimmung des Bildungsbegriffs hat jedoch ihre Allgemeingültigkeit verloren. Daher muß nach *P. Biehl* »unter den Bedingungen der Neuzeit ... eine Bildungstheorie auch ohne theologische Begründung plausibel sein. Sie sollte für eine kritische theologische Interpretation und eine weitere materiale Ausgestaltung offen sein«.[347] In dem Sinne bleibt – wie Biehl entfaltet – die Lehre von der Gottebenbildlichkeit für die Theologie ein möglicher Ansatzpunkt, um – davon ausgehend und ihren traditionellen Überlieferungen folgend – einen Beitrag zur Genese eines Bildungsbegriffes zu leisten. Neuere theologische Ansätze korrelieren daher wiederum Gottebenbildlichkeit und Bildung.[348]

Allerdings ist der Bildungsbegriff im Gefolge der Zeit des Nationalsozialismus sowohl für die Theologie als auch für die Pädagogik zu einem Problem geworden. War der Bildungsbegriff aufgrund dieser Degeneration zugunsten anderer Begriffe wie »Erziehung, Lernen, Sozialisation, Wissenschaftsorientierung, Identität«[349] aufgegeben worden, so stellt sich nun die Frage nach seiner Relevanz neu, da die Fokussierung auf die genannten Begriffe ebenfalls defizitär blieb. So brachte die Konzentration auf wissenschaftlich kontrolliertes, instrumentelles Lernen eine starke pädagogische Verengung mit sich. Daher stellt der Bildungsbegriff weiterhin ein notwendiges Desiderat dar, weil er einen größeren anthropologischen Zusammenhang umfaßt und auch normative Fragen nicht ausblendet.

Hauptaufgabe von Bildung – und vor allem von Bildung in ihrer religiösen Dimension – ist im Sinne P. Biehls, »Menschen helfend dabei zu begleiten, auf dem Grund der ihnen gewährten Person-Identität in Interaktion eine Ich-Identität zu gewinnen«.[350] Dies bedeutet, die eigene Fragmentiertheit annehmen zu können, und im Sinne der Heiligung das Selbst mit den ihm geschenkten Gaben zu entfalten. Dabei vollziehen sich Bildungsprozesse nicht allein an sich selbst, sondern sie bleiben immer wieder auf ein Allgemeines gerichtet.

> »Der Bildungsprozeß ist unabschließbar, aber gerade nicht ohne Substanz. Bildung als Subjektwerdung des Menschen vollzieht sich ›über Inhalte oder Anlässe, die inhaltliche Bedeutung haben‹; denn ›Erkennt-

---

346 Vgl. Biehl, a.a.O., S. 124.
347 Vgl. Biehl, a.a.O., S. 127.
348 Vgl. dazu Kapitel 5.2 »Person und Identitätsbildung: Von der Freiheit zur Selbstgestaltung« sowie Kapitel 5.8 »Imago – Bild – Bildung«.
349 Vgl. Biehl, ebd.
350 Vgl. Biehl, a.a.O., S. 187.

5.7 Von der Gestaltung von Selbstbildungsprozessen

nisvermittlung und glaubhaft gemachte Hoffnung auf Leben‹ machen den Bildungsvorgang aus«.[351]

Bildung ereignet sich immer in wechselseitiger Erschließung von Subjekt und allgemeinem Gegenstand bzw. von Welt. Diese Bildung am Allgemeinen besitzt jedoch keinen Selbstzweck an sich, sondern dient der Subjektwerdung und der Entwicklung von Handlungskompetenz. So zielen Bildungsprozesse darauf ab, Subjekte so zu fördern, »daß sie angesichts der ›Schlüsselprobleme‹ unserer Zeit durch Erfahrungslernen Handlungskompetenz und elementare ethische Urteilsfähigkeit gewinnen«.[352] Dies gilt nach Biehl gerade auch für die religiöse Dimension von Bildung. Damit zielt Bildung – auch in ihrer religiösen Dimension – auf gelingende Sozialität und Zukunftsgestaltung ab[353]. Theologisch ist dieser Zusammenhang so reformulierbar, daß der Rechtfertigung die Heiligung folgt und der Mensch Anteil gewinnt am Werden des Reiches Gottes, das ihn in die Verantwortung nimmt. Dennoch bleibt das letzte Ziel – die Ankunft des Reiches Gottes – wiederum dem menschlichen Zugriff entzogen. Religiöse Momente dieses Bildungsprozesses erweisen sich nach P. Biehl dann gerade nicht in außeralltäglichen, das normale Leben vollständig aufhebenden Zusammenhängen des genannten Bildungsprozesses, sondern sie zeigen sich da, wo Alltag anders erfahren wird[354], »vorgegebene Ordnungsmuster des Alltags durchbrochen werden«[355], wo sich »existentielle Bedürfnisse und Suchbewegungen« im Rahmen des Alltags finden. Damit wird die religiöse Dimension von Bildung ein untrennbar und strukturell mit allgemeiner Bildung verbundenes Element.[356]

---

351 Vgl. Biehl, a.a.O., S. 175 und dazu Heydorn, Erziehung, S. 155.
352 Vgl. Biehl, a.a.O., S. 188.
353 Auch Karl Ernst Nipkows Entwurf einer religionspädagogischen Bildungstheorie entfaltet die religiöse Dimension von Bildung. Bildung umfaßt die Perspektive von Gemeinde, Schule und Gesellschaft. Nipkow spricht von einer »Theorie kirchlicher Bildungsverantwortung« bzw. einer »Theorie evangelischer Bildungsverantwortung« (vgl. Nipkow, a.a.O., S. 17). Nipkows Bildungsbegriff fokussiert auf die Verantwortung der Kirche für allgemeine Bildungsprozesse und geht damit deutlich über eine allein religiöse Perspektive hinaus. So entfaltet Nipkows zweibändiges Werk »Bildung in einer pluralen Welt« einen Bildungsbegriff auf dem Hintergrund einer vom Pluralismus geprägten Gesellschaft (vgl. Nipkow, K. E., Bildung in einer pluralen Welt, Bd. I / II, Gütersloh 1998). Vgl. zu einer Diskussion des Bildungsbegriffs auch Biehl, P. / Nipkow, K. E., Bildung und Bildungspolitik in theologischer Perspektive, Münster 2003.
354 Vgl. dazu Luther, a.a.O., S. 184ff.
355 Vgl. Biehl, a.a.O., S. 208.
356 Der Begriff »religiöse Bildung« deutet eine Abtrennung des religiösen Aspekts von Bildung vom allgemeinen Bildungsbegriff an. Um diese Bezüglichkeit abzusichern, wird in den vorliegenden Ausführungen von der »religiösen Dimension von Bildung« gesprochen.

5 Identität und Bildung

Diese Ausführungen P. Biehls konvergieren mit Überlegungen zur Gestalt »strukturaler Bildungsprozesse«, wie sie der Erziehungswissenschaftler *Winfried Marotzki* beschreibt.[357] Auch hier zeigt sich wiederum die Vermittelbarkeit von theologisch-religionspädagogischer und erziehungswissenschaftlicher Theoriediskussion. Mit Marotzkis Theorie »strukturaler Bildung« sind die sich in Relation zum Medium Computer ereignenden Selbstbildungsprozesse in der Adoleszenz, die auf Subjektgenese, Identitätsentwicklung und Sinnfindung abzielen, angemessen zu beschreiben.

> »Solche Lernprozesse, die sich auf die Veränderung von Interpunktionsprinzipien von Erfahrung und damit auf die Konstruktionsprinzipien der Weltaufordnung beziehen, möchte ich Bildungsprozesse nennen. Als erstes Bestimmungsmoment ergibt sich dann, daß sich Bildungsprozesse ... auf das Weltverhältnis der Subjekte beziehen«.[358]

Diese Bildungsprozesse sind »durch das Weltverhältnis bedingt, auch auf das Selbstverhältnis der Subjekte (zu) beziehen«.[359] Marotzki folgt mit der Unterscheidung von Lern- und Bildungsprozessen dem Theologen und Erziehungswissenschaftler H. Peukert, der zwischen Lernen unterscheidet, das einerseits innerhalb fester Schemata Wissen vermehrt sowie andererseits die Schemata selbst verändert.[360] Bei letzteren Bildungsprozessen geht es um die Ausprägung eines neuen Selbst- und Weltverhältnisses, im Sinne Diltheys um die Änderung einer Weltanschauung, die einen Orientierungsrahmen bildet, der die Erfahrungen des Subjektes organisiert. »Weltanschauungen sind für ihn explizit Interpretationen der Wirklichkeit, in denen die Bedeutungs- und Sinnhaftigkeit der Welt zur Geltung gebracht werde«.[361]

Diese Bildungsprozesse sind Marotzki zufolge nicht inhaltlich, sondern nur stukturtheoretisch bestimmbar. Damit wird nicht jede Bildung am anderen verneint. Vielmehr sind keine expliziten inhaltlichen Bereiche anzugeben, in denen Bildung sich ereignet. In dem Sinne folgt er Menze, der bemerkt:

> »Es gibt daher keine Definition, mit der festgelegt werden könnte, was Bildung ein für allemal inhaltlich bedeutet, so daß jedermann einer solchen Bestimmung beipflichten müßte. Lediglich eine formale Kennzeichnung ist möglich, der zufolge sich Bildung als komplexer Prozeß begreifen läßt, in dem eine als wünschenswert ausgegebene Persönlichkeitsstruktur hervorgebracht werden soll«.[362]

Vgl. dazu Dinter, Adoleszenz – Computer – Bildung. Ein exemplarisches Element »religiöser Grundbildung« im 21. Jahrhundert, S. 200–217.
357 Vgl. Marotzki, W., Entwurf einer strukturalen Bildungstheorie, Weinheim 1990.
358 Vgl. Marotzki, a.a.O., S. 41.
359 Vgl. Marotzki, ebd.
360 Vgl. dazu Kapitel 10.2 »Dimensionen der Bildung am Allgemeinen als Element strukturaler Bildungsprozesse«.
361 Vgl. Marotzki, ebd.
362 Vgl. Menze, Bildung, S. 350.

Im Zentrum derartiger Bildungsprozesse steht vielmehr die dialektische Spannung von sowohl Welt- als auch Selbstbezug. Dabei ist die Ausdifferenzierung und Veränderung des Weltbezuges nach Marotzki »eine notwendige, aber keine hinreichende Bedingung für die Ausformung von Bildungsprozessen«.[363] Auch eine Veränderung des Selbstverhältnisses – resultierend aus dem veränderten Weltverhältnis – ist ein implizites Element der beschriebenen »strukturalen Bildungsprozesse«, zu denen auch zentrale Aspekte des Computerumgangs Jugendlicher zu rechnen sind.

5.8 Imago – Bild – Bildung

Verbunden mit einer technikgestützten Prägung des Alltagslebens durch neue Medien ist ein sogenannter »iconic turn« oder »pictoral turn« zu verzeichnen, da nun die textuelle Konzentration des »linguistic turn« selbst für die Rezeption von Texten durch den Vorrang des Sehens abgelöst wurde.[364]

> »Unter Hypertextbedingungen werden Schreiben und Lesen zu bildhaften Vollzügen. Der Schreibende entwickelt ein netzartiges Gefüge, ein rhizomatisches Bild seiner Gedanken ... Es besteht aus einer Pluralität unterschiedlicher Pfade und Verweisungen, die der Leser zu neuen Gedankenbildern formt, die sich aus dem Zusammenspiel zwischen der offenen Struktur des Textes und den Interessen und Perspektiven der Lesenden ergibt«.[365]

So ist inzwischen vom Primat des Sehens und einer Ästhetisierung des Alltags auszugehen, die auch die aktuelle Jugendkultur prägt und Eingang in die Nutzung des Mediums Computer gefunden hat. Eng verknüpft mit einer derartigen Vorrangstellung des Sehens ist eine gesteigerte Bedeutung des Bildlichen zu verzeichnen.

Jede Perzeption und jede Wahrnehmung ist bildgeleitet. Dabei rekurrieren die – die Wahrnehmung begleitenden – Bilder auf vorausgegangene Wahrnehmungen und bleiben zumeist ein sich andeutendes, komplexes und sich nicht vollständig entfaltendes Konglomerat.

> »Sie sind keine vollständigen Bilder, sondern nur bildhafte Andeutungen von Bildern, gleichsam Keime von Bildern. In ihnen vereinigen sich zahllose vorausgegangene Wahrnehmungen«.[366]

Diese inneren Bildprozesse sind nicht vollständig kommunizierbar und abbildbar.

Die äußeren Bildformen besitzen dagegen eine vollständig eigene Qualität. Sie präparieren gleichsam den »Ausschnitt des Sichtbaren«[367], um ihn so

---

363 Vgl. Marotzki, a.a.O., S. 43.
364 Vgl. dazu Maar, Ch. / Burda, H. (Hrsg.), Iconic Turn, 3. Aufl., Köln 2005.
365 Vgl. Sandbothe, Interaktivität – Hypertextualität – Transversalität, S. 73.
366 Vgl. Schulze, Bilder zur Erziehung, S. 63.
367 Vgl. Schulze, a.a.O., S. 64.

5 Identität und Bildung

für Wahrnehmung durch andere kommunizierbar zu machen. Dabei handelt es sich um ein absichtsvolles Arrangement.

> »Es gibt einen gegenseitig sich verstärkenden Austausch zwischen inneren und äußeren Bildern. Die inneren Bilder laden die äußeren Bilder mit Bedeutung auf, und die äußeren Bilder verhelfen den inneren zu einer prägnanteren Gestalt«.[368]

Die bildliche Perzeption ist eng an Formen des gesellschaftlichen Habitus gebunden. In dem Sinne beheimaten die Bilder den Menschen in der Kultur seiner Zeit. So sind auch die Ikonen der Jugendkultur als Ausdrucksform derartiger Beheimatungsprozesse zu verstehen. Dadurch, daß sie zum Gemeingut eines Kollektivs werden, tragen die gemeinsamen kulturellen bildlichen Codes zur Sinnstiftung bei.

Zugleich rückt mit der Rückkehr der Bedeutung von Bild und Bildern wiederum die traditionelle Relation von Bild und Bildung in den Blick, die ihren Grundausdruck in der Imago Dei-Lehre findet, nach welcher der Mensch zum göttlichen Ebenbild geschaffen ist. Der Bildungsbegriff ist ein spezifischer Terminus der deutschen Sprache, der eng mit dem »Bildbegriff« zusammenhängt. Einen frühen Ausdruck findet diese Grundrelation in der Imago Dei-Lehre des dominikanischen Mystikers Meister Eckhart.[369]

Nach Eckhart ist der Weg zur eigentlichen Bestimmung des Menschen der Weg der Mystik, das Sich-Lösen von den Weltbezügen. Dieses Sich-Lösen meint für Eckhart die Geburt des Sohnes in der Seele:

> »Die gleiche Kraft, von der ich gesprochen habe, in der Gott mit seiner ganzen Gottheit und der Geist in Gott grünt und blüht, in dieser gleichen Kraft gebiert der Vater seinen eingeborenen Sohn so wahrhaft wie in sich selbst, denn er lebt wirklich in dieser Kraft, und der Geist gebiert mit dem Vater denselben eingeborenen Sohn und sich selbst als denselben Sohn und er ist derselbe Sohn in diesem Licht und er ist die Wahrheit selbst. Könntet ihr mit meinem Herzen erkennen, so verstündet ihr wohl, was ich sage; denn es ist wahr, und die Wahrheit sagt es selbst«.[370]

Im Innersten des menschlichen Seins, dem Seelenfünklein, der menschlichen Seele, die selbst göttlicher Natur ist, ist bei Eckhart der Ort, an dem es zur Geburt des Sohnes Gottes kommt. Damit wird das Überbildetwerden der Seele mit dem Ziel der Erlangung der Gottebenbildlichkeit möglich.

Bildung zielt ab auf grundlegende Relationen von Subjekt und Welt. Sie zielt damit ab auf das Ganze des Menschseins, wie die Lehre von der Imago

---

368 Vgl. Schulze, ebd.
369 Die Relation von Imago Dei-Lehre und Bildungsbegriff wurde ursprünglich von W. Pannenberg entfaltet in: Pannenberg, Gottebenbildlichkeit und Bildung des Menschen, S. 207–225.
370 Vgl. Meister Eckhart, Intravit Jesus in quoddam castellum, in: Mieth, Meister Eckhart, S. 119–120.

Dei es expliziert. Ihre dreifache Gestalt, die in enger Relation zum Bildbegriff steht, mißt die Grundlinien der Conditio Humana aus: Bildung orientiert sich am anderen als Vorbild, ist bezogen auf die Genese eines Weltbildes und eines entsprechenden Selbstbildes. Theologisch tritt zudem der transzendierende Verweisungscharakter von Bildung auf einen überweltlichen Grund hin in den Blick, wie er bei Eckhart und Luther beschrieben wird. Doch selbst wenn dieser transzendente Verweisungscharakter beim Bildungsbegriff nicht mehr zwingend Berücksichtigung findet, bleibt der Bildungsbegriff, der immer »Einbildungsprozesse« im Hinblick auf den anderen, die Welt und das Selbst umfaßt, auf den Sinn von Sein hin orientiert. Im Sinne dieser »Einbildungsprozesse« bleiben Bild und Bildung eng verbunden.

Der Umgang mit und die Kreation von Bildern kann nicht nur als Einbildungsprozeß, sondern auch als Schaffensprozeß verstanden werden. Dieser Schaffensprozeß erhält durch die neuen Medien und durch die von ihnen erzeugten virtuellen Welten, für die Bilder eine entscheidende Rolle spielen, eine vollständig neue Qualität:

> »In den Neuen Medien verselbständigen sich diese Bilder. Sie beziehen sich aufeinander, zitieren sich und beeinflussen gleichermaßen Subjekte und Objekte. Bilder werden unabhängig von ihren Produzenten, vervielfältigen sich und nehmen nachhaltigen Einfluß auf Erziehung und Bildung; ihre Akzelleration und ihr schneller Wechsel verändern Bildungsprozesse, das Gedächtnis und in der Folge die Menschen. Die Bildungswelten der Medien und der Alltagswelt überlagern und durchdringen sich; sie enthalten Leitbilder, die sich einschreiben; sie verändern die Bezugspunkte von Raum und Zeit, führen zu Konflikten zwischen der telematischen und der leiblichen Welt. Im Cyberspace wurde das Vor-dem-Bild-Sein zum Im-Bild-Sein. Zum Bild geworden werden Raum und Zeit anders erlebt«.[371]

In dem Sinne führt die Bildlichkeit zu einer Transformation und »Überbildung« von Leiblichkeit:

> »Stellt sich die Pädagogik der neuen Situation, so ist sie mit einer Vielfalt von Bildern konfrontiert, die Einfluß auf Bildungs- und Sozialisationsprozesse nehmen und die von den Bildern der Wahrnehmung, den Fantasmen der Psyche über die Metaphern der Sprache zu den Bildern der Neuen Medien reichen. Es sind Bilder, die etwas erzeugen, etwas sichtbar machen, was unsichtbar war, die in Sinne und Bedeutung überdeterminiert sind und die virtuelle Räume erzeugen, in die sich die Menschen aufnehmen und in denen sie ihre Leiblichkeit durch eine neue Bildlichkeit überformen«.[372]

---

371 Vgl. dazu Schäfer / Wulf, Bild – Bilder – Bildung, S. 8.
372 Vgl. Schäfer / Wulf, a.a.O., S. 8–9.
   Vgl. dazu auch Kapitel 6 »Religion und religiöse Valenz« und die entsprechenden Unterkapitel.

5 Identität und Bildung

So wird die zwischenbildliche Oberflächensemantik entscheidender als die Tiefendimension von Sinn.[373]

Diesem schnellen Wechsel der technisch erzeugten Bilder, wie ihn z.B. Computerspiele kennen, hat sich die Pädagogik bzw. die Religionspädagogik zu stellen. In dem Sinne spricht Doris Schuhmacher-Chilla von »Entbildung«. Dabei geht es ihr darum, durch die Begegnung mit künstlerischer Bildgestaltung die Formen des Sehens und der Wahrnehmung zu verändern. Aktuell bringen die neuen Medien nach Schuhmacher-Chilla die Gefahr der Verflachung bildlicher Perzeption mit sich. So besteht die Herausforderung darin, sowohl einen sinnvollen Umgang mit der »Bilderflut und Bildersucht«[374] als auch eine konstruktive Form der Wahrnehmung zu finden. »Gleich, ob man durch Reduktion oder durch Intensivierung die Bilder aufzuladen sucht, strahlen sie Ungenügen aus. Sie überraschen uns nicht mehr, wir haben uns an sie adaptiert, weil sie überall präsent und jederzeit abrufbar sind«.[375]

Die Tiefendimensionen des Bildlichen drohen verloren zu gehen:

> »Die spezifische Sichtbarkeit, insbesondere der neuen elektronischen Bilder, die auf der Erfindung des fotografischen Bildes aufbauen, tendiert dazu, das Bild durch das Visuelle, durch bilderlose, gewissermaßen blinde Bilder zu ersetzen«.[376]

Um auf diese Problemlagen zu reagieren, wird von Schuhmacher-Chilla – an Meister Eckhart anknüpfend – der Gedanke der »Entbildung« als pädagogisches Programm stark gemacht:

> Bilden und Entbilden bezeichnen einen Verlauf, »in dem die weltlichen Bilder verklärt und erhoben, nicht jedoch ikonoklastisch aufgehoben werden. Im Prozeß des Bildens und Entbildens wird ein und derselbe Vorgang aus zwei entgegengesetzten Perspektiven dargestellt. Es handelt sich keineswegs um zwei entgegengesetzte Prozesse«.[377]

Im Prozeß des Bildens bzw. Entbildens wird derselbe Prozeß aus zwei Perspektiven in den Blick genommen, des Herausbildens und der Entäußerung.

> »Während im Wort Bilden das Bild positiv gesehen wird und es etwas herausbildet, was im Menschen göttlich ist (Bildung als Paideia), ist es im Begriff Entbilden negativ. Das, was nicht identisch ist mit Gott, was ungleich ist, wird entäußert«.[378]

---

373 Vgl. dazu Kapitel 9.1.5 »Einzelbeobachtung: Der Besuch einer LAN-Party«.
374 Vgl. Ellrich, Nach den Bildern? S. 13ff.
375 Vgl. Rötzer, Vom Bild zur Umwelt, S. 82.
376 Vgl. Balke, Medien und kulturelle Kommunikation, S. 2.
377 Vgl. Schuhmacher-Chilla, Nie gesehene Bilder, S. 273.
378 Vgl. Schuhmacher-Chilla, ebd.

5.8 Imago – Bild – Bildung

Der Gedanke der Entbildung »basiert auf der Erfahrung der Nichtigkeit der Welt, die zugleich aber bedeutet, das göttliche Sein zu finden«.[379]

> »Kunst und Natur haben einen Sinn, d.i. das Sein als göttliches Sein hervorzubringen; es gelingt nur über den Weg des Entbildens, der das Sein ins Unermeßliche erhebt, zum Erhabenen macht«.[380]

Bei Entbildung, die durch die Anerkennung der Nichtigkeit einen transzendenten Verweisungscharakter besitzt, geht es um ein Neumachen, das das Eigentliche erst in den Blick treten läßt. Bezogen auf die geschilderte Problematik der Bilderflut sind Bildwelten zu schaffen, die derartige Formen der Entbildung erst möglich machen. Als beispielhaft für derartige Formen der Entbildung kann das Werk des Videokünstlers Bill Viola gelten.[381]

Zentral für Bill Violas Arbeiten ist eine gezielte Entschleunigung der Bildwelten. Viola zielt ab auf eine Verinnerlichung, die durch Auswahl Bildern neue Relevanz verleihen möchte und so auf eine Ablösung der Beliebigkeit abzielt.

> »Kraft-Bilder stellen sich gegen Medien-Bilder. Sie bestehen aus authentischen Aufnahmen realer Ereignisse d.h. hier grundlegender Ereignisse und Themen wie Tod und Geburt, Naturerfahrung und Selbsterfahrung, ferner spielerische Bezüge der Opposition Innenwelt – Außenwelt, Ordnung – Chaos, Körperlichkeit und Immaterialität«.[382]

Es werden im Sinne von C. G. Jung Archetypen und Symbole dargestellt, die zunächst auf leibliche Dimensionen wirken sollen, bevor die kognitiven Dimensionen angesprochen werden. »Kraft-Bilder wirken wie Weckrufe, denn bevor die Seele geweckt werden kann, muß erst der Körper wachgerüttelt werden«.[383]

Derartige Prozesse der Bildbetrachtung sollen dem Verfall in die verflachte, Bilder allein konsumierende Haltung, die den Bildwelten der neuen Medien vollständig ausgeliefert ist, entgegenwirken. Damit kann ein solcher Zugang beispielhaft werden für anzustrebende Lernprozesse im Hinblick auf die neuen Medien. Wahrnehmungsschulung wird zur entscheidenden pädagogischen Herausforderung im Zeitalter des »pictoral turn«.

> »In Bildung und Erziehung geht es dementsprechend um ›educatio‹, um Herausführung aus vermeintlichen Gewißheiten. Das bedeutet für ein modernes Bild von Bildung, nämlich dem der Bildung als einer des Individuums für das Individuum, daß dieses Bild auf die Paradoxie einer

---

379 Vgl. Schuhmacher-Chilla, a.a.O., S. 274.
380 Vgl. Schuhmacher-Chilla, ebd.
381 Vgl. dazu Schuhmacher-Chilla, a.a.O., S. 269ff.
382 Vgl. Schuhmacher-Chilla, a.a.O., S. 271–272.
383 Vgl. Viola, Katalog »unseen images«, S. 98.

Auseinandersetzung von Bildung im Medium der permanenten Dezentrierung verweist«.[384]

Genau um diese Prozesse der Verfremdung und des Infragestellens des allzu Gewohnten geht es, wenn von Entbildung die Rede ist.[385]

5.9 Auswertung: Implikationen zur Gestaltung des Identitäts- und Bildungsbegriffs

Obwohl die vorliegenden Ausführungen zum Identitäts- und Bildungsbegriff einer metatheoretischen Explikation der Feldergebnisse zum Computerumgang Jugendlicher dienen und nicht als umfassende Darlegung dieser Begriffe gelten können, sollen im folgenden Grundlinien dieser Begriffe aufgezeigt werden. Sowohl hinsichtlich des Identitäts- als auch des Bildungsbegriffs ist festzuhalten, daß die Vorstellung der Personwürde, der Gottebenbildlichkeit und das Bewußtsein eines a priori Angenommenseins, wie es die Rechtfertigungslehre entfaltet, einen theologisch begründeten Freiraum für die Entfaltung des Subjekts bietet. So ist das Subjekt befreit vom Zwang der Selbstvollendung, kann aber die ihm eigenen Möglichkeiten im Sinne der Heiligung frei entfalten. Dem Subjekt kommt vorauslaufend Personwürde zu, während Ich-Identität erst gewonnen werden muß und die Identitätsbildung niemals abgeschlossen ist, sondern das ganze Leben umfaßt. Identitätsbildung ist als prozeßhaft zu verstehen. Dabei kommt der Phase der Adoleszenz spezifische Bedeutung für die Ausbildung von Ich-Identität zu. Der Identitätsbegriff steht in notwendiger Relation zum Personbegriff, dessen Struktur die Relation von inneren und äußeren, von sozialen und selbstbezogenen Dimensionen des Personseins umfaßt, zwischen denen die Personmaske (persona: lat. Maske) als Modus der externen Präsentation des Selbst steht. Diese Grundstruktur des Personseins bleibt zugleich immer auf Körperlichkeit bezogen. Identität entsteht durch ein Ausbalancieren der inneren und äußeren Personaspekte im Strom der Zeit. So wird durch das Subjekt Vergangenes von der Gegenwart her integriert, und es erfolgt eine Ausrichtung auf die Zukunft hin. Wichtig ist es zu berücksichtigen, daß Identität in der Post- und Spätmoderne immer nur als eine fragmentarische beschrieben werden kann. Allerdings ist kein vollständiger Zerfall des Subjektes anzunehmen, sondern auch als von fragmentarischer Identität geprägtes ist das Subjekt der Post- und Spätmoderne auf eine entsprechende Sinngenese angewiesen, die seinem vollständigen Zerfall entgegensteht. Zudem bedarf das Subjekt weiterhin einer entsprechenden Anerkennung sowie eines entsprechenden Freiraums der Entfaltung. Dabei erweist sich eine derartige – an fragmentarischer Identität orientierte – Explikation des Identitätsbegriffs als

---

384 Vgl. Zirfas, Bildung als Entbildung, S. 186.
385 Vgl. dazu Kapitel 11 »Religionspädagogische Implikationen der Computernutzung Jugendlicher«.

5.9 Auswertung: Implikationen zur Gestaltung des Identitäts- und Bildungsbegriffs

durchaus kompatibel mit entsprechenden theologischen Ansätzen, wie z.B. dem von Henning Luther.

Ein derartiger Identitätsbegriff steht in enger Relation zum Bildungsbegriff. Bildung zielt ab auf Subjektwerdung, auf Ausbildung von Identität. Dies geschieht aus theologischer Perspektive im von Gott zugestandenen Raum der Freiheit, bleibt aber immer vorläufig. Bildung ist auf ein Allgemeines gerichtet, das die Substanz von Bildungsprozessen ausmacht und eine inhaltliche Ausprägung besitzt. Dabei ist eine solche inhaltliche Dimension von Bildung nicht a priori feststehend und dient – gleichsam als Katalysator – der Subjektwerdung und der Entfaltung von Handlungskompetenz. In dem Sinne sind derartige Bildungsprozesse als strukturale zu beschreiben und von vorgeordneten Lernprozessen zu unterscheiden, denen es um die Vermehrung von Wissen geht. Derartige Lernprozesse können wiederum in strukturale Bildungsprozesse integriert werden.

Der Bildungsbegriff war von seinem Ursprung her eng mit Religion verbunden. So besteht in Beziehung auf die Lehre von der Gottebenbildlichkeit eine enge Relation von Bild und Bildung. Allerdings ist ein solcher Verweisungscharakter auf Transzendenz hin – wie ihn z.B. Eckhart und Luther im Sinne der Einbildung Christi entfalten – in der Diskussion um den Bildungsbegriff fragwürdig geworden. Deshalb besitzt der Bezug des Bildungsbegriffs zur Transzendenz keine Allgemeingültigkeit mehr. Eine allgemeine Bildungstheorie hat – dieser Entwicklung folgend – auch ohne eine theologische Fundierung verstehbar zu sein. Allerdings sollte eine Offenheit für eine theologische Interpretation weiterhin bestehen. Daher stellt die traditionelle Relation von Imago, Bild und Bildung nach wie vor durchaus einen zentralen Aspekt der Entfaltung der religiösen Dimension von Bildung dar. Aus dieser Grundrelation sind gerade für das medial orientierte Zeitalter – geprägt vom Primat des Sehens – entscheidende Einsichten in die theoretische Gestalt bzw. den praktischen Vollzug von Bildungsprozessen zu gewinnen.

6 Religion und religiöse Valenz

6.1 Zur Problemstellung

Die vorliegende Studie analysiert neben den sich im Jugendalter vollziehenden Identitäts- und Selbstbildungsprozessen zudem Dimensionen religiöser Valenz des Computerumgangs Jugendlicher, wobei – wie sich zeigen wird – eine enge Beziehung zwischen dem Identitäts- und dem Religionsbegriff besteht, insofern Identitätsbildung immer auf Sinngenese angewiesen ist. Der im folgenden entfaltete Begriff der »religiösen Valenz« erkennt an, daß der Computerumgang Jugendlicher nicht als Ganzes religiös kodiert ist. Es soll jedoch damit keine Wertigkeit ausgedrückt werden, da eine Unterscheidung von Kern- und Randbereichen von »Religion« sehr schwierig ist. So geht die vorliegende Untersuchung von der Grundannahme aus, daß gesellschaftliche Veränderungsprozesse dazu geführt haben, daß traditionelle und institutionelle Formen von Religion sich zugunsten »verflüssigter«, individualisierter Formen von Religion aufgelöst haben.[386] Um derartige Dimensionen religiöser Valenz beschreiben zu können, ist es notwendig, das Begriffsfeld »Religion« mit einem entsprechenden Fokus genauer zu untersuchen.

Dabei ist zunächst in den Blick zu nehmen, aus welcher Perspektive eine Zuschreibung von »Religiosität« erfolgt: Ist Religion eine Form von Selbstzuschreibung oder eine Form der Fremdzuschreibung aus der Beobachterperspektive? Auf welcher theoretischen Ebene erfolgt eine derartige Selbst- bzw. Fremdbeschreibung? So wird sich der Teilnehmer an bestimmten religiösen Vollzügen bzw. der Träger bestimmter Grundüberzeugungen vielleicht als »religiös« oder als einer »bestimmten« Religion zugehörig bezeichnen. Dabei ist dann eine spezifische Form von Religiosität auf ein Einzelindividuum oder eine Gruppe mit entsprechender Selbstzuschreibung bezogen. Einer derartig selbstreflexiven Selbstbeschreibung als »religiös« liegt ein spezifischer kultureller Kontext (nämlich der westlich-aufklärerische, der wiederum in enger Relation zum Christentum steht), ein bestimmtes Abstraktionsniveau und ein zumindest commonsensueller Religionsbegriff zugrunde. Eine derartige Selbstzuschreibung geht daher von einem Abstraktionsniveau bzw. von gesellschaftlichen Ausdifferenzierungsprozessen aus, die so z.B. bei frühen Stammesgesellschaften nicht gegeben waren.

Diese Grundüberlegungen unterstreichen entsprechend qualitativ-empirisch angelegte Feldstudien zur Religionsforschung. Da reagiert eine

---

386 Vgl. dazu Knoblauch, Die unsichtbare Religion der Jugendkultur, S. 247 ff.

6 Religion und religiöse Valenz

junge Frau aus Ostdeutschland auf die Frage, ob sie denn »ein religiöser Mensch sei« mit der Antwort »nein eigentlich nicht, eigentlich sei sie normal«.[387] Eine ebenfalls nach ihrer Religiosität befragte junge Frau aus einer Brahmanen-Familie macht am Ende eines Interviews deutlich, daß es lachhaft sei, »that something like ›hinduism‹ could be a ›religion‹, or that something like ›hinduism‹ does even exist«.[388] »Religion« versteht sie als ein westliches Konzept, das die prägende Weltsicht ihres Lebens nicht wirklich trifft. Daher kann das Kriterium der Selbstzuschreibung zur Identifikation von Religion nicht das entscheidende sein.[389] Vielmehr handelt es sich bei der theologischen und religionstheoretischen Forschung um eine Form von abstrakter Fremdzuschreibung.[390]

Dabei bildet der Religionsbegriff im theoretischen Forschungsdiskurs den Überbegriff für bestimmte Einzelerscheinungen, weshalb auch aus einer theoretischen Außenperspektive notwendig die Einzelerscheinungen des Phänomens »Religion« in den Blick genommen werden müssen. So bemerkt F. Tenbruck, »daß wir den Begriff ›Obst‹ wohl bilden können, doch stets nur bestimmte Früchte essen«.[391] Diese Grundüberlegung der Religionsforschung geht soweit, daß z.B. der Religionswissenschaftler Gregor Ahn eine allgemeine Bestimmung des Religionsbegriffs für alle Religionen zurückweist.[392]

Im folgenden wird sich hinsichtlich des Computerumgangs Jugendlicher ebenfalls zeigen, daß nicht eine a priori gebildete religionstheoretische Hintergrundtheorie herangezogen werden kann, um den untersuchten Forschungsgegenstand theoretisch zu explizieren, sondern die religionstheoretische Herangehensweise notwendig auf den untersuchten Forschungsgegenstand im Feld bezogen bleiben muß.[393]

Der beschriebene Problemzusammenhang der religiösen Selbstzuschreibung wird bei »verflüssigten« Formen von Religion im Zusammenhang von Fernsehen[394], Kino[395], Popmusik[396], Sport[397] – ebenso wie bei der Computer-

---

387 Vgl. dazu Matthes, Auf der Suche nach dem »Religiösen«, S. 141.
388 Vgl. Matthes, a.a.O., S. 141.
389 Aber auch die umgekehrte Situation ist denkbar. So wird für Gruppierungen wie z.B. Scientology trotz ihrer religiösen Selbstzuschreibung diskutiert, ob sie als religiöse Vereinigung zu verstehen sind.
390 Vgl. dazu Heimbrock, Religionsunterricht im Kontext Europa, S. 192.
391 Vgl. Tenbruck, Die Religion im Maelstrom der Reflexion, S. 66.
392 Vgl. dazu Ahn, Religion I, S. 515 ff.
393 Vgl. dazu das Kapitel 6.2 »Zur Relation von Theorie und Empirie«.
394 Vgl. dazu z.B. Thomas, G., Medien – Ritual – Religion, Frankfurt 1998.
395 Vgl. dazu z.B. Kirsner, I., Erlösung im Film, Stuttgart 1996 sowie Herrmann, J., Sinnmaschine Kino, Gütersloh 2001.
396 Vgl. dazu z.B. Fermor, G., Ekstasis, Stuttgart / Berlin / Köln 1999.
397 Vgl. dazu z.B. Josuttis, Beim Sport wie bei der Religion, S. 144–146 sowie ders., Fußball ist unser Leben, S. 211–218.

nutzung Jugendlicher – insofern relevant, als nur in den seltensten Fällen eine Eigenzuschreibung in Form von »Religiosität« vorliegt. Daher spricht man in der entsprechenden Forschungsliteratur[398] von »impliziten Formen« von Religion, die ihren Ursprung in modernen Säkularisierungs- und Modernisierungsprozessen besitzen. Traditionelle Formen von Religion haben sich verflüssigt, verlagert und tauchen in zunächst unerwarteten Kontexten wieder auf.

Diese Überlegungen unterstreicht beispielhaft die Beobachtung mehrerer Schülergruppen bei einer Tagung der evangelischen Akademie Loccum zum Thema »God is a DJ. Jugend – Kultur – Religion« im Januar 2002. In diesem Zusammenhang waren Suchbewegungen religiöser Art von Seiten der Jugendlichen zu erkennen, die weniger in den Symbolsystemen traditionell geprägter Religion verortet werden können. So formulierte eine Schülerin: »Bei uns hat sich die Religion verschoben«. Diese Tendenz war ebenso in zahlreichen anderen Schülervoten zu finden. Die Schüler und Schülerinnen plädierten zwar für einen Erhalt der Tradition, aber die meisten gaben an, selbst nicht in der Tradition zu leben. Besonders interessant war die Analyse einer Schülerin zum Film »Matrix«. Zwar identifizierte die Schülerin diesen Film aus ihrer Perspektive als einen, der religiöse Fragen aufwirft. Diese Fragen lagen jedoch nicht im Bereich christlicher bzw. gnostischer Interpretamente. Letztere waren der Schülerin kaum bekannt (so auch Schülervoten zu »Life of Brian«). Vielmehr war die Schülerin an basaleren Fragen wie »Ist unser Leben nur Schein?«, »Woher kommen wir?«, »Wohin gehen wir?« interessiert.

Bestimmte Strömungen der religionstheoretischen und theologischen Forschung[399] sprechen hinsichtlich der genannten Phänomene von »Religionsersatz«, »Surrogatformen des religiösen Erlebens«, »Surrogatreligiosität«, »säkularer Ideologie«, »Parareligion«, »Quasireligion« und »Pseudoreligion«.[400] Dadurch soll angedeutet werden, daß es sich bei den so beschriebenen Phänomenen um Randerscheinungen handelt, denen bestenfalls funktionale »Religionsartigkeit« zugesprochen wird, bei denen es sich aber um niederwertigere Formen des Phänomenkomplexes »Religion« handelt, sofern sie diesem überhaupt zugerechnet werden. Implizit wird damit eine Unterscheidung von »richtiger«, »klassischer« Religion und entsprechenden Degenerationsformen vorausgesetzt. Zugrunde liegt dabei die Annahme, daß es einen festgefügten und traditionell evaluierten Phänomenbestand gibt, dem idealtypisch und zurecht der Begriff »Religion« zuzuordnen ist. Religion wird hier

---

398 Vgl. Thomas, G., Implizite Religion, Würzburg 2001.
399 Vgl. z.B. Splett, Religion, S. 792ff. und Preul, R., So wahr mir Gott helfe!, Darmstadt 2003.
400 Vgl. dazu Thomas, a.a.O., S. 22.

als Produkt von Tradierungsprozessen verstanden[401], sie erscheint in »Form narrativer Inhalte oder auch deren begrifflicher Abkürzungen in theologischen Grundbegriffen«[402], wobei die »Religionsgemeinschaften selbst definieren (oder definiert haben), was zu ihren zentralen Glaubensanschauungen oder zu ihrer liturgischen Religionspraxis gehört«[403]. Ein derartig festgefügter Traditionsbestand ist aber im gelebten Vollzug von Religion selbst bei scheinbar »klassischen« Phänomenkomplexen nie in Reinform zu finden. So erscheint »Religion« immer in synkretistischen Konglomeraten[404], die durch ihren jeweiligen kulturellen Kontext bzw. durch die jeweiligen Formen der gesellschaftlich-kontextuellen bzw. individuellen Aneignung eine spezifische Brechung und Neugruppierung erfahren. Somit sind der Kernbestand und die Randerscheinungen von »Religion« nicht leicht zu trennen. Andererseits droht gleichzeitig die Gefahr, daß nun alles religiös kodiert wird und eine Unterscheidung von »Religion« und »Nicht-Religion« nicht mehr möglich ist, da Religion und Welt vollständig verschmelzen. Um Religion von »Nicht-Religion« unterscheiden zu können, ist es nötig, den Religionsbegriff in der theoretischen Tradition genauer zu untersuchen, wobei im Hinblick auf eine Analyse des Computerumgangs Jugendlicher speziell die Theorietraditionen von Interesse sind, die die Aspekte sogenannter »impliziter Religion« bzw. »religiöser Valenz« mit im Blick haben.

6.2 Zur Relation von Theorie und Empirie

Die sich zeigenden Phänomene religiöser Valenz im Kontext der Computernutzung Jugendlicher sind nicht mit einer Theorie bzw. einem Theorieelement hinreichend zu beschreiben, sondern unterschiedliche Theorieelemente müssen clusterartig zusammenlaufen, und eine entsprechende Abstimmung auf den jeweiligen empirischen Gegenstand wird notwendig. Derartige theoretische Cluster sind für die jeweiligen Einzelphänomene religiöser Valenz ausgehend vom empirischen Feld immer wieder neu zu bestimmen und nicht a priori für alle Fälle definitorisch festzulegen, obwohl sich gewisse Familienähnlichkeiten abzeichnen. Es ist weniger empfehlenswert mit bereits bestehenden Clustern, wie z.B. den fünf Dimensionen von Ch. Glock[405] bzw. mit einer Kombination von Clustern zu operieren.[406] Es kann in dem Sinne kein a priori erarbeiteter, allgemeiner Religionsbegriff herangezogen werden, um die sich zeigenden Dimensionen religiöser Valenz der Computernutzung

---

401 Vgl. Heimbrock, a.a.O., S. 190.
402 Vgl. ebd.
403 Vgl. ebd.
404 Vgl. dazu Heimbrock, a.a.O., S. 187.
405 Vgl. dazu Glock, Über die Dimensionen der Religiosität, S. 150ff.
406 Vgl. Thomas, Medien – Ritual – Religion, S. 353 ff.

Jugendlicher theoretisch zu beschreiben.⁴⁰⁷ So ist auch hinsichtlich einer Analyse der Dimensionen religiöser Valenz der Computernutzung Jugendlicher wiederum die bereits für die Frage nach den Identitäts- bzw. Selbstbildungsprozessen im Zusammenhang der Computernutzung Jugendlicher angezeigte, spiralförmige Vernetzung von Theorie und Empirie und die Ausbildung von Theorieelementen mittlerer Ebene resultierend aus einem Prozeß abduktiver Korrelierung aus materialen und metatheoretischen Theorieelementen zu verzeichnen.⁴⁰⁸ Hinsichtlich der mit der Untersuchung religiöser Valenz der Computernutzung Jugendlicher verbundenen Integration religionssoziologischer und religionswissenschaftlicher Metatheorie ist anzumerken, daß eine solche Integration von deduktiv operierender Metatheorie notwendig wird, weil die Explikation der Phänomene religiöser Valenz die Forscherperspektive voraussetzt und eben nicht im Sinne von »in-vivo-Codes« der Semantik der Probanden und Probandinnen entstammt. Eine vergleichbare Forschungsstruktur ergibt sich auch für eine Analyse von Identitätsbildungsprozessen bzw. strukturalen Bildungsprozessen.⁴⁰⁹ Auch hier entstammen die theoretischen Interpretationen nicht der Semantik der Probanden und Probandinnen. Für den praktischen Forschungsvollzug erweist es sich jedoch als wichtig, daß nicht zu früh interpretative, metatheoretische Eintragungen bei der Sichtung und Bearbeitung des Datenmaterials vorgenommen werden.

6.3 Zum religionstheoretischen Horizont der Analyse »impliziter Religion« bzw. »religiöser Valenz«

Bevor eine nähere Bestimmung eines angemessenen Theoriehintergrundes hinsichtlich der Dimensionen religiöser Valenz der Computernutzung Jugendlicher erfolgen kann, ist der Horizont möglicher Theorien zur Bestimmung »impliziter Religion« bzw. »religiöser Valenz« genauer in den Blick zu nehmen und auf seine Relevanz hinsichtlich des vorliegenden Untersuchungsgegenstandes des Computerumgangs Jugendlicher zu prüfen. Für eine Analyse dieser Theorien zur Bestimmung »impliziter Religion« bzw. »religiöser Valenz« ist auch deren Einbettung in den größeren Zusammenhang des Religionsbegriffes von Interesse, soweit diese Zusammenhänge nicht bereits im Kontext der Explikation der Problemstellung geklärt wurden.⁴¹⁰ Hier kann es jedoch nicht um eine umfassende Entwicklung eines Religionsbegriffes gehen, sondern die folgenden Ausführungen konzentrieren sich auf eine Explikation der Dimensionen religiöser Valenz der Computernutzung Jugendli-

---

407 Vgl. zu einer notwendigen Modifizierung metatheoretischer Paradigmen auch Asbrand, Beobachten und Analysieren einer Unterrichtsepisode, S. 65–84.
408 Vgl. dazu Kapitel 4 »Zur Relation von Theorie und Empirie«.
409 Vgl. dazu Kapitel 5 »Identität und Bildung«.
410 Vgl. dazu Kapitel 6.1 »Zur Problemstellung«.

cher.[411] In dem Sinne werden im folgenden die unter diesem Fokus ausgewählten religionstheoretischen Entwürfe keiner umfassenden Analyse unterzogen, sondern eine entsprechende Darstellung und Auswertung erfolgt wiederum im Hinblick auf den angezeigten Untersuchungsfokus.

Schon der Ursprung des Religionsbegriffs in der Antike ist uneindeutig. So wird er entweder im Sinne *Ciceros* vom Lateinischen »religere« (»immer wieder durchgehen«) oder im Sinne des *Laktanz* von »religare« (»verbinden«) abgeleitet. Die jeweilige Herleitung hat dann entscheidende theoretische Implikationen. Religion im Sinne Ciceros meint eine eher kultische Angelegenheit, der Begriff im Sinne des Laktanz dagegen die Korrelation zwischen Gott und Mensch. Bemerkenswert ist, daß die meisten Sprachen kein Wort für Religion kennen. »Religion« wurde dann aus dem Lateinischen übernommen und bezeichnete nach der Christianisierung Europas das Christentum. Die Existenz anderer Religionen war bekannt. Allerdings galten diese als »religiones falsae«. In der Aufklärung veränderte sich diese Unterscheidung ausgehend von der Überlegung, ob nicht auch in den »falschen Religionen« ein »wahrer Kern« enthalten ist, hin zur Differenzierung von »natürlicher« und »positiver« Religion. Die »natürliche Religion« war die allgemeine Vernunftreligion deistischer Ausgestaltung, während die »positive Religion« aus einer göttlichen Offenbarung resultierte.

Im 18. Jahrhundert bildete sich dann ein Religionsbegriff heraus, der sich auf die individuell gelebte Religion bezog und diese von der übernatürlichen Offenbarungsreligion und der natürlichen Religion unterschied. »Die die individuelle Lebenspraxis ausdrückende und reflektierende Religion begreift sich als durch ihr Subjekt, das religiöse Bewußtsein, und seine variablen akzentuierten Akte kognitiver voluntativer und emotiver Art bestimmt und begleitet«.[412] Im Gefolge dieser Unterscheidung kommt dann *Johann Salomo Semler* zur Differenzierung von wissenschaftlicher Theologie und lebenspraktischer Religion. Bleibt die erstere bezogen auf die Ausbildung religiöser Funktionsträger, so ist die lebenspraktische Privatreligion den vernünftigen Individuen vorbehalten, die in der Lage sind, eine solche Form der Individualreligion zu entwickeln.

In den Kontext dieser Form von Individualreligion gehören auch die Überlegungen von *Friedrich Daniel Schleiermacher*. Religion hängt für Schleiermacher nicht an den »Dogmen und Lehrsätzen«[413] und nicht am »Mausoleum« der »heiligen Schrift«.[414] Vielmehr entspringt sie »Anschauung und

---

411 Vgl. zu einer umfassenden Analyse des Religionsbegriffs z.B. Wagner, F., Was ist Religion? Gütersloh 1986.
412 Vgl. Wagner, Religion II, S. 526.
413 Vgl. Schleiermacher, Reden, S. 89.
414 Vgl. dazu Schleiermacher, a.a.O., S. 92–93.

6.3 Zum religionstheoretischen Horizont der Analyse »impliziter Religion«

Gefühl«.[415] Religion ist von Moral und Sittlichkeit abzugrenzen und besitzt eine »eigene Provinz im Gemüte«.[416] Religion teilt mit der Metaphysik und der Moral »denselben Gegenstand ..., nämlich das Universum und das Verhältnis des Menschen zu ihm«[417]. Sie unterscheidet sich aber von der Metaphysik, die sich auf das vernunftgesteuerte Denken und von der Moral, die sich auf das Handeln bezieht, dadurch, daß sie eben auf »Anschauung und Gefühl«[418] gerichtet ist und es ihr um den »Sinn und Geschmack für das Unendliche«[419] geht. Dadurch, daß Schleiermacher die Religion des Individuums nun explizit in den Blick nimmt und dies für ihn unter Absehung von den positiven Religionsformen geschieht, wird er zum Vorreiter jeglicher weiterführender religionswissenschaftlicher Analysen.[420]

In der Religionswissenschaft richtete man den Fokus zunächst vor allem auf die außereuropäischen Religionen und deren Spezifika. Im Gefolge ausführlicher Analysen der unterschiedlichsten Religionstypen differenzierten sich dann verschiedene Formen von Bestimmungen des Religionsbegriffs heraus, die sich jeweils auf unterschiedliche Theoriekonglomerate beziehen. So unterscheidet der Religionssoziologe D. Pollack[421] zwischen Zugängen zu Religionsformen, die 1.) der philosophischen Begriffsbildung entstammen, 2.) Religion über substantielle Semantik bestimmen, 3.) Religion an den jeweiligen intentionalen Bezügen der Subjekte zu erkennen glauben, 4.) Religion über die Relation zu den eigenen religiösen Bezügen bestimmen, 5.) sich dem Phänomen der Religion historisch nähern, 6.) bestimmte Cluster zur Identifikation von Religion erstellen, 7.) Religion immer in ihrer Kontextbezogenheit wahrnehmen, 8.) Religion über ihre Funktion für das Individuum und die Gesellschaft bestimmen, 9.) religionskritisch die Genese von Religionsformen untersuchen. Eine weniger differenzierte Unterscheidung von Formen zur Bestimmung von Religion reduziert diese Feinanalyse auf eine Unterscheidung in zwei Grundtypen: den substantiellen und den funktionalen. Dabei wird zumeist der funktionale Religionsbegriff herangezogen, um die neuartigen, »verflüssigten Formen« von Religion zu beschreiben.

Spezifische Theoriekontexte, die hilfreich sind, um Formen »impliziter Religion« bzw. »religiöser Valenz« zu explizieren, sollen im folgenden einer genaueren Analyse unterzogen und auf ihre Relevanz hinsichtlich des untersuchten Forschungsfeldes des Computerumgangs Jugendlicher geprüft werden. Dabei knüpfen die vorliegenden Überlegungen an die bereits bestehende Debatte und die in ihr relevanten Referenztheorien zur Analyse dieser Religi-

---

415 Vgl. Schleiermacher, a.a.O., S. 92.
416 Vgl. Schleiermacher, a.a.O., S. 40.
417 Vgl. Schleiermacher, a.a.O., S. 43.
418 Vgl. Schleiermacher, a.a.O., S. 49.
419 Vgl. Schleiermacher, a.a.O., S. 51.
420 Vgl. dazu Kehrer, Definitionen der Religion, S. 418 ff.
421 Vgl. dazu Pollack, Was ist Religion? S. 163ff.

onsformen in der Systematischen und Praktischen Theologie, der Religionswissenschaft und Religionssoziologie an.[422]

Der französische Religionssoziologe und Religionswissenschaftler *Emile Durkheim* hat nicht nur die Religionssoziologie und Religionswissenschaft an sich, sondern auch die Suche nach einem erweiterten Religionsbegriff, der auch in der Lage ist, verflüssigte Formen von Religion zu beschreiben, nachhaltig geprägt. Dabei wird vor allem sein 1912 erschienenes Hauptwerk »Les formes élémentaires de la vie religieuse« relevant.

Nach Durkheim ist zu fragen, was religiöse Phänomene von nicht-religiösen unterscheidet, und die Genese moderner Religionen aus archaischen in den Blick zu nehmen. Er will, »unter neuen Bedingungen, das alte Problem des Ursprungs der Religionen wieder aufgreifen«.[423] Für ihn ist eine inhaltliche Bestimmung des Religionsbegriffs Ziel einer empirisch orientierten Untersuchung und nicht a priori festzulegen. Dabei nimmt er einen sozialen Ursprung der Begriffskategorie »Religion« an. Durkheim kommt hinsichtlich des Religionsbegriffs zu folgender Bestimmung:

> »Eine Religion ist ein solidarisches System von Überzeugungen und Praktiken, die sich auf heilige, d.h. abgesonderte und verbotene Dinge, Überzeugungen und Praktiken beziehen, die in einer und derselben moralischen Gemeinschaft, die man Kirche nennt, alle vereinen, die ihr angehören«[424].

Kennzeichnend für Durkheims Definition des Religionsbegriffs wird die Unterscheidung zwischen »heilig« und »profan«.

> »Die Aufteilung der Welt in zwei Bereiche, von denen der eine alles umfaßt, was heilig ist, und der andere alles, was profan ist; das ist das Unterscheidungsmerkmal des religiösen Denkens: ... die Darstellungen oder die Systeme von Darstellungen, die die Natur der heiligen Dinge ausdrücken, die Tugenden und die Kräfte, die ihnen zugeschrieben werden, ihre Geschichte, ihre Beziehungen untereinander und mit den profanen Dingen«.[425]

Dem Heiligen wohnt eine affektive Kraft inne. Diese entfaltet das Heilige dann im Hinblick auf die Gesellschaft. »Überall, wo wir ein religiöses Leben beobachten, hat sie als Unterbau eine bestimmte Gruppe«[426]. Damit bleibt

---

422 Vgl. dazu u.a. Thomas, G., Medien – Ritual – Religion, Frankfurt 1998; ders., Religiöse Funktion des Fernsehens? Wiesbaden 2000; ders., Implizite Religion, Würzburg 2001; Knoblauch, H., Religionssoziologie, Berlin / New York 1999; Stolz, F., Grundzüge der Religionswissenschaft, 2. Aufl., Göttingen 1997. In den genannten Bänden finden sich ausführliche Darstellungen zu den meisten der im folgenden entfalteten religionstheoretischen Positionen.
423 Vgl. Durkheim, Die elementaren Formen des religiösen Lebens, S. 25.
424 Vgl. Durkheim, a.a.O., S. 75.
425 Vgl. Durkheim, a.a.O., S. 62.
426 Vgl. Durkheim, a.a.O., S. 71.

6.3 Zum religionstheoretischen Horizont der Analyse »impliziter Religion«

Religion eng an Gesellschaft gebunden, hat in dieser ihren Ursprung und für diese entscheidende funktionale Relevanz. »Die ideale Gesellschaft setzt ... die Religion voraus, statt sie erklären zu können«.[427] Für Durkheim ist das Individuum nicht ohne Bedeutung, wenngleich der funktionale Individualbezug von Religion immer auf die Gemeinschaft bezogen bleibt: Die Riten des kollektiven Kultus ermöglichen eine individuelle Lebensbewältigung, die mit einer stärkeren Anbindung an die Gesellschaft verbunden ist.

> »Der Gläubige, der mit seinem Gott kommuniziert hat, ist nur ein Mensch, der neue Wahrheiten sieht, die der Ungläubige nicht kennt: er ist ein Mensch der mehr kann. Er fühlt mehr Kraft in sich, entweder um die Schwierigkeiten des Lebens zu ertragen oder um sie zu überwinden. Er scheint über der Not zu stehen, weil er sich über den Zustand der Menschen erhoben hat«.[428]

Daher besitzt Religion bei Durkheim eine funktionale Doppelstruktur: Sie dient einerseits zur Stabilisierung von Gesellschaft, leistet aber andererseits – abgeleitet vom Kollektivaspekt – Kontingenzbewältigung beim Individuum. Allerdings bleibt die Individualfunktion bezogen auf die Kollektivfunktion:

> »Das Vorhandensein von Individualkulten enthält also nichts, was einer soziologischen Erklärung der Religion widerspräche oder sie behinderte; denn die religiösen Kräfte, an die sie sich wenden, sind nur individualisierte Formen von kollektiven Kräften. Obgleich also die Religion ganz im Innern des Individuums enthalten zu sein scheint, liegt die Quelle, die sie versorgt, wiederum in der Gesellschaft«.[429]

Zusammenfassend läßt sich sagen, daß E. Durkheim den Ursprung von Religion in gesellschaftlicher Konvention sucht, wobei dieser Konvention wiederum eine entscheidende stabilisierende Funktion für die Gesellschaft selbst zukommt: Aus dem entsprechenden rituell vermittelten gesellschaftlichen Konsens erwächst dem Einzelnen das Potential, sein Leben zu bewältigen und mit der existenzbedrohenden Kontingenz umzugehen. Wegen der starken gesellschaftlichen Anbindung ist Durkheims Theorie jedoch eher für Analysen von religionsadäquaten Prozessen in Gesellschaft geeignet und wurde von Theoretikern wie R. Bellah herangezogen, um Phänomene der »civil religion« zu beschreiben. Für eine Untersuchung der zumeist stark individualisierten Formen religiöser Valenz der Computernutzung Jugendlicher erscheint Durkheims Theorie zunächst sekundär, wird aber insofern relevant, als sie zur Grundlage von Theoriemodellen zum Religions- und

---

427 Vgl. Durkheim, a.a.O., S. 563.
428 Vgl. Durkheim, a.a.O., S. 558.
429 Vgl. Durkheim, a.a.O., S. 568.
    Markant an Durkheims Entwurf ist zudem, daß sich nach seiner Überzeugung in einfach strukturierten Gesellschaften immer eine einfache Form von Religion findet.

Ritualbegriff wie dem von C. Geertz und Victor Turner wird, die zentrale Impulse zur theoretischen Gegenstandsanalyse bieten.

Beim Religionssoziologen *Georg Simmel* findet sich zuerst eine Unterscheidung von religionsähnlichen und religiösen Phänomenen, von »religioidem Moment«[430] und »objektiver Religion«.

Simmels Interesse gilt der subjektiven, persönlich angeeigneten Religion und nicht dem kirchlichen Traditionsgut. Daher führt nach Simmel eine Analyse von Religion über die Grenzen der traditionell verfestigten Religion hinaus. Explizite Religion entsteht durch Ausdifferenzierungs- und Abstraktionsprozesse aus basalen Grundformen religiöser Gefühle wie »Erhebung, Hingabe, Weihe, Innerlichkeit«[431], »der Religion bevor sie Religion ist«[432].

> »Alle Religiosität enthält eine eigenartige Mischung aus selbstloser Hingabe und eudämonistischem Begehren, von Demuth und Erhebung, von sinnlicher Unmittelbarkeit und unsinnlicher Abstraktion; damit entsteht ein unbestimmter Spannungsgrad des Gefühles, eine spezifische Innigkeit und Festigkeit des inneren Verhältnisses, eine Einstellung des Subjektes in eine höhere Ordnung, die es doch zugleich als etwas Innerliches und Persönliches empfindet«.[433]

Religion muß sich jedoch nicht notwendig zu einer expliziten Form hin weiterentwickeln, sondern eine solche Entwicklung bleibt kontingent.

> »Die Frömmigkeit, die die Religiosität gleichsam noch im fließenden Zustand ist, braucht zu der festen Form des Verhaltens zu Göttern, zu der Religion, nicht vorzuschreiten. Es ist ein typisches Vorkommnis, daß Stimmungen oder Funktionen, die ihrem logischen Wesen nach eigentlich über die Seele hinausweisen, dennoch in ihr selbst verbleiben und sich an keinerlei Gegenständen bewähren«.[434]

Daher sind »religiöse Naturen« zu finden, »die keine Religion haben«.[435] Simmel nimmt an, daß die »im entschiedenen und restlosen Sinne ›religiöse Natur‹ ... nicht nur Religion, als einen Besitz oder ein Können (hat), sondern ihr Sein ist«.[436] Religiosität ist dann nach Simmel »das fundamentale Sein der religiösen Seele und bestimmt erst die Färbung und Funktion jener allgemeinen oder auch besonderen Qualitäten der Seele«.[437] Explizite Formen von Religion reagieren damit auf das eigentliche religiöse Grundbedürfnis des Menschen. »Mit dieser Zerlegung in Bedürfnis und Erfüllung also stellt sich

---

430 Vgl. dazu Simmel, Die Religion, S. 61.
431 Vgl. Simmel, Zur Soziologie der Religion, S. 272.
432 Vgl. Simmel, Zur Soziologie der Religion, S. 268.
433 Vgl Simmel, a.a.O., S. 269.
434 Vgl. Simmel, Die Religion, S. 65.
435 Vgl. Simmel, a.a.O., S. 66.
436 Vgl. Simmel, Das Problem der religiösen Lage, S. 151.
437 Vgl. Simmel, ebd.

6.3 Zum religionstheoretischen Horizont der Analyse »impliziter Religion«

der Religiosität, als der Naturbeschaffenheit des religiösen Menschen, die Objektivität eines religiösen Gegenstandes gegenüber«.[438]

> »Deshalb kann erst jetzt die Frage des Wahren oder Falschen der Religion entstehen, die ersichtlich sinnlos ist, insofern man unter Religion jene Grundbeschaffenheit des Menschen versteht; denn wahr oder falsch kann ein Sein nicht sein, sondern nur der Glaube an eine Realität jenseits des Gläubigen«.[439]

Simmel plädiert für eine Religion der Innerlichkeit. Die traditionelle Religion wird für ihn dann zu einer negativ zu bewertenden Degenerationsform einer derartigen religiösen Innerlichkeit.

> »Die Vorstellung Gottes kann aus bloßer Spekulation heraus erzeugt, ja, geglaubt werden, die Dogmen aus bloßer Suggestion, die Erlösung aus bloßem Glücksstrieb. Erst von jenem besonderen inneren Sein her, das wir religiös nennen, geschaffen oder nachgeschaffen, wird all dieses selbst religiös«.[440]

Für Simmel ist die eigentliche innerliche Religiosität niemals vom Leben selbst zu trennen.

> »Nur eine nachträgliche Abstraktion kann innerhalb eines religiösen Lebens die Religion vom Leben scheiden – eine Abstraktion, die freilich außerordentlich durch das Aufwachsen der Sondergebilde begünstigt wird, mit denen das religiöse Sein sich sozusagen vom Leben abdestilliert und sich ein nur ihm gehöriges Gebiet erbaut: die Welt des Transzendenten, die kirchliche Dogmatik, die Heilstatsachen«.[441]

Jede Abstraktion vom Leben selbst stellt damit eine Degenerationsform dar.

> »Die ganze Frage ist, ob der religiöse Mensch das Leben selbst, in dieser Weihe und Spannung, diesem Frieden und dieser Tiefe, diesem Glück und diesem Ringen verbracht, ob er ein solches Leben als absoluten Wert selbst empfinden kann, dass er ihn wie durch eine Achsendrehung, an die Stelle der transzendeten Religionsinhalte rücken kann«.[442]

G. Simmels Theorie ist für den untersuchten Gegenstandsbereich der religiösen Valenz im Kontext der Computernutzung Jugendlicher insofern interessant, als sie ihren Fokus nicht auf kirchlich, traditionell geformte Religiosität richtet, sondern nach der subjektiven, persönlichen Religiosität fragt. Dabei liegt der Kern von Religiosität für Simmel in bestimmten Ausprägungen von Sozialbeziehungen. Simmels Religionsbegriff fußt in einer religiösen Grundkodierung des Lebens, die an keinen Gegenstandsbereich gebunden ist

---

438 Vgl. Simmel, a.a.O., S. 152.
439 Vgl. Simmel, ebd.
440 Vgl. Simmel, a.a.O., S. 155.
441 Vgl. Simmel, a.a.O., S. 156.
442 Vgl. Simmel, a.a.O., S. 157.

und sich auch einer analytischen Beobachtung entzieht. Diese religiöse Grundkodierung des Lebens bleibt damit als theoretisches Analyseinstrument eher ungeeignet.

Den klassischen Entwürfen aus dem Bereich der Religionsphänomenologie sind die von *Rudolph Otto, Gerardus van der Leeuw* und *Mircea Eliade* zuzurechnen. Ihre Herangehensweise an den Religionsbegriff zielte vor allem darauf, individuelle religiöse Erscheinungen als Explikationen des allgemeinen Wesens von Religion zu verstehen.

Das Hauptwerk »Das Heilige« des Marburger Religionswissenschaftlers *Rudolph Otto* baut auf den Analysen von *Nathan Söderblom* auf. Dieser bestimmt Heiligkeit als »das bestimmte Wort in der Religion«. Dieses ist »noch wesentlicher als der Begriff Gott«. Für Söderblom kann die wahre Religion »ohne bestimmte Auffassung von Gott bestehen«, aber nicht »ohne Unterscheidung von ›heilig‹ und ›profan‹«.[443]

Rudolph Otto bestimmt das Heilige, das »Numinose«, als »ein seelisches Urelement, das in seiner Eigenart rein aufgefaßt sein will, nicht aber selber aus anderen Elementen ›erklärt‹ werden kann«.[444] Es ist selbstverständlicher Teil der Entwicklung der menschlichen Geistesgeschichte. Das Heilige ist für Otto die Grundkategorie religiöser Erfahrung. Diese besitzt für ihn – im Sinne Kants – ein Element der transzendentalen Vernunft sowie eine ethische Ausrichtung und eine vorsprachliche Prägung. Letztere richtet sich auf den eigentlichen Kern der Religiosität, das »Numinose«. Dieses kann nur durch den »sensus numinis« erfaßt werden, der sich auf das Heilige richtet, dieses aber »minus seines sittlichen Momentes und ... minus seines rationalen Momentes überhaupt« in den Blick nimmt.[445] »Das Numinöse« kann als eine eigentümliche numinose »Deutungs- und Bewertungskategorie« und als eine numinose »Gemüts-gestimmtheit die allemal da eintritt wo jene angewandt, das heißt da wo ein Objekt als numinoses vermeint worden ist«, verstanden werden[446]. Daher ist religiöse Erfahrung nicht allein durch sprachliche Begriffe auszudrücken, sondern geht weit darüber hinaus. Eine derartige Begegnung mit dem Heiligen erzeugt beim Menschen ein Gefühl des ehrfürchtigen Schreckens und der gleichzeitigen Anziehung. Diese religiöse Grunderfahrung glaubt Otto dann in den unterschiedlichsten religiösen Vollzügen festmachen zu können. So ist die Erfahrung des Heiligen den spezifischen Einzelerscheinungen von Religion immer vorgeordnet und stellt eine gemeinanthropologische basale Form von Erfahrung dar.

R. Otto geht von der Grundkategorie des Heiligen aus, auf die sich religiöse Erfahrung richtet. Ob es sich bei den Phänomenen »verflüssigter« Religion

---

443 Vgl. Söderblom, Das Heilige, S. 76.
444 Vgl. Otto, Das Heilige, S. 151.
445 Vgl. Otto, a.a.O., S. 6.
446 Vgl. Otto, a.a.O., S. 6–7.

6.3 Zum religionstheoretischen Horizont der Analyse »impliziter Religion«

im Rahmen der Computernutzung Jugendlicher um derartige Erscheinungsformen des Heiligen handelt, ist schwerlich zu entscheiden. Was in jedem Fall festzustellen sein wird, ist ein entsprechender Verweisungscharakter auf die Dimension des Heiligen. Die empirischen Untersuchungen zeigen zudem, daß die Explikation eines die Welt transzendierenden Sinns – ganz den Analysen Ottos entsprechend – an ihre sprachlichen Grenzen kommt.[447] Letzteres ist daher bei der Entwicklung eines angemessenen methodischen Phänomenzugangs auf den zu untersuchenden Gegenstand notwendig zu beachten.

Die Dimension des Heiligen spielt ebenso eine zentrale Rolle in den religionstheoretischen Analysen von *Mircea Eliade*.

Die zentrale These von *Mircea Eliades* Entwurf lautet, daß das Heilige sich im Verlauf der Geschichte immer wieder in verschiedenen Erscheinungsformen zeigt. Ein Zugang zu einer derartigen Grunderfahrung des Heiligen, die den jeweiligen historischen Ausformungen von Religion zugrunde liegt, ist über Rituale möglich, die innerhalb der archaischen Gesellschaften eine entscheidende Rolle spielen. Eliade sieht aber trotz dieser Grundierung der Welt durch das Heilige eine historische Entwicklung vom archaischen Menschen hin zum Menschen der Moderne, der die Existenz des Heiligen ablehnt. Doch auch der Mensch in der Moderne kennt noch das Phänomen der Religion:

> »Die Mehrzahl der religionslosen Menschen (ist) immer noch an Pseudoreligionen und abgesunkenen Mythologien beteiligt. Das wundert uns nicht, denn wir haben bereits gesehen, dass der profane Mensch der Abkömmling des homo religiosus und außerstande ist, seine eigene Geschichte zu annullieren, das Verhalten seiner religiösen Vorfahren, die ihn zu dem gemacht haben, was er ist, ganz und gar auszulöschen«.[448]

So verfügt auch der moderne, scheinbar a-religiöse Mensch »noch über eine ganze verkappte Mythologie und viele verwitterte Ritualismen«.[449] Allerdings erscheinen diese in anderer Gestalt und stellen Verfallserscheinungen der archaischen Manifestationen des Heiligen dar.

> »Die ›Privatmythologien‹ des modernen Menschen – seine Träume und Träumereien – erheben sich nicht mehr zum ontologischen Rang der Mythen, eben weil sie nicht vom ganzen Menschen erlebt werden und eine private Situation nicht in eine exemplarische Situation umformen«.[450]

Eliade verdeutlicht, daß sich in der Moderne kryptoreligiöse Formen finden, die sich von der klassisch, traditionellen Gestalt des Religiösen abgelöst haben und nun in neuen Erscheinungsformen auftauchen. Seine Grundan-

---
447 Vgl. dazu Heimbrock, Beyond Secularisation, S. 14ff.
448 Vgl. Eliade, Das Heilige und das Profane, S. 180.
449 Vgl. Eliade, a.a.O., S. 176.
450 Vgl. Eliade, a.a.O., S. 181.

nahme ist dabei, daß eine allgemeine Religiosität des Menschen vorauszusetzen ist, der wie bei R. Otto eine Relation zum Heiligen vorausgeht. Für den Untersuchungsgegenstand »religiöser Valenz« im Kontext der Computernutzung Jugendlicher gilt, daß ihre Letztbezüglichkeit auf das Heilige – wie bei Otto – empirisch nicht entschieden werden kann.[451] Zudem sind derartige Formen von religiösen Valenzen, wie sie sich im Kontext jugendlicher Computernutzung zeigen, mit Eliade als Verfallsformen der eigentlichen archaischen Erscheinungsweisen des Heiligen zu bestimmen.

Den religionsphänomenologischen Entwürfen sind – mit seiner Fokussierung auf Macht und das Forschersubjekt – auch die Überlegungen von *Gerardus van der Leeuw* zuzurechnen.

Der Entwurf des Religionswissenschaftlers und Religionsphänomenologen *Gerardus van der Leeuw* nimmt an, daß das Objekt der Religionen, auf die sich die Religionswissenschaften richten, die Suche nach Macht durch das religiöse Subjekt ist, welche sich dann in spezifischen kultischen Ausformungen entfaltet. Das Wesentliche der Macht, nämlich Gott, aber auch die Macht selbst, bleiben für das religiöse Subjekt jedoch letztlich unerreichbar. »Religion ist die Ausweitung des Lebens bis zu seiner äußersten Grenze«.[452] Religion beschreibt die Beziehung zwischen dem Menschen bzw. der Gemeinschaft und dem Göttlichen bzw. der Macht. Van der Leeuws Entwurf zeigt eine spezifische religionsphänomenologische Ausrichtung, insofern der Forscher am untersuchten Gegenstand – der Religion – erlebend teilhaben muß und er es ist, der diesen Gegenstand gedanklich strukturiert. Dabei kennzeichnen verschiedene Elemente diesen allein am individuellen Forschersubjekt orientierten Einordnungsvorgang, der letztendlich zum Verstehen führt: Die Benennung der Phänomene, die Einschaltung ins eigene Leben, die phänomenologische »Einklammerung« (Epoché) und die Typenbildung. Die genannten Einzelelemente besitzen jedoch keine zeitliche Reihenfolge, sondern laufen im Zusammenhang des Verstehensvorgangs zusammen. Forschungspraktisch bringt ein derartiger Zugang mit sich, daß gleichzeitig Phänomen- und Eigenanalyse betrieben werden muß und beide Zugänge wiederum eng aufeinander bezogen bleiben. Diese Arbeitsweise setzt voraus, daß der religiöse Phänomenzugang ein allgemeinmenschliches Phänomen darstellt.

Gerardus van der Leeuws Einsichten in religionsphänomenologische Forschung werden für die vorliegende Untersuchung zur Computernutzung Jugendlicher insofern relevant, als er deutlich macht, daß die Position des Forschers notwendig in die Untersuchung eingeht und ein eigener Zugang zum

---

451 Mögliche theologische Ansätze, die derartige Bewertungen vollziehen könnten, kennt die Dogmatik u.a. im Kontext der Thematik »Trennung und Unterscheidung der Geister«. Vgl. Welker, Gottes Geist, S. 86 ff.
452 Vgl. van der Leeuw, Phänomenologie der Religion, S. 778.

6.3 Zum religionstheoretischen Horizont der Analyse »impliziter Religion«

untersuchten Gegenstandsbereich notwendig ist. Damit leistet Gerardus van der Leeuw einen zentralen Beitrag zur Entwicklung von dem Gegenstand »Religion« angemessenen empirischen Forschungsmethoden, die auch in der vorliegenden Untersuchung Berücksichtigung finden.

Zu den funktionalen Bestimmungen des Religionsbegriffs gehören die systemtheoretischen Analysen des Soziologen *Niklas Luhmann*. Ähnlich wie bei Durkheim ist Luhmanns religionstheoretischer Ansatz vor allem auf das Kollektiv der Gesellschaft und weniger auf entsprechende religiöse Individualvollzüge bezogen. Diese werden in der Ableitung von der Kollektivfunktion durchaus mit in den Blick genommen, stellen aber nicht den Hauptfokus von Luhmanns Systemtheorie dar, für die der Religionsbegriff eine theorieimmanente Leerstelle besetzt, wie sie z.B. auch bei A. N. Whitehead in »Wissenschaft und moderne Welt«[453] zu finden ist. Luhmann geht – ebenso wie Durkheim – davon aus, daß mit der Kollektivfunktion von Religion Kontingenzbewältigung des Einzelnen und damit korreliert Sinngenese verbunden ist, die durchaus für die vorliegenden Analysen zum Computerumgang Jugendlicher Relevanz besitzt. Gleiches gilt für Luhmanns Reflexion der Ritualfunktion.

Für eine Interpretation der Dimensionen religiöser Valenz im Kontext des Computerumgangs Jugendlicher werden Luhmanns theoretische Überlegungen zudem insofern relevant, als er die Transformation und Abwanderung von Funktionen des Teilsystems Religion in andere gesellschaftliche Teilsysteme kennt. Inzwischen übernehmen andere gesellschaftliche Teilsysteme Funktionselemente von Religion. So geht Luhmann von Funktionsäquivalenten für Religion aus[454]. Diese sieht er allerdings nicht nur in Verfallserscheinungen religiöser Kodierungen, sondern Luhmann beschreibt zahlreiche »funktionale Äquivalente« in Bereichen wie Kunst, Liebe, Politik, Wirtschaft und Erkenntnistheorie, in denen ebenfalls die Spannung von autopoietischer Selbstreferentialität und notwendiger externer Perspektivität zu finden ist[455]. Auch die Massenmedien übernehmen Funktionen des Religionssystems. So ersetzen die Massenmedien die Repräsentationen zur Absorption von Unsicherheit, die frühere Gesellschaften kannten:

> »Die Realität der Massenmedien, das ist die Realität der Beobachtung zweiter Ordnung. Sie ersetzt die Wissensvorgaben, die in anderen Gesellschaftsformationen durch ausgezeichnete Beobachtungsplätze bereitgestellt wurden: durch die Weisen, die Priester, den Adel, die Stadt, durch Religion oder durch politisch-ethisch ausgezeichnete Lebensformen«[456].

---

453 Vgl. dazu Whitehead, A. N., Wissenschaft und moderne Welt, Frankfurt 1988.
454 Vgl. Luhmann, Religion als System, S. 11–12.
455 Vgl. Luhmann, Society, Meaning, Religion – Based on Self-Reference, S. 5–20.
456 Vgl. Luhmann, Die Realität der Massenmedien, S. 153.

Zentral werden Luhmanns Überlegungen zur Kontingenzbewältigung. Luhmann nimmt an, daß Religion in Gesellschaft immer kommuniziert wird, während dies im individuellen Bereich nicht notwendig geschehen muß. Für die Gesellschaft besitzt die Religion insofern eine wichtige Funktion, als sie einen notwendigen Teil der Systemabgrenzung nach außen bietet und so den Bestand des Systems absichert. So thematisiert Religion die Immanenz im Lichte der Transzendenz und macht damit Unbestimmbares bestimmbar. Entsprechend ist der Code des Religionssystems Immanenz / Transzendenz. Religion kann für den einzelnen auch Kontingenzregulierung leisten, indem sie das Einzeldasein in einen größeren Zusammenhang stellt. Allerdings handelt es sich bei der Funktion der individuellen Kontingenzregulierung um eine von der eigentlichen Funktion der Garantie der Bestimmbarkeit des Unbestimmbaren abgeleitete Funktion[457].

»Wenn infolge der Evolution des Gesellschaftssystems Komplexität und Kontingenz der Welt zunehmen und wenn zugleich damit die gesellschaftliche Entwicklung Biographien und Schicksale individualisiert, entsteht darüber hinaus ein Bedarf für Aussichten auf Sicherung des kontingent gewordenen individuellen Wohlergehens in Sinndimensionen, die moralisch, sozial, räumlich oder zeitlich über die je aktuelle Situation hinaus verlängert sind. Die gesellschaftsstrukturell einheitlich ausgelöste Expansion der Sinnhorizonte und die Individualisierung kontingenter Schicksale erfordern eine Interpretation«[458].

Diese Formen von Kontingenzbewältigung sind als Formen der Bewältigung der Steigerung von Komplexität in einer globalen Weltgesellschaft zu verstehen[459]. Zum Umgang mit einer solchen Komplexitätssteigerung gehört zugleich der Umgang mit der Spannung von Wissen und Nichtwissen[460]. Die Zukunft wird ungewiß, und es wird schwierig, die Folgen des eigenen Handelns abschätzen zu können. Die »übermäßige Komplexität (verlangt) nach Strategien der Komplexitätsreduzierung«[461]. Solche Strategien zur Komplexitätsreduzierung und zur Herstellung von Sinn können sich durchaus rituell gestalten und bedürfen nicht notwendig einer semantischen, inhaltlich-dogmatischen Kopplung. Zwar wurde die formale Bestimmung von Religion in älteren Gesellschaften – wie Luhmann herausstellt – inhaltlich dogmatisch bzw. durch festgelegte Rituale bestimmt, doch für die Moderne ist eine Transformation bzw. eine Abwanderung in entsprechende Teilsysteme zu vermerken. In traditionellen Gesellschaften dienten dagegen archaische Ur-

---

457 Vgl. Luhmann, Die Religion der Gesellschaft, S. 126.
458 Vgl. Luhmann, Religion als System, S. 78.
459 Vgl. dazu Luhmann, N., Die Gesellschaft der Gesellschaft, Frankfurt 2002 sowie Asbrand, B., Unsicherheit in der Globalisierung, S. 223–239.
460 Vgl. Luhmann, N., Das Erziehungssystem der Gesellschaft, Frankfurt 2002 sowie Asbrand, B., Unsicherheit in der Globalisierung, S. 223–239.
461 Vgl. Asbrand, B., Unsicherheit in der Globalisierung, S. 227.

sprungsmythen und Elemente von Grundkosmologien der Bearbeitung der kontingenzerzeugenden Relation von Bestimmbarkeit und Unbestimmbarkeit und leisteten in diesen »durch Mythen des Übergangs von Chaos zu Ordnung; sei es durch Offenhalten der Möglichkeit des Austritts aus der Mechanik der Wiedergeburt; sei es durch eine Theologie der Schöpfung, die auch anders hätte realisiert werden können«[462], Kontingenzbewältigung.

Es zeigt sich, daß für eine Analyse des Computerumgangs Jugendlicher und ihrer medienreligiösen Dimensionen durchaus wichtige Erkenntnisse in Relation zum Theorieentwurf von Niklas Luhmann zu gewinnen sind. Allerdings sind diese, da das Phänomen des Computerumgangs Jugendlicher eng mit dem Bereich der Individualentwicklung verbunden ist, notwendig um Theoriemodelle zu ergänzen, die in der Lage sind, diesen Bereich spezifisch zu erfassen. Solche Theoriemodelle sollen im folgenden genauer entfaltet werden.

6.4 Der religionstheoretische Horizont zur Explikation jugendlichen Computerumgangs

An Theorien zur Analyse von »impliziter Religion« bzw. religiöser Valenz besitzen einige besondere Relevanz, wenn es darum geht, derartige Dimensionen im Zusammenhang des Computerumgangs Jugendlicher offenzulegen.

So gewinnt grundsätzlich der Ansatz des Religionswissenschaftlers *Jacques Waardenburg* Bedeutung, der darauf hinweist, daß sich religiöse Dimensionen erst in der Relation von Subjekt und Gegenstand erweisen.

Jacques Waardenburgs Ansatz will eine »Phänomenologie neuen Stils«[463] bieten und sich dadurch von der klassischen »Religionsphänomenologie« unterscheiden. Die zentrale Kategorie für Waardenburg bildet die Intention. Waardenburg nimmt an, daß religiöse (wie auch kulturelle) Phänomene mit einem bestimmten Sinn von Seiten der Subjekte belegt sind und sich in dieser Sinnzuschreibung bestimmte Interessen und Absichten explizieren (eben Intentionen).

> »Religiöse Intentionen führen zu religiösen Orientierungen, die mit einer religiösen Wahrnehmung der Wirklichkeit oder bestimmter Aspekte der Wirklichkeit und mit entsprechenden Handlungsweisen verbunden sind. Die religiöse Wahrnehmung und Deutung – auch eines in einem bestimmten kulturellen Kontext nicht als spezifisch religiös angesehenen Tatbestandes – geht auf eine religiöse Intention zurück. Neustil-Religionsphänomenologie ist zu einem großen Teil Intentionsforschung«.[464]

---

462 Vgl. Luhmann, »Distinctions directrices«, S. 15.
463 Vgl. Waardenburg, Religionen der Gegenwart, S. 307.
464 Vgl. Waardenburg, Religionsphänomenologie, S. 742–743.

6 Religion und religiöse Valenz

So kombiniert Waardenburg eine semiotische Perspektive mit einer phänomenologischen. Von der nichtreligiösen Sinnzuschreibung unterscheidet sich die religiöse dann dadurch, daß diese Sinnzuschreibungen für die Subjekte einen absoluten Wert besitzen. In dem Sinne erinnert Waardenburgs Ansatz an Luthers Diktum »Woran Du Dein Herz hängst, das ist Dein Gott«.[465]

> »Die Konstruktion religiöser Phänomene hat mit bestimmten Erfahrungen zu tun, die Intentionen auslösen, durch die ein Tatbestand für die betreffende Person oder Gemeinschaft religiös bedeutsam wird und weiter sakralisiert werden kann. Ihm kann dann ein objektiver Sinngehalt zuerkannt werden«.[466]

Waardenburg selbst sucht einen offenen Religionsbegriff, der »in der gelebten Wirklichkeit religiöse Aspekte und ›Religion‹ aufzuspüren und offenzulegen und diese dann auf ihre Bedeutung und Wirkung hin zu erforschen« sucht.[467]

> »Die Absicht der Neustil-Religionsphänomenologie ist, Verborgenem auf die Spur zu kommen, sei es den den religiösen Deutungen innewohnenden Intentionen und Interessen, sei es den der Interpretation und Anwendung eines religiösen Systems zugrunde liegenden Strategien und Intentionen, sei es den der Konstruktion und Aufrechterhaltung vorhandener religiöser Phänomene und Religionen zugrunde liegenden Absichten und Intentionen ... Das wesentliche Interesse ist hier, die religiösen und anderen Ausprägungen einer anderen Person oder Gemeinschaft aus den ihr eigenen Intentionen zu verstehen«.[468]

Waardenburg unterscheidet »›wirklich‹ religiös« im Sinne expliziter Religion von »›wirksam‹ religiös« im Sinne von impliziter Religion.[469] Die implizite Religion ist dem Subjekt präsent ohne versprachlicht zu werden, die explizite Religion wird auch von der betreffenden Gruppe oder dem Einzelsubjekt religiös kodiert. Konsequent differenziert Waardenburg zwischen einer Innen- und einer Außenperspektive auf Religion. Die Außenperspektive auf explizite Religion kann auch vom Forscher eingenommen werden.

Gerade diese Überlegungen zur Innen- und Außenrelation verbunden mit der Unterscheidung expliziter bzw. impliziter Religion sowie die Überlegungen zur Forscherperspektive sind ein wichtiger Beitrag Waardenburgs zur Analyse von Phänomenen religiöser Valenz, wie sie sich im Kontext der

---

465 Vgl. dazu Mädler, »Habeo ergo sum« oder Besitz muss nicht vom Teufel sein – Praktisch-theologische Anmerkungen zu einer Kultur des Habens, S. 367–411 und dies., Transfigurationen. Materielle Kultur in praktisch-theologischer Perspektive, Frankfurt 2004.
466 Vgl. Waardenburg, Religionsphänomenologie, S. 743.
467 Vgl. Waardenburg, Religionen und Religion, S. 247.
468 Vgl. Waardenburg, Religionsphänomenologie, S. 744.
469 Vgl. Waardenburg, a.a.O., S. 31.

6.4 Der religionstheoretische Horizont zur Explikation

Computernutzung Jugendlicher zeigen. Entscheidend für eine Analyse des Computerumgangs Jugendlicher wird auch Waardenburgs Bestimmung der Relation von religiösem Gegenstand, Subjekt und Intention, die eine einfache Subjekt-Objekt-Spaltung aufhebt und eine allein auf Gegenständlichkeit gerichtete religiöse Zuschreibung überwindet.

Ist Waardenburgs religionstheoretischer Entwurf geeignet, um das Grundgefüge religiöser Relationen als Gefüge von Subjekt und Gegenstand zu beschreiben, so werden gerade die Theoriemodelle von *Clifford Geertz*, *Victor Turner* und *Thomas Luckmann* hinsichtlich des Religionsbegriffs relevant, um die sich im Zusammenhang des Computerumgangs Jugendlicher zeigenden spezifischen Phänomene religiöser Valenz zu explizieren.

Der Religionsbegriff des Kulturanthropologen *Clifford Geertz* besitzt eine symboltheoretisch-semiotische Ausrichtung. In seiner Grundbestimmung des Religionsbegriffs im Beitrag »Religion als kulturelles System« aus dem Jahr 1966 orientiert sich Clifford Geertz an Emile Durkheim, für den der Ursprung von Religion in gesellschaftlicher Konvention liegt:

> »Heilige Symbole haben die Funktion, das Ethos eines Volkes – Stil, Charakter und Beschaffenheit seines Lebens, seiner Ethik, ästhetischen Ausrichtung und Stimmung – mit seiner Weltauffassung – dem Bild, das es über die Dinge in ihrer reinen Vorfindlichkeit hat, seinen Ordnungsvorstellungen im weitesten Sinne – zu verknüpfen. Religiöse Vorstellungen und Praktiken machen das Ethos einer Gruppe zu etwas intellektuell Glaubwürdigem, indem sie es als Ausdruck einer Lebensform darstellen, die vollkommen jenen tatsächlichen Gegebenheiten entspricht, wie sie die Weltauffassung beschreibt. Die Weltauffassung hingegen machen sie zu etwas emotional Überzeugendem, indem sie sie als Bild der tatsächlichen Gegebenheiten darstellen, das einer solchen Lebensform ganz besonders nahekommt«.[470]

Heilige Symbole, die ihren Ursprung wiederum in sozialen Prozessen haben, stellen eine Relation zwischen dem Ethos einer Gruppe und ihrer Weltauffassung her. Diese Relation wird durch religiöse Vorstellungen und Praktiken wiederum insofern intellektuell-ideologisch und emotional überformt und abgesichert, als diese ganz spezifisch auf das Setting einer soziologischen Einheit abgestimmt sind und für diese eine enge gefühlsorientierte Bindekraft besitzen. Durch die enge Abstimmung mit den spezifischen Grundgebenheiten sind derartige »religiöse Vorstellungen« am jeweiligen Common Sense orientiert:

> »Religiöse Symbole behaupten eine Grundübereinstimmung zwischen einem bestimmten Lebensstil und einer bestimmten (wenn auch meist

---

470 Vgl. Geertz, Religion, S. 47.

impliziten) Metaphysik und stützen so jede Seite mit der Autorität der jeweils anderen«.[471]

In dem Sinne projiziert Religion »die menschlichen Handlungen auf eine vorgestellte kosmische Ordnung abgestimmt und Bilder der kosmischen Ordnung auf den menschlichen Erfahrungsbereich«.[472] Durch diesen Vorgang wechselseitiger Projektion kommt es zu einer engen Verknüpfung von menschlicher Handlung und kosmischer Ordnung.

Ausgehend von diesen Grundbestimmungen entwickelt Geertz dann eine Religionsdefinition, die er im weiteren Verlauf seiner Ausführungen in »Religion als kulturelles System« genauer expliziert:

> »Religion ist (1) ein Symbolsystem, das darauf zielt, (2) starke, umfassende und dauerhafte Stimmungen und Motivationen in den Menschen zu schaffen, (3) indem es Vorstellungen einer allgemeinen Seinsordnung formuliert und (4) diese Vorstellungen mit einer solchen Aura der Faktizität umgibt, daß (5) die Stimmungen und Motivationen völlig der Wirklichkeit zu entsprechen scheinen«.[473]

Symbole sind für Geertz im Gefolge von Susanne K. Langer[474] »faßbare Formen von Vorstellungen [...], aus der Erfahrung abgeleitete, in wahrnehmbare Formen geronnene Abstraktionen, konkrete Verkörperungen von Ideen, Verhaltensweisen, Meinungen, Sehnsüchten und Glaubensanschauungen«.[475]

Für religiöse Symbole und Symbolsysteme ist eine Übertragung innerhalb eines Sozialgefüges anzunehmen. Durch die religiösen Vollzüge erlebt der Gläubige eine Verdeutlichung bestimmter Grundausrichtungen (»Tendenzen, Fähigkeiten, Neigungen, Kenntnisse, Gewohnheiten, Verpflichtungen, Verantwortlichkeiten, Empfänglichkeiten«)[476], die wiederum von hoher Wichtigkeit für den Bestand des gesamten Sozialgefüges sind. Verbunden mit religiösen Symbolen und Symbolsystemen, die entsprechende Dispositionen wecken, ist die Tatsache, daß letztere in einen größeren Rahmen gestellt werden:

> »Würden heilige Symbole nicht Dispositionen in den Menschen auslösen und zugleich allgemeine Ordnungsvorstellungen formulieren – wie dunkel, unartikuliert und unsystematisch sie auch sein mögen –, so gäbe es keine empirischen Unterscheidungsmerkmale, die für religiöse Tätigkeit und religiöse Erfahrung spezifisch sind«.[477]

---

471 Vgl. Geertz, a.a.O., S. 47–48.
472 Vgl. Geertz, a.a.O., S. 48.
473 Vgl. Geertz, ebd.
474 Vgl. Langer, S., Philosophie auf neuem Wege, Frankfurt 1984.
475 Vgl. Geertz, a.a.O., S. 49.
476 Vgl. Geertz, a.a.O., S. 55
477 Vgl. Geertz, a.a.O., S. 59.

6.4 Der religionstheoretische Horizont zur Explikation

Hier eröffnet Geertz' Ansatz Interpretationsmöglichkeiten in Richtung »verflüssigter« Religion. Deutlich wird dies am Beispiel des Golfspielers. So läßt sich nach Geertz »die Einstellung eines Golfspielers zu seinem Sport ... zwar durchaus als ›religiöse‹ beschreiben, aber nicht schon dann, wenn er ihn nur leidenschaftlich gerne und bloß sonntags betreibt: er muß in ihm außerdem ein Symbol für transzendente Wahrheiten sehen«.[478] Diese transzendenten Wahrheiten meinen eine Integration in einen größeren kosmologischen Zusammenhang, sie führen zum Bewußtwerden einer Grundkosmologie. Der Mensch erlebt seine Existenz nach Geertz immer als eine gefährdete. Doch nicht nur sein individuelles Sein erlebt er als bedroht, die gesamte kosmische Ordnung wird permanent von einem Hereinbrechen des Chaos in Frage gestellt. Der Mensch erfährt die Beschränktheit seines Seins, »an den Grenzen seiner analytischen Fähigkeiten, an den Grenzen seiner Leidensfähigkeit und an den Grenzen seiner ethischen Sicherheit«.[479] Die religiösen Symbole helfen, eine derartige Gefährdung der Ordnung rational und emotional zu bewältigen:

> »Während die Religion einerseits die Fähigkeit unserer symbolischen Funktion, analytische Ideen zu formulieren, dadurch befördert, daß sie eine verbindliche Auffassung der Realität insgesamt bereitstellt, ist unsere ebenfalls symbolische Fähigkeit, Gefühle – Stimmungen, Leidenschaften, Affekte – auszudrücken, in einer analogen Konzeption vom generellen Wesen und der eigentümlichen Färbung der Wirklichkeit verankert. Wer sich die religiösen Symbole zu eigen machen kann, hat – solange er es kann – eine kosmische Garantie dafür, nicht nur die Welt zu verstehen, sondern auch seine Empfindungen und Gefühle präzise definieren zu können, wodurch es ihm möglich wird, diese Welt verdrießlich oder freudig, verbissen oder gelassen zu ertragen«.[480]

Es geht darum, die Frage nach dem allgemeinen und individuellen Leiden rational und emotional zu bewältigen. Dies macht im Sinne von Max Weber die eigentliche »Sinnfrage« bzw. das Sinnproblem aus.

> »Die religiöse Antwort auf diesen Verdacht ist in allen Fällen dieselbe: sie formt mittels Symbolen das Bild einer solchen genuinen Ordnung, das die ins Auge springenden Zweideutigkeiten, Rätsel und Widersinnigkeiten in der menschlichen Erfahrung erklärt oder sogar hervorhebt. Es geht ihr nicht etwa darum zu bestreiten, daß es ungeklärte Ereignisse gibt, daß das Leben Schmerzen bringt oder daß es auf die Gerechten regnet; was sie bestreitet ist vielmehr, daß es unerklärbare Ereignisse gebe, daß das Leben unerträglich und Gerechtigkeit ein Trugbild sei ... Entscheidend ist – zumindest für den religiösen Menschen –, daß diese Unverständlichkeit erklärbar ist, daß sie nicht etwa aus der Nichtexistenz

---
478 Vgl. Geertz, ebd.
479 Vgl. Geertz, a.a.O., S. 61.
480 Vgl. Geertz, a.a.O., S. 66–67.

solcher Prinzipien, Erklärungen und Formen, aus der Absurdität des Lebens oder der Nutzlosigkeit des Versuchs resultiert, der Erfahrung einen moralischen, intellektuellen oder emotionalen Sinn zu geben«.[481]

Transzendente Einzelvorstellungen wie Götter, Teufel und Geister sind spezifische Explikationen dieser Grundkosmologie.

Eng mit derartigen Grundkosmologien gekoppelt ist nach Geertz auch der Sinn für Schönheit und die Faszination, die von Macht ausgeht. Vom Common Sense unterscheidet sich die religiöse Perspektive dadurch, daß sie über »die Realitäten des Alltagslebens hinaus zu umfassenderen Realitäten hinstrebt, die jene korrigieren und ergänzen«.[482] Von den Naturwissenschaften ist eine religiöse Perspektive gemäß Geertz zu differenzieren. Sie stellt im Gegensatz zu den Naturwissenschaften die Realitäten des Alltags nicht in Frage, sondern geht vielmehr von einer »Idee des wirklich Wirklichen« aus.[483]

»Analytisch gesehen liegt das Wesen des religiösen Handelns darin, daß ein ganz spezifischer Komplex von Symbolen – nämlich die Metaphysik, die sie formulieren, und der Lebensstil, den sie nahelegen – mit überzeugender Autorität ausgestattet wird«.[484]

Genau darauf zielt nach Geertz dann das Ritual ab:

»Es ist das Ritual, d.h. der Komplex heiliger Handlungen, in dessen Rahmen sich in der einen oder anderen Weise die Überzeugung herausbildet, daß religiöse Vorstellungen mit der Wirklichkeit übereinstimmen und religiöse Verhaltensweisen begründet sind ... Im Ritual sind gelebte und vorgestellte Welt ein und dasselbe, sie sind in einem einzigen System symbolischer Formen verschmolzen und bewirken daher bei den Menschen jene eigentümliche Veränderung in der Wahrnehmung der Wirklichkeit«.[485]

Das Ritual dient der Vergewisserung der Gesellschaft von der Faktizität religiöser Vorstellungen, deren Anerkennung wiederum im Ritualvollzug selbst geschieht.

»Die Anerkennung der Autorität hinter der religiösen Perspektive, die das Ritual ausdrückt, rührt ... aus dem Vollzug des Rituals selbst«.[486]

Ein Einzelner, aber auch eine Gesellschaft befindet sich nach Geertz jedoch nie dauerhaft »in der Welt, die die religiösen Symbole zum Ausdruck bringen«.[487] Das Abgleiten in diese Welten ist einem »Sprung« vergleichbar,

---

481 Vgl. Geertz, a.a.O., S. 71–72.
482 Vgl. Geertz, a.a.O., S. 77.
483 Vgl. Geertz, ebd.
484 Vgl. Geertz, a.a.O., S. 77–78.
485 Vgl. Geertz, a.a.O., S. 78.
486 Vgl. Geertz, a.a.O., S. 84.
487 Vgl. Geertz, a.a.O., S. 86.

6.4 Der religionstheoretische Horizont zur Explikation

ähnlich wie das plötzliche Einschlafen als Sprung in eine Traumwelt. Bei Kierkegaard ist es die Erfahrung des »Augenblicks« als Sprung in eine religiöse Sphäre.

»Jemand, der beim Ritual in das von religiösen Vorstellungen bestimmte Bedeutungssystem »gesprungen« ist ... und nach Beendigung desselben wieder in die Welt des Common sense zurückkehrt, ist – mit Ausnahme der wenigen Fälle, wo die Erfahrung folgenlos bleibt – verändert, und so wie der Betreffende verändert ist, ist auch die Welt des Common sense verändert, denn sie wird jetzt nur noch als Teil einer umfassenderen Wirklichkeit gesehen, die zurechtrückt und ergänzt«.[488]

Diese vielfältigen Auswirkungen, die religiöse Systeme für soziale Systeme und Persönlichkeitssysteme – so Geertz – haben, lassen eine Bewertung derartiger religiöser Symbole unangemessen erscheinen. In dem Sinne ist gemäß Geertz für die Bedeutung von Religion zusammenfassend festzuhalten:

»Für den Ethnologen liegt die Bedeutung von Religion darin, daß sie in der Lage ist, dem einzelnen Menschen oder einer Gruppe von Menschen allgemeine und doch spezifische Auffassungen von der Welt, vom Selbst und von Beziehungen zwischen Selbst und Welt zu liefern – als Modell von etwas – wie auch darin, tiefverwurzelte, ebenso spezifische »geistige« Dispositionen zu wecken – als Modell für etwas«.[489]

Dabei ist für eine angemessene Erforschung des Gegenstandes Religion ein differenzierter Vergleich zwischen tatsächlicher religiöser Praxis und religiösem Symbolsystem unerläßlich.

Für eine theoretische Bearbeitung der Dimensionen religiöser Valenz im Zusammenhang des Computerumgangs Jugendlicher bietet Geertz entscheidende Impulse durch seine Analysen der Relation von Kontingenz und Ordnung, der aus dieser Grundspannung resultierenden Sinnfrage, durch seine Explikation basaler Grundkosmologien, durch sein Herausstellen der Vernetzung von Metaphysik[490] und eines staunenden Sinns für Schönheit, ebenso wie einer Verknüpfung von Metaphysik und Macht sowie durch seine Analy-

---

488 Vgl. Geertz, a.a.O., S. 90.
489 Vgl. Geertz, a.a.O., S. 92.
490 Der in der vorliegenden Studie verzeichnete Metaphysikbegriff fokussiert auf Themen der Kosmologie und Schöpfung. Er ist nicht notwendig mit einem Gottesbegriff und entsprechend expliziter religiöser Semantik korreliert. Vielmehr umfaßt der Begriff der Metaphysik im Kontext der vorliegenden Studie den Gedanken der Letztverursachung der Wirklichkeit, die Relation von Mathematik und technisch erzeugter Schöpfung, das Staunen angesichts der Schönheit technisch generierter Welten, das Betonen der eigenen Schöpfung, die Spannung von Kontingenz und Ordnung sowie die Übertragung technischer Regelhaftigkeit im Sinne künstlich erzeugter Gesetzmäßigkeiten auf den Alltag, die wiederum auf die Regelhaftigkeit allen Seins fokussiert.

se zur Ritualfunktion, die mit einem ekstatischen Ausstieg aus dem Alltag (»Sprung«) verbunden ist.

Wichtig für eine Analyse der Dimensionen religiöser Valenz bezüglich des Computerumgangs Jugendlicher sind ebenso die Untersuchungen *Victor Turners* zur Ritualtheorie.

Nach Turner besitzen Rituale einen transformatorischen Charakter und sind dadurch vom Zeremonial zu unterscheiden, dem nur eine stabilisierende Funktion zukommt. Rituale verleihen kollektiven wie individuellen Krisen- und Übergangserfahrungen Ausdruck und ermöglichen so deren Bewältigung. Dabei geht es Turner jedoch nicht allein um die funktionalen Aspekte des Rituals, sondern vielmehr um ein Offenlegen eines symbolischen »Systems an Bedeutungen«.[491] Im Gefolge von A. van Genneps Analysen zur Ritualtheorie aus dem Jahr 1909[492] unterscheidet Turner dann drei verschiedene Phasen im Ritualgeschehen: a) eine Trennungsphase, die den sakralen Raum und die sakrale Zeit vom profanen oder säkularen Raum und der profanen Zeit abgrenzt, b) eine Schwellen- bzw. Umwandlungsphase, in der das rituelle Subjekt eine Zeit oder einen Bereich der Ambiguität durchläuft, eine Art sozialen Zwischenraums und c) eine Angliederungsphase, die symbolische Phänomene und Handlungen umfaßt, die die Rückkehr der rituellen Subjekte in die Gesellschaft und zu ihren neuen, relativ stabilen und genau definierten Positionen darstellen.[493]

> »Die symbolische Umkehrung sozialer Eigenschaften charakterisiert die Trennungsphase, das Verwischen und Verschmelzen von Unterschieden die Schwellen- bzw. Umwandlungsphase«.[494]

Besonders wichtig ist für Turner wie auch für den vorliegenden Untersuchungsgegenstand die Schwellenphase, die Turner als Liminalitätsphase bezeichnet. Im Ritual werden bestehende Sozialstrukturen verflüssigt und letztlich transformiert. Innerhalb dieses Erfahrungssettings finden sich dann Phänomene, die Turner mit dem Begriff »Communitas« bezeichnet. Besitzen die verflüssigten Aspekte im Ritual auch zerstörerische Elemente, so bildet der Communitas-Aspekt gerade eine positive Form einer Gemeinschaftserfahrung. Der »Begriff Communitas (steht) für die ›sozial positive‹ Form einer Gemeinschaftserfahrung, die erst in diesen Übergangsräumen, losgelöst von den alltäglichen sozialstrukturellen Zuweisungen, überhaupt möglich ist«.[495]

---

491 Vgl. Heimbrock, Gottesdienst, S. 67.
492 Vgl. dazu Gennep, A. van, Übergangsriten, Frankfurt 1986 sowie Turner, V. Das Ritual, Fankfurt / New York 2000.
493 Vgl. Turner, Vom Ritual zum Theater, S. 34–35.
494 Vgl. Turner, a.a.O., S. 38.
495 Vgl. Fermor, Ekstasis, S. 170.

6.4 Der religionstheoretische Horizont zur Explikation

Sie »ermöglicht ... eine anti-hierarchische Bewegung zwischen Individuen, die nicht mit einer absoluten Verschmelzung gleichzusetzen ist«.[496]

> »Communitas, wie ich sie verstehe, erhält dagegen individuelle Verschiedenartigkeit aufrecht – sie ist weder Regression zur Kindheit, noch ist sie emotional oder ein ›Aufgehen‹ in Phantasie«.[497]

In diesem Sinne wird die Individualität in der Communitas-Erfahrung letztlich nicht vollständig aufgehoben.

Da derartige Communitas-Erfahrungen auch zu verfestigter Erinnerung werden können, unterscheidet Turner drei Formen der Communitas: 1.) Die spontane Communitas, innerhalb der sich Verschmelzungserfahrungen zwischen Individuen ereignen, 2.) die ideologische Communitas, in der sich die erstgenannten Phänomene bereits theoretisch-konzeptionell in der Erinnerung verfestigt haben sowie 3.) die normative Communitas, bei der eine spezifische Gruppe versucht, die »Beziehungen der spontanen Communitas auf mehr oder weniger dauerhafter Basis zu fördern und aufrechtzuerhalten«.[498]

Finden sich die als Liminalitätsprozesse beschriebenen Phänomene nach Turner in tribalen Gesellschaften, so sind auch in den modernen Industriegesellschaften vergleichbare und von Turner als »liminoid« bezeichnete Phänomene zu erkennen.

> »Die verschiedenen Gattungen industrieller Muße wie Theater, Dichtung, Literatur, Ballett, Film, Sport, Rockmusik, klassische Musik, Kunst, Pop Art usw. spielen ebenso mit den Faktoren der Kultur, ordnen sie ebenso zu zufälligen, grotesken, unwahrscheinlichen, schockierenden, gewöhnlich experimentellen Kombinationen an, wie wenn Stammesangehörige Masken anfertigen, sich selbst als Monsterwesen verkleiden, disparate rituelle Symbole vereinigen oder die profane Realität in Mythen und Märchen umkehren oder parodieren. Sie tun dies auf sehr viel komplizierterer Weise als das in der Schwellenphase von tribalen Initiationsriten der Fall ist, indem sie sich in spezialisierten Gattungen des Kunst- und Unterhaltungssektors, der Massen-, Pop-, Volks-, Hoch-, Gegen-, Untergrund-, usw. Kultur (im Gegensatz zu den relativ begrenzten symbolischen Gattungen der »Stammes«-Gesellschaft) aufspalten«.[499]

Diese liminoiden Prozesse besitzen gegenüber den liminalen einen stärker ludischen Charakter und sind von einer Beziehung zum Feld der Arbeit und damit vom existentiellen Überleben abgelöst, wie dies in tribalen Gesellschaften notwendig der Fall ist.

---

496 Vgl. Fermor, ebd.
497 Vgl. Turner, a.a.O., S. 71.
498 Vgl. Turner, a.a.O., S. 77.
499 Vgl. Turner, a.a.O., S. 61.

> »Liminoide Phänomene sind also durch Freiwilligkeit, liminale durch Pflicht gekennzeichnet. Das eine ist Spiel, Unterhaltung, das andere eine tief ernste, selbst fruchterregende Sache«.[500]

Zudem sind liminoide Prozesse eher auf Individuen bezogen. Dennoch bleiben auch in modernen Gesellschaften liminale Elemente erhalten.

> »In der sogenannten ›hohen Kultur‹ komplexer Gesellschaften hat sich das Liminoide nicht nur weit vom Kontext der Übergangsriten entfernt, sondern es hat sich auch ›individualisiert‹. Der Künstler bringt liminoide Phänomene hervor, während die Gemeinschaft kollektive liminale Symbole erlebt«.[501]

Die liminoiden Phänomene »sind ... Teil der Freiheit eines Menschen, seiner wachsenden Selbstbeherrschung, ja Selbsttranszendierung«.[502]

Die Schwellenerfahrungen stehen nach Turner – insbesondere wenn sie als spontane Communitas gekennzeichnet werden können – konzeptionell in enger Relation zu M. Csikszentmihalyis Begriff des Flow-Erlebnisses.[503]

> »›Fluß‹ bezeichnet die ganzheitliche Sinneswahrnehmung, die wir haben, wenn wir mit totalem Engagement handeln« und ist »ein Zustand, in dem nach einer inneren Logik, die kein bewußtes Eingreifen unsererseits erforderlich macht, Handlung auf Handlung folgt ... Wir erleben diesen Zustand als ein einheitliches Fließen von einem Augenblick zum nächsten. In diesem Zustand fühlen wir, daß wir unsere Handlungen absolut unter Kontrolle haben und es keine Trennung zwischen Selbst und Umwelt, Reiz und Reaktion, Vergangenheit, Gegenwart und Zukunft gibt«.[504]

Sechs Elemente machen die Grundstruktur einer Flußerfahrung aus: 1.) Im Fluß gibt es keinen Dualismus, weshalb es zum Verschmelzen von Handeln und Bewußtsein kommt. 2.) Ein solches Verschmelzen wird durch eine Konzentration der Aufmerksamkeit auf ein spezifisches begrenztes Gegenstandsfeld möglich. Dadurch verschwindet die Zeitdimension, und es geschieht eine Konzentration auf das Jetzt. 3.) Im Fluß kommt es zum Ich-Verlust. Alle Menschen und Dinge erscheinen verbunden und eins. 4.) Der Mensch kann im Fluß ein positives Selbstbild entwickeln und erlebt so eine Selbststabilisierung, weil ihm der Fluß den Eindruck vollständiger Kontrolle über seine Handlungen und seine Umwelt vermittelt. 5.) Flußphänomene erfordern ein kontrollierbares Setting, da sonst entsprechende Erfolgsgefühle ausgeschlossen sind. 6.) Das Flußphänomen braucht keine zusätzlichen Belohnungen von außen, sondern trägt den Wert für das Subjekt in sich selbst.

---

500 Vgl. Turner, a.a.O., S. 66.
501 Vgl. Turner, a.a.O., S. 83.
502 Vgl. Turner, a.a.O., S. 56.
503 Vgl. Csikszentmihalyi, M., Das flow-Erlebnis, 8. Aufl., Stuttgart 2000.
504 Vgl. Turner, a.a.O., S. 88.

Besaß das religiöse Ritual mit seinen Flußelementen eine entscheidende Funktion für gesellschaftliche Stabilität, so haben sich derartige Elemente in modernen Gesellschaften nun in andere Bereiche hin verlagert:

> »Entscheidend hierbei ist, daß das Ritual und bestimmte untergeordnete Institutionen wie das religiöse Drama in archaischen, theokratisch-charismatischen, patriarchalischen und feudalen Gesellschaften ... die wichtigsten kulturellen Fluß-Mechanismen und -Formen darstellten. In Zeiten aber, da die Sphäre des religiösen Rituals ... geschrumpft ist, hat eine Vielzahl (theoretisch) nicht-seriöser, nicht-ernster Gattungen wie die Kunst und der Sport ... im Großen und Ganzen die ›Fluß‹-Funktion in der Kultur übernommen«.[505]

Allerdings unterscheidet sich die Communitas-Erfahrung nach Turner an einigen entscheidenden Punkten vom Flow-Erlebnis. So entsteht die Communitas-Erfahrung spontan und unerwartet und bedarf zu ihrer Entstehung keiner Regeln. Zudem ist »›Fluß‹ etwas, das ein Individuum in seinem Innern erlebt, während Communitas von Anfang an etwas ist, das zwischen oder unter Individuen geschieht«.[506] Fluß ist individuell orientiert, während Communitas immer ein Gemeinschaftsgeschehen darstellt. Überdies gehört Fluß bereits stukturierten Bereichen an, während Communitas immer Struktur gestaltet, vergleichbar der Unterscheidung von spontaner und ideologischer Communitas.

> »Für mich gehört ›Fluß‹ bereits in den von mir ›Struktur‹ genannten Bereich, Communitas dagegen ist immer vorstrukturell, obwohl die, die an ihr teilhaben, da sie nun einmal Menschen sind, von Kindheit an von Struktur durchdrungen sind«.[507]

Abschließend ist die Frage nach der Bewertung dieser Flow-Erlebnisse zu stellen, auf die noch genauer einzugehen sein wird:

> »Gewiß sind die Communitas- und ›Fluß‹-Prozesse von den Bedeutungen der Symbole, die sie hervorbringen oder durch die sie kanalisiert werden, durchdrungen. Sind aber alle ›Flüsse‹ eins oder weisen die Symbole auf verschiedene Arten und Tiefen des ›Flusses‹ hin?«.[508]

Die Antwort auf diese Frage läßt Turner offen.

Victor Turners Ritualtheorie wird – wie noch genauer expliziert werden soll – für eine Analyse der Dimensionen religiöser Valenz des Computerumgangs Jugendlicher insbesondere durch seine Überlegungen zur Liminalität, der Schwellenphase in Ritualprozessen, zu den liminoiden Phänomenen, den verflüssigten Formen von Liminalität in modernen Gesellschaften, sowie durch seine Gedanken zur Communitas-Erfahrung, der Erfahrung einer rituell

---

505 Vgl. Turner, a.a.O., S. 94.
506 Vgl. Turner, a.a.O., S. 92.
507 Vgl. Turner, a.a.O., S. 93.
508 Vgl. Turner, a.a.O., S. 94.

6 Religion und religiöse Valenz

gekoppelten, begriffsgestützten Kollektivekstase, und zum Flow-Erleben relevant.

Den religionsphänomenologischen Theoriemodellen sind die Überlegungen von *Thomas Luckmann* zuzurechnen, dessen Theorieentwurf einen wichtigen Baustein zur Interpretation der Dimensionen religiöser Valenz im Zusammenhang der Computernutzung Jugendlicher bietet. Sein Hauptwerk »The Invisible Religion« aus dem Jahr 1967 stellt den wohl bedeutendsten Ansatz für die Analyse religiös valenter Phänomene dar, in dem Luckmann versucht, für die Moderne individuelle, von traditionellen kirchlichen Gestalten abgewandte Formen von Religiosität aufzudecken. Luckmann bestreitet die Identität von empirischer Kirchen- und Religionssoziologie und öffnet dadurch die Religionssoziologie für andere – vom Christentum differenzierte – Bereiche. Religion ist für Luckmann eine allgemeine anthropologische Grundkonstante.

> »Religion ist gerade das, was uns Menschen zu Menschen werden lässt. Menschen werden wir nicht im Einzelfall, sondern in der Sozialität zu Menschen«.[509]

Der Mensch drängt auf Selbsttranszendierung des eigenen biologischen Daseins. »Religion ist ein gesellschaftlich-geschichtlicher Prozeß, durch den die biologische Natur des Menschen transzendiert wird – in der Konstruktion und Aufrechterhaltung von handlungs- und lebens-integrierendem Sinn für den einzelnen Menschen«.[510]

Die Transzendierungsfunktion des Menschen ist notwendig an die Begegnung mit anderen Individuen und damit an Gesellschaft gebunden.

> »Die Funktion von Religion ist die Vergesellschaftung des Umgangs mit Transzendenz«.[511]

Dabei beziehen sich diese Transzendierungsvorgänge nach Luckmann jedoch nicht auf eine übergeordnete göttliche Sphäre, sondern es geht ihm um »die Horizonthaftigkeit jeder Erfahrung, die über das unmittelbare Erleben hinausweist und so die Produktion von Bewußtsein und Weltkonstruktion in Gang bringt«.[512]

> »Das ›Transzendieren‹ zum Menschsein beruht darauf, daß Menschen zu allen Zeiten ... ›Transzendenz‹ erfahren«.[513]

Luckmann geht es um die Weltansicht als Ganze, die wiederum mit der »sozialen Konstruktion von Deutungsmustern«[514] korrespondiert.

---

509 Vgl. Luckmann, Über die Funktion der Religion, S. 27.
510 Vgl. Luckmann, a.a.O., S. 26.
511 Vgl. Luckmann, ebd.
512 Vgl. Thomas, a.a.O., S. 294.
513 Vgl. Luckmann, a.a.O., S. 27.
514 Vgl. Thomas, a.a.O., S. 294.

»Die Weltansicht ist universal für alle menschlichen Gesellschaften, und sie hat keine eindeutig ausgrenzbare institutionelle Grundlage. Die Weltansicht steht statt dessen in einem dialektischen Verhältnis zur gesamten Sozialstruktur«.[515]

In »Die unsichtbare Religion« differenziert Luckmann dann die Horizonthaftigkeit von Erfahrung genauer. Er unterscheidet im Gefolge von Alfred Schütz drei Ebenen von Transzendenz, die eine phänomenologische Ausrichtung besitzen und nicht allein auf gesellschaftliche Konvention rekurrieren:

Kleine Transzendenzen machen deutlich, daß das in der gegenwärtigen Erfahrung angezeigte Nicht-Erfahrene in Vergangenheit und Zukunft grundsätzlich in der Gegenwart präsent, aber nicht notwendig bewußt ist, und verweisen auf die mehrfach-modalisierte Zeitstruktur lebensweltlicher Alltagserfahrung.

Mittlere Transzendenzen zeigen an, daß die je eigene Erfahrung in der Begegnung mit dem Erfahrungsraum der Mitmenschen, des anderen, ihre natürliche Grenze findet.

Wird etwas überhaupt nur als Verweis auf eine andere außeralltägliche und als solche nicht erfahrbare Wirklichkeit erfaßt, so spricht Luckmann von großen Transzendenzen.[516] Diese äußern sich für Luckmann in ekstatischen Überschritten des Alltags in Schlaf, Traum, Tagtraum, Ekstase und in der Begegnung mit der entscheidenden, ultimativen Form von Transzendenz, mit dem Tod.[517]

Ausgehend von der Unterscheidung der verschiedenen Formen von Transzendenzen bestimmt Luckmann die Funktion von Religion als begründet »in der Vergesellschaftung des Umgangs mit Transzendenzerfahrungen«.[518] »Religion (ist), als der Transzendenz ›bewältigende‹ Kern von Wirklichkeitskonstruktionen ›umweltstabilisierend‹«.[519] Bei der Verarbeitung von Transzendenzformen kommt Symbolen und Ritualen nach Luckmann eine besondere Bedeutung zu, wobei die Symbole und Rituale in Form des kollektiven Gedächtnisses überindividuellen Tradierungsprozessen entstammen.

»Rituale sind, so könnte man sagen, der Handlungsmodus der Symbole. Sie sind soziale Handlungen: Sie sind orientiert an anderen«.[520]

Eine derartige überindividuell-kollektive Bearbeitung der großen Transzendenzen ist nicht mehr allgemeinverbindlich.

---

515 Vgl. Luckmann, Unsichtbare Religion, S. 93.
516 Vgl. dazu Luckmann, Unsichtbare Religion, S. 167–171.
517 Vgl. zur Differenzierung der Transzendenzformen Luckmann, Grenzen der Alltagserfahrung und Transzendenz, S. 11–28.
518 Vgl. Luckmann, Über die Funktion der Religion, S. 34.
519 Vgl. Luckmann, ebd.
520 Vgl. Luckmann, Nachtrag, S. 177.

6 Religion und religiöse Valenz

»Die Privatisierung von Religion ist das Kernstück der umfassenden Privatisierung des Lebens in modernen Gesellschaften. Privatisierung des Lebens ist eine der Folgen ... des hohen Grades der funktionalen Differenzierung der Sozialstruktur«.[521]

Trotz der Privatisierung von Religion sind gemäß Luckmann multiple Formen von Transzendenzen aufzufinden, die aber im Sinne einer »Schrumpfung von Transzendenz« den niederschwelligeren Transzendenzformen zuzurechnen sind.[522] Deshalb ist die Rede von der Säkularisierung als einem Verschwinden von Religion für Luckmann ein Mythos der Moderne. Religion wird für ihn – wie bereits anfangs angedeutet – »unsichtbar«, aber sie verschwindet nicht.[523] So bezieht sich diese »Unsichtbarkeit« allein auf die gesellschaftlich-traditionelle Ausformung von Religion, während Religion ihren Platz in der Moderne im Privatbereich gefunden hat:

»Am Horizont erscheint hier zweifellos eine anomische Gesellschaft ... deren wesentliche Integrationsform die gesellschaftliche Konstruktion persönlicher Identitäten in sich wandelnden Gemeinschaften ist«.[524]

Es findet sich damit ein heterogenes Setting von gesellschaftlicher Konstruktion von Weltbildern.

»Die Mitglieder moderner Industriegesellschaften mögen in einer ... gleichartigen alltäglichen Wirklichkeit leben, aber diese Wirklichkeit ist nicht mehr auf eine gleichartige außeralltägliche Wirklichkeit bezogen«.[525]

Die Sinnstiftungen werden nicht mehr durch spezifische Institutionen vermittelt, sondern sie sind auf das Individuum und dessen individuelle Aneignung ausgerichtet. Wichtiger als die traditionellen Formen von Transzendenzverarbeitung werden nun Elemente wie Nation, Volk und Markt und vor allem auch die Massenmedien.

Das Individuum strebt innerhalb dieses Settings wiederum vor allem nach Selbstverwirklichung und Selbstdarstellung. »Nichts wird in der modernen Kultur so durchgängig zelebriert wie das schein-autonome Subjekt«.[526] Dabei kommt es Luckmann zufolge zu einem Wechselspiel zwischen dem kollektiv-intersubjektiven Deutungsmuster und der Individuation von Wissen, wobei dieses Spannungsverhältnis mit der Ausbildung persönlicher Identität und einer entsprechenden Orientierungsleistung verbunden ist. Identität entsteht

---

521 Vgl. Luckmann, a.a.O., S. 179.
522 Vgl. dazu Knoblauch, Religionssoziologie, S. 127.
523 Vgl. dazu Heimbrock, a.a.O., S. 186.
524 Vgl. Knoblauch, Die Verflüchtigung der Religion ins Religiöse, S. 7ff.
525 Vgl. Luckmann, a.a.O., S. 180.
526 Vgl. Luckmann, a.a.O., S. 181.

6.4 Der religionstheoretische Horizont zur Explikation

an der Grenze zwischen Gesellschaft und Individuum, zwischen Selbst und Ich.[527]

Für eine theoretische Beschreibung der Dimensionen religiöser Valenz des Computerumgangs Jugendlicher erweist sich Luckmanns Unterscheidung von kleinen, mittleren und großen Transzendenzen und seine Überlegungen zur Notwendigkeit ihrer Bearbeitung, die zumeist an das Religionssystem gekoppelt ist, aber in der Moderne auch von anderen gesellschaftlichen Institutionen übernommen wird, als sehr hilfreich. Dabei sind die von ihm angenommenen gesellschaftlichen Regularien des Umgangs mit Transzendenz und das immer mitgedachte Wechselspiel mit kollektiven Deutungsmustern weniger entscheidend für die Analyse der Computernutzung Jugendlicher als seine Erkenntnisse zur individuellen Ausrichtung von Sinnstiftung und von deren Bedeutung für die Identitätsentwicklung des Individuums, wenngleich Luckmanns Theorieentwurf immer am Kollektiv orientiert bleibt. Wie die Analyse des Identitätsbegriffs zeigt und Luckmann ebenso expliziert, vollziehen sich derartige Prozesse immer an der Grenze zwischen Kollektiv und Individuum.

Der Berliner Theologe *Wilhelm Gräb* integriert in seine Bestimmung des Religionsbegriffs die Phänomene einer »Verflüssigung« des Religiösen und greift die Theoriemodelle von Geertz, Turner und Luckmann auf, die – wie sich gezeigt hat – für eine entsprechende Interpretation der Dimensionen religiöser Valenz des Computerumgangs Jugendlicher relevant sind.

Gräb geht von einer veränderten Gestalt sozialer Wirklichkeit und ihrer Deutungsmuster aus:

> »Unter den Bedingungen der fortgeschrittenen, postindustriellen Moderne haben sich auch die kollektiven Symbolisierungen alltagsweltlicher Orientierungen abgebaut. Sie haben sich pluralisiert und individualisiert. Wir haben es nun jedenfalls mit verschiedenen Deutungsmustern zu tun, welche die alltäglichen Lebensorientierungen codieren und formieren«.[528]

Dabei nimmt er – G. Schulze[529] folgend – eine milieuspezifische Gestaltung derartiger kultureller Deutungsmuster an, wobei die Übergänge im Gegensatz zu einer schichtspezifischen Orientierung fließend sind. Aus dieser Grundannahme entwickelt Gräb eine Bestimmung gelebter Religion:

> »Religion in ihrer objektiven, sozial manifesten Gestalt läßt sich definieren als die Kultur der Symbolisierung letztinstanzlicher Sinnhorizonte alltagsweltlicher Lebensorientierung. Sie ist dieser Definition entsprechend selber ein Kulturprodukt, gehört zur gestalteten und dargestellten Welt der Menschen, gerade insofern, als diese Welt alltagskulturell im-

---

527 Vgl. dazu Kapitel 5.3 »Von der Personmaske und dem Interface«.
528 Vgl. Gräb, Lebensgeschichten, S. 49.
529 Vgl. Schulze, G., Die Erlebnisgesellschaft, 2. Aufl., Frankfurt / New York 1992.

mer mit den Bedingungen zusammengeht, die sie für die sich in ihr normalerweise bewegenden Menschen hat«.[530]

In dem Sinne ist Religion Teil der Alltagskultur, »weil sie nichts anderes ist, als diejenige Dimension im sinnhaften Aufbau der Alltagswelt, der die Bedeutungen und Wertgehalte abzugewinnen sind, die diese Welt letzten Endes für die Menschen hat«.[531] Religiös werden derartige Sinnstrukturen in der Alltagskultur nach Gräb dann, als sie »letztinstanzliche Deutungsgehalte alltagsweltlichen Daseins betreffen, somit immer auch die unbedingten Bindungskräfte und Verpflichtungsgefühle, die von ihnen ausgehen«.[532] Den religiösen Sinnstrukturen geht es darum, das alltägliche Leben als ein sinnvolles zu deuten. Dabei inszeniert der Einzelne sich im Rahmen seiner Alltagskultur in jeweils »situationsspezifischen Orientierungen«, die eine kulturspezifische Prägung aufweisen.

Derartige Sinnstrukturen bleiben jedoch weithin unsichtbar, weil das Individuum nur sehr begrenzt in der Lage ist, über derartige sinnhafte Grundeinstellungen Auskunft zu geben. Diese implizite Religion der Alltagskultur ist nach Gräb offenzulegen:

»Die implizite Religion der Alltagskultur verlangt nach einer religiösen Kulturhermeneutik, die hinreichende Sensibilität besitzt für jene Vorstellungen vom Leben und Einstellungen zum Leben, welche die Präferenzen und Distanzierungen der Individuen und Individuengruppen gegenüber den alltagsästhetischen Symbolisierungen letztinstanzlicher Sinnhorizonte erkennen lassen«.[533]

Schulze – auf den Gräb verweist – spricht selbst nicht von Religion, weil er den Religionsbegriff auf die Vorstellung von tradierter, institutionell gebundener Religion fokussiert, der in der Alltagskultur immer mehr an Bedeutung verloren hat. Vielmehr gibt Schulze zwar den Religionsbegriff auf, kennt aber entsprechende sinnstiftende, milieudifferenzierte Funktionsäquivalente im Bereich Kunst, Literatur, Film und Sport, die allerdings keine Allgemeinverbindlichkeit aufweisen.

Gräb greift zudem auf die bereits beschriebenen Analysen von Thomas Luckmann zurück, die derartige Phänomene von Alltagsreligion genauer beschreiben und durch die Unterscheidung kleiner, mittlerer und großer Transzendenzen verdeutlichen, daß es bei Phänomenen von Alltagsreligiosität nicht immer um Fragen letzter Gültigkeit, um »Sein oder Nichts« geht. Sie betreffen nach Gräb bereits den Kontext niederschwelliger Transzendenzphänomene, wie die zeitliche Struktur des Alltags und die Begegnung mit dem Fremden.

---

530 Vgl. Gräb, a.a.O., S. 51.
531 Vgl. Gräb, ebd.
532 Vgl. Gräb, a.a.O., S. 52.
533 Vgl. Gräb, a.a.O., S. 53.

Zur Bewältigung derartiger Situationen und niederschwelliger Transzendenzphänomene haben sich im Sinne Victor Turners nach Gräb entsprechende rituelle Symbolisierungen im Alltag herausgebildet.

Explizit religiös werden derartige Symbolisierungen nach Gräb dann, wenn es um die entsprechende semantisch gekoppelte Bewältigung der großen Transzendenzen geht. Vorher verbleiben sie im Raum der ästhetischen Erfahrung. Fehlen derartige letztinstanzliche Deutungselemente oder bleiben die entsprechenden Erfahrungen allein auf niederschwelligere Transzendenzformen bezogen, so verortet Gräb die entsprechenden Erfahrungen im Bereich der Ästhetik.

> »Religion macht, wie Weber meinte, die Sinnganzheit der Welt vorstellig. Sie erbringt die Kosmisierung der sozialen Gefüge bei Peter L. Berger. Sie bietet Formeln für die Bestimmbarkeit des Unbestimmbaren nach Niklas Luhmann. Sie bewältigt Kontingenzen, die anders nicht in Handlungssinn reintegrierbar sind als durch die symbolisch-rituell ausgearbeitete Kultur einer Praxis ihrer Anerkennung, wie Hermann Lübbe meint. Immer wird das Religiöse in unseren alltagskulturellen Sinncodierungen dort gesehen, wo diese in der Erfahrung von Abbrüchen und Umbrüchen fraglich werden, an den Schnittstellen also auch der verschiedenen Sinnwelten, die einen riskanten Übergang verlangen«.[534]

Aus christlicher Perspektive ist gegenüber derartigen Abbrüchen und Umbrüchen die »Hoffnung auf Befreiung und Erlösung«[535] deutlich zu machen. Daher kommt gemäß Gräb den Ritualen der Kasualhandlungen, wie auch der rituellen Begleitung des Jahreszyklus, besondere Bedeutung zu.

Relevant für eine Analyse der Dimensionen religiöser Valenz des Computerumgangs Jugendlicher werden die Überlegungen Gräbs insbesondere durch seine Reflexion der Notwendigkeit der Bearbeitung der Sinnfrage, wobei derartige Sinnstrukturen durch Bindungskräfte und Verpflichtungsgefühle religiös werden. Dieser Zusammenhang besitzt – wie sich zeigen wird – eine besondere Relevanz für die Bestimmung der Relation von Wahrheit und Gewißheit. Entscheidend sind zudem Gräbs Überlegungen zum Offenlegen derartiger verborgener Sinnstrukturen durch entsprechende Forschung. Zu hinterfragen bleibt das Desiderat einer notwendigen semantischen Kopplung religiöser Phänomene und eine letztlich kritische Antwort des christlichen Glaubens auf die Dimensionen der Alltagsreligiosität.

6.5 Exkurs: Zur Diskussion um »Medienreligion«

Die Medienthematik hat sich seit Mitte der 80-er Jahre zu einer entscheidenden Fragestellung der praktischen Theologie entwickelt. Damit reagiert die Praktische Theologie auf die »epochale kulturgeschichtliche Wende der

---

534 Vgl. Gräb, a.a.O., S. 58.
535 Vgl. Gräb, a.a.O., S. 59.

6 Religion und religiöse Valenz

Gegenwart«[536], in der eine »Faktizität der neuen Medien«[537] zu verzeichnen ist und »die Lesekultur der Neuzeit in die Videokultur«[538] übergeht. In dem Sinne löst die Praktische Theologie aktuell die Forderung des Dogmatikers Ingolf Dalferth aus dem Jahr 1985 ein:

> »Unter all den dringenden Aufgaben, die sich der Praktischen Theologie gegenwärtig und für absehbare Zeit stellen, ist eine der wichtigsten bislang besonders dürftig wahrgenommen worden: die Medienfrage«.[539]

Im Rahmen der theologischen und religionstheoretischen Forschungsdebatte um die Medienthematik wurde auch der Begriff der »Medienreligion« entwickelt, der den medientheoretischen mit dem religionstheoretischen Diskurs verbindet. Dabei fokussiert die vorliegende Darstellung auf die deutschsprachige Diskussion.[540]

So entfaltet der 1987 von *H. N. Janowski* herausgegebene Band »Die kanalisierte Botschaft« Phänomene, die von ihm eben diesem Diskurs um »Medienreligion« zugerechnet werden. Janowski bemerkt:

> »Die Medien, das Fernsehen voran, werden in einer Welt, die Erfahrung von Wirklichkeit mehr denn je nicht durch die Sprache, sondern durch ein Arsenal von Zeichen und Symbolen vermittelt, zu Deutern des Lebens: Sie schützen die Menschen vor einem Einbruch unmittelbarer Erfahrung und üben so eine ordnende, beheimatende Funktion aus, sie gleichen aber auch die Defizite der Fähigkeit, Erfahrungen zu machen, aus und stiften so soziale Identität. In dieser Doppelfunktion wächst den Medien geradezu eine religiöse Dignität zu; das bietet den Grund dafür, vom Entstehen einer Medienreligion zu sprechen«.[541]

In ihrem Überblicksartikel in der »Theologischen Realenzyklopädie« zum Thema »Medien« aus dem Jahr 1992 entwickeln *N. Janowski* und *W.-R. Schmidt* den Begriff der »Medienreligion« genauer. Sie unterscheiden die »Medienreligion« von der »Religion in den Medien«, wobei bereits an dieser Stelle die getroffene Unterscheidung eine heuristische bleibt: So bezeichnet der Begriff der »Medienreligion« nicht die »Religion im elektronischen Medium«, sondern es geht bei diesem Begriff – im Sinne einer funktionalen Orientierung auf die Rezipienten hin – darum, »ob Nutzung und Stellenwert der elektronischen Medien im durchschnittlichen Fernsehalltag eines Zuschauers Aspekte einer elementaren Daseinsorientierung und Alltagsorgani-

---

536 Vgl. Gehring, Seelsorge in der Mediengesellschaft, S. 178.
537 Vgl. Dalferth, Kirche in der Mediengesellschaft – Quo vadis? S. 139.
538 Vgl. Dalferth, ebd.
539 Vgl. Dalferth, a.a.O., S. 138.
540 Vgl. zur Darstellung der umfangreichen angelsächsischen Debatte um Medienreligion u.a. Thomas, Medien – Ritual – Religion, Frankfurt 1998 sowie ders., Religiöse Funktion des Fernsehens? Wiesbaden 2000.
541 Vgl. Janowski, Die kanalisierte Botschaft, S. 7 und Gehring, a.a.O., S. 180.

6.5 Exkurs: Zur Diskussion um »Medienreligion«

sation abdecken, die religiöse Erfahrungen und Vollzüge berühren«.[542] Mit einem derartigen Begriff der »Medienreligion« ist grundsätzlich die Entwicklung einer umfassenden Kulturtheorie, in deren Rahmen den Medien ein hervorragender Stellenwert zukommt, wie eine aktive Orientierung an den Rezipienten von Medien, die von einfachen Übernahmeverhältnissen absieht, verbunden. Dabei kommt nach Janowski und Schmidt gerade das Fernsehen in seiner zentralen Funktion für das familiäre Alltagsleben in den Blick:

> »Die Diskussion zum Thema Medienreligion weist besonders auf den Charakter des Mediums als Alltagsstabilisierung hin, als tief in der Bilderwelt verankertes, neues emotionales Orientierungssystem, das als Brücke über die Diskontinuitäten des Tages und des Lebens hinwegführt. Das Fernsehen produziert gesellschaftlich eine neue, symbolische Ordnung der Welt und des Lebens. Die Eckpunkte dieser Ordnung werden überall verstanden. Sie basieren auf einer weltweit austauschbaren Sprache, die für jede Kulturtradition übersetzungsfähige Archetypen entwickelt. Das Medium wird dabei als Vergewisserung in einer labyrinthischen Lebenswelt genutzt, wobei es in der Medienwahrnehmung zunächst weniger um Wissen und Inhalte geht, sondern um stabilisierende Erfahrungen, Gefühle des Dabeiseins und der Bestätigung«.[543]

So dient das Fernsehen der rituellen Bearbeitung des Alltagslebens.[544] Entscheidender als die Inhalte, die auch wiederum zur Lebensdeutung helfen können, werden die medial gekoppelten Erfahrungsdimensionen, die strukturell der Subjektstabilisierung dienen.

> »In einer kompliziert-verwirrenden Welt schützen Medien vor dem elementaren Einbruch unmittelbarer Erfahrungen. Wie herkömmliche Religion kanalisieren sie elementare Betroffenheit, bieten Symbole und Rituale ... Die Medien sind damit unbestreitbar ein Stück neuer schützender Heimat«.[545]

Von deutlicher Ambivalenz geprägte Überlegungen zu einer »Medientheologie« stellt *Horst Albrecht* im Jahr 1993 an. Albrecht analysiert zunächst eine Wiederkehr der Religion in Relation zu den Massenmedien und weist in diesem Sinne die Säkularisierungsthese zurück. Allerdings ordnet Albrecht die religiösen Phänomene in den Massenmedien einer Trivialisierung von Religion zu:

> »Wer sich der Religion der Massenmedien zuwendet, muß bereit sein, die Maßstäbe bürgerlicher Theologie fallen zu lassen und sich der Trivialität der Religion zu stellen«.[546]

---

542 Vgl. Janowski / Schmidt, Medien, S. 324–325.
543 Vgl. Janowski / Schmidt, ebd.
544 Vgl. dazu Thomas, G., Medien – Ritual – Religion, Frankfurt 1998.
545 Vgl. Janowski / Schmidt, a.a.O., S. 326.
546 Vgl. Albrecht, Die Religion der Massenmedien, S. 134.

Albrecht folgt Benjamin, der annimmt, daß eine massenhafte Vervielfältigung dem Kunstwerk die Aura raubt, die eine Fundierung im Ritual besaß. Er arbeitet jedoch heraus, daß durch die Massenmedien wiederum eine Remystifizierung erfolgt.

> »Die Remystifizierung der Welt, in einer Verbrauchergesellschaft: vor allem der Warenwelt, die Herstellung der ›Waren-Aura‹ durch ›Mystifikation‹ in der Werbung, ist nicht auf die Warenwelt beschränkt«.[547]

Dieser medialen Verflachung entspricht nach Albrecht ein »Infantilisierung der Massen«.[548] Albrecht erkennt jedoch die Notwendigkeit einer analytischen Religionsforschung zur Offenlegung religiöser Phänomenzusammenhänge in der Moderne an:

> »Sehr viel angemessener erscheint es, die Religion der Massenmedien als eigenständige Größe zu begreifen, und ihre Gestalt unmittelbar in der Gegenwart abzulesen, und das heißt, ... sich der Religion empirisch zu nähern«.[549]

Zudem muß eine »Theologie der Medien ... ganz einfach darauf verzichten, ihre Inhalte in Analogie zu denen der Dogmatik oder der Systematik der christlichen Theologie zu formulieren«.[550] In dem Sinne ist es gemäß Albrecht wenig hilfreich, »die Medienreligion zu einer Randerscheinung, zur ›Parareligion‹ zu erklären oder sie in den Bereich des Privaten abzudrängen«.[551] Gegen eine allein individuelle Engführung der Analyse von Medienreligion besteht Albrecht vielmehr auf einem überindividuellen, gesamtgesellschaftlichen Fokus derselben.

Grundsätzlich steht Albrecht jedoch einer derartigen massenmedial verorteten Religionsform kritisch gegenüber. So erscheinen diese Formen von Religion nach Albrecht analytisch nur schwer greifbar und bleiben ambivalent.

> »(Es) ist deutlich geworden, daß sich die Religion der Massenmedien weit von den christlichen Ursprüngen dieser Gesellschaft entfernt und die Menschen zugleich doch zutiefst prägt. Nicht die Genese, die Bestimmung des Verhältnisses von Geschichte und Religion, sondern die Analyse des Verhältnisses von heutiger Kultur und Religion bleibt deshalb die eigentliche Herausforderung«.[552]

Derartige Religionsformen sind für Albrecht mit Regression und einem kindlichen Spieltrieb der Gesellschaft verbunden, der wiederum einen stark

---

547 Vgl. Albrecht, a.a.O., S. 137.
548 Vgl. Albrecht, ebd.
549 Vgl. Albrecht, S. 140–141.
550 Vgl. Albrecht, S. 141.
551 Vgl. Albrecht, ebd.
552 Vgl. Albrecht, ebd.

hedonistischen Fokus besitzt. Daher kommt Albrecht insgesamt hinsichtlich der »Medienreligion« zu einem negativen Fazit:

> »Der Gott dieser mediatisierten Religion ist offenbar allgegenwärtig und schweigt nie; im Gegenteil, meist brüllt er. Die Schöpfung ist die elektronische Umwelt, in die er einen jeden hineinzulullen sucht. Dieser Gott frißt gnadenlos die Aufmerksamkeit der Menschen, bindet die Faszinierten an sich und macht unersättlich und läßt gleichzeitig untätig bleiben. Es ist ein harter Gott, der Jugend, Schönheit, Leistung hochstellt und erbarmungslos nach den höchsten Opfern, nach Zeit und Geld der Menschen greift. Er verschont seine Gläubigen damit, daß sie viel verstehen und einsehen; dieser Gott gewährt tiefe Bewußtlosigkeit, und dies in einer Sintflut von Informationen«.[553]

Arno Schilson widerspricht in dem 1997 erschienenen Band »Medienreligion« der Säkularisierungsthese und verzeichnet für das 20. Jahrhundert eine Wiederentdeckung der Mystik:

> »Außerhalb der Kirchen und religiösen Institutionen, nämlich mitten im Säkularen bricht das Religiöse in ungeahnter Macht und breiter Akzeptanz auf«.[554]

In seiner Untersuchung »Medienreligion« sucht Schilson dann entsprechende Beispiele von Religionsformen für den Bereich der Medien aufzuzeigen. So diskutiert er u.a. die Bedeutung von Talkshows und Fernsehserien für das Individuum. Hier sind es vor allem die Bereiche der individuellen Selbststabilisierung, der Sehnsucht nach erfüllter Zeit in einem Alltag, der von Ruhelosigkeit geprägt ist, und die Notwendigkeit der Kontingenzbewältigung, die für Schilson für medienreligiöse Zusammenhänge charakteristisch werden. Schilson verweist darauf, daß das Christentum von seiner Tradition her durchaus in der Lage ist, entsprechende Bewältigungsleistungen zu bieten, die die »Medienreligion« dem Subjekt in der Moderne vermittelt. In dem Sinne sind die entsprechenden Bedürfnisse in Gottesdienst und Liturgie aufzugreifen und zu überbieten. So spricht Schilson von dem »Medienreligiösen« als »Herausforderung an die Kirche«.[555]

Wilhelm Gräb nimmt im Band »Sinn fürs Unendliche: Religion in der Mediengesellschaft« aus dem Jahr 2002 den Begriff der »Medienreligion« auf. Sinnvermittlung geschieht nicht mehr allein über die traditionelle, kirchliche Religionskultur. Der Zugang zum Sinn hat sich »in die Sinne, in die Ästhetik« verlagert«.[556] Dabei kommt besonders den Massenmedien in diesem Zusammenhang eine hervorgehobene Stellung zu:

---

553 Vgl. Albrecht, S. 144.
554 Vgl. Schilson, Medienreligion, S. vii.
555 Vgl. Schilson, a.a.O., S. 89.
556 Vgl. Gräb, Sinn fürs Unendliche, S. 196.

»Die gesellschaftliche Funktion der Religion erfüllt sich im gesellschaftlichen System der Massenmedien, insbesondere auf dem Feld der medialen Unterhaltung. Dieser Programm-Bereich formiert in der modernen Gesellschaft neben der Werbung entscheidend die symbolische Ordnung. Die von der Substanz auf die Funktion umgestellte Religion gibt nicht mehr an einer göttlichen Seinssphäre Anteil. Sie deutet die Erfahrungen des Lebens«.[557]

Der Gräbsche Sinnbegriff besitzt insofern eine inhaltlich-semantische Rückkopplung als symbolisch-semantische Figuren aus den Unterhaltungsmedien übernommen werden und so erst ein möglicher spielerischer Imaginationsraum, in dem Sinngenese und individuelle Sinndeutung geschieht, entsteht. Mögliche Operatoren eines derartigen imaginativen Raumes sind Bücher, Kino und Fernsehen. In dem Sinne erfüllt sich nach W. Gräb »die gesellschaftliche Funktion von Religion ... im gesellschaftlichen System der Massenmedien, insbesondere auf dem Feld der medialen Unterhaltung«[558].

Eine vergleichbare Grundstruktur entfaltet Niklas Luhmann in seiner Analyse massenmedial vermittelter Unterhaltung[559]. »Unterhaltung ermöglicht eine Selbstverortung in der dargestellten Welt«.[560] Unterhaltung verstärkt nach N. Luhmann bereits vorhandenes Wissen bzw. eigene Einstellungen[561]. »Unterhaltung zielt, gerade indem sie von außen angeboten wird, auf Aktivierung von selbst Erlebtem, Erhofftem, Befürchtetem, Vergessenem – wie einst die erzählten Mythen ... Eine ›neue Mythologie‹ wird durch die Unterhaltungsformen der Massenmedien beschafft«[562]. So entsteht ein Freiraum für Rückschlüsse auf das eigene Leben, und die Selbstverortung in der dargestellten Welt wird ermöglicht[563]. Dabei dient eine Selbstverortung verbunden mit Selbstbeobachtung der Identitätsbildung[564]. In dem Sinne sind das Mediensystem und psychische Systeme aufeinander abgestimmt[565]. So erzeugen die Massenmedien eine Hintergrundrealität, von denen sich das psychische System abheben und gegenüber dem es sich profilieren kann[566]. »Weil Massenmedien eine Hintergrundrealität erzeugt haben, von der man ausgehen kann, kann man davon abheben und sich mit persönlichen Meinungen, Zukunftseinschätzungen, Vorlieben usw. profilieren«[567]. Um eine derartige

---

557 Vgl. Gräb, ebd.
558 Vgl. Gräb, ebd.
559 Vgl. Luhmann, N., Die Realität der Massenmedien, 2. Aufl., Opladen 1996.
560 Vgl. Luhmann, a.a.O., S. 115.
561 Vgl. Luhmann, a.a.O., S. 108.
562 Vgl. Luhmann, a.a.O., S. 109.
563 Vgl. Luhmann, a.a.O., S. 115.
564 Vgl. Luhmann, ebd.
565 Vgl. Luhmann, a.a.O., S. 136.
566 Vgl. Luhmann, a.a.O., S. 120.
567 Vgl. Luhmann, ebd.

6.5 Exkurs: Zur Diskussion um »Medienreligion«

strukturelle Kopplung der Abstimmung von Mediensystem und psychischen Systemen bzw. anderen gesellschaftlichen Teilsystemen zu erleichtern, kommt es zur Ausbildung von Schemata. »Die Massenmedien legen Wert auf Verständlichkeit. Aber Verständlichkeit ist am besten durch Schemata garantiert, die die Medien selbst erzeugt haben«[568]. Beschreibt der Begriff der Schemata eine funktionale Kopplung, so geht es Luhmann beim Themenbegriff um eine inhaltlich-semantische[569].

In seiner 1998 erschienenen Studie »Medien – Ritual – Religion« entwickelt *G. Thomas* seine These von der religiösen Funktion des Fernsehens.

> »Das Fernsehen ist das zentrale Ritual der vermeintlich rituallosen und zunehmend säkularisierten modernen Gesellschaft. Das im Durchschnitt drei Stunden täglich genutzte Leitmedium der Industriegesellschaften begleitet als unendliche Liturgie den Alltag der Menschen«.[570]

Thomas sucht von der Theologie ausgehend eine kritische Analyse des religiösen Phänomenbereichs im Kontext des Mediums »Fernsehen«. Das Fernsehen als Ganzes bildet – gerade in seiner rituellen Funktion – die Meta-Liturgie moderner westlicher Gesellschaften. Für die Teilhabe an einer derartigen Liturgie proklamiert Thomas eine Form »sekundärer Ritualisierung«, was bedeutet, daß das »Fernsehritual« sich ohne physische Kopräsenz vollzieht: »Der liturgische Fluß ermöglicht es dem Bewußtsein des Zuschauers bzw. der Zuschauerin sich abzukoppeln, sich entspannt an dieses Wahrnehmungskontinuum des Flusses anzuhängen, dabeizusein, ohne dort zu sein, sich fallen zu lassen, ohne das Risiko, verloren zu gehen«.[571]

Zudem kommt dem Fernsehen eine kosmologische Qualität und Funktion zu, indem das Fernsehen eine Leerstelle der Luhmannschen Systemtheorie füllt, die »Beschreibung der Welt als Einheit von einem Standpunkt, der vorgibt, selbst nicht Welt zu sein. Das Mediensystem wird so zum Garant gesamtgesellschaftlicher Rationalität und der Ort der Festschreibung der ›wirklichen Wirklichkeit‹ (Geertz)«.[572] So bietet diese Form von Kosmologie »in ihrer einheitlichen und umfassenden Beschreibung durch einen ›privilegierten Beobachter‹« eine »Integration von Weltaspekten in einen Deutungshorizont«.[573] Dadurch wird der Gefährdung der Gesellschaft durch Chaos Einhalt geboten, Entwicklungen der Gesellschaft werden symbolisch kommuniziert und andere gesellschaftliche Kommunikationsformen werden koordiniert. Damit zielen Thomas' Analysen zur Ritualfunktion des Massenme-

---

568 Vgl. Luhmann, a.a.O., S. 195.
569 Vgl. Luhmann, a.a.O., S. 29.
570 Vgl. Thomas, Medien – Ritual – Religion, S. 17.
571 Vgl. Thomas, Liturgie und Kosmologie, S. 99.
572 Vgl. Thomas, Medien – Ritual – Religion, S. 591.
573 Vgl. Thomas, Liturgie und Kosmologie, S. 100.

6 Religion und religiöse Valenz

diums Fernsehen und der durch sie implizierte Begriff der »Medienreligion« auf eine gesamtgesellschaftliche Perspektive.

Thomas unterscheidet vier Dimensionen der Relation von Fernsehen und Religion[574], die zugleich den Begriff der »Medienreligion« mit erfassen und »Interaktionsebenen zwischen dem Mediensystem und Religionssystem beschreiben«[575]:

1. Religion als Selbst- bzw. Fremddarstellungen expliziter Religion, wie des Christentums, des Islam und des Judentums
2. Religion in Form einzelner religiöser Motive, Symbole und Themen (z.B. Paradies und Erlösermotiv)
3. Genres und Sendeformen mit Ähnlichkeitsbeziehungen zu religiös-rituellen Vollzügen
4. strukturelle, formale und funktionale Aspekte des Fernsehens insgesamt (z.B. Transzendenzerfahrung, moralische Kommunikationsräume, Kosmologisierung).

Hinsichtlich der Computernutzung Jugendlicher sind durchaus auch Aspekte der vier Dimensionen, die G. Thomas für die Relation »Religion und Fernsehen« angibt, zu verzeichnen. Allerdings unterscheidet sich der Fokus der Fragestellung. Liegt die Perspektive bei der Analyse der Computernutzung Jugendlicher auf der Relation von Subjekt und Medium bzw. der Interaktion zwischen Subjekten, die durch das Medium Computer verbunden sind, so stellt G. Thomas die Frage nach der gesamtgesellschaftlichen Bedeutung des Massenmediums Fernsehen. Es wäre jedoch durchaus möglich, auch für das Medium Fernsehen Beschreibungen der Relation Subjekt-Medium bzw. Subjektgruppe-Medium zu erarbeiten.[576] Gleichermaßen ist es sinnvoll, den Computer bzw. das Internet unter einer gesamtgesellschaftlichen Perspektive zu erfassen. Mögen gesellschaftliche Implikationen von Fernsehen und Computer auch verschieden sein, so resultieren die Differenzen einer gesamtgesellschaftlichen und einer alltagsweltlichen Individual- bzw. Peergruppenperspektive zunächst aus dem unterschiedlichen Forschungsfokus. Allerdings zeichnen sich für das Medium Computer bzw. für das Internet deutliche Potentiale zur Gesellschaftstransformation bzw. zur globalen Grenzüberschreitung ab.[577]

N. Luhmann analysiert in »Die Gesellschaft der Gesellschaft« auch die Implikationen des Mediums Computer[578]. Er diskutiert, ob computervermittelte Kommunikation wie die Kommunikation realer Kommunikanden er-

---

574 Vgl. Thomas, a.a.O., S. 91–92.
575 Vgl. Thomas, a.a.O., S. 91.
576 Vgl. z.B. Reichertz, J., Die Frohe Botschaft des Fernsehens, Konstanz 2000.
577 Vgl. z.B. Castells, M., Das Informationszeitalter (3 Bände), Opladen 2003 / 2004.
578 Vgl. Luhmann, Die Gesellschaft der Gesellschaft, S. 304ff.

scheinen kann[579]. Es kommen Fragen nach den Dimensionen künstlicher Intelligenz in den Blick. Luhmann reflektiert zudem die Veränderungsprozesse der Gesellschaft durch das Medium Computer[580]. Markant ist dabei vor allem die »soziale Entkopplung des medialen Substrats der Kommunikation«[581]. So sind Sender und Empfänger innerhalb des Kommunikationsgefüges in noch radikalerer Weise entkoppelt, als dies generell für Massenmedien gilt[582]. In der Weise kommt es zu einer Verschärfung doppelter Kontingenz, wodurch Kommunikation an sich in Frage steht. Zugleich bildet das Medium Computer die Transformation der Gesellschaft hin zu einer globalisierten Weltgesellschaft ab. »Vor allem aber ändert der Computer, verglichen mit dem, was in der Tradition über Religion und Kunst definiert war, das Verhältnis von (zugänglicher) Oberfläche und Tiefe«[583]. Die Oberfläche stellt nun der Bildschirm dar mit einer beschränkten Inanspruchnahme der menschlichen Sinne, die Tiefe die Maschine, die unendliche Formen virtueller Realität repräsentiert.

So ist insgesamt hinsichtlich des Begriffs der »Medienreligion« festzuhalten, daß es bei analytischen Bemühungen hinsichtlich desselben nicht um das alleinige Vorkommen traditionell religiöser Motive auf einer semantischen Ebene gehen kann, sondern ganz im Sinne der Religionsphänomenologie – wie sie z.B. J. Waardenburg expliziert – erweisen sich derartige Zusammenhänge erst in der Relation von Gegenstand und Subjekt, in der Perspektive entsprechender Aneignungsprozesse.[584] So ist die Inhaltsebene – wie Janowskis und Schmidts Ausführungen zeigen – nicht vollständig von der funktionalen Perspektive zu trennen. Eine Analyse traditionell-religiöser Motive auf der semantischen Ebene erscheint durchaus legitim, unterläuft aber die eigentliche Pointe der »Medienreligion«, ähnlich wie ein allein an Objekten orientierter Religionsbegriff.[585] Daher darf der Begriff der »Medienreligion« nicht auf die Frage nach der Akzeptanz explizit christlicher Inhalte verengt werden und bleibt nicht allein auf das Medium Fernsehen beschränkt.

Mit ihrem auf das Individuum abzielenden Fokus richtet sich die vorliegende Arbeit auf eine Analyse der Rezipientenperspektive. Diese stellt nach wie vor den am wenigsten beleuchteten Bereich der Debatte um »Medienreligion« dar. So ist es nicht allein ausreichend, die Oberflächensemantik verflüssigter Formen von Religion zu untersuchen, sondern eine entsprechende

---

579 Vgl. Luhmann, a.a.O., S. 117ff.
580 Vgl. Luhmann, a.a.O., S. 304ff.
581 Vgl. Luhmann, a.a.O., S. 309.
582 Vgl. Luhmann, Die Realität der Massenmedien, S. 11.
583 Vgl. Luhmann, a.a.O., S. 304.
584 Vgl. dazu Waardenburg, J., Religionen und Religion, Berlin / New York 1986 und Kunstmann, Medienreligion, S. 405 ff.
585 Vgl. dazu Heimbrock, a.a.O., S. 190ff.

Analyse hat auf die existentiellen Grundstrukturen der Relation Subjekt – Medium abzuzielen. Derartige Untersuchungen sind auch für andere Bereiche von »Religion« im Bereich populärer Kultur nach wie vor ein Desiderat. In dem Sinne bemerkt M. Pirner:

> »Auffällig ist, dass es bisher kaum Arbeiten gibt, welche die Frage nach religiösen Dimensionen der populären Kultur empirisch von der Rezipientenseite her bearbeiten. Es liegen fast ausschließlich Objektanalysen, d.h. Interpretationen von Texten, Strukturen, Systemen, Phänomenen vor, aber kaum Untersuchungen zu den Arten und Weisen, wie Menschen damit umgehen ... Dieser Befund läßt sich in Zusammenhang bringen mit den nach wie vor vorherrschenden wissenschafts- und erkenntnistheoretischen Orientierungen in der Theologie und auch noch in der Religionspädagogik: Empirische Forschungsansätze sind nach wie vor rar«.[586]

Letzteres gilt insbesondere für den Medienbereich. Daher konstatiert J. Kunstmann in seinem Beitrag »Medienreligion«: »Empirische Studien, vor allem zur medienreligiösen Rezeption, fehlen allerdings«.[587] Auch S. Bobert-Stützel bemerkt: »Unter welchen Umständen das Internet als ›technische Form Gottes‹ oder als ›Travestie von Transzendenz‹ erscheinen muß, bleibt m.E. von einer differenzierter arbeitenden qualitativen Sozialforschung durch TheologInnen zu prüfen«.[588] Einem derartigen Defizit empirischer Rezipientenforschung ist notwendig Abhilfe zu schaffen. In dem Sinne möchte die vorliegende Studie zum Computerumgang Jugendlicher einen Beitrag zu dem angezeigten Forschungsdesiderat bieten, welches vor allem den wenig erforschten Bereich des Mediums Computer und der neuen Medien sowie deren Wirkung auf die jugendlichen Subjekte betrifft.

6.6 Exkurs: »Spielräume«

Ebenso werden spieltheoretische Elemente zentral für die Explikation der Phänomene im Zusammenhang des Computerumgangs Jugendlicher.[589] »Es ist das Phänomen des Spiels, welches unseren Umgang mit der neuen Technologie bestimmt. Die neuen medientechnisch generierten Räume bzw. virtuellen Welten sind mediale Festbühnen, die sich als potentielle Spielräume anbieten; ihre Spezifik nimmt mit der Art und Weise ludischer Gestaltungsmuster ihren Anfang«.[590] Die spieltheoretischen Elemente werden im Rah-

---

586 Vgl. dazu Pirner, »Religion« und »Religiosität«, S. 66.
587 Vgl. Kunstmann, Medienreligion, S. 409.
588 Vgl. Bobert-Stützel, »The medium is the message«, S. 27–28.
589 Vgl. zur Analyse der Spielräume Adamowsky, N., Spielfiguren in virtuellen Welten, Frankfurt 2000 sowie Huizinga, J., Homo Ludens, 19. Aufl., Reinbek bei Hamburg 2004.
590 Vgl. Adamowsky, a.a.O., S. 18.

men der vorliegenden Untersuchung im Zusammenhang der Fragestellung nach religiöser Valenz behandelt, um die enge Beziehung von Spiel und Fest bzw. Spiel und Kult zu unterstreichen.

Beim Spiel geht es um eine explorative, zweckfreie Form der Selbstentfaltung. Es findet in einem Zwischenraum – dem intermediären Raum – statt. Dieser intermediäre Raum ist nach D. Winnicott eng verbunden mit Übergangsobjekten.

Das Übergangsobjekt wird im Alter zwischen vier und zwölf Monaten vom Kind entdeckt und ist selbst ein vorübergehendes Phänomen. Übergangsobjekte sind Gegenstände wie z.B. Betttücher oder zerlumpte Stoffpuppen, zu denen Kleinkinder eine Bindung entwickeln, die auch dann bestehen bleibt, wenn sie ihre Erkundung der Welt über das Kinderzimmer hinaus ausdehnen. Winnicott betrachtet sie als Vermittler zwischen der anfänglichen Bindung des Kindes an die Mutter und der zunehmenden Fähigkeit des Kindes, Beziehungen zu anderen Menschen zu entwickeln, die es als selbständige Objekte erlebt. Wenn das Kind heranwächst, verlieren zwar die konkreten Übergangsobjekte ihre Bedeutung, nicht aber die Erfahrungen, die das Kind damit gemacht hat. Diese prägen in der späteren Entwicklung des Individuums die intensive Erfahrung zwischen dem Selbst und bestimmten Objekten. So tritt ein hochgradig aufgeladener Zwischenbereich – der intermediäre Raum – an die Stelle der Übergangsobjekte. Winnicott beschreibt diesen als die Fähigkeit zu spielen, kreativ zu sein, Kunst- und Kulturobjekte zu schaffen und zu genießen. In diesem Bereich, der zwischen den Anforderungen der Triebe auf der einen Seite und denen der äußeren Realität auf der anderen Seite liegt, können Erfahrungen zugelassen werden, die nicht der Realitätsprüfung unterzogen werden müssen. Dadurch erlebt das Subjekt eine Entlastung davon, ständig zwischen innen und außen unterscheiden zu müssen.[591]

Im intermediären Raum des Spiels ist es möglich, zwischen Ich und Nicht-Ich, zwischen innen und außen hin und her zu wechseln, und die Grundpolarität des Lebens zu überspringen. »Spiel als solches dekonstruiert die Wirklichkeit im Sinn des ›Nicht-Ich‹ oder ›nicht Nicht-Ich‹. Die Hierarchie, in der normalerweise Tatsächliches als ›Wirklichkeit‹ und ›Phantasie‹ als ›Unwirklichkeit‹ gesehen wird, ist für die Spielzeit aufgehoben«.[592] So wird die Differenz zwischen Ich und dem Anderen im Spiel überwindbar:

> »Während uns ... normalerweise das Fremdartige als etwas begegnet, das innerhalb unserer eigenen Ordnung nicht gesagt und getan werden kann, wohl aber in einer anderen, so erscheint in der Sphäre des Spiels die Differenz von Eigenem und Fremden auf einmal überwindlich. Dies ist der

---

[591] Vgl. dazu Winnicott, Vom Spiel zur Kreativität, S. 10–36 und Löchel, Zur psychischen Bedeutung virtueller Welten, S. 9 sowie Turkle, Leben im Netz, S. 444.
[592] Vgl. Schechner, Theater-Anthropologie, S. 216.

Schlüssel für die der Spielsphäre wesenhaft eigene Seinsweise im Sinne einer ›Transformance‹ von Bewußtsein«.[593]

Der Spielraum ist – obwohl er von der Ordnungs- und Ernsthaftigkeit der Alltagswelt zu unterscheiden ist – kein vollständig regelfreier Raum.[594] Vielmehr erweist sich der Spielraum als ein Raum, der eigene Regeln besitzt, die nicht der Ordnung des Alltags entsprechen. Durch das Eintreten in den Spielraum mit seiner Regelhaftigkeit – der aber zugleich auch immer ein chaotisch-anarchisches Moment aufweist – wird eine Transformation von Alltagsordnung möglich. Eine solche Entfaltung im Spiel innerhalb eigener Formen von Regelhaftigkeit wird auch hinsichtlich der Spielräume des Computerumgangs Jugendlicher erkennbar.[595]

»Innerhalb des Spielplatzes herrscht eine eigene und unbedingte Ordnung ... Das Spiel bindet und löst. Es fesselt. Es bannt, das heißt: es bezaubert«.[596]

Der Spielraum ist der Raum der Wünsche, in dem Wollen und Erfüllung nicht wie in der Realität auseinandertreten.[597] Im Spielraum ist die Fülle der Lebensmöglichkeiten präsent, die sonst im Alltag oftmals verschlossen bleiben. Dieser Zusammenhang spielt eine zentrale Rolle innerhalb des Computerumgangs Jugendlicher.[598]

Das Spiel besitzt, trotzdem es im zweckfreien Raum geschieht, durchaus funktionale Dimensionen. So haben die im Spielraum stattfindenden Prozesse einübende und stabilisierende Funktion für das Sein und das Handeln des Subjekts im Raum des Alltagslebens. Auch diese Relation von Spielraum und Alltag wird im Rahmen der Analyse des Computerumgangs Jugendlicher erkennbar.

Die Kommunikationsformen im Spielraum besitzen Geheimnischarakter. In dem Sinne unterscheiden sich die Kommunikationsformen des Alltags deutlich von denen des Spiels und verleihen dem Spiel den Charakter einer Arkandisziplin.[599]

»Der Form nach betrachtet, kann man das Spiel also ... eine freie Handlung nennen, die als ›nicht so gemeint‹ und außerhalb des gewöhnlichen Lebens stehend empfunden wird und trotzdem den Spieler völlig in Beschlag nehmen kann, an die kein materielles Interesse geknüpft ist und mit der kein Nutzen erworben wird, die sich innerhalb einer eigens bestimmten Zeit und eines eigens bestimmten Raums vollzieht, die nach bestimmten Regeln ordnungsgemäß verläuft und Gemeinschaftsverbän-

---

593 Vgl. Adamowsky, a.a.O., S. 30 und dazu Schechner, a.a.O., S. 129.
594 Vgl. dazu Huizinga, Homo Ludens, S. 19ff.
595 Vgl. dazu Kapitel 10.3 »Dimensionen religiöser Valenz«.
596 Vgl. Huizinga, a.a.O., S. 19.
597 Vgl. dazu Adamowsky, a.a.O., S. 34.
598 Vgl. dazu Kapitel 10.3 »Dimensionen religiöser Valenz«.
599 Vgl. Huizinga, a.a.O., S. 22.

de ins Leben ruft, die ihrerseits sich gern mit einem Geheimnis umgeben oder durch Verkleidung als anders von der gewöhnlichen Welt abheben«.[600]

Die Inszenierung im Spielraum und das Spielerleben kennzeichnen Trance und Ekstase, wie sie auch für die Flow-Erlebnisse im Kontext der Analysen Victor Turners verzeichnet wurden.[601] »Im Spiel sind ›Mensch und Welt, Subjekt und Objekt, nicht geschieden‹, ›fallen zusammen‹, werden ›auf besonders anschauliche Weise eins‹«.[602] Solche Prozesse des Einswerdens sind charakteristisch für Flow-Erlebnisse, wie sie Csikszentmihalyi beschreibt. Dabei wird die Grundstruktur von Flow-Erleben und die unmittelbare Rückmeldung über Erfolg oder Mißerfolg kennzeichnend für das Spielerleben:

> »Darauf und auf den verschiedenen Dimensionen von flow-Verschmelzung von Handeln und Bewußtsein, unmittelbarem feedback, Handlungskontrolle, Sammlung der Aufmerksamkeit und Egoverlust – beruht die Kategorie der Belebung und Lebendigkeit im Spiel. Welches Spiel auch immer man ausüben mag, stets geht es darum, vollständig im Leben aufzugehen, es intensiver, bunter und voller zu erfahren«.[603]

Innerhalb dieser Erlebnisdimensionen – der Beziehung von Hineingenommensein und der jederzeit bestehenden Möglichkeit des Wiederverlassens des Spielraums – ist das Moment der Faszination das entscheidende.

> »Das Moment der Faszination aber ist das Wirkungspotential der Inszenierung schlechthin und macht auch ihre Spezifik als Kommunikationsform aus. Das gleichzeitige Gebannt- und Abgestoßensein setzt allerdings die Bereitschaft voraus, sich faszinieren zu lassen«.[604]

Prozesse der Selbstentzogenheit bei gleichzeitigem Bewußtwerden der zu wählenden und im Rahmen der Performance umgesetzten Rollen machen das eigentliche Spielerleben aus. Innerhalb dieser Formen des Spielerlebens sind dann folgende Formen zu unterscheiden: Spielformen mit wettkampfartigem Charakter, solche, die dem Bereich des Glücksspiels zuzurechnen sind, Rollenspiele und an Angst-Lust orientierte Spielformen, die mit entsprechenden Körperreaktionen verbunden sind.[605] Spielerleben führt im Sinne Victor Turners zu Stimmungen, die als »subjunctive mood« bezeichnet werden kön-

---

600 Vgl. Huizinga, ebd.
601 Vgl. dazu Kapitel 6.4 »Der religionstheoretische Horizont zur Explikation jugendlichen Computerumgangs« und dazu Schechner, a.a.O., S. 148.
602 Vgl. Adamowsky, a.a.O., S. 50 sowie dazu Schaller, Zur pädagogischen Theorie des Spiels, S. 203–209.
603 Vgl. Adamowsky, a.a.O. S. 93.
604 Vgl. Adamowsky, a.a.O. S. 94 und dazu Scholtz, Fascinating technology, S. 173–184.
605 Vgl. Adamowsky, a.a.O., S. 54 und dazu Callois, Man, Play and Games, S. 71–128.

6 Religion und religiöse Valenz

nen.[606] Derartige Zustände sind Phasen »totalen Erlebens«, wie sie auch im Ritual zu finden sind.[607] Innerhalb derartiger Zustände werden allumfassende Vereinigungsgefühle, die das Selbst als eingebettet in den ganzen Kosmos erscheinen lassen, erkennbar. Diese Spielvorgänge haben dann transformatorische Implikationen für den Leib des spielenden Subjekts.[608] Letztere Phänomene werden auch die Untersuchungen zum Computerumgang Jugendlicher unterstreichen.

Zentrales Element der Aktion im Spiel ist die Performance.

> »Anders als beim instrumentellen und strategischen Handeln, wo es um zweckrationale Verfügbarmachung objektiver bzw. sozialer Weltausschnitte geht, oder auch im Unterschied zum kommunikativen Handeln, bei dem über die illokutionären Bindungskräfte der Sprache eine verständigungsorientierte Einstellung eingenommen wird, kommt die Performance ohne klare Intentionalitäten aus«.[609]

Spielperformances haben einen schnellen und kurzweiligen Charakter. Sie reagieren auf das menschliche Grundbedürfnis, sich in Szene zu setzen und das eigene Leben zu dramatisieren. Dabei finden sich komplexe Interaktionsstrukturen der am Spiel Beteiligten:

> »Every role is a way of relating to other-roles in a situation. A role cannot exist without one or more relevant other roles towards which it is oriented ... The idea of role taking shifts emphasis away from the simple process of enacting a prescribed role to devising a performance on the basis of an imputed other-role«.[610]

So ist das performative Spiel im Spielraum im Sinne »entlastenden Verhaltens« durchaus an Unterhaltung orientiert.[611] Diese Dimension der Unterhaltung und Muße spielt auch eine entscheidende Rolle beim Spiel in virtuellen Räumen, wie es die Analysen zum Computerumgang Jugendlicher erkennen lassen.[612]

Eine enge Beziehung besitzt das Spiel traditionell zum Fest. »Zwischen Fest und Spiel bestehen nun der Natur der Sache nach engste Beziehungen«.[613] Feste »begleiten die großen Einschnitte im Lebenslauf, markieren den Zyklus der Natur, die Höhepunkte der Geschichte und offenbaren damit die Gefühle und Sehnsüchte der Feiernden«.[614] Das Fest ist als »Aus-Zeit«

---

606 Vgl. Adamowsky, a.a.O., S. 55 und Turner, Play and Drama, S. 222.
607 Vgl. Adamowsky, a.a.O., S. 58.
608 Vgl. Adamowsky, ebd.
609 Vgl. Adamowsky, a.a.O., S. 66.
610 Vgl. Adamowsky, a.a.O., S. 70 und Turner, Role-Taking, S. 87.
611 Vgl. dazu Heimbrock, Gottesdienst in der Unterhaltungsgesellschaft, S. 11ff.
612 Vgl. zum Unterhaltungsbegriff Kapitel 6.5 »Exkurs: Zur Diskussion um ›Medienreligion‹«.
613 Vgl. Huizinga, a.a.O., S. 31.
614 Vgl. Adamowsky, a.a.O., S. 88.

6.6 Exkurs: »Spielräume«

vom Alltag zu unterscheiden.[615] Es ist daher als vom Alltag herausgenommene Zeit zu verstehen, für die bestimmte Trennungsphasen absolviert werden müssen, um in sie einzutreten. In dem Sinne ist das Fest – wie auch das Spiel – räumlich wie zeitlich von dem Raum und der Zeit der Alltagswelt zu unterscheiden.[616] Van Genneps[617] Analysen entsprechend – wird der »heilige Raum« bzw. die »heilige Zeit« gegenüber der profanen Alltagswelt abgegrenzt. Beim Eintreten in den Raum des Spiels geht es um ein Eintreten in die »Antistruktur«[618] des Außeralltäglichen, den ebenso das Fest bereitstellt. In diesem Raum werden exzessive Regelüberschreitungen möglich, die wiederum eine Transformation des Alltagslebens möglich machen:

> »So liegt im Spielen erstens eine grundlegende Umkehrung der Haltung gegenüber der Außenwelt vor; der Spieler transzendiert seinen Bezug zur Welt der Dinge, bezieht sich auf ein Leben, wie es sein könnte. Damit einher geht oft zweitens, daß die Spielenden die soziale Situation in die Hand nehmen und die herkömmlichen Mechanismen gesellschaftlicher Kontrolle umdrehen. In diesem neuen Sozial-Gefüge können die Spielenden drittens die Einseitigkeiten des alltäglichen Lebens wenden, denn es gibt kein Spiel, bei dem nicht jeder Spieler die Chance hätte, einmal an die Reihe zu kommen«.[619]

Das Spiel ermöglicht dem Alltagsverlierer, sich als Gewinner zu fühlen. Diese Grundstruktur wird auch hinsichtlich der Computernutzung Jugendlicher erkennbar. So werden im Spiel die festgeschriebenen Rollenmuster des Alltags aufgehoben und transzendiert.

> »Dem nah verwandt gibt es ... die Umkehrung von über- und untergeordneten Rollen, Gewinnern und Verlierern(,) ... die Umkehrung der Regeln an sich, denn die Spielenden können ihre Regeln stets neu erfinden und abändern, um sie der Situation, Stimmung und Merkmalen der Gruppen anzupassen«.[620]

Auch die Zeit des Spiels ist – vergleichbar zur »Aus-Zeit« des Festes – von der alltäglichen Zeit zu unterscheiden. Die Linearität der Zeit entfällt. Was zählt, ist das Hier und Jetzt, der Augenblick. Dieses Phänomen wird auch hinsichtlich einer Analyse der der Computernutzung Jugendlicher zugrundeliegenden Zeitstruktur erkennbar. Kennzeichnend für die Spielräume ist zudem eine »Verdopplung der Weltwirklichkeit«[621], wie sie z.B. im

---

615 Vgl. Adamowsky, ebd.
616 Vgl. dazu Huizinga, a.a.O., S. 18.
617 Vgl. van Gennep, A., Übergangsriten, Frankfurt / New York 1986 und Kapitel 6.4 »Der religionstheoretische Horizont zur Explikation jugendlichen Computerumgangs«.
618 Vgl. Turner, V., Das Ritual, Frankfurt / New York 1989.
619 Vgl. Adamowsky, a.a.O., S. 91–92.
620 Vgl. Adamowsky, a.a.O., S. 92.
621 Vgl. Adamowsky, a.a.O., S. 100.

6 Religion und religiöse Valenz

Karneval erkennbar wird. Diese Verdopplung der Weltwirklichkeit zeigt sich auch in den virtuellen Spielräumen der MUDs, der Chat-Räume und der Rollenspiele. Sie bieten ein »Interface, auf dem die Wünsche nach Konsistenz und Wandel, Erhalten und Erneuern, Sicherheit und Überraschung aufeinandertreffen«.[622] Es geht um Formen »symbolischer Inversion«, um Spielräume, die »einen Freiraum schaffen, in dem man neue Rollen und Ideen testen kann ... (und die so) eine essentielle Komponente des Liminalen und Liminoiden und aller damit verbundenen Spielarten«[623] darstellen. Die Alltagsordnung wird in Frage gestellt und gleichzeitig durch den Eintritt in Bereiche eigenen Ordnungscharakters – in denen scheinbar unvereinbare Dimensionen vereinigt werden können – transformiert. Dabei ist es für das Spiel besonders zentral, daß die sich in ihm ereignende Rollenübernahme den Charakter der Umkehrbarkeit besitzt und sich keine wirkliche Festlegung einer Rolle im Spielraum abzeichnet. »Spiel ist eine freiwillige Handlung oder Beschäftigung, die innerhalb gewisser festgesetzter Grenzen von Zeit und Raum nach freiwillig angenommenen, aber unbedingt bindenden Regeln verrichtet wird, ihr Ziel in sich selber hat und begleitet wird von einem Gefühl der Spannung und Freude und einem Bewußtsein des ›Andersseins‹ als das ›gewöhnliche Leben‹«.[624]

Durch die enge Beziehung des Spiels zum Ritual, zum Fest und durch seine Charakteristik durch ekstatische Dimensionen besitzen die Spielräume eine religiöse Konnotation.[625] »Performance itself is a heightened activity, an exalted state that is intermittent, sacred, mythic, and masced«.[626] Innerhalb der ganzheitlichen ekstatischen Zustände im Rahmen der Performance, wird das Ganze des Seins, das Ganze des Kosmos gegenwärtig. Es findet eine Entgrenzung von Zeit und Raum, Ganzem und Teilen statt. »In der Form und in der Funktion des Spiels, das eine selbständige Qualität ist, findet das Gefühl des Eingebettetseins des Menschen im Kosmos seinen ersten, höchsten und heiligsten Ausdruck«.[627]

J. Huizinga bestimmt das Spiel in dem Sinne als Ursprung von Kultur und damit als Ursprung von Mythus und Kult: »In Mythus und Kult aber haben die großen Triebkräfte des Kulturlebens ihren Ursprung: Recht und Ordnung, Verkehr, Erwerb, Handwerk und Kunst, Dichtung, Gelehrsamkeit und Wissenschaft. Auch diese wurzeln sämtlich im Boden des spielerischen Han-

---

622 Vgl. Adamowsky, a.a.O., S. 101.
623 Vgl. Adamowsky, a.a.O., S. 102.
624 Vgl. Huizinga, a.a.O., S. 37.
625 Vgl. zu einer Analyse der religiösen Dimensionen von Spiel und Ritual hinsichtlich des Gottesdienstes Heimbrock, H.-G., Gottesdienst: Spielraum des Lebens, Kampen 1993.
626 Vgl. Adamowsky, a.a.O., S. 146 und Schechner, Environmental Theatre, S. 172.
627 Vgl. Huizinga, a.a.O., S. 27.

delns«.[628] Die Beziehung von Spiel und Heiligem ist so eng, daß diese untrennbar miteinander verbunden sind: »Das menschliche Spiel gehört doch jedenfalls in allen seinen höheren Formen, in denen es etwas bedeutet oder etwas feiert, der Sphäre des Festes und des Kults – der heiligen Sphäre – an«.[629] In dem Sinne ist ein enger Zusammenhang von Spiel und Kult zu verzeichnen:

> »Die heilige Schaustellung ist mehr als eine Scheinverwirklichung, mehr auch als eine symbolische, sie ist eine mystische Verwirklichung. Etwas Unsichtbares und Unausgedrücktes nimmt in ihr schöne, wesenhafte, heilige Form an. Die Teilnehmer am Kult sind überzeugt, daß die Handlung ein gewisses Heil verwirklicht und eine Ordnung der Dinge zustande bringt, die höher ist als die, in der sie gewöhnlich leben. Trotzdem trägt die Verwirklichung durch Darstellung auch weiterhin in jeder Hinsicht die formalen Kennzeichen eines Spiels. Sie wird gespielt, innerhalb eines tatsächlich abgesteckten Spielraums aufgeführt, als Fest, d.h. in Fröhlichkeit und Freiheit. Eine eigene, zeitweilig geltende Welt ist ihr zuliebe abgezäunt. Mit dem Ende des Spiels ist aber seine Wirkung nicht abgelaufen; es wirft vielmehr auf die gewöhnliche Welt da draußen seinen Glanz und bewirkt für die Gruppe, die das Fest gefeiert hat, Sicherheit, Ordnung und Wohlstand, bis die heilige Spielzeit wieder da ist«.[630]

So wird gerade das Kultspiel zum zentralen Element von Gesellschaft. Dennoch besitzt das Spiel – wie sich gezeigt hat – nicht nur in dieser ausstratifizierten Form des Kultspiels Dimensionen religiöser Konnotation, die auch innerhalb des Spielraumes des Computerumgangs Jugendlicher aufscheinen.

6.7 Auswertung: Implikationen zur Gestaltung des Religionsbegriffs

Wie bereits dargelegt wurde, ging es in den vorherigen Kapiteln nicht darum, eine vollständige Definition des Religionsbegriffs zu erarbeiten. Vielmehr mußte ein dem Forschungsgegenstand – den Dimensionen religiöser Valenz hinsichtlich des Computerumgangs Jugendlicher – angemessenes Theoriecluster erst in Relation zu demselben erarbeitet werden. Die Übernahme eines bestehenden Clusters, wie es z.B. Ch. Glock erarbeitet hat, erwies sich für eine derartige metatheoretische Explikation des Forschungsgegenstands weniger geeignet. Letzterer Zusammenhang legt ein grundsätzliches Verhältnis von deduktiv operierender Metatheorie und induktiv operierenden materialen Theorieelementen offen, das formal als abduktive Korrelierung beschrieben werden kann. Die deduktiv operierende Metatheorie ist allein nicht geeignet, um alle Nuancen des untersuchten Phänomenbe-

---

628 Vgl. Huizinga, a.a.O., S. 13.
629 Vgl. Huizinga, a.a.O., S. 18.
630 Vgl. Huizinga, a.a.O., S. 23.

standes auszuleuchten. Vielmehr sind immer die Einzelerscheinungen von Religion zu berücksichtigen.

Allerdings sind auch grundsätzliche formale Bestimmungen hinsichtlich des Religionsbegriffs festzuhalten. So ist eine Unterscheidung des Kern- und Randbereichs von Religion schwierig. Durch gesellschaftliche Veränderungsprozesse haben sich traditionelle Formen von Religion aufgelöst und hin zu stark individualisierten Religionsformen »verflüssigt«. Allerdings erscheinen selbst die traditioneller ausgerichteten Formen von Religion in synkretistischer Gestalt. Der Religionsbegriff selbst ist geprägt von der westlich-aufklärerischen Tradition und hat seinen Ursprung in der Antike. Er bezeichnet bei Cicero kultische Angelegenheiten und bei Laktanz die Verbindung von Gott und Mensch. Nach der Christianisierung wurde er für das Christentum gebraucht, das von den »religiones falsae« unterschieden wurde. Die Aufklärung differenzierte wiederum zwischen einer natürlichen Vernunftreligion und einer positiven Offenbarungsreligion. Im 18. / 19. Jahrhundert fokussierte der Religionsbegriff dann auch auf individuelle Lebenspraxis (Schleiermacher / Semler). Diese beschriebene westlich-aufklärerische Prägung des Religionsbegriffs ist notwendig kritisch zu berücksichtigen. Zudem wird ein entsprechendes Reflexionsniveau vorausgesetzt, wie es für religionstheoretische Forschungszusammenhänge kennzeichnend ist. Daher muß eine Applikation des Religionsbegriffs wegen dieses theoretischen Abstraktionsgrads nicht mit einer individuellen Selbstzuschreibung von Religion verbunden sein, sondern ist primär Resultat der Forscherperspektive, die zu einem entscheidenden Faktor der Untersuchung von Religion wird (van der Leeuw). Eine derartige Unterscheidung kennt auch Jacques Waardenburg, wenn er von expliziter – auf die Innenperspektive gerichteter – und impliziter – aus der Außenperspektive differenzierter – Religion spricht.

Religion ereignet sich nach Waardenburg immer in der intentionalen Beziehung zwischen Subjekt und Gegenstand. Dadurch hebt Waardenburgs neuphänomenologischer Ansatz die Dichotomie zwischen Subjekt und Objekt auf. Religion ist in gelebter Wirklichkeit zu finden, wo Phänomene mit entsprechendem Sinn belegt werden. Dieser Sinnzusammenhang besitzt einen absoluten Wert für das Subjekt. Ähnlich entfaltet Georg Simmel den Gedanken einer persönlichen, subjektiven Religiosität, die für ihn aus der mystisch-religiösen Grundkodierung des Lebens resultiert. Ob eine solche Religiosität ihren Grund in einer wie immer gearteten Form des »Heiligen« (Otto / Eliade) hat, ist empirisch nicht zu erschließen.

Durkheim und Luhmann arbeiten die Funktion von Religion für den Zusammenhalt von Gesellschaft heraus.[631] Diesen Gedanken nimmt C. Geertz auf, der Religion als regionales, kulturelles System versteht. Religion bildet

---

[631] Dabei bleibt die Gruppenfunktion von Religion bei Luhmann – die Funktion für soziale Systeme – ein erkenntnistheoretisches Desiderat.

6.7 Auswertung: Implikationen zur Gestaltung des Religionsbegriffs

die Weltsicht einer Gruppe und dient deren Stabilisierung. Gekoppelt an Rituale erhält eine solche Weltsicht die Aura von Faktizität. Die Ritualfunktion stellt zudem die Kopplung zwischen kollektiver, gesellschaftlicher und der Individualfunktion von Religion her (vgl. auch Durkheim / Luhmann). Für Geertz löst die Kollektivgestalt von Religion entsprechende Dispositionen beim Individuum aus. So erlebt sich das Individuum permanent als gefährdetes und die kosmische Ordnung, die Grundkosmologie wird in Frage gestellt. Der Mensch erfährt die Grenzen seines Seins, die er rational und emotional zu bewältigen hat. Darin expliziert sich die Sinnfrage, die – wie die Analysen zum Identitätsbegriff gezeigt haben[632] – notwendig bearbeitet werden muß, da sonst der Zerfall des Subjekts droht. Kommt es zum Bewußtwerden der Grundkosmologie, so ist der jeweilige Gegenstandsbereich nicht festgelegt. Vielmehr kann jeglicher Gegenstandsbereich zum Symbol für transzendente Wahrheit werden. Gottesvorstellungen sind wiederum als tradierte, spezifische Explikation dieser Grundkosmologie zu verstehen.

Die gesellschaftliche Bedeutung der Ritualfunktion schlüsselt V. Turner genauer auf. Er unterscheidet das Ritual, das transformatorischen Charakter besitzt, vom Zeremonial, dem allein eine stabilisierende Funktion zukommt. Rituale verleihen – wie bereits bei Geertz deutlich wurde – Krisen- und Übergangserfahrungen Ausdruck und ermöglichen so deren Bewältigung. Derartige Transformationsprozesse ereignen sich spezifisch in den Schwellenphasen, die das Ritual räumlich und zeitlich vom Alltag abtrennen und zu etwas Außeralltäglichem machen. Innerhalb dieser Schwellenphase sind Erfahrungen von Communitas – von positivem Gemeinschaftserleben – möglich, die wiederum ekstatische Dimensionen besitzen. Vergleichbare Merkmale der zeitlichen Abtrennung, des Potentials zur Transformation, der Antistruktur gegenüber den Regeln des Alltagslebens sowie der Begleitung von Einschnitten im Lebenslauf weisen auch das Fest und das Spiel auf. In der Post- bzw. Spätmoderne ist jedoch eine Transformation der Ritualfunktion von einem kollektiven, gesellschaftsorientiertem Charakter hin zu einer Individualorientierung zu beobachten. So besitzen die gesellschaftlich konstruierten Weltbilder keine Verbindlichkeit mehr, sondern das Individuum ist – seinem Drang zur Selbsttranszendierung folgend – auf Sinngenese angewiesen, um die Horizonthaftigkeit jeder Erfahrung zu bearbeiten (Luckmann). Dabei wird Religion unsichtbar, da sie nicht mehr an den traditionellen Orten wie Kirche auftaucht, sondern andere gesellschaftliche Faktoren wie Nation, Markt und Medien ihre Funktion übernehmen (Luhmann / Luckmann). Aufgabe religionstheoretischer Forschung ist es im Sinne von W. Gräb diese unsichtbare Religion offenzulegen. Dabei wird gerade die Medienthematik zentral für eine derartige Untersuchung. So ereignet sich in Relation zu den Medien

---

632 Vgl. dazu Kapitel 5 »Identität und Bildung«.

elementare Daseinsorientierung, Alltagsorganisation und -stabilisierung sowie eine rituelle Bearbeitung von Alltagserfahrung.

# C) Jugendliche am Computer:
Die empirische Feldstudie

7 Methodologie und Methode

Wurden in den vorhergehenden Kapiteln 5 »Identität und Bildung« und 6 »Religion und Bildung« vorlaufend die metatheoretischen Theorieelemente expliziert, die in abduktiver Korrelation zu den materialen, aus der Empirie erarbeiteten Theorieelementen in Beziehung gesetzt werden sollen[633], so werden nun diese sowie die Methodik ihrer Erarbeitung präsentiert.[634]

7.1 Zur Methodologie

Die vorliegende Untersuchung des Computerumgangs Jugendlicher gehört methodisch – neben den Bereichen der Identitäts- und Religionsforschung – der Medien- und Kommunikationsforschung an, die darauf abzielt, »die komplexen Phänomene medialer Kommunikation zu analysieren, zu beschreiben, zu erklären, zu deuten und zu verstehen«.[635]

Dabei sind quantitative empirische Zugangsweisen von qualitativ-hermeneutischen Methoden zu unterscheiden. Zielen erstere auf eine Objektivität ab, die der naturwissenschaftlicher Analyse vergleichbar sein soll und auf eine Berechenbarkeit der Ergebnisse setzt, so sind letztere Methoden der geisteswissenschaftlichen Hermeneutik und ihren Prozessen der Theoriegewinnung und -evaluierung durch intersubjektive Kommunikation zuzurechnen. Der qualitativen Feldforschung geht es darum, exemplarisch Tiefendimensionen bestimmter Zusammenhänge zu erkennen, die für quantitative Verfahren unzugänglich bleiben müssen. Auf eine derartige exemplarische Analyse der Tiefendimensionen hinsichtlich des Computerumgangs Jugendlicher unter der Perspektive der Identitäts- bzw. Selbstbildung und Sinngenese ist die vorliegende Untersuchung ausgerichtet. Daher orientiert sie sich an qualitativ-empirischen Methoden.

---

633 Vgl. dazu Kapitel 4 »Zur Relation von Theorie und Empirie« und Kapitel 10 »Jugendliche am Computer: Ergebnisse der Prozesse abduktiver Korrelierung von Theorie und Empirie«.

634 Vgl. dazu Kapitel 8.1.9 »Auswertung: Selbstbildung, Identitätsgenese und religiöse Valenz«, 8.2.5 »Auswertung: Selbstbildung, Identitätsgenese und religiöse Valenz«, 9.1.6 »Auswertung: Selbstbildung, Identitätsgenese und religiöse Valenz«, 9.1.7 »Pädagogische Implikationen«, 9.2.7 »Auswertung: Selbstbildung, Identitätsgenese und religiöse Valenz«, 9.3.7 »Auswertung: Selbstbildung, Identitätsgenese und religiöse Valenz«, 9.4 »Entwicklungen vom Ende der 80-er Jahre bis zum Beginn des 21. Jahrhunderts«, 9.5 »Zum Vergleich der empirischen Feldstudie mit JIM 2002«.

635 Vgl. Mikos, Wie das Leben wirklich ist, S. 4.

7 Methodologie und Methode

Wissenschaftshistorisch hat die qualitative Sozialforschung ihre Wurzeln u.a. in der Phänomenologie, in ihrer im Anschluß an E. Husserl von A. Schütz ausgearbeiteten Variante. In dieser Tradition steht auch die vorliegende Studie, die ein phänomenologisch-wahrnehmungsorientierter Forschungsansatz kennzeichnet, der explizit die lebensweltliche Vernetzung des untersuchten Phänomenzusammenhangs des Computerumgangs Jugendlicher im Blick hat und versucht, das bereits angezeigte Defizit lebensweltlicher Rückbindung gerade hinsichtlich dieser Thematik aufzuarbeiten.[636] Eine solche lebensweltliche Rückbindung ist auch bei der Erarbeitung eines angemessenen Methodensettings zur Erschließung des untersuchten Gegenstands notwendig, da eine entsprechende empirische Analyse sonst defizitär bleiben muß.[637]

Damit besitzt Husserls Ausgangsthese nach wie vor Relevanz, die eine »Krisis der europäischen Wissenschaften«[638] annimmt, die in der allgemeinen Lebensweltvergessenheit eines Großteils der Wissenschaften gründet. Erst durch eine Umorientierung hin zur Lebenswelt ist es den Wissenschaften möglich, zu einem hinreichenden methodischen Selbstverständnis zu gelangen. Die Lebenswelt wiederum ist Grundlage jeglicher Theorie und Praxis zwischen transzendentaler Abstraktion und weltorientierter Konkretion.[639] Sie bildet das »Universalfeld aller wirklichen und möglichen Praxis«.[640]

Alfred Schütz[641] hat diese Ausgangsthese Husserls übernommen und versuchte, die Wesensmerkmale der Lebenswelt im Hinblick auf die Fragestellung nach der Weltzugangsweise und der Forschungsstruktur der Sozialgegenüber den Naturwissenschaften zu erkunden. Im Gegensatz zum objektivistischen, auf möglichst vollständige Verallgemeinerung abzielenden Wissenschaftsverständnis der Naturwissenschaften geht eine phänomenologische Herangehensweise von den Erfahrungen des einzelnen – zunächst von den Erfahrungen des Forschers – aus. Damit stellt Schütz das Postulat der am Subjekt orientierten Interpretation in den Mittelpunkt seiner Überlegungen. Schütz arbeitet heraus, daß das Erleben des Forschers und nicht scheinbar

---

636 Vgl. dazu Kapitel 1 »Einleitung«, 2 »Religionspädagogische Entwürfe zum Thema ›Computer und Internet‹« und 3 »Adoleszenz, Technik und Medialität«.
637 Vgl. dazu Kapitel 7.2 »Zur Methodik der empirischen Feldstudie«.
638 Vgl. dazu Husserl, E., Die Krisis der europäischen Wissenschaften und die transzendentale Phänomenologie, Husserliana VI, 2. Aufl., Den Haag 1962.
639 Vgl. dazu Hitzler / Eberle, Phänomenologische Lebensweltanalyse, S. 109ff. und Biehl, Der phänomenologische Ansatz in der deutschen Religionspädagogik, S. 15ff. sowie Kapitel 1.4 »Zum Defizit einer lebensweltlichen Orientierung am Lernort ›Schule‹ – ein religionspädagogisches Desiderat«.
640 Vgl. Husserl, a.a.O., S. 145.
641 Vgl. zur Darstellung von Schütz Hitzler / Eberle, Phänomenologische Lebensweltanalyse, S. 109ff. und Honer, Lebensweltanalyse in der Ethnographie, S. 194ff.

objektiv angenommene empirische Sachverhalte im Mittelpunkt eines phänomenologisch orientierten Weltzugangs stehen. So richtet sich das Interesse von Schütz auf den Wirklichkeitszugang des Sozialwissenschaftlers selbst. Angestrebt wird eine »reflexive Rekonstruktion von dessen Erfahrungsweisen und Bewußtseinsvorgängen«[642], bezogen auf den jeweiligen Forschungsgegenstand.

Schütz erweitert diese Perspektive dann hin zum Fremdverstehen.

> »Diese Lebenswelt aber wissenschaftlich betrachten wollen, heißt, den methodischen Vorsatz fassen, nicht mehr sich selbst und seine Interessenlage als Zentrum der Welt anzusetzen, sondern ein anderes Nullglied für die Orientierung der Phänomene der Lebenswelt zu substituieren. Welches dieses Nullglied ist und wie es zu seiner Konstituierung als Typus kommt ... hängt von der besonderen Problemstellung ab, die der Wissenschaftler sich gewählt hat. Jedenfalls ist die zum Gegenstand der Forschung gemachte Lebenswelt für den Forscher ›qua‹ Wissenschaftler in erster Linie die Lebenswelt des Anderen, des Beobachteten. Das hindert nicht, dass er, der ja auch Mensch unter Menschen in der einen und einheitlichen Lebenswelt ist und dessen wissenschaftliche Arbeit an sich auch ein Zusammenarbeiten mit Anderen in ihr ist, bei seiner wissenschaftlichen Arbeit beständig auf seine eigenen Erfahrungen Bezug nimmt und Bezug nehmen soll«.[643]

Ein Zugang zum anderen ist anhand von »Ausdruckshandlungen« und »Ausdrucksbewegungen«, also durch Zeichen und Symbole möglich.[644] Dabei verbleibt derjenige, der den anderen zu verstehen sucht, jedoch immer in seinem ihm eigenen Deutungshorizont und muß sich ausgehend von seinen Deutungsmöglichkeiten den fremden Sinnzusammenhang erst erschließen. Dies ist jedoch nur näherungsweise möglich.

> »Wenn derjenige, zu dem ich spreche, das Ausgesprochene ebenso auffaßt, wie ich es auffasse, dann werde ich, um meinen Gedanken klar und eindeutig zum Ausdruck zu bringen, diese und jene Worte zu wählen haben. ... Wenn der Sinnsetzende mit seinen Worten eben diesen Sinn verbindet, welchen ich mit ihnen zu verbinden pflege, dann muß er, da er diese Worte gebraucht hat, dies und jenes haben sagen wollen. ... Das Deutungsschema, das der Sinnsetzende auf das entworfene Zeichensetzen anwendet, ist nämlich nicht nur von den eigenen Deutungsgewohnheiten abhängig, sondern auch auf die fremden Deutungsgewohnheiten bezogen«.[645]

Schütz betont, daß die theoretischen Konstruktionen der Sozialwissenschaften in einem adäquaten Verhältnis zu den Leitparadigmen der Alltags-

---

642 Vgl. Honer, Lebensweltanalyse in der Ethnographie, S. 195.
643 Vgl. Schütz, Das Problem der sozialen Wirklichkeit, S. 159–160.
644 Vgl. Schütz, Der sinnhafte Aufbau der sozialen Welt, S. 158.
645 Vgl. Schütz, a.a.O., S. 179.

7 Methodologie und Methode

handelnden stehen müssen. Dieser Zugang soll vor einem Abgleiten in wissenschaftliche Fiktion schützen, wobei die Annäherung an den anderen immer einer letzten Nichtgreifbarkeit unterliegt. Die analytische Aufgabe besteht darin, zu rekonstruieren, wie Bedeutungen entstehen und welche Funktion diese innerhalb der Sinnkonstruktionen der Alltagshandelnden besitzen. So sind methodische Herangehensweisen zu entwickeln, durch die eine derartige Rekonstruktion fremder Erfahrungsqualitäten gelingen kann. In dem Sinne bleibt die eigentliche Datengewinnung an Methoden gekoppelt, die versuchen, eine Annäherung an den anderen herbeizuführen, bzw. an solche, mit deren Hilfe das gewonnene Datenmaterial später einer hermeneutisch reflektierten Analyse unterzogen werden kann. Mit dieser Fragestellung hat Alfred Schütz sich selbst jedoch nie beschäftigt. Vielmehr vertraute er darauf, daß der Wissenschafter »in offensichtlicher Übereinstimmung mit ganz bestimmten Strukturgesetzen die jeweils idealen personalen Typen, mit denen er den zum Gegenstand seiner wissenschaftlichen Untersuchung ausgewählten Sektor der Sozialwelt bevölkert«, konstruieren kann.[646]

Der Ansatz von Schütz fand u.a. seine Aufnahme in der »ethnographischen Lebensweltanalyse«, der es um die »verstehende Beschreibung von kleinen sozialen Lebenswelten, von sozial (mit-)organisierten Ausschnitten individueller Weltwahrnehmungen« geht.[647] Diese will »›Sinn‹ systematisch ... rekonstruieren.«[648] Damit steht der Ansatz der »ethnographischen Lebensweltanalyse« in enger Verwandtschaft zu Clifford Geertz' Programm »dichter Beschreibung«.

Die »dichte Beschreibung« bedeutet als Forschungsprogramm, »die Wissensstrukturen, Deutungsschemata untersuchter Kulturfelder oder auch nur von Partikeln untersuchter Kulturfelder, die so etwas wie ein »Bedeutungsgewebe« mehr oder weniger hierarchisch in sich geordneter »semantischer Felder« bilden, zu entdecken und herauszuarbeiten und somit einen Zugang zur Kultur, zum Wissensvorrat und zu den Habitualitäten der untersuchten Menschen zu gewinnen«.[649] »Dichte Beschreibung« zielt darauf ab, »›Erklärungen‹ (in einem kulturellen Bereich) im Verhältnis zum Insgesamt dieses Bereiches« zu erlangen.[650] Die zentrale Aufgabe der Ethnologie besteht nach C. Geertz darin, »die Bedeutung sozialer Ereignisse zu erfassen und dies auf der Basis der Beobachtung einfacher Handlungen zu tun«.[651] Eine dichte Beschreibung zeichnet sich dadurch aus, nicht auf Einzelbeobachtungen zu fokussieren, sondern ein komplexes Netz sozialer Zusammenhänge zu reprä-

---

646 Vgl. Schütz, Das Problem der sozialen Wirklichkeit, S. 160.
647 Vgl. Honer, a.a.O., S. 195.
648 Vgl. Luckmann, Kultur und Kommunikation, S. 34.
649 Vgl. Honer, a.a.O., S. 196.
650 Vgl. Honer, ebd.
651 Vgl. Wolff, Clifford Geertz, S. 87.

sentieren und sich dabei am konzeptionellen System der Untersuchten zu orientieren. Damit sind dichte Beschreibungen »Rekonstruktionen dessen, was die Beteiligten vor Ort konstruieren«.[652] In dem Sinne bemerkt C. Geertz:

> »Da aber bei der Untersuchung von Kultur die Analyse den Gegenstand prägt, ... wird die Trennungslinie zwischen ... Kultur als natürlichem Faktum und ... Kultur als theoretischer Einheit tendenziell aufgehoben, zumal letztere Form einer Beschreibung ... aus der Sicht der Akteure vorgelegt werden soll«.[653]

Dieses Vorgehen steht in engem Zusammenhang mit Geertz' Kulturbegriff:

> »Der Kulturbegriff, den ich vertrete ..., ist wesentlich ein semiotischer. Ich meine mit Max Weber, daß der Mensch ein Wesen ist, das in selbst gesponnene Bedeutungsgewebe verstrickt ist, wobei ich Kultur als dieses Gewebe ansehe. Ihre Untersuchung ist daher keine experimentelle Wissenschaft, die nach Gesetzen sucht, sondern eine interpretierende, die nach Bedeutungen sucht. Mir geht es um Erläuterungen, um das Deuten gesellschaftlicher Ausdrucksformen, die zunächst rätselhaft erscheinen«.[654]

Aufgabe der Ethnologie ist es daher, die kulturellen Zeichen in ihren Bedeutungsstrukturen zu deuten und zu interpretieren.

> »Ethnographie betreiben gleicht dem Versuch, ein Manuskript zu lesen (im Sinne von ›eine Lesart entwickeln‹), das fremdartig, verblaßt, unvollständig, voll von Widersprüchen, fragwürdigen Verbesserungen und tendenziösen Kommentaren ist, aber nicht in konventionellen Lautzeichen, sondern in vergänglichen Beispielen geformten Verhaltens geschrieben ist«.[655]

Dieser kulturelle Lesevorgang des Ethnologen bleibt jedoch immer unabgeschlossen und trägt – da er immer aus dessen Sicht geschieht – den Charakter von Fiktion. Er ist – wie die ethnographische Lebensweltanalyse im Gefolge von A. Schütz – maßgeblich geprägt durch die Interpretation des Ethnologen, dessen Sinndeutung notwendig in die dichte Beschreibung einfließt.

Ein Element der Beschreibung ist immer eine theoretische Explikation der beobachteten kulturellen Phänomene. Eine derartige Interpretation der Kultur bewegt sich nach Geertz immer auf einer mittleren Ebene zwischen einer vornehmlich an Empirie orientierten Weltwahrnehmung und einer stärker theoretischen Abstraktion:

---

652 Vgl. Wolff, a.a.O., S. 87.
653 Vgl. Geertz, a.a.O., S. 22.
654 Vgl. Geertz, a.a.O., S. 9.
655 Vgl. Geertz, a.a.O., S. 15.

»Zunächst einmal muß die Theorie näher am Boden der Tatsachen bleiben, als dies sonst bei den Wissenschaften der Fall ist, die sich eher der imaginativen Abstraktion überlassen können. ... Die Allgemeinheit, die sie möglicherweise erreicht, verdankt sich der Genauigkeit ihrer Einzelbeschreibungen, nicht dem Höhenflug der Abstraktion«.[656]

Geertz richtet sich jedoch explizit gegen jeglichen Versuch, kulturelles Handeln durch die Forschungsperspektive im behavioristischen Sinne positivistisch zu »verwissenschaftlichen« oder im Sinne von »Folklore« im kontingenten Zufall zu verorten. Vielmehr sucht er in der dichten Beschreibung all die komplexen Stränge kultureller Settings aus der Sicht der jeweiligen Bewohner eines lokalen kulturellen Raumes abzubilden.

Für die qualitative Medienforschung wurde die Ethnographie zu einem entscheidenden Analyseinstrument gerade im Rahmen der Wirkungsforschung.[657] Medien prägen heute – wie bereits verdeutlicht wurde – notwendig die moderne Lebenswelt. Dabei besteht zwischen Konsument und Medium keine lineare Struktur, sondern es kommt zu komplexen Prozessen der Relationierung des Subjektes zum Medium. Um einen Zugang zu diesen Prozessen zu bekommen, muß der Forscher oder die Forscherin versuchen, sich an das alltägliche Sprachspiel der untersuchten fremden Einzelindividuen in ihrem jeweiligen sozialen Setting anzunähern, deren Tun eine jeweils eigene Sinnkonstitution besitzt. In diesem Sinne kommt der Medienforscher Rainer Winter zu folgender Schlußfolgerung:

»Nur ein ethnographischer Zugang kann die Besonderheiten der sozial, räumlich und zeitlich unterschiedlich strukturierten Kontexte des Umgangs und der Nutzung von Medien adäquat erfassen und eine detaillierte Beschreibung und Interpretation dieser situierten Praktiken und ihrer Bedeutungen geben«.[658]

Dabei sollte eine derartige Herangehensweise an Medienerleben im Blick haben, daß solche Erlebnisformen nicht allein sprachlich artikuliert werden können. Diese Komplexität ist wiederum in der Komplexität der Lebenswelt selbst begründet. Dies hat zur Folge, daß »der Komplexität des visuellen Eindrucks und seiner Verarbeitung mit einem methodologischen Instrumentarium zu begegnen (ist), das nicht ausschließlich an Sprache orientiert ist, sich aber dennoch in einen hermeneutischen Verstehenszusammenhang zurückführen läßt«.[659] Um Zugang zu derartigen nichtsprachlichen Ausdrucksformen – wie sie auch die Philosophin Susanne K. Langers[660] expliziert – zu

---

656 Vgl. Geertz, Dichte Beschreibung, S. 35.
657 Vgl. Winter, Andere Menschen – andere (Medien-)Welten, S. 14–18.
658 Vgl. Winter, a.a.O., S. 18.
659 Vgl. Neuß, Bilder des Verstehens, S. 19.
660 Susanne K. Langer unterscheidet diskursive und präsentative Formen. Zeichnet Diskursivität den verbalen Symbolismus aus, so finden sich vorsprachliche sym-

bekommen, ist ein komplexes Methodensetting heranzuziehen, das über allein sprachliche Formen der Artikulation von Medienerleben hinausgeht.

7.2 Zur Methodik der empirischen Feldstudie

Die vorliegende Studie fühlt sich dem phänomenologischen Grundparadigma der Wahrnehmung verpflichtet. Dies kommt in mehrfacher Weise zum Tragen. So wurde der Forschungsgegenstand – der Computerumgang Jugendlicher – zunächst in einem fast einjährigen Feldprozeß genauer umrissen. Der Ausgangspunkt liegt also beim Feld selbst. Diese vorauslaufende Feldphase war verbunden mit einer *Vorstudie*, bestehend aus teilnehmender Beobachtung und der Auswertung eines Fragebogens zur Mediennutzung von Kindern und Jugendlichen, mit deren Hilfe der Untersuchungsgegenstand genauer fokussiert wurde.

Wichtig ist aus phänomenologischer Perspektive zudem, daß der Untersuchungsfokus des Forschungsgegenstandes nicht zu stark verengt werden durfte, um dessen lebensweltliche Vernetzung deutlich werden zu lassen. Daher war neben der Fokussierung auf Prozesse der Subjektbildung und auf Phänomenbereiche religiöser Valenz im Kontext der Relation jugendlicher Subjekte zum Medium Computer auch die gesamtlebensweltliche Einbettung ihrer Computernutzung von Interesse.

Vor allem zeigt sich der phänomenologisch-wahrnehmungsorientierte Fokus der vorliegenden Studie deutlich hinsichtlich der Auswahl eines dem Untersuchungsgegenstand angemessenen Methodensettings. Um Prozesse der »Identitätsbildung« bzw. der »Sinnfindung« forschungstechnisch bearbeiten zu können, sind die Methoden der qualitativ-empirischen Sozialforschung bzw. der Kulturanthropologie von Relevanz. Quantitative Methoden sind im Zusammenhang der Analyse von Identitätsbildungsprozessen nur von begrenzter Reichweite.[661] Angestrebt wurde daher eine Methodenwahl, die dem Untersuchungsgegenstand entspricht und durch *Triangulation* ein breiteres Spektrum – auch in seinen komplexen Tiefendimensionen – in den Blick nimmt. Eine Methodenkombination erwies sich insbesondere hinsichtlich des vorliegenden Forschungsgegenstands als Desiderat, da langjährige Erfahrungen mit Methoden der qualitativ-empirischen Sozialforschung gezeigt haben, daß rein sprachlich gestützte Methoden bei Analysen von Medienperzeption zu »flache« Ergebnisse liefern.[662] Daher war zu fragen, welche methodischen Ergänzungen notwendig bzw. möglich sind, um ein komplexeres Setting abbilden zu können.

---

bolische Formen z.B. im Bereich der Sinne, der Musik und der Farben. Vgl. dazu Langer, Philosophie auf neuem Wege, (Original 1942), Frankfurt a. Main 1984.
661 Vgl. dazu Baerenreiter, H., u.a. (Hrsg.), Jugendliche Computer-Fans: Stubenhocker oder Pioniere? Opladen 1990.
662 Vgl. dazu Neuß, Bilder des Verstehens, S. 19–22.

7 Methodologie und Methode

In der vorliegenden Studie zum Computerumgang Jugendlicher wird sowohl eine *Daten-* wie auch eine *Methodentriangulation* durchgeführt.[663] Diese Triangulation zielt darauf ab, einen möglichst breiten Einblick in die Gestalt des Computerumgangs von männlichen und weiblichen Jugendlichen zu erreichen und nichtsprachliche Ausdrucksformen dabei nicht gänzlich aus dem Blick zu verlieren.

So entstammen die Daten zunächst *teilnehmender Beobachtung*. Diese ist zu verstehen als »Sozialforschung durch Teilnahme an den alltäglichen Lebenszusammenhängen der Beforschten«.[664] Ein derartiges wissenschaftlich dimensioniertes »Eintauchen« in die alltäglichen Lebenszusammenhänge ist immer auch notwendig durch Gespräche mit den untersuchten Individuen und Gruppen gekennzeichnet. »Feldforschung bedeutet Forschung im Lebensraum einer Gruppe durch den Untersuchenden, unter Bedingungen, die ›natürlich‹ sind, also nicht für Untersuchungszwecke verändert werden. Ziel ist Datengewinnung mit unterschiedlichen Methoden und unterschiedlicher Zielsetzung«.[665] Dies beinhaltet, daß neben Beobachtung und Gesprächsführung auch zusätzlich Methoden wie Umfragetechniken und Dokumentenanalyse im Rahmen der Feldforschung Berücksichtigung finden sollen.[666] Im Zusammenhang der teilnehmenden Beobachtung kommt es dann zu einem Hin- und Herpendeln zwischen der Teilnehmer- und der Beobachter- bzw. der Forscherrolle. Dabei erscheint es sinnvoll, daß der Forscher oder die Forscherin an »eine den Informanten vertraute Rolle anknüpft und ihnen gleichzeitig seine Forschungsinteressen vermittelt«.[667] Es ist jedoch immer zugleich die Gefahr des Distanzverlustes gegeben.

Die sich aus den Gesprächen und der Beobachtung ergebenden Daten wurden im Rahmen der vorliegenden Studie nach der Erhebung immer sofort protokolliert, um diese umgehend abzusichern.[668] Dabei zeichneten sich gerade diese Gespräche am Rande der teilnehmenden Beobachtung durch einen lockeren Interview- und Gesprächsstil aus, wie er kennzeichnend ist für ethnographische Feldforschung bzw. für das sogenannte *ethnographische Interview*.[669] Diese ethnographischen Interviews waren vor allem von Bedeutung, um Zugang zu sozial benachteiligten Jugendlichen zu erhalten. So waren die Jugendlichen aus dem Hauptschulbereich nur in seltenen Fällen zu einem Tonband-Interview bereit. Daher wurden im Rahmen der teilnehmenden Beobachtung ethnographische Interviews durchgeführt, die mehr einem normalen Alltagsgespräch ähnlich waren und erst nachträglich protokolliert

---

663 Vgl. dazu Flick, Triangulation in der qualitativen Forschung, S. 309–318.
664 Vgl. Legewie, Feldforschung und teilnehmende Beobachtung, S. 187.
665 Vgl. Fischer, Zur Theorie der Feldforschung, S. 65.
666 Vgl. dazu Legewie, a.a.O., S. 187.
667 Vgl. Legewie, a.a.O., S. 191.
668 Vgl. dazu Legewie, a.a.O., S. 192.
669 Vgl. dazu Flick, Qualitative Sozialforschung, S. 141 ff.

wurden. Hierbei wurden einzelne Daten während der Gespräche notiert und anschließend festgehalten.

Zudem entstammen die Daten auch klassischen *Experteninterviews* im Sinne Meusers und Nagels.[670] Bei diesen Interviews handelt es sich um eine spezielle Form des Leitfadeninterviews[671], das den Experten oder die Expertin als Repräsentanten für ein bestimmtes Handlungsfeld – im vorliegenden Fall für Jugendliche am Computer – in den Blick nimmt. Die Auswertung derartiger Experteninterviews zielt vor allem auf eine Analyse und einen Vergleich des Expertenwissens ab.[672] Die Experteninterviews wurden in der vorliegenden Studie im Sinne ethnographischer Interviews in die Beschreibungen der beobachteten Felder eingearbeitet.

Neben den Experteninterviews zum Computerumgang männlicher und weiblicher Jugendlicher bzw. zur Gestaltung der jeweiligen untersuchten Internet-Projekte wurden zudem zu diesen Projekten vorliegende *Expertendokumentationen und entsprechendes Informationsmaterial* in die Analyse integriert. Eine solche Verdichtung von Datenquellen in Form von teilnehmender Beobachtung, ethnographischen Interviews, Expertendokumentationen und entsprechendem Informationsmaterial ist charakteristisch für ein ethnographisch orientiertes Arbeiten mit dem Ziel, zu einer »dichten Beschreibung« zu gelangen.

Da die vorliegende Studie die Relevanz des Computerumgangs männlicher und weiblicher Jugendlicher für Prozesse der Identitäts- und Selbstbildung untersucht, wurden zudem mit Tonband dokumentierte Interviews mit Jugendlichen im Alter zwischen 12–18 Jahren geführt.[673] Weil die Jugendlichen in diesem Alter oftmals noch keine vollständig konstruierten biographischen Selbstdeutungsmöglichkeiten entwickeln können, sollte der Prozeßhaftigkeit dieser Lebensphase Rechnung getragen werden. Gerade Jugendlichen aus dem Hauptschulbereich stehen selbst im fortgeschrittenen Alter keine derartig elaborierten Selbstdeutungsentwürfe und -möglichkeiten zur Verfügung.[674] Außerdem sind ihre sprachlichen Artikulationsmöglichkeiten eingeschränkt.

Um den Jugendlichen einen leicht realisierbaren Artikulationsraum zu bieten, wurden daher *problemzentrierte Interviews* im Sinne Witzels gewählt.[675] Diese arbeiten mit einem Leitfaden, der aus Fragen und Erzählanreizen be-

---

670 Vgl. dazu Meuser / Nagel, ExpertInneninterviews – vielfach erprobt, wenig bedacht, S. 441–471.
671 Vgl. dazu Flick, Qualitative Sozialforschung, S. 117 ff.
672 Vgl. dazu Flick, a.a.O., S. 139–141.
673 So wählen die Shell-Jugendstudien wie auch die JIM-Studien ein Altersspektrum, das mit 12 Jahren beginnt. Vgl. dazu auch Kapitel 3 »Adoleszenz, Technik und Medialität«.
674 Vgl. dazu Augst, Ungehörte Geschichten, S. 83–98.
675 Vgl. dazu Witzel, Das problemzentrierte Interview, S. 227–255.

steht. »Der Leitfaden soll zwar dazu beitragen, den ›vom Befragten selbst entwickelten Erzählstrang‹ zum Tragen kommen zu lassen. Jedoch ist er vor allem die Grundlage dafür, ›etwa bei einem stockenden Gespräch bzw. bei unergiebiger Thematik‹ eine neue Wendung zu geben«.[676] Auf einen vorgeschalteten Fragebogen wurde verzichtet. Die Frage nach persönlichen Daten wurde – an Stelle des vorgeschalteten Fragebogens – in das Interview integriert, um den Jugendlichen so eine gewisse Gesprächssicherheit über vertraute Daten zu ermöglichen. Um dies praktisch zu verwirklichen, wurde dem Leitfaden zur Computerthematik ein biographischer Impuls vorgeschaltet. Diese biographischen Daten bildeten wichtige Hintergrundinformationen zur Einordnung der jugendlichen Computernutzung in deren gesamtlebensweltliches Setting. Das problemzentrierte Interview anhand eines heuristischen Leitfadens entspricht insofern einem Seelsorgegespräch, als es immer darum bemüht ist, eine gute Gesprächsatmosphäre aufrechtzuerhalten, mit Spiegeln im Sinne von C. Rogers[677] und Rückfragen arbeitet. So entspricht das problemzentrierte Interview eher einem normalen Gespräch. Die nach der Erhebung vorgesehenen Interviewprotokolle wurden erstellt.

Kernpunkte der Analyse, die die religiöse Valenz bzw. die Identitäts- und Selbstbildungsprozesse im Rahmen des Computerumgangs Jugendlicher betreffen, wurden innerhalb der Formulierung der Leitfragen des Leitfadens insofern umgesetzt, als in deren Zentrum die Frage nach dem Stellenwert des Computers im jeweiligen Leben der Jugendlichen stand. Diese Frage wurde eingebettet in ein Gespräch zum Lebenskontext der Jugendlichen und zur allgemeinen Gestaltung ihres Computerumgangs. Die eigentliche Fokussierung auf die Themen Identitäts- und Selbstbildung sowie religiöse Valenz erfolgte dann in der sekundären Datenanalyse. Dieses Setting sollte den Jugendlichen einen größeren Freiraum bieten, sich innerhalb des Gespräches in ihrem Sinne entfalten zu können und es von abstrakten und wenig jugendgerechten Interpretamenten entlasten.

Die problemzentrierten Interviews wurden im Rahmen der von U. Flick in Anlehnung an Anselm Strauss entwickelten Methode der *thematischen Kodierung* interpretiert, wobei einzelne Modifikationen dieses Verfahrens vorgenommen wurden.[678] Dieses Verfahren untersucht die soziale Verteilung von Perspektiven auf ein Phänomen oder einen Prozeß in vorab festgelegten Gruppen. Dabei geht die vorliegende Untersuchung von einer geschlechterdifferenzierten Samplestruktur aus, wobei die Samplingstrategie in den je-

---

676 Vgl. Flick, Qualitative Sozialforschung, S. 135 und Witzel, a.a.O., S. 237.
677 Rogers unterscheidet die Komponenten der Echtheit, der Wertschätzung und der Empathie im Rahmen des therapeutischen Gespräches. Das sogenannte »Spiegeln« fällt in den Bereich der Empathie und sucht den Zugang zum Gegenüber. Vgl. dazu Rogers, Entwicklung der Persönlichkeit, S. 50ff.
678 Vgl. dazu Flick, Qualitative Sozialforschung, S. 272–278 und Strauss, Grundlagen qualitativer Sozialforschung, München 1991.

weiligen geschlechterdifferenzierten Gruppen sich am »theoretischen Sampling« der »grounded theory« orientiert.[679] Die Auswertungsmethode der »thematischen Kodierung« ist für die vorliegende Untersuchung gerade insofern interessant, als sie den Einzelfall in den Blick nimmt.

So werden in einem ersten Schritt die Fälle in Einzelfallanalysen untersucht. Dazu wird zunächst die Beschreibung des jeweiligen Falls angefertigt, die im weiteren Verlauf der Interpretation kontinuierlich überprüft und gegebenenfalls modifiziert wird. Im Zusammenhang dieser Analyse wird dann ein Kategoriensystem für den einzelnen Fall entwickelt. Dabei wird im Sinne von Anselm Strauss zunächst offen und dann selektiv kodiert.[680] Geht es beim offenen Kodieren zunächst darum, so viele Codes wie möglich zu gewinnen, so zielt das selektive Kodieren auf den Gewinn einer gegenstandsbezogenen Kernkategorie. Diese Kodierungen sind jedoch nicht fallübergreifend, sondern richten sich auf jeden einzelnen Fall.[681] Erst im Anschluß an die Einzelfallkodierung kommt es zum Fall- bzw. zum Kategorienvergleich. Aus dem Vergleich der Fälle und der Kategorien wird dann eine thematische Grundstruktur herausgearbeitet. Die Erarbeitung einer thematischen Grundstruktur wurde für die vorliegende Untersuchung insofern erleichtert, als die Daten bereits über Leitfadeninterviews erhoben worden waren und so ein Grundraster vorgegeben war, das alle Fälle durchzieht. »Die entwickelte thematische Struktur dient auch dem Fall- und Gruppenvergleich, d.h. der Herausarbeitung der Gemeinsamkeiten und Unterschiede zwischen den verschiedenen Untersuchungsgruppen«.[682] Für den Fallvergleich werden die Daten im Gefolge von Flick dann mit einem Kodierparadigma aufgeschlüsselt, das sich am axialen Kodieren orientiert und Fragen nach den Bedingungen, der Interaktion zwischen den Handelnden, nach Strategien, Taktiken und entsprechenden Konsequenzen stellt.[683] In den Zusammenhang dieses Arbeitsschrittes gehört auch eine Feinanalyse einzelner Textpassagen, für die die allgemeinen Regeln hermeneutischer Texterschließung anzuwenden sind.[684]

In der vorliegenden Untersuchung besaß vor allem die Kodierung der Einzelfälle sowie der daran anschließende Fallvergleich, um die jeweilige Falltypik herauszuarbeiten, einen hohen Stellenwert. Eine weniger entscheidende

---

679 Vgl. dazu Kapitel 7.3 »Das Sample«.
680 Vgl. dazu Flick, a.a.O., S. 259–269 und Mädler, Grounded Theory, in: Dinter, A. / Heimbrock, H. G. / Söderblom, K. (Hrsg.), Einführung in die empirische Theologie, Göttingen 2007.
681 Zur Aufschlüsselung der Daten wurde das Computerprogramm Maxqda verwendet. Vgl. dazu Kelle, Computergestützte Analyse qualitativer Daten, S. 485–501.
682 Vgl. Flick, a.a.O., S. 275.
683 Vgl. dazu Flick, a.a.O., S. 265 ff. und 274 ff.
684 Vgl. dazu Heckmann, Interpretationsregeln zur Auswertung qualitativer Interviews, S. 142–167 und Klinkhammer, Erforschung nichtchristlicher gelebter Religion, S. 113–136.

Rolle spielte die Fokussierung auf die thematische Struktur, die den Interviews jedoch in Gestalt des entsprechenden Leitfadens zugrunde lag. Die Sequentialität der Einzelfälle kam im Rahmen des offenen Kodierens in den Blick, wurde aber im Zusammenhang der weiteren Kodierungsschritte durchbrochen.[685] Im Sinne sequentialer Interpretationsmethoden ist auch die Tatsache zu sehen, daß der Fokus der Interpretation zunächst auf dem Einzelfall liegt. Die Typiken wurden zunächst vertikal für Charakteristika der Einzelfälle erarbeitet, wobei bereits der kontrastierende Fallvergleich im Blick war. Daran anschließend wurden auch horizontale, fallübergreifende Typiken wie die Gendertypik und die Frage nach religiöser Valenz für die jeweilige männliche bzw. weibliche Untersuchungsgruppe ausdifferenziert.

Die vorliegenden Einzelfallanalysen wurden außerdem in mehreren Fällen mit der Analyse vorhandener persönlicher *Website-Präsentationen* der Jugendlichen verglichen, um zu sehen, wie sich die Präsentation im Interview und die virtuelle Performanz unterscheiden.[686] Dieses Vorgehen versprach weiteren Aufschluß über die Bedeutung des Mediums Computer für die Identitäts- und Selbstbildungsprozesse Jugendlicher. Die Website-Analyse gestaltete sich in fünf Schritten: 1.) Stukturanalyse, 2.) Beschreibung der Einzelseiten, 3.) Analyse der Indexseite 4.) Vergleich von Einzelseiten und der Indexseite, 5.) Vergleich mit dem Interview. Bei der jeweiligen Analyse wurden Bild- und Textelemente gleichermaßen berücksichtigt. So wurde die allein sprachlich gestützte Ebene im Rahmen der Website-Analysen sowie im Kontext der teilnehmenden Beobachtung methodisch zu visuellen Methoden hin erweitert.[687]

Der von mir durchgeführten Felduntersuchung ist eine *Re-Analyse* von zwei qualitativen Studien zum Umgang männlicher bzw. weiblicher Jugendlicher mit dem Computer vorgeordnet.[688] Diese Studien sind »Jugendliche Computer-Fans: Stubenhocker oder Pioniere?« von H. Baerenreiter aus dem Jahr 1990 und »Computer oder Stöckelschuh? Eine empirische Untersuchung über Mädchen am Computer« von M. Ritter aus dem Jahr 1994. Die Baerenreiter-Studie richtet sich allein auf männliche Jugendliche und arbeitet mit einer modifizierten Form von biographischen Interviews, die sie durch teil-

---

685 Vgl. dazu Mädler, a.a.O., S. 7ff.
686 Websites von Jugendlichen besitzen insbesondere dann einen besonderen Stellenwert, wenn es sich um mediale Eigenprodukte handelt. Vgl. dazu Niesyto, Jugendforschung mit Video, München 2001, S. 89–102.
687 Vgl. dazu Dinter, Methoden der Website-Analyse. Ein Element visueller Forschungszugänge, in: Dinter, A. / Heimbrock, H. G. / Söderblom, K. (Hrsg.), Einführung in die empirische Theologie, Göttingen 2007.
688 Eine Re-Interpretion von Standardstudien ist eine durchaus gängige Praxis innerhalb der qualitativ-empirischen Forschung. Vgl. dazu Stegbauer, Von den Online Communities zu den computervermittelten sozialen Netzwerken. Eine Re-Interpretation klassischer Studien, S. 151ff.

nehmende Beobachtung ergänzt. Weibliche Jugendliche fallen völlig aus ihrem Forschungsfokus, der allein auf Computerspiele und Programmieren gerichtet ist. Auch die Ritter-Studie, die ihr Interesse auf die bis in die 90-er Jahre in der Forschung vernachlässigten weiblichen Jugendlichen richtet und damit eine der ersten Studien überhaupt in diesem Bereich darstellt, arbeitet mit biographischen Interviews.

Die Re-Interpretation dieser Studien folgt der beschriebenen, modifizierten Form der thematischen Kodierung, die zunächst vertikal die Einzelfälle im Blick hat, bevor sie horizontal, nach mehrere Fälle übergreifenden Typiken sucht. Es findet sich insofern eine weitere methodische Modifizierung des Verfahrens, da das reinterpretierte Material auf biographischen Interviews und teilnehmender Beobachtung basiert und die Erarbeitung einer thematischen Grundstruktur im Sinne Flicks für die Re-Interpretation eine sekundäre Rolle spielte. Vielmehr lag der Fokus wiederum zunächst auf der vertikalen Fallkodierung, auf der daran anschließenden horizontalen fallübergreifenden Kodierung und einer entsprechenden Typenerhebung, die sich am »theoretical sampling« orientiert.[689] Dies bedeutet, daß nicht alle Fälle der Baerenreiter-Studie präsentiert werden, sondern ein Muster an Typiken innerhalb der Baerenreiter-Studie erstellt wurde. So wurden für meine eigene Re-Interpretation weniger die Ergebnisse der Studien, sondern vor allem die in den Studien präsentierten Fälle interessant, die unter der Perspektive der Selbst- bzw. Identitätsbildungsprozesse sowie hinsichtlich von Prozessen der Sinngenese und »religiösen Valenz« neu analysiert werden.

Durch die Re-Analyse gelingt die Erarbeitung von Grunddaten, die zu den eigenen Feldforschungsergebnissen in Beziehung gesetzt werden und so eine Entwicklung vom Ende der 80-er Jahre bis zum Beginn des neuen Jahrtausends aufzeigen. Zudem werden die Ergebnisse der qualitativen Feldstudie mit denen der quantitativen Untersuchung des medienpädagogischen Forschungsverbunds Südwest »JIM 2002. Jugend, Information, (Multi-) Media. Basisstudie zum Medienumgang 12- bis 19-Jähriger in Deutschland« verglichen, die in den gleichen Untersuchungszeitraum fällt.[690]

Die von mir durchgeführten Felduntersuchungen erstreckten sich über einen Zeitraum von 2002–2003, die Vorstudie erfolgte schon im Jahr 2001.

7.3 Das Sample

Die von mir durchgeführte Felduntersuchung zum Computerumgang Jugendlicher zu Beginn des 21. Jahrhunderts hat die genderspezifische Differenzierung zwischen männlichen und weiblichen Jugendlichen bezüg-

---

689 Vgl. dazu Kapitel 7.4 »Zur Sampling-Strategie«.
690 Vgl. dazu Kapitel 3 »Adoleszenz, Technik und Medialität« sowie Kapitel 9.4 »Entwicklungen vom Ende der 80-er Jahre bis zum Beginn des 21. Jahrhunderts«.

lich eines entsprechenden Computerumgangs im Blick. Sie teilt das Sample daher in männliche und weibliche Untersuchungsfelder auf. Das Altersspektrum umfaßt 12–18-jährige Jugendliche. Diese Altersgruppe wurde deshalb ausgewählt, weil bei älteren Jugendlichen bestimmte Prozesse der Selbst- und Identitätsbildung bereits abgeschlossen sind, was sich insbesondere in deren medialem Verhalten dokumentiert.[691] Da durch Methoden- und Datentriangulation ein möglichst breiter Überblick über das untersuchte Feld gewonnen werden soll, bilden verschiedene Untersuchungsfelder das eigentliche Sample.[692]

Es wurden zwei kirchlich geleitete, offene Internet-Projekte im kleinstädtischen Milieubereich in Baden-Württemberg bzw. in Hessen, in denen geschlechtergemischte Gruppen von Jugendlichen betreut werden, sowie ein offenes Internetprojekt des Kreisjugendrings für weibliche Jugendliche in einer bayrischen Stadt mittlerer Größe – orientiert an teilnehmender Beobachtung – untersucht. In diesem Zusammenhang wurden auch ethnographische Interviews erhoben, die speziell einen Zugang zu Jugendlichen aus sozial benachteiligten Milieugruppen ermöglichten. Zudem wurden fünf Experteninterviews bezüglich der Computernutzung männlicher und weiblicher Jugendlicher bzw. zur Gestaltung der untersuchten Internet-Projekte durchgeführt und zu diesen Projekten vorliegende Expertendokumentationen in die Analyse eingearbeitet. Speziell analysiert wurde die Beobachtung weiblicher Jugendlicher im Rahmen einer Halloween-Chat-Night. Diese stellte den Versuch dar, ein mädchenspezifisches Pendant zu den von männlichen Jugendlichen favorisierten LAN-Partys zu schaffen. Acht Einzelinterviews mit weiblichen Jugendlichen sind in dem genannten offenen Mädchen-Internetprojekt in Bayern entstanden, zwei in einem kleinstädtischen Gymnasium in Hessen. Diese wurden wiederum mit den im Netz vorliegenden Web-Seiten der entsprechenden weiblichen Jugendlichen abgeglichen. Dies bot einen erweiterten Aufschluß über die Relation von realer und virtueller Eigenpräsentation bzw. über die Funktion der virtuellen Eigenpräsentation für die im Jugendalter stattfindenden Identitäts- bzw. Selbstbildungsprozesse. Von den Einzelinterviews mit männlichen Jugendlichen entstammt eines dem geschlechtergemischten Internetprojekt in Baden-Württemberg bzw. acht dem kleinstädtischen Gymnasium in Hessen. Auch hier lagen in Einzelfällen entsprechende individuelle Web-Seiten vor. Um einen entsprechenden Eindruck von der aktuell stattfindenden, männlichen Jugendkultur im Zusammenhang mit dem Medium Computer zu erhalten, wurde zudem in Baden-Württemberg eine LAN-Party besucht.

---

691 Dies haben die eigene Beobachtung, das Expertengespräch und Interviews mit Jugendlichen ergeben. Vgl. dazu auch Kapitel 3 »Adoleszenz, Technik und Medialität«.
692 Vgl. dazu Kapitel 7.4 »Zur Sampling-Strategie«.

7.3 Das Sample

Das Sample:

- 12–18-jährige Jugendliche
- geschlechterdifferenziertes Sample
- 2 kirchlich geleitete, offene Internet-Projekte für geschlechtergemischte Gruppen im kleinstädtischen Milieu (Baden-Württemberg / Hessen)
- 1 offenes Internet-Projekt des Kreisjugendrings für weibliche Jugendliche in einer Stadt mittlerer Größe (Bayern)
- 5 Experteninterviews
- teilnehmende Beobachtung in den genannten Projekten und ethnographische Interviews (Jugendliche aus dem Haupt- und Realschulbereich)
- Halloween-Chat-Night
- 1 LAN-Party (Baden-Württemberg)
- weibliche Jugendliche:
- 8 problemzentrierte Interviews mit weiblichen Jugendlichen in dem bayrischen Internet-Projekt für weibliche Jugendliche
- 2 problemzentrierte Interviews mit Schülerinnen aus einem kleinstädtischen Gymnasium (Hessen)
- männliche Jugendliche:
- 8 problemzentrierte Interviews mit Schülern aus einem kleinstädtischen Gymnasium (Hessen)
- 1 problemzentriertes Interview mit einem männlichem Jugendlichen aus dem geschlechtergemischten Internet-Projekt in Baden-Württemberg
- Web-Seiten-Analysen

Zu den persönlichen Zugangsvoraussetzungen zu den im Sample verzeichneten Jugendprojekten bzw. zu den einzelnen Jugendlichen ist zu sagen, daß die meisten Kontakte über Kollegen und Kolleginnen aus der pfarramtlichen bzw. schulischen Praxis zustande gekommen sind. Da diese in enger Beziehung zu den untersuchten Jugendlichen standen, brachten mir die Jugendlichen oftmals einen gewissen Vertrauensvorschuß entgegen. Die Projekte wurden mehrmals besucht, um den Kontakt zu den Jugendlichen zu intensivieren. Außerdem war ich um ein möglichst unauffälliges Eintauchen ins Sample bemüht. So trat ich z.B. als aktive Teilnehmerin der genannten Halloween-Chat-Night in Aktion. Dennoch war gerade bei Jugendlichen aus dem Hauptschulbereich eine gewisse Unsicherheit zu verzeichnen, wenn es darum gehen sollte, ein Interview zu geben. Diese Unsicherheit stand oftmals in Verbindung mit deren beschränkten sprachlichen Möglichkeiten. Daher wurde von mir – wie bereits expliziert wurde – nach entsprechenden methodischen Möglichkeiten gesucht, um einen Zugang zu diesen Jugendlichen zu bekommen.[693]

---

693 Vgl. dazu Kapitel 7.2 »Zur Methodik der empirischen Feldstudie«.

7.4 Zur Sampling-Strategie

Wie gestaltet sich die Grundstruktur des beschriebenen Samples und nach welcher Strategie wurde es festgelegt?

Zunächst besitzt das Sample eine grobe Vorabfestlegung, um die Breite des Feldes abzusichern.[694] Hierbei geht es um eine »Daten-Triangulierung« im Sinne Denzins[695] – um die Einbeziehung unterschiedlicher Datenquellen, differenziert nach Zeit, Raum und Personen. Es werden geschlechterdifferenzierte Gruppen von Jugendlichen im Alter von 12–18 Jahren in den Blick genommen.[696] Durch die unterschiedlichen Erhebungsmethoden (teilnehmende Beobachtung, ethnographische Interviews, problemzentrierte Interviews) werden unterschiedliche Bildungsmilieus abgedeckt. Außerdem entstammen die untersuchten Gruppen bewußt keinem subkulturellen Großstadtmilieu, um zu unterstreichen, daß die erhobenen Phänomene nicht nur extreme Randgruppen betreffen, sondern weite gesellschaftliche Verbreitung aufweisen. Auch eine entsprechende geographische Varianz wurde berücksichtigt.

Die eigentliche Samplingstrategie der vorliegenden Feldstudie zum Computerumgang Jugendlicher zu Beginn des 21. Jahrhunderts orientiert sich an der schrittweisen Festlegung der Samplestruktur im Forschungsprozeß und folgt damit der Strategie des »theoretischen Samplings«, das von B. Glaser und A. Strauss im Kontext der »grounded theory« entwickelt wurde.[697]

> »Theoretisches Sampling meint den auf die Generierung von Theorien zielenden Prozeß der Datensammlung, währenddessen der Forscher seine Daten parallel sammelt, kodiert und analysiert sowie darüber entscheidet, welche Daten als nächstes erhoben werden sollen und wo sie zu finden sind, um seine Theorie zu entwickeln, während sie emergiert. Dieser Prozeß der Datenerhebung wird durch die im Entstehen begriffene ... Theorie kontrolliert.«[698]

In dem Sinne »werden Entscheidungen über die Auswahl und die Zusammensetzung des empirischen Materials (Fälle, Untersuchungsgruppen, Institutionen ...) im Prozess der Datenerhebung und -auswertung gefällt«.[699] Personen bzw. Gruppen werden »nach ihrem (zu erwartenden) Gehalt an Neuem für die zu entwickelnde Theorie aufgrund des bisherigen Standes der Theorieentwicklung in die Untersuchung einbezogen«.[700] Die Auswahl richtet sich

---

694 Vgl. dazu Flick, Qualitative Sozialforschung, S. 98.
695 Vgl. dazu Denzin, N. K., The Research Act, 3. Aufl., Englewood Cliffs N. J. 1989.
696 Vgl. dazu Kapitel 7.2 »Zur Methodik der empirischen Feldstudie«.
697 Vgl. dazu Flick, a.a.O., S. 102 sowie Glaser, B. / Strauss, A., Grounded Theory, Bern 1998.
698 Vgl. dazu Glaser / Strauss, a.a.O., S. 53.
699 Vgl. dazu Flick, a.a.O., S. 102.
700 Vgl. dazu Flick, ebd.

dabei auf das Material, das im Blick auf die bereits verwendeten Datenquellen die größten Aufschlüsse verspricht. Die zentrale Frage hinsichtlich der Datenauswahl lautet dann: »Welchen Gruppen oder Untergruppen wendet man sich zwecks Datenerhebung als nächstes zu? Und mit welcher Absicht?«.[701] Um das potentielle Untersuchungsfeld jedoch zu begrenzen, muß die Auswahl immer auf die Theoriegenese bezogen bleiben. Finden sich keine zusätzlichen Typen zur Theorieerweiterung, so ist von einer Sättigung des Samples auszugehen:

> »Das Kriterium, um zu beurteilen, wann mit dem Sampling je Kategorie aufgehört werden kann, ist die theoretische Sättigung der Kategorie. Sättigung heißt, daß keine zusätzlichen Daten mehr gefunden werden können, mit deren Hilfe der Soziologe weitere Eigenschaften der Kategorie entwickeln kann«.[702]

7.5 Thematische Selbstverortung

Hinsichtlich einer Selbstverortung mit Blick auf die Thematik des Computerumgangs Jugendlicher muß betont werden, daß mein Hauptinteresse daran aus einem Grundinteresse an der gegenwärtigen Jugendkultur in allen ihren Ausformungen resultiert und der Computer für eben diese Jugendkultur eine nicht zu vernachlässigende Rolle spielt. Da ein Verstehen der Jugendkultur aus der Erwachsenen-Perspektive immer eine Form von Fremdverstehen darstellt, ist die vorliegende Untersuchung von meiner Seite als ein »Eintauchen« in fremde Welten zu begreifen. So zählte der Umgang mit Computerspielen und das Chatten nicht zu meiner persönlichen Alltagspraxis. Der Computer wird von mir selbst fast ausschließlich als Arbeitsinstrument zum Schreiben von Texten, zum Versenden von e-mails und zur Informationsbeschaffung genutzt. Daher ging es bei der vorliegenden Studie um eine Annäherung an unbekannte »kleine Lebenswelten«. Dies hatte den Vorteil, daß mir dadurch ein fremder, primär an Wahrnehmung orientierter Blick auf den Untersuchungsgegenstand möglich war, brachte es aber mit sich, daß die untersuchten Kontexte auch teilweise im Selbstversuch (z.B. Chat, Computerspiele) zunächst einmal erschlossen werden mußten, da persönliche Alltagserfahrungen in den Bereichen, die gerade die Jugendkultur stark prägen, fehlten.

Über das Interesse an der Jugendkultur hinaus war für mich eine Untersuchung der alltagsweltlichen Einbettung des technischen Artefakts Computer in die Lebenswelt Jugendlicher von besonderem Interesse. Dabei ließ gerade der Vergleich meiner eigenen Alltagspraxis mit dem Medium Computer und der Alltagspraxis der Jugendlichen erhebliche Differenzen (vor allem in der Nutzungswahl), aber auch manche Gemeinsamkeiten erkennen. So findet

---

701 Vgl. dazu Glaser / Strauss, a.a.O., S. 55.
702 Vgl. dazu Glaser / Strauss, a.a.O., S. 69.

7 Methodologie und Methode

sich innerhalb der Jugendkultur – gerade bei den weiblichen Jugendlichen – durchaus auch das Element einer instrumentellen Nutzung des Mediums Computer. Zudem teile ich mit den Jugendlichen – trotz einer instrumentellen Ausrichtung meiner eigenen Nutzungspraxis – den Spaß am Umgang mit Computern. In dem Sinne kenne ich selbst ein durchaus positives Interesse an technischen Artefakten in Theorie und Praxis. So besitze ich ein stark an Fragen des Technikumgangs und der Technikethik sowie ihrer Vermittlung ausgerichtetes Forschungsinteresse.[703]

7.6 Zur Ergebnis-Valenz

Im folgenden soll eine Stellungnahme hinsichtlich der Einschätzung der Wertigkeit der Ergebnisse der vorliegenden Studie und der ihr zugrundeliegenden Daten erfolgen und auf Strategien zu deren Validierung verwiesen werden.

Die vorliegende Studie liegt hinsichtlich ihrer grundsätzlichen Bewertung auf einer Linie mit Christina Schachtner, die Bezug nehmend auf ihre eigene qualitative Studie zur Relation menschlicher Subjekte zum Medium Computer aus dem Jahr 1993 schreibt:

> »Je dichter, je tiefenschärfer die Beschreibung, desto deutlicher hebt sich Individuelles ab von dem, was das Individuum mit anderen verbindet. Erst im gedanklichen Drehen und Wenden eines Phänomens schält sich heraus, ob sich hinter disparater Erscheinung Allgemeines verbirgt, das nur nach außen hin individuell gefärbt ist – eine Erfahrung, die schon Goethe propagierte, als er 1787 schrieb: ›(...) Man erhebt sich ja eher zum Allgemeinen, wenn man die Gegenstände genauer und schärfer betrachtet‹. Das sich in der Einzelbetrachtung andeutende Allgemeine ist im systematischen Quervergleich zu überprüfen und theoretisch zu fassen. So gewonnene allgemeine Aussagen sind nicht repräsentativ, es lassen sich aus ihnen lediglich Typen rekonstruieren. Ein Typ zeichnet sich dadurch aus, daß seine Merkmale in einem theoretischen Zusammenhang stehen. Seine Struktur ist so abstrakt formuliert, daß sich mehrere konkrete Erscheinungsformen auf ihn beziehen lassen. Über seine Verbreitung kann anhand einer qualitativen Studie nichts gesagt werden«.[704]

Auch in der vorliegenden Studie liegt der Fokus zunächst auf dem Ausleuchten des Einzelfalls in seiner Komplexität und seinen Tiefendimensionen. Dadurch zeichnet sich gerade eine phänomenologisch-wahrnehmungsorientierte Perspektive aus. Doch wie bei Schachtner gilt: im Einzelnen bildet sich das Allgemeine ab. So strebt die vorliegende Arbeit eine entsprechende

---

703 Vgl. dazu z.B. Dinter, Models of how to relate science and theology and their implications for the on going debate on genetic engineering, S. 245–259 sowie dies., RU im genetischen Zeitalter, S. 101–106.
704 Vgl. Schachtner, Geistmaschine, S. 26.

Typenbildung an und sucht im Sinne des »theoretical sampling«, ein möglichst breites Typenspektrum – repräsentiert durch eine dynamische Fallsuche – in die Untersuchung einzubeziehen. In dem Sinne wurden zunächst vertikal an den Einzelfällen und dann horizontal fallübergreifend entsprechende Typen erhoben.[705] Gleichzeitig wurde permanent ein entsprechender Fall- und Typenvergleich im Sinne der Kontrastierung praktiziert. In der Darstellung werden dann jeweils nur exemplarische Fallbeispiele für die Einzeltypen dargestellt, während im Forschungsprozeß mehrere Fälle einem Einzeltypus zugerechnet werden konnten. In diesem Sinne wollen die entsprechenden Kapitelüberschriften wie »Jugendliche am Computer zu Beginn des 21. Jahrhunderts« den jeweiligen Untersuchungszeitraum der exemplarischen Einzelfälle markieren und beanspruchen nicht, eine Übersicht über jegliche Form jugendlichen Computerumgangs für diesen Zeitraum zu geben. Dennoch suchte die Strategie des »theoretical sampling« ein möglichst breites Spektrum an Typen zu gewährleisten.[706]

Wichtig bleibt aber die notwendige zeitliche Markierung der Daten, da durch die Re-Analyse der Baerenreiter- und der Ritter-Studie und dem Vergleich mit JIM 2002 auch Datenmaterial von der Mitte der 80-er Jahre bis zur Mitte der 90-er Jahre bzw. aus dem Untersuchungszeitraum 2002–2003 kontrastierend in die empirische Studie eingearbeitet wurde.[707] Wegen der netzartigen Struktur der Lebenswelt, die in den Einzelfällen immer wieder aufscheint, kommt es zu überlappenden Typiken, weshalb die typologische Unterscheidung immer wieder eine heuristische bleibt. Dennoch kann etwas für den jeweiligen Einzelfall bzw. verwandte Einzelfälle Typisches angegeben werden.

Entscheidend für eine Bewertung der Ergebnisse der vorliegenden Studie ist die Erkenntnis, daß im Sinne Schachtners durchaus allgemeine Aussagen konstruiert werden, aber nicht auf Repräsentativität abgezielt wird. Gleiches gilt für die Bewertung der Möglichkeit, durch die vorliegende Studie Prognosen für die Zukunft anzustreben. So analysiert die vorliegende Studie bereits Vergangenes sowie Konstruktionen von Vergangenem. Auch hier ist Ch. Schachtner zu folgen:

> »Wenn ich über Vergangenes etwas weiß, besteht die Chance, auch über Gegenwärtiges und Zukünftiges etwas zu wissen. Nichts Endgültiges kann ich wissen, nur Möglichkeiten kann ich kennen, denn Zukunft ist nicht determiniert, sie ist nur nicht beliebig«.[708]

---

705 Vgl. dazu Kapitel 7.2 »Zur Methodik der empirischen Feldstudie«.
706 Vgl. dazu Kapitel 7.4 »Zur Sampling-Strategie«.
707 Vgl. dazu Kapitel 8 »Jugendliche am Computer am Ende der 80-er und zu Beginn der 90-er Jahre« und 9.5 »JIM 2002: Jugend, Information, (Multi-)Media« sowie 9.5 »Zum Vergleich der Feldstudie mit JIM 2002«.
708 Vgl. Schachtner, a.a.O., S. 29.

7 Methodologie und Methode

In dem Sinne besitzt die vorliegende Studie durchaus Relevanz für die Explikation zukünftigen jugendlichen Computerumgangs und seiner Bewertung:

> »Die Ergebnisse einer sinnverstehend-interpretativen Forschungsmethode sind als Annäherungen an gegenwärtige und zukünftige Realität zu verstehen. Sie haben den Charakter von Wissensangeboten, deren Sinn auch darin besteht, selbstverständlich gewordenes Wissen einer neuerlichen Prüfung zu unterziehen und Diskussionen zu initiieren, in deren Verlauf neue Fragen auftauchen und die Suche nach Antworten abermals beginnt«.[709]

Um die allgemeine Relevanz der vorliegenden Studie zu unterstreichen, wurden entsprechende Strategien der Reliabilität und Validität[710] verfolgt. Entscheidend ist, daß für qualitative Forschung nicht die gleichen Kriterien hinsichtlich ihrer Reliabilität und Validität herangezogen werden können, wie für die quantitative Forschung, sondern daß diese Kriterien notwendig der Grundstruktur qualitativer Forschung zu entsprechen haben.

Hinsichtlich der Reliabilität der vorliegenden Studie wurde das Zustandekommen der Daten expliziert und ein entsprechender Einblick in die Daten und ihre Interpretation ermöglicht. Eine angemessene Auseinandersetzung über die Daten und die Datenauswertungsstrategien mit anderen Forschern und Forscherinnen sowie eine entsprechende reflexive Dokumentation des Forschungsprozesses erfolgten.

Die Validität der vorliegenden Studie erweisen unterschiedliche Aspekte. So wurde ein entsprechendes Vorverständnis zur Fragestellung jugendlicher Computernutzung geklärt und im Sinne der Epoché zunächst zurückgestellt. Zudem erfolgte eine reflexive Selbstverortung der Forscherin im Forschungsprozeß, die ebenfalls entsprechend verzeichnet wurde.[711] Die gewählten Erhebungs- und Auswertungsmethoden wurden dokumentiert und begründet, wobei das Kriterium der Gegenstandsangemessenheit – ganz im Sinne eines phänomenologisch-wahrnehmungsorientierten Ansatzes – entscheidend wurde.[712] Eine entsprechend intensive Feldpräsenz mit mehrmaligen Besuchen der Jugendlichen und die Durchführung des Feldforschungsprozesses in allen Bereichen (Datenerhebung, Transkription und Interpretation) durch die Forscherin wurden überdies kennzeichnend für die

---

709 Vgl. Schachtner, ebd.
710 Vgl. dazu Flick, Qualitative Sozialforschung, S. 317ff.
　　Bei der Reliabilität geht es um die Frage der Zuverlässigkeit. Die Perspektive der Validität klärt, ob ein Forscher sieht, was er zu sehen meint (vgl. dazu Kirk / Miller, Reliability and Validity in Qualitative Research, Beverly Hills 1986).
711 Vgl. dazu Kapitel 7.5 »Thematische Selbstverortung«.
712 Vgl. dazu Kapitel 7.1 »Zur Methodologie« und 7.2 »Zur Methodik der empirischen Feldstudie«.

7.6 Zur Ergebnis-Valenz

vorliegende Studie zum Computerumgang Jugendlicher und unterstreichen entsprechend deren Validität.

Ein weiterer Aspekt für die Begründung der Validität dieser Studie ist überdies die Tatsache, daß die erhobenen Interviews darauf ausgerichtet waren, sich den Jugendlichen mit möglichst reduzierten Suggestionselementen anzunähern und diese selbst zu Wort kommen zu lassen. Letzteres gilt insbesondere für die Frage nach der religiösen Valenz ihrer Computernutzung. Außerdem wurden die Interviews auf die Authentizität der Darstellung geprüft und etwaige Verzerrungen entsprechend analytisch berücksichtigt. Daher wurde ein Interview wegen des Kriteriums der Authentizität zurückgestellt. Außerdem wurden die begrenzten Explikationsmöglichkeiten sozial benachteiligter Jugendlicher, wie auch eine notwendige Genderdifferenzierung bei der Anlage des Samples und der Auswahl der Methoden berücksichtigt. So besitzt das Sample eine genderspezifische, geographische und an den unterschiedlichen Bildungsinstitutionen orientierte Variationsbreite.

Eine Validierung fand überdies insofern statt, als den Experten und Expertinnen der jeweiligen Experteninterviews die einschlägigen Untersuchungsergebnisse vorgelegt wurden. Die Daten der eigenen Feldforschung wurden umfassend dokumentiert und eine Beratung mit anderen, nicht an der vorliegenden Studie beteiligten Forscherinnen und Forschern fand sowohl hinsichtlich der erhobenen Felddaten als auch hinsichtlich der damit verbundenen Theoriebildung statt. Durch eine breite Darstellung wird Transparenz hinsichtlich der Daten und ihrer Interpretation hergestellt.

Außerdem sorgte die Grundstrategie des »theoretical samplings« dafür, daß die vorliegende Fallstudie nicht vorschnell auf ein abgeschlossenes Typenspektrum festgelegt wurde. In diesem Sinne wurden in einer Zweiterhebung weitere Fälle als Kontrastierung erhoben.[713]

Die Validität der vorliegenden Studie unterstreicht auch die Tatsache, daß ein Vergleich der anhand der eigenen Feldergebnisse eruierten Typen mit den in der Re-Analyse der Baerenreiter- und der Ritter-Studie erhobenen Typen durchgeführt wurde und die durch den Vergleich erarbeiteten Ergebnisse zu den Resultaten der quantitativen JIM-Studie 2002 in Beziehung gesetzt wurden.[714] Dadurch fand eine Weiterentwicklung der eigenen Felduntersuchung statt. Durch den Typenvergleich waren deutlich Gemeinsamkeiten und Unterschiede – resultierend aus dem unterschiedlichen Zeitraum der Datenerhebung – bezüglich des Computerumgangs Jugendlicher zu verzeichnen und es wurde ein Abgleich der im Untersuchungszeitraum 2002–2003 erhobenen

---

713 Vgl. dazu Kapitel 7.4 »Zur Sampling-Strategie«.
714 Vgl. dazu Kapitel 8 »Jugendliche am Computer am Ende der 80-er und zu Beginn der 90-er Jahre« und 3.3 »JIM 2002: Jugend, Information, (Multi-)Media« sowie 9.5 »Zum Vergleich der Feldstudie mit JIM 2002«.

Daten – qualitativen wie quantitativen Ursprungs (im Rahmen von JIM 2002) – möglich.

Zudem erweist sich die Validität der vorliegenden Studie durch die bereits entfaltete Methoden- und Datentriangulation.[715] Hinzu kommt eine Theorien-Triangulation, die eine »Annäherung an die Daten unter Einbeziehung verschiedener Perpektiven und Hypothesen«[716] ermöglicht. Dabei werden »verschiedene theoretische Sichtweisen nebeneinander gestellt, um ihre Nützlichkeit und Erklärungskraft zu prüfen«[717]. Die Relevanz der Triangulation liegt »in der systematischen Erweiterung und Vervollständigung von Erkenntnismöglichkeiten«.[718] Darüber hinaus gewährleistet die analytische Induktion[719], die im dynamischen Wechselspiel von Feld, Fragestellung und Theorieapplikation besteht, die Validität der vorliegenden Studie, da gerade dieses Wechselspiel kennzeichnend für eine entsprechende Theoriebildung wurde.[720]

---

715 Vgl. dazu Kapitel 7.2 »Zur Methodik der empirischen Feldstudie«.
716 Vgl. Denzin, The Research Act, S. 297.
717 Vgl. Denzin, ebd. sowie Kapitel 5 »Identität und Bildung« und 6 »Religion und religiöse Valenz« und die entsprechenden Unterkapitel.
718 Vgl. Flick, a.a.O., S. 332.
719 Vgl. dazu Bühler-Niederberger, Analytische Induktion als Verfahren qualitativer Methodologie, S. 475–485.
720 Vgl. dazu Kapitel 4 »Zur Relation von Theorie und Empirie«, 6.2 »Zur Relation von Theorie und Empirie«, 7.1 »Zur Methodologie« und 7.2 »Zur Methodik der empirischen Feldstudie«.

8 Jugendliche am Computer am Ende der 80-er und zu Beginn der 90-er Jahre

Im folgenden soll die 1990 im Westdeutschen Verlag erschienene Studie von H. Baerenreiter, W. Fuchs-Heinritz und A. Kirchner unter dem Titel »Jugendliche Computerfans: Stubenhocker oder Pioniere? Biographieverläufe und Interaktionsformen«[721] einer Re-Analyse unterzogen werden, die der Erarbeitung von Basistypen dient, die wiederum zu den Ergebnissen der eigenen empirischen Feldstudie korreliert werden.[722]

8.1 Die Baerenreiter-Studie (1990):
Männliche Computeruser in der zweiten Hälfte der 80-er Jahre
Eine Re-Analyse

8.1.1 Einführung

Die Baerenreiter-Studie untersucht anhand von biographisch-narrativen Interviews und teilnehmender Beobachtung in zwei Computer-Clubs das Verhältnis der Computernutzung zur Persönlichkeitsentwicklung von Jugendlichen, zur Geschichte ihrer Hobbys und Freizeitbeschäftigungen, zu ihren familiären und Peer-Beziehungen und zu ihrer vorberuflichen und beruflichen Orientierung. Damit versucht die Studie, das Phänomen »Computerumgang« bei Jugendlichen unter den Perspektiven Hobby / Arbeit / Informationsgesellschaft und High-tech-Lebensstil zu betrachten. Sie untersucht, welche Vorerfahrungen einem derartigen Computerumgang vorausgehen und welche soziale Einbettung dieser besitzt. Dabei kommt vor allem die Frage in den Blick, ob der Computergebrauch von Jugendlichen mit neuen Kommunikations- und Kooperationsbeziehungen verbunden ist. Der Forschungsstand zum Computerumgang Jugendlicher Anfang der 90-er Jahre – von dem die Baerenreiter-Studie ausgeht – erwies sich als recht dürftig. Die meisten Studien[723] betonten dessen Gefahren und induzierten dessen soziale Unverträg-

---

721 Vgl. dazu Baerenreiter, H., Fuchs-Heinritz, W., Kirchner, R. (Hrsg.), Jugendliche Computer-Fans: Stubenhocker oder Pioniere? Biographieverläufe und Interaktionsformen, Opladen 1990.
722 Vgl. zur Entfaltung der Methode Kapitel 7.2 »Zur Methode der empirischen Feldstudie« sowie Kapitel 9 »Jugendliche am Computer zu Beginn des 21. Jahrhunderts«.
723 So Volpert 1983; 1985; Knapp 1984; Eurich 1985; Geulen 1985; Müllert 1984. So vertritt z.B. Müllert die Position, daß der Computer zu Isolation, Vereinzelung und dem Verlust zwischenmenschlicher Beziehungen führe, daß es zur Ag-

lichkeit. Daher stießen jugendliche Peer-groups und Einzelindividuen, die sich dem Medium Computer zuwandten, auf deutliche Ablehnung. Zudem war die flächendeckende elektronische Revolution zu dieser Zeit noch nicht in gleicher Weise wie zu Beginn des neuen Jahrtausends fortgeschritten. So prägen Berichte von Amiga-Computern und dem legendären C 64 die Baerenreiter-Studie. Die Phänomene »Internet«, »Chatroom« und »e-mail« fehlen völlig. Der Anteil der Jugendlichen, die damals einen Computer besaßen, lag bei 10 % (2002: 50 % der Jugendlichen besitzen einen eigenen Computer; in 94 % der Haushalte findet sich ein Computer; 90 % der Jugendlichen besitzen Computererfahrung; vgl. dazu JIM 2002). Die Korrelation des Computerumgangs mit anderen Medien, mit dem Elternhaus und die Zusammenhänge mit den allgemeinen Bildungsvariablen sind zu dieser Zeit noch ungeklärt (vgl. dagegen z.B. JIM 2002).[724] Um dem bestehenden Forschungsdesiderat nachzukommen, entwickelte die Baerenreiter-Gruppe ein Forschungsdesign, das nach der Einbettung des Gebrauchs des Mediums Computer in die jeweils individuellen Lebensgeschichten von Jugendlichen fragt, dabei die Beziehung der Computernutzung zum familiären, freundschaftlichen und beruflichen Lebensumfeld mit in den Blick nimmt und analysiert, welcher sozialen Schicht derartige Computer-Fans entstammen. Unter Computer-Fans versteht die Baerenreiter-Studie Jugendliche, die sich intensiv mit dem Computer beschäftigen. Gerade der »Fan«-Begriff war ein zentrales Merkmal der Diskussion um die Computernutzung Jugendlicher am Ende der 80-er Jahre und zu Beginn der 90-er Jahre.

Die Baerenreiter-Studie sucht bei der Auswahl ihres Samples, möglichst unterschiedliche Typen an Interviewpartnern abzudecken, wobei Interviewpartner in einem Altersspektrum von 15–25 Jahren Berücksichtigung finden. Sie stützt sich auf 30 narrative Interviews. Diese Interviews wurden mit Hilfe des Ansatzes von F. Schütze interpretiert. Schütze rekonstruiert mit Hilfe narrativer Interviews »Prozeßstrukturen des Lebensablaufs«, indem er streng zwischen erzählenden, beschreibenden und argumentativen Textteilen trennt. Für die Rekonstruktion von Prozeßstrukturen werden nur narrative Textteile herangezogen. Die Baerenreiter-Studie weicht insofern von Schütze ab, als sie diese strikte Trennung nicht konsequent durchführt, sondern erzählende, beschreibende und argumentierende Textteile aufeinander bezieht. Sie spricht

---

gression gegen alles komme, was sich dieser Algorithmisierung entziehe, daß Leben nur noch in selbstgeschaffenen Programmwelten stattfinde, in denen der einzelne der Illusion von Einfluß und Macht unterliegt, daß der Computer zu Suchtphänomenen führe, daß es zu einer Verkümmerung non-verbaler Ausdrucksmittel wie Mimik und Gestik komme, bei gleichzeitigem Ausschluß von Gefühlen und sinnlicher Wahrnehmung, daß Denk- und Handlungsvielfalt versiegen und die sprachliche Ausdruckskraft verarme. Vgl. dazu Müllert, Wenn die Welt auf den Computer zusammenschrumpft, S. 420–425.
724 Vgl. dazu Kapitel 3.3 »JIM 2002: Jugend, Information, (Multi-)Media«.

daher nur von »biographischen Bewegungen«.[725] Die Interviewpartner wurden aus dem näheren Bekanntenkreis der Forscher, über Lehrer und über die Zeitschriften »Chip« und »Happy Computer« gewonnen.

Problematisch war dabei eine methodische Engführung, insofern die Baerenreiter-Studie hauptsächlich auf sprachlich gestützte, biographische Interviews mit Jugendlichen zurückgreift. Wie sich zeigen wird, kommen die Interviews an ihre Grenzen, weil nicht alle Zusammenhänge und Erfahrungen mit dem Computer von den Jugendlichen voll sprachlich umsetzbar sind.[726] Eine methodische Erweiterung im Sinne einer Triangulation ist zwar darin zu sehen, daß die Baerenreiter-Studie phasenweise auch mit teilnehmender Beobachtung arbeitet. Deren Auswertung konzentriert sich jedoch stark auf eine Beschreibung der organisatorischen Strukturen der untersuchten Computer-Clubs. Eine sinnvolle methodische Erweiterung wäre durch eine konsequentere Durchführung und Auswertung der teilnehmenden Beobachtung bzw. durch den Einbau von bildtechnischen Analysemethoden möglich gewesen.[727]

Kritisch ist zudem die Tatsache zu betrachten, daß die Studie nur Interviews mit männlichen Jugendlichen wiedergibt. So kommt sie zu folgendem Resümee: »Daß Mädchen bzw. junge Frauen, die sich intensiv mit dem Computer beschäftigen, so außerordentlich schwer zu finden sind, ist natürlich selbst ein zentrales Ergebnis des Projekts«.[728] Weibliche Jugendliche, die sich allein aus pragmatischen Gründen für den Computer interessierten (Schule / Beruf), fanden in der Baerenreiter-Studie keine Berücksichtigung. Die bereits im Kapitel 3 »Adoleszenz, Technik und Medialität«[729] analysierte JIM-Studie (JIM 2002) zeigt jedoch, daß sich das Interesse von weiblichen Jugendlichen auf andere thematische Segmente des Computerumgangs richtet: Arbeitskontexte, Kommunikation und ein eigenes Genre an Computerspielen. Der enge Fokus der Baerenreiter-Studie, der sich durch die Wahl von Computer-Clubs und einschlägigen Computerzeitschriften zeigt, unterläuft eine derartige notwendige Differenzierung. Allerdings ist anzuerkennen, daß am Ende der 80-er Jahre noch nicht ausreichend – den Interessen der weiblichen Jugendlichen entsprechende – Angebote durch das Medium Computer bereitgestellt wurden.[730]

---

725 Vgl. Baerenreiter, a.a.O., S. 26 und dazu Schütze, Prozeßstrukturen des Lebensablaufs, S. 67ff.
726 Vgl. dazu den Fall »Nils« im Kapitel 8.1.4 »Der Computer als evokatorisches Objekt sozialen Erfolgs«.
727 Vgl. dazu Kapitel 7.2 »Zur Methodik der empirischen Feldstudie«.
728 Vgl. Baerenreiter, a.a.O., S. 24.
729 Vgl. dazu Kapitel 3 »Adoleszenz, Technik und Medialität«.
730 Vgl. zum Computerumgang weiblicher Jugendlicher zu Beginn der 90-er Jahre genauer Kapitel 8.2 »Die Ritter-Studie (1994): Weibliche Computeruser zu Beginn der 90-er Jahre: Eine Re-Analyse«.

8 Jugendliche am Computer am Ende der 80-er und zu Beginn der 90-er Jahre

Den Kern der Baerenreiter-Studie bildet der Bericht über die Auswertung von sechs biographisch-narrativen Interviews und eine Dokumentation der teilnehmenden Beobachtung in zwei Computer-Clubs. Diese Interviews sollen im folgenden einer Re-Interpretation unterzogen werden, deren Fokus auf einer Analyse der Identitäts- und Selbstbildungsprozesse und der Dimensionen religiöser Valenz liegt. Für meine eigene Re-Interpretation wurden jedoch weniger die Ergebnisse der Studien, sondern vor allem die Fallbeispiele interessant.

Dabei orientierte sich – wie bereits verdeutlicht wurde[731] – die Re-Interpretation in modifizierter Form an der thematischen Kodierung. Erst werden in vertikaler Analyse an Einzelfällen spezifische Basistypen erhoben (8.1.2; 8.1.3; 8.1.4; 8.1.5), und danach werden horizontal, fallübergreifend Typen erstellt (8.1.6; 8.1.7; 8.1.8). Es erfolgt keine Darstellung aller Fälle, die in der Baerenreiter-Studie präsentiert werden, sondern es werden exemplarische Typen – orientiert am »theoretical sampling« – ausgewählt.[732] Das Sample der Baerenreiter-Studie ist paradigmatisch für die Computernutzung männlicher Jugendlicher am Ende der 80-er und zu Beginn der 90-er Jahre, soweit es die Bereiche »Computerspiele« und »Programmierung« betrifft. Dieser paradigmatische Charakter bleibt zumindest für den Bereich des individuellen Spielens von Computerspielen auch für die veränderte Situation des neuen Jahrtausends erhalten. So soll anhand der Fälle der Baerenreiter-Studie ein erster Einblick in den Computerumgang männlicher Jugendlicher gegeben werden, wobei die mit dem Internet verbundenen Neuerungen erst im Rahmen der eigenen Feldstudie thematisiert werden. Ziel der Re-Analyse ist nicht eine vollständige Neuinterpretation der Baerenreiter-Studie, sondern die Erarbeitung von Basis-Typen für den Computerumgang männlicher Jugendlicher, die im folgenden mit den Ergebnissen der eigenen Feldstudie vom Beginn des 21. Jahrhunderts verglichen werden sollen.[733]

Zunächst erfolgt eine Fallbeschreibung in Orientierung an der Baerenreiter-Studie und dann eine re-interpretierende Fallfokussierung, bei der auch die Einarbeitung weiterer einschlägiger Fachliteratur Berücksichtigung findet.[734] Die Fallbeschreibung in Orientierung an der Baerenreiter-Studie wird im Druckbild durch einen kleineren Schriftsatz gegenüber der re-interpretierenden Fallfokussierung gekennzeichnet. Zudem sind innerhalb der re-interpretierenden Fallfokussierung Textelemente enthalten, die einen notwendigen theoretischen Hintergrundrahmen für die jeweilige Fallinterpreta-

---

731 Vgl. dazu Kapitel 7.2 »Zur Methodik der empirischen Feldstudie«.
732 Vgl. dazu Kapitel 7.2 »Zur Methodik der empirischen Feldstudie«.
733 Vgl. dazu Kapitel 9.4 »Entwicklungen vom Ende der 80-er Jahre bis zum Beginn des 21. Jahrhunderts«.
734 Vgl. zur Computernutzung männlicher Jugendlicher Mitte der 80-er und zu Beginn der 90-er Jahre z.B. die Studie von Noller, P. / Paul, G., Jugendliche Computerfans. Selbstbilder und Lebensentwürfe, Frankfurt / New York 1991.

tion bieten sollen. Diese sind ebenfalls kleingedruckt und als »Exkurs« markiert.

8.1.2 Zur Bedeutung von Computerspielen im Leben männlicher Jugendlicher

Die Baerenreiter-Studie präsentiert mit dem Fall von »Thomas« einen klassischen Computerspieler. Anhand dieses Falls läßt sich gut die Relevanz von Computerspielen und deren strukturelle Integration in den Identitätsbildungsprozeß in der Phase der Adoleszenz erkennen.

Falldarstellung in Orientierung an der Baerenreiter-Studie:

Der 17-jährige Thomas aus Lemgo hatte im Jahr 1988 gerade seinen Hauptschulabschluß gemacht und plante, seine Ausbildung auf der Handelsschule fortzusetzen. Sein Vater ist Maschinenschlosser, seine Mutter ist jetzt Hausfrau und war früher Bürokauffrau, seine Schwester hat Groß- und Außenhandelskauffrau gelernt. Thomas‹ Computerumgang ist verbunden mit bestimmten äußeren Umständen: Thomas leidet an einer Erkrankung der Kniegelenke. Zudem löst die Clique, mit der er zusammen immer seine Zeit verbracht hat, sich langsam auf. Die Nachfolgegruppe (Mofa fahren, sich betrinken, Randale) vertritt wiederum nicht sein Interessenspektrum. Daher wendet er sich dem Computer zu. Dabei konzentriert sich sein Nutzungsschwerpunkt vor allem auf Computerspiele. Thomas ist an Simulations- und Abenteuerspielen interessiert. Sogenannte »Ballerspiele« begeistern ihn nicht wirklich. Eine genauere Analyse der Gründe für seine Einschätzung ergibt, daß derartige »Ballerspiele« ihm wenig Entfaltungsmöglichkeiten bieten. Demgegenüber sieht Thomas bei »Simulationsspielen« und bei »Abenteuerspielen« für sich größere Handlungsmöglichkeiten. Mit dem Setting, in das diese Handlungsmöglichkeiten eingebettet sind (Naziregime, Krieg), beschäftigt sich Thomas nur am Rande. Er sucht in den Spielen nach Möglichkeiten, sich selbst zu beweisen, wobei es ein entscheidendes Kriterium für ihn ist, daß er sich dem Spielaufbau intellektuell gewachsen fühlt (Spiele mit komplexen Texteingaben auf Englisch lehnt er ab). Dabei findet er besonders Spiele attraktiv, die eine Identifikation mit bestimmten Rollen zulassen (Magier, Krieger, usw.). Er übernimmt zuweilen selbst bis zu sechs Rollen. Bei Spielen, die ihm besonders gefallen, – Rollenspielen aus dem Fantasy-Bereich – spricht er von »ich«, während er sonst nur den Terminus »man« wählt. Hier findet eine Identifikation seinerseits mit den Rollen statt. Bemerkenswert ist, daß Thomas betont, daß er gut zwischen Realität und Virtualität unterscheiden kann. Er bemerkt: »Ich kann ganz gut zwischen Computerreali zwischen Computer und Realität unterscheiden«.[735] Die Tatsache, daß Tho-

---

735 Vgl. Baerenreiter, a.a.O., S. 41.

mas von »Computereali« spricht, macht deutlich, daß für ihn Computerspiele durchaus einen Wirklichkeitsakzent besitzen.

Bezeichnenderweise hat Thomas kein Interesse daran, daß die von ihm gespielten Computerspiele auf die Realität bzw. seine eigene Lebenswirklichkeit verweisen. Thomas paßt die von ihm gewählten Computerspiele dynamisch an seine jeweilige Stimmung an (schlechte Laune / Ballerspiele; gute Laune / Geschicklichkeitsspiele, Simulationsspiele).[736] Damit bilden die Computerspiele für Thomas eine genau abgestimmte virtuelle Hintergrundfolie zu seinem oft tristen Alltagsleben.

Thomas lebt in einem sehr beschränkten Handlungsfeld: Seine berufliche Zukunft ist – nach einer von Schwierigkeiten geprägten Schullaufbahn – fragwürdig, seine Sozialkontakte lösen sich auf, seine Handlungsmöglichkeiten sind durch Krankheit stark reduziert. Parallel zu diesen Problemfeldern hat sich Thomas eine genau abgestimmte, virtuelle Hintergrundfolie geschaffen, die er als »Computerrealität« versteht und in der er sich als Persönlichkeit entfaltet: Er spielt Mystery-Spiele, in denen er bis zu sechs Charaktere verkörpert und die seine Peer-group ersetzen. Er sucht sich Erfolgserlebnisse durch das Lösen von virtuellen Aufgaben im Rahmen der Computerspiele. Und er spielt Computerspiele, um sich emotional abzureagieren. Damit ersetzt der virtuelle Hintergrund für ihn die Rückzugsräume, die Jugendliche sich – zumeist in geschlossenen Gruppen – suchen, um sich zu entfalten, sich auszuprobieren und denen sie nach einer gewissen Zeit wieder entwachsen.[737] In Thomas' Fall ist das seine verlorene Peer-group.

---

736 Thomas bemerkt: »Es kommt ganz drauf an wie ich eben drauf bin oder so ob ich dann überhaupt, is also so, wenn ich zum Beispiel, also wenn auffer ausser Schule komme, und richtich sauer bin, pack ich mir irgenden Ballerspiel rein und schieß ich da alles ab was mir in den Weg kommt egal ob ichs abschießen darf oder nich ne. Ist mir dann egal, dann mach ich einfach alles platt was, eben zum abreagieren is das ne. Und sonst, ach, wenn ich gute Laune hab dann Geschicklichkeits-Spiel zum Beispiel wo man mit sonem kleinen Männchen drüberhüpfen muß find ich eigentlich auch ganz lustig. Ja eben was weiß ich Simulation oder etliche Weltraumspiele oder sowas. Wenn ich eben richtich viel Zeit habe, spiel ich sowas weil, man braucht eben Zeit dazu ne. Bis man das also ach bis man da was weiß ich im wievielten Level hat is sowieso, kann ich sowieso schon wieder frühstücken so ungefähr«. Vgl. Baerenreiter, a.a.O., S. 51–52.

737 Vgl. dazu Schäfers, Jugendsoziologie, S. 145.
Auch für Stammeskulturen sind derartige Rückzugsräume, in denen Jugendliche sich entfalten können, zu verzeichnen. So werden bei den Gond in Zentral-Indien Schlafräume für die Jugendlichen eingerichtet, in denen Jungen und Mädchen einige Jahre lang sexuelle Freiheit genießen. Sie lernen dadurch die Notwendigkeit gesellschaftlicher Verantwortung kennen, da die Organisation dieser Schlafräume bei den Jugendlichen selbst liegt. Erwachsenen ist keine Einmischung erlaubt. Vgl. Schäfers, a.a.O., S. 27.

Das Spielverhalten von Thomas ist paradigmatisch für das Phänomen der Computerspiele: So ist der Versuch der Selbststabilisierung bzw. -verwirklichung und der Existenzsteigerung generell verbreitet. Im Computerspiel können persönliche Ziele beliebiger Art sofort und ohne Aufschub realisiert werden. Die Spiele vermitteln Gefühle von Macht und sogar von Allmacht, da es in den simulierten Welten möglich ist, die Grenzen der physischen Existenz zu durchbrechen. Zudem bilden die Computerspiele ein wichtiges Medium zur Selbstverwirklichung. Sie bieten Handlungsmöglichkeiten an, bei denen leichter zu zeigen ist, »was wirklich in einem steckt«, als im normalen Leben. Ein Ausstieg aus dem Alltag, in dem Selbstverwirklichung nur unzureichend möglich ist, kann stattfinden. Komplexe Computerspiele fordern eine hohe Eigenbeteiligung der Person in Form von Konzentration und Anspannung. Damit findet gegenüber dem oft abgeflachten Alltagsleben eine Existenzsteigerung statt, die bei den Spielenden zu Verschmelzungserlebnissen – sogenannten Flow-Erlebnissen – führt.[738] Die Computeruser verschmelzen mit ihrer Spiel- bzw. Programmiertätigkeit, sie gehen darin auf, haben Schwierigkeiten aufzuhören und »vergessen« die Zeit.[739] Diesem Verschmelzen korreliert notwendig eine körperliche Reaktion. An ihrem Ende steht die körperliche Erschöpfung, die mit positiven Erfolgsgefühlen verbunden ist. Letztere stellt sich aber nur dann ein, wenn der Spiel- bzw. Programmierverlauf nicht durch Frustrations- bzw. Versagenserlebnisse geprägt ist. Die Spielerfolge bringen eine hohe selbstverstärkende Wirkung mit sich, ebenso wie negative Erlebnisse zu erheblicher Frustration führen.[740] Außerdem zeigt sich, daß eine enge Verbindung zwischen den gewählten Computerspielen und der Lebenswelt der Spieler besteht. Die Spiele sind eng vernetzt mit den Lebensinteressen, Hobbys, konkreten Lebenssituationen und persönlichen Eigenschaften der Spieler. Durch die Spiele haben die Spieler die Möglichkeit, an wichtige Themen des Alltagslebens anzuknüpfen und sie im Spiel fortzuführen (parallele Kopplung). Eine andere Variante besteht darin, daß Spiele gewählt werden, die Möglichkeiten schaffen, die für die Spieler in der realen Welt nicht umsetzbar sind, aber ihren Wünschen entsprechen (kompensatorische Kopplung).[741] Derartige Zusammenhänge sind jedoch zumeist eher funktional orientiert und weisen weniger Bezüge hin-

---

738 Vgl. dazu Kapitel 6 »Religion und religiöse Valenz«, Kapitel 10.3 »Dimensionen religiöser Valenz« sowie Kapitel 8.1.9 »Auswertung: Selbstbildung, Identitätsgenese und religiöse Valenz«.
739 Vgl. dazu Fritz, Computerspiele, S. 115–122.
740 Vgl. Oerter, Lebensthematik und Computerspiel, S. 59–66 und dazu Kapitel 8.1.3 »Zur Bedeutung des Programmierens im Leben männlicher Jugendlicher« sowie Kapitel 10.3 »Dimensionen religiöser Valenz«.
741 Vgl. dazu Fritz / Fehr, Computerspieler wählen lebenstypisch, S. 67ff. sowie Kapitel 5 »Identität und Bildung« und Kapitel 9.2.7 »Auswertung: Selbstbildung, Identitätsgenese und religiöse Valenz«.

sichtlich einer spezifischen Oberflächensemantik der Spiele auf. Diese Phänomene erscheinen für den Bereich der Vielspieler noch verstärkt.[742] Dabei müssen die Anforderungen an den Spieler genau dosiert sein. Ist das Spiel zu komplex, führt dies zu Frustration, sind die Spielanforderungen zu gering, kommt nicht wirklich das Gefühl der Bewältigungsleistung bzw. das Verschmelzungserlebnis auf.

8.1.3 Zur Bedeutung des Programmierens im Leben männlicher Jugendlicher

Eine ähnlich bedeutende Funktion wie die Computerspiele nimmt auch das Programmieren für die männlichen Jugendlichen in der zweiten Hälfte der 80-er Jahre ein. Durch das Programmieren schaffen sich die Jugendlichen – ebenso wie durch die Computerspiele – eine virtuelle Hintergrundfolie zu ihrem Alltagsleben, mit deren Hilfe sie Erfolgserlebnisse und Selbststabilisierung suchen. Dies zeigen die folgenden Fälle von »Dieter« und »Alex« sehr deutlich:

Falldarstellung in Orientierung an der Baerenreiter-Studie:

Dieter ist zum Zeitpunkt des Interviews 23 Jahre alt. Seine Eltern waren bis vor einiger Zeit Inhaber eines kleinen Transportunternehmens. Er ist ein Einzelkind. Dieter hat im Anschluß an die mittlere Reife eine Banklehre und daran anschließend eine EDV-Weiterbildung absolviert. Er ist verheiratet und als gläubiger Christ in einer Freikirche engagiert.

Dieter erlebt seine berufliche Laufbahn als passives Schicksal (»Wunder«, »eigentlich nur durch Zufall«). Durch seine starke berufliche Belastung (Dieter erhält im EDV-Bereich einen Führungsposten) kommt es zu »Zielkonflikten« mit seiner Frau. Dieter beschließt, weniger Zeit mit Freunden zu verbringen und bestimmte Hobbys aufzugeben (Fahrrad, Fußball), um mehr Zeit für seine Arbeit am Computer zu haben. Da Dieter mit seinem Führungsposten überfordert ist, versucht er sich durch seine häusliche Programmierungsarbeit zu stabilisieren. Die Termini, die er wählt (»er beschäftige sich ›nicht jetzt jeden Tag‹ mit dem Computer«; »er könne ›das ganz gut äh einteilen inzwischen‹«; »es gäbe Zeiten ›n ganze Woche oder auch länger‹ während der er an den Computer nicht rangehe«)[743], rücken Dieters Beschäftigung mit dem Computer in die Nähe von Suchtverhalten. Er will sich zu Hause »etwas beweisen«.[744] Damit ist Dieters häusliche Beschäftigung mit dem Computer ein Rückzugsraum, der ihm Selbstvertrauen gibt und ihm

---

742 Vgl. dazu Fritz / Hönemann / Misek-Schneider / Ohnemüller, Vielspieler am Computer, S. 197–205.
743 Vgl. Baerenreiter, a.a.O., S. 89.
744 Vgl. Baerenreiter, ebd.

8.1 Die Baerenreiter-Studie (1990): Männliche Computeruser

ermöglicht, seine Passivität, die die anderen Bereiche seines Lebens beherrscht, zu durchbrechen.

Dieter programmiert, um sich zu bestätigen und sich selbst durch virtuelle Erfolgserlebnisse zu stabilisieren. Er ist überfordert mit der Führungsposition, die er inzwischen erlangt hat und ist zudem mit den unverbundenen Segmenten seines Alltags konfrontiert, die immer wieder zu »Zielkonflikten« führen. Seine Beschäftigung mit dem Computer zeigt suchtähnliche Züge: Er programmiert viel, um sein Leben zu bewältigen. Vergleichbare Phänomene sind auch bei Alex festzustellen:

Falldarstellung in Orientierung an der Baerenreiter-Studie:

Alex ist zum Zeitpunkt des Interviews 23 Jahre alt. Sein Vater ist höherer Beamter bei der Deutschen Bundesbahn, seine Mutter ist Hausfrau. Alex hat zwei ältere Schwestern und wohnt noch bei seinen Eltern. Alex hat ein Studium der Biologie und Chemie begonnen, wobei ihn auf der Universität – nach eigener Aussage – der »Unischock« trifft: Ist es ihm in der Schule leicht gefallen, in diesen Fächern erfolgreich zu sein, so ist dies auf der Universität nur mit harter Arbeit zu erreichen. Nach vier Semestern gibt Alex das Studium der Biologie und Chemie auf und denkt darüber nach, in ein Jurastudium zu wechseln. Sein Traum wäre eigentlich ein Informatikstudium, doch davor schreckt er wegen der hohen mathematischen Anforderungen zurück. Alex bemerkt: »Ich hab mir gedacht solange den Computer behalten als Hobby dann bleibts am schönsten ne irgendwie weil wenn das in Streß ausartet und in Pflichtübung dann könnte man da vielleicht den Spaß daran verlieren«.[745] Die Orientierung am Spaßhaben ist eine zentrale Grundorientierung in Alex‹ Leben. Er betont, daß er in seinem Leben die »Prioritäten« »auf Freizeit und auf Spaßhaben gesetzt« habe. Diese Grundorientierung macht er auch für sein bisheriges Scheitern im Studium verantwortlich.

Der Computer spielt in Alex' Leben eine wichtige Rolle. Er sagt von sich, er sei »absolut süchtig ne also seitdem verbring ich mehr oder weniger jede freie Minute vor dem Gerät«.[746] Sein Hauptinteresse gilt dem Programmieren. Funktioniert ein Programm, dann interessiert es ihn nicht mehr und er versucht die nächste Programmidee umzusetzen. Solange ein Programm nicht funktioniert, verbringt Alex manche schlaflose Nacht damit, es zum Laufen zu bringen. Manchmal wacht er auch mitten in der Nacht auf, weil er plötzlich die Lösung eines Computerproblems weiß, und kann danach »glücklich schlafen«. Alex bemerkt, daß er es sich nie habe träumen lassen, daß die Beschäftigung mit dem Computer einen so packen kann. Er zeige schon fast »dieses Syndrom von wirklich Computerabhängigen«. Daher hofft er, den Computer in seinem Jurastudium möglichst häufig einsetzen zu können.

---

745 Vgl. Baerenreiter, a.a.O., S. 210.
746 Vgl. Baerenreiter, a.a.O., S. 212.

Alex flüchtet in eine parallel zu seinem Alltagsleben verlaufende Welt: Er liest Science Fiction und Fantasy-Romane, in die er sich »unheimlich« reinversetzen kann. Er geht gerne ins Kino und sieht am liebsten Filme über fantastische Welten, in denen er dann richtig »drin« ist. In dieses Spektrum ist auch seine Beschäftigung mit dem Computer einzuordnen. Die Baerenreiter-Studie bezeichnet dieses Abtauchen aus dem Alltag als »Alltagsflips«, mit denen Alex seinen tatsächlichen Problemen ausweicht.[747]

Alex hat Schwierigkeiten mit seinem Studium. Er nutzt Romane, Kinofilme und vor allem den Computer, um sich eine Parallelwelt zu seinem Leben aufzubauen, in die er sich flüchtet und in der er sich selbst entfalten kann. Dabei nimmt Alex' Beschäftigung mit dem Computer suchtähnliche Züge an. Er nutzt seine »Alltagsflips«[748], um seinen »realen« Problemen auszuweichen und sucht damit »stille Ekstasen« gegenüber einem Alltag, an dem er scheitert.[749] Allerdings ist seine Parallelwelt von einem Abgleiten bis hin zum Kontrollverlust bedroht. Hohe Bedeutung gewinnt der Umgang mit dem Computer und das Lösen von Programmierungsproblemen für Alex auch dadurch, daß es ihm gelingt, tief in die technische Rationalität (»dieses Computerdenken«) des Computers einzudringen und sein Lösen der Programmierungsprobleme für ihn auch einen Sieg über die komplexe Technik darstellt.

Von vergleichbaren Phänomenen beim Programmieren wie bei Dieter und Alex berichten auch die Teilnehmer des Computerclubs, den die Forschergruppe der Baerenreiter-Studie im Zusammenhang teilnehmender Beobachtung in einer Großstadt im Umkreis des Ruhrgebiets vom September 1987 bis zum Juni 1988 untersucht hat.[750] Auffällig ist, daß der Bericht von der teilnehmenden Beobachtung eher auf die Organisation von Sozialstrukturen innerhalb der Computerclubs gerichtet ist als Auskunft über das individuelle Erleben am Computer zu geben.

Falldarstellung in Orientierung an der Baerenreiter-Studie:

Peter – ein Mitglied des Computerclubs – hat »früher« (Anfang 1987) bis zu 24 Stunden »durchprogrammiert«.[751] Dabei hat er sich völlig von der ihn umgebenden Welt abgeschottet, hat ein Radio, einen Kassettenrekorder, einen Kasten Bier und »ein bißchen zu essen« mitgenommen, hat die Tür zugeschlossen und »durchgetippt«.[752] Zwar habe er nach den 24 Stunden durch das ständige Schauen auf den Bildschirm Kopfweh bekommen, aber er habe sich »entspannt« gefühlt. Peter berichtet zudem, daß er sich in der Pro-

---

747 Vgl. Baerenreiter, a.a.O., S. 213–214.
748 Vgl. Baerenreiter, a.a.O., S. 213.
749 Vgl. Baacke, Die stillen Ekstasen der Jugend, S. 3ff.
750 Vgl. dazu Baerenreiter, a.a.O., S. 225 ff.
751 Vgl. Baerenreiter, a.a.O., S. 249.
752 Vgl. dazu Baerenreiter, ebd.

grammwelt intuitiv auskenne und einen Fehler im abstrakten Programmaufbau sofort erkennen könne. Was genau Peter inhaltlich beim Programmieren macht, bleibt in seiner Darstellung unwichtig. Was zählt ist, daß er die Welt um sich herum vollständig vergißt. Dieses Phänomen hat die Baerenreiter-Studie auch bei anderen Mitgliedern des Computerclubs feststellen können. Auch sie berichten von durchprogrammierten Nächten. In diesem Sinne bemerkt die Baerenreiter-Studie: »Festzuhalten bleibt, daß zumindest einige der Computer-Fans Phasen haben, in denen sie sich von der realen Welt und damit aus der Sozialität lösen, in radikaler Form demonstriert von Peter, der die Grenzen zur Sozialwelt sogar physikalisch aufbaut. Er schließt sich ein: Zuvor muß ein Übergang, ein Einstieg in die andere Welt (in Peters Worten »hineinsteigern«) gefunden werden«.[753]

Der Computer bietet für die Jugendlichen des Computer-Clubs die Möglichkeit, sich in einem a-sozialen Raum abzureagieren und auszuleben. Man erlebt Phasen, in denen exzessiv programmiert wird. In diesem Sinne dient der Computer als Trägermedium der bereits erwähnten »Flow-Erlebnisse«. Im Kontext des Programmierens sind daher ähnliche Phänomene wie beim Computerspielen zu beobachten: Kommt der Programmierer klar, gelingt es ihm Kontrolle über das Programm auszuüben und ausreichend Erfolge zu erlangen, so stellen sich positiv-emotionale Folgen ein: Erfolgsgefühle, Spaß, Erleben von Kompetenz. In der Folge steigt der Reiz des Programmierens und dieses wird fortgesetzt. Mit der Steigerung des Programmierreizes gehen sekundäre Phänomene einher: Die Programmierer verschmelzen mit ihrer Tätigkeit, sie gehen darin auf (»Flow«), haben Schwierigkeiten aufzuhören und »vergessen« die Zeit.[754] In dem Sinne wird das Programmieren zur »stillen Ekstase«. Damit dient das Programmieren – ebenso wie Computerspiele – der Selbststabilisierung durch Erfolgserlebnisse und dem ekstatischen Verlassen des Alltags im Sinne von Flow-Erlebnissen. Wie bei Peter können diese Flow-Erlebnisse sogar von entsprechenden Einstiegsritualen umgeben sein (ein rituell vollzogenes Abschotten von der »realen Welt«).[755] Zudem wird deutlich, daß derartige marathonartige Programmiereinheiten durchaus einen körperlichen Bezug haben. So berichtet Peter von entsprechenden Entspannungsgefühlen – vergleichbar einer kathartischen Reinigung – nach dem Durchleben eines derartigen ekstatischen Programmiermarathons.

---

753 Vgl. Baerenreiter, a.a.O., S. 250.
754 Vgl. dazu Fritz, Computerspiele, S. 121.
755 Vgl. dazu Kapitel 6 »Religion und religiöse Valenz«, Kapitel 10.3 »Dimensionen religiöser Valenz« sowie Kapitel 8.1.9 »Auswertung: Selbstbildung, Identitätsgenese und religiöse Valenz«.

8.1.4 Der Computer als evokatorisches Objekt sozialen Erfolgs

Durch die Computernutzung und die damit verbundenen Möglichkeiten, andere computerinteressierte Jugendliche kennenzulernen, bietet der Computer den Jugendlichen in der zweiten Hälfte der 80-er Jahre auch die Möglichkeit, ihre soziale Isolation zu durchbrechen.[756] Dieser Zusammenhang widerspricht der These, daß Computernutzung zu Vereinsamung und sozialer Isolation führt. Mit ihr ist immer zugleich ein Erfolg im Umgang mit Technik verbunden. Eine derartige Phänomenlage zeigt der Fall von Nils.

Falldarstellung in Orientierung an der Baerenreiter-Studie:

Nils ist zum Zeitpunkt des Interviews gerade 17 Jahre alt geworden. Er lebt in einer kleinen Stadt im Ruhrgebiet. Sein Vater – ein ehemaliger Bergmann – ist jetzt Rentner und seine Mutter ist Putzfrau. Er hat zwei Schwestern (33 und 34 Jahre alt), die beide im Bereich der Krankenpflege arbeiten. Nils ist der Nachkömmling der Familie. Er besucht die 10. Klasse einer Gesamtschule mit der Absicht, Abitur zu machen. Außerdem gehört Nils einer evangelisch-freikirchlichen Gruppe an.

Bei Nils‹ Erzählung seiner Lebensgeschichte treten mehrere Problemfelder in den Blick, die sein Leben prägen: Schwierigkeiten, Kontakt zu Gleichaltrigen aufzunehmen, schwache schulische Leistungen und Ärger mit den Eltern. Der Ärger mit den Eltern resultiert aus der Tatsache, daß diese wegen ihres fortgeschrittenen Lebensalters für den Nachkömmling wenig Geduld aufbringen. Diese Problemfelder bilden den Kontext, in dem Nils' Umgang mit dem Computer eine ganz besondere Bedeutung gewinnt. Seinen ersten Zugang zum Medium Computer findet Nils im Alter von 12/13 Jahren.[757] Dabei orientiert er sich an anderen Jugendlichen. So bildet der Computer für ihn einen Versuch, so zu werden, wie die anderen Jugendlichen seines Alters. Doch in dem Prozeß, der zunächst von dem Motiv der Anpassung geprägt ist,

---

756 Vgl. dazu Noller / Paul, Jugendliche Computerfans, S. 44–54.
757 »Jo den ersten Computer hab ich dann gekriegt mit, oh wann war dat? . äh . mit vvvier nee . mit 12 oder 13 mein ich jedenfalls . äh zu der Zeit war ja auch äh mit diesen Videospielen, von Atari glaub ich waren die, war zu der Zeit ein ziemlich großer Verkaufsschlager . und, Freunde von mir hatten da eins oder auch zwei, zum Teil, und ich wollt auch immer eins haben und meine Eltern wollten mir also nie eins kaufen weil sie gedacht haben, ja (pff) dann beschäftige ich mich nur noch mit den Klamotten und, Schule ist mir dann, überhaupt nich mehr oder daß ich dann schlechte Noten kriege. Dann hatt ich se nachem halben Jahr endlich überredet, weil äh, die andern Typen, also die andern Leute die die, auch hatten die Spiel, ähm, ja sind auch nich schlechter in der Schule geworden und hab ich auch dann versprochen daß ich dann auch weiterhin brav lerne. Es hat dann auch so geklappt so leidlich, ja pffm, dann hab ich dann, mit 12 ja mit 12 13 Jahrn hab ich dann den 64iger gekriegt. und . mhmm«. Vgl. Baerenreiter, a.a.O., S. 114.

entwickelt Nils – trotz finanzieller Beschränkung – für sich Handlungsmöglichkeiten, die ihn von anderen Jugendlichen unterscheiden: Nils erwirbt ein Diskettenlaufwerk und bewältigt erhebliche technische Schwierigkeiten mit dem Laufwerk und der Programmiersprache Assembler. Er berichtet davon, »ziemlich stolz« zu sein, das Diskettenlaufwerk eher gehabt zu haben als die Jugendlichen in seinem Umfeld, die »ziemlich viel« von ihren Eltern bekommen.[758] Auch von seinen Programmiererfolgen erzählt Nils voller Stolz. Er kann jetzt sogar anderen etwas zeigen, was diese noch nicht können. Daher resümiert die Baerenreiter-Studie bezüglich Nils' Entwicklung: »Nils, der zu Beginn seiner Beschäftigung mit dem Computer so sein wollte, wie alle anderen, in seiner Beschäftigung mit dem Computer eine Möglichkeit sah, ein Jugendlicher wie andere auch zu sein, gewinnt hier eine neue eigene Identität. Seine selbstentwickelten Kompetenzen am Computer ermöglichen ihm, zu seiner sozialen Identität als Jugendlicher eine persönliche Identität auszubilden«.[759] Damit besitzt der Computer eine erhebliche Bedeutung für Nils' Identitäts- bzw. Selbstbildungsprozeß.

Dies zeigt sich auch darin, daß es Nils gelingt, durch das Medium Computer seine Isolation zu durchbrechen. So lernt er auf einer Busfahrt, bei der er seinen Computer mitführt, mehrere andere Jugendliche kennen, die sich auch für Computer interessieren. Daraus entsteht dann die Gruppe »Orange Line«, die 30 bis 40 Mitglieder umfaßt und lose organisiert ist. Diese Gruppe hat es sich zum Ziel gesetzt, »billige und gute Programme« zu erstellen. Zudem will Nils anderen helfen, die vermutlich die gleichen Probleme im Computerbereich haben wie er selbst. Diese Momente dienen ihm wiederum zur Selbststabilisierung.

Die Arbeit der Gruppe ist sehr erfolgreich: Sie bietet zwischen 200 und 300 Disketten mit Programmen an, verfaßt einen elektronischen Informationsbrief, testet kommerzielle Programme und bespricht Spiele für Computerzeitschriften. Allerdings kommt diese Phase seiner Jugend an ein Ende – die Gruppe zerfällt: »Und äh (räuspert sich), wir kriegen jetzt zum Teil au noch Anfragen ob wir so was noch hätten, aber . würd gerne noch weitermachen nur der 64iger is eben kaputt jetzt bei mir, und das lohnt sich auch jetzt irgenwie nich mehr den zu reparieren, weil der auch nich mehr sone große Zukunft hat. Des is eben doch ziemlich veraltet jetzt«.[760] Damit symbolisiert der kaputte 64-er einen entscheidenden Umbruch in Nils Leben. Auch die neue Lebensphase – die zum Zeitpunkt des Interviews vor sechs Monaten begonnen hat – ist ebenfalls von einem Computer geprägt: dem Amiga.

Hinsichtlich der Beschaffung des Amiga hat Nils wiederum mit erheblichen Schwierigkeiten zu kämpfen. Der Computer ist zunächst für Nils zu

---

758 Vgl. Baerenreiter, a.a.O., S.117.
759 Vgl. Baerenreiter, a.a.O., S. 119.
760 Vgl. Baerenreiter, a.a.O., S. 124.

teuer. Nach einiger Zeit werden die Amiga-Computer günstiger und Nils möchte unbedingt einen erwerben. Doch auch dabei entstehen für ihn massive Probleme. Als ihm dies dennoch gelingt, spricht er davon, daß er danach »voll glücklich« ist, »richtig stolz« und seinen neuerworbenen Computer »natürlich so richtig im Arm« hält.[761]

Bemerkenswert sind die Probleme, die die Baerenreiter-Studie zu Beginn des Interviews mit Nils dokumentiert. Der Interviewer fordert Nils auf, die Geschichte seines Lebens zu erzählen. Nils hat mit dieser Aufgabenstellung Probleme: »Mal sehn was ich davon noch behalten hab (lächelt). Ja also, mhm, wie fängt man jetzt am besten an ... (lächelt) is gar nicht so einfach«.[762] Nils ist nicht in der Lage, seine Lebensgeschichte als geschlossenes Setting zu präsentieren. Die Baerenreiter-Studie bilanziert: »Es scheint, als ob Nils die Geschichte seines Lebens als Biographie, als Sinnstruktur noch nicht hat«.[763] Hier zeigt sich deutlich ein Problem, das sich im Bereich biographisch-narrativer Interviews mit Jugendlichen gerade aus den Unterschichten[764] immer wieder finden läßt. So bemerkt Kristina Augst, die Analysen von Jugendlichen aus der Unterschicht erstellt hat: »Aufgrund des jungen Alters der Befragten, insbesondere der Schülerinnen, werden noch keine ›Biographien konstruiert‹. Die Identität wird durch Gegenwart und Zukunft bestimmt, biographische Selbstkonstruktionen treten noch nicht in dem Maße auf«.[765] Daher sind die Phänomene, die sich im Interview von Nils zeigen, anders als in der Baerenreiter-Studie zu bewerten.

Für Nils bietet die Beschäftigung mit dem Computer Möglichkeiten, seine Kontaktschwierigkeiten, seine schwachen schulischen Leistungen und seinen Ärger mit den Eltern zu überwinden. Durch die Erfahrung, technische und finanzielle Schwierigkeiten bewältigen und anderen helfen zu können, wird der Computer für Nils zu einem wichtigen Element seiner Persönlichkeitsentwicklung im Jugendalter. Wegen dieser entscheidenden Bedeutung, die der Computerumgang für seine Persönlichkeitsentwicklung hat, empfindet Nils eine starke emotionale Beziehung zum Computer: Er ist stolz auf ihn und »hält ihn richtig im Arm«. Diese emotionale Beziehung zum Computer

---

761 Vgl. Baerenreiter, a.a.O., S. 131.
762 Vgl. Baerenreiter, a.a.O., S. 106.
763 Vgl. Baerenreiter, ebd.
764 In den Beschreibungen und Erzählungen von Gymnasiasten und Gymnasiastinnen finden sich dagegen immer wieder biographische Entwicklungsverläufe, d.h. chronologisch sequenzierte individual-biographische Verlaufsmuster, welche in den Diskursen als Horizonte biographischer Orientierung und Selbstverortung dargestellt werden. Demgegenüber sind bei Lehrlingen soziale Situationen Horizonte der Selbstverortung. Diese werden in Form szenischer Darstellungen – in einer Metaphorik sozialer Szenarien – im Diskurs herausgearbeitet. Vgl. dazu Bohnsack, Rekonstruktive Sozialforschung, S. 47–48.
765 Vgl. Franke / Matthiae / Sommer, Frauen leben Religion, S. 86.

ist ein weit verbreitetes Phänomen bei männlichen Jugendlichen. Letztere Einsicht unterstreicht auch die Untersuchung zu »Jugendlichen Computerfans« aus dem Jahr 1991 von P. Noller / Paul, G.[766], eine Untersuchung, die ebenfalls den Computerumgang männlicher Jugendlicher in der zweiten Hälfte der 80-er Jahre im Blick hat. Dort wird festgestellt: »Außer vielleicht dem Auto gibt es kaum ein anderes technisches Objekt, das von einer solch intensiven emotionalen ›Beziehung‹ zeugt wie der Computer. Man ›liebt‹ seinen Computer, der einen nicht enttäuscht, sondern ›geduldig‹ antwortet, fühlt sich als ›Kommunikationspartner‹ und ›Herr der Maschine‹«.[767]

8.1.5 Der Computer als Symbol der Leistungsgesellschaft

Der Computer symbolisiert für einige männliche Jugendliche am Ende der 80-er Jahre den Traum vom Aufstieg und vom großen Geld, vom schnellen Einstieg in die Welt der Erwachsenen. So träumt der 18-jährige Lars von seiner »großen Chance«. Es ist die Hoffnung, an den Glücksverheißungen der Leistungsgesellschaft partizipieren zu können, selbst wenn man durch seine eigene Persönlichkeit oder seine eigenen Fähigkeiten an Grenzen stößt. Gleichzeitig läßt sein Fall das Empfinden der Kreativität und der Schaffensmöglichkeiten, die der Computer den männlichen Jugendlichen bietet, erkennen.

Falldarstellung in Orientierung an der Baerenreiter-Studie:

Lars ist zum Zeitpunkt des Interviews gerade 18 Jahre alt geworden. Seine Mutter arbeitet als Erzieherin in einem Kindergarten, sein Vater ist kaufmännischer Angestellter. Lars hat keine Geschwister. Er wohnt noch bei seinen Eltern in einer Neubausiedlung.

In Lars' Erzählung zeichnet sich ein Grundmuster ab, das seine weitere schulische und berufliche Laufbahn prägt: »Ja ich hab eigentlich immer 'n bißchen Schwierigkeiten also bei allen Leuten nich jetzt Schule speziell, sondern weil äh, mei meine Schwierigkeit is, äh wenn wenn jemand irgenwie zu mir link is oder so, irgend irgendwie jemand nen Arschloch is dann sag ich du bist n Arschloch ich sag dem das nämlich genau ins Gesicht, genau wies ist ich schleim nämlich um keinen rum ich würd auch niemals hintenrum um einen reden. (I: hm) so was bin ich nich der Typ für und das hab ich auch bei den Lehrern so praktiziert. Wenn der Lehrer irgendwie doof gewesen war dann hab ihm das gesagt das find ich aber blöd wie Se sind ne, ja und dann, äh hat der Lehrer sich halt ein bißchen äh . aufn Fuß getreten fühlt und dann hat er halt Stunk gemacht. Ja was hab ich die irdenwie so äh, schulische

---

766 Vgl. dazu Noller, P. / Paul, G., Jugendliche Computerfans. Selbstbilder und Lebensentwürfe, Frankfurt / New York 1991.
767 Vgl. Noller / Paul, Jugendliche Computerfans, S. 129.

Leistungen, runtergesetzt also, deshalb war ich immer hab mich immer gut angestrengt, daß mir da nie einer einreden konnte ne, deshalb äh ich kann mir das durchaus leisten dann so zu sein ne ..«.[768] Lars ist wenig anpassungsfähig, weshalb er immer wieder auf Schwierigkeiten stößt. Durch seine Begabung kann er diese Unangepaßtheit zunächst immer wieder ausgleichen. Erst als er nach der 10. Klasse von der Gesamtschule abgeht und auf eine Berufsgrundschule für Gestaltung wechselt, bekommt er wirkliche Schwierigkeiten. Wiederum ist es sein unangepaßter Charakter, der die Hauptursache dafür ist, daß Lars die Ausbildung abbricht.»Dann hätt ich mich wirklich vergasen können, schon am Anfang an und jetzt also es ging eigentlich es war halt nur wegen dieser Praktikumsstelle ich hab mich ja tierisch geärgert da. Ich hätt am liebsten den Typ noch mal angerufen hätt ihm ne richtig schöne Morddrohung gemacht ne, weil das hat mich unheimlich aufgeregt. Ich wär da also jetzt wirklich ich wär da wirklich gut durchgekommen wenn dieser diese dumme Sau da nich gewesen wär wenn der mich alles versaut hätte ... und ich sehs nich ein daß ich mir da einen abschleim wenn der mich dann nur so als Putzjungen benutzt«.[769] Lars gibt den Praktikumsplatz auf, weil er mit dem Ausbilder nicht zurechtkommt. Daran scheitert auch sein Fachabitur. Seine weiteren beruflichen Perspektiven bleiben eher vage: Er redet von einer Lehre als Comikbuchhändler, von einer späteren Bewerbung an der Kunsthochschule Wuppertal und von der Möglichkeit, sich sofort als Computergraphiker zu bewerben. Bis dahin hält er sich durch Nebenjobs im Bereich der Spieleprogrammierung über Wasser. Die genannten Optionen präsentiert Lars durchaus selbstbewußt. Dies entspricht generell seiner Art der Selbstdarstellung. Letzteres zeigt sich besonders stark im Zusammenhang mit seinen Ausführungen zur Computernutzung: »Also ich wollt eventuell no also wenn ich jetzt ich hab mich jetzt bei verschiedenen Softwarefirmen beworben um ne feste Anstellung als Computergraphiker . und ich hab da schon äh was heißt halb positive Zusagen gibt's ja nich aber, also die ich denen geschickt hab, sehr gut und äh, die soll ich jetzt äh, ich soll jetzt erstmal abwarten aber die meinen schon es sä se sich recht gut aus und wenn das klappt dann hab ich also, drei äh tausend monatlich . an Geld . und dann bin ich halt saniert dann brauch ich auch keine Ausbildung mehr zu machen«.[770] Lars hofft, daß seine Fähigkeiten am Computer ihn sozusagen »retten«: Er wäre finanziell und beruflich rehabilitiert. Zudem könnte er seine kompromißlose Lebensart beibehalten und bräuchte sich nicht anzupassen.

Der Computer ist für Lars ein Werkzeug mit einer bestimmten Funktion: Der Hauptgrund für seine Beschäftigung mit dem Computer ist die Möglichkeit, Geld zu verdienen. Er spricht davon, »'n bißchen Geld zu verdienen«,

---

768 Vgl. Baerenreiter, a.a.O., S. 145–146.
769 Vgl. Baerenreiter, a.a.O., S. 152.
770 Vgl. Baerenreiter, a.a.O., S. 153.

von einer »tollen Möglichkeit Geld zu verdienen«, bis dahin, daß der Computer »praktisch Geld malt, ne«.[771] Lars hofft auf eine finanziell erfolgreiche berufliche Zukunft durch den Computer, bei der er zudem seine künstlerischen Interessen verfolgen kann. So spricht er davon, daß die Speicherkapazität eines Computers wie ein Block sei, in den der Bildhauer etwas hineinarbeite.[772] Dadurch bekommt der Computer wiederum künstlerisch-schöpferische Konnotationen.[773] Kreativität ist für Lars insofern an den Computer gebunden, als er hofft, sich dadurch selbst verwirklichen zu können und gesellschaftlich erfolgreich zu sein, ohne daß ihm seine sperrige Persönlichkeit den Weg verstellt. Er sieht seine große Chance mit dem Computer verbunden.

Die Hoffnung auf einen beruflichen Aufstieg teilen auch die Jugendlichen aus dem Computerclub, die versuchen, wenigstens teilweise – im Rahmen einer Messepräsentation – in die Welt der Erwachsenen einzutauchen. Dabei kommt es zu dem Phänomen, daß Erwachsene sich von Jugendlichen bezüglich Fragen der Computernutzung beraten lassen. Damit handelt es sich bei den Mitgliedern des Computerclubs um eine Gruppe Jugendlicher, die versucht, sich der Erwachsenenwelt anzupassen und zumindest zeitweise sequentiell an ihr zu partizipieren. In diesem Sinne bemerkt die Baerenreiter-Studie: »Im Gegensatz zu anderen Jugendgruppen, die sich durch Kleidung, Lebensstil, expressives Auftreten als von Kindern und Erwachsenen unterschiedene Jugendliche reproduzieren, versuchen die Fans ebenfalls durch Kleidung und Umgangsformen, den Unterschied zu bestimmten Erwachsenen zu minimieren«.[774] Nur für wenige Jugendliche realisieren sich jedoch die Hoffnungen auf einen erfolgreichen Einstieg in die Arbeitswelt. Letzteres gilt für den 20-jährigen Sven, dem der Computer einen solchen ersten Einstieg ermöglicht und so eine wichtige Plattform für sein weiteres berufliches Fortkommen bildet.

Fallbeschreibung in Orientierung an der Baerenreiter-Studie:

Sven ist zum Zeitpunkt des Interviews 20 Jahre alt. Er wohnt zusammen mit seiner Mutter und seinem älteren Bruder in einer Großstadt des Ruhrgebiets. Sein Vater ist verstorben. Sven ist in Oberschlesien geboren und im Alter von sieben Jahren zusammen mit seiner Familie nach Westdeutschland gekommen. Die Familie hatte im Westen keinen leichten Start. Sie waren gezwungen, des öfteren umzuziehen und der Vater mußte mehrmals seine

---

771 Vgl. Baerenreiter, a.a.O., S. 171–172.
772 Vgl. Baerenreiter, a.a.O., S. 172.
773 Eine derartige Interpretation gehört in den Kontext der bereits dargelegten metaphysischen Implikationen der Computernutzung. Vgl. dazu Kapitel 8.1.8 »Metaphysische Dimensionen der Computernutzung«.
774 Vgl. Baerenreiter, a.a.O., S. 287.

8 Jugendliche am Computer am Ende der 80-er und zu Beginn der 90-er Jahre

Arbeitsstelle wechseln. Nach seinem Abitur – das er mit 3,0 besteht – möchte Sven Wirtschaftswissenschaften oder Wirtschaftsinformatik studieren. Letzterer Berufswunsch hängt eng mit seinem Computerinteresse zusammen. Sven hat erstmals im Jahr 1983 mit dem Computer zu tun: »Nja s erste Mal daß ich mit irgen nem Computer zu tun hatte, das war 1983. Ich weiß nich wie ich drauf gekommen bin, das war irgenwie sone Zeit, äh, ja da war ich n bißchen wie kann man sagen, also ziemlich wenig unternommen oder so ne und zu Hause rumgehangen mich ziemlich gelangweilt, war auch noch nich so irgendwie das Alter wo man so durch Diskotheken zieht und so dachte was mach ich so fürs Spielzeug war ich auch schon zu alt da, ja mußte n Com Com einfach drauf gekommen Computerkauf naja kann man ganz tolle Sachen mit machen hab ich so gehört zumindest und aus der Werbung hatte man das ja schon«.[775] Sven stößt auf den Computer in einer biographischen Übergangsphase zwischen Kindheit und Jugendalter. Er sucht nach einem altersgemäßen Hobby, hat aber auch schon vieles über Computer gehört. Zunächst verbringt Sven seine Zeit am Computer hauptsächlich mit Spielen. Außerdem lernt er andere Jugendliche kennen, die sich auch mit dem Computer beschäftigen. Mit diesen tauscht und kopiert er Spiele und Programme. Diese versucht er im kleinen Stil auch zu verkaufen. Nach einer gewissen Zeit beginnt Sven auch zu programmieren. Er ist aber unzufrieden mit den Anwendungsmöglichkeiten der Programme: »Ja und, irgendwann, später, ja das ging so mit dem Spielen also ewig ich hab zwar irgenwann mal versucht so mit Basic son bißchen, aber ich hab ich hatte irgendwie keinen Sinn darin gesehen jetzt für nichts für für keinen Zweck zu programmieren nur um des Programmierens willen, und vernünftige Anwendungen für zu Hause fürn Jugendlichen gibt's fürn Computer sowieso nicht also Geschäftsbriefe schreiben, Bewerbungen etc., gibt's ja nich da in dem Alter«.[776] Es wird deutlich, daß der Computer Sven als bloße Freizeitbeschäftigung im Rahmen des Jugendalters nicht interessiert. Sven hat von vornherein ein professionelles Interesse an dem Computer. Deshalb sucht er in den folgenden Jahren nach weiteren Anwendungsmöglichkeiten. Sven erwirbt einen neuen Computer und nimmt in der Schule am Informatikunterricht teil. Doch auch die Anschaffung des neuen Computers und der Informatikunterricht bringen für Sven nicht die erhofften Impulse im Hinblick auf neue, interessante Anwendungsmöglichkeiten. Eine Veränderung seiner Lage geschieht von einer anderen Seite: Svens Mutter arbeitet als technische Zeichnerin bei einer Firma. Deren Arbeitsabläufe sollen auf den Computer umgestellt werden. Zunächst probiert Sven die Programme aus, um seiner Mutter zu helfen. Dann fragt er den Chef der Firma, ob er aushilfsweise »an dem System irgend et-

---

775 Vgl. Baerenreiter, a.a.O., S. 178–179.
776 Vgl. Baerenreiter, a.a.O., S. 181.

was machen könne«.[777] Das ist der Einstieg in Svens »Laufbahn« in der Firma seiner Mutter: »Da hat er sofort ›Ja‹ gesagt ich hab mich sehr gewundert auch zu sehr guten Bedingungen nach der Schule egal wieviel wie lange, und wie oft wurden nur die Stunden also jetzt tatsächlich die Stunden bezahlt, hab ich das dann gemacht, obwohl muß sagen es war n bißchen viel, weil man man kam son bißchen in den Streß äh also für die Schule hab ich ja eh schon noch nie viel gemacht aber da hats ganz aprupt abge au aufgehört also für die Schule irgendwas zu machen. Mich hat es natürlich mehr interessiert dieses irgendwie Geld zu verdienen. Ja und äh da hab ich dann also immer mehr ich bin da reingegangen ohne irgendwie besondere Kenntnisse zu haben ich mußte da alles irgendwie lernen«.[778] Sven ergreift die Möglichkeit, jetzt unter professionellen Bedingungen seinem Hobby nachzugehen, ohne Zögern. In dem Sinne bemerkt die Baerenreiter-Studie: »Was ursprünglich als Freizeitbeschäftigung begann, wird jetzt zu einem Arbeitsverhältnis«.[779] In diesem Zusammenhang kann Sven nun auch »vernünftige« Anwendungen für seinen Computer finden. Svens Job wird nach kurzer Zeit dominierend in seinem Leben und verdrängt auch die Schule. Es dauert nicht lange, bis Sven eine wichtige Person in der Firma wird: Er ist für die Computerprogramme an mehreren Arbeitsplätzen verantwortlich und erstellt zudem noch »kleine Hilfsprogramme«, um Arbeitsabläufe zu optimieren. Was Sven in seiner Freizeit mit dem Computer macht, ist ganz auf seine Tätigkeit in der Firma ausgerichtet. Durch seine Kompetenz im Computerbereich erhält Sven in der Firma eine wichtige Stellung: Er ist als Jugendlicher verantwortlich für die Arbeitsplätze von wesentlich älteren Erwachsenen und hat eine beratende Funktion gegenüber der Firmenleitung. Daher bemerkt die Baerenreiter-Studie: »Aus dem Jugendlichen, dem andere Mitarbeiter durch Alter und Kompetenz überlegen und vorgesetzt sein müßten, ist allein durch Interesse und Kompetenz am Computer eine Art Vorgesetzter geworden«.[780] Die Tätigkeit bei der Firma versteht Sven selbst als Einstieg in die Arbeitswelt und nicht als Freizeit. Er markiert dies durch Wendungen wie, »seit ich arbeite«, »wo ich anfing zu arbeiten«, er spricht von der Zeit nach »Feierabend« und vom »Streß«, dem er durch seine Arbeit ausgesetzt ist. Dennoch sucht Sven nicht wie Lars über den Computer den völligen Ausstieg aus dem konventionellen Qualifikationsablauf. Der Job in der Firma ist für ihn nur eine Übergangsphase, auch wenn er deshalb die Schule eher nebenher mitlaufen läßt. Ein Studium strebt er nach wie vor an. Dieses Studium wählt er so, daß er aus seinen Fähigkeiten im Computerbereich Nutzen ziehen kann.

---

777 Vgl. Baerenreiter, a.a.O., S. 183.
778 Vgl. Baerenreiter, ebd.
779 Vgl. Baerenreiter, ebd.
780 Vgl. dazu Baerenreiter, a.a.O., S. 184.

Die genannten Phänomene und Erwartungen sind typisch für die Computernutzung männlicher Jugendlicher in der zweiten Hälfte der 80-er Jahre. Viele Jugendliche – aber auch ihre Eltern – glauben, ihre beruflichen Chancen durch den Computer deutlich verbessern zu können. Der »Traum vom großen Geld« und von der Möglichkeit, als Amateur einen erfolgreichen Einstieg ins Berufsleben zu finden, stand bei vielen Jugendlichen im Hintergrund ihrer Auseinandersetzung mit dem Computer. Man suchte kleine kommerzielle Erfolge, indem man Spiele selbst programmierte oder z.B. Auftragsarbeiten für Vereine annahm. Entsprechende Umfragen der Noller / Paul-Studie zeigen, daß die kommerzielle Orientierung der Computernutzung von Jugendlichen ein durchaus verbreitetes Phänomen darstellte.[781] Zugleich verbanden die Jugendlichen damit einen Einstieg in die Welt der Erwachsenen. Bemerkenswert war dabei jedoch, daß sie von ihren Fähigkeiten hinsichtlich der Computernutzung den Erwachsenen oftmals überlegen waren und dies auch in ihrem Selbstverständnis thematisieren.[782] Auffällig ist zudem, daß sie im Sinne der im Jugendalter verbreiteten Allmachtsphantasien dazu neigen, die eigene Programmierleistung zu überhöhen.[783]

8.1.6 Der Computer als Artefakt des männlichen Jugendalters

Der Computer ist zudem ein typisches Artefakt des männlichen Jugendalters. Ihm können mehrere Funktionen zukommen: Einerseits kann er typisches Artefakt des jugendlichen Stils gerade bei männlichen Jugendlichen darstellen, andererseits kann er für eine gezielte Abgrenzung von Gleichaltrigen genutzt werden. Ein Beispiel für den jugendlichen Konformismus innerhalb männlicher Peergruppen stellt der 17-jährige Jan dar.

Falldarstellung in Orientierung an der Baerenreiter-Studie:

Jan ist zum Zeitpunkt des Interviews (ca. 1988) 17 Jahre alt, hat gerade eine Lehre als Fernmeldeelektroniker begonnen. Sein Vater arbeitet in einer Zeitungsdruckerei als Maschinenführer, seine Mutter ist Hausfrau. Jan hat eine Schwester, die Religion und Deutsch für das Lehramt studiert hat und bei einer Versicherungsgesellschaft arbeitet. Er wohnt im Haushalt seiner Eltern. Als Jan sich zurückerinnern soll, wie sein Kontakt mit dem Computer begonnen hat, berichtet er von einer »Computerwelle hier oben über Halden«[784]. Sein Kontakt mit dem Computer ist ein kollektives Geschehen, von

---

781 Vgl. dazu Noller / Paul, Jugendliche Computerfans, S. 37–39.
782 Vgl. dazu Noller / Paul, a.a.O., S. 98–101.
783 Vgl. dazu Erdheim, Psychoanalyse und das Unbewußte in der Kultur, S. 306 und Schachtner, Einübung in die Zukunft, S. 16 sowie Kapitel 5 »Identität und Bildung«.
784 Vgl. Baerenreiter, a.a.O., S. 56.

dem Jan mit dem neutralen Terminus »man« erzählt. Ein Bekannter besitzt als erster einen Computer und die anderen ziehen nach. Jan ist der letzte, der einen bekommt. Dazu muß er bei seinen Eltern viel Überzeugungsarbeit leisten, bei der er auf den möglichen beruflichen und schulischen Nutzen des Computers verweist. Seine berufliche Laufbahn, in der Jan inzwischen seine Computerkenntnisse gut verwenden kann, spaltet er in seinen Erzählungen völlig von seinen privaten Computererfahrungen ab. Auf die Frage, worin die Beschäftigung der Jugendlichen bzw. seine eigene mit dem Computer genau bestand, gibt Jan nur eine vage, wenig zielgerichtete Antwort. Bei Jans Computernutzung handelt es sich um ein Übergangsphänomen, dem die Teilnehmer nach einer gewissen Zeit wieder entwachsen. So berichtet Jan davon, dass es »in letzter Zeit sehr abgenommen hat hier oben mit dem Computer«[785]. Der Computer wurde zwischenzeitlich zu einem selbstverständlichen Ausstattungsmerkmal des ihn umgebenden Milieus. Jan will einen Computer, weil alle Gleichaltrigen in seinem Milieu einen haben.

Für Jan ist der Computer ein für die Jugend typisches Mitläuferphänomen, ein austauschbarer Gegenstand. Bei Jan, aber auch anfangs bei Nils, zeigt sich, daß Jugendliche einen Computer haben wollen, weil diese gerade »in« sind. Man beschäftigt sich mit einem bestimmten Gegenstand, weil alle es tun und nach einer gewissen Zeit ist »die Welle« wieder vorbei. Dabei ist gerade der Computer ein Gegenstand, der den jugendlichen Stil innerhalb der männlichen Peergruppe deutlich macht und die Jugendlichen so von der Welt der Erwachsenen und insbesondere von ihrer Familie unterscheidet: »Durch ein eigenes Zimmer, Ausstattungen mit den neuesten IT-Medien und zum Teil vom Familienrhythmus bewußt abweichenden Zeiten des Tagesverlaufs verschafft sich mancher Jugendliche seinen eigenen Raum, ›seine Sphäre‹«.[786]

Aber auch ein gegenteiliger Effekt ist denkbar. So nutzt der 20-jährige Zacharias den Computer, um sich gegen den Gruppendruck seiner Altersgenossen abzugrenzen und sich seinen persönlichen Freiraum zu schaffen.

Falldarstellung in Orientierung an der Baerenreiter-Studie:

Zacharias macht eine Lehre als Industriekaufmann im Bergbau und absolviert nebenbei ein Fernstudium der Wirtschaftsinformatik. Sein Vater ist gelernter Bergmann und hat sich zum Diplom-Ingenieur für Bergbau- und Maschinentechnik weitergebildet. Seine Mutter ist gelernte Friseuse, aber nicht mehr berufstätig. Zacharias hat sich schon in seiner Kindheit von anderen Kindern unterschieden: Er hat lieber ein Buch gelesen, während die anderen draußen gespielt haben. Sein Interesse galt schon früh naturwissenschaftlichen und technischen Themen. Nach einer problemlos verlaufenen Grund-

---

785 Vgl. Baerenreiter, a.a.O., S. 62.
786 Vgl. dazu Schäfers, Jugendsoziologie, S. 149.

schulzeit kommt Zacharias in der beginnenden Adoleszenz mit seinen Mitschülern nicht mehr zurecht. Er sondert sich von seinen Mitschülern ab und wird von diesen gehänselt. Obwohl er sich beschwert, findet er weder bei seinen Eltern noch bei seinen Lehrern Unterstützung. Als es ihm zuviel wird, verschafft er sich eines Tages »handfest« Respekt und wird von da an in Ruhe gelassen. An seinem unangepaßten Lebensstil ändert er nichts. Gemeinsam mit einem Freund, den er schon aus der Grundschule kennt und der ebenfalls Schwierigkeiten in der Schule mit Gleichaltrigen hat, verfolgt er seine technischen Interessen. Als sich dessen Vater einen Computer kauft, beschäftigen sich Zacharias und sein Freund intensiv mit dem Gerät. Nach einiger Zeit kaufen ihm die Eltern einen eigenen Computer. Die nächsten zwei Geräte finanziert Zacharias selbst. Zunächst spielt er mit dem Computer nur, doch sein eigentliches Interesse gilt dem Programmieren. Mit einigen anderen Schülern zusammen gründet Zacharias eine Computer-AG. Da seine Kompetenzen im Computerbereich größer sind als die der Lehrer, berät Zacharias auch diese. Zacharias träumt davon, »keinen stinknormalen« Beruf zu haben. Er sieht im Computer eine Möglichkeit, seinen Nonkonformismus weiter pflegen zu können. In dem Sinne bemerkt er: »Zwanzig Jahre früher wo et keine Computer gegeben hätte gut dann hätt man sich irgendwie anpassen müssen«.[787]

Damit zeigt sich, daß der Computer innerhalb der männlichen Jugendkultur einen ganz unterschiedlichen Stellenwert einnehmen kann. So kann das Medium Computer sowohl der Anpassung, wie auch der Abgrenzung gegenüber anderen Jugendlichen bzw. der Erwachsenenkultur dienen.

Dem Computer kommt in der Mitte der 80-er Jahre eine weitere wichtige Funktion im Jugendalter zu: die der geschlechtlichen Differenzierung. Gruppen von Computer-Clubs, wie sie die Baerenreiter-Studie untersucht, bilden zum Großteil geschlechtshomogene männliche Peergroups. So handelt es sich bei dem untersuchten Computerclub um eine rein männliche Gruppe. Dies entspricht der Tatsache, daß die Peergruppen in der Adoleszenz überwiegend geschlechtshomogen sind. Sie dienen dem Erwerb einer entsprechenden geschlechtstypischen Verhaltensweise.[788]

Der Computer war Mitte der 80-er Jahre ein Artefakt, das fast ausschließlich männlich kodiert ist.[789] Letzteres Phänomen unterstreicht auch die Studie von P. Noller / Paul, G. aus dem Jahr 1991. Ihre Befragung männlicher Jugendlicher zeigt deren hohe Identifikation mit der Vorstellung des den Frauen technisch überlegenen Mannes. Zudem leben männliche Jugendliche – ob-

---

787 Vgl. Baerenreiter, a.a.O., S. 197.
788 Vgl. dazu Ostner, Die Entdeckung der Mädchen, S. 358.
789 Vgl. dazu Ritter, Computer oder Stöckelschuh? Frankfurt / New York 1994 und dazu das Kapitel 8.2 »Die Ritter Studie (1994): Weibliche Computeruser zu Beginn der 90-er Jahre: Eine Re-Analyse«.

wohl sie oftmals eine Freundin haben – ihr Computerinteresse in geschlechtshomogenen Peer-groups aus. Junge Mädchen, die sich für den Computer interessieren, gelten dagegen als unweiblich und haben erheblich zu kämpfen, um ihren nichtkonventionellen Lebensentwurf zu verteidigen.[790] So müssen die weiblichen Jugendlichen, die sich zu dieser Zeit mit dem Medium Computer auseinandersetzen, ihr Verhältnis zu diesem zunächst männlich besetzten Artefakt erst selbst bestimmen.

8.1.7 Der Computer als Übergangsobjekt

Der Computer ist zudem als ein Übergangsobjekt im Sinne Winnicotts zu interpretieren. Der Charakter des Übergangsobjekts zeigt sich deutlich in der Bedeutung, die die Computer-Hardware für die Jugendlichen hat.[791]

Fallbeschreibung in Orientierung an der Baerenreiter-Studie:

Die teilnehmende Beobachtung im Rahmen der Baerenreiter-Studie in den untersuchten Computerclubs zeigt, daß die Art der benutzten Computertypen für die Mitglieder einen besonderen Stellenwert hat. Dabei spielt der C 64 in der zweiten Hälfte der 80-er Jahre eine herausragende Rolle. Dieser unterscheidet sich von den moderneren Geräten durch eine geringere Leistungsfähigkeit und eine geringere Programmvielfalt. Dennoch steht er für eine ganze Ära des Computerumgangs – für eine Zeit des Aufbruchs und des Ausprobierens. So ist es bezeichnend, daß die meisten Computernutzer ihren C 64 individuell modifiziert haben. Markant ist am C 64, daß das Gerät immer wieder rätselhafte Irregularitäten aufweist und damit die vollkommenen Rationalisierungsbestrebungen der modernen, technisierten Welt unterläuft. In diesem Sinne bemerkt die Baerenreiter-Studie: »Der 64er ... hat aber die Eigenschaft, ohne daß eine konkrete Ursache dafür von den Fans angegeben werden kann und ohne daß sie annehmen müßten, er sei gänzlich beschädigt, plötzlich wieder zu funktionieren. Mit einer anthropomorphen Metapher könnte man sagen: Es kommt zu Spontanheilungen des Geräts. Diese Spontanheilungen, genauso undurchschaubar wie die Ausfälle, geben den verschiedenen Reparaturversuchen, dem Aufklappen, dem Herausnehmen und dem Wiedereinstecken des ICs, dem Schlagen auf bestimmte Teile, den Charakter magischer Handlungen«.[792] Derartige Eigenheiten des Geräts führen bei vielen Computer-Fans zu einer Verklärung der Zeit der Nutzung des C 64. Zu dieser Zeit zeigten die Computer auch auf der Hardware-Basis stark individuelle Merk-

---

790 Vgl. dazu Noller / Paul, Jugendliche Computerfans, S. 102–103 sowie Kapitel 8.2 »Die Ritter-Studie (1994): Weibliche Computeruser zu Beginn der 90-er Jahre: Eine Re-Analyse«.
791 Vgl. dazu Kapitel 6.6 »Exkurs: ›Spielräume‹«.
792 Vgl. Baerenreiter, a.a.O., S. 254.

male, die sogar bis hin zu körperlichen Abdrücken des Besitzers reichen (durch den häufigen Gebrauch wurde da, wo die Hände liegen, das Gehäuse des 64-ers geglättet). In diesem Sinne analysiert die Baerenreiter-Studie: »Der C 64 bietet sich auf dreifache Weise der individuellen Aneignung an: Er ist robust, veränderbar und störanfällig, kurz, er ist ähnlich unvollkommen, wie man selbst«.[793] Dieser hohe persönliche Stellenwert ist der Grund, warum nur sehr wenige Computer-Fans gegen Ende der 80-er Jahre ihren C 64 wegwerfen. Dagegen denken viele darüber nach, ihn wieder reparieren zu lassen. Aber auch das Verhältnis der Computer-Fans zu den neueren Geräten ist nicht völlig neutral. So werden regelmäßig Rivalitäten zwischen den Besitzern unterschiedlicher Fabrikate ausgetragen, indem – teilweise in polemisch-scherzhafter Weise – über die Vorzüge und Nachteile der jeweiligen Hardware-Produkte diskutiert wird.

In diesem Sinne kommt in den 80-er Jahren gerade dem C 64 Kultstatus zu. Er ist individuell veränderbar, zeigt die Spuren seines Gebrauchs und weist geradezu anthropomorphe, lebendige Züge auf. In dem Sinne verschwimmen hinsichtlich des Mediums Computer die Relationen von innen und außen, von Selbst und Maschine. Ebenso ist das Kriterium des Eindrucks der Lebendigkeit kennzeichnend für ein Übergangsobjekt, wie es der Computer verkörpert. Zudem darf das Übergangsobjekt Computer nur vom Besitzer selbst verändert werden und wird von diesem individuell gestaltet. Er kann nicht einfach weggegeben oder verkauft werden. Dem Computer werden Namen gegeben, es wird mit ihm geredet bzw. er wird bei Fehlfunktionen entsprechend beschimpft. So ist es charakteristisch für den Computer als Übergangsobjekt, daß er zärtlich behandelt und leidenschaftlich geliebt bzw. mißhandelt wird. So spricht der 17-jährige Nils davon, daß er danach »voll glücklich« ist, »richtig stolz« und seinen neuerworbenen Computer »natürlich so richtig im Arm« hält.[794] Zudem finden sich im Leben der Jugendlichen richtiggehende Hardwarebiographien: Man startet mit dem VC 20 und entwickelt sich über den C 64 zum Amiga. Dabei steht jeder dieser Computer für einen bestimmten Lebensabschnitt, der mit dem Wechsel des Computers abgeschlossen wird. Auch dieser Zusammenhang ist wiederum kennzeichnend für ein Übergangsobjekt: Dem Übergangsobjekt werden allmählich die Besetzungen entzogen und es wird in den Hintergrund gedrängt.[795] Es steht allein für einen bestimmten Entwicklungsabschnitt. In dem Sinne dokumentieren und begleiten die Hardware und unterschiedliche Nutzungsaspekte des Mediums Computer bestimmte Phasen der Identitätsbildungsprozesse im

---

793 Vgl. Baerenreiter, a.a.O., S. 255.
794 Vgl. Baerenreiter, a.a.O., S. 131 und dazu Kapitel 8.1.4 »Der Computer als evokatorisches Objekt des sozialen Erfolgs«.
795 Vgl. dazu Winnicott, a.a.O., S. 14ff. und Schachtner, Geistmaschine, S. 30ff.

Jugendalter.[796] Der Umgang mit dem Computer schafft für die Jugendlichen einen Raum, vergleichbar dem Raum, den das Übergangsobjekt dem Kind ermöglicht: »Das vom Kind geschaffene Szenario bildet den Raum, in dem es spielerisch experimentieren kann mit Identifikation und Abgrenzung, mit seiner Phantasie und seinen Fähigkeiten zu schöpferischer Kreativität, in dem es genußvoll und schmerzhaft Vertrautheit und Getrenntheit zu spüren kriegt«.[797] Es ist ein Raum, der spielerische Möglichkeiten der Selbstbildung bietet.

8.1.8 Metaphysische Dimensionen der Computernutzung

Auch dezidiert religiöse bzw. metaphysische Konnotationen werden von den Jugendlichen im Zusammenhang mit dem Computer genannt: So ist der Computer für Dieter – dessen Fall bereits genauer entfaltet wurde[798] – ein Sinnbild dafür, »daß nichts von nichts kommt«. Er selbst besitzt als Programmierer eine gottähnliche Funktion. Zudem steht hinter allem Gott als ultimativer Programmierer, der alles vorherbestimmt.

Falldarstellung in Orientierung an der Baerenreiter-Studie:

Der christliche Glaube ist für Dieter gut vereinbar mit seinen häuslichen Programmierungsinteressen. Computer sind für Dieter »beste Beispiele dafür, daß nichts von nichts kommt, und keiner behaupten würde, ein Programm habe sich selbst geschrieben«.[799] Letztere Position Dieters läßt zwei Schlußfolgerungen zu: Erstens ermöglichen ihm seine häuslichen Programmierungstätigkeiten eine gottähnliche Position, wobei das Entwickeln der Computerprogramme zu einem Schöpfungsakt wird und zweitens hat alles, was ist, in gewisser Weise eine Ursache. Auffallend ist jedoch, daß Dieter Einzelereignisse in seinem beruflichen Leben nicht religiös deutet. Der christliche Glaube und seine ehrenamtliche Tätigkeit in der Kirchengemeinde sind für Dieter ein segmentierter, wenngleich äußerst bedeutender Bereich. So stehen in Dieters Leben mehrere Bereiche (Eltern, Hobbys, Freunde, Frau, Kirchengemeinde, Arbeit, Computer) unvermittelt nebeneinander. In diesem Sinne wird Dieter zu einem Beispiel für fragmentarische Identitätsgestaltung.[800]

---

796 Vgl. dazu Kapitel 9.1.5 »Einzelbeobachtung: Der Besuch einer LAN-Party«.
  So boomt aktuell in der Computerszene das sogenannte »Case-Modding«, der Versuch, PCs optisch individuell schön zu gestalten.
797 Vgl. Schachtner, a.a.O., S. 36.
798 Vgl. dazu Kapitel 8.1.3 »Zur Bedeutung des Programmierens im Leben männlicher Jugendlicher«.
799 Vgl. Baerenreiter, a.a.O., S. 93.
800 Vgl. dazu Kapitel 5 »Identität und Bildung«.

Auch bei Nils[801] finden sich metaphysisch gefärbte Interpretamente bezüglich seiner Computerbeschäftigung.

Falldarstellung in Orientierung an der Baerenreiter-Studie:

Auf die Frage, was Nils eigentlich so am Computer interessiert, weiß er zunächst keine Antwort. Er entwickelt aber dann zwei Antworten, die aus theologischer Perspektive höchst interessant sind. Nils fasziniert am Computer, wie man »aus sinnlosen Zahlenkolonnen . ja irgenwie auch fiktive Welten erstellen kann«.[802] Der Computer gerät damit – nach Interpretation der Baerenreiter-Studie – in eine gottähnliche Funktion: Er hat dabei subjektähnliche Züge, indem er aus Sinnlosem (Zahlenkolonnen), Sinnvolles (fiktive Welten) herstellt. In diesem Sinne sind auch Nils'‹ Aussagen »irgendwo steht dann da eins und daneben steht dann wieder ne Null, aus denen dann die Farbe blau wird« und »der Computer macht aus Tausenden von Zahlen eben zum Teil echt wahnsinnig schöne Bilder« zu verstehen.[803] Als Beispiel für diese Ausführungen nennt Nils das Apfelmännchen, eine chaostheoretische, mathematische Formel, deren graphische Umsetzung von hoher Ästhetik ist. Zudem fügt Nils an, daß Computer aus Zahlen Musikstücke machen können. Allerdings kann er seine Relation zum Computer und die Faszination durch diese Technik nur sehr begrenzt in Worte fassen. In diesem Sinne bemerkt die Bärenreiter-Studie: »Seine Faszination, die er nicht so recht in Worte fassen kann, hat ihre Quelle in einem ihm sprachlich nicht unmittelbar zugänglichen Bereich. Er versucht sie in Form von Beispielen zu begreifen und wählt vor allem ästhetische Dimensionen aus«.[804]

Damit kommt die Sprachlichkeit an eine Grenze, die auch für die Rede vom »Heiligen« markant ist[805], aber auch generell bei der Artikulation von Medienerleben auftreten kann.[806] Bemerkenswert ist jedoch, daß Nils spontan

---

801 Vgl. dazu Kapitel 8.1.4 »Der Computer als evokatorisches Objekt des sozialen Erfolgs«.
802 Vgl. Baerenreiter, a.a.O., S. 135.
803 Vgl. Baerenreiter, ebd.
804 Vgl. Baerenreiter, a.a.O., S. 136.
805 Diesen Zusammenhang macht der Marburger Religionswissenschaftler und Theologe Rudolph Otto deutlich. Otto betont, daß der Zugang zum Heiligen nicht ohne Rest zu versprachlichen und zu verrationalisieren ist. Er bemerkt: »Es bleibt im unauflöslichen Dunkel des rein gefühlsmäßigen unbegrifflichen Erfahrens. ... Als das »ganz andere« entzieht es sich aller Sagbarkeit«.
Vgl. Otto, Das Heilige, S. 22 und dazu Heimbrock, Beyond Secularisation, S. 14ff. sowie das Kapitel 6.3 »Zum religionstheoretischen Horizont der Analyse ›impliziter Religion‹ bzw. ›religiöser Valenz‹«.
806 So z.B. W. Marotzki beim Interpretationsworkshop des Zentrums für qualitative Bildungs-, Beratungs- und Sozialforschung (ZBBS) 2001. Wegen des beschränkten Wirkungsgrads von rein sprachlichen Analysemethoden im Medienbereich

eine sehr abstrakte, metaphysisch gefärbte Explikation seines Interesses am Computer präsentiert, während der Bericht von seiner Computernutzung[807] auf multiple Funktionen innerhalb der Entwicklung seiner Persönlichkeit – wie die Gewinnung von Selbstbewußtsein und Aufbrechen seiner Isolation – verweist. Dies könnte darauf hindeuten, daß der Computer für Nils eine tiefere Dimension verkörpert, als der Stellenwert in seiner biographischen Entwicklung zunächst erkennen läßt.

Dem Computer kommt für Nils eine schöpferähnliche Funktion zu. Er kann aus abstrakten Zahlen »schöne« Bilder und Farben generieren. Er kann mathematische Formeln in ästhetische Gebilde verwandeln und damit aus »Sinnlosem Sinnvolles« herstellen. Damit rekurriert Nils intuitiv auf den komplexen Zusammenhang von Mathematik, Naturgesetzen, Ästhetik und Musik.

Exkurs: Es findet sich im Bereich der Kosmologie ein enger Zusammenhang von grundlegenden mathematischen Gleichungen, von durch sie beschriebenen Naturgesetzen (z.B. die Quantenmechanik durch die Schrödinger-Gleichung) und kosmischer Entwicklung. In dem Sinne ist bereits eine Verbindung von Kosmologie, Mathematik und Musik beim griechischen Philosophen Pythagoras zu verzeichnen. Worin der Ursprung dieses Zusammenhangs liegt, wird diskutiert (evolutionäre Erkenntnistheorie, anthropisches Prinzip).[808] Zudem kennt auch die naturwissenschaftliche Theoriebildung den Zusammenhang von Mathematik und ästhetischen Kategorien wie Schönheit und Einfachheit. So nahmen z.B. die Kosmologen seit der Antike bis hin zu Kopernikus – ausgehend von Aristoteles und Plato – an, daß sich die Planeten auf Kreisbahnen bewegen würden, da die Kreisbahn als vollkommenste Bewegungsform galt. Erst Kepler durchbrach dieses Paradigma und ging davon aus, daß die Planetenbahnen die Form von Ellipsen aufweisen. Ebenso war es für Einstein unmöglich, die Ergebnisse der Quantentheorie anzuerkennen, da er von dem Grundparadigma ausging, daß die Welt eine geschlossene Ordnung hat. Diese Grundüberzeugung dokumentiert sein berühmter Ausspruch »Gott würfelt nicht!«. Die Quantenelektrodynamik wurde zunächst deshalb abgelehnt, weil sie als theoretisch »häßlich« galt. Dennoch werden noch immer Kriterien wie »Einfachheit« bzw. »Schönheit« einer Theorie von zahlreichen bedeutenden Physikern, wie z.B. Dirac, Weinberg und Polkinghorne zur Beurteilung von naturwissenschaftlichen Theorien geteilt. Hinter derartigen Grundannahmen bezüglich der Theoriebildung steht

---

kommt es nun zu Triangulationen mit Bildanalysen. Vgl. dazu auch Bohnsack / Nentwig-Gesemann / Nohl, Die dokumentarische Methode und ihre Forschungspraxis, Opladen 2001.

807 Vgl. dazu Kapitel 8.1.4 »Der Computer als evokatorisches Objekt des sozialen Erfolgs«.

808 Vgl. dazu Dinter, Vom Glauben eines Physikers, S. 114–117.

die elementare Überzeugung, daß die Gestalt der Realität von ebenmäßiger Schönheit ist.[809]

So finden sich sowohl in den Aussagen von Dieter als auch in denen von Nils explizite religiöse bzw. metaphysische Deutungen hinsichtlich ihres Umgangs mit dem Computer.[810] Es darf jedoch nicht verschwiegen werden, daß sowohl Dieter als auch Nils einen von religiösen Traditionen geprägten Lebenshintergrund besitzen und damit religiöse Ausdrucksformen zu ihrer gewohnten Semantik gehören. Allerdings weisen die von ihnen angeführten Interpretamente metaphysischer Valenz eine Charakteristik auf, wie sie basalen Grundkosmologien entspricht.[811] In dem Sinne können – wie sich zeigen wird – auch Jugendliche ohne religiöse Vorprägung auf derartige Phänomene im Zusammenhang mit dem Medium Computer stoßen, diese aber in keiner Weise traditionell religiös geprägt versprachlichen.[812]

Letzteres Phänomen unterstreicht wiederum die Untersuchung »Jugendliche Computerfans« von P. Noller / Paul, G.[813] aus dem Jahr 1991. Noller / Paul arbeiten heraus, daß ein Hauptanziehungspunkt des Computerumgangs in der aktiven, persönlichen Teilhabe des Menschen am Schöpfungsprozeß besteht. So wird das Staunen darüber artikuliert, »daß der Mensch so etwas geschaffen hat«, man ist stolz darauf, etwas »selbst beeinflussen« zu können und, daß »man sich selbst etwas aufbauen kann, was dann fest da ist«.[814] Ein weiteres Motiv der Faszination durch den Computer ist die Teilhabe an der Perfektion der Maschine. Man staunt über das reibungslose Funktionieren der Technik, erlebt die Macht über den Computer, der alle Befehle reibungslos ausführt, als befriedigend. Man macht die Erfahrung von Erfolgserlebnissen, erfährt einen Zuwachs an Kompetenz und Selbstbewußtsein. Dieser Zusammenhang besitzt nach Noller / Paul eine religiöse Dimension: Die Maschine wird zu einer Metapher des Göttlichen. In diesem Sinne bemerkt Mier: »Beide kennen keine Zufälligkeit. Der Dialog mit der Maschine hat Dimensionen der Anbetung: die Privatheit, das Schweigen, das Ausbleiben von Antworten, die außerhalb des Geltungsbereiches des Anleitungsbuches sind. Jedesmal mehr, wenn das Feingefühl mit der Willfährigkeit der Maschine in Berührung

---

809 Vgl. dazu Teichmann, Wandel des Weltbildes, S. 70–83 und Berg, Ptolemäus und Kopernikus, S. 84–95 und Weinberg, Der Traum von der Einheit des Universums, S. 113.
810 Vgl. dazu Kapitel 8.1.9 »Auswertung: Selbstbildung, Identitätsgenese und religiöse Valenz«.
811 Vgl. dazu Kapitel 6 »Religion und religiöse Valenz« und Kapitel 10.3 »Dimensionen religiöser Valenz«.
812 Vgl. dazu Kapitel 9 »Jugendliche am Computer zu Beginn des 21. Jahrhunderts« und die entsprechenden Unterkapitel.
813 Vgl. dazu Noller, P. / Paul, G., Jugendliche Computerfans. Selbstbilder und Lebensentwürfe, Frankfurt / New York 1991.
814 Vgl. Noller / Paul, Jugendliche Computerfans, S. 135.

kommt, wird diese schweigende Konversation von Momenten der Intimität durchsetzt. Die Maschine macht aus dem Dialog einen privaten Kult«.[815] Damit finden sich innerhalb des Computerumgangs Jugendlicher spezifisch metaphysische Dimensionen.

8.1.9 Auswertung: Selbstbildung, Identitätsgenese und religiöse Valenz

Das Spektrum der vorliegenden Fälle der Baerenreiter-Studie – die wiederum spezielle Typiken männlichen Computerumgangs repräsentieren – weist multiple Dimensionen von Identitätsbildungsprozessen im Jugendalter und religiöser Valenz der Computernutzung männlicher Jugendlicher in der zweiten Hälfte der 80-er Jahre auf.[816]

So findet sich im Zusammenhang von Computerspielen bzw. des Programmierens das Phänomen, daß gezielt gewählte virtuelle Hintergrundfolien die Probleme des Alltags gleichsam transzendieren. Innerhalb dieser virtuellen Hintergrundfolien ist es möglich, Erfolge zu erleben, die Probleme des Alltags zu vergessen, sich in unterschiedlichen Rollen zu präsentieren und die Defizite der eigenen Sozialität zumindest in den Computerwelten zu überwinden, indem man sich z.B. eine virtuelle Peer-Group erschafft. In dem Sinne bietet der Computer Möglichkeiten der Selbstverwirklichung und Selbststabilisierung. Allerdings weist die Computernutzung an dieser Stelle Bezüge zur Lebenswelt auf, insofern es darum geht, dort zu verzeichnende Defizite virtuell zu kompensieren. Daher dürfen die in den Computerwelten zu lösenden Problemstellungen weder zu leicht, aber vor allem auch nicht zu schwer zu bewältigen sein. Es geht um eine kämpferische Auseinandersetzung mit der Technik. Ein Absinken in die beschriebenen virtuellen Hintergrundhorizonte ist zumeist mit ekstatischen Momenten im Rahmen sogenannter »Flow-Erlebnisse« verbunden, die eine explizite Existenzsteigerung mit sich bringen.

Die Flow-Erlebnisse stellen V. Turner zufolge liminoide Phänomene von rituellem Charakter dar. Diese ekstatischen Überschritte können – im Sinne

---

815 Vgl. Mier, Las nuevas technologias, S.17.
816 Bei einem Vergleich mit weiteren konturierenden Fällen innerhalb der Baerenreiter-Studie zeigt sich, daß diese den bereits vorliegenden Typiken zuzuordnen sind: So findet sich ein weiterer Fall, in dem der Computer als virtuelle Hintergrundfolie zu einem ansonsten problematischen Leben dient. Auch finden sich Fälle, bei denen der Computer beruflichen Erfolg trotz schlechter Aussichten garantieren soll. Ebenso dient der Computer in manchen Fällen als Medium für den ersten beruflichen Einstieg in die Welt der Erwachsenen. In diesen Fällen ist die Beschäftigung oftmals mit den Träumen »vom großen Geld« oder Karriere hoffnungen verbunden. Zudem sind Fälle zu verzeichnen, in denen der Computer ein Artefakt im Rahmen des jugendlichen Konformismus darstellt.

8 Jugendliche am Computer am Ende der 80-er und zu Beginn der 90-er Jahre

T. Luckmanns – den großen Transzendenzen zugeordnet werden.[817] So sind beim Spielen von Computerspielen bzw. beim Programmieren bereits in der Mitte der 80-er Jahre und zu Beginn der 90-er Jahre Dimensionen festzustellen, die sowohl der Identitätsentwicklung dienen als auch von religiöser Valenz sind. Dabei zeigt sich, daß die religiöse Valenz derartiger Phänomene zumeist auf der strukturellen Ebene liegt und nicht mit religiöser Semantik verbunden ist.

Ein Überschritt hin zu explizit metaphysisch konnotierten Themenstellungen findet sich bei den Fällen, in denen mit dem Computerumgang Fragen der Letztverursachung der Welt und des komplexen Zusammenhangs von Mathematik, Naturgesetzen und Schöpfung verbunden sind. Diese metaphysischen Schlußfolgerungen sind mit einer Überhöhung der eigenen Position als Computeruser verbunden, die besonders die eigene schöpferische Rolle reflektiert. Damit ist die religiöse Valenz wiederum eng verknüpft mit der Bedeutung des Computers für das sich entwickelnde Selbst im Jugendalter.[818]

Aber noch weitere Dimensionen der Selbst- und Identitätsbildung sind ausgehend von der Baerenreiter-Studie für die zweite Hälfte der 80-er Jahre zu verzeichnen:

So stellt der Computer zu dieser Zeit ein typisches Artefakt des männlichen Jugendalters dar, wobei der Computerbesitz und seine Nutzung im Jugendalter mit Phänomenen der Integration bzw. der Distanzierung korreliert sein können. Der Computer wird zum Attribut der Lebensweise männlicher Jugendlicher und dient der Abgrenzung gegenüber den weiblichen Altersgenossinnen.

Zudem kann der Computerumgang reale Sozialität sowie sozialen Erfolg und damit Identitätsbildung erst ermöglichen.

Damit ist eng die Symbolhaftigkeit des Computers in der Mitte der 80er Jahre und zu Beginn der 90-er Jahre verbunden. Der Computer steht stellvertretend für die Hoffnung – trotz bestehender Probleme in Schule und Alltag – erfolgreich an der Leistungsgesellschaft partizipieren zu können. In diesem Sinne symbolisiert der Computer den Traum von Reichtum und Prestige. Allerdings gelingt nur in einzelnen Fällen ein derartiger Einstieg in die Berufswelt der Erwachsenen tatsächlich. Dennoch ist festzuhalten, daß die männlichen Jugendlichen in der zweiten Hälfte der 80-er Jahre im Computerbereich erhebliche Kompetenzen aufweisen und Erwachsenen dabei oftmals überlegen sind, wobei sich gleichzeitig das Moment konstanter Selbstüberschätzung beobachten läßt.

---

817 Vgl. dazu Kapitel 6 »Religion und religiöse Valenz« und Kapitel 10.3 »Dimensionen religiöser Valenz«.

818 Vgl. dazu Kapitel 6 »Religion und religiöse Valenz« und Kapitel 10.3 »Dimensionen religiöser Valenz«.

Insgesamt zeigt sich, daß der Computer im Leben männlicher Jugendlicher in der Mitte der 80er Jahre ein Übergangsobjekt darstellt, er gleichsam bestimmte Entwicklungsschritte markiert und ihm eine wichtige Stellung in dieser Lebensphase zukommt.

Bereits jetzt ist festzuhalten, daß die zentralen Elemente des Computerumgangs männlicher Jugendlicher nicht allein für die 80-er und 90-er Jahre gelten, sondern sich Verhaltensweisen wie das Spielen von Computerspielen und das Erstellen von Computerprogrammen – allerdings in veränderter Form – auch im neuen Jahrtausend finden. Der Computer ist nun ein Artefakt geworden, das fast notwendig das Leben Jugendlicher prägt.

8.2 Die Ritter-Studie:
Weibliche Computeruser zu Beginn der 90-er Jahre:
Eine Re-Analyse

Im folgenden soll die Studie »Computer oder Stöckelschuh? Eine empirische Untersuchung über Mädchen am Computer« aus dem Jahr 1994 von Martina Ritter einer Re-Analyse unterzogen werden, die der Erarbeitung von Basistypen dient, die wiederum zu den Ergebnissen der eigenen empirischen Feldstudie korreliert werden.[819]

8.2.1 Einführung

Die Ritter-Studie beschäftigt sich mit Mädchen, die sich zu Beginn der 90-er Jahre besonders für Computer interessieren.[820] Ihre zentrale Fragestellung ist darauf gerichtet, wie adoleszente Mädchen ihr Interesse an einem – zu diesem Zeitpunkt – eher männlich besetzten Artefakt in ihren Lebensentwurf integrieren. M. Ritter beschreibt die Herausforderung für Mädchen zu Beginn der 90-er Jahre wie folgt: »Mädchen stehen in ihrer Beschäftigung mit Technik einem von Männern dominierten Zusammenhang gegenüber, in den sie sich einfügen müssen, wenn sie daran teilhaben wollen«.[821] In diesem Sinne befürchtet M. Ritter einen Übergriff der technisch-instrumentellen Rationalität auf kommunikativ strukturierte Bereiche des Lebens. Dies mag tendenziös erscheinen. Dennoch stellt ihre Untersuchung insofern einen bedeutenden Fortschritt im Bereich der Forschungsbeiträge zum Computerumgang Jugendlicher dar, als zunächst in zahlreichen Studien[822] von Veränderungen des

---

819 Vgl. zur Entfaltung der Methode Kapitel 7.2 »Zur Methode der Feldstudie« sowie Kapitel 9 »Jugendliche am Computer zu Beginn des 21. Jahrhunderts«.
820 Vgl. dazu Ritter, M., Computer oder Stöckelschuh? Eine empirische Untersuchung über Mädchen am Computer, Frankfurt / New York 1994.
821 Vgl. Ritter, Computer oder Stöckelschuh? S. 13.
822 So z.B. Baerenreiter, H., u.a., Jugendliche Computer-Fans: Stubenhocker oder Pioniere? Opladen 1990 und Noller, P. / Paul, G., u.a., Jugendliche Computerfans. Selbstbilder und Lebensentwürfe, Frankfurt / New York 1991.

8 Jugendliche am Computer am Ende der 80-er und zu Beginn der 90-er Jahre

Jugendalters durch die zu diesem Zeitpunkt neuen Informations- und Kommunikationstechnologien gesprochen wurde, ohne zwischen den Geschlechtern zu differenzieren bzw. ohne weibliche Jugendliche überhaupt in den Blick zu nehmen. Standen weibliche Jugendliche dieser Form von Technik zu Beginn der 90-er Jahre zum Großteil distanziert gegenüber, so finden sich doch auch in diesem Zeitraum weibliche Jugendliche, die versuchen, »einerseits persönliche Individuierungsprozesse mit Hilfe der Computer in Gang (zu) setzen, andererseits gesellschaftliche Versprechungen von prestigeträchtigen Zukunftsberufen und Phantasien über die machtvolle Teilhabe an der Weltgestaltung auf(zu)greifen und für die Stabilisierung ihrer Identität (zu) nutzen«.[823] Damit fragt Ritter nach dem symbolischen Gehalt des Computers, nach den Bedeutungen, die dieser für die Mädchen im Jugendalter gewinnt und nach seinem Stellenwert für Prozesse der Identitätsbildung und Lebensbewältigung.[824]

Letzterer Zusammenhang wird gerade insofern virulent, als bei der Übernahme des Computers als männlich besetztem Artefakt gemäß Ritter bestimmte Rollenkonflikte vorprogrammiert sind, die eine Herausforderung für die Entstehung weiblicher Identität darstellen. Die Schwierigkeit einer Auseinandersetzung mit der traditionellen weiblichen Geschlechterrolle bei gleichzeitiger Suche nach eigenen Identitätskonzepten und eigenen Handlungsoptionen verdichtet sich so gerade im Medium »Computer«. Daher stellt der Computer nach Ritter »für die Mädchen das gefährlich-attraktive Symbol für eine gestalterische Teilhabe an einer männlichen Welt« dar.[825]

Ritter strebt zur Erfassung der Relation weiblicher Jugendlicher zum Medium Computer einen alltagsorientierten Forschungsprozeß an. Um diesen in die größere Theorielandschaft einordnen zu können, greift sie auf den Habermas'schen Theoriehintergrund zurück.[826]

Bei Jürgen Habermas wird die Lebenswelt vom System unterschieden. Eine systemische Perspektive begreift den Menschen und die Intentionalität menschlicher Handlungskoordinierung nur als systemische Umwelt. Sie bleibt daher unsensibel gegenüber dem Bereich der Lebenswelt, in dem Verständigung nicht sprachlich vermittelt ist und ein Netzwerk von Verständi-

---

823 Vgl. Ritter, a.a.O., S. 14.
824 Mit diesem Fokus erkennt Ritter bereits die komplexen Dimensionen des Computerumgangs Jugendlicher, die auch die vorliegende empirische Studie untersucht. Allerdings ist zu Beginn der 90-er Jahre nur eine kleine Gruppe weiblicher Jugendlicher betroffen. Vgl. zu einem Vergleich des Computerumgangs zu Beginn der 90-er Jahre und zu Beginn des 21. Jahrhunderts das Kapitel 9.4 »Entwicklungen vom Ende der 80– er Jahre bis zum Beginn des 21. Jahrhunderts«.
825 Vgl. Ritter, a.a.O., S. 19.
826 Vgl. dazu Habermas, J., Theorie des kommunikativen Handelns, Bd. 2, 4. Aufl., Frankfurt 1995 sowie zu einer Kritik des Lebensweltbegriffs von J. Habermas Moxter, M., Kultur als Lebenswelt, Tübingen 2000.

gungsprozessen entsteht. Lebenswelt bildet zudem eine Ressource von kulturellem Wissensvorrat, der gegebenenfalls in der Kommunikation aktualisiert, sprachlich verflüssigt und einer Veränderung unterzogen werden kann. Diesem Bereich ist auch der Alltagsbegriff zuzuordnen. Alltag steht dann den sich herausdifferenzierenden Bereichen Ökonomie und Politik gegenüber. Die Nutzung von technischen Artefakten liegt nach Habermas genau auf dieser Schnittstelle, an der es zum Aufeinandertreffen von systemrationalen und kommunikativ strukturierten Bereichen kommt. So sind die technischen Artefakte »als kulturelle Objekte immer schon Teil kultureller Deutungsprozesse, individueller Handlungsorientierungen und gesellschaftlicher Interpretationsvorgaben«.[827]

Aus dieser Grundkonstellation gewinnt Ritter die entscheidende Fragestellung für ihre Untersuchung des weiblichen Computerumgangs, »die Frage nach dem Verhältnis von Gestaltungsspielräumen und gerätetechnischen Vorgaben. Ist die Integration technischer Artefakte in den Alltag bloße Anpassung oder auch eine Brechung der technischen Rationalität? Ist der technische Alltag in sich geschlossen oder wird er durch Bedürfnisartikulation und -durchsetzung so gebrochen, daß die integrierten Techniken produktiv und kreativ in die Entwicklung von Ausdrucksformen und Lebensstilen aufgenommen werden«.[828] Diese techniksoziologischen Grundfragen erhalten dann aus der Genderperspektive eine neue spezifische Brisanz.

Ritter versucht die Gründe für eine Zurückhaltung von Mädchen gegenüber der Computernutzung zu Beginn der 90-er Jahre offenzulegen. Sie präsentiert Wege, wie Mädchen besser an den Computer herangeführt werden können. Die Hauptschwierigkeiten liegen für Ritter in der fehlenden Erziehung von Mädchen hin zur Überwindung von zunächst nicht zu lösenden Problemstellungen, für die die Jungen in einem koedukativen Setting dann Lösungsmöglichkeiten anbieten, und zudem in der Tatsache, daß weibliche Vorbilder gerade im mathematisch-naturwissenschaftlichen bzw. im Informatikbereich fehlen und so eine Ausbildung von Selbstbewußtsein im Umgang mit Technik nur sehr rudimentär möglich ist. Überdies waren zu Beginn der 90-er Jahre die meisten Softwareangebote gerade im Spielebereich auf den Geschmack männlicher Jugendlicher ausgerichtet. Eine mögliche Reaktion auf diese Schwierigkeiten sieht Ritter in der Erarbeitung eines spezifisch weiblichen Zugangs zur Computernutzung.

So unterscheidet die MIT-Forscherin Sherry Turkle – deren Forschungsergebnisse M. Ritter aufgreift – zwischen einem »harten« und einem »sanften« Programmierstil.[829] Die »harten« Programmierer – in der Mehrheit männlichen Geschlechts – erarbeiten sich nach Turkle ein systematisches

---
827 Vgl. Ritter, a.a.O., S. 14.
828 Vgl. Ritter, ebd.
829 Vgl. dazu Turkle, S., Leben im Netz, S. 96–98.

8 Jugendliche am Computer am Ende der 80-er und zu Beginn der 90-er Jahre

Konzept von ihrem Vorhaben, zerlegen es in einzelne Arbeitsschritte und arbeiten diese dann nacheinander ab. Den »sanften« Programmierstil, der nach Turkle mehrheitlich von Computerusern weiblichen Geschlechts vertreten wird, zeichnet dagegen ein eher kreativ-assoziatives Vorgehen aus. Beide Wege führen jedoch zur Erarbeitung von funktionierenden Ergebnissen.

Ist eine derartige geschlechtsspezifische Ausdifferenzierung des Computerzugriffs nicht gesichert belegt, so läßt sich nach M. Ritter dennoch ein spezifischer Computerzugang weiblicher Jugendlicher erkennen: Weibliche Jugendliche lernen den Umgang mit dem Computer hauptsächlich in der Schule, während diese Lernvorgänge bei männlichen Jugendlichen zumeist im Zusammenhang mit Freunden oder Verwandten (Bruder, Vater) stehen. Außerdem ist bei weiblichen Jugendlichen ein pragmatischer Computerzugriff zu beobachten: Die weiblichen Jugendlichen versprechen sich – ähnlich wie ihre männlichen Geschlechtsgenossen – zu Beginn der 90-er Jahre eine Verbesserung ihrer beruflichen Chancen durch ihre Computerkenntnisse. Einer Anwendung des Computers im Privatbereich stehen die weiblichen Jugendlichen gemäß Ritter jedoch eher skeptisch gegenüber, da sie befürchten, er würde Beziehungen und Menschlichkeit zerstören.[830]

In diesem Sinne spielen für die weiblichen Jugendlichen kommunikative und kooperative Arbeitsformen eine besondere Rolle. So ist bereits zu Beginn der 90-er Jahre eine positive Resonanz weiblicher Jugendlicher gegenüber geschlechtshomogenen Arbeitsgruppen zur Vermittlung von Computerkompetenz zu erkennen: Die weiblichen Jugendlichen fühlen sich in einem derartigen Arbeitssetting sicherer, haben mehr Mut, Dinge auszuprobieren und Fragen zu stellen, und können so mehr Selbstbestätigung bei der Lösung schwieriger Problemstellungen im Computerumgang erleben.[831] Eine solche Differenzierung in geschlechtshomogene Gruppen bildete damit bereits zu Beginn der 90-er Jahre ein erfolgreiches Konzept, um auf die Problemstellung zu reagieren, daß voradoleszente weibliche Jugendliche sich in den Bereichen Naturwissenschaften, Mathematik und Informatik durchaus in ihrer Selbsteinschätzung für genauso begabt wie männliche Jugendliche halten, während sich adoleszente Mädchen in ihrer Selbsteinschätzung im Ver-

---

830 Vgl. Ritter, a.a.O., S. 24.
831 Die gleichen Phänomene werden in bezug auf die Analyse des Computerzugriffs weiblicher Jugendlicher zu Beginn des 21. Jahrhunderts im Zusammenhang meiner eigenen Feldstudie zu erkennen sein. Eine Veränderung zeigt sich jedoch insofern, als der Computerumgang weiblicher Jugendlicher kein Randphänomen mehr darstellt. Zudem bietet der Computer nun als Kommunikations- und Informationsmedium im Rahmen des Internet auch für weibliche Jugendliche spezifische Anwendungsmöglichkeiten. Vgl. dazu Kapitel 9 »Jugendliche am Computer zu Beginn des 21. Jahrhunderts«.

gleich zu Jungen als minderbegabt und unfähig ansehen.[832] Daher ist nach Ritter »die Frage nach dem Computerinteresse von Mädchen systematisch mit der spezifischen Adoleszenzerfahrung« zu verbinden.[833]

Es ist – Ritter zufolge – zu klären, »welche Identifikationsangebote Mädchen aufnehmen und welche Phantasien sie mit einem identifikatorischen Objekt wie dem Computer verbinden und welchen symbolischen Gehalt er für sie hat«.[834] Um diese Ausgangsfragen zu bearbeiten, führt Ritter qualitativ-empirische Interviews durch, die sie mit Hilfe der »tiefenhermeneutischen Interpretationsmethode« analysiert.[835] Die Interviews behandeln Fragenkomplexe zu Motiven, Phantasien und Erfahrungen bezogen auf den Computerumgang weiblicher Jugendlicher. Zudem nimmt M. Ritter die Selbstdefinitionen, die körperliche Entwicklung, die Beziehungen zu Freunden und Eltern, die Zukunftsvorstellungen der weiblichen Jugendlichen und deren Gesellschaftsbild mit in den Blick. Diese Einzelfallstudien sollen aufzeigen, mit welchen Strategien die weiblichen Jugendlichen ihre Konflikte im Alltag bewältigen und welche Rolle der Computernutzung dabei zukommt.[836]

Die von Ritter präsentierten Interviews werden – wie es bereits im Zusammenhang der Bärenreiter-Studie für den Bereich männlicher Jugendlicher durchgeführt wurde – im folgenden von mir einer Re-Interpretation unterzogen werden. Dabei orientiert sich – wie ich bereits für den Umgang mit der Re-Interpretation der Baerenreiter-Studie verdeutlicht habe – die Re-Interpretation in modifizierter Form an der thematischen Kodierung. Es werden erst in vertikaler Analyse an Einzelfällen spezifische Typen erhoben (8.2.1, 8.2.2, 8.2.3, 8.2.4), bevor horizontal und fallübergreifend Typiken erstellt werden (Gender-Typik, Dimensionen religiöser Valenz, kritische Brechung). Es erfolgt keine Darstellung aller Dimensionen der Fälle, die in der Ritter-Studie präsentiert werden. Vielmehr liegt der Fokus dieser Re-Interpretation wiederum auf einer Analyse der Identitäts- und Selbstbildungsprozesse und der religiösen Valenz des Computerumgangs weiblicher Jugendlicher zu Beginn der 90-er Jahre. So soll anhand der Fälle der Ritter-Studie ein erster Einblick in die Computernutzung weiblicher Jugendlicher zu Beginn der 90-er Jahre gegeben werden. Ziel meiner Re-Analyse ist wiederum die Erarbeitung einer Basis-Typik weiblicher Computernutzung, die im

---

832 Vgl. dazu u.a. Schiersmann, Ch., Zugangsweisen von Mädchen und Frauen zu den neuen Technologien, in: Frauenforschung, Informationsdienst des Forschungsinstituts Frau und Gesellschaft, 5. Jg., Hannover 1987 sowie Berg-Peer, J., Ausschluß von Frauen aus den Ingenieurwissenschaften, Bildung und Gesellschaft, Bd.7, Berlin 1989.
833 Vgl. Ritter, a.a.O., S. 26.
834 Vgl. Ritter, ebd.
835 Vgl. Ritter, a.a.O., S. 38–39.
Ritter verdeutlicht nicht genauer, mit welchen Methoden sie interpretiert.
836 Vgl. dazu Ritter, S. 18–19.

8 Jugendliche am Computer am Ende der 80-er und zu Beginn der 90-er Jahre

folgenden mit den Ergebnissen meiner eigenen Feldstudie vom Beginn des 21. Jahrhunderts verglichen wird.[837] So bildet die analysierende Re-Interpretation des Computerumgangs weiblicher Jugendlicher zu Beginn der 90-er Jahre – ebenso wie die Re-Analyse der Baerenreiter-Studie – die Hintergrundfolie für meine eigene Feldstudie zum Userverhalten weiblicher Jugendlicher zu Beginn des 21. Jahrhunderts.

Zunächst erfolgt eine Fallbeschreibung in Orientierung an der Ritter-Studie und dann eine re-interpretierende Fallanalyse.[838] Die Fallbeschreibung in Orientierung an der Ritter-Studie wird im Druckbild durch einen kleineren Schriftsatz gegenüber der re-interpretierenden Fallanalyse markiert.

8.2.2 Der Computer als Symbol der Teilhabe an der selbstbestimmten, männlichen Welt

Der Computer wurde zu Beginn der 90-er Jahre zu einem Symbol für die selbstbestimmte, männliche Welt. Für weibliche Jugendliche, die sich eher mit der männlichen Rolle identifizieren, wird die Computernutzung daher zu einem Attribut, das sie ihrem eigenen Leben hinzufügen, um ihre Orientierung an männlichen Rollenmustern aufzuzeigen. Diese Orientierung an männlichen Rollenmustern geschieht notwendig im Kontext eines abwertend-traditionellen Frauenbildes, von dem sich die weiblichen Jugendlichen zu distanzieren suchen. Derartige Abgrenzungsversuche sind mit einer komplexen familiären Lebenssituation verbunden. Im Fall der 17-jährigen Jacqueline ist es ihre Beziehung zum Vater, die ihren Computerumgang maßgeblich prägt.[839]

Falldarstellung in Orientierung an der Ritter-Studie:

Jacqueline war zum Zeitpunkt des Interviews 17 Jahre alt und besuchte die 11. Klasse einer katholischen Mädchenschule. Sie entstammt einer Familie des Mittelstands und ist die jüngste von drei Töchtern. Beide Schwestern haben nach dem Abitur eine Ausbildung gemacht, die Mutter ist Hausfrau, der Vater ist Ingenieur und arbeitet für eine Computerfirma. Auf die Frage, wie sie zur Beschäftigung mit dem Computer gekommen sei, antwortet sie: »Also angefangen hat's, weil mein Vater in einer Computerfirma arbeitet und standen sowieso immer Computer hier herum . mehrere also drei vier Stück . da hat er mir *immer* etwas gezeigt so Spiele und so, da und hab' ich halt an-

---

837 Vgl. dazu Kapitel 9.4 »Entwicklungen vom Ende der 80-er Jahre bis zum Beginn des 21. Jahrhunderts«.
838 Vgl. zur Computernutzung männlicher Jugendlicher Mitte der 80-er und zu Beginn der 90-er Jahre z.B. die Studie von Noller, P. / Paul, G., Jugendliche Computerfans. Selbstbilder und Lebensentwürfe, Frankfurt / New York 1991.
839 Vgl. dazu u.a. 9.3 »Einzelfallstudien: Weibliche Computeruser zu Beginn des 21. Jahrhunderts«.

8.2 Die Ritter-Studie: Weibliche Computeruser

gefangen mit Spielen auch ein bißchen zu programmieren so kleinere Programme hat er mir halt *alles* erklärt und dann halt später durch die Schule neunte zehnte Klasse hatten wir einen Basic-Kurs angeboten bekommen und jetzt hab' ich halt . weitergemacht, weil's mich halt interessiert hat von meinem Vater her auch und so«.[840] Jacqueline nennt zwei Ursachen für ihre Computerbeschäftigung: Die Tatsache, daß durch den Beruf des Vaters mehrere Computer zur Verfügung stehen und die Einführung in den Umgang mit dem Computer durch den Vater. Damit spielt der Vater eine zentrale Rolle in Jacquelines Begründung für ihren Umgang mit dem Computer.

Auf die Frage nach der Auswahl ihrer Anwendungsformen des Computers bemerkt Jacqueline: »Alles mögliche Referat schreiben Protokoll alles mach‹ ich also für die Schule und für zu Hause wenn ich mir mal 'ne Liste aufstelle für mein Geld oder so und halt vor allen Dingen auch Spiele das wahrscheinlich die Hauptsache was sowieso so jeder macht halt auch Spiele selbst erfinden und machen also nicht nur spielen sondern auch selbst produzieren«.[841] Auf die Nachfrage nach der Erarbeitung eines spezifischen Spiels kann Jacqueline nicht genau formulieren, wie eine derartige Spielentwicklung von ihrer Seite aussieht.[842] Vielmehr zeigt Jacqueline ein breites, wenig spezifisches Interesse an der Computerbeschäftigung, das eng mit ihrem Vater verknüpft zu sein scheint. Somit geht es ihr nicht um die Erarbeitung konkreter Produkte, sondern um eine allgemeine Produktivität in einem technisch-naturwissenschaftlichen Bereich. In diesem Sinne bemerkt die Ritter-Studie: »Wichtig ist ihr, daß sie technisch orientiert ist, der Computer ist ein Medium, diese Orientierung auszuleben und zu zeigen«.[843] Auch diese Orientierung ist wiederum mit dem Vater verbunden. Jacqueline erzählt, daß sie gerne etwas Überraschendes entwickeln würde, »das Riesenprogramm was er (der Vater) schon immer sehen wollte«.[844] Jacquelines Interesse an Technik ist an ihr Verhältnis zum Vater gekoppelt. Sie versucht dessen Erwartungen zu erfüllen.

Jacqueline betont, daß sie gerne ein Junge wäre und bewertet die männliche Welt deutlich höher als die weibliche. Sie ist von klein auf um einen freundschaftlichen Kontakt zu Jungen bemüht, die sie bewundert (»also ich

---

840 Vgl. Ritter, a.a.O., S. 45.
841 Vgl. Ritter, a.a.O., S. 45–46.
842 »Oh Gott ja ich hab´ also manch was ich natürlich am Anfang gemacht hab´an was ich mich jetzt erinnern kann wir haben was haben wir für Spiele gemacht oh Gott jetzt fällt mir keins ein ... weil da halt am Anfang war´n so Würfelspiele so Würfelexperimente halt was wir so in der Schule gemacht haben also so ganz lange Sp äh Spiele ... mit halt verschiedenen Würfeln halt mit zwei Würfeln mit drei Würfeln halt Wahrscheinlichkeit und so oder so Skispiele«. Vgl. Ritter, a.a.O., S. 46.
843 Vgl. Ritter, a.a.O., S. 47.
844 Vgl. Ritter, a.a.O., S. 48.

bewundere die Jungen immer«)[845]. Der Computer wird für Jacqueline zu einem Medium, um den Kontakt zum anderen Geschlecht herzustellen (»durch den Computer kann ich mich nur mit Jungen unterhalten«[846]) und sich von ihren Geschlechtsgenossinnen abzuheben, die sie als inkompetent in bezug auf einen entsprechenden Computerumgang beschreibt. Jacqueline sucht durch ihre starke Orientierung an naturwissenschaftlich-technischen Interessen bei den Jungen – ähnlich wie bei ihrem Vater – Bewunderung und Verständnis. Gegenüber den anderen weiblichen Mitgliedern in ihrer Familie, die sie als technisch unbegabt beschreibt, sucht sie sich abzugrenzen.

Der Computerumgang wird in Jacquelines Fall zu einem Symbol für die – ihrer Ansicht nach – freie, selbstbestimmte, kreative männliche Welt. Jacqueline identifiziert sich mit einem imaginierten männlichen Rollenmuster. In dem Sinne stellt der Computer für sie ein Artefakt dar, das für sie symbolisch diese männliche Welt verkörpert und dadurch für sie zum Attribut der Selbstinszenierung in einer männlichen Rolle wird. Durch diese Selbstinszenierung sucht Jacqueline in Abgrenzung gegen Mädchen- und Frauenkontexte zumindest eine beschränkte Teilhabe an dieser – für sie eine hohe Attraktivität besitzenden – männlichen Sphäre zu erreichen, wobei diese Sphäre für sie aber im Prinzip unerreichbar bleibt. So ist sie in letzter Konsequenz bereit, sich klassischen weiblichen Rollenmustern unterzuordnen.

8.2.3 Programmieren als kontrollierte Selbststabilisierung in einer unkontrollierbaren Welt

Bezüglich des Computerumgangs weiblicher Jugendlicher lassen sich ähnlich wie bei den männlichen Jugendlichen zentrale Elemente der Identitätsbildung und Selbststabilisierung erkennen. So beschreibt die 17-jährige Sigrid ihre Faszination durch die systematische Logizität der Computerprogramme. Diese Logizität besitzt eine Geschlossenheit, die das kontingente Alltagsleben so nicht bietet. Sigrid erlebt ihr Handeln am Computer als persönlichen Erfolg bzw. entsprechend als persönliche Niederlage. Sie nutzt die sich einstellenden Flow-Erlebnisse, um ihr Selbstbewußtsein auszubauen. Bemerkenswert ist dabei, daß sie ihr Handeln am Computer einer kritischen Eigenbeobachtung und Brechung unterzieht.

Falldarstellung in Orientierung an der Ritter-Studie:

Sigrid ist zum Zeitpunkt der Befragung 17 Jahre alt und besucht die 12. Klasse eines katholischen Mädchengymnasiums. Sie lebt mit ihren Eltern, einer Schwester und der Großmutter in einem Zweifamilienhaus in einer Kleinstadt. Ihre ein Jahr ältere Schwester macht gerade an der gleichen Schu-

---
845 Vgl. Ritter, a.a.O., S. 55.
846 Vgl. Ritter, a.a.O., S. 54.

8.2 Die Ritter-Studie: Weibliche Computeruser

le Abitur. Sigrid bezeichnet sich selbst als religiös und ist Mitglied in der Katholischen Jungen Gemeinde (KJG). Sigrids Kontakt mit dem Computer kommt über die Schule zustande. Allerdings findet der Informatikunterricht nur zwei Jahre statt. Nach eineinhalb Jahren hat Sigrid während der Kursphase von ihren Eltern einen eigenen Computer für zu Hause bekommen – den gleichen Typ, mit dem in der Schule gearbeitet wird. Sigrid kann dadurch zu Hause und in der Schule mit den gleichen Programmen arbeiten. Sie arbeitet ca. 5 Stunden pro Woche am PC. In dieser Phase kommt der Computer nach ihrer Aussage »zwischen erster und zweiter Stelle« in Sigrids Leben.[847]

Auf die Frage, warum der Computer sie fasziniert, antwortet Sigrid: »Was mir dann später gefallen hat ... das war auch ... ehm dieses ... Systematische wie auch in Mathe allerdings daß man damit viel viel mehr anfangen konnte daß es viel äh vielfältiger auch war das war breitgefächerter da hat man nicht nur auf ein Ziel hinaus gearbeitet und mußte ein Ergebnis zustande bringen sondern da hatte man zwar auch ein Ziel gehabt aber man konnte das ganz variieren wie man eben dieses Programm dann aufstellt (...) das fand ich ganz toll und überhaupt zu einer Lösung zu kommen ganz selbständig also ohne ... äh jetzt ... die Vorlagen wie in Mathe da gibt's ja meistens nur ein oder zwei Rechenwege und in Informatik konnt' man das halt schon 'nen bißchen variieren«.[848] Sigrid fügt hinzu: »Also mich hat irgendwo dieses Systematische auch daran fasziniert ... und daß man da ehm ... ja auch wirklich perfekte Programme so anstreben konnte«.[849] Sigrid betont, daß sie die logische Struktur, die Perfektion und der systematische Aufbau der Computerprogramme begeistern. Damit zeigen sich in diesem Fall ähnliche Phänomene wie bei den männlichen Jugendlichen der Baerenreiter-Studie.[850] Vergleichbar ist auch, daß Sigrid angetan ist von den Variationsmöglichkeiten, mit denen ein Ziel erreicht werden kann. Sie versteht die Ergebnisse, die sie am Computer erarbeitet, als ihre persönliche Leistung: »Das war schon ein gutes Gefühl wenn man das auch dann äh wirklich so erreicht hatte«.[851] Ebenso kennt sie die Frustration über den Verlust einer Computergraphik: »Weil das war so etwas Eigenständiges das war was von mir Produziertes die Graphik das war auch was Persönliches«.[852] Der Computer wird für sie zum Medium der Selbsterfahrung: »Da konnte man auch seine eigenen Fähigkeiten kennenlernen und ohne daß jetzt ein anderer daran ohne daß ein anderer das beeinflussen konnte also wenn man Fehler gemacht hat da hat man den selbst gemacht und den Fehler den hat kein anderer verschuldet ... also ansonsten im Leben ist es ja

---

847 Vgl. Ritter, a.a.O., S. 73.
848 Vgl. Ritter, a.a.O., S. 74.
849 Vgl. Ritter, ebd.
850 Vgl. dazu Kapitel 8.1.8 »Metaphysische Dimensionen der Computernutzung«.
851 Vgl. Ritter, a.a.O., S. 84.
852 Vgl. Ritter, a.a.O., S. 74.

dann meistens so da kann man ja für vieles nix was man dann verschuldet auch wenn man dann dafür verantwortlich ist«.[853] Sigrid hebt als besonders positiv hervor, daß sie bei ihrer Arbeit am Computer allein ist und selbst Verantwortung übernehmen kann. Sie will eigene »Fehler« finden und diese beheben, um das Programm perfekt zu machen. Im normalen Leben fühlt sie sich dagegen oftmals hilflos und fremden Einflüssen ausgeliefert, für deren Folgen sie die Konsequenzen zu übernehmen hat. Die Computerbeschäftigung dient Sigrid damit in diesem Zusammenhang als Rückzugsraum, in dem sie Sicherheit und Selbstbewußtsein gewinnen kann und sich selbst als autonom erlebt.

Sigrid erlebt das Lösen von Programmierungsproblemen als ihren ganz eigenen Erfolg. Auf die Frage, ob und worin sich die Computerbeschäftigung von anderen Freizeitbeschäftigungen unterscheidet, bemerkt Sigrid: »Ja 's ist ja was grundlegend anderes gewesen weil ehm wenn man sich mit anderen Leuten unterhalten hat und speziell eben mit Jungen ehm da haben die einen schon ganz anders angesehen, also nicht als äh jetzt äh typisch weiblich sondern ahm irgendwie mehr Respekt irgendwo schon behandelt also das hab' ich zumindest so empfunden«.[854] Sigrid betrachtet den Umgang mit dem Computer als ein besonderes, eher männlich besetztes Hobby, das ihr einen besonderen Respekt bei den männlichen Jugendlichen einbringt. Teilweise ist sie sogar über sich selbst erstaunt, daß sie als Mädchen in der Lage ist, erfolgreich mit dem Computer umzugehen.

Sigrids Computerbeschäftigung hört auf, als sie ihren Freund kennenlernt. Damit stellt der Computer wiederum ein technisches Objekt dar, das eine klar begrenzte Lebensphase als Übergangsobjekt begleitet. Sigrid merkt an, »daß sie lieber mit ihrem Freund zusammen sein wollte, als am Computer zu sitzen«.[855]

In diesem Kontext ist auch die Tatsache zu verorten, daß Sigrid die Arbeit am Computer als isoliertes Arbeiten ohne jeglichen Gruppenzusammenhang betrachtet. Diese Isolation zeigt sich auch bei den anderen von der Ritter-Studie untersuchten computerinteressierten weiblichen Jugendlichen. Eine Cliquenbildung wie bei den computerinteressierten männlichen Jugendlichen ist nicht erkennbar. Vielmehr handelt es sich bei Sigrids Umgang mit dem Computer um ein Hobby, das sie eher allein für sich betreibt. So meint Sigrid, daß sie es zwar interessanter fände, mit anderen zu arbeiten und es mehr Spaß machen würde, daß sie aber die eigentliche Arbeit der Programmerstellung allein machen möchte, damit ihr keiner »reinredet«, weil es – nach ihrer Aussage – »eben (ihre) Arbeit« ist.[856] Einerseits ist Sigrid stolz auf ihre Fä-

---

853 Vgl. Ritter, a.a.O., S. 84.
854 Vgl. Ritter, a.a.O., S. 75.
855 Vgl. Ritter, a.a.O., S. 81.
856 Vgl. Ritter, ebd.

8.2 Die Ritter-Studie: Weibliche Computeruser

higkeiten im Umgang mit dem Computer. Auf der anderen Seite betont sie, daß die Logik der Computertätigkeit nicht auf das normale Leben zu übertragen ist: »Ja Computerbeschäftigung ist halt viel einseitiger und das läuft wirklich dann alles über den Kopf und ... das versucht man also zumindestens ging's mir so, äh, daß ich dann versucht hatte auch andere Dinge so systematisch dann äh so einreihen zu können und immer so auf ein bestimmtes Schema so pressen zu können daß immer so alles nach ganz bestimmten Dingen dann abgelaufen ist und daß man auch so versucht hat Probleme auch zu lösen immer halt durch den Kopf und immer eben äh ... ja so versucht hat Dinge zu lösen obwohl das gar nicht so geht«.[857] Dennoch hätte die logische Struktur im Computerbereich ihr geholfen, andere Bereiche ihres Lebens gedanklich strukturierter zu durchdringen, was für sie zur Grundlage für ein selbstbewußteres Auftreten geworden ist. Somit zeigt Sigrid eine hohe Eigenreflexion und weiß die Stabilisierungselemente, die sie durch ihren Computerumgang erlebt, geschickt zu nutzen.

Sigrid erlebt im Rahmen ihres Computerumgangs die bereits hinsichtlich der Baerenreiter-Studie aufgezeigten Zusammenhänge von Flowerlebnissen durch Erfolg und Frustration durch Mißerfolg.[858] Der Computer wird für Sigrid zum Medium der Selbsterfahrung, wobei sie im Rahmen des Umgangs mit diesem Medium selbstverantwortlich Abläufe bestimmt und Regeln festsetzt, während ihr Alltagsleben sonst von unkontrollierbarer Kontingenz geprägt zu sein scheint. Sigrids Deutung ihres Computerumgangs weist auch metaphysische Dimensionen auf. So betont Sigrid die logische Stringenz der Computerprogramme, basierend auf Zusammenhängen von Ursache und Wirkung. Diese unterscheiden sich für Sigrid grundlegend von ihrer Alltagserfahrung. Die Tatsache, daß Sigrid am Computer in der Lage ist, kontrolliert Programmierungsprobleme zu lösen, trägt zu ihrer individuellen Selbststabilisierung bei, weil sie in diesem Kontext eine erfolgreiche Bewältigung von Problemstellungen erlebt. Zudem ist bei Sigrid zu beobachten, daß der Computer ein Artefakt ist, das eine bestimmte Phase ihrer Adoleszenzentwicklung begleitet hat und ihr Interesse an diesem, nachdem sie einen Freund hat, deutlich nachläßt.

Ein vergleichbarer Fall ist derjenige der 16-jährigen Rabia.

Falldarstellung in Orientierung an der Ritter-Studie:

Rabia ist zum Zeitpunkt des Interviews fast 16 Jahre alt. Sie lebt mit ihren Eltern und ihrem 13 Jahre alten Bruder in einem Reihenhaus in einem Neubaugebiet einer Kleinstadt. Rabias Vater ist Türke und arbeitet als Elektroingenieur. Ihre Mutter ist Krankenschwester und hat nach einigen Jahren der

---

857 Vgl. Ritter, a.a.O., S. 92–93.
858 Vgl. dazu Kapitel 8.1.2 »Zur Bedeutung von Computerspielen im Leben männlicher Jugendlicher«.

8 Jugendliche am Computer am Ende der 80-er und zu Beginn der 90-er Jahre

Pause wieder zu arbeiten begonnen. Rabia besucht ein koedukatives Gymnasium. Sie hat sich in der siebten Klasse selbst einen kleinen Computer gekauft. In der neunten Klasse hat ihr Vater einen Computer für sich und seine Kinder angeschafft. Dieser wird von Rabia und ihrem Bruder intensiv genutzt.

Die Beschäftigung mit dem Computer ist einzuordnen in Rabias zahlreiche Freizeitbeschäftigungen wie Lesen, Turnen, Gitarre spielen und mit Freunden und Freundinnen weggehen. Außerdem ist Rabia Schulsprecherin und arbeitet ehrenamtlich in einem Kinderhaus. Der eigentliche Impuls zur Computernutzung geht für Rabia vom Vater aus. Sie bemerkt: »Mein Vater ist Elektroingenieur . und da bin ich halt . mit mit irgendwelchem technischen Zeug groß geworden und auch schon als ich zehn war oder so stand der erste Computer im Haus also da ist es naheliegend daß ich mich dann damit beschäftigt habe«.[859] Rabia beschreibt ihren Zugang zum Computer als zwangsläufige Entwicklung, die aus dem Beruf ihres Vaters resultiert. Von Spaß oder Vergnügen bei der Nutzung von Computern erzählt sie zunächst nichts. Durch ihre Beschäftigung mit dem Computer glaubt Rabia, besondere Anerkennung durch den Vater zu erfahren. Die Mutter betrachtet sie als ausgeschlossen vom gemeinsamen Computerhobby: Diese interessiere sich nicht für Computer und verstehe auch nichts davon. Dennoch berichtet Rabia von Programmiererfolgen immer ihrer Mutter. Den Bruder betrachtet Rabia als latenten Konkurrenten. Rabia beschreibt diesen als Muttersöhnchen. Sie selbst stilisiert sich eher männlich. Sie sei selbst eher »wie ein Junge« gewesen, sie hätte sich geprügelt, Baumhäuser gebaut, sie habe viele Hobbys und sei in der Schülervertretung engagiert. Es entsteht der Gesamteindruck, daß Rabia sich an einem traditionellen Frauenbild abarbeitet, dem sie sich durch eine neutrale Geschlechtsorientierung zu entziehen sucht.

Rabia berichtet davon, daß es zunehmend Spannungen zwischen ihr und ihrem Vater gibt, weil sie z.B. abends alleine weggehen möchte. Im Hintergrund kommt wohl auch die Tatsache zum Tragen, daß ihr Vater aus der Türkei stammt und ein traditionelleres Frauen- und Familienbild besitzt. Dies prägt dann auch Rabias Verhältnis zu ihrem Bruder und dessen Stellung in der Familie. Auf die Frage, was ihre Gründe für ihre Computerbeschäftigung seien, antwortet Rabia: »Da ist einmal dieses ehm .. ja man sieht irgendwie was man kann . also was man im logischen Denken kann . also . weil der .. ja man kann sich halt wirklich selbst zeigen . eh wie weit man logisch denken kann und ehm . was man halt kann so auch an mathematischen Dingen und so ... man merkt seine Grenzen da also das merkt man zum Beispiel so in der Schule in Mathe nicht«.[860] Rabia sucht im Zusammenhang mit der Computerbeschäftigung eigene Grenzen zu erfahren. Dieses Erleben eigener Gren-

---

859 Vgl. Ritter, a.a.O., S. 172.
860 Vgl. Ritter, a.a.O., S. 178.

zen stellt für sie jedoch nicht nur eine positive Erfahrung dar. So berichtet sie davon, daß sie regelmäßig scheitert und dann in Frustrationsschleifen verfällt: »Und Programmieren das endet auch meistens damit daß ich einen Wutanfall krieg irgendwann und einfach die Schuld dem Computer gebe weil er einfach nicht versteht was ich will«.[861] Sie versteht ihr Scheitern sogar als persönliches Versagen: »Weil ich versagt hab'. um's mal ganz kraß zu sagen . also . es ist halt .. also es ist ich bin's halt einfach . ich mag's einfach nicht wenn etwas nicht klappt also«.[862] Trotz dieser immer wiederkehrenden Frustrationsschleifen besitzt der Computer für Rabia eine gewisse Anziehungskraft, die noch mit einer anderen Dimension verbunden ist: Rabia ist fasziniert vom Computer als einem Artefakt, »das schneller rechnet als der Mensch«, »so viel kann« und »eben streng logisch« ist. Beim Computer »da gibt's überhaupt nichts Emotionales sondern man muß es ganz präzise alles formulieren«.[863] Rabia ist beeindruckt von der Emotionslosigkeit und der Schnelligkeit virtueller Intelligenz, die sie als dem Menschen überlegen betrachtet. In diesem Sinne berichtet Rabia auch von einem Roman, in dem ein Mädchen so intensiv programmiert, daß es in der Lage war, die Probleme, die in ihrer Familie zu finden waren, zu übersehen. Als sie die Probleme dann doch erkennt, kann sie diese durch ihr an der Computerarbeit geschultes Denken schnell und logisch bearbeiten. Damit wird die geschilderte Romanfigur für Rabia zu einem Vorbild. Sie hofft durch die Computerlogik einen kühlen, rational-analytischen Umgang mit ihren familiären Problemen erreichen zu können, ohne eine emotionale Beteiligung. Dabei scheinen die Problemlagen in ihrem familiären Umfeld, die gerade ihre Person betreffen, sie durchaus zu belasten, was sie sich aber nicht weiter eingesteht. Eine mögliche Strategie besteht für Rabia darin, sich diesen Konflikten emotional zu entziehen. Eine andere ist es, ihren Alltag mit Terminen aller Art anzufüllen. Dabei steht der Computer zusammenhanglos als ein Element neben anderen: »Och wenn ich mal Zeit und Lust hab .. also ich hab halt wie schon gesagt sehr viel so Zeug zu festen Terminen und wenn ich dann halt zwischendrin Zeit habe . dann . setz' ich mich halt hin und lese was also ich lese auch recht viel .. oder ich guck' Fernsehen . also Fernsehen weniger . ich guck' nicht viel Fernsehen . das finde ich noch langweiliger . das finde ich wirklich am langweiligsten«.[864] Damit reiht sich der Computer ein in eine lange Reihe von Hobbys, gegenüber denen Rabia letztendlich eigentlich keinerlei emotionale Bindung empfindet, die aber ihren Alltag bestimmen.

---

861 Vgl. Ritter, a.a.O., S. 177.
862 Vgl. Ritter, ebd.
863 Vgl. Ritter, a.a.O., S. 178.
    Vgl. dazu Kapitel 8.1.8 »Metaphysische Dimensionen der Computernutzung«.
864 Vgl. Ritter, a.a.O., S. 181.

Rabia übt am Computer rationale Bewältigungsstrategien ein. Die Computernutzung trägt in Rabias Fall insofern zur Stabilisierung der eigenen Persönlichkeit bei, als es zu erheblichen Konflikten in ihrem familiären Umfeld kommt, die sie durch ihren Computerumgang zu bewältigen sucht. Mit Hilfe des Ansatzes, die Rationalität des Computers einzuüben, verfolgt Rabia die Strategie, ihre Gefühle zu verdrängen und die Grundkonflikte ihres Lebens emotionslos zu kontrollieren. Rabia betont die Logizität und Schnelligkeit des Computers, die dem Menschen überlegen ist. Sie kennt das Wechselspiel von Erfolgserlebnissen und Frustrationsschleifen am Computer. Zudem finden sich bei ihr wiederum Hinweise auf metaphysische Implikationen der Computernutzung. So betont Rabia die logische Stringenz der Computerprogramme und die Emotionslosigkeit des virtuellen Agierens, die sie einzuüben sucht, um ihre Alltagsprobleme zu lösen.

8.2.4 Die Computernutzung als Gewinn an Autonomie durch die Überwindung angstbesetzter Grenzen an einem dämonisierten Objekt

Der Computer ist für weibliche Jugendliche zu Beginn der 90-er Jahre ein mit Angst besetztes Objekt. Gelingt es ihnen jedoch, diese Angstschwellen zu überwinden, dann stellt gerade der Computerumgang eine Möglichkeit dar, Selbstbewußtsein und Selbststabilität zu gewinnen.

Falldarstellung in Orientierung an der Ritter-Studie:

Vicky ist zum Zeitpunkt des Interviews 18 Jahre alt. Sie lebt mit ihrer geschiedenen Mutter und ihrem 11-jährigen Bruder in einer Vierzimmerwohnung in einer Kleinstadt. Die Eltern haben sich ein Jahr zuvor getrennt. Vickys Mutter arbeitet als Vetriebsassistentin in einer Firma. Der Vater ist Maschinenbauingenieur. Wegen des Berufs des Vaters hat die Familie lange Jahre im Ausland gelebt: zuerst 5 Jahre in Südafrika, dann 5 Jahre in Mexiko. Als Vicky 15 Jahre alt war, hat sich die Familie zur Rückkehr in die Bundesrepublik entschlossen. Ein Jahr später geht Vicky allein für ein Jahr nach Amerika. Sie lebt dort in der Familie ihrer Tante und besucht eine Privatschule. In Amerika hat Vicky den ersten Kontakt mit dem Computer. In Deutschland findet sie jedoch keine adäquate Möglichkeit, ihrem Computerinteresse nachzugehen. Kennzeichnend für Vickys Lebensbericht ist der Kontrast zwischen ihrem Leben in Amerika und ihrem Leben in Deutschland. Dort hatte sie Spaß in der Schule und verfolgte ein intensives Freizeitleben. In Deutschland betreibt sie dagegen keine Hobbys und überlegt die Schule abzubrechen. Als sie aus Amerika zurückkehrt, kommt es zudem zur endgültigen Trennung ihrer Eltern.

Vickys Computerbeschäftigung ist eng mit Amerika verknüpft. In Amerika hatte sie im ersten Semester die Möglichkeit erhalten, Computerkurse zu belegen. Die Computerausstattung der dortigen Privatschule war so gut, daß

Vicky diese auch außerhalb der Unterrichtszeit nutzen konnte. Vicky hat diese Gelegenheit wahrgenommen und alle schriftlichen Arbeiten – wie Referate und Aufsätze – am PC geschrieben. Dabei blieb die Beschäftigung mit dem Computer für Vicky immer etwas »unheimlich«. Sie bemerkt: »Ja ich würd' mal sagen ehm also ich muß dazu sagen als ich dahin kam ... ich hatte erstmal ich war nie an Computern interessiert weil ich irgendwo Schiß vor den Dingern hatte weil das einfach das war .. ich hatte da ... ich war damit nie in Berührung gekommen und irgendwo haben die Dinger mir Angst eingejagt, weil halt so viel das war halt so neu und da als ich dann dort war irgendwo hat's mich dann doch fasziniert und dann hab ich einfach gesagt probierst es halt mal aus ... und wie gesagt das war halt dort angeboten es gab die Möglichkeit und dann hab ich mir halt gesagt ich hatte sowieso als ich dann dahin bin hab ich gesagt ich nehm jetzt alles in der Schule was ich in Deutschland nicht nehmen kann«.[865] Vicky beschreibt ihre Angst vor dem Computer als Angst vor dem unbekannten Neuland. Dieser Schritt ins Neue und Ungewisse ist bei Vicky damit verbunden, daß sie wagt, allein nach Amerika zu gehen. Zwar haben Computer Vicky schon in Deutschland »fasziniert«, aber erst in Amerika ist sie in der Lage, dieses Interesse wirklich umzusetzen. Sie bemerkt: »Vorher war's mir unheimlich gewesen weil es halt unbekannt war ... und jetzt hat vielleicht dieses ... Unbehagen hat dann in Faszination bißchen umgeschlagen weil das war halt .. ich war halt auch näher irgendwie dran ... ich hatte da die Möglichkeiten und außerdem hab ich mitgekriegt was die Leute so mit den Computern gemacht haben«.[866] In Amerika schafft Vicky es, ihre angstbesetzte Schwelle gegenüber dem Computer zu überwinden. Dieses Bewältigen ihrer Grenzen erlebt Vicky dann als ausgesprochen positiv. Sie freut sich über geglückte Programmierungsversuche und über die Tatsache, daß sie mit dem Computer »immer mehr Sachen ... machen kann«.[867] Damit wird der Computer zum Symbol für Vickys Fähigkeit, »mit Neuem, Unbekannte(m) und Unheimliche(m) fertig zu werden und die Angst davor in Genuß umzuwandeln«.[868] Vicky stellt diesbezüglich fest: »Ich fand das hat Spaß gemacht weil ich ähm dann fand ich irgendwie gut weil ich halt diese Sperre überwunden hatte daß ich ich hatte am Anfang wollte ich ja nichts mit dem Computer zu tun haben und jetzt hatte ich diese Sperre irgendwo überwunden«.[869] Die Überwindung ihrer persönlichen Angstschwelle erlebt Vicky als persönlichen Erfolg, der ihr nach eigener Aussage ein gewachsenes Selbstbewußtsein ermöglicht. Auf dieses hofft sie zur Bewältigung der Krisen in ihrem Leben in Deutschland zurückgreifen zu

---

865 Vgl. Ritter, a.a.O., S. 183.
866 Vgl. Ritter, a.a.O., S. 183–184.
867 Vgl. Ritter, a.a.O., S. 184.
868 Vgl. Ritter, ebd.
869 Vgl. Ritter, ebd.

können. Dennoch bleibt diese Sicherheit gegenüber dem Computer nach wie vor eine gefährdete. So kommt es immer noch zu Ohnmachtserfahrungen gegenüber dem Computer, wenngleich diese deutlich nachgelassen haben: »Ich habe am Anfang hat ich immer die Vorstellung das Ding ... hat die Hand über mir und jetzt hab ich schon ... doch soviel kann mit dem Ding nicht passieren und so eh daß ich da schon also ich brauch keine Angst mehr zu haben vor dem Ding«.[870] Vicky ist es in Amerika gelungen, ihre persönlichen Grenzen zu überwinden und sich gerade auch im Umgang mit dem Computer eine gewisse Eigenstabilität zu erarbeiten. Diese kann sie in Deutschland jedoch nicht vollständig umsetzen, weshalb vieles, was für Vicky in Amerika schon selbstverständlich umsetzbar war, nun wiederum in Frage steht.

Für die 18-jährige Vicky stellte der Computer lange Zeit ein angstbesetztes Objekt dar, das sie zugleich faszinierte. Erst in den USA kann Vicky ihre Scheu gegenüber dem Medium Computer überwinden und erlebt dies als sehr positiv und stärkend für die eigene Persönlichkeit. Allerdings bleibt bei Vicky nach wie vor ein gewisses Ohnmachtsgefühl gegenüber dem Medium Computer erhalten. Vickys Erfolge am Computer sind eng mit ihrem USA-Aufenthalt verbunden. In Deutschland kann Vicky noch nicht vollständig an das in den USA gewonnene Selbstbewußtsein und die damit eng verbundene Computernutzung anknüpfen. Vicky plant aber, diesen von ihr in den USA begonnenen Weg wiederum aufzugreifen.

Daß diese Angst vor dem Medium Computer noch weitaus stärker ausgeprägt sein kann als im Fall der 18-jährigen Vicky, zeigt die Fallstudie der 20-jährigen Christiane.

Falldarstellung in Orientierung an der Ritter-Studie:

Die zum Zeitpunkt des Interviews 20-jährige Christiane ist Schülerin einer koedukativen Gesamtschule in einer hessischen Kleinstadt. Sie war zum Zeitpunkt des Interviews gerade dabei, ihre Abiturprüfung zu absolvieren. Daher ist ihre Perspektive im Interview bereits stark auf die anstehenden Entscheidungen für ihren weiteren beruflichen Werdegang gerichtet. Christiane lebt mit ihren Eltern in einer Dreizimmerwohnung. Ihre ältere Schwester hat ihr Studium bereits abgeschlossen und lebt nicht mehr zu Hause. Christiane ist von ihrem Naturell her eher schüchtern. Sie beschäftigt sich – nach eigener Aussage – intensiv mit Computern. So betrachtet sie den Umgang mit dem Computer als eine ihrer bevorzugten Freizeitbeschäftigungen. Sie verbringt wöchentlich bis zu 30 Stunden am PC. Allerdings schwankt die Zeit ihrer Beschäftigung mit dem Computer stark. So sind es manchmal nur 2–3 Stunden pro Woche. Christianes Kontakt mit dem Computer kommt durch einen Bekannten zustande. Zunächst beschränkt sich ihre Tätigkeit am Computer auf Spiele. Es findet bei Christiane jedoch eine Entwicklung hin zum

---

870 Vgl. Ritter, a.a.O., S. 186.

Programmieren statt. Dieser Fortschritt dokumentiert sich auch im Erwerb eines neuen, größeren Computers. Inzwischen besteht die Haupttätigkeit Christianes am Computer im Programmieren.

Auffallend ist, daß Christianes Zugang zur Computertätigkeit zunächst kein isoliertes Geschehen darstellt, sondern eingebunden ist in ihren Freundes- und Bekanntenkreis. Christianes Computerbeschäftigung hat sich jedoch dahingehend weiterentwickelt, daß der Computer für sie zu einer Art Katalysator zur Gewinnung von Selbstbewußtsein wird. Sie bemerkt: »Es hat mir riesig Spaß gemacht und hab ganz einfach auch mal selbst probiert und es hat mich auch irgendwie fasziniert auch die Logik und so weil es irgendwie ... weil also es klappt wenn was klappt das ist immer irgendwie toll ... weil es irgendwie logisch ist und man dann weiß ah man machts so und so und dann funktioniert es das ist dann einfach toll«.[871] Christiane ist fasziniert von der Logik des Computers. Sie erlebt die Tatsache, daß »etwas klappt«, als persönlichen Erfolg, den sie sich ganz eigenständig erarbeitet hat. Zudem betont sie, daß »man mit dem Computer alles machen kann« und sich beim Handeln am Computer in einem verläßlichen Raum bewegt.[872]

Dabei hatte Christiane, bevor sie sich mit dem Computer beschäftigt hat, ernsthafte Vorbehalte gegenüber dieser Art von Technik: »Ich fand den halt irgendwie total kompliziert und es hat mich mehr so an Roboter erinnert halt an so Roboterzeitalter wo halt alles noch per Computer gesteuert wird und der Mensch eigentlich im Prinzip gar nichts mehr macht und einfach nur Roboter halt und jetzt hab ich eigentlich so eingesehen daß eigentlich der Computer nichts macht was ich ihm nicht sage d.h. ich muß ihm genau sagen also was weiß ich lese das dann liest er es aber er macht es nicht wenn ich ihn nicht wenn ich es ihm nicht sage d.h. im Prinzip steuert eigentlich nicht so der Computer sondern der Mensch den Computer und das hat sich eigentlich schon geändert die Meinung weil ich dachte immer irgendwie der Computer kann halt irgendwie selber denken oder und jetzt hab ich halt eingesehen daß man dem alles eingeben muß daß er im Prinzip nichts weiß und das hat sich halt schon geändert«.[873] Christiane beschreibt ihre anfängliche Angst vor dem Kontroll- und Autonomieverlust durch den Umgang mit der Technik, die sie speziell auf den Computer fokussiert.

Durch ihre Erfahrung im Umgang mit dem Computer kommt sie jedoch zu der Schlußfolgerung, daß sie den Computer steuert und durch ihren souveränen Umgang den Computer dazu bringen kann, »alles zu können«. Sie betont dies noch einmal, indem sie feststellt: »Ich find's eigentlich besser ja klar hat es mir besser gefallen als das vorher weil vorher war es irgendwie was Unerreichbares was Großes und wo man irgendwie nicht so genau wußte was es

---

871 Vgl. Ritter, a.a.O., S. 190.
872 Vgl. Ritter, a.a.O., S. 191.
873 Vgl. Ritter, ebd.

jetzt so ist und so ... ich hatte auch irgendwie so ein bißchen Respekt vor dem Computer kann man eigentlich sagen und jetzt hab ich halt gesehen das ist halt im Prinzip ein Kasten der macht was ich ihm eigentlich sag oder eingeb' das find ich halt schon viel besser«.[874] War der Computer für Christiane zuvor etwas »Unerreichbares, Großes«, vor dem sie »Respekt« hatte, so hat sich ihre Einstellung nun gewandelt. Dazu bemerkt Ritter: »In ihrer Phantasie hat sie den Computer zu einem mächtigen, Menschen beherrschenden Objekt gemacht, das von ihr in seiner Macht nicht erreichbar ist. Das Wort Respekt können wir verstehen als Beschreibung der Gefühlsmischung von Angst und Ehrfurcht vor so viel unbekannter und daher unheimlicher Größe. Durch die Beschäftigung ist es Christiane gelungen, dem mit Macht ausgestatteten Objekt die Macht zu entreißen und sich selber anzueignen. Das mächtige Objekt ist so in ihren Händen nur ein Kasten, der Befehle erfüllt«.[875] Damit dient der Computer dadurch, daß er ihr ermöglicht, ihr eigenes Können zu erfahren, als persönlichkeitsbildendes und persönlichkeitsstabilisierendes Instrument. Sie formuliert dies folgendermaßen: »Das ist für die Gefühle gut«.[876] Die Beschäftigung mit dem Computer bedeutet für Christiane, daß sie in der Lage ist, Gefühle wie »Wut« und »Enttäuschung« dadurch zu kompensieren, daß sie einen erfolgreichen Programmierungsverlauf erlebt. Sie bemerkt, daß sie sich »dann voll darauf konzentrieren muß« und dadurch »irgendwie alles andere weg«[877] ist. Sie erlebt die bereits im Rahmen der Analyse der Baerenreiter-Studie verzeichneten Flow- und Frustrationszyklen, die sie geschickt einsetzt, um ihre eigene Persönlichkeit zu stabilisieren.[878]

Christiane ordnet den Computer in die gleiche Kategorie der Kompensationsmittel in Krisen ein, wie Alkohol oder andere Drogen. In diesem Sinne stellt Ritter fest: »Wenn sie sich auf den Computer konzentriert, dann ›vergißt‹ sie vieles und grübelt nicht. Denn grübeln, wenn man Probleme hat, das ist ›das Schlimmste‹; und im Computer das Vergessen zu suchen, findet sie besser als ›wenn man jetzt um was zu vergessen was trinkt‹«.[879]

Durch ihre Beschäftigung mit dem Computer »taucht« Christiane ab in eine Welt ganz anderer Logik als sie das kontingente Alltagsleben bietet, in eine Welt, in der sie sich »so drauf konzentrieren so richtig reinversetzen (kann) was (sie) da jetzt für ein Problem lösen könnte«.[880] Christiane begibt sich in eine virtuelle Welt, in der sie sich als autonom Handelnde erlebt, die

---

874 Vgl. Ritter, a.a.O., S. 192.
875 Vgl. Ritter, ebd.
876 Vgl. Ritter, ebd.
877 Vgl. Ritter, ebd.
878 Vgl. dazu Kapitel 8.1.2 »Zur Bedeutung von Computerspielen im Leben männlicher Jugendlicher«.
879 Vgl. Ritter, a.a.O., S. 192–193.
880 Vgl. Ritter, a.a.O., S. 193.

Macht des anfangs dämonisierten, angstbesetzten technischen Objekts bricht, negative Gefühle kontrollieren kann und ihre eigentlichen Probleme vergißt.

Kommt es in Phasen eines derartigen Abtauchens zu Störungen, so reagiert sie aggressiv.[881] Erlebt sie Erfolge im Umgang mit dem Computer, so ist ihre Freude »riesig«.[882] Ritter konstatiert diesbezüglich: »Es mischen sich ... ganz sicherlich die beiden starken Motivationen für ihre Computerbeschäftigung: zum einen der Wille ›gegen den Computer zu gewinnen‹, den sie als unerreichbar imaginierte, d.h. Subjekt sein und autonom und erfolgreich handeln zu können. Zum zweiten bedeutet die Computerarbeit, lösbare Probleme selbst auszuwählen und dann lösen zu können und damit die unangenehmen Gefühle der Wut und Enttäuschung in positive Gefühle der Befriedigung umzuwandeln«.[883] Doch diese Selbststabilisierungsvorgänge sind immer von Scheitern und Störung bedroht. So ist es für Christiane »das Schlimmste«, wenn es ihr nicht gelingt, ein Computerproblem erfolgreich zu bearbeiten und sie den Fehler nicht findet. Das ist für sie dann »echt total frustrierend«.[884]

Christiane erfährt zudem dadurch eine weitere Steigerung ihres Selbstwertgefühls, daß sie den Computer als männlich besetztes Objekt begreift, das sie sich durch Eigenleistung erschlossen hat. Das zeichnet sie nach ihrem eigenen Verständnis gegenüber anderen weiblichen Jugendlichen aus und macht sie trotz ihrer Schüchternheit zu etwas Besonderem. Christiane plant diesen Weg insofern weiter zu verfolgen, als sie das zu Beginn der 90-er Jahre frauenuntypische Studium der Informatik anstrebt. Zwar gelingt es ihr nicht, ihre Kompetenzen im Computerbereich – auch gerade gegenüber ihren männlichen Klassenkameraden – öffentlich zu machen, weil sie ihre Zurückhaltung nicht überwinden kann. Dennoch bedeutet ihr Computerhobby für sie einen Bereich, den sie sich erkämpft hat, wenngleich ihre Eltern ihrem Hobby zunächst negativ gegenüberstanden und nicht bereit waren, Geld in einen Computer zu investieren. Christiane nimmt an, daß ihre Eltern einen Jungen eher unterstützt hätten.[885] Allerdings ist es ihr gelungen, dieses zunächst ungewöhnlich erscheinende Hobby weiterzuverfolgen, und ihre Eltern davon zu überzeugen.

---

881 Vergleichbare Phänomene zeigt die eigene Feldforschung bei männlichen Computerspielern. Vgl. dazu Kapitel 9.2 »Einzelfallstudien: Männliche Computeruser zu Beginn des 21. Jahrhunderts«.
882 Vgl. Ritter, ebd.
883 Vgl. Ritter, ebd.
884 Vgl. Ritter, a.a.O., S. 193.
885 Auch große quantitative Studien wie JIM 2002 zeigen, daß weibliche Jugendliche im Verhältnis zu männlichen Jugendlichen im Hardware-Bereich nach wie vor schlechter ausgestattet sind. Vgl. dazu Kapitel 3.3 »JIM 2002: Jugend, Information, (Multi-)Media«.

Der Computer ist für die 20-jährige Christiane zunächst ein angstbesetztes, mit der dämonischen Macht der Technik identifiziertes Objekt. Daß es ihr gelingt, Kontrolle über die vormals einschüchternde und zudem männlich besetzte Maschine zu gewinnen, erfährt Christiane als extrem positive Eigenleistung, die sie zur Stabilisierung ihrer eigenen Persönlichkeit nutzt. Ein solches Setting an Erfolgserlebnissen ruft Christiane insofern immer wieder ab, als sie regelmäßig die mit positiven Gefühlen besetzten Flow-Erlebnisse im Rahmen des Programmierens auslöst. Für Christiane weisen diese mit positiven Gefühlen verbundenen Strukturen Parallelen zu Suchtkontexten auf, werden von ihr aber positiver bewertet. Zudem ist ihr Abtauchen in virtuelle Welten immer wieder durch Störungen gefährdet: So ist die Grenze zum eigenen Scheitern und zu der damit verbundenen Frustration fließend.

8.2.5 Auswertung: Selbstbildung, Identitätsgenese und religiöse Valenz

Eine auswertende Analyse der re-interpretierten Fälle der Studie »Computer oder Stöckelschuh? Eine empirische Untersuchung über Mädchen am Computer« von M. Ritter aus dem Jahr 1994 zeigt, daß der Computer zu Beginn der 90-er Jahre aus der Perspektive der weiblichen Jugendlichen ein männlich besetztes Artefakt darstellt. Diese ideell-männliche Besetzung wird von weiblichen Jugendlichen – wie Jacqueline – gezielt eingesetzt, um sich von der typisch weiblichen Geschlechterrolle abzugrenzen bzw. um sich im Sinne einer männlichen Geschlechterrolle zu inszenieren. Dabei steht im Hintergrund dieser Eigendefinition weiblicher Jugendlicher sowohl im Fall von Jacqueline wie auch im Fall von Rabia ihre Beziehung zum Vater. Diese wird in beiden Fällen zum Initial für ihre Computernutzung. Auffällig ist zudem, daß die weiblichen Jugendlichen nur in den seltensten Fällen in geschlechterhomogenen Peer-groups ihrem Computerinteresse nachgehen, zum Erlernen entsprechender technischer Fertigkeiten im Umgang mit dem Computer eine Aufhebung der Koedukation jedoch befürworten würden.

Überdies zeigen sich auch bei den weiblichen Jugendlichen zu Beginn der 90-er Jahre wiederum Dimensionen »metaphysischer« Valenz. Die weiblichen Jugendlichen betonen die rational-logische, emotionslose Systematik der technischen Welt des Computers, die einen Gegenentwurf zum kontingenten Charakter des Alltagslebens der weiblichen Jugendlichen darstellt. Sie sind fasziniert von den selbstgesteuerten Schaffensprozessen, die der Computer ermöglicht. Zudem erleben sie – ähnlich wie die männlichen Jugendlichen – verbunden mit Flow- bzw. mit Frustrationszyklen entsprechende Erfahrungen von Macht und Erfolg bzw. von persönlichem Scheitern im Kontext ihres Computerumgangs. Diese Erfahrungen werden sogar insofern religiös übersteigert, als die Macht der Technik – symbolisiert durch den Computer – als eine dämonische verstanden wird, die es zu brechen gilt.

Durch dieses Verständnis der eigenen Rolle als Protagonistin in einem Kampf gegen dämonische – und zugleich männlich besetzte – Mächte bekommt das eigene erfolgreiche Handeln am Computer zudem eine weitere, religiös überhöhte Bedeutung, die die eigenen Erfolgsgefühle extrem verstärkt.[886] Diese werden dann zu einem zentralen Element für die zu verzeichnenden Identitäts- und Selbstbildungsprozesse. Durch das Besiegen der angstbesetzten, dämonischen Technik gelingt der eigene Ich-Aufbau. So sind – wie schon bei den männlichen Jugendlichen – die Bedeutung des Computers in seiner religiösen Valenz und seine Relevanz für Identitäts- und Selbstbildungsprozesse eng miteinander verbunden. Dies läßt sich sowohl im dosierten Erfolgserleben durch Kontrolle über Computerprogramme wie auch im Einüben der geschlossenen, emotionslosen Rationalität des Computers zur Lösung eigener Lebensprobleme bzw. zur Eigenstabilisierung in einer kontingenten Welt erkennen. So ist eine Strukturübertragung aus der virtuellen in die reale Welt bei den weiblichen Jugendlichen festzustellen.

Dennoch ist zu vermerken, daß weibliche Jugendliche den beschriebenen Phänomenen im Zusammenhang ihres Computerumgangs nicht uneingeschränkt positiv gegenüberstehen, sondern vielmehr hinsichtlich ihres Computerumgangs eine kritische, selbstreflexive Brechung zu verzeichnen ist (»tote Technik«, »lieber mit ihrem Freund zusammen sein«). Überdies wird auch bei den weiblichen Jugendlichen deutlich, daß das Medium Computer in einer bestimmten Nutzungsausprägung bestimmte Adoleszenzphasen begleitet und das Interesse für dieses Medium nach dieser Übergangsphase wieder deutlich nachlassen kann.

---

886 Vgl. dazu Kapitel 6 »Religion und religiöse Valenz«.

9 Jugendliche am Computer zu Beginn des 21. Jahrhunderts

Im folgenden sollen die Ergebnisse meiner eigenen empirischen Feldstudie präsentiert werden. Dabei erfolgt zunächst ein kurzer Überblick über den alltagsethnographisch orientierten Teil der Fallstudie und dann in einem zweiten Schritt die Darstellung und Analyse typischer Einzelfallstudien männlicher und weiblicher jugendlicher Computeruser.[887]

9.1 Alltagsethnographische Studien zur Computernutzung Jugendlicher zu Beginn des 21. Jahrhunderts

Die Daten der alltagsethnographischen Studien entstammen ausgewerteten Experteninterviews, vorliegenden Projektdokumentationen und -evaluierungen, ethnographischen Interviews sowie eigener teilnehmender Beobachtung.[888] Dabei gehören all diese Elemente hinsichtlich einer Datendokumentation im Kontext einer alltagsethnographischen Zugangsweise im Sinne »dichter Beschreibung« notwendig zusammen.[889]

Im folgenden soll zunächst ein Einblick in die Organisationsstruktur, das pädagogische Grundsetting sowie in die allgemein üblichen Formen des Computerumgangs der Jugendlichen in den drei untersuchten Internetprojekten gegeben werden. Diese Darstellung des Grundsettings bietet bereits einen ersten Einblick in die potentiellen medienpädagogischen Gestaltungsräume

---

887 Vgl. zu einem genauen Überblick über die angewandte Methodik Kapitel 7.2 »Zur Methodik der empirischen Feldstudie«.

888 Die jeweiligen Datenquellen sind für die Einzelabschnitte in den Fußnoten verzeichnet. Vgl. dazu Kapitel 7.2 »Zur Methodik der empirischen Feldstudie«.

889 Vgl. dazu Geertz, Dichte Beschreibung, S. 20ff. und Wolff, Clifford Geertz, S. 84ff.
Geertz spricht von den »elementaren Ebenen (der) Tätigkeit im Dschungel der Feldarbeit« (vgl. Geertz, a.a.O., S. 15). Dazu gehören u.a. »Interviews mit Informanden, die Beobachtung von Ritualen, das Zusammentragen von Verwandtschaftsbegriffen, das Aufspüren von Eigentumslinien, das Erstellen von Haushaltslisten ... das Schreiben eines Tagebuchs« (vgl. Geertz, ebd.). Die dichte Beschreibung setzt an der Mikroebene an und integriert Beobachtungsdokumentation und Interviews. In einem zweiten Schritt prüft sie das kulturelle Umfeld genauer bzw. stellt entsprechende Kulturvergleiche an. Hier wird das »Expertenwissen der Einheimischen«, aber auch das Vorwissen des Ethnologen selbst relevant. In einem dritten Schritt geht es um eine theoretische Spezifizierung des untersuchten Phänomens.

zur Begleitung von – auf das Medium Computer bezogenen – Selbstbildungsprozessen Jugendlicher und wird so paradigmatisch für die anzustellenden Schlußfolgerungen hinsichtlich religionspädagogischen Handelns.[890] Wegen dieses Stellenwertes sollen die pädagogischen Implikationen – abgesehen von den Fragen der Selbst- und Identitätsbildung bzw. religiöser Valenz – explizit entfaltet werden.[891] Die alltagsethnographischen Studien bilden zudem den Hintergrund der Einzelfall-Analysen zu Phänomenen der Selbst- und Identitätsbildung bzw. religiöser Valenz im Zusammenhang des Computerumgangs Jugendlicher zu Beginn des 21. Jahrhunderts.[892]

9.1.1. Ein Internetprojekt für männliche und weibliche Jugendliche in Baden-Württemberg im kleinstädtischen Rahmen

Zur Projektstruktur

Das untersuchte Internetprojekt der evangelischen Kirche zielt auf gemischtgeschlechtliche Gruppen im Rahmen offener Jugendarbeit ab. Kern dieses Projekts ist ein offenes Internet-Cafe.[893] Das Altersspektrum der jugendlichen Besucher dieses Cafes umfasst ein Alter von 10–17 Jahren, wobei hauptsächlich die Altersgruppe der 10–15-jährigen Jugendlichen vertreten ist, da diese zu Hause keinen eigenen Internetzugang besitzt. Das Internet-Cafe wird von Jugendlichen zusammen mit einem hauptamtlichen kirchlichen Mitarbeiter geleitet. Neben dem offenen Cafebetrieb werden Workshops verschiedener Art durchgeführt, z.B. zum e-mail-Gebrauch, zum Chatten, zur Homepagegestaltung, Einführungskurse zur Computer- und Internetnutzung sowie Kurse speziell für Mädchen und Frauen. Zudem werden Vorträge zur Sicherheit im Internet abgehalten und Veranstaltungen für Mitarbeiterinnen und Mitarbeiter in Kirchengemeinden organisiert, in die auch Jugendliche als Referenten integriert sind, die von ihren Erfahrungen berichten bzw. kompetent anleiten. Einen weiteren Arbeitsschwerpunkt stellen entsprechende Werbemaßnahmen für das Cafe dar, in die wiederum auch die Jugendlichen involviert sind. Auf Wunsch der ortsansässigen Schulen wird zudem eine Art Internetführerschein angeboten. Von der Besucherstruktur her ist es so, daß mehr Mädchen als Jungen das Internet-Cafe besuchen. Es gibt eine Zusam-

---

890 Vgl. dazu Kapitel 11 »Religionspädagogische Implikationen der Computernutzung Jugendlicher«.
891 Vgl. dazu Kapitel 9.1.7 »Auswertung: Pädagogische Implikationen«.
892 Vgl. dazu Kapitel 9.2 »Einzelfallstudien: Männliche Computeruser zu Beginn des 21. Jahrhunderts« und Kapitel 9.3 »Einzelfallstudien: Weibliche Computeruser zu Beginn des 21. Jahrhunderts«.
893 Den vorliegenden Ausführungen zur Projektstruktur des Internetprojekts für männliche und weibliche Jugendliche in Baden-Württemberg im kleinstädtischen Rahmen liegen ein Experteninterview, entsprechende Expertengespräche und Material der Projektdokumentation und der Projektevaluierung zugrunde.

menarbeit mit dem Jugendgemeinschaftswerk, einer Organisation, die sich im kirchlichen Bereich vor allem für rußlanddeutsche Jugendliche engagiert. Aus diesem Spektrum kommen sehr viele Jugendliche. So sind die jugendlichen Cafebesucher vor allem dem Hauptschulbereich zugehörig und rußlanddeutscher Abstammung. Diese Jugendlichen haben von zu Hause aus meist keinen Internetzugang.

Das beschriebene kirchliche Internetprojekt hat vor allem zwei pädagogische Zielperspektiven im Blick: Erstens weist es eine dezidiert soziale Dimension auf, insofern es allen Jugendlichen – auch denen aus sozial unterpriviligierten Schichten – Computer- und Internetzugang ermöglichen möchte. Zudem versucht es, zu einem qualifizierten Gebrauch des Internets anzuleiten, und bietet dafür Workshops und Schulungen an, um eine »stumpfe« Nutzung des Internets von Jugendlichen durch gezielte Internet-Recherche und
-nutzung abzulösen.

Insgesamt ist festzustellen, daß es sich bei dem beschriebenen Internetprojekt um ein sehr offenes Projektsetting handelt, in dem wenig konzeptionelle Arbeit erfolgt. Vielmehr möchte man einen Raum bieten, in dem Jugendliche sich entfalten können, zu dem aber auch Ältere Zugang haben und in dem es vor allem darum geht, Basiskompetenzen im Computerbereich zu erwerben und soziale Benachteiligung auszugleichen.

Zum Computerumgang männlicher und weiblicher Jugendlicher

Die Mädchen in dem Internetprojekt für männliche und weibliche Jugendliche in Baden-Württemberg im kleinstädtischen Rahmen sind eher als die Jungen am Chatten bzw. an e-mail-Nutzung interessiert.[894] Dabei ist Chat-City sehr beliebt. Beim Chatten steht das Interesse, Leute kennenzulernen, stark im Vordergrund. Chatten an sich wird aber nicht nur ausschließlich von den weiblichen Jugendlichen, sondern auch von den männlichen Jugendlichen praktiziert. Das Kennenlernen über die Chats zielt in dem Internetprojekt in Baden-Württemberg – im Unterschied zu dem später dokumentierten Internetprojekt für weibliche Jugendliche in einer bayrischen Stadt mittlerer Größe – jedoch nicht auf eine spätere Realbegegnung ab. Dies ist schon allein wegen der räumlichen Distanz zu den Chat-Partnern nur schwer möglich. Vielmehr geht es zunächst einmal darum, Kontakt aufzunehmen und ein Stück weit im Chat zu experimentieren, um Erfahrungen zu sammeln. Für Erwachsene erscheint die Chat-Kommunikation – nach Einschätzung des

---

894 Den vorliegenden Ausführungen zum Computerumgang männlicher und weiblicher Jugendlicher im Rahmen des Internetprojekts für männliche und weibliche Jugendliche in Baden-Württemberg im kleinstädtischen Rahmen liegen ein Experteninterview und entsprechende Expertengespräche sowie Material der Projektdokumentation und Projektevaluierung zugrunde.

Projektleiters des gemischten Internetprojektes – wegen des dort vorherrschenden Umgangstons schockierend. Die eigentliche Grundintention im Zusammenhang mit den Chats zielt jedoch in Richtung auf Rollenfindung und das Ausprobieren des eigenen Ichs. Dies bedeutet dann ein ungefährliches Testen von Möglichkeiten des Persönlichkeitsausdrucks, die einem z.B. eher schüchternen Jugendlichen sonst verschlossen bleiben würden. Letzteres kann helfen, auf andere auch in der Realität zuzugehen und Offenheit einzuüben. Im Rahmen dieser gängigen Chatpraxis wissen die Jugendlichen – dem Leiter des Internetprojektes zufolge – genau, was sie wollen, und was sie nicht wollen und sind in der Lage, selbstverantwortlich Grenzen zu setzen. In diesem Zusammenhang spricht der kommunikative Aspekt Mädchen jedoch mehr an, während alles, was dem Bereich »Computerspiele« angehört, Seiten von Handy-Anbietern, Seiten von Fernseh- bzw. Radioanbietern das Interesse der männlichen Jugendlichen findet. So tauschen die männlichen Jugendlichen im Internet-Cafe untereinander Computerspiele aus, laden sich Spiele aus dem Internet herunter oder spielen bestimmte Spiele im Netz.

Hinsichtlich der Gefahren des Internetumgangs machte der Leiter des genannten Internetprojektes deutlich, daß es weniger die Internetnutzung ist, die zu Vereinzelung führt, sondern im Gegenteil durch sie ein Gemeinschaftsaspekt zu verzeichnen ist, als z.B. weibliche Jugendliche ins Internet-Cafe kommen und gemeinsam chatten oder sich im virtuellen Raum im gleichen Chatroom treffen, obwohl sie in der Realität nebeneinander sitzen. Dieser gemeinschaftliche Zugang gibt den weiblichen Jugendlichen eine gewisse Sicherheit. Für die männlichen Jugendlichen trifft der Gemeinschaftsaspekt insofern zu, als diese im Internet-Cafe kleinere LAN-Einheiten aufbauen und mit vernetzten Computern spielen. Dennoch seien männliche Jugendliche zu finden, die gefährdet sind, vollständig in den virtuellen Welten des Mediums Computer zu versinken. Für diese Gruppe seien als Hauptursachen Einsamkeit und Langeweile sowie eine unkontrollierte Technikfaszination zu nennen. Dabei gehört diese Klientel weniger zu den angestammten Cafebesuchern, da diese in der Regel keinen eigenen Rechner besitzen und deshalb nur beschränkte Zugangsmöglichkeiten zum Internet haben. Was in dem beschriebenen Projekt auch verzeichnet werden konnte, war die bereits aus der Baerenreiter-Studie bekannte Tatsache, daß gerade männliche Jugendliche ihre Fähigkeiten der Computernutzung gebrauchen, um Geld zu verdienen.[895] So fanden sich 17-jährige, die eine eigene Firma haben und für verschiedene Betriebe dann kommerziell Web-Seiten gestalteten. Für diese Jugendlichen ist ein hoher Verdienst durch computergestützte Nebentätigkeiten durchaus nicht unüblich.

---

895 Vgl. dazu Kapitel 8.1.5 »Der Computer als Symbol der Leistungsgesellschaft«.

9.1.2 Ein Internetprojekt für männliche und weibliche Jugendliche in Hessen im kleinstädtischen Rahmen

In dem kirchlich angebundenen Internetprojekt für männliche und weibliche Jugendliche in Hessen im kleinstädtischen Rahmen soll der Anspruch der Informationsgerechtigkeit umgesetzt werden.[896] Dabei steht konzeptionell der alte Brechtsche Traum im Zentrum, daß der Konsument im medialen Kontext auch Produzent sein könne: Das digitale Medium gilt als interaktiv, es wird als ein Produktionsmittel für Kommunikation verstanden, das prinzipiell erschwinglich und für jedermann zugänglich ist. Ökonomisch werden nach Ansicht des Projektleiters dadurch der Zwischenhandel ausgeschaltet, kulturell die Zensur eliminiert, politisch die Beteiligung gefördert und sozial Zugang zu Kommunikations- und Informationschancen ermöglicht. Zudem steht theologisch die Priesterschaft aller Gläubigen im Hintergrund, die nach Aussage des Projektleiters auch für Kommunikation gelten sollte. Die Technologie des Internet macht es seiner Ansicht nach nun möglich, daß sich prinzipiell jeder an der öffentlichen Diskussion beteiligen kann. Diese Zugangs- und Kommunikationsgerechtigkeit im Netz mit herzustellen und zu gestalten, bildet die Zielsetzung des Internetprojekts für männliche und weibliche Jugendliche in Hessen im kleinstädtischen Rahmen. Auf diesem Hintergrund hat eine Gruppe Jugendlicher zwischen 14 und 17 Jahren unter Beteiligung des Projektleiters und Pfarrers begonnen, Möglichkeiten für eine – ihrer Ansicht nach – gerechte Nutzung des Internet zu entwickeln. Aus dieser Idee hat sich eine Kommunikationsinfrastruktur entwickelt, in der die Möglichkeiten des Internet allen Interessierten zu Verfügung stehen sollen.

Der Prozeß der Annäherung an das Internet geschah und geschieht in dem beschriebenen Projekt über eine starke Orientierung an der technischen Neugier und Begeisterung gerade männlicher Jugendlicher. Diese entstammten vor allem dem Gymnasialbereich. Damit handelt es sich um ein eher untypisches Jugendprojekt, das weniger auf die klassischen Elemente von medialer, computergestützter Jugendarbeit wie Computerspiele, Informationsgewinnung und Chats abzielt, sondern ganz andere Bereiche im Blick hat. Für die komplexen Technikanwendungen stehen den Jugendlichen im Obergeschoß des Jugendhauses zahlreiche hochwertige Rechner und eine professionelle Netzwerkanlage zur Verfügung. Durch seine semi-professionelle Ausrichtung erinnert das Projekt an die Phänomene am Ende der 80-er Jahre im Bereich der männlichen Jugendkultur, wie sie z.B. von der Baerenreiter-Studie dokumentiert wurden, bei denen der Computer zum Symbol für den Traum

---

896 Den vorliegenden Ausführungen zur Projektstruktur des Internetprojekts für männliche und weibliche Jugendliche in Hessen im kleinstädtischen Rahmen liegen ein Experteninterview, Material der Projektdokumentation und Projektevaluierung sowie eine Projektbeobachtung zugrunde.

vom Erfolg in der Leistungsgesellschaft wurde und die Computernutzung mit einer gewissen Professionalisierung verbunden war.[897]

Zwar ist in das Projekt auch ein Internetcafe integriert, das einfach gestaltet ist und im Keller des Jugendhauses untergebracht wurde. Dieses wird jedoch hauptsächlich von Hauptschülern genutzt, die selbst keine Zugangsmöglichkeit zu einem PC bzw. zum Internet haben. Es gab zwischenzeitlich auch eine Mädchengruppe, deren Interessensschwerpunkt auf Homepage-Gestaltung lag. Diese Mädchengruppe hat sich jedoch wieder aufgelöst.

So zeigt sich in dem beschriebenen Internetprojekt vor allem eine große Begeisterung für die komplexen Möglichkeiten computergestützter neuer Medien. Positiv hervorzuheben ist in jedem Fall die generelle Basis-Schulung im Bereich der Medienkompetenz, die breite Bildungsschichten und alle sozialen Milieus erfaßt, die Schulung von Jugendlichen für Jugendliche bzw. für Senioren und Seniorinnen sowie die ihnen zugebilligte Selbstverantwortung. So wurden und werden vom Projektleiter Kurse durchgeführt, in denen Jugendliche auf Medienkompetenz hin geschult werden. Diese Jugendlichen bilden wiederum selbstverantwortlich andere Jugendliche bzw. Senioren und Seniorinnen auf eine Basis-Medienkompetenz im Computerbereich hin aus. Derartige Kurse, die auf Basis-Medienkompetenz im Computerbereich abzielen, wurden auch für Förderschüler und Förderschülerinnen durchgeführt.

9.1.3 Ein Mädchen-Internetprojekt in einer bayrischen Stadt mittlerer Größe

Zur Projektstruktur

Das Mädchen-Internetprojekt in einer bayrischen Stadt mittlerer Größe stellt ein Pilotprojekt des Stadtjugendringes in Zusammenarbeit mit der städtischen Universität und dem Bürgernetz dar.[898] Es soll einen Ort bieten, an dem sich Mädchen und junge Frauen unbefangen treffen können und eine kostengünstige Nutzung des Internets unter pädagogischer Begleitung möglich ist. Die Projektleitung liegt bei einer hauptamtlichen Sozialpädagogin, die von Jahrespraktikantinnen aus dem Bereich »Sozialpädagogik« unterstützt wird. Das Internet-Cafe hat drei- bis viermal die Woche am Nachmittag geöffnet. Die Mädchen haben die Möglichkeit, das Angebot des Internet-Cafes erst auszuprobieren und dann – nach mehrmaligem Besuch – eine Clubmitgliedschaft zu beantragen, die ihnen einen regelmäßigen Besuch des

---

897 Vgl. dazu Kapitel 8.1.5 »Der Computer als Symbol der Leistungsgesellschaft«.
898 Den vorliegenden Ausführungen zur Projektstruktur des Internetprojekts für weibliche Jugendliche in einer bayrischen Stadt mittlerer Größe liegen zwei Experteninterviews, entsprechende Expertengespräche, Material der Projektdokumentation und der Projektevaluierung sowie teilnehmende Projektbeobachtung zugrunde.

Internet-Cafes und entsprechende Möglichkeiten der Computernutzung bietet.

Das Mädchen-Internetprojekt richtet sich an Frauen und Mädchen im Alter von 10–27 Jahren. Die Anzahl der Club-Mitglieder beträgt 126 und die der Besucherinnen schwankt zwischen 10 und 40 Mädchen und jungen Frauen pro Tag. Es findet sich ein bestimmtes »Stammpublikum«. Die meisten Mädchen sind zwischen 10 und 15 Jahren alt. Sie besitzen zwar einen PC, haben aber zu Hause keinen Internetanschluß. Ab einem Alter von 16 Jahren kommen die Mädchen nur noch sehr ungern, weil sie sich – nach Aussage der Projektleiterin – in keinen geschlossenen Mädchenräumen bewegen wollen, sondern lieber in gemischten Gruppen agieren. Der Hauptanteil der Besucherinnen stammt aus dem Gymnasialbereich (35 %), 24 % aus dem Realschulbereich, und 16 % sind Hauptschülerinnen. Fast 9 % der Mädchen besuchen die Grundschule.

Die Arbeit des Mädchen-Internetprojekts orientiert sich an drei Hauptschwerpunkten: erstens dem offenen Mädchentreff, zweitens Kursen und Workshops und drittens der internationalen Jugendarbeit.

Der offene Mädchentreff ist darauf ausgerichtet, den weiblichen Jugendlichen den Umgang mit dem Internet in einer geschlechterhomogenen Gruppe zu ermöglichen. Die PC- bzw. Internet-Nutzung der Mädchen wird durch die Mitarbeiterinnen des Mädchen-Internetprojekts persönlich betreut. Sie stehen als kompetente Ansprechpartnerinnen zur Verfügung, die den Jugendlichen bei Problemen beim Gebrauch des Computers weiterhelfen können und sie bezüglich der Ausführung entsprechender PC-Anwendungen beraten. Dadurch kommt den Mitarbeiterinnen Vorbildfunktion zu, was gerade deshalb wichtig ist, weil im technischen Bereich oftmals kaum weibliche Leitbilder zu finden sind. Die Tätigkeit der Mitarbeiterinnen des Mädchen-Internetprojekts beschränkt sich jedoch nicht allein auf Funktionen, die mit dem Medium Computer verbunden sind. Vielmehr vertrauen die Mädchen den Mitarbeiterinnen auch private und schulische Probleme an. Dadurch haben die Mitarbeiterinnen auch wichtige Funktionen wahrzunehmen, die in den Bereich der allgemeinen Sozialpädagogik bzw. der Seelsorge gehören.

Um das Angebotsspektrum des Mädchen-Internetprojekts zu erweitern, werden zusätzliche Aktionen wie Ausflüge oder die Teilnahme an einem Fußballturnier angeboten. Außerdem gehören Kurse und Workshops zur Vermittlung einer Basismedienkompetenz im Computerbereich zum Standardprogramm. So werden für Mädchen, die regelmäßig das Internet-Cafe besuchen, Workshops angeboten, in denen z.B. Homepages und Visitenkarten erstellt werden oder ein Computer zerlegt wird, um dessen Aufbau aufzuzeigen. Außerdem werden Einführungen in Textverarbeitung und Tabellenkalkulation angeboten, ebenso wie Kurse zur Berufsfindung und -orientierung, bei denen speziell auf Berufsmöglichkeiten im IT-Bereich hingewiesen wird. Es finden auch Schulungen im Rahmen begleitender Elternarbeit zu Themen wie »Kind und Internet« statt. Überdies werden – ähnlich wie beim beschriebenen Internetprojekt in Hessen – Schulungen von Jugendlichen für Jugendliche angeboten. Einen weiteren Schwerpunkt bildet die medial vermittelte internationale Jugendarbeit. Dabei wird das Internet zur internationalen Verständigung genutzt.

Das pädagogische Grundkonzept des beschriebenen Mädchen-Internetprojekts beruht auf drei Prinzipien: Medienkompetenz statt Konsum, Begleitung statt Verbot und Spaß statt Leistungsdruck. Das Internet stellt sich gerade für die Jugendlichen oftmals als hochkommerzialisierter Raum dar. Dem will das beschriebene Mädcheninternetprojekt entgegenwirken. Vielmehr ist der Fokus auf Medienkompetenz gerichtet. Diese schlüsselt sich nach Baacke – wie bereits deutlich wurde – in folgende vier Teilbereiche auf: Mediennutzung, Medienkunde, Mediengestaltung, Medienkritik.[899]

Für den Bereich der Mediennutzung soll sichergestellt werden, daß die weiblichen Jugendlichen sich die Fähigkeiten aneignen, den Computer technisch richtig bedienen zu können und Fachbegriffe und Fertigkeiten zum Computerumgang kennen.

Im Zusammenhang der Mediengestaltung werden die weiblichen Jugendlichen ermutigt, z.B. durch Teilnahme an Newsgroups und durch die Gestaltung einer eigenen Homepage, aktiv im Internet zu agieren und zu partizipieren.

Auch eine medienkritische Haltung wird notwendig miteingeübt. Letzteres bedeutet, daß die weiblichen Jugendlichen auf mögliche Gefahren und Ärgernisse des Internet hingewiesen werden. Dies gilt einerseits für Formen sexueller Belästigung in den Chats, wie auch für pornographische Internetseiten und Seiten mit gewaltunterstützenden Inhalten. In dem Sinne wird eine pädagogische Begleitung im Zusammenhang mit dem Aufenthalt der Mädchen in Chat-Rooms notwendig. So dürfen jüngere Mädchen nicht ohne Betreuung chatten, da es immer wieder zu Formen sexueller Belästigung kommt. Zudem müssen die Mädchen davor geschützt werden, vorschnell ihre tatsächlichen e-mail- bzw. ihre realen Adressen herauszugeben und sich auf Treffen mit unbekannten e-mail-Partnern einzulassen. Vielmehr ermutigt man die Mädchen, sich eine zweite kostenlose, unkenntliche e-mail-Adresse zuzulegen, sexuelle Belästiger »wegzuklicken« bzw. mit realen Treffen sehr zurückhaltend zu sein oder zumindest noch eine Freundin mitzunehmen. In einigen Fällen erwies sich gerade die pädagogische Begleitung an diesen

---

899 Vgl. Baacke, Zum Konzept und zur Operationalisierung von Medienkompetenz, S. 1–5.
 Vgl. dazu Kapitel 10.1 »Dimensionen von Identitäts- und Selbstbildung« und Kapitel 10.2 »Dimensionen der Bildung am Allgemeinen als Element struktureller Bildungsprozesse«.

Punkten als äußerst hilfreich. So konnten gefährliche Realbegegnungen vermieden werden.

Grundsätzlich sollen Lernvorgänge im Medienbereich in den Freizeitbereich eingebunden werden, der einen Raum der Freiwilligkeit und Ungezwungenheit darstellt. In dem Sinne ist insgesamt eine Organisationsstruktur zu verzeichnen, die auf Freiwilligkeit, Selbstbestimmung, Begleitung und die zwanglose Vermittlung von technischen Kompetenzen und Wissen setzt und keinem stratifizierten Konzept von Wissensvermittlung nachgeht.[900] So steht das Mädchen-Internetprojekt insgesamt unter dem Motto »Spaß statt Leistungsdruck«.

Zum Computerumgang weiblicher Jugendlicher

In der Gruppe der weiblichen Jugendlichen innerhalb des Mädchen-Internetprojekts in einer bayrischen Stadt mittlerer Größe gibt es ein genau abgestimmtes Sozialverhalten im Umgang mit den begrenzten Computerressourcen.[901] Wenn nicht alle Jugendlichen vor Ort einen Rechner nutzen können, treffen sich die übrigen in der Sitzecke und warten. Dort kommt es dann oftmals zur Kommunikation mit den Leiterinnen, was das spätere Verhalten der Jugendlichen am Computer prägt. Haben die Jugendlichen schon vorher Kontakt aufgenommen, so sind sie nachher am Rechner viel bereiter mit den anderen Mädchen oder den Leiterinnen zu kommunizieren. Falls freie Rechner zur Verfügung stehen, gehen die Mädchen dann schweigend an das ihnen zugewiesene Terminal und ziehen sich still nach dem Chatten oder einer anderen PC-Anwendung ihrer Wahl wieder in die Sitzecke zurück. Wenn das Internet-Cafe geöffnet hat, sitzen oft mehrere Mädchen miteinander an einem PC. Dies geschieht zum einen, weil nur sieben Computer zu Verfügung stehen, zum anderen arbeiten die Mädchen oft gemeinsam am PC, weil sie sich so sicherer fühlen. Während sie anfangs oft zu mehreren arbeiten, genießen sie es später, einen PC für sich alleine zu bekommen.

Den Schwerpunkt des Computerumgangs der Mädchen und weiblichen Jugendlichen im Internet-Cafe stellt das Chatten dar. Dabei sind es gerade die jüngeren Besucherinnen (unter 12 Jahre), die diese Möglichkeit des Internet ausprobieren möchten. Ihre Begeisterung für das Chatten begründen die Mädchen – nach Aussage der Projektleiterin – damit, daß sie mit anderen Menschen in Kontakt treten, mit diesen kommunizieren, Freundschaften

---

900 Das Mädchen-Internetprojekt wurde inzwischen aus Gründen der Kostenreduzierung leider geschlossen.
901 Den vorliegenden Ausführungen zum Computerumgang weiblicher Jugendlicher im Rahmen des Internetprojekts für weibliche Jugendliche in einer bayrischen Stadt mittlerer Größe liegen zwei Experteninterviews, entsprechende Expertengespräche, Material der Projektdokumentation und Projektevaluierung sowie teilnehmende Projektbeobachtung zugrunde.

aufbauen und »anderen Jugendlichen ins Leben sehen«. Zudem liegt der Reiz beim Chatten – wie die Jugendlichen bemerken – darin, mit mehreren Menschen gleichzeitig offen zu kommunizieren, ohne ausgelacht zu werden und sich im Chat mehr zuzutrauen als im realen Leben. Der Hauptmotivationsfaktor ist das Kennenlernen anderer Menschen und der Aufbau von Freundschaften. Den ersten Zugang zum Chatten suchen die Mädchen zumeist über einfach strukturierte lokale Chat-Räume und erweitern ihre Kenntnisse der Chatmöglichkeiten dann hin zu schwierigeren und komplexeren Chat-Räumen. Dabei agieren die Mädchen hauptsächlich in privaten Dialogfenstern, wo sie – im Gegensatz zum Hauptfenster – jeweils mit einem einzigen Partner oder einer einzigen Partnerin Kontakt haben können. Beobachtungen der Mitarbeiterinnen des Mädchen-Internetprojektes zeigen, daß die Mädchen bestimmte experimentelle Rollen übernehmen, aber dieses Verhalten in einem sehr begrenzten Rahmen stattfindet. So werden gerade in der Anfangsphase andere Rollen und Identitäten spielerisch ausprobiert. Dieses Spiel mit der eigenen Rolle weicht jedoch zumeist bald dem Bedürfnis, neue Freunde im Chat zu finden und sich mit diesen immer wieder sowohl in der virtuellen als auch in der realen Welt zu treffen. Damit ist eine Vernetzung zwischen realer Alltagswelt und den Chats festzustellen. Für diese Vernetzung spricht auch, daß die Jugendlichen von den Personen, mit denen sie chatten, feste Vorstellungen haben. Es herrscht keine völlige Anonymität vor, sondern man trifft seine Freunde wieder im Chat. Auch auf den Mitglieder-Homepages der Cafe-Besucherinnen sind lange Grußlisten an Chat-Freunde zu finden. Die Jugendlichen selbst verstehen ihre Netzbekanntschaften als Freundschaften, wobei eine Differenzierung bezüglich ihrer Intensität zu finden ist. Dabei schätzt ein Großteil der Mädchen die Netzfreundschaften als gut bzw. sehr gut ein. Bemerkenswert ist, daß sich die Besucherinnen des Internet-Cafes manchmal im virtuellen Raum treffen, obwohl sie in der realen Welt nebeneinander sitzen und problemlos miteinander auch ohne Computer kommunizieren könnten.[902]

Das Chatten wird vor allem von den Mädchen im Alter zwischen 10 und 15 Jahren ausprobiert. Dabei geht es insbesondere darum, in der Phase der Pubertät ungehemmt Erfahrungen gerade auch im sexuellen Bereich sammeln zu können. Die Mädchen geben sich häufig sexualisierte Namen. Sie machen sich älter und orientieren sich dann an Figuren wie Lara Croft. Man gibt sich in körperlicher Hinsicht als »Traumfrau« und »Traummädchen« aus. In dem Sinne sind Relationen zwischen dem Netzverhalten, den Rollenbildern der Gesellschaft und der jugendlichen Entwicklung zu erkennen. Dies bringt jedoch teilweise fatale Folgen mit sich. So ist ein Mädchen der Magersucht verfallen. Auffällig dabei ist, daß dieses Mädchen im Gegensatz zu den ande-

---

902 Vgl. dazu Kapitel 9.1.1 »Ein Internetprojekt für männliche und weibliche Jugendliche in Baden-Württemberg im kleinstädtischen Rahmen«.

ren ihre Chat-Partner im realen Leben nicht trifft. So spielt die Selbstpräsentation in körperlich-sexueller Hinsicht im Rahmen des Chattens bei den weiblichen Jugendlichen eine zentrale Rolle.

Letzteres zeigt sich z.B. bei der Erstellung persönlicher Homepages. Da werden in diesem Zusammenhang bis zu hundert digitale Bilder angefertigt, bis eines davon von den weiblichen Jugendlichen als chat-tauglich akzeptiert wird. In diesen Kontext gehört auch, daß die Mädchen Web-Kameras nutzen, um das eigene Bild zu verändern und in einem bestimmten Chat Avatare herstellen. Auch hier wird mit Rollen und Körpern gespielt. Manchmal schicken die Mädchen auch Bilder anderer – ihren Traumbildern angemessener erscheinender – Personen an ihre virtuellen Kommunikationspartner, die sie aus dem Netz heruntergeladen haben. Allerdings sind die Mädchen selbst maßlos enttäuscht, wenn die virtuellen Kommunikationspartner im realen Leben den Traumvorstellungen nicht entsprechen.

Auch Bereiche wie Familie, Alter, schulischer Hintergrund bzw. berufliche Aussichten sind solche, in denen eine entsprechende, manchmal geschönte oder veränderte Selbstdarstellung erfolgt. Allerdings spielt der oftmals propagierte Geschlechterwechsel nur eine untergeordnete Rolle und wird von den Mädchen eher in spielerischer Weise vollzogen. Insgesamt werden die Chats zu einem Medium, in dem die Mädchen ihre Person an die Leitbilder einer jugend- und schönheitsorientierten Leistungsgesellschaft adaptieren.

Computerspiele nehmen im Mädchen-Internetprojekt nur eine untergeordnete Rolle ein. Die Mädchen beteiligten sich jedoch an einer bundesweiten LAN-Party, für die ein mädchenspezifisches Fantasy-Spiel ausgewählt wurde, da die weiblichen Jugendlichen keinerlei Interesse an den von den männlichen Jugendlichen favorisierten Ego-Shootern wie Counterstrike zeigten. Virtuelle Welten wie Multi User Dungeons werden von den Mädchen in den seltensten Fällen genutzt. Die weiblichen Jugendlichen verwenden jedoch viel Mühe auf die Gestaltung der bereits erwähnten individuellen Homepages.

Generell ist zu beobachten, daß das Interesse der weiblichen Cafe-Besucherinnen am Chatten, aber auch an anderen Nutzungsmöglichkeiten des Computers nach einer gewissen Zeit nachläßt und sie das Mädcheninternet-Projekt vor allem wegen der dort entstandenen realen Freundschaften aufsuchen. Das Mädchen-Internetprojekt bietet einen geschützten Raum, in dem Mädchen und junge Frauen den Umgang mit dem Medium Computer erlernen und ihre spezifischen Interessen verwirklichen können. Bei den weiblichen Jugendlichen ist nicht eine massive Technikfaszination ausschlaggebend für ihr Interesse am Computerumgang. Vielmehr liegen die Schwerpunkte ihres Interesses gerade im Kommunikationsbereich. Entscheidend ist jedoch, daß es sich bei dem beschriebenen Internetprojekt für weibliche Jugendliche in einer bayrischen Stadt mittlerer Größe um einen geschlechterhomogenen pädagogischen Raum handelt, in dem die weiblichen Jugendlichen Zutrauen zum eigenen technischen Handeln gewinnen können.

9.1.4 Einzelbeobachtung: Der Besuch einer Chat-Night

In dem beschriebenen Internet-Projekt in einer Stadt mittlerer Größe in Bayern nahm ich im Rahmen teilnehmender Beobachtung an einer speziellen Chat-Nacht teil, die mit der Feier des Halloweenfestes verbunden war.[903] Diese kann als ein mädchenspezifisches Pendant zu den von den männlichen Jugendlichen favorisierten LAN-Partys gelten.[904]

In der Nacht konnte ich weitere Beobachtungen bezüglich des Chat-Verhaltens der weiblichen Jugendlichen durchführen: In den Chats kam es – wie bereits beschrieben – zum Spiel mit der eigenen Identität. Es wurde wie selbstverständlich sehr viel vorgetäuscht. Die Variation des Alters, der Herkunft, des Aussehens und des Sozialstatus zeigte sich als normal. Es war das erklärte Ziel, eine reale Photographie des Kommunikationspartners zu bekommen. Die meisten Chats besaßen gerade in den späteren Nachtstunden eine sexuelle Orientierung. Die erfahreneren Chatterinnen trafen Freunde und Freundinnen im Netz. Diese Personen waren ihnen nicht wirklich fremd, sondern die Kommunikationspartner hatten feste Chat-Namen, unter denen sie sich immer wieder einloggen und so erkennbar blieben. Das Täuschungsverhalten war eher charakteristisch für die Erstbegegnung mit neuen, unbekannten Chatpartnern. Bei festen Kommunikationspartnern änderte sich das Verhalten, und fixe Rollen wurden weiter beibehalten.

Parallel zum Chatten wurden am Computer einfache Spiele wie »Wer wird Millionär?«, »Die Sendung mit der Maus«, »Simba« und »Schachklub« gespielt. Auch Internet-Recherchen wurden durchgeführt, man schrieb e-mails und verschickte kostenlose SMS.

Die weiblichen Jugendlichen betrieben beim Chatten bis zu zehn individuelle Chatfenster gleichzeitig. Sie entwickelten dabei hohe Fertigkeiten in simultaner Kommunikation. Die am meisten favorisierten Chats betrafen den Nahbereich. Man wollte die Chatpartner danach teilweise in der Realität treffen. Gerade die Versuche, an Photographien heranzukommen, jemanden kennenzulernen und in der Realität zu treffen, zeigen wiederum die enge Vernetzung der virtuellen Chat-Kommunikation mit Begegnungen in der »realen Welt«.[905]

Im Rahmen des Chattens traten die weiblichen Jugendlichen untereinander virtuell in Kontakt und dirigierten zu mehreren den gesamten lokalen Chat-

---

903 Die vorliegenden Ausführungen zur Einzelbeobachtung einer Chat-Night für weibliche Jugendliche resultieren aus teilnehmender Beobachtung und ethnographischen Interviews.
904 Vgl. dazu Kapitel 9.1.5 »Einzelbeobachtung: Der Besuch einer LAN-Party«.
905 Vgl. dazu auch Schmidt, Chatten, S. 17–22.

Raum. Sie waren während des Chattens hoch konzentriert und blieben teilweise die ganze Nacht vor dem Computer. Die älteren und diejenigen mit mehr Computer-Erfahrung tendierten zum Einzelchatten. Ansonsten teilten sich die Mädchen auch einen Computer, weil sie sich so sicherer fühlten.

Auffällig war, daß beim Chatten eine starke körperliche Involviertheit zu beobachten war. Die Mädchen waren beim Chatten vollständig in den Bann des Mediums gezogen. Dies galt auch für die komplexeren Computerspiele.

Bei den angestammten Cafe-Besucherinnen war insgesamt eine Interessenverlagerung weg vom Computer zu verzeichnen, die auch die Einzelinterviews zeigen.[906] So interessierten sich die angestammten Cafe-Besucherinnen in dieser Nacht mehr für eine Realbegegnung mit männlichen wie weiblichen Jugendlichen statt zu chatten. Gilt das Interesse der weiblichen Jugendlichen im Mädchen-Internetprojekt zunächst der Computernutzung bzw. dem Chatten, so liegt die Motivation für den Cafe-Besuch mit zunehmendem Alter im sozial-kommunikativen Bereich (»Freundinnen treffen«).

Es war außerdem zu beobachten, daß das offene Konzept des Mädchen-Internetprojektes, das auf ein positives Sozialverhalten abzielt, sich als sehr erfolgreich erweist. Auch Außenseiterinnen konnten integriert werden, der Wechsel an den Computern verlief reibungslos und versiertere Jugendliche halfen den Anfängerinnen. Ein positives Zusammensein von Mädchen aus verschiedenen Altersgruppen und Schichten war zu verzeichnen. Insgesamt herrschte ein vertrauensvolles und offenes Klima. So wurde z.B. das Thema »Magersucht«, von dem einige Mädchen betroffen sind, sehr offen behandelt.

Da das gesamte Genre des Chattens – wie zu beobachten war – sehr sexuell orientiert ist, wurde gerade für die ganz jungen Mädchen eine entsprechende Begleitung notwendig, weil sie die verwendeten Kürzel – wie CS (Cybersex) – nicht verstehen konnten und sonst kommunikativem Sexspiel ausgeliefert gewesen wären. So machte die 10-jährige Mona in dieser Nacht ihre ersten Chat-Erfahrungen.

Einzelfallstudie Mona:

Mona besaß bereits Computererfahrung. Sie betreibt zu Hause einen virtuellen Ponyhof und arbeitet vor allem mit Lernsoftware im Bereich Mathematik, um den Übertritt auf das Gymnasium zu erreichen. Mona chattete gegen drei Uhr nachts. Durch die späte Uhrzeit waren die Chats thematisch sehr sexlastig. Sie antwortete auf die Frage, ob sie noch Jungfrau sei, sehr locker und meinte auf die Anfrage ihres Kommunikationspartners, ob er sie entjungfern dürfe, »auf keinen Fall«. Das Chatten empfand sie als »lustig«, hatte – nach eigener Aussage – damit keine Probleme und sagte, es würde ihr Spaß machen. In den Chats selbst spielte sie sehr schnell mit Alter, Geschlecht,

---

906 Vgl. dazu Kapitel 9.3 »Einzelfallstudien: Weibliche Computeruser zu Beginn des 21. Jahrhunderts«.

Name und Wohnort und will auch wieder chatten. Die Chats, die sie verwendete, waren wiederum die beliebten Chats des Nahbereiches. Es war insgesamt zu beobachten, daß Mona den kritischen Umgang mit der Chatkommunikation sehr schnell lernte.

Einzelfallstudie Sabine:

In der Nacht kam es zudem zu einer intensiven Begegnung mit der 15-jährigen Sabine. Sabine besucht die 9. Klasse eines Gymnasiums in einer Kleinstadt. Sie kommt aus einem schwierigen familiären Setting. Ihr Vater arbeitet in einer vom Heimatort weit entfernten Stadt in einer Fabrik. Sabine fühlt sich eher zu Jungen-Themen hingezogen und chattet auch als Junge. Sie interessiert sich sehr für naturwissenschaftliche Fächer wie Physik, Chemie und Mathematik, möchte gerne Chemie studieren und wissenschaftlich arbeiten. Die Arbeit mit dem Computer hat sie sich vom Vater im Alter von fünf Jahren abgeschaut. Eine Hinführung an das Medium Computer fand nicht statt. Sabines eigentlicher Einstieg in den Computergebrauch erfolgte dann später. Jetzt hat sie ein eigenes Gerät. In den Zusammenhang, daß Sabine insgesamt eher Jungen-Hobbys pflegt und hauptsächlich Kontakt mit Jungen hat, gehört auch der Computer. So lassen andere sie – nach ihrer Aussage – für sich Probleme am Computer lösen. Diese wenden sich – nach Sabines Ansicht – an sie wegen ihrer Kompetenz in diesem Bereich.

Scheinbar komplementär zu ihrem Technikinteresse gestaltet Sabine ihr Äußeres in Fantasy- bzw. Mystery-Weise[907]: Sie trägt schwarze Haare, liest Zauber- und Wahrsagebücher, sie hat Kräuter in ihrem Zimmer hängen und versteht sich selbst als Hexe. Sabine legt Tarot-Karten. Auch die Themen, zu denen sie Bücher liest, sind Fantasy-Themen. Sabine schreibt selbst Fantasy- bzw. Mystery-Abenteuergeschichten. So tauscht sie mit einem Jungen immer wieder Geschichten zum Weiterschreiben aus. Sabine programmiert zudem selbst Rollenspiele aus dem Fantasy- bzw. Mystery-Bereich. In dem Sinne ist Sabines Realität an eine fixe Traumwelt gekoppelt.

Bei den Computerspielen bevorzugt Sabine Rollenspiele. Ego Shooter lehnt sie ab. Simulationen interessieren sie auch.

Sabine chattet im Spin Chat, von dem sie erzählt, dort hätte sie auch ihren Freund. Die Beziehung zu einem virtuellen Kommunikationspartner wird

---

907 Es ist ein Zusammenhang von Hochtechnisierung und esoterischen Praktiken, eines Interesses für Naturwissenschaften und Wahrsagerei zu beobachten. Dieser Übergang ist vergleichbar mit dem Verhältnis von Astronomie und Astrologie. Bemerkenswert ist, daß in hochtechnisierten Gesellschaften zu Beginn des 21. Jahrhunderts der Zugriff auf esoterische Praktiken zur Kontingenzbewältigung an Relevanz gewinnt. So kann Esoterik auch als Reaktion auf eine immer weitere technische Stratifizierung verstanden werden. Dieses Phänomen wird genauer im Rahmen empirischer Forschung zu beleuchten sein.

also als reale Paarbeziehung von ihrer Seite her präsentiert und verstanden. Sie hat immer wieder Probleme mit ihrem Vater wegen ihrer hohen Telefonrechnung, die aus ihrer Internetnutzung resultiert. Ihr Vater wirft ihr Sucht vor und sagt, wenn sie eine Flat Rate hätten, würde sie »noch mehr im Chat hängen«. Sie selbst meint dazu, damit habe er wohl nicht unrecht. Sabine erscheint in der Gruppe der weiblichen Jugendlichen in dieser Nacht eher als Außenseiterin, die nach Anerkennung sucht.

Der Computer ist für Sabine ein Medium, das ihr hilft, ihrer schwierigen familiären und der beengten kleinstädtischen Situation zu entkommen und soziale Beziehungen aufzubauen. Dies fällt ihr in der Realität nicht leicht. Sie nutzt den Computer vor allem im Bereich ihrer Fantasy- bzw. Mystery-Traumwelten. Damit unterhält Sabine mehrere virtuell-imaginative Hintergrundhorizonte, die ihren tristen Alltag stabilisieren und transzendieren. Sabine nimmt den Computer als männlich besetztes Artefakt wahr, das sie in den Kontext ihrer eher männlich ausgerichteten Interessen stellt und zu einer entsprechenden Selbstinszenierung nutzt.[908]

9.1.5 Einzelbeobachtung: Der Besuch einer LAN-Party

Die von mir beobachtete LAN-Party in Baden-Württemberg wurde von etwa 380 Teilnehmern und Teilnehmerinnen besucht.[909] Die Teilnehmer und Teilnehmerinnen waren zu der LAN-Party teilweise von weit her angereist. Sie war selbständig von männlichen Jugendlichen organisiert worden, die im Clan Counterstrike spielen. Die meisten Jugendlichen – hauptsächlich männlichen Geschlechts – waren zwischen 18 und 20 Jahre alt, manche auch ein wenig jünger. Es waren jedoch wenige ältere Männer und kaum Frauen anwesend. Insgesamt hatten sich zu der LAN-Veranstaltung etwa 12 Frauen angemeldet. Es gab einen Frauen-Clan mit vier bis fünf Frauen und sonst nur wenige vereinzelte Frauen. Die Veranstaltung dauerte insgesamt von Freitagabend bis Sonntagmittag. Eine Schlafpause war von 3.00 Uhr nachts bis 10.00 Uhr am nächsten Morgen vorgesehen. Somit wurde nicht die ganze Nacht durchgespielt, wobei einige männliche Jugendliche dies dennoch getan haben.

Die Organisatoren hatten am Donnerstagabend mit dem Aufbau begonnen, die Tische aufgestellt, das Netzwerk und den Schlafbereich in einem abgetrennten Teil der großen Sporthalle vorbereitet. Die Teilnehmer und Teilnehmerinnen der LAN-Party schliefen nebeneinander auf Isomatten auf dem Boden. Das Netzwerk, das die Organisatoren zur Verfügung stellten, machte

---

908 Vgl. dazu Kapitel 8.2 »Die Ritter-Studie (1994): Weibliche Computeruser zu Beginn der 90-er Jahre: Eine Re-Analyse«.
909 Die vorliegenden Ausführungen zur Einzelbeobachtung einer LAN-Party für männliche Jugendliche resultieren aus einem Experteninterview, teilnehmender Beobachtung und ethnographischen Interviews.

einen technisch hoch elaborierten Eindruck. Man hatte verschiedene Sponsoren für die Veranstaltung (Brauereien, Software-Firmen, Computerzubehörfirmen) gewinnen können. Es gab eine genau organisierte Logistik und ein entsprechendes Catering. Die Organisation durch die Jugendlichen war insgesamt extrem professionell. So nahmen es die Organisatoren mit den Jugendschutzbestimmungen sehr genau. 16-jährige Teilnehmer durften nur in Begleitung Erwachsener zur LAN-Party, weil diese bis spät in die Nacht dauerte. Zudem hatten die Organisatoren aus Gründen des Jugendschutzes dafür gesorgt, daß die Teilnehmer der LAN-Party die deutsche Version von Counterstrike mit englischer Überlagerung spielten.[910] Nach dem Ziel der Veranstaltung gefragt, gaben die Veranstalter zunächst einmal an, das Hauptziel wäre vor allem einmal, sich kennenzulernen, weil man sich sonst nur online kennt. Man legte also viel Wert auf die Realbegegnung.

Betrachtete man die Plätze der Spieler der LAN-Party, so war auffällig, daß viele Rechner dekoriert waren und ein individuelles Rechner-Design – wie z.B. durchsichtige Rechner-Cases – vorherrschte. Die Rechner standen in langen Reihen und an der Decke darüber verliefen die Kabel, durch die alle Rechner miteinander vernetzt waren. Die Jugendlichen hatten ihre eigenen PCs mitgebracht, die ihnen auch als Statussymbol dienten, wobei über die entsprechende Ausstattung gerne »gefachsimpelt« wurde. Wer Schwierigkeiten hatte bei der Vernetzung seines Rechners, bekam von den anderen Teilnehmern Hilfe. Es waren Teilnehmer mit Hunderten von CD-Roms zu beobachten und es wurden sehr viele Kopien gezogen. Vor allem Filme, aber auch Computerprogramme wurden kopiert. Auffällig war zudem, daß der Umgang mit unterschiedlichsten Medien für die Jugendlichen inzwischen selbstverständlich ist. So verwendeten sie das Handy sowie den PC, der oft individuell hochgerüstet war, und hatten gleichzeitig noch einen Laptop in Betrieb.

In einer Sitzreihe spielten die Teilnehmer und Teilnehmerinnen die unterschiedlichsten Spiele. So konnte man Counterstrike, WarCraft, Gothic, Battlefield und verschiedene Kriegsspiele nebeneinander beobachten. Parallel wurden verschiedene Turniere durchgeführt: so z.B. ein Counterstrike-Turnier. Die LAN-Party brachte Punkte für die Bundesliga im Spiel Counterstrike. Bei den Turnieren saßen die Jugendlichen hochkonzentriert vor den Rechnern. Sie trugen zumeist Kopfhörer mit Mikrophon, mit deren Hilfe die Teams untereinander Befehle übermittelten. Die Fixierung auf den Bildschirm war extrem stark. Zahlreiche Beobachter interessierten sich für besonders gute und interessante Spiele und Spieler und durften bei allen Spielen und Turnieren zuschauen. Die meisten Turniere wurden mit dem Beamer

---

910 Counterstrike ist ein Unterprogramm von Half Live, wobei die amerikanische Version mit dem rotgefärbten Blut für Jugendliche unter 18 Jahren verboten, aber die deutsche Version mit grünem Blut wenig populär ist.

übertragen, der auf einem riesigen Podest in der Mitte der Halle stand. An der Übertragungswand sah man zumeist nur eine riesige Pistole oder ein Messer der Egoshooter-Übertragung.

Auch Sport-Simulationen am Computer erfreuten sich bei den Jugendlichen großer Beliebtheit. Dazu bildete die stickige, stinkende Halle, in der die Jugendlichen stundenlang vor den Rechnern saßen, einen deutlichen Kontrast. Bei einer Tennis-Simulation meinte ein Jugendlicher, er wüßte wie das ginge, er hätte das schon gesehen, »man würde das von oben spielen«. Seine Realitätserfahrungen wurden damit von dem Jugendlichen auf die Virtualität übertragen, wobei die realen Kompetenzen des Jugendlichen an sich beschränkt waren und seine Aussage allein auf Beobachtung beruhte.

Einzelfallstudie »Pressesprecher«:

Ich hatte Gelegenheit, mit dem Pressesprecher der Organisationsgruppe ein längeres Gespräch zu führen. Gefragt, warum ihm Counterstrike besonders gefalle, sagte er, es sei das Strategiespiel zu mehreren, das ihn reizen würde. Interessant war aber, daß er selbst den Kriegsdienst verweigert hatte. Der Pressesprecher erhoffte sich vom Zivildienst noch einmal andere, ihm bisher unbekannte Perspektiven zu bekommen. Er wollte danach BWL studieren und hatte sich, nachdem er sich jahrelang in seiner Freizeit intensiv mit dem Computer beschäftigt hatte, gegen ein Informatik- bzw. Wirtschaftsinformatik-Studium entschieden. Der Pressesprecher meinte dazu, er wolle im normalen Leben etwas anderes machen als im Kontext seines Computer-Hobbys. Reizvoll für ihn an dem Spiel »Counterstrike« wäre, daß es ihm ein Kontrasterleben zu seinem Alltagsleben biete. Er sagte aber, daß das Element des Schießens ebenso wie der Erfolg wichtig sei, weil sonst dem Spiel Counterstrike der Reiz fehlen würde. Der Pressesprecher meinte, daß die eigentliche Zeit, in der er schwerpunktmäßig Counterstrike gespielt habe, nun vorbei sei. Diesen Lebensabschnitt kennzeichnete er explizit als abgeschlossene Übergangszeit. Somit war wiederum zu erkennen, daß bestimmte Medienphänomene eine bestimmte Lebensphase begleiten. Auf die Frage, was denn den Reiz dieser LAN-Partys ausmachen würde, meinte er, man habe Online-Bekanntschaften, mit denen man online spielt und auch chattet, die man längere Zeit kenne, und es sei interessant, zu sehen, wie diese Leute in der Realität sind. Es wäre einfach schön, sich zu treffen. Man könnte »fachsimpeln«, Leute mit dem gleichen Hobby erleben und man hätte nach den Turnieren noch ein geselliges Beisammensein.

9.1.6 Auswertung: Selbstbildung, Identitätsgenese und religiöse Valenz

Die dargelegten alltagsethnographischen Studien sollen im folgenden auf die zentralen Fragestellungen im Hinblick auf Identitäts-, Selbstbildung und religiöse Valenz hin untersucht werden.

9 Jugendliche am Computer zu Beginn des 21. Jahrhunderts

Es finden sich multiple Elemente, die in den Zusammenhang der Identitätsgenese fallen: Eine wichtige Stellung nimmt dabei das Chatten ein. So ist das Chatten gerade (aber nicht ausschließlich) unter weiblichen Jugendlichen weit verbreitet. Innerhalb der beschriebenen Phänomene ist ein klares Spiel mit Rollen und eine Veränderung der eigenen Identitätssignaturen erkennbar, wenngleich dies innerhalb fester Grenzen geschieht und Chat-Partner – über einen gewissen Zeitraum hinweg gesehen – als ernsthafte Freunde und Freundinnen gelten. So entstehen sogar internationale Kommunikationsforen und -begegnungen, die auf eine Umsetzung von globaler Vernetzung durch die Möglichkeiten neuer Medien hinweisen.

An dem Mädchen-Internetprojekt ist zudem eine Vermischung von virtueller und realer Begegnung zu beobachten, wobei die beiden Ebenen nicht vollständig zu trennen sind. Gleiches gilt für den Motivationshintergrund der LAN-Party, die vor allem von männlichen Jugendlichen besucht wurde. Eine solche Vermischung von virtueller Begegnung und realen Umsetzungsformen kann jedoch auch mit negativen Rückkopplungen von der virtuellen hin zur realen Welt verbunden sein, wie das Beispiel des magersüchtigen Mädchens zeigt.

Innerhalb der beschriebenen Chat-Zusammenhänge kommt es eher sporadisch, spielerisch und vor allem in der Anfangsphase zum Geschlechterwechsel (»ausprobieren«).

Sexualität spielt in den Chat-Räumen eine erhebliche Rolle. Hier bietet das anonyme virtuelle Ambiente Gelegenheit zur Selbsterfahrung, wobei Grenzen der eigenen realen persönlichen Beschränkung – wie Schüchternheit – überwunden werden können.

Die anonymen Kommunikationsforen der Chat-Räume ermöglichen zudem unverbindliche seelsorgliche Beratungskontexte, wobei die Jugendlichen sich gegenseitig unterstützen, wodurch gleichzeitig ein entsprechendes Kompetenzerleben und wechselseitige Reziprozität zu verzeichnen sind. So zielt der Computerumgang weiblicher Jugendlicher gerade im Hinblick auf das Chatten deutlich auf eine Kommunikation mit vielen unbekannten Kommunikationspartnern und den Versuch, das Leben von anderen Jugendlichen zu ergründen, ab. Sind die weiblichen Jugendlichen zunächst unsicher und chatten zusammen mit Freundinnen, so ist hier mit zunehmender Chat-Erfahrung ein Transformationsprozeß hin zum Individual-Chatten zu verzeichnen. Zudem verändert sich die Art des Chattens. Geht es anfangs darum, spielerisch den virtuellen Raum mit seinen Protagonisten kennenzulernen, so zielt das fortgeschrittene Chaterleben auf feste und kontinuierliche Beziehungen ab.

Bezüglich der Identitätsbildungsprozesse bei männlichen wie bei weiblichen Jugendlichen wird erkennbar, daß das Medium Computer gleichsam Katalysatorfunktion für bestimmte Adoleszenzphasen besitzt, die es im Sinne eines Übergangsobjektes begleitet, wobei die jeweiligen Nutzungsarten geschlechterspezifisch verschieden sind.[911] In dem Sinne kommt das Interesse am Chatten mit fortschreitender Adoleszenz fast vollständig zum Erliegen. Gleiches ist für den Stellenwert von bestimmten Computerspielen wie Counterstrike zu vermerken. Diese begleiten bestimmte Adoleszenzphasen intensiv und werden dann wieder abgelegt. Einem Übergangsobjekt entsprechend werden die Computer sowohl von den männlichen als auch von den weiblichen Jugendlichen im Rahmen des Case-Modding individuell verziert und gestaltet.

In diesen Kontext gehört auch die identitätsstiftende Tatsache, daß gerade männliche Jugendliche – vergleichbar den männlichen Jugendlichen aus der Baerenreiter-Studie am Ende der 80-er Jahre[912] – durch ihre Kompetenzen im Bereich des Computerumgangs einen ersten Einstieg in Prozesse der Arbeitswelt erfahren können. Dabei geht es inzwischen weniger um das Programmieren von Computerprogrammen oder einzelnen Programmelementen, sondern die männlichen Jugendlichen verdienen sich durch das Gestalten von Web-Seiten zusätzliches Geld und erleben sich so als selbständige Arbeitnehmer. Zudem werden – ähnlich wie am Ende der 80-er Jahre – die Kompetenzverhältnisse umgekehrt, so daß die männlichen Jugendlichen gerade im Computerbereich kompetenter sind als wesentlich ältere Erwachsene und in den beschriebenen Projekten auch zu entsprechenden Schulungen von Erwachsenen bzw. anderen Jugendlichen herangezogen werden.

Bei den weiblichen Jugendlichen sind die identitätsstiftenden Elemente im Hinblick auf das Kompetenzerleben im Bereich des Computerumgangs noch etwas anders ausgerichtet. Diese betrachten – vergleichbar mit den weiblichen Jugendlichen zu Beginn der 90-er Jahre[913] – den Computer nach wie vor als eher männlich besetztes technisches Artefakt. Gelingt ihnen aber der Zugang zum Computer, der ihnen faktisch in den meisten Fällen leicht fällt, dann erleben die weiblichen Jugendlichen einen aus ihrer Perspektive sehr positiv bewerteten Zugewinn an Kompetenz, wobei die Dimensionen ihres Computerumgangs vor allem auf die Aspekte Kommunikation, Information und mädchenspezifische Unterhaltung abzielen.

Die weiblichen Jugendlichen sind der Ansicht, daß sie sich einen derartigen Zugang zum Medium Computer, der für sie positiv identitätsstiftend wird, eher bis ausschließlich in geschlechtshomogenen Gruppen aneignen können. Wurden von ihnen positive Erfahrungen mit dem Computer gemacht, dann rücken auch zukünftige berufliche Möglichkeiten, die mit dem Medium Computer verbunden sind, in ihr mögliches Interessenspektrum.

---

911 Vgl. dazu Kapitel 8.1.7 »Der Computer als Übergangsobjekt«.
912 Vgl. dazu Kapitel 8.1.5 »Der Computer als Symbol der Leistungsgesellschaft«.
913 Vgl. dazu Kapitel 8.2 »Die Ritter-Studie (1994): Weibliche Computeruser zu Beginn der 90-er Jahre: Eine Re-Analyse«.

Bemerkenswert sind die Fälle, in denen der Computer als männlich besetztes Artefakt – vergleichbar den weiblichen Jugendlichen zu Beginn der 90-er Jahre – genutzt wird, um sich in einer spezifisch männlich orientierten Performanz selbst zu gestalten. Für die Selbstgestaltung bzw. die Selbstpräsentation – gerade der weiblichen Jugendlichen – spielen individuelle Web-Seiten zudem eine wichtige Rolle.

Identitätsstiftende Bedeutung innerhalb des aktuellen Computerumgangs in der Jugendkultur besitzen überdies die sich ereignenden virtuellen und realen Gruppenprozesse. So sind im Zusammenhang von LAN-Partys multiple Gruppenprozesse auf unterschiedlichen Ebenen zu verzeichnen. Die männlichen Jugendlichen erwerben organisatorische und technische Kompetenzen bei der Ausrichtung einer LAN-Party: Die Technik muß eingerichtet, Sponsoren, Verpflegung und Unterkunft müssen besorgt werden, Jugendschutzbestimmungen sind zu beachten. Gleichzeitig kommt es bei den LAN-Partys zum permanenten spielerischen Wettstreit mit gekoppeltem Know-How-Austausch. Wichtig ist außerdem der Aspekt, bisherige virtuelle Bekanntschaften real zu erleben und so den Rahmen seiner Bezugspersonen erweitern zu können. All diese Prozesse fordern die männlichen Jugendlichen im Hinblick auf ihre sozialen Fähigkeiten zur Integration innerhalb entsprechender Gruppenprozesse hochgradig heraus und werden in diesem Sinne explizit persönlichkeitsbildend.

Dies geht so weit, daß die Jugendlichen, die in dem geschlechtergemischten Internetprojekt in Baden-Württemberg im lokalen LAN-Netzwerk spielten, ein Setting aushandelten, in dem ein Ausgleich der unterschiedlichen Kompetenzen möglich war. Derartige Gruppenprozesse sind ebenso bei den weiblichen Jugendlichen bezüglich der gegenseitigen Unterstützung bei dem anfänglichen Computerumgang bzw. bei dem Kollektivauftritt im Chatraum, aber auch bei mädchenspezifischen LAN-Einheiten zu beobachten. All diese Prozesse wirken in hohem Maße selbst- und identitätsbildend.

Zudem lassen sich im Hinblick auf den Computerumgang männlicher und weiblicher Jugendlicher Dimensionen der Sinngenese bzw. religiöser Valenz verzeichnen. Dabei ist zunächst grundsätzlich anzumerken, daß auch den beschriebenen Formen von Identitätsbildung zentrale religionspädagogische Bedeutung zukommt und eine entsprechende Sinngenese einen notwendigen Teil dieser Prozesse von Identitätsbildung darstellt.[914] Es sind wiederum Phänomene des Flow-Erlebens zu entdecken.[915] Die Jugendlichen vergessen Raum und Zeit und sind vollständig in den Bann des Mediums gezogen, was sogar als der Außenperspektive physisch beobachtbar ist. So ist mit derartigen rituell-performativen Phänomenen im Kontext des Computerumgangs Jugendlicher notwendig eine körperliche Reaktion verbunden. Allerdings

---

914 Vgl. dazu Mette, Identität, S. 851 und Kapitel 5 »Identität und Bildung«.
915 Vgl. dazu Kapitel 6 »Religion und religiöse Valenz«.

differenzieren sich die Kontexte, mit denen derartige Phänomene verbunden sind, wiederum geschlechtsspezifisch aus: Sind es für die männlichen Jugendlichen vor allem entsprechende Computerspiele wie Counterstrike oder WarCraft, in die sie sich hineinversenken, so sind es bei den weiblichen Jugendlichen vor allem das Chatten bzw. mädchenspezifische Computerspiele.

Auffallend und von sinnstiftender Wertigkeit sind die virtuellen Hintergrundfolien, die das Leben von Jugendlichen – wie das von Sabine – transzendieren. Im virtuellen Raum lebt sie eine Beziehung, versucht neue Welten zu schaffen und taucht ab aus ihrem problematischen Leben.

Bemerkenswert ist dabei die Vernetzung von Fantasy und Virtualität. Das Medium Computer bietet für Jugendliche wie Sabine eine Plattform, um Fantasy-Welten entstehen zu lassen, in die sich die Jugendlichen flüchten und die – als paralleler Horizont – eine wichtige Rolle in deren Leben einnehmen. Dabei ist in Sabines Fall gerade die Vermischung von Virtualität, Fantasy und Esoterik in Form der Selbstinszenierung als Hexe, des Kartenlegens und der Kräutermedizin auffallend. Dies deutet auf ein gesellschaftlich explizit in der Jugendkultur zu verzeichnendes Grundmerkmal hin: Esoterische Elemente werden gerade von weiblichen Jugendlichen genutzt, um die Herausforderungen durch das Alltagsleben in einer hochtechnisierten, industriellen Leistungsgesellschaft spirituell zu bewältigen und spezifische Gegenakzente zu setzen. Bemerkenswert ist jedoch, daß eine Vernetzung von Fantasy-Welten mit dem Computer als Trägermedium und damit mit Technik überhaupt stattfindet, die ein solches extremes Eintauchen in derartige Welten erst möglich macht. Diese Vernetzung ist insofern als eine Verdopplung von Virtualität zu betrachten, als fiktionale und das Trägermedium der virtuellen Welten nun zusammenkommen.[916]

9.1.7 Auswertung: Pädagogische Implikationen

Auch erste pädagogische Implikationen waren im Rahmen der alltagsethnographischen Untersuchung der drei Internetprojekte und entsprechender Einzelbeobachtungen erkennbar, die im folgenden zunächst vermerkt und abschließend genauer analysiert und weiterentwickelt werden sollen.[917] Da, wie sich gezeigt hat, die Bereiche virtueller Kommunikation – wie sie sich z.B. im Chat finden – hochgradig mißbrauchgefährdet sind, ist eine medienpädagogische Schulung unerläßlich. An dieser Stelle ist der Selbstbildungsprozeß der Jugendlichen notwendig durch entsprechenden Kompetenzerwerb und Begleitung zu unterstützen, um potentiellen Gefährdungen entgegentreten zu können. Dies gilt insbesondere für die weiblichen Jugendli-

---

916 Vgl. dazu Kapitel 10.3 »Dimensionen religiöser Valenz«.
917 Vgl. dazu Kapitel 11 »Religionspädagogische Implikationen der Computernutzung Jugendlicher«.

chen, die verbreitet sexueller Belästigung, aber auch ernsthafter realer Mißbrauchsgefahr gekoppelt mit virtueller Kommunikation ausgesetzt sind.

Bezüglich der identitätsbildenden Aspekte des Mediums Computer darf zudem nicht aus dem Blick geraten, daß der Computer gerade für bestimmte männliche Jugendliche ein nicht unerhebliches Gefährdungspotential mit sich bringt: Treffen komplexe Zusammenhänge wie ein schwieriges soziales Umfeld, Vereinsamung, Chancenlosigkeit und Versagen in einer Leistungsgesellschaft sowie ein dauerhaftes Abtauchen in zumeist gewaltgeprägte virtuelle Räume zusammen, so kann es zum Verschwimmen von realer und virtueller Welt kommen. Die reale Welt verliert – strukturell Suchtphänomenen vergleichbar – immer mehr an Stellenwert und das Abtauchen in virtuelle Räume überschreitet eine rein kompensatorische Funktion. Dies gilt auch für die virtuellen Horizonte der weiblichen Jugendlichen, wobei die weiblichen Jugendlichen weniger gefährdet erscheinen. Kritisch anzumerken ist auch die bei LAN-Partys zu verzeichnende latente Aggression unter den männlichen Jugendlichen. Eine derartige Aggression kann jedoch insofern identitätsbildend wirken, als die männlichen Jugendlichen bei den LAN-Veranstaltungen Gelegenheit finden, in spielerischer Weise Aggression, Rivalität und Wettbewerb auszuleben. Gerade diese Gefährdungsphänomene durch die neuen computergestützten Medien bedürfen einer entsprechenden pädagogischen Begleitung.

Allerdings sollte eine derartige Form der Begleitung – wie die Arbeit des Mädchen-Internetprojekts in einer bayrischen Stadt mittlerer Größe zeigt – Angebotscharakter besitzen und auf einen selbständigen, medienkompetenten Umgang der Jugendlichen mit derartigen Gefährdungen abzielen. So werden gerade die offenen, auf komplexe Gruppenprozesse hin orientierten, begleiteten Angebote zur geeigneten Lernumgebung für computergestützte Bildungsprozesse. In derartigen Zusammenhängen kann sich eine ein breites Spektrum umfassende Form von Medienkompetenz bei den Jugendlichen entwickeln, die nicht allein auf technische Nutzungsfähigkeiten ausgerichtet ist. Im Sinne Baackes sind dabei die Aspekte Mediennutzung, Medienkunde, Mediengestaltung und Medienkritik zu berücksichtigen. Jugendliche sollen lernen, kritisch mit dem Medium Computer umzugehen und die durch ihn dargebotenen Möglichkeiten optimal zu nutzen.

Dazu gehört auch die Schulung des Potentials zur Informationsbeschaffung und Informationsbewertung und die Abgrenzung gegen mögliche Gefahren in virtuellen Aktionsräumen. Teil der Gestaltung derartiger Bildungssettings sind aber auch Angebote für sozial benachteiligte Jugendliche, wodurch ein Ausgleich hinsichtlich der Medienkompetenz wie auch hinsichtlich des Hardware-Besitzes geschaffen werden kann. Der sozialen Ungerechtigkeit im Hinblick auf die Nutzungsmöglichkeiten neuer Medien ist pädagogisch entgegenzuwirken.[918]

9.2 Einzelfallstudien: Männliche Computeruser zu Beginn des 21. Jahrhunderts

Die Interpretation der vorliegenden Einzelfallstudien zum Computerumgang männlicher Jugendlicher (9.2.1, 9.2.2, 9.2.3, 9.2.4, 9.2.5, 9.2.6) zu Beginn des 21. Jahrhunderts – denen entsprechende problemzentrierte Interviews zugrundeliegen- folgt – ebenso wie die Einzelfallstudien zum Computerumgang weiblicher Jugendlicher (9.3.1, 9.3.2, 9.3.3, 9.3.4, 9.3.5, 9.3.6) – in modifizierter Form der thematischen Kodierung.[919] Dabei werden erst in vertikaler Analyse spezifische Typen erhoben, bevor horizontal und fallübergreifend Typiken erstellt werden, die wiederum in den Kapiteln 9.2.7 und 9.3.7 »Auswertung: Selbstbildung, Identitätsgenese und religiöse Valenz« expliziert werden (Gender-Typik, Dimensionen religiöser Valenz). Es erfolgt keine Darstellung aller Fälle, die im Rahmen der Felduntersuchung erhoben wurden, sondern es werden exemplarisch Fallstudien – orientiert am »theoretical sampling« – ausgewählt.[920] Diese Fallstudien repräsentieren bestimmte, durch einen entsprechenden Fall- und Typenvergleich im Sinne der Kontrastierung erarbeitete Typiken. In der Darstellung werden dann jeweils nur exemplarische Fallbeispiele für die Einzeltypen exemplifiziert, während im Forschungsprozeß durchaus mehrere Fälle einem Einzeltyp zugerechnet werden konnten. Wegen der lebensweltlichen Vernetzung scheinen auch weitere Typendimensionen in den einzelnen Fallstudien auf, so daß es zu einer Überlappung mehrerer Typiken innerhalb eines Einzelfalles kommen kann. Dennoch bleibt jeweils eine charakteristische Einzeltypik für die im folgenden entfalteten Einzelfallstudien charakteristisch.[921] In der Darstellung erscheint die Explikation der jeweiligen Typik in Großdruck, die Darstellung der Einzelfallstudie, die auch deren komplexes lebensweltliches Geflecht aufscheinen lassen soll, in Kleindruck. Dabei fokussiert die Darstellung der Einzelfallstudie bereits auf die jeweilige Typik.

9.2.1 Zur Bedeutung von Computerspielen

Auch im 21. Jahrhundert spielen Computerspiele nach wie vor eine erhebliche Rolle im Leben männlicher Jugendlicher. Dabei sind es vor allem gewaltorientierte Strategiespiele und Ego Shooter, die das Hauptinteresse

---

918 Vgl. dazu Kapitel 5 »Identität und Bildung« und Kapitel 11 »Religionspädagogische Implikationen der Computernutzung Jugendlicher«.
919 Vgl. dazu Kapitel 7.2 »Zur Methodik der empirischen Feldstudie«.
920 Vgl. dazu Kapitel 7.4 »Zur Sampling-Strategie«.
921 Vgl. dazu Kapitel 7.6 »Zur Ergebnis-Valenz«.

männlicher Jugendlicher erfahren. Diese nutzen die Computerspiele – ähnlich wie der Jugendliche Thomas im Rahmen der Baerenreiterstudie[922] – im Sinne einer virtuellen Hintergrundfolie zu ihrem oft tristen Alltagsleben dazu, ihre Grenzen zumindest virtuell zu überschreiten und ihre schulischen und beruflichen Sorgen zu vergessen. Typisch für eine derartige Bedeutung von Computerspielen im Leben männlicher Jugendlicher ist der Fall des 16-jährigen Matthias:

Zur biographischen Situation:

Matthias macht eine Ausbildung zum KFZ-Mechaniker in einer Mercedeswerkstatt, nachdem er zuvor einen Hauptschulabschluß erworben hatte. Er wohnt noch bei seinen Eltern und hat eine ältere Schwester. Matthias' Mutter ist Bankkauffrau, sein Vater ist Vermessungstechniker. Matthias' Schwester macht ebenfalls eine Ausbildung zur Bankkauffrau. Matthias hat sich infolge seiner Praktikumserfahrungen für eine Ausbildung zum KFZ-Mechaniker entschieden: »Nein, ich habe auch zwei Praktika gemacht: Einmal war ich bei einem Elektroinstallateur und da hat es mir überhaupt nicht gefallen, weil man da nur zum Bäcker laufen durfte, zum Getränkemarkt laufen durfte, nichts anderes machen durfte ... das habe ich dem Chef auch gesagt, da haben die Gesellen einen ganz schönen Rüffel gekriegt und ich danach auch noch einmal. Dann habe ich oben also bei Toyota noch einmal Praktikum gemacht, da hat es mir gefallen, da habe ich mich dann beworben bei – wie viel waren es – 20 bis 30 Firmen«. Allerdings ist diese Ausbildung nicht nur mit positiven Erfahrungen verbunden: »Nee, ich bin jetzt gerade auf überbetrieblicher Ausbildung. Wir müssen einen Lkw feilen aus Stahl. Ich könnte den Lehrer umbringen. Oh feilen, an einem Werkstück drei Tage gefeilt, nur feilen, nur feilen ... ich hatte überall nur Blasen, mein Rücken war total krumm, ich mußte zum Arzt gehen. Dann ging es wieder einigermaßen. Die Hände, ich konnte zwei Tage lang nichts machen, ich hatte Blasen an den Blasen«.

Neben seinem anstrengenden und eher tristen beruflichen Alltag besitzt Matthias zahlreiche Hobbys im Freizeitbereich. Dabei kommt dem Umgang mit dem Computer eine wichtige Rolle zu. Matthias nennt folgende Hobbys: »Computerspielen, Sport, Kegeln, Fahrradfahren, Schießen ab und zu noch, Sportschützenverein – erste Bundesliga muß ich dazu sagen – Videos gucken, alles auf dem Computer, und halt Computerspiele«. Gerade im Freizeitbereich zeigt sich Matthias sehr leistungsorientiert und geht zahlreichen Hobbys nach. Letzteres Phänomen kommt auch im Kontext seiner Computernutzung zum Tragen.

---

922 Vgl. dazu Kapitel 8.1.2 »Zur Bedeutung von Computerspielen im Leben männlicher Jugendlicher«.

9.2 Einzelfallstudien: Männliche Computeruser zu Beginn des 21. Jahrhunderts

Zum Computerumgang:

Matthias muß sich zwei Computer mit seinen Eltern und seiner Schwester teilen und besitzt kein eigenes Gerät. Mit seiner Schwester hat Matthias des öfteren Streit, weil die Geschwister im Computerbereich unterschiedliche Interessen verfolgen. Einen der PCs betrachtet Matthias als seinen eigenen: »An meinen PC geh nur ich. Ich habe ein Paßwort, das hundert Stellen hat ... Ja, da kommt keiner so schnell ran ... Ok, ich weiß das Paßwort nicht mehr, aber ich habe eine Code-Knack-Diskette, von meiner Familie weiß aber keiner, wo ich sie versteckt habe«. Matthias träumt davon, sich einen eigenen, neuen PC anzuschaffen: »Ja, ich hol mir jetzt eh bald wieder einen neuen Rechner, weil mein alter ist schon wieder veraltet ... Ich hol mir dann zwei Betriebssysteme auf einmal oder besser gesagt drei: Bios, Windows 98, Windows XP, weil es sind die drei besten, die es gibt. Windows XP zum Arbeiten, Windows 98 zum Spielen und Bios zum Programmieren«. An Matthias' Ausführungen zu den Betriebssystemen zeigt sich, daß sich seine tatsächlichen Kenntnisse im Computerbereich in Grenzen halten und er ein besseres Wissen vorgibt als er tatsächlich besitzt.

Computerspiele und LAN:

Matthias' Hauptinteresse hinsichtlich des Computers gilt dem Spielen von Computerspielen, die einen wichtigen und zeitintensiven Teil seines Lebens ausmachen. Matthias besitzt keinen Internetanschluß, weshalb er keine Online-Spiele spielt. Er wendet sich dagegen hauptsächlich Strategiespielen wie »Command und Conquer« und »Age of Empire« sowie Ego Shootern[923] wie Counterstrike zu. Die jeweiligen Spiele wählt Matthias nach seiner aktuellen Stimmung aus: »Ja eigentlich schon oder etwas was ich schon lange nicht mehr gespielt habe, worauf ich mal wieder richtig Lust darauf hätte. Also bei mir ist es normalerweise so, an einem Tag spiele ich eher so Ego Shooter und am nächsten Tag dann Strategie, Rollenspiele habe ich jetzt auch noch eines ... die sind auch nicht schlecht. Das habe ich auch dabei, nur das ist ... Rollenspiel kann man nicht direkt sagen, Metzelrollenspiel sagen wir es eher so ... Diablo 2, ... das habe ich auch unten drauf«. Zwar grenzt sich Matthias vehement gegen Gewaltspiele wie »Doom« ab, dennoch favorisiert er durchaus Spiele mit starkem Gewalthintergrund. Um sich zu rechtfertigen, betont er deren realistisches Setting: »Nein, so etwas spiele ich nicht, so etwas nicht. Eher dann so realistisch: Zweiter Weltkrieg«. Matthias zeigt sich fasziniert von aufwendig gestalteter Computergraphik und -animation, in der ein möglichst komplexes Setting abgebildet ist (»Fahrzeuge, Flugzeuge, Schiffe«).

---

923 Vgl. dazu Kapitel 13 »Glossar«.

9 Jugendliche am Computer zu Beginn des 21. Jahrhunderts

Auch mehrere LAN-Partys hat Matthias schon besucht: »Ja eine habe ich schon selber gemacht, da waren wir aber nur zu siebt. Mehr haben da nicht reingepaßt ins Gartenhaus. Dann war ich einmal auf einer mit zwanzig. Und dann auf einer mit vierhundert. Also, das war heftig, ... eineinhalb Tage, wovon ich gerade einmal eine Stunde geschlafen habe ... Wenn dann schon richtig. Ja, die mit den zwanzig Leuten vor zwei Wochen, die war auch nicht schlecht, nicht schlecht«. Bei den LAN-Partys, die Matthias besucht, werden immer wieder illegal CDs kopiert. Auch Matthias kopiert derartige Daten: »Da versteckt man meistens die CD, Hosentasche, weil die dürfen nur am PC suchen, Hosentasche oder so nicht, Rucksack auch nicht, am Leib net ... das muß man dann schnell verschwinden lassen dann sozusagen oder man deponiert so lange alles auf dem Klo und macht den Namen drauf. Das ist dann auch gut ... Ja, man brennt sich halt gegenseitig immer Spiele, der eine ... man lädt sich's halt aus dem Internet runter, brennt sich's, brennt es dem anderen oder so«.

Das Hauptinteresse von Matthias auf den LAN-Partys, aber auch bei sich zu Hause am Computer gilt dem Spiel Counterstrike[924]. An dem Spiel fasziniert Matthias vor allem die taktische Ausrichtung: »Die Taktik – weil bei Counterstrike lohnt es sich nicht, einfach drauflos zu stürmen. Da muß man schon bestimmte Ziele erfüllen und wenn man die halt nicht erfüllt, dann ist die Mission verloren. Dann fängt man noch einmal neu an und man hat weniger Startgeld«. Matthias schätzt bei Counterstrike – aber auch bei anderen vergleichbaren Spielen – besonders das Spiel im Team: »Das ist ein Team-Spiel, im Team spielen. Jetzt habe ich mir gerade ein neues Spiel gekauft. Da sind die Teams etwas größer, bis zu zwanzig Spieler, bei Counterstrike geht es nur bis zu zehn hoch. Da ist dann schon mehr Team-Spiel angesagt, weil jede Partei hat zweihundertfünfzig Punkte und wenn man da neu einsteigt, wenn man einen Bildschirmtod erlebt hat, dann wird ein Punkt abgezogen. Und wenn das Konto null erreicht wird, ist es fertig. Das Spiel ist also dann noch viel besser, weil da gibt es noch Fahrzeuge, Flugzeuge, Schiffe, alles das so...«. Welche Rolle ihm beim Spielen von Counterstrike zufällt, ist Matthias nicht so wichtig. Vielmehr zählen für ihn eben Strategie und Teamspiel: »Ja es ist eigentlich egal, es gibt Ding äh ... bei CS-Maps also Geiseln retten, da sind die Terroristen auf Defensive, bei AS da muß man eine bestimmte

---

924 Es ist etwa von insgesamt 500.000 deutschen Counterstrike-Spielern auszugehen. Das Spiel Counterstrike wird mit dem Amok-Lauf des Erfurter Schülers Robert Steinhäuser in Verbindung gebracht. Robert Steinhäuser tötete am 26.4. 2002 am Gutenberg-Gymnasium in Erfurt mehrere Lehrer und anschließend sich selbst. Der Fall wurde paradigmatisch für die Debatte über die Schädlichkeit von gewaltorientierten Computerspielen. Robert Steinhäuser muß vor allem Counterstrike, allerdings in veränderten Versionen gespielt haben. Dies hatte ein öffentliches Verfahren hinsichtlich der Indizierung dieses Spiels zur Folge, auf die jedoch verzichtet wurde.

Person umbringen, einen VIP, da sind die Terrors auf Defensive und bei Bombe legen, da sind die Terrors auf Offensive. Also es ist fast ausgeglichen. Da gibt es noch Fun-Maps wo gar kein Ziel ist, da muß man die anderen einfach beseitigen«. Das Teamspiel ist für Matthias jedoch nicht nur mit positiven Gefühlen verbunden. So erlebt Matthias immer wieder eine gewisse Frustration bei Mißerfolg: »Wenn man die ganze Zeit nur Bildschirmtode erlebt hintereinander, ohne selbst jemanden abzuschießen, regt das auf ... besonders wenn es um Clanspiel geht, Clans gegen andere geht, nur wenn man da Punkte verliert und in der Liga weiter runterrutscht oder so, das ist dann auch genau wie im Sport halt ...«. Wegen seiner begrenzten finanziellen und zeitlichen Ressourcen ist Matthias kein Mitglied eines Clans, obwohl er gerade die Notwendigkeit erfolgreichen Clan-Spiels betont: »Nee, nur LAN, weil Internet habe ich zu Hause keins. Ich könnte sonst nur jeden Freitag trainieren, das ist nicht gerade gut«. Hier zeigt sich wiederum, daß Matthias im Freizeitbereich großen Wert darauf legt, Erfolge zu erleben, die ihm in seinem eher tristen Alltagsleben verwehrt bleiben, er aber selbst in diesem Freizeitbereich deutliche Begrenzungen erfahren muß. In dem Sinne halten sich Matthias Spielerfolge in einem engen Rahmen: »Ach das geht etwas länger ... Man achtet genau darauf, wie gut die Leute sind. Weil es gibt einen Clan, den besten der Welt, der aus Deutschland ist, Alternate. Die werden gesponsert von verschiedenen Firmen, kriegen einen Internet-Anschluss gestellt und so, weil die auch bei großen Turnieren mitmachen und da auch viele Geldpreise gewinnen, die suchen da halt nur die guten Leute aus. Ich hätte da keine Chance in den Clan reinzukommen, weil die Rate liegt bei vier ›kills‹ zu einem ›death‹. Bei Ihnen da liegt die Rate bei bis zu dreißig ›kills‹ zu einem ›death‹ und da ist es ein bißchen schwer einen guten Clan zu finden oder man macht selber einen auf«. Matthias führt seine begrenzten Erfolge im Counterstrike-Bereich auf seine eingeschränkten Trainingsmöglichkeiten zurück: »Ja, ich trainiere schon etwas länger ... Weil mein Rechner 166, da hat es noch nicht richtig funktioniert«. Mit seinem fehlenden Internet-Anschluß haben seine Leistungsdefizite im Spielen von Counterstrike aber seiner Ansicht nach nichts zu tun: »Nee, es gibt auch Computergegner dafür ... Zum Üben dann Trainingsprogramme. Mit dem Neuen, da gibt es auch eine Einzelspielerkampagne und so«. Eine Begrenzung erlebt Matthias zudem dadurch, daß er nicht in der Lage ist, die Spielpläne für Counterstrike zu verändern: »Ja kann man auch, ja das ist ein bißchen schlecht, denn der Map-Editor ist komplett in Englisch gehalten, das ist ein bißchen schlecht, das kann man nicht mehr umprogrammieren und die Entwickler können keine neuen mehr machen, denn der ist schon fertig, aber der ist nur für Condition II den zweiten Teil von Counterstrike«. Damit stößt Matthias auch im von ihm glorifizierten Computerbereich immer wieder an seine Grenzen. Dennoch bildet das Spielen von Computerspielen für Matthias eine breit gefächerte virtuelle Hintergrundfolie zu seinem immer wieder tristen beruflichen und schulischen Alltag.

Zum Stellenwert des Computers:

Der Computer spielt in Matthias' Leben nach seiner eigenen Bewertung eine wichtige Rolle: »Schon, ohne Computer, naja lieber nicht ... Zum Beispiel bei Counterstrike, da kommt ja immer wieder etwas Neues heraus, die machen da immer wieder neue Computergegner rein, das ist niemals zweimal das gleiche Spiel, damit sich nichts gleicht im Namen, daß die Gegner immer andere Wege machen und so. Das ist dann das Gute. Bei Strategiespielen sind sie noch nicht zu arg weit, weil da gibt es manchmal nicht die Möglichkeit, weil da gibt es zwei Wege zu einer Basis, da kommt dann zweimal links einmal rechts und dann zweimal rechts wieder. Da gibt es dann keine andere Möglichkeit. Da spielt man dann fast immer dasselbe. Bei Ego Shootern ist Strategie drin, da ist das anders«. So sind es mehrere Aspekte, die Matthias' Faszination für Computerspiele ausmachen: Einerseits bewundert Matthias die Möglichkeiten technischer Simulation virtueller Wirklichkeiten und schätzt dabei besonders die breitgefächerte Abwechslung. Andererseits deutet sich ein bereits aus den Baerenreiter-Fällen erkennbarer metaphysischer Überschritt insofern an, als Matthias' Begeisterung gerade der technischen »Schöpfung« immer neuer Möglichkeiten gilt.[925] Jedoch auch der Action- und Kampfaspekt macht einen entscheidenden Teil seiner Spielfaszination aus: »Wenn man dann so Rundenspiele, das hasse ich ... nur wenn man zwischen drin auch eine Schlacht führen kann, das ist dann auch nicht schlecht, zum Beispiel ›Shogun‹ oder ›Medieval‹, halt in Europa oder Japan Provinzen einnehmen, dort in Japan Reis anbauen, das ist geil dort und in Europa Weizen, dann halt immer Armeen aufbauen, Kanonen und so, dann Burgen stürmen und so ... Das ist nicht schlecht«. Würde der Computer fehlen, dann wäre Matthias' Leben nach seiner eigenen Einschätzung deutlich ärmer an Erfolgen: »Oh je. Sagen wir so nach einem Erfolg beim Computerspiel ist man meistens happy, nur dann wenn die Mutter reinkommt und sagt aufhören, dann ist man gleich wieder auf dem Tiefpunkt ... Das ist das eine, was es dann nicht geben würde, daß man nicht so viele Erfolge haben könnte, sozusagen jetzt in der virtuellen Welt, dann halt noch Ding, und dann...«. Wegen der hohen Bedeutung für sein Leben verbringt Andreas viel Zeit am Computer und kennt Phasen, in denen er die Zeit beim Computerspielen vollständig vergißt: »Von einer LAN-Party wollte ich einmal heimkommen. Wann bin ich heim gekommen zwei Tage später ... Meine Mutter kam dann runter mit dem Hund und ich so, ja, ja, ich komme morgen heim und dann zwei Tage

---

925 Vgl. dazu Kapitel 8.1.8 »Metaphysische Implikationen der Computernutzung« und Kapitel 6 »Religion und religiöse Valenz« sowie Kapitel 10.3 »Dimensionen religiöser Valenz«.

später ... Die wußten schon wo ich bin. Ich bin computerfanatisch sagt mein Vater zu mir«.

Matthias verbringt gerade am Wochenende viel Zeit mit dem Computer: »Also unter der Woche, wenn ich schaffen muß oder Schule habe oder sonst irgendwas zwei Stunden maximal drei, dann halt noch lernen und das ganze übliche Zeug und am Wochenende kommt es dann an den zwei Tagen einschließlich Freitagabend, kommt es manchmal schon auf 30 Stunden hoch, nur am Wochenende«. Matthias meint, daß seine anderen Hobbys wegen seiner intensiven Computernutzung nicht leiden. Allerdings greift sein Vater regelmäßig ein, da Matthias nicht in der Lage ist, seiner Computerspiel-Leidenschaft wirklich Grenzen zu setzen: »Nein, wenn ich Training habe, lasse ich einfach das Computerspielen ausfallen, oder so, und wenn ich am nächsten Tag eine Arbeit in der Schule schreibe, dann macht mein Vater halt Schlüssel – Klick – Tür zu, auch fertig«. Matthias' Vater ist wenig begeistert vom Computerhobby seines Sohnes: »Nee, na ja, wenn er erfährt, daß ich ein neues Spiel gekauft habe, dann heißt es, ah immer dafür Geld ausgeben«. Verständnis findet er eher bei seiner Mutter, die selbst gerne PC-Spiele spielt. Doch auch die Mutter und die Schwester stören Matthias' Computerfaszination: »Ich bin nur mies, wenn ich am PC hocke und meine Mutter kommt und sagt, laufe mit dem Hund, dann bin ich mies, dann sage ich, lauf selber, ich habe zu tun. ... Da werde ich aggressiv. ... Hmm, meine Schwester hat es schon gespürt, CD-Hülle. Ich habe nicht getroffen, ich hab nur die Glastür getroffen, die dann zerbrochen ist«. So ist Matthias' Faszination für Computerspiele durchaus mit einer gewissen Aggression verbunden.

Die Spannung von Erfolg und Mißerfolg bildet das entscheidende Thema von Matthias' Leben. Seine realen Erfolge bleiben in einem sehr beschränkten Rahmen. Daher legt Matthias großen Wert auf Erfolge in der virtuellen Welt. Doch auch im virtuellen Bereich stößt Matthias – wie sich gezeigt hat – immer wieder an seine Grenzen. So lassen sich im Interview auch für den virtuellen Bereich immer wieder Spannungen zwischen Matthias' Präsentation als »Gewinner« und bestimmten Zwischensätzen erkennen, die es ermöglichen auf seine tatsächliche Situation, die sich deutlich weniger erfolgreich gestaltet, zu schließen. Allerdings spielt der Computer, obwohl Matthias auch hier an gewisse Grenzen stößt, eine extrem wichtige Rolle in seinem Leben. So ist es ihm möglich, seine realen Defizite zumindest in gewisser Weise virtuell zu kompensieren und seinen Alltag zu vergessen. In dem Sinne taucht Matthias aus seinem realen Leben ab in die unbegrenzten Möglichkeiten virtueller Welten. Dabei ist für ihn bei seiner Spieleauswahl weniger ein bestimmtes Genre an Computerspielen entscheidend, sondern vielmehr die Tatsache, daß es ihm möglich ist, die für ihn wichtigen Erfolge zu erleben. Matthias zeigt sich zudem fasziniert von der Computertechnik und ihren Möglichkeiten, neue Welten zu schaffen. Hier werden wiederum – wie es bereits für die Baerenreiter-Studie zu verzeichnen war – metaphysische Interpretamente erkennbar.[926] Matthias versteht seinen Computerumgang in Abgrenzung zu seiner Umwelt. Der Computer gibt ihm das Gefühl, etwas Besonderes zu sein. Eine Gefährdung geht nach Matthias vom Computer nicht aus. Entsprechende Überlegungen weist er zurück und distanziert sich von einer Spielekultur, wie er sie im Spiel »Doom« vertreten sieht. Auch hier taucht bei Matthias wiederum das Motiv individueller Abgrenzung und der Versuch auf, sich den Anstrich besonderer Exklusivität zu geben.

9.2.2 Jugendliche Eliten als Multiuser

Bei den männlichen Jugendlichen finden sich Multiuser, die die Möglichkeiten des Computers voll ausschöpfen können und einen freien Zugriff auf entsprechende Hardware und das Internet besitzen. Diese Jugendlichen können auch das Potential zur Identitätssimulation, das der Computer gerade in seinen neu-medialen Anwendungsformen bietet, voll nutzen. Zu diesem Typus gehört der 16-jährige Peter.

Zur biographischen Situation:

Peters Vater ist in der Autobranche tätig, seine Mutter ist Hausfrau. Peter hat zwei Schwestern und kommt – wie er betont – aus einem kleinen Ort, der von seiner Schule – einem Gymnasium – etwa 15 Kilometer entfernt ist. Dort besucht er die 10. Klasse. Peter wohnt in diesem Ort – wie er selbst bemerkt – »in so einem schönen Haus«. Durch diese Bemerkung sucht er den gehoben Sozialstatus seines Elternhauses zu unterstreichen. Peter betont, keine spezifischen Hobbys zu haben. Auch seine Computerbeschäftigung versteht er nicht als ein solches: »Ich habe keine Hobbys eigentlich. Ich spiele Handball, um ein bißchen Sport zu machen und sonst weggehen abends oder so ... Und ich interessiere mich sehr für Computer«.

Zum Computerumgang:

Peter hat seit Beginn seiner Grundschulzeit Kontakt mit dem Medium Computer und kann bereits jetzt auf eine ausgedehnte »Hardware-Biographie« zurückblicken. Dem Umgang mit dem Computer kommt für Peter eine herausgehobene Stellung unter seinen sonstigen Freizeitbeschäftigungen zu. So verbringt er viel Zeit am Computer und besitzt einen eigenen Internetzugang: »Ja, ich, es ist schon, ich weiß nicht, ich verbringe viel Zeit an meinem Computer und ich laß ihn auch immer laufen. Um Musik zu hören habe ich den und, was weiß ich, um für die Schule etwas zu machen, oder, er ist eigentlich immer am Laufen«. Der Computer ist permanent eingeschaltet.

---

926 Vgl. dazu Kapitel 8.1.8 »Metaphysische Implikationen der Computernutzung« und Kapitel 6 »Religion und religiöse Valenz« sowie Kapitel 10.3 »Dimensionen religiöser Valenz«.

9.2 Einzelfallstudien: Männliche Computeruser zu Beginn des 21. Jahrhunderts

Explizit verbringt Peter etwa fünf Stunden am Tag an diesem Medium. Seine Haupttätigkeiten bestehen im Hören von Musik – Peter besitzt keine gesonderte Stereoanlage –, im Herunterladen von Musik und Filmen sowie in Applikationen für den schulischen Bereich wie im Erstellen von Referaten und im Organisieren von Informationen. Durch den Computer gelingt ihm der Zugriff auf internationale Medienprodukte, die ihm sonst unzugänglich bleiben würden und denen in dem Sinne eine gewisse Exklusivität zukommt: »Ja genau, die kann man nicht gucken im Fernsehen hier. Deswegen muß ich sie mir herunterladen alle. Dann lade ich halt tagelang die ganzen Folgen runter und packe meine Festplatte damit voll und manchmal spiele ich bei Freunden online und manchmal arbeite ich auch für jemanden. Ich mache Web-Seiten. Und ja manchmal spiele ich auch«.

Computerspiele und LAN:

Peters Hauptinteresse gilt den Computerspielen. Dabei hat Peter zunächst vor allem Counterstrike gespielt und widmet sich jetzt Rollenspielen. So begleiten unterschiedliche Interessensschwerpunkte jeweils bestimmte Adoleszenzabschnitte und lösen einander ab. Besonderes Augenmerk legt Peter bei diesen Computerspielen auf den Aspekt der sozialen Interaktion, weshalb er diese vor allem online spielt: »Ich spiele, ich habe früher Counterstrike gespielt, was ich jetzt nicht mehr ... so mag. Ich spiele mehr jetzt Rollenspiele online ... Äh, ich hab, das heißt, »Anarchy Online«. Ich glaube, da habe ich »subscribed«, also ich habe ein Konto bei denen eröffnet, da habe ich für drei Monate gespielt, das ist ein reines Online-Spiel gewesen, das fand ich sehr witzig und jetzt überlege ich mit dem ... also ich spiele mit dem Gedanken, weil ich hab da ein paar Freunde in England, weil ich da mal gewohnt habe und die spielen jetzt ein Spiel und da habe ich mir gedacht, daß ich mir das auch hole, daß wir dann zusammen spielen können. Das ist gesellig«.

Gerade der Aspekt der Geselligkeit interessiert Peter. Im Rahmen seiner Überlegungen zum Erwerb eines neuen Spiels wird wiederum deutlich, daß Peter die Möglichkeiten neuer Medien nutzen kann, um seine internationalen Kontakte virtuell zu pflegen.[927] Dabei sind diese Kontakte zunächst nicht virtuell entstanden, werden von ihm aber – mit Hilfe der neuen Medien – virtuell weiter verfolgt. In Peters Fall gehen die Kontakte jedoch über alltäglichen Informationsaustausch noch hinaus, weil es ihm um eine gemeinsame Partizipation an virtuellen Fantasy-Welten geht. Vom Spiel »Counterstrike« hat sich Peter aus Frustration abgewandt. Er sah sich einer andauernden Erfolglosigkeit ausgeliefert: »Counterstrike, ich fand es einfach mal ... es ist einfach actionreich und witzig so zwischendurch und ähm ja auch, daß man halt nicht nur schießt, sondern auch halt man im Team arbeiten kann, aber ich

---

[927] Vgl. dazu Kapitel 9.3.5 »Der Computer als Medium globaler Kommunikation jugendlicher Eliten«.

habe den Spaß daran verloren, weil ich einfach zu schlecht war. Es gab Leute, die haben stundenlang gespielt und ich war halt ... da wird man nur abgeschossen, wenn man am Ende ist. Man muß trainieren«. Es sind die Faktoren soziale Interaktion, Spielwitz und Action-Reichtum, die Peter am Spielen von Computerspielen reizen. Diese sucht er nun in den entsprechenden Rollenspielen: »Ein Rollenspiel ist eigentlich so, daß ... man wählt sich halt einen Charakter aus ähm, den kann man gestalten wie man will, im Gesicht weiblich, männlich, gibt dem halt einen Namen und dann hat man bestimmte Fähigkeiten, die man trainieren kann, je nachdem, was einem gerade paßt und ähm ... Ich wechsle, ich habe nicht immer denselben Charakter, ich hole mir immer einen neuen und wechsle auch ständig den Namen und so«.

In Peters Fall sind die Simulationsmöglichkeiten von Identität durch die neuen Medien besonders gut zu erkennen. Er wählt sich Charaktere mit bestimmten Fähigkeiten aus und gestaltet diese ganz nach seinen Vorstellungen. Dabei wechselt er regelmäßig die Charaktere, wobei er weibliche Gestalten bevorzugt: »Aber ich ähm, wenn ich Rollenspiele spiele, spiele ich eigentlich immer einen weiblichen Charakter ... Weil es etwas anderes ist. Man hat dann die Freiheit etwas zu sein, was man will und dann habe ich mir halt gedacht, bin ich halt mal eine Frau, die da rumläuft«. Peter sucht virtuell Freiheiten, die ihm sein Alltagsleben so nicht bietet. Diese findet er vor allem dadurch, daß er einen Geschlechterwechsel vollzieht und in der Virtualität eine weibliche Geschlechterrolle wählt. Auffallend dabei ist hinsichtlich der Debatte um »virtuelle« und »reale« Identität, daß die virtuellen Verkörperungen von Peter schnell wechseln und in dem Sinne keine Kontinuität zu beobachten ist.[928] Peter strebt vielmehr die vollkommene Freiheit der Selbstexploration an. Anleihen für etwaige Gestaltungsmöglichkeiten nimmt er dabei aus dem Fantasy- bzw. Science Fiction-Bereich. Damit schafft auch Peter sich explizit eine virtuelle Hintergrundfolie zu seinem realen Leben: »Ich hatte, ich, ... ich lese viele Fantasy- und Science Fiction-Romane und dann nehme ich oft so Anlehnung daran, also einmal zum Beispiel, einmal einer, der war ganz einsam immer und der hat ... äh, der ist bei Folterern aufgewachsen in der Gilde und der hat ein ganz dunklen, dunkles Gemüt gehabt und war trotzdem immer relativ hilfsbereit zu allen Leuten und so einen hatte ich mal kurz angefangen zu spielen, auch«. Peter wählt explizit eine Gestalt, die schwer gelitten hat, aber dennoch ihren Mitmenschen mit einer positiven Grundhaltung begegnet. Das Setting ist für Peter letztendlich aber nicht wirklich entscheidend. Vielmehr zählt für ihn der Gemeinschaftsaspekt: »Na es kommt eigentlich darauf an, wie gut das so ist und wie viele auch spielen, weil um so mehr das spielen, macht es halt, das ist halt witziger. Aber ich finde Science Fiction eigentlich besser als mit Schwertern und so ... Das hat Vorrang, weil sonst könnte ich ja auch alleine spielen«.

---

928 Vgl. dazu Fink / Kammerl, Virtuelle Identitäten, S. 10ff.

9.2 Einzelfallstudien: Männliche Computeruser zu Beginn des 21. Jahrhunderts

Für sich alleine spielt Peter jedoch auch. Wenn er alleine spielt, dann aber zumeist Strategiespiele. Hier bevorzugt er Spiele wie C&C Generals. In dem Kontext zeigt sich wiederum, daß Peter gerade im Bereich »Computerspiele« Interesse an multiplen Anwendungsformen und Sozialformen zeigt. So spielt Peter derartige Spiele auch regelmäßig im lokalen Netzwerk – im LAN: »Ja, schon öfters eigentlich, bestimmt alle zwei Monate einmal oder so, mit ein paar Freunden, also nicht auf den riesigen, sondern so zu acht in einem Keller ... Da wird einfach angerufen und alles zusammengetrommelt. Wir haben einen Switch, ein Freund hat einen Switch, und dann setzen wir uns halt hin, bringen unsere Cola selbst mit. Dann sag ich mal, wird es halt gesellig, da wird die neue Musik ausgetauscht und neue Filme werden halt ausgetauscht und dann spielen wir halt zusammen«. Wieder geht es Peter bei den Computerspielen zunächst vor allem um den Aspekt der Geselligkeit. All diese Spielmöglichkeiten kann Peter verwirklichen, weil ihm seine Eltern entsprechende finanzielle Ressourcen zur Verfügung stellen und sein Vater eine Flat-Rate finanziert.

Chatten:

Die Möglichkeiten des kostenfreien Internet-Zugangs nutzt Peter jedoch weniger, um zu chatten. Auch hier ist bei ihm wiederum eine spezifische Weise des Computerumgangs nach einer experimentellen Phase abgeschlossen. Wirkliches Interesse zeigt er nur noch für das Chatten im Kontext von Rollenspielen: »Ich habe früher mal gechattet, aber das macht mir eigentlich keinen Spaß, das macht mehr Spaß, wenn ich, wenn man im Spiel chattet zusammen, das ist witziger ... Ich hatte, ICQ das Programm und dann war ich auch mal auf chat.de oder so und ... aber das ist halt immer das Problem, weil ich niemandem irgendwie glauben kann, was er sagt, da macht es einfach keinen Spaß mit Leuten zu reden, weil was weiß ich, wer da sitzt. Und deswegen habe ich es aufgehört«. Peter unterscheidet zwischen der Chat-Kommunikation in Chat-Räumen und der Chat-Kommunikation im Rahmen von Rollenspielen. Für die Chat-Kommunikation in Chat-Räumen lehnt er die Möglichkeiten virtueller Imagination und Selbstsimulation ab und empfindet diese als störend. Peter hatte längere Zeit einen festen Kontakt über Chat mit einer »Brieffreundin«. In dem Sinne wird für ihn die nicht auf Rollenspiele bezogene Form der Chatkommunikation zum Briefersatz: »Ich hatte mal eine Brieffreundin, die hatte ich über ein Jahr lang, hab ich mit der gemailt, die lebte in der Türkei, in der deutschen Schule in der Türkei und es war eigentlich ganz nett mit der zu schreiben, aber das hat sich dann auch irgendwann verloren. Das war nichts Großes«. Auch diese virtuell gestützte Brieffreundschaft zeigt, daß Peters Computergebrauch immer wieder auf internationale Vernetzung abzielt.

9 Jugendliche am Computer zu Beginn des 21. Jahrhunderts

Web-Seiten:

Peter nutzt den Computer für multiple Anwendungen. So verdient er sich etwas zusätzliches Geld durch das Erstellen von Web-Seiten: »Ja, die suchen speziell so Schüler halt, weil die nehmen nicht viel Lohn und arbeiten gut – deswegen«. Diese Web-Seiten erstellt Peter z.B. für Handwerksfirmen: »So von Firmen, das sind so von Firmen. Ich habe da einen Mann, der verteilt mir halt die Kunden und ich mache dann die Web-Seiten ... Das ist so wie ein Visitenkartennetz, also nichts Großes, sondern so Maler – irgend etwas – sucht – Web-Seite. – und dann mache ich das«. Bereits im Fall von Peter zeigt sich, daß das Erstellen von Web-Seiten und Computerprogrammen zu einer gängigen Einnahmequelle zahlreicher männlicher Jugendlicher geworden ist.[929] Dieser Aspekt der Computernutzung nimmt jedoch keinen derartig hohen Stellenwert in Peters Alltagsleben ein.

Zum Stellenwert des Computers:

Da Peter den Computer in multiplen Funktionen nutzt, kann er sich auch nicht vorstellen, ohne den Computer zu leben. So besitzt der Computer einen hohen Stellenwert für Peters Leben: »Er ist sehr wichtig ... Wenn er fehlt, wäre mir langweilig, einfach, glaube ich, weil erstens könnte ich keine Musik mehr hören«. Peter braucht den Computer, um seine Langeweile im Alltag zu vertreiben. Er betont jedoch auch seine Unabhängigkeit gegenüber dem Medium, die ihn z.B. in den Urlaub fahren läßt, ohne den Computer wirklich zu vermissen. »Ich glaube schon, daß mir langweilig wäre, aber ich kann auch in den Urlaub fahren, da vermisse ich meinen Computer nicht, aber, aber es ist einfach ... also manchmal habe ich einfach Lust zu spielen, ich kann nicht immer lesen den ganzen Tag, das finde ich einfach langweilig, glaube ich ...«.

Es sind jedoch auch weitere tiefergehende Motivationen der Computernutzung bei Peter zu finden. So ist die wettkampfartige Auseinandersetzung mit der nichtmenschlichen Technik für ihn ein wichtiger Motivationsfaktor: »Das ist einfach das Denken, ... überlegen gegenüber dem Computer zu sein. Eigentlich, daß man auch schwerer, ... da gibt es mehrere Schwierigkeitsstufen. Daß man schwer auch gewinnen kann, daß man immer neue Taktiken hat und so. Auch im Netzwerk macht das sehr viel Spaß«. Aufgrund dieser Motivation hatte Peter auch nie Schwierigkeiten im Umgang mit dem Computer. Vielmehr empfand er die Suche nach entsprechenden Lösungen als extrem motivierend: »Nein, das hat mir immer richtig Spaß gemacht, immer wenn, also, ich habe es bei meiner Schwester gesehen, wenn die ein Problem hatte, ist sie immer ausgerastet und ich habe mich immer gefreut drauf, weil dann habe ich immer rumgesucht und irgendwann hat es dann funktioniert«.

---

929 Vgl. dazu Kapitel 8.1.5 »Der Computer als Symbol der Leistungsgesellschaft« sowie Kapitel 9.2.6 »Web-Design als kommerzieller Nebenverdienst«.

9.2 Einzelfallstudien: Männliche Computeruser zu Beginn des 21. Jahrhunderts

Neben dieser Freude am wettkampfartigen Testen der eigenen Fähigkeiten bietet der Computer für Peter – wie bereits hinsichtlich der Rollenspiele entfaltet – die Möglichkeit, in entsprechende virtuelle Welten, gleichsam als virtuelle Hintergrundfolie zu seinem Alltagsleben, abzutauchen, um seine Alltagssorgen zu vergessen. Dabei deutet sich bei ihm ein Ineinanderfließen von virtueller Welt und des realen Alltagslebens an: »Also, ich hab mal so ... meine Schwester liest immer so Problembücher und ich denke mir einfach, ich denke jeder Mensch hat genug Probleme, also ich leb nicht, ich leb nicht in einer Welt, aber ich habe einfach mehr Spaß daran, was zu lesen, was nicht wirklich existiert, weil ich dann meine Fantasie auch wirklich ausleben kann und nicht über irgendwelche Probleme reden muß«.

Auch ein metaphysischer Überschritt deutet sich bei Peter insofern an, als er die Schönheit dieser technisch erschaffenen Welt besonders bewundert[930]: »Ja, ich find es auch mal schön, wenn man sieht, wie ausgestaltet das ist und wie das alles funktioniert und so, das finde ich sehr, sehr schön«. Es geht ihm um ein Staunen über die technische Kreatur. Es sind die unbegrenzten Möglichkeiten der Technik, die ihn besonders faszinieren: »Auf jeden Fall, ja, das ist ... man hat unbegrenzte Möglichkeiten, weil man überall hingehen kann auch ...«. Durch den Computer erlebt Peter eine radikale Entgrenzung seines Lebensbereiches.

Peter ist ein Vertreter einer jugendlichen Elite, die über eine entsprechende Hardware und einen eigenen Internetzugang verfügt. Diese Elite kann multiple Nutzungsaspekte, die das Medium Computer bzw. das Internet bietet, entsprechend ausschöpfen und besitzt die Kompetenz und die finanziellen Mittel dazu. Diese jugendlichen Eliten entscheiden souverän über die jeweils gewählten virtuellen Sozialformen und unterhalten – vermittelt durch eine entsprechende Computernutzung – globale Kontakte. Dabei geht derartigen Begegnungen globalen Charakters zumeist eine Realbegegnung voraus. Im Fall von Peter werden die Möglichkeiten zur Identitätssimulation und zum Geschlechterwechsel im Kontext von internetgestützten Rollenspielen besonders gut erkennbar. Auch bei Peter tauchen insofern metaphysische Dimensionen seiner Computernutzung auf, als er das Staunen über die Schönheit des technisch Simulierten und eine wettkampfartige Auseinandersetzung mit der Technik kennt.[931] Peter erkennt die Ambivalenz der Computertechnik, glaubt aber selbst nicht gefährdet zu sein. Dennoch ist sein Verhältnis zum Computer sehr emotional besetzt. Bei Peter ist zudem das Phänomen zu beobachten,

---

930 Vgl. dazu Kapitel 6 »Religion und religiöse Valenz«, Kapitel 8.1.8 »Metaphysische Implikationen der Computernutzung« sowie Kapitel 10.3 »Dimensionen religiöser Valenz«.
931 Vgl. dazu Kapitel 6 »Religion und religiöse Valenz« sowie 8.1.8 »Metaphysische Implikationen der Computernutzung« sowie Kapitel 10.3 »Dimensionen religiöser Valenz«.

daß die Schwerpunkte in der Nutzung des Computers (Spiele, Chat usw.) sich phasenweise abwechseln und bestimmte biographische Abschnitte innerhalb der Adoleszenzentwicklung begleiten. Diese sollen im folgenden noch genauer analysiert werden.

9.2.3 Der Computer als Lebensphasen begleitendes Übergangsobjekt

Die Interviews mit den männlichen Jugendlichen zeigen immer wieder, daß der Computer in bestimmten biographischen Phasen besonders intensiv genutzt wird, jeweils unterschiedliche Schwerpunkte des Computerumgangs vorherrschen, die wiederum von anderen Formen abgelöst werden bzw. ganz zurücktreten. Ein Beispiel für derartige Phänomene bietet der Fall des 12-jährigen Mirco, der die 7. Klasse eines Gymnasiums besucht und eine solche Phase der Intensivnutzung hinter sich hat.[932]

Zur biographischen Situation:

Mirco hat keine Geschwister und betrachtet das Hören von Musik und Freunde zu treffen als seine Hobbys. Über seine Familie berichtet er nichts weiter und wirkt insgesamt recht verschlossen.

Computerspiele und LAN:

Eine zentrale Rolle hinsichtlich Mirkos Computerumgang nehmen Computerspiele ein. Hier bevorzugt Mirco Strategie- und Aufbauspiele und gibt nur ungern über die genauen Titel der von ihm bevorzugten Spiele Auskunft: »Alles Mögliche ... Strategiespiele ... so Aufbauspiele, WarCraft 3-mäßig ...«. Mirco spielt auch mit Freunden im LAN: »Ja wir machen öfter Netzwerk-Partys so zu fünft, zu sechst ... Das geht dann das ganze Wochenende durch. 48 Stunden vor dem Computer ... Das macht halt Spaß mit seinen Kumpels einfach gegeneinander und miteinander zu spielen«. Mirco schätzt an diesen privaten LAN-Partys vor allem das Gruppenerlebnis: »Im Internet machen wir das oder im LAN, besser gesagt, machen wir immer dann so Zweierteams so, daß sich dann zwei Völker verbinden und die bekriegen sich dann nicht und zwei Teams die kämpfen gegeneinander«. Besondere Strategien werden dabei jedoch eigentlich nicht entwickelt. Vielmehr geht es darum »zu überleben«: »Irgendwie nicht, einfach überleben halt«. Auch über die Spiele, die auf den LAN-Partys gespielt werden, gibt Mirco nur sehr zögerlich Auskunft. Es seien zwar Ego Shooter, aber andere Spiele als Counterstrike: »Nicht so bekannte Spiele, die sind auch nicht so extrem, da fließt auch kein Blut, also das ist nicht so übertrieben«. Mircos Zurückhaltung kann zwei Gründe haben. Entweder gestaltet sich der Umgang mit entsprechenden Spielen von Mirco und seinen Freunden weniger professionell als er sich den Anschein gibt oder

---

932 Vgl. dazu Kapitel 8.1.7 »Der Computer als Übergangsobjekt«.

9.2 Einzelfallstudien: Männliche Computeruser zu Beginn des 21. Jahrhunderts

die Jugendlichen spielen Spiele, die gerade für sie als Zwölf- oder Dreizehnjährige verboten sind. Letzteres ist vor allem deshalb wahrscheinlich, weil Mirco von einer Phase extremer Computerspielnutzung berichtet und auch davon erzählt, daß er noch am Abend diverse Serien und Filme im Fernsehen sieht. Dies deutet darauf hin, daß Mircos Mediennutzung keinerlei elterlicher Kontrolle unterliegt. Letzteres unterstreicht auch deutlich die Tatsache, daß Mirco als Zwölfjähriger zweitägige LAN-Partys besucht.

Chatten:

Mit Freunden chattet Mirco auch ab und zu, wobei das Chatten für ihn einen deutlich geringeren Stellenwert besitzt als Computerspiele: »Also da gibt es so interne Chatrooms, so ICQ und da braucht man dann so die IP Nummer und so und man muß die einloggen, da muß man dann spezielle Leute kennen. Aber so, wenn man sonst in einen offiziellen Chat-Room geht, da kann man einfach schreiben, wer will mit mir chatten, und dann ...«. Schwerpunktmäßig chattet Mirco – wie auch seine Freunde – eher mit Leuten, die er kennt. Auch den spielerischen Geschlechterwechsel im Chat hat Mirco bereits versucht und bezeichnet seine diesbezüglichen Erfahrungen als »lustig«. Dabei ging es ihm darum, diesen Geschlechterwechsel »einfach mal so« auszuprobieren.

Zum Stellenwert des Computers:

Mirco gesteht ein, daß er eine Phase der Intensivnutzung des Computers hinter sich hat. Diese Phase hat etwa ein Jahr gedauert. In dieser Zeit wollte Mirco auch unbedingt eine berufliche Laufbahn im Computerbereich einschlagen, wobei seine Berufswünsche sich wenig konkret gestalten: »Das wollte ich eine Zeit lang, weil ich eigentlich nur noch Computer gespielt habe, aber irgendwie jetzt nicht mehr ... Ich habe halt andere Sachen zu tun, mich mit Freunden treffen, ins Schwimmbad gehen«. Mirco bestreitet, daß er weniger Gelegenheit hatte, in dieser Zeit andere Jugendliche zu treffen. Vielmehr scheint sich seine Peergroup strukturell verändert zu haben: »Doch schon, aber ich hab mich halt dann nur mit denen, die mit mir spielen, getroffen«. Dennoch schätzt Mirco beide biographische Zeitabschnitte positiv ein, betrachtet aber eine derartige Intensivnutzung als abgeschlossen: »Es war eigentlich beides gut. Aber jetzt im Moment gefällt es mir halt so besser«. Aktuell spielt Mirco nach eigener Aussage acht, neun Stunden in der Woche, gesteht aber ein, daß es auch manchmal bis zu neun Stunden am Tag werden können: »Pro Woche ... also im Moment habe ich meinen Computer auseinander genommen, aber sonst zwischen einer Stunde und acht, neun«. Mirco kennt daher durchaus das Phänomen, am Computer Raum und Zeit zu vergessen: »Ja schon, weil wenn man mitten im Spiel ist, dann interessiert einen halt das drum rum nicht mehr so richtig, und ...«. Der Computer spielt im

Moment für Mirco keine derartig herausragende Rolle mehr. So hat er seinen Computer gerade auseinandergebaut und nutzt ihn hauptsächlich zum CD-Brennen. Mirco bemerkt daher, daß er den Computer nicht vermissen würde, wenn er ihn nicht mehr hätte. Die Phase einer Intensivnutzung ist für ihn abgeschlossen.

Im Fall von Mirco ist deutlich zu erkennen, daß das Medium Computer wegen verschiedener Nutzungsmöglichkeiten im Sinne eines Übergangsobjektes bestimmte Adoleszenzphasen begleitet. Mircos Interessensschwerpunkt lag dabei auf dem Aspekt der Computerspiele, denen er sich zeitweilig sehr intensiv widmete, wobei diese Phase für ihn abgeschlossen ist und sein Interesse für Computerspiele deutlich nachgelassen hat.[933] Bemerkenswert ist dabei, daß sich auch Mircos soziales Gefüge innerhalb seiner Peergroup verschoben hat und diese strukturelle Veränderung parallel zu seinem Verzicht auf eine weitere Intensivnutzung des Mediums Computer geschehen ist.

9.2.4 Der Computer als Instrument realitätsnaher Simulationen

Der Computer wird von männlichen Jugendlichen als Instrument für realitätsnahe Simulationen zu Themenfeldern wie »Luftfahrt« oder »Autofahren« genutzt. Damit gelingt es, daß – wie im Fall des 18-jährigen Max – eine virtuelle Hintergrundfolie entsteht, die für ihn mit sinnvollen Motiven – wie der zukünftigen Berufswahl – verbunden ist und sich als nicht zu weit von der Alltagsrealität entfernt erweist.

Zur biographischen Situation:

Max hat eine ein Jahr ältere Schwester, zu der er ein gutes Verhältnis besitzt. Seine Eltern sind beide berufstätig. Sein Vater ist Konstrukteur bei einer Automobilzuliefererfirma und seine Mutter Sekretärin. Beide Elternteile müssen eine nicht unerhebliche Strecke zur Arbeit zurücklegen. Max besucht das Gymnasium einer hessischen Kleinstadt. In der Kollegstufe hat er die Leistungskurse Mathematik und Physik belegt. Dies entspricht seinem naturwissenschaftlichen Interesse. Der Umgang mit dem Computer ist für Max – nach eigener Aussage – nicht sein Haupthobby. Lieber spielt er Fußball, wofür er dreimal die Woche trainiert, und gibt bei der evangelischen Kirchengemeinde Flötenunterricht, womit er immer wieder sein Taschengeld aufbessert. Max' Familie besucht die evangelische Kirchengemeinde regelmäßig.

---

933 Vgl. dazu Kapitel 6.6 »Exkurs: ›Spielräume‹« sowie Kapitel 8.1.7 »Der Computer als Übergangsobjekt«.

9.2 Einzelfallstudien: Männliche Computeruser zu Beginn des 21. Jahrhunderts

Zum Computerumgang:

Mit dem Computer hat Max seit 1996 zu tun, wobei sich seine Familie ein Gerät teilt. Dabei gibt es keine wirklichen Probleme, weil Max' Eltern tagsüber außer Haus sind und er sich mit seiner Schwester gut arrangiert. Max hat am häuslichen Computer Zugang zum Internet und nutzt diesen vor allem für schulische Zwecke, um sich Musik herunter zu laden, Geschenke über E-bay zu besorgen und für sein eigentliches Hauptinteresse am Computer: das Betreiben eines Flugsimulators: »Ja schon, also ähm, ja zum Beispiel Referate oder so, um da nachzugucken oder auch ja einfach Information für andere Interessen wie Flugzeuge oder so, da guck ich da auch mal, oder auch um sich da runterzuladen für den Flugsimulator z.B.«.

Computerspiele und LAN:

Der Flugsimulator bildet Max' eigentlichen Interessensschwerpunkt am Computer. Er begründet seine intensive Beschäftigung mit dem Flugsimulator mit seinem Berufswunsch, Fluglotse zu werden, räumt aber gleichzeitig ein, sich noch nicht gezielt Computerkompetenzen angeeignet zu haben, die er in diesem Bereich nutzen könnte. Zudem bemerkt er auf Nachfrage, warum er sich mit dem Flugsimulator beschäftige, wenn er Fluglotse werden wolle und nicht Pilot, daß es keine gute Simulation der Flugsicherung gebe: »Ja, genau, aber es ist halt so, daß es keine also gescheite Simulation von Flugsicherung gibt, deswegen«. Insgesamt entsteht bei Max der Eindruck, daß ihn der Flugsimulator vor allem losgelöst von seinen beruflichen Zielen interessiert. Dies zeigt sich darin, daß Max den Flugsimulator an einer späteren Stelle im Interview dem Bereich der Computerspiele zuordnet. Max verbringt jede Woche einige Stunden mit dem Flugsimulator: »Ähm, vielleicht äh, was weiß ich, in der Woche so 5 Stunden, 4 Stunden ja irgendwie so ... also das ist die reine Flugzeit und dann vielleicht noch so eine, anderthalb Stunden runterladen und das dann installieren«. In der Realität ist Max nur einmal als Passagier mitgeflogen und führt das finanzielle Argument als Grund dafür an: »Nein, ich bin einmal mit Segelflug geflogen, aber mitgeflogen und ansonsten nicht. Das ist auch wesentlich teurer«. Max interessiert sich ebenso für andere Realitätssimulationen, kann sich aber einen Ausbau seiner bestehenden Simulationsprogramme aus finanziellen Gründen nicht leisten: »Äh, also hauptsächlich fliegen, also ich habe mal geguckt, ob es sich irgendwie da was im Internet also runterladen lässt, also, ähm. Ich habe nicht so viel Geld, daß ich mir da so viel kaufen könnte und deswegen und ja so viel Zeit dafür habe ich dann jetzt auch nicht und deswegen ja, hab ich nicht ...«. So spielt das Thema »finanzielle Möglichkeiten« eine wichtige Rolle für Max. Daß die Nutzung des Flugsimulators weniger an Max beruflichen Zukunftsplänen orientiert ist, zeigt sich auch darin, daß er betont, den Flugsimulator zur Entspannung zu nutzen, und er seine Beschäftigung mit dem Flugsimulator dem Fernsehen vorzieht: »Ja, da kann man oder hat man zumindest das Gefühl, daß man noch etwas selber macht. Beim Fernsehen da hockt man sich nur davor und kann man genauso gut schlafen, also, irgendwie ...«. Der Flugsimulator bildet für Max den computergestützten Kontext, in dem er Raum und Zeit vergißt: »Ja, klar. Also, wenn man da irgendwo mal dabei ist, dann will man dies noch schnell fertig machen und dann stößt man auf ein anderes Problem und dann will man das wieder fertig machen, von wegen, ja teilweise ... ja, also ähm meistens sind es Flugzeuge, die man da eben runterlädt oder so und die dann äh, zu installieren ja braucht man schon seine Zeit und dann gibt es ja noch so virtuellen Flugverkehr, also daß man nicht nur allein fliegt. Dann muß man das noch einrichten, was ein bißchen zeitaufwendiger ist und so und ja, das muß man dann so ... dann ist man dann auch fertig«. Insgesamt betont Max, daß die Beschäftigung mit dem Flugsimulator ihm Spaß macht und er diese faszinierend und lehrreich findet: »Ja klar, das macht ja Spaß ... faszinierend ... Ja, da lernt man doch recht viel kennen«.

Für andere Computerspiele interessiert sich Max neben dem Flugsimulator und einfachen Spielen wie Solitär kaum: »Ja, halt Flugsimulator, äh, aber sonst ja so kleinere Spiele wie zum Beispiel Solitär oder so, aber jetzt so zum Beispiel Counterstrike oder was, das viel gespielt wird, überhaupt nicht«. Eine LAN-Party hat Max schon besucht, äußert sich aber kritisch zu diesem Genre, spielt sein eigenes Engagement bei dieser LAN-Party vehement herunter und räumt ein, daß seine Eltern gegen derartige LAN-Veranstaltungen sind: »Ja doch, da war ich schon, aber also, das macht auch mal Spaß, aber so das dauerhaft irgendwie da und meine Eltern sind auch dagegen. ... Ja, also ja und ich denke es auch selber, daß es Mist ist, weil also, mal ist in Ordnung, aber das die ganze Zeit zu machen, das wäre für mich nichts«. Diese gewollt distanzierte Haltung von Max zeigt sich auch, als er in seinem Bericht von der LAN-Party von seinen eigenen Erfahrungen ablenkt und auf die Erfahrungen der Freunde verweist: »Äh, das war ja bei unterschiedlichen bzw. meistens ist es halt in der Gemeinde, also im Kirchenraum auch. Da wurde es halt dann da gemacht und, ja, es ging halt dann meistens, es geht halt, ich bekomme es auch mit von Freunden, daß es über mehrere Tage geht und ähm ja, die nehmen sich dann halt alles mit, also Cola ohne Ende damit sie wach bleiben, bestellen sich dann Pizza, keine Ahnung ...«. Gespielt wird hauptsächlich Counterstrike, aber auch einige andere Spiele, an deren Namen sich Max zunächst nicht erinnert. Dennoch räumt Max ein, auch an den Spielen zumindest probeweise teilgenommen zu haben: »Ja, teils, teils, also manche hatten dann keine Lust mehr, die hatten dann in der Zeit etwas anderes gemacht, dann habe ich denen ihre ...«.

9.2 Einzelfallstudien: Männliche Computeruser zu Beginn des 21. Jahrhunderts

Chatten:

Max chattet auch, aber nur mit Leuten, die er kennt: »Ja, also ICQ, ähm, ja immer mal mit Freunden doch ... nein, also meistens, also bzw. nur mit Leuten äh, die man auch kennt halt, die halt teilweise weiter weg wohnen oder die man irgendwo im Urlaub kennengelernt hat, aber jetzt so anonym halt in irgendwelchen Räumen oder so eigentlich nicht«. Anonyme Chatkommunikation mit Leuten, die er nicht kennt, ist für Max weniger interessant, wenngleich er diese nicht grundsätzlich ablehnt: »Ja, ja eigentlich reizt es mich nicht, weil, ja, man weiß halt auch nie genau, was dahintersteckt. Also, so stören direkt würde es mich jetzt nicht. Ich könnte mir jetzt auch vorstellen, da mal hinzugehen, nur ich habe jetzt noch nichts gefunden, wo ich da mal hingehen kann und ja, ich weiß nicht, also mich reizt es halt nicht so«. So sieht Max auch keine Erleichterung darin, anonym über die eigenen Probleme kommunizieren zu können, sondern würde eher auf den Rat seiner Schwester zurückgreifen: »Ich glaube schon, daß es da bessere Ansprechpartner gibt, weil man weiß ja halt nie, wie alt die sind oder was für Interessen die haben und da ich ja auch mit meiner Schwester in einem relativ guten Verhältnis bin, daß ich da in jedem Fall zuerst einmal mit der reden würde, und ja ...«. Im Rahmen einer Straßenverkehrs-Simulation agiert Max in einem virtuellen Kommunikationsraum: »Halt mal, ähm, also ich habe noch, äh, fällt mir gerade ein, ja, so ähm, so ein Autospiel, wo man im normalen Straßenverkehr herumfährt, und ja, und da kann man das auch im Multiplayer, über das Internet spielen und da wird nicht direkt gechattet, aber da, unterhält man sich ja doch ein bißchen, aber jetzt nicht so viel«. Wieder ist es eine an der Realität orientierte Simulation, die Max' besonderes Interesse weckt. So finden sich im Kontext von Max' Computernutzung Bereiche, die ihn stark faszinieren und andere, denen er – auch beeinflußt durch das Urteil seiner Eltern – ambivalent bis kritisch gegenübersteht.

Zum Stellenwert des Computers:

Insgesamt kommt Max zu dem Urteil, daß der Computer für ihn wichtig ist, wobei er wiederum die Aspekte Zerstreuung und Entspannung bzw. die Möglichkeiten der Informationsbeschaffung für den schulischen Bereich hervorhebt: »Ja doch, das würde ich denken. ... Ja, nachmittags nach der Schule ist man halt manchmal so ein bißchen, ja so kaputt, so mental her und ja, da denkt man halt dann auch manchmal, gut, was machst du jetzt, so und da ist halt, der Computer so, wo man nicht nachdenken muß und daß man sich einfach mal davor hockt und entspannt, aber andererseits teilweise kann man halt da gut damit arbeiten, weil jetzt in die Bücherei zu gehen für irgendwelche Referate oder so und damit sich dann äh zu beschäftigen, bin ich zu faul für und deswegen ja ist das relativ gut«. So stellt der Computer für Max ein technisches Artefakt dar, das ihm durchaus interessante Möglichkeiten eröffnet, das aber in seinem Leben – nach seiner eigenen Einschätzung – nur eine moderate Bedeutung besitzt: »Ja, doch also ... Mhm, nee, das würde ich nicht sagen, also der Fußball ist schon noch wichtiger, ja also, was weiß ich, wenn ich eine Woche mal keinen Fußball mehr gespielt habe, dann brennt es irgendwo hier, aber, ich sag mal, beim Computer, da würde es auch mal gehen, wenn ich dann noch eine Woche länger unterwegs bin ...«. Dennoch deuten sich immer wieder Bereiche an, wie im Zusammenhang mit dem Flugsimulator, in denen Max diese kontrollierte Distanz zum Medium Computer und seinen Nutzungsmöglichkeiten verliert.

Max begründet sein Interesse für den Flugsimulator mit dem Bezug zu entsprechenden Berufsperspektiven und dem mit der Nutzung des Flugsimulators verbundenen Lerneffekt. Gleichzeitig betont er, eine entsprechende kritische Distanz zum Medium Computer und seinen Nutzungsmöglichkeiten zu besitzen und führt sein Interesse für derartige Anwendungsformen immer wieder auf pragmatische Gründe zurück. Solche Anwendungsformen des Computers – wie der Flugsimulator – dienen ihm zur Zerstreuung seiner Langeweile und üben auf Max eine erhebliche Faszination aus, die nicht allein aus den von ihm angeführten pragmatischen Gründen resultiert. In dem Sinne besitzt der Computer verdeckt einen wesentlich höheren Stellenwert als er selbst ihm – auch unter der kritischen Perspektive seiner Eltern – zuzugestehen bereit ist.

9.2.5 Der Computer als begleitendes Instrument eines Freizeithobbys

Es läßt sich beobachten, daß der Computer im Alltag der männlichen Jugendlichen ein Hilfsmittel darstellt, mit dem sie ihr eigentliches Hobby, das ihre Freizeit nachhaltig prägt und z.B. im sportlichen oder im musikalischen Bereich liegen kann, technisch unterstützen bzw. ihre eigenen Fähigkeiten und entsprechende Präsentationen in diesen Bereichen medial dokumentieren. Beispielhaft für einen derartigen strukturellen Umgang mit dem Medium Computer bei männlichen Jugendlichen ist der Fall des 16-jährigen Benny, der die achte Klasse eines kleinstädtischen Gymnasiums besucht.

Zur biographischen Situation:

Bennys Leben ist davon gekennzeichnet, daß die Familie wegen des Berufs des Vaters, der Journalist ist, immer wieder umgezogen ist. So hat Benny die ersten Jahre in Amerika, in einem Vorort von New York, gelebt. Diese Zeit hat ihn deutlich geprägt: »Also, ich habe 10 Jahre in Amerika gewohnt. Ich bin mit neun Wochen da hingezogen, dann, dann habe ich ein Jahr in Hamburg gewohnt, ein Jahr in Frankfurt und jetzt bin ich hier, seit einem Jahr auch ...«. Benny hat eine Schwester. Inzwischen hat er sich in Deutschland eingelebt, wenngleich sich der Wechsel von Amerika nach Deutschland für ihn zunächst nicht völlig unproblematisch gestaltet hat: »Ja schon, schon

9.2 Einzelfallstudien: Männliche Computeruser zu Beginn des 21. Jahrhunderts

sehr wohl. Ja zuerst, hatte ich, als wir von Amerika hier nach Hamburg gezogen sind, hatte ich schon ... also ich habe Amerika sehr vermisst, weil ich da ja meine ganze Kindheit verbracht hatte. Seitdem ich mich hier etwas für Politik interessiere, ist meine Haltung gegenüber Amerika auch eine andere«. Auch Bennys Hobbys sind nach wie vor eng mit seiner amerikanischen Kindheit verbunden: »Ich fahre sehr gerne Skateboard, also so fast jeden Tag eigentlich, meistens immer drei Stunden und sonst spiele ich ... einmal in der Woche spiele ich Basketball in der Basketball AG oder aber, eigentlich fahre ich nur Skateboard«. Beim Skateboard-Fahren bewegt sich Benny in entsprechenden Peergroups. Da solche in der Kleinstadt, in der er lebt, in der Form nicht zu finden sind, fährt er regelmäßig in die nächste Großstadt, um dort Freunde zu treffen, die sich auch dem Skateboard-Milieu zuordnen.

Zum Computerumgang:

Den Computer nutzt Benny intensiv, um sein eigentliches Hobby – »Skateboard-Fahren« – zu dokumentieren und in der Öffentlichkeit zu präsentieren. Dabei kann Benny auf eine umfangreiche Hardware- und Anwendungsbiographie zurückblicken, die auch die jeweiligen familiären Wohnortwechsel begleitet hat: »Ähm, ja also in Amerika hatten wir mal so, so einen ganz alten Computer, das war Windows 3.11 und da habe ich nur ... nein, und davor hatten wir noch einen Computer und davor noch einen, der allererste, der der war, das war nur DOS, da konnte man gar nichts machen und beim zweiten da gab es dann schon so ein paar kleine Spielchen, da habe ich dann ziemlich oft gespielt und dann danach hatten wir ähm Windows 95 und ja, da habe ich halt auch ein bißchen gespielt und dann hat mir mein Vater schon ein bißchen gezeigt, wie das Internet funktioniert und wo wir nach Hamburg gezogen sind, ähm, hat er, hat mein Vater mir also C nicht, ähm Turbo-Pascal und Delphi hat er mir besorgt und da habe ich ein bißchen programmiert. Ich kann das aber nicht mehr und ähm, ja jetzt haben wir wieder einen neuen Computer gekriegt so und ähm, ja, jetzt, jetzt arbeite ich also, ich spiele jetzt so gut wie gar nicht mehr, aber ich bin sehr viel im Internet, so auf E-bay oder so oder auf irgendwelchen Web-Seiten von Freunden oder so. Ich habe auch eine eigene, eigentlich zwei und eine dritte ist jetzt in Bearbeitung«.

Daran, wie er anfangs einen Einstieg zum Medium Computer gefunden hat, kann sich Benny nicht mehr genau erinnern. Eine entscheidende Rolle spielte sein Vater, der ihm wie eingangs bereits beschrieben, immer wieder entsprechende Programme gezeigt hat: »Ja, also, wo ich, wo ich da war, hatte er hat er eigentlich immer welche, die zu Besuch gekommen sind, dann hat er denen irgend etwas im Internet gezeigt, da war ich mal dabei und erst wo wir nach Deutschland gezogen sind, habe ich dann, weil ich auch e-mails schreiben wollte mit Freunden aus Amerika, habe ich angefangen, das Internet zu nutzen über die e-mail-Adresse meines Vaters und dann habe ich in Frankfurt einen Freund kennengelernt, der hat mir eine kostenlose e-mail-Adresse eingerichtet. Erst da hat es richtig angefangen. Und dann haben wir jetzt auch ISDN gekriegt und dann habe ich mir CASA geholt und dann ja ...«. Gerade um den Kontakt zu seinen Freunden in Amerika aufrechtzuerhalten, war der Computer für Benny wichtig. Inzwischen betrachtet er sich selbst als denjenigen in der Familie, der am besten mit dem Computer umgehen kann: »Meine Mutter, die kann, kann überhaupt nichts mit Computern. Die kann ihn an- und ausmachen und sonst nichts. Mein Vater der ... , der kann, also der kann eigentlich ganz gut mit Computern umgehen, so lang sie arbeiten (lacht) ... aber, aber der hat auch seinen eigenen Computer in seinem Arbeitszimmer, das ist noch ein, noch ein älterer. Aber der hat auch Windows 95 und zwei Gigabyte Speicherplatz, aber für ihn langt das. Der schreibt ein paar Mal was rein und ... , aber meine Schwester, die macht eigentlich auch ziemlich viel mit dem Computer, aber nur zum Chatten oder zum Briefe schreiben. Also, für die ist es nicht wirklich, sonst hat sie keine richtige Nutzung dafür ...«. Chatten und Briefe schreiben betrachtet Benny nicht wirklich als Computernutzung.

Computerspiele und LAN:

In der Vergangenheit hat Benny auch Computerspiele gespielt. Diese Phase ist für ihn jedoch eher abgeschlossen. Dabei richtete sich sein Interesse an Computerspielen vor allem auf Aufbau- und Geschicklichkeitsspiele: »Och, also, äh wenn ich irgendein Spiel gekriegt habe, irgendwas, also mal sehen, also ich hatte auch ein Nintendo 64 und das habe ich eigentlich mehr gespielt und dann hatte ich wo ich in Hamburg war, hatte ich Rollercoaster Tycoon oder Siedler 3 oder so etwas und in Amerika habe ich noch so Pixel-Spiele gespielt, ich weiß nicht, das hieß Chip oder irgend etwas oder Tetris oder so ... Ja, das hat mich irgendwie mehr interessiert. Also ich hatte, ich hatte höchstens hatte ich mal Nintendo, Golden Eye. Also aber, aber ich weiß nicht, es ist eigentlich ... ich weiß nicht, es ist halt nicht so meine Sache, aber wenn ich mal eins habe, dann spiele ich es schon. Aber ich meine, ich möchte irgend etwas spielen, wo man weiterkommt, sozusagen. Bei Counterstrike, da spielst du und dann irgendwann einmal hörst du auf und es hat eigentlich nichts gebracht. Ja, also ich empfinde das dann also als Zeitverschwendung. Höchstens mal wenn man noch einen Freund dabei hatte, dann ist es ja ganz in Ordnung, aber sonst ...«.

Eine LAN-Party hat Benny noch nicht besucht. Sein Versuch, die häuslichen Computer als Netzwerk zu verbinden ist gescheitert: »Wir haben mal versucht unsere ... wir haben ja zwei Computer im Haus und einen alten, haben wir mal versucht, die per Netzwerk zu verbinden, aber irgendwie haben wir das nicht hingekriegt und der Computer hat auch eine zu schlechte

Grafikkarte, da ist dann die Grafik ganz schlecht. Aber was ich auch noch gespielt habe, also das ist Rambo 6. Das ist so Spezialeinheit, aber da muß man halt auch sich, da muß man Missionen erfüllen und nicht nur einfach rumballern«. Benny distanziert sich explizit von Spielen wie Counterstrike. Allerdings ist Rambo 6 auch ein Spiel, daß eher dem Shooter-Genre zuzurechnen ist. Benny geht es darum, sich abzugrenzen und nicht einer Form von Subkultur zugerechnet zu werden, die – auch medial vermittelt – immer wieder negativ betrachtet wird. Eine solche Abgrenzung ist Benny persönlich wichtig.

Chatten:

Benny nutzt den Computer ab und zu zum Chatten. Er chattet jedoch – im Gegensatz zu seiner Schwester – nur mit Leuten, die er kennt. Das Chatten mit fremden Leuten interessiert ihn nicht. Auch hier geht es Benny darum, sich abzugrenzen: »Gechattet habe ich nur über so AIM oder ISS habe ich auch noch. Ich bin irgendwie, also meine Schwester hat das ganz oft gemacht, die geht jetzt immer ins Chat und chattet dann, aber ich ...«. Sich in Form fremder Identitäten zu präsentieren, hat Benny wiederum nur wenige Male explorativ mit Freunden ausprobiert.

Web-Seiten:

Benny hat – wie er bereits angedeutet hat – mehrere Skateboard-Web-Seiten erstellt. Diese Web-Seiten sind extrem professionell gestaltet. Es finden sich entsprechende Vorstellungen berühmter Sportler im Skateboard-Bereich, Fotos der Freunde sowie Fotosequenzen von Benny selbst beim Skateboard-Fahren. Dabei sticht besonders ein Bild hervor, auf dem Benny mit seinem Skateboard neben einem Schild sitzt, auf dem steht, daß Skateboard-Fahren verboten ist. Benny verleiht seinem Hobby dadurch einen subkulturellen Anstrich. Die Web-Seite besitzt überdies einen Chat und eine Gästebuchfunktion. Benny berichtet davon, daß er am Anfang Schwierigkeiten hatte, diese Web-Seite zu erstellen: »Ja, ähm, ich habe ähm, ein Programm, äh ja, und da habe ich ein bißchen rumprobiert und ja, die ersten beiden Versuche sind mißlungen, als ich es versucht habe, ins Internet hochzuladen. Das ging dann nicht so, weil ich hatte das in verschiedene Ordner gestopft und man muß alles in einem Ordner machen. Man darf auch Wörter nicht auseinanderschreiben und das muß man erst einmal, das habe ich erst später erfahren und jetzt habe ich so ein paar Freunde rumgefragt, die das ziemlich gut können ... Und ja, und jetzt ist das eigentlich ganz gut geworden und jetzt machen wir noch, mache ich noch mit einem Freund, den ich heute besuche, machen wir jetzt noch eine dritte Web-Seite: Die Adresse haben wir schon. Aber ja also, die ist noch in Bearbeitung eben. Damit haben wir gerade erst angefangen. Also das, wenn ich, wenn ich eine, da werde ich jetzt in nächster Zeit mich ziemlich viel damit beschäftigen, wahrscheinlich. Das wird wahrscheinlich die Hauptnutzung sein und dann lade ich mir doch auch oft Videos runter, also irgendwelche Skateboard-Videos runter, und ... leider ist meine Sound-Karte kaputt, aber«. Bennys gesamte Computernutzung ist auf den Skateboardbereich, sein eigentliches Hobby, ausgerichtet. So bestimmt das Herunterladen von Skateboard-Videos – neben der Erstellung von entsprechenden Web-Seiten – einen großen Teil seiner Computeranwendungen: »Ja, genau. Aber, ja ich habe jetzt schon fast einen ganzen, ich habe schon 20 Gigabyte voll von Videos. Die muß ich jetzt anfangen auf CD zu brennen. Ich habe schon 15 CDs voll gebrannt, aber ich habe noch lange nicht alle«. Mit der dritten Skateboard-Webseite, die Benny zu erstellen plant, möchte er sich etwas Geld durch Werbung hinzuverdienen: »Also, wir versuchen jetzt die dritte Web-Seite, die versuchen wir jetzt auch, die ist ja eine .com-Adresse und jetzt versuchen wir auch ein bißchen Geld zu machen durch Werbung und so«.

Bennys Skateboard-Leidenschaft begleitet wiederum einen bestimmten Lebensabschnitt. Ihr ging eine ähnlich extreme Leidenschaft für Baseball voraus. Auffallend ist wiederum, daß derartige Phasen bei Benny auch mit einem entsprechenden Ortswechsel verbunden sind: »Und dann habe ich auch, wo ich noch in Frankfurt war, habe ich auch ... habe ich, also früher war ja meine Leidenschaft Baseball ... Ich hatte auch mal versucht, eine Baseball-Web-Seite zu machen. Das war der erste Versuch. Der ist fehlgeschlagen und ja also, ich hab dann auch also in Frankfurt jedenfalls, habe ich immer noch jeden Tag das Internet genutzt, um ... ich bin nach der Schule nach Hause gekommen, hab e-mails gecheckt und geguckt wie die Yankees gespielt haben. Die spielen eigentlich immer, jeden Tag, 362 Tage im Jahr und ja, jetzt mache ich das vielleicht einmal in der Woche, gucke ich, wie die gespielt haben, nicht mehr so oft«.

Zum Stellenwert des Computers:

Insgesamt ist Benny der Meinung, daß der Computer für ihn wichtig ist, wenngleich er gegenüber diesem Medium eine recht neutrale, nutzungsorientierte Haltung einnimmt und dem Skateboard-Fahren einen wesentlich höheren Stellenwert zumißt: »Ja, auf jeden Fall, also ja ... für, also ich, nicht für das Spielen jedenfalls, aber für die Web-Sites oder für einfach Surfen, für das Internet, da ist es ... «. So würde ihm, wenn es den Computer nicht gäbe, vor allem das Internet fehlen. Benny nimmt an, daß er sich pro Tag etwa drei Stunden dem Medium Computer widmet, geht aber selbst davon aus, pro Woche nicht mehr als 12 Stunden am Computer zuzubringen. Hier deutet sich in Bennys Ausführungen eine Spannung an. Dies paßt zu Bennys Aussage, daß Anwendungen und Problemlösungen am Computer etwas länger dauern als geplant. Raum und Zeit vergißt er jedoch seiner Meinung nach am

9.2 Einzelfallstudien: Männliche Computeruser zu Beginn des 21. Jahrhunderts

Computer grundsätzlich nicht. Letzteres erlebt er eher beim Skateboard-Fahren. So sucht Benny wiederum eine gewisse instrumentell orientierte Distanz gegenüber dem Medium Computer auszudrücken, das für ihn nur ein Hilfsmittel darstellt, um sein eigentliches Hobby zu begleiten: »Manchmal, wenn ich, also wenn ich Web-Sites mache, das ist manchmal auch ziemlich anstrengend, weil wenn man einen Fehler macht, wenn man, wenn man und man ganz viele gleiche Web-Sites macht, weil man ganz viele Bilder hochgeladen hat und da macht man für jedes Bild eine Web-Site und dann hat man einmal einen Fehler drin, aber man hat einmal etwas auseinandergeschrieben oder so, dann muß man es bei allen richtig machen und es wird dann manchmal schon anstrengend. Das ist halt einfach nur zeitaufwendig, aber also, ich ... Die Zeit vergeht nicht irgendwie jetzt so schnell. Das ist eher beim Skateboard-Fahren«. Benny versucht grundsätzlich sehr bewußt mit seiner Zeit umzugehen – wenn auch manche Anwendung am Computer länger dauert als geplant. Für ihn ist ein adäquater Medienumgang mit einem gewissen praktischen Werksinn verbunden.

Im Fall von Benny begleitet sein Umgang mit dem Computer sein eigentliches Freizeithobby, das Skateboard-Fahren.[934] In dem Sinne ist der Computer Bennys eigentlichem Interesse »Skateboard« nachgeordnet. Um sein Hobby des Skateboard-Fahrens zu unterstützen, greift Benny auf die multimedialen Möglichkeiten, die der Computer bietet, zu. Er unterhält eine entsprechende Web-Seite. Zudem bietet der Computer Möglichkeiten der virtuellen subkulturellen Vernetzung. Wegen dieser zielgerichteten Orientierung ist Bennys Computerumgang auf praktische Umsetzungsformen gerichtet und dient weniger der Zerstreuung. Allerdings ist auch hinsichtlich Bennys Entwicklung des Computerumgangs zu beobachten, daß sich verschiedene Nutzungsschwerpunkte im Rahmen seiner Adoleszenzentwicklung gegenseitig ablösen.

9.2.6 Web-Design als kommerzieller Nebenverdienst

In der aktuellen männlichen Jugendkultur finden sich immer wieder Jugendliche, die durch das Erstellen von Web-Seiten ihr Taschengeld aufbessern und so ihre Konsummöglichkeiten erweitern. Diese gehören zumeist jugendlichen Eliten an und nutzen den Computer zudem insgesamt in den unterschiedlichsten Weisen. Ein Beispiel für diese Jugendlichen stellt der Fall von Norbert dar, der die achte Klasse eines Gymnasiums besucht.

---

[934] Ein vergleichbarer Fall war mit dem Schwerpunkthobby »Musik« im Rahmen der Felduntersuchung zu verzeichnen.

9 Jugendliche am Computer zu Beginn des 21. Jahrhunderts

Zur biographischen Situation:

Norbert erzählt wenig über seinen familiären Hintergrund: »Familie ich hab eine Schwester, nee zwei Schwestern, eine Halbschwester, die ist verheiratet und jetzt bin ich Onkel geworden ...«. Für Norbert stellt der Umgang mit dem Computer sein eigentliches Freizeithobby dar: »Mhm, also Hobby ist halt mein Computer, dann geh ich joggen, mountainbiken und so halt mit Freunden treffen ...«.

Zum Computerumgang:

Das Gespräch konzentriert sich sofort auf den Computer, der im Mittelpunkt von Norberts Freizeitinteressen steht. Mit diesem beschäftigt er sich seit seiner Grundschulzeit. Norbert besitzt ein eigenes Gerät, das er sich von seinem Taschengeld zusammengespart hat. Dieses ist schon ein wenig veraltet. Einen Zugang zum Computer hat Norbert durch Eigeninitiative gefunden: »Mhm ja, ich habe mir es – sag ich mal – eigentlich so selbst beigebracht. Ich habe mich am Anfang ziemlich oft so an meinen Computer gesetzt. Von der Software her da mußte halt von der Straße jemand kommen und den reparieren und irgendwann habe ich das halt dann ... Klar, wenn ich den kaputt gemacht habe, habe ich mir das dann halt selbst beigebracht. Und irgendwann konnte ich das dann selber wieder irgendwie hinbiegen«. Die beschriebenen Schäden sind dadurch entstanden, daß Norbert im Rahmen seines experimentellen Arbeitens bestimmte Programmelemente gelöscht hat: »Irgendwelche Sachen gelöscht, die man besser hätte nicht löschen sollen ... Da war ich noch, also das war ja mit acht oder so, und ...«. Seine Eltern haben Norbert bei seinen Computererkundungen nicht unterstützt und besitzen im Computerbereich nach Norberts Ansicht auch nicht die entsprechenden Kompetenzen: »Nein, die hatten davon keine Ahnung. Ich war eigentlich immer, sag ich ... Mein Vater hatte auch immer wieder, aber der hatte den halt nur so zum Schreiben«.

Norbert nutzt den Computer u.a., um sich Musik herunterzuladen, Musik zu hören und – in selteneren Fällen – um Filme anzusehen. Dabei ist sein Computerumgang eingebunden in ein weiteres Feld von Multimedia-Anwendungen. Allerdings bleiben seine finanziellen Ressourcen im Vergleich zu anderen Jugendlichen etwas begrenzt. So hat er auch den Zugriff auf einen Multi User Dungeon einmal ausprobiert, aber aus Kostengründen wieder eingestellt: »Das habe ich mal probiert, aber das hat mich zu viel Geld gekostet. Das hat, glaub ich, im Monat so ... das konnte ich mir nicht leisten, also nur mal angetestet ... Nee, nee, das ist nicht so meine Welt«.

9.2 Einzelfallstudien: Männliche Computeruser zu Beginn des 21. Jahrhunderts

Computerspiele und LAN:

Eine Phase intensiveren Computerspielens hat Norbert jedoch bereits hinter sich. Inzwischen spielt er deutlich weniger: »Die habe ich früher öfters gemacht, inzwischen eher weniger. Da mache ich das andere mehr. Ab und zu mal, vielleicht am Wochenende oder so ...«. Dabei bevorzugt Norbert Strategiespiele (z.B. Command und Conquer), Aufbauspiele (z.B. 1503) und Action-Spiele, wobei seine Spielemöglichkeiten auch durch die begrenzten Kapazitäten seines Computers eingeschränkt sind: »Ähm, so neue Sachen gehen bei mir ja nicht drauf, aber Strategiespiele, Aufbauspiele und früher halt noch ein paar Action-Spiele, aber das geht inzwischen nicht mehr so schnell«.

Norbert besucht auch LAN-Partys. So hat er vor kurzem an einer LAN-Party mit 70 Leuten aus seinem Bekanntenkreis in einem kleinen Dorf in der Umgebung teilgenommen. Dort wurden vor allem die Spiele Counterstrike, Command und Conquer sowie Star Craft gespielt. Mitglied eines festen Clans ist Norbert nicht. Es wurde 48 Stunden durchgespielt. Die LAN-Party hat Norbert gut gefallen: »Ja es war schon eine tolle Atmosphäre, die sind alle ganz o.k.«. Allerdings war Norbert nach dem langen konzentrierten Spiel am Computer vollständig erschöpft: »Ja, ich war schon ganz schön k.o. danach ... Wenn man stundenlang davor sitzt, die Augen tun einem erst einmal weh und mhm ... fertig«. Gerade die LAN-Partys sind auch die Gelegenheit, bei der Norbert stundenlang Computer spielt. Im Privatbereich passiert ihm das dagegen so nicht mehr: »Mit 10 glaube ich, oder so, wo ich mein erstes Spiel gespielt habe, vier Stunden oder so, am Stück, danach, pff, das war einmal so richtig und danach eigentlich immer so in Maßen. Ich meine jetzt auf der LAN Party gut, aber so, mal 2 Stunden oder so, aber ...«. So ist gerade das zeitlich befristete Spiel im LAN für Norbert mit dem Phänomen verbunden, daß er die Zeit vergißt: »Ja, das ist halt einfach, weil das ist ein längerer Zeitraum, sage ich mal. Da bist du ja zeitlich begrenzt. Du weißt ja, daß in, in 40 Stunden oder in 48 Stunden ist die Sache wieder vorbei und du willst Zeit halt so bestmöglich dafür nutzen, weshalb man auch da hin ist ... ja und legt da nicht so Pausen ein, oder so ...«.

Chatten:

Norbert surft oft im Internet, um sich Informationen zu beschaffen und schreibt und empfängt e-mails: »Ja, ja klar also bei Web-Mode-Design brauche ich es ja und ich surfe auch so ziemlich oft eigentlich, wenn ich ... mhm ja, Schule halt, mhm generell halt Information und dann halt e-mail und so ...«. Norbert chattet auch, wobei in diesem Bereich der Computernutzung bei ihm wiederum eine Entwicklung zu verzeichnen ist. Norberts Chatverhalten hat sich verändert und er chattet inzwischen – im Vergleich zu einer früheren Phase – nur noch selten: »Ja, inzwischen eher selten. Also mal mit Freunden, oder so ... ja, jetzt nicht mehr so oft«. Zuvor hat Norbert einige konventionelle Chatrooms aufgesucht, fand aber das dortige Publikum, weil es älter war als er selbst, ungeeignet: »Oh Gott, das waren irgendwelche so billige Seiten – Chat for Free, irgend so etwas ... ja, aber die waren meistens zu alt, aber einfach mal halt so ausprobiert, ja«. Einen Geschlechterwechsel hat Norbert nicht durchgeführt, weil er diesen nach eigener Aussage »ein bißchen komisch fand«. Allerdings hat Norbert in dieser Phase dennoch mit seiner Identität experimentiert: »Ja klar, also früher, sag ich mal, wenn ich mit Freunden chatte, geht das ja immer nicht. Ja habe ich früher auch, am Anfang, wenn alle älter waren, als ich ...«. Norbert betrachtet diese experimentelle Phase eher abwertend und trifft inzwischen nur noch Leute virtuell, die er vom Urlaub oder aus seinem näheren Umfeld her kennt.

Web-Seiten:

Norberts aktuelles Hauptinteresse im Computerbereich gilt dem Gestalten von Web-Seiten: »Ähm, Web-Design, Web-Seiten gestalten«. Norbert verdient sich durch dieses Gestalten von Web-Seiten Geld hinzu, macht aber auch ab und zu Web-Seiten für den schulischen Bereich. Diese erstellt er kostenlos: »Zum Beispiel unsere Klasse, da habe ich für unseren Schulsprecher gemacht halt kostenlos, sozialer Dienst und nee, also manchmal bekomme ich auch Geld«. Eine eigene Web-Seite besitzt Norbert nicht mehr, weil es sich seiner Ansicht nach »nicht lohnt«: »Das hat sich einfach nicht gelohnt, so, ... ähm, na ja, die Besucheranzahl im Vergleich zum Aufwand hat sich nicht gelohnt. Das war dann eben doch zu aufwendig und das war dann von der Zeit her als ich die Seite für den Schulsprecher gemacht habe, habe ich einfach meine dann gelöscht, weil das zeitlich dann nicht mehr so ganz geklappt hätte ...«. Die Nachfrage, warum sich eine Web-Seite für ihn nicht lohnt, ist Norbert sehr unangenehm. Die Web-Seite, die er gelöscht hat, war – seiner Schilderung nach – recht einfach strukturiert: »Bilder, ein Chat, ja, über mich halt ein paar Daten, nicht viel ...«. Obwohl Norbert intensiv derartige Seiten erstellt, besitzt er selbst kein weiteres Interesse, sich in dieser Form virtuell zu präsentieren und hat sich gegen eine persönliche Web-Seite entschieden: »Nee, also höchstens, wenn ich, sag ich mal, mit Webdesign irgendeine Firma oder so machen würde, dann würde ich so etwas wieder machen. Aber so bringt's nix ... für mich zumindestens nicht«. Norbert denkt stark rationell und geschäftsmäßig. So hat das Erstellen von Web-Seiten für ihn auch einen kommerziellen Hintergrund, mit dem er sein Taschengeld aufbessert: »Ja, ja habe ich letztens gemacht ... ähm, für eine Industrie-PC-Firma habe ich eine Web-Seite gemacht, also bzw. ich bin noch dabei«. Dieses Erstellen von Web-Seiten in seiner Freizeit ermöglicht ihm als Schüler einen Nebenverdienst: »Ja, na ja, gut also, wenn ich meinen Stundensatz dann vergleiche, ist das eigentlich gering. Aber das geht schon, sage ich mal.

9.2 Einzelfallstudien: Männliche Computeruser zu Beginn des 21. Jahrhunderts

Es ist ein guter Nebenverdienst, jedenfalls für einen Schüler«. Der zeitliche Aufwand stört Norbert nicht, weil er dafür entlohnt wird: »Ja, na gut, das kriegt man ja dann bezahlt«.

Norberts professionell anmutende Einstellung zum Erstellen von Web-Seiten wird auch dadurch deutlich, daß er sich durchaus vorstellen kann, sich in diese Richtung hin beruflich zu orientieren: »Ja, auf jeden Fall, wenn dann in der Richtung. ... Ja, ich habe mich – sag ich mal so – jetzt mein halbes Leben damit beschäftigt und ja, ich denke ich werde etwas in dieser Richtung machen«. Dabei strebt Norbert kein eigentliches Informatikstudium an, sondern er möchte sich eher dem graphisch-künstlerischen Bereich zuwenden: »Eher Graphik, würde ich sagen«. Worin genau die Ursache seiner Faszination für diese Form der Computeranwendung liegt, kann Norbert zunächst nicht explizit formulieren. War es zuerst die Begeisterung für Technik, so hat sich dies für Norbert inzwischen erheblich verändert: »Nee, weiß nicht, also war es mal. Ich mach jetzt das jetzt Web-Design richtig vielleicht jetzt so 2–3 Jahre, mhm, aber mhm ... Ja, ja könnt ja ... sag ich mal, man, ja, ja ... das ist schwer zu sagen, ja so etwas«. Inzwischen sind es die Möglichkeiten, etwas zu erschaffen, die Norbert für den Bereich des Web-Design begeistern. Hier deuten sich metaphysische Implikationen in Norberts Computernutzung an, da ihn besonders der Bereich des virtuellen Schaffens fesselt. Allerdings sind diese Dimensionen für Norbert nur schwer explizit semantisch zu fassen. Auch das Gefühl des Ärgers kennt Norbert, wenn er die von ihm angestrebten Ziele am Computer nicht verwirklichen kann und seine Arbeit mißlingt. Allerdings bewegen sich Norberts Gefühle diesbezüglich in einem moderaten Rahmen. Wieder zeigt sich seine rationell-professionelle Einstellung: »Ja es ist dann vor allem ärgerlich, wenn man zwei oder drei Stunden daran gesessen hat und es dann nicht klappt, ja klar. ... Es ist nicht so, daß ich da jetzt ausraste oder so, ärgert man sich schon, verlorene Zeit halt«. Eigene Computerprogramme schreibt Norbert nicht mehr und betrachtet dies als »inzwischen halt zu aufwendig«.

Zum Stellenwert des Computers:

Im Alltag verbringt Norbert nach eigener Aussage acht Stunden pro Woche vor dem Computer. Das Gerät ist immer eingeschaltet: »Der läuft eigentlich immer, auch wenn ich nichts daran mache, ähm, ich schätze mal acht Stunden, nicht viel ...«. Beim Programmieren der Web-Seiten kennt Norbert das Gefühl, die Zeit am Computer ganz zu vergessen, wenngleich die Intensität beim Spiel im LAN seiner Ansicht nach größer ist: »Ja, also, wenn man sich da ... also ich konzentriere mich dann meistens schon, also richtig drauf und da gehen auch mal ganz schön schnell zwei Stunden oder so vorbei und dann guckst du auf einmal auf die Uhr und denkst dir, oh ...«. So ist Norbert das Phänomen, die Zeit zu vergessen, in mehreren Kontexten seines Computerumgangs geläufig: »Ja, eigentlich im Prinzip schon. Vor allen Dingen, ich mein, man merkt natürlich, ob es draußen hell ist oder dunkel, aber da war auch noch so ein Wetter, da war alles grau, das vergißt man schon ziemlich, ja, also die Zeit ...«.

Wegen der multiplen Anwendungen kommt dem Computer nach Norberts Ansicht ein hoher Stellenwert für sein Leben zu: »Na, ja doch, würde ich schon sagen, wenn ich keinen Computer jetzt auf einmal mehr hätte, vielleicht wie andere, wenn sie kein Auto mehr haben. Man könnte ohne klarkommen, das ist klar, also. Es würde schon etwas fehlen, von dem was ich mache, oder so. Das könnte ich ja dann zum Beispiel ... Web-Design oder so, also, es würde schon etwas fehlen, ja«. Dabei versucht er die Bedeutung des Computers etwas einzuschränken, zeigt aber in seinen diesbezüglichen Aussagen eine hohe Emotionalität. Ihm geht es nicht darum, daß ihm der Computer allein Zerstreuung bietet. Vielmehr bewegt ihn eine tiefer verankerte Bindung, die für ihn aber nur schwierig explizit zu formulieren ist: »Ja, langweiliger, es gibt genug Sachen, denke ich mal, die man auf der Welt machen kann, aber wenn er von einem auf den anderen Tag weg wäre. ... also, wenn, ich könnte mich da auch dran gewöhnen, Gott, aber es würde schon etwas fehlen«. So stellt der Computer ein entscheidendes Element von Norberts Alltagsleben dar.

Norberts Computerumgang, der vor allem auf das Erstellen von Web-Seiten als kommerziellen Nebenverdienst fokussiert ist, besitzt einen stark professionell-rationellen Charakter. Norbert bessert durch seinen Nebenverdienst seine finanziellen Ressourcen auf. Dieser Grundcharakter von Norberts Computerumgang ist verbunden mit weiteren Formen der Computernutzung, wie dem Spielen von Computerspielen und dem Chatten, die aber eine weniger bedeutende Rolle einnehmen. Das Design von Web-Seiten erfordert von Norbert entsprechende Fertigkeiten im Computerumgang, wie sie für jugendliche Eliten zu verzeichnen sind. Ein solches Erstellen von Web-Seiten im Rahmen seiner Freizeit hat für Norbert durchaus einen Bezug zu seinen zukünftigen Berufswünschen, die neben dem reinen Programmierungsinteresse auch künstlerische Dimensionen aufscheinen lassen. So zeigt sich bei Norbert wiederum das Phänomen des Staunens über die Schaffensmöglichkeiten, die der Computer bietet und damit ein entsprechender metaphysischer Überschritt.[935]

9.2.7 Auswertung: Selbstbildung, Identitätsgenese und religiöse Valenz

Eine Analyse der Einzelinterviews männlicher Jugendlicher läßt erkennen, daß der klassische Spielertyp, den schon die Baerenreiter-Studie kannte, nach

---

935 Vgl. dazu Kapitel 8.1.8 »Metaphysische Implikationen der Computernutzung« und Kapitel 6 »Religion und religiöse Valenz«.

9.2 Einzelfallstudien: Männliche Computeruser zu Beginn des 21. Jahrhunderts

wie vor anzutreffen ist.[936] Allerdings hat sich die Spielevielfalt verändert und die virtuellen Welten der Computerspiele gestalten sich durch Elemente künstlicher Intelligenz deutlich reichhaltiger, wodurch neue virtuelle Handlungsmöglichkeiten entstanden sind.

Die männlichen Jugendlichen nutzen die Computerspiele nach wie vor als virtuelle Hintergrundfolie zu ihrem oft tristen Alltag, aber auch um Langeweile zu zerstreuen und versuchen, in der virtuellen Welt Erfolge zu erleben, die ihnen in ihren lebensweltlichen Bezügen so verwehrt bleiben.[937] Dabei geht von den Möglichkeiten, welche die moderne Technik bietet, für die männlichen Jugendlichen eine große Faszination aus. Auch der Aspekt, neue Welten in eigener Schöpfung entstehen zu lassen, wird gerade hinsichtlich der neuen Spielemöglichkeiten zu einem entscheidenden Movens. Hier findet sich wiederum ein Überschritt hin zu metaphysischen Implikationen. Die technisch entstandenen Welten faszinieren und lassen staunen. Für die Spieleauswahl selbst werden bei den männlichen Jugendlichen Actionspiele wichtig. Auch die Erfahrung von Macht wird zu einem entscheidenden Grund für die Faszination von Computerspielen als Kontrastfolie zu einem Alltag, der immer wieder von Kontrollverlust und Ohnmacht bzw. von Langeweile und Überdruß geprägt wird. Entsprechend werden die Spiele dann nach den jeweiligen Stimmungslagen gewählt. Dabei geht es weniger um die spezifische Oberflächensemantik eines Spiels, das für die männlichen Jugendlichen wichtig wird, sondern vielmehr um die Funktionen, die es für die jeweiligen Spieler erfüllt. Daher darf das Spielkonzept nicht zu leicht und nicht zu schwierig sein, um entsprechende Erfolgserlebnisse zu ermöglichen.[938] Auch Flow-Erlebnisse sind wiederum zu verzeichnen. So ist es gerade im Rahmen der Computerspiele üblich, Raum und Zeit zu vergessen und sich so einen

---

936 Vgl. dazu Kapitel 8.1.2 »Zur Bedeutung von Computerspielen im Leben männlicher Jugendlicher«.
937 Die vorliegenden Fallstudien weisen gerade bei Jugendlichen aus sozial benachteiligten Milieus in Richtung von Kontingenzbewältigung gegenüber einem als unkontrollierbar oder frustrierend empfundenen Alltagsleben. Für diese Jugendlichen geht die Computernutzung deutlich über eine Bearbeitung der Alltagslangeweile hinaus. Dies wäre auch für eine Analyse der Motivationshintergründe für das Spielen von gewaltorientierten Computerspielen mitzubedenken. Vgl. dazu Fritz / Fehr, Virtuelle Gewalt: Modell oder Spiegel? S. 49 ff.
938 J. Fritz und W. Fehr sprechen von der »strukturellen Kopplung« zwischen Computerspielen und Alltag, die dazu führt, »daß sich Strukturen (der) Alltagssituation in das Computerspiel hineinverlängern« (vgl. Fritz / Fehr, Computerspiele als Fortsetzung des Alltags, S. 1 ff). Es hat sich jedoch gezeigt, daß es zumeist nicht um einfache oberflächensemantische Parallelen geht, sondern daß die strukturellen Relationen sich komplexer gestalten. Vgl. dazu Kapitel 5 »Identität und Bildung« sowie Kapitel 8.1.2 »Zur Bedeutung von Computerspielen im Leben männlicher Jugendlicher«.

9 Jugendliche am Computer zu Beginn des 21. Jahrhunderts

Raum zu schaffen, der jenseits des bedrückenden Alltags liegt und diesen rituell zu bewältigen hilft.[939]

Ganz neue Möglichkeiten bietet wiederum das Spiel mit vernetzten Computern im LAN bzw. das Spiel im Internet für die männlichen Jugendlichen. Nun wird es möglich, gegeneinander im virtuellen Raum zu spielen bzw. Spiele als virtuelle Gemeinschaftsprozesse zu gestalten. Innerhalb derartiger Gemeinschaftsprozesse kann es dann auch zu kollektiven Flow-Erlebnissen kommen, die wiederum im Sinne Turners Communitas-Charakter besitzen.[940]

Angehörige der Eliten unter den männlichen Jugendlichen agieren überdies in den künstlichen Welten der MUDs, in denen sie gezielt entsprechende Identitätssimulationen bis hin zum Geschlechterwechsel durchführen. Diese Eliten unter den männlichen Jugendlichen besitzen einen optimalen Zugang zu entsprechender Hard- und Software und sind in der Lage, multiple Computeranwendungen zu nutzen. So finden sich auch bei den männlichen Jugendlichen solche, die über das Internet globale Kontakte unterhalten. Dabei gehen derartigen Kontakten zumeist Realbegegnungen voraus. Ein freies Chatten in entsprechenden Chaträumen erscheint diesen männlichen Jugendlichen zumeist wenig attraktiv.

Insgesamt ist zu beobachten, daß auch bei den männlichen Jugendlichen phasenweise Interessensschwerpunkte vorherrschen und entsprechende biographische Entwicklungsabschnitte von bestimmten, sich abwechselnden Weisen des Computerumgangs und spezifischen Intensitätsformen bis hin zur extremen Intensivnutzung, die zumeist aber nach einer gewissen Zeit wieder nachläßt, geprägt werden. In dem Sinne trägt der Computer nach wie vor deutliche Züge eines Übergangsobjekts.[941]

Der Computer bildet ein typisches Artefakt des männlichen Jugendalters und seine Nutzung ist von entsprechenden geschlechtsspezifischen Interessen wie einem bestimmten Genre an Computerspielen (Kampf- und Actionspielen) und vom aufwendigen Programmieren von Web-Seiten geprägt. Ebenso läßt sich eine Begeisterung für den Computer als Simulationsinstrument möglichst realitätsnaher künstlicher Welten bei den männlichen Jugendlichen finden.

Doch der Computer dient den männlichen Jugendlichen nicht allein als Instrument zur Zerstreuung der eigenen Langeweile und dem Abtauchen in künstliche Welten. Vielmehr wird gerade das Internet zu einem wichtigen Informationspool, auf den vor allem für schulische Zwecke zugegriffen wird.

---

939 Vgl. dazu Kapitel 8.1.8 »Metaphysische Implikationen der Computernutzung« und Kapitel 6 »Religion und religiöse Valenz« sowie Kapitel 10.3 »Dimensionen religiöser Valenz«.

940 Vgl. dazu Kapitel 8.1.8 »Metaphysische Implikationen der Computernutzung« und Kapitel 6 »Religion und religiöse Valenz« sowie Kapitel 10.3 »Dimensionen religiöser Valenz«.

941 Vgl. dazu Kapitel 8.1.7 »Der Computer als Übergangsobjekt«.

In dem Sinne sind Dimensionen strukturaler Bildungsprozesse zu verzeichnen.[942]

Auch im Freizeitbereich werden die Möglichkeiten des Internet von den männlichen Jugendlichen genutzt, z.B. um sich selbst auf Web-Seiten im Hobby- und Freizeitsektor zu präsentieren oder sich entsprechende Filme aus dem Internet herunterzuladen, aber auch um für bestimmte Freizeitaktivitäten Informationen zu gewinnen. Dabei ist der Computer dann den eigentlichen Freizeitinteressen instrumentell nachgeordnet.

Das Erstellen von Web-Seiten hat für die männlichen Jugendlichen zudem insofern eine hohe Bedeutung, als sie dadurch Geld zu ihrem Taschengeld hinzuverdienen und so ihre kommerziellen Ressourcen erhöhen. Dieses Erstellen von Web-Seiten kann mit weitergehenden Berufswünschen in diesem Bereich verbunden sein und besitzt einen durchaus professionellen Charakter.

Zusammenfassend ist festzuhalten, daß das dargelegte Spektrum des Computerumgangs männlicher Jugendlicher eine breitgefächerte Bedeutung bezüglich entsprechender Selbst- und Identitätsbildungsprozesse besitzt. So geschehen individuelle Selbststabilisierung, virtuell spielerische Selbstexploration durch entsprechende Rollenübernahme, Prozesse sozialer Interaktion und explizite inhaltsorientierte Informationsgewinnung.

Zudem sind Elemente religiöser Valenz hinsichtlich der Computernutzung männlicher Jugendlicher erkennbar. Sie tauchen vor allem im Kontext der individuellen bzw. kollektiven Flow-Erlebnisse, die liminoide Phänomene von rituellem Charakter darstellen und bezogen auf den Kollektivaspekt Communitas-Dimensionen besitzen, auf. Auch spezifisch metaphysische Implikationen hinsichtlich der Computernutzung männlicher Jugendlicher sind wiederum anzutreffen. Diese stehen in Relation zum Staunen über die Gestaltung der virtuellen Welten, über die eigenen Schöpfungsmöglichkeiten, sind bezogen auf die Faszination durch die Technik allgemein und eine wettkampfartige Auseinandersetzung mit derselben. Ebenso ist eine Relation zu Fantasy-Elementen vereinzelt erkennbar.[943]

9.3 Einzelfallstudien: Weibliche Computeruser zu Beginn des 21. Jahrhunderts

Da die vorliegende empirische Feldstudie die genderspezifische Differenzierung zwischen männlichen und weiblichen Jugendlichen im Blick hat, teilt sich das Sample, wie bereits entfaltet wurde[944], in männliche und weibliche Untersuchungsfelder auf. So besitzen männliche bzw. weibliche Jugendliche

---

942 Vgl. dazu Kapitel 10.2 »Dimensionen der Bildung am Allgemeinen als Element struktureller Bildungsprozesse«.
943 Vgl. dazu Kapitel 6 »Religion und religiöse Valenz«.
944 Vgl. dazu Kapitel 7.3 »Das Sample«.

einen jeweils unterschiedlichen Zugang zum Medium Computer. Im folgenden werden nun exemplarisch die Typen der weiblichen Einzelfälle entfaltet. Wie sich die Erarbeitungsstrategie dieser Typen gestaltete, wurde bereits dargestellt.[945]

9.3.1 Zur Divergenz von realer und virtueller Präsentation

Bei den Computeruserinnen zu Beginn des 21. Jahrhunderts sind Jugendliche anzutreffen, die in der direkten Eigenpräsentation im Gespräch extrem verunsichert wirken, deren virtuelle Selbstdarstellung aber einen vollständig anderen Charakter besitzt. Die folgende Fallstudie der 15-jährigen Anna zeigt zudem das verbreitete Phänomen, daß eine starke Faszination durch den Computer z.B. in Form des Chattens nur ein Übergangsphänomen darstellt.

Zur biographischen Situation:

Die Eltern der 15-jährigen Anna leben getrennt und kommen urprünglich aus der ehemaligen Sowjetunion. Ihr Vater, zu dem sie so gut wie keinen Kontakt mehr hat, lebt in Spanien. Er hat früher ein großes Spielkasino betrieben. Allerdings muß es zu erheblichen Problemen mit dem Vater gekommen sein, weshalb Anna den Kontakt zu ihm abgebrochen hat und sogar davon spricht, daß ihr ihr Vater »egal ist«. Ein Großteil der Verwandtschaft wohnt noch in Rußland. Eine wichtige Person in Annas Leben stellt ihr 21-jähriger Bruder dar, zu dem sie aufschaut und den sie bewundert. Dieser besucht, wie sie fast ehrfürchtig anmerkt, die Fachoberschule und »macht Abitur«. Anna ist in der 9. Klasse einer staatlichen Realschule und wird demnächst ein Praktikum bei einem Augenoptiker machen, »weil sie Brillen schleifen einfach cool findet« und auch gerne »etwas mit den Kunden machen« möchte. Ob daraus später für sie wirklich ein Beruf entstehen wird, weiß Anna noch nicht. Außer im Computerbereich engagiert sich Anna auch im Schultheater und singt im Chor. Von diesen auf Performanz abzielenden Hobbys ist in der Realbegegnung wenig zu merken. Vielmehr prägen »oh Gott« und »ich weiß nicht« Annas Semantik, was ihre Verunsicherung andeutet.

Zum Computerumgang:

Mit Computern hat Anna seit der 5. Klasse zu tun. Die Familie besitzt einen Computer, der hauptsächlich von Annas Bruder genutzt wird: »Der ge-

---

945 Die folgenden Falldarstellungen resultieren aus durch eine modifizierte Form von »thematischer Kodierung« interpretierten, problemzentrierten Interviews.
Vgl. dazu Kapitel 7.2 »Zur Methodik der empirischen Feldstudie« bzw. Kapitel 9.2 »Einzelfallstudien: Männliche Computeruser zu Beginn des 21. Jahrhunderts«.

9.3 Einzelfallstudien: Weibliche Computeruser zu Beginn des 21. Jahrhunderts

hört also jetzt ... hauptsächlich braucht ihn jetzt mein Bruder, weil er Mediengestalter ist, war. Er hat eine Lehre dazu gemacht, aber es gefällt ihm jetzt nicht mehr. Er macht halt trotzdem so Plakate für Bälle macht er halt gern. Ja und er beschäftigt sich jetzt meistens mit unserem Computer«. Der Bruder – dessen berufliche Laufbahn angesichts seines Ausbildungsabbruchs weniger »strahlend« erscheint, als sie von Anna beschrieben wird – hat Anna auch gezeigt, wie der Computer zu verwenden ist. Selbst am Computer experimentiert hat sie nicht, weil sie »nichts kaputtmachen wollte«. Hier zeigt sich wiederum deutlich Annas Verunsicherung.

Diese Unsicherheit wird bei Anna noch an einer anderen Stelle des Interviews deutlich, die den mathematisch-naturwissenschaftlichen Bereich betrifft: »Man hat ein eigenes Wahlfach, wenn man Informatik macht. Dort bin ich aber nicht. Dazu muß man im Mathezweig sein und na ja ...«. Einerseits betont Anna, keinerlei Schwierigkeiten beim alltäglichen Umgang mit dem Computer zu haben, andererseits ist der mathematisch-naturwissenschaftliche und technische Bereich einer, in dem Anna glaubt, weniger leistungsfähig als andere zu sein. So traut sich Anna einen Beruf im Computerbereich nicht zu, obwohl sie daran Interesse hätte. Sie bemerkt: »Ja, es würde mich schon interessieren, aber ich weiß nicht, ich weiß nicht, ich bin eh unsicher da, ich weiß nicht«. Selbst bezüglich eines entsprechenden berufsberatenden Informationsangebots über Berufe im Computerbereich ist Anna unsicher: »Na ich weiß nicht, informieren könnte man sich ja aber, aber ich weiß nicht, ob es mich dann so stark interessieren würde, oder nicht«.

Anna nutzt den Heimcomputer vor allem, um Videos anzusehen, CDs anzuhören, sich Musik für die Stereoanlage zu überspielen und ab und zu das »Moorhuhn-Spiel« zu spielen. Internet hat die Familie aus Kostengründen nicht mehr. In der Vergangenheit besaß die Familie drei Telefonanschlüsse und Internet. Nun wurde der Festnetzanschluß abbestellt, was die finanziell angespannte Situation der Familie verdeutlicht.

Computerspiele und LAN:

Klassische LAN-Spiele wie Counterstrike sind Anna kaum bekannt und sie lehnt dieses Genre auch ab. Zu Hause spielt Anna Strategiespiele mit ihrem Bruder: »Ja, mein Bruder hat immer so, so, so, wie heißt das schon wieder – Strategiespiele halt – aber da habe ich immer verloren, deswegen mag ich es nicht ... Da habe ich immer denken müssen, das kann ich nicht so gut. Das hat mir nicht so gefallen«. An dieser Stelle wird wiederum die überlegene Stellung des Bruders und Annas negative Selbsteinschätzung deutlich. Zugleich kommuniziert Anna offen ihre Frustration über ein derartiges Scheitern.

Stolz ist Anna aber auf den Erfolg der Mädchengruppe des Mädchen-Internetcafes bei einer entsprechenden LAN-Party für weibliche Jugendliche:

»Ja, da war ich letztes Jahr dabei. Da haben wir gewonnen. Da war ich am Ende nicht mehr da. Da habe ich schon weggemußt. Trotzdem wir haben gewonnen«. Dieses Erfolgserlebnis bildet insofern ein markantes Element in Annas Selbstdarstellung, als sie sich an dieser Stelle als »Gewinnerin« erlebt und dies auch emphatisch betont. Wichtig für die Freude an dem beschriebenen Computerspiel ist für Anna das Fantasy-Element. So beschreibt sie den Reiz des fantasy-orientierten LAN-Spiels wie folgt: »Die Phantasiewelt, ich weiß nicht. Ich weiß nicht, ich fand es ganz lustig in einer anderen Welt und so – mit den kleinen Feen. Das hat mir gefallen. Ich mag so etwas eigentlich schon«. Sie würde das Spiel gerne fortsetzen, stellt aber wiederum fest, keine Zeit zu haben. »Ich möchte auch einmal wieder weiter spielen. Da komme ich auch nicht dazu«.

Chatten:

Wenn Anna das Internet nutzen möchte, besucht sie das Internet-Mädchenprojekt. Allerdings haben sich ihre Interessensschwerpunkte verlagert. War sie nach eigener Aussage zu Anfang »sehr fanatisch« und stark am Chatten und an Fan-Seiten interessiert, so hat sich ihre Grundmotivation zum Besuch des Mädchen-Internetprojekts verändert. Anna hält sich dort nun vor allem wegen ihrer realen Freundschaften auf. Sie bemerkt: »Am Anfang war es der Computer, aber dann habe ich halt Freundschaften, hab ich halt Freundschaften entwickelt. Jetzt komme ich eigentlich nur noch wegen meinen Freundinnen, weil es mich eigentlich nicht mehr so stark interessiert wie früher das mit dem Computer so«.

Web-Seiten:

Betrachtet man die virtuelle Performanz Annas auf ihrer Website, so gestaltet sich diese deutlich konträr zu Annas realem Erscheinungsbild. Annas Website besitzt eine einfache Netzstruktur mit einer Indexseite und zehn thematischen Untergruppen (Ron's Seite (abgesetzt), Über mich, Tiere, Fotos, Links, Danke, Freunde, Crazy Pics, Meine Lieblingsbands, Moskau). Motive der Gothic- und Gruselszene prägen die Indexseite. Im Zentrum der Indexseite findet sich die Comicfigur einer weiblichen Draculagestalt in aufreizender Aufmachung, die vor einem ihrer Opfer steht. Die Website soll – entsprechend dem in der Internetadresse verzeichneten Motto – Annas »dunkle Welt« (»my dark world«) wiedergeben. Fotos von Anna selbst erscheinen erst an zweiter Stelle in der Unterkategorie »Meine Fotos«, wobei sie auf diesen nur schwer zu erkennen ist. Ihre reale Unsicherheit schlägt an dieser Stelle insofern wieder durch, als ihre Bilder von sich selbst teilweise mit negativem Text belegt sind. Insgesamt ist bei einem Vergleich der Indexseite mit den Seiten der thematischen Untergruppen eine Spannung zwischen den »dark-world-Elementen« und der Präsentation familiärer und lebensweltlicher Idylle zu verzeichnen. So findet sich das Bild eines gekreuzigten Rappers umgeben von Gruselgestalten neben der Präsentation der eigenen, lebenden und bereits verstorbenen Haustiere. Auch die präsentierten Musikgruppen wie Marilyn Manson (»mein Gott«) sind dem »dark-world-Bereich« zuzurechnen. Neben den Motiven familiärer Idylle sind aber auch Hinweise auf Annas bedrängte Familiensituation zu erkennen. So bedankt sich Anna auf ihrer Web-Seite bei den Menschen, »die ihr geholfen haben, als es ihr nicht gut ging« und rechnet gleichzeitig mit denen ab, »die ihr das Leben schwer gemacht haben«, indem sie Bilder von diesen Leuten ins Netz stellt. Anna zeigt zudem Bilder von ihren Freunden und Freundinnen und einem Moskaubesuch. Verglichen mit dem Interview stellt sich Anna auf ihrer Website wesentlich selbstbewusster dar. Sie präsentiert offen das Netz ihrer Sozialbeziehungen, die ihrem Leben Stabilität verleihen. Gleichzeitig versucht sie durch den Rückgriff auf die Motive »dunkler Welten«, sich selbst in einer Weise zu gestalten, die konträr zu ihren lebensweltlichen Unsicherheiten ist. So wird die weibliche Dracula-Figur zum Sinnbild für sie selbst und für Identitätsmöglichkeiten als »Femme fatale«, die ihr in ihrem realen Leben verschlossen bleiben.

Die Gestaltung einer neuen Web-Seite ist bisher gescheitert. Anna bemerkt: »Ich weiß nicht, ich möchte eine neue machen. Aber irgendwie habe ich keine Zeit dazu, ich verplane sie immer. Ich weiß nicht, ich habe immer etwas anderes zu tun, ich weiß nicht«. Hier zeigt sich wiederum Annas Verunsicherung.

Zum Stellenwert des Computers:

Auf die Frage, ob der Computer für sie wichtig sei, entgegnet Anna: »Nein, nicht so. Früher, früher war er für mich ziemlich wichtig, aber jetzt nicht mehr. ... Ja, weil da war ich mehr beim Chatten und da wollte ich jeden Tag sehen, was da jetzt irgendwie passiert ist, wie es steht und wie es denen halt geht und so. Ich wollte halt immer in Kontakt bleiben und so, jetzt aber überhaupt nicht mehr«. Auch die Internet-Nutzung erscheint ihr nur noch bedingt interessant, »weil sie nicht weiß, was sie machen soll, weil es schon jetzt langweilig geworden ist«. Nach wie vor prüft sie aber ihre e-Mails und lädt sich neue Klingeltöne herunter. Auch das Chatten hat für Anna seinen Reiz verloren. Anna betont daher: »Jetzt bin ich fast gar nicht mehr im Chat. Es ist nicht mehr so spannend«.

Auch das Phänomen, daß sie Raum und Zeit vergißt, kennt Anna nur in bestimmten Kontexten des Computerumgangs. Es spielt für sie aber keine entscheidende Rolle: »Nein, also, wenn ich jetzt irgendwas spiele dann schon. Aber wenn ich im Internet herumsurfe dann weniger«.

Annas reale Selbstpräsentation ist von großer Unsicherheit geprägt, die sich in der häufig wiederkehrenden Formulierung »Ich weiß nicht« verdichtet. Auch ihr familiärer Hintergrund gestaltet sich nicht einfach. Immer wieder erlebt sie ihre eigene Schwäche und besitzt – gerade hinsichtlich des technisch-naturwissenschaftlichen Bereichs – eine sehr negative Selbsteinschätzung. Gleichzeitig ist bei Anna deutlich die Sehnsucht zu verzeichnen, nicht als Verliererin dazustehen und zu den Gewinnern zu gehören. Dieses Verlangen kommuniziert sie explizit in den virtuellen Welten im Rahmen ihrer Web-Seite. Annas Inszenierung als »Femme fatale« bildet einen Gegenentwurf zu ihrer realen Lebenssituation, die ebenfalls im Rahmen ihrer virtuellen Präsentation mit ihrer Problematik, aber auch mit ihrer unspektakulären Grundgestalt durchscheint. So ist in Annas Selbstinszenierung eine doppelte Ausrichtung zu verzeichnen: sowohl das Bedürfnis, sich spektakulär in Szene zu setzen, wie die Motive der Gothic- und Gruselszene andeuten, als auch die Sehnsucht nach einem geordneten bürgerlichen Alltagsleben.

9.3.2 Zur Relation von Fantasy und Virtualität

Bereits der im Kontext teilnehmender Beobachtung geschilderte Fall von Sabine[946] hat eine enge Vernetzung von Fantasy- und Mystery-Elementen mit der Nutzung des Mediums Computer aufgezeigt. Eine vergleichbare Struktur läßt auch der Fall der 16-jährigen Tamara erkennen.

Zur biographischen Situation:

Tamara versucht sich in möglichst selbstbewußter Performanz zu inszenieren. Dies zeigt u.a. ihr elaborierter Sprachstil während des Interviews. Sie ist aus einer dörflichen Gegend in die Universitätsstadt gezogen. Ihre Eltern sind geschieden und Tamara wohnt bei ihrer Mutter, die als Schuhverkäuferin arbeitet und eigentlich einen Beruf im Kunsthandwerk gelernt hat. Ihr Vater lebt in einer anderen Stadt. Tamara bezeichnet ihn als »reichen Arbeitslosen« und als das »Gegenteil von ihrer Mutter« und redet über ihn nur ungern. Das Interview zeigt immer wieder deutlich auf, daß die finanzielle Situation von Tamara und ihrer Mutter erheblich angespannt ist. Tamara besucht ein Gymnasium, will dieses aber zugunsten der Realschule verlassen, weil sie in Latein erhebliche Probleme hat. Sie bemerkt auf die Frage, welche Schule sie besucht: »Ein Gymnasium. Fragt sich noch wie lange. Ich bin in Latein eine Katastrophe, ... ich habe lauter Sechser in Latein und das wird mich wahrscheinlich durchschmeißen«. Diese Problematik im Fach Latein und der bevorstehende Wechsel vom Gymnasium auf die Realschule prägen – ebenso wie die schwierige familiäre Situation – das ganze Interview und werden zur Bedrohung für Tamaras gesamte Zukunftspläne. Tamara hofft trotz ihres Wechsels auf den Realschulzweig ihre Zukunftspläne aufrechterhalten zu können: »Dann mache ich erst die mittlere Reife und dann

---

946 Vgl. dazu Kapitel 9.1.4 »Einzelbeobachtung: Der Besuch einer Chat-Night«.

9.3 Einzelfallstudien: Weibliche Computeruser zu Beginn des 21. Jahrhunderts

das Fachabitur mal eben. Ich möchte eh Lehrerin werden, das steht schon lange fest. Ich möchte Lehrerin für Geschichte und Kunst werden und für Gymnasium. Ja, weil sonst das mit der Kohle sonst etwas schwer ist. Ja, und deshalb möchte ich Lehrerin für Kunst und Geschichte werden. Ja, und ich denke mir, daß es gar nichts macht, daß ich das Fachabitur mache. Denn dann mache ich einfach Sozpäd, also Sozialpädagogik. Da habe ich dann eh viel größere Chancen aufgenommen zu werden, wenn der Lehrer dann auch ein Sozialpädagogik-Studium hat, insofern ... Ich gehe meinen Weg!«. Tamara macht sich selbst Mut, einen Weg zu finden, ihre Zukunftspläne doch verwirklichen zu können. So schwankt ihre Selbstdarstellung zwischen der Eigenpräsentation als leistungsfähiger Gewinnertyp und der realen Bedrohung durch das Versagen in Latein und die schulische Zurückstufung. Auch die Geldthematik, die für Tamara und ihre Mutter eine nicht unerhebliche Rolle spielt, taucht immer wieder auf.

Gefragt nach ihren Hobbys sucht Tamara sich einen erfolgreichen, »coolen« Anstrich zu geben. So erzählt sie zunächst von ihrem Hobby »Klettern«: »Ich gehe sehr, sehr gerne klettern, das ist jetzt aber ungünstig, weil ich eigentlich gerne draußen klettere, weil in der Halle ist es mir zu vorgeschrieben, das kann ich nicht mehr leiden und es ist mir auch ehrlich zu einfach«. Die Aussage, daß sie etwas ablehnt, weil es ihr zu vorgeschrieben ist, stellt ebenfalls ein für Tamara typisches Handlungsmotiv dar. Bei genauerer Nachfrage zum Thema »Klettern« stellt sich jedoch heraus, daß Tamara sich zwar zunächst als sehr leistungsfähig präsentiert, die Realität aber wiederum anders aussieht: »Draußen habe ich teilweise Probleme, ich bin nämlich schon einmal kopfüber vom Felsen gefallen. Deshalb bin ich nun etwas leicht schreckhaft, weil ich beinahe mit dem Gurt übergekippt wäre, weil wir den Hüftgurt vergessen haben. Deshalb bin ich jetzt immer etwas sehr skeptisch«. Im weiteren betont Tamara ihre besondere Leistungsfähigkeit und ihre Überlegenheit über andere. So meint sie auf die Frage, ob sie mit Freunden klettere: »Nein, ich gehe immer in so eine Klettergruppe und mache halt jeden Kurs mit, den ich kann. Mittlerweile ist es so, daß ich nicht mehr richtig mitmachen muß bei diesen Kursen, sondern daß es nur noch dazu da ist, daß die Kleinen an mir das Sichern üben können, daß es also dazu da ist ... er (der Klettertrainer) weiß, also ich kann mich halten, also ja ...«. Das gleiche Phänomen ist zu verzeichnen, als Tamara betont, eigentlich grundsätzlich Sport – mit Ausnahme von Schwimmen – nicht so gerne zu betreiben: »Eher nicht, nur Schwimmen, schwimmen tue ich auch richtig gerne. Ich habe auch das goldene Schwimmabzeichen, also«. Hier ist wiederum die Grundstruktur, sich selbst als besonders leistungsfähig darzustellen, zu erkennen.

9 Jugendliche am Computer zu Beginn des 21. Jahrhunderts

Zum Computerumgang:

Mit dem Computer beschäftigt sich Tamara seit 1995. Tamara beschreibt die Tatsache, wie sie diesen Computer bekommen hat, wiederum als ihr autonomes Handeln. Erst in einem Nebensatz macht sie die familiären Einflüsse deutlich: »Ich wollte einen Computer ... mein Papa hat sich einmal einen Computer angeschafft, aber mittlerweile kann ich mehr als er. Es hat mir einfach Spaß gemacht und ich habe mich damit befaßt, und ... . Dann habe ich einen von meiner Tante gekriegt also väterlicherseits und die hat eben gemeint, daß es einmal sehr wichtig sein könnte für mich im späteren Leben, was auch ich immer für gutheiße, für das Studium und so und alles wäre es auf jeden Fall viel besser, ja ... Dann hat sie mir den zu Weihnachten geschenkt«. Tamara betont, daß sie die wichtigsten Kenntnisse im Computerbereich selbst erworben habe: »Der Papa hat einen Freund, der sich gut damit auskennt, der hat mir gesagt, wie ich hochfahre. Den Rest habe ich mir alles selber beigebracht«.

Tamara nutzt den häuslichen Computer hauptsächlich zum Schreiben und Zeichnen. Um einen Internet-Zugang zu nutzen, geht sie ins Mädchen-Internet-Cafe. Dabei schätzt sie besonders das geschlechterhomogene Setting: »Ja, das ist schon klasse. Ich finde, es ist einfach oft so, daß, wenn jetzt hier ältere Jungs, die würden sich dann immer gleich aufspielen. Ich habe damit keine Probleme mehr damit, ich sage da knallhart meine Meinung, aber ich kann mir gut vorstellen, daß es welche gibt, die dann nicht so sind und Mädchen, da läßt sich einfach vieles mehr machen«. Tamara betont wiederum, selbst auch in einem gendergemischten Setting agieren zu können, schätzt es aber durchaus, nur unter Mädchen zu sein. Dennoch versucht sie wiederum ihre hervorgehobene Stellung gegenüber anderen weiblichen Jugendlichen deutlich zu machen.

Besucht Tamara den Vater, verbringt sie am Tag drei bis vier Stunden am Computer. Sonst nutzt sie an den Tagen, an denen das Mädchen-Internetprojekt geöffnet hat, jeweils für zwei Stunden den dortigen Internetzugang. In dieser Zeit arbeitet Tamara vor allem an ihrer Web-Seite, auf die noch genauer einzugehen sein wird. Tamara beschreibt ihre Tätigkeiten im Mädchen-Internet-Cafe wie folgt: »Hier mache ich meine eigene Homepage und das sind immer zwei Stunden hier, wenn es länger geht, natürlich länger und dann teile ich mir es immer ein, denn ich schreibe eine Geschichte am Computer. Dazu muß die erste halbe Stunde her für die Geschichte und anderes an meiner Seite. Ich habe mal, ich glaube, insgesamt acht Stunden hintereinander mal hier verbracht, also jeden Tag und die Homepage hat jetzt schon etwas Form angenommen und jetzt verbessere ich nur noch einige Sachen und ansonsten gehe ich liebend gerne chatten«.

Die Computerausbildung im schulischen Bereich erlebt Tamara als wenig hilfreich. Auch hier erscheint ihr vieles zu gelenkt: »Ja, wir hatten letztes Jahr

9.3 Einzelfallstudien: Weibliche Computeruser zu Beginn des 21. Jahrhunderts

DV, da haben wir Maschinenschreiben gelernt. Wir haben es dieses Jahr noch als Wahlfach nehmen können. Ich habe es aber nicht genommen, a) weil ich die Lehrerin überhaupt nicht mag und b) letztes Jahr war ich nicht so gut im Computerschreiben, weil ich einfach viel zu wenig Übung hatte, weil an meinem Computer hatte ich einfach keine Lust, weil einfach Zahlenschreiben gefällt mir nicht. Mittlerweile bin ich natürlich schon viel besser durch das Chatten. Da geht das dann einfach von selbst. Ich finde das hier genau so gut und da kann ich dann wenigstens ins Internet und meine Homepage machen. Dort war es so, da war der Höhepunkt, daß man sich eine e-mail-Adresse anlegt. Das habe ich ja schon vor Ewigkeiten gemacht. Ja, ich mag das nicht. Ich bin jemand, der nach dem Motto geht, wer nicht lernen will, muß fühlen. Ich denke, ich lerne dann einfach auch viel besser, wenn ich es selber herausfinde. Dann speichere ich es auch viel besser bei mir. Ich kann so Computerunterricht eigentlich nicht leiden. So Anleitungen von der Marie (der Leiterin des Mädchen-Internet-Projekts) sind super, aber ich kann es nicht leiden, wenn man sich nach genauen Vorschriften sich dann einrichten soll«. Tamara hat Schwierigkeiten, sich in ein geschlossenes Setting, wie es der schulische Rahmen bietet, einzufügen. Sie betont, nur in einem zwangloseren Setting wirklich lernen zu können. In dem Sinne bemerkt Tamara: »Also, es gab Leute, denen es Spaß machte, aber mir war es zu eng«. So sind es die freieren Zugänge im Freizeitbereich, die Tamaras eigentliche Computernutzung ausmachen.

Computerspiele und LAN:

Tamara spielt auf dem Computer des Vaters Spiele wie »Black & White«, »Sims« und »Age of Empire«. Auf ihrem eigenen, privaten Computer kann sie wegen dessen begrenzten Möglichkeiten nur »Siedler« spielen. Die beschriebenen Spiele ordnet Tamara dem Genre »Strategiespiele« zu. Brutale Gewaltspiele lehnt sie vehement ab. Sie bemerkt: »Brutale Spiele langweilen mich, die öden mich echt an. Ich stehe auf Strategiespiele, total«.

Chatten:

Das Chatten ist eng mit Tamaras Begeisterung für Fantasy verbunden. So sucht sie bestimmte Chat-Räume zum Thema »Herr der Ringe« auf. In dem Sinne entgegnet sie auf die Frage, in welchen Räumen sie chattet: »Chat for Free, Antenne ist zu billiges Niveau. Und ich bin ein Herr der Ringe-Fan, ein riesiger Herr der Ringe-Fan, ... Chat-for free, da ist es schön, da ist es eine kleinere Gruppe, das »Herr der Ringe«. Und in Antenne kannst du drauf gehen, weil, wenn du drin bist zu – sage ich mal – 75 % niemanden triffst, den du kennst, und in Chat-for free ist garantiert jemand drin, den du kennst also hundert pro und deswegen bin ich da lieber«. Tamara praktiziert weniger das freie Chatten, sondern verfolgt ganz gezielt ihre thematischen Interessen.

Web-Seiten:

Ebenso wie das Chatten ist Tamaras Engagement für ihre Web-Seite mit ihrem Interesse für Fantasy und hier speziell für die Thematik »Herr der Ringe« verbunden. Tamara trägt um den Hals eine Kopie des »einen Rings« an einer Kette und betreibt eine sehr aufwendig gestaltete Web-Seite, auf der sie ein Tagebuch der Helden aus »Herr der Ringe« führt. Auf der Web-Seite sind große, dem Kinofilm »Herr der Ringe« entnommene Bilder zu sehen, die ihre »Lieblinge« zeigen. Außerdem hat sie zu den »Lieblingen« jeweils tagebuchartige Einträge verfaßt. Diese sind in lockerem Ton gehalten und lassen ihre »Helden« fast als Karikaturen erscheinen. Dadurch durchbricht Tamara ihre Verehrungshaltung gegenüber den Protagonisten aus »Herr der Ringe«. Tamara selbst identifiziert sich mit Eowyn, einer unglücklich verliebten Prinzessin, die sich als Mann verkleidet todesmutig den Feinden entgegenstellt und am Ende der Trilogie doch noch eine andere, glückliche Liebe findet. Tamara stellt auf ihrer Web-Seite auch ihre Haupt-Chatkontakte vor. Dabei berichtet eine ihrer »virtuellen« Freundinnen, daß sie mit Tamara regelmäßig virtuelle Role-Play-Phantasie-Reisen durchführt und lobt diesbezüglich besonders Tamaras Engagement.

Zum Stellenwert des Computers:

Wegen der engen Vernetzung mit der virtuellen Fantasy-Welt und den damit verbundenen Bekanntschaften besitzt der Computer für Tamara einen sehr hohen Stellenwert. Sie bemerkt hinsichtlich dessen, was ihrem Leben ohne den Computer fehlen würde: »Also, dann würden meine e-mail-Bekanntschaften mir sehr fehlen, weil ich da ganz viele nette Leute kennengelernt habe. Was mir auch fehlen würde, wäre schwierig zu erklären. Ja, weil – sagen wir so – es gibt Tage, da bin ich total gestreßt. Ich kann diese Welt nicht mehr ab, diese Realität, dann, das hört sich vielleicht blöd an, ist das eine gute Möglichkeit, um sich für ein paar Stunden wegzuflüchten. Ja ich würde mal sagen, nicht sich einsperren in der Welt, aber flüchten mal ist schon o.k, ... ja und einfach mal drumrum vergessen und sich einfach mal mit Leuten unterhalten im Chat oder so. Das würde mir schon abgehen. Also, einfach, weil das Ausspannen für ein paar Stunden, daß man einfach nichts mehr denken muß, was einen jetzt bedrückt, oder so«. Tamara nutzt den Computer explizit, um sich aus der Realität zu flüchten, die – wie im Fall ihres Scheiterns im Fach Latein – nicht immer ihrer scheinbar souveränen Performanz entspricht, sondern wesentlichen Kontingenzen unterliegt. So kennt Tamara das Phänomen, daß sie alles um sich herum vergißt, wenn sie sich in die virtuelle Welt begibt.

Tamara kann sich vorstellen, einen Beruf im Computerbereich zu ergreifen, schwankt aber auch hier zwischen Traum und Wirklichkeit: »Homepage-Designer wäre auch noch was Riesiges für mich oder Graphikerin oder Zeichentrick-Animateurin, wäre auch noch was. Was riesig Spaß machen würde, wären Special-Effects, aber. Ich denke mal, da hat habe ich zu wenig Chancen. Ich denke mal, da ist so ein großer Berufsandrang und wenn man bedenkt wie wenige das sind und auch noch hier in Deutschland, daß man da ordentlich bezahlt wird. Ich denke da muß man Realist bleiben, ... ich bin ein riesengroßer Träumer. Aber was meine Zukunft betrifft, muß ich realistisch sein«. Tamara erlebt von ihrem familiären Kontext her die Problematik, daß ein sicherer Beruf, der ein ausreichendes Einkommen ermöglicht, nicht unbedingt gegeben ist. Daher ist sie bereit, ihre Träume der Realität zu opfern. Das Medium Computer nutzt sie jedoch, um dieser bedrückenden Realität gezielt zu entfliehen.

Tamara lebt in einer – aus familiärer und schulischer Perspektive – problematischen Situation. Wegen ihres Versagens im Fach Latein stehen ihre gesamten beruflichen Zukunftspläne auf dem Prüfstand. Gleichzeitig ist es ihr wichtig, sich den Anstrich einer gewissen Exklusivität gegenüber anderen weiblichen Jugendlichen zu geben und sich als Gewinnertyp darzustellen. Um die Problematik ihrer realen Lebenssituation auszublenden und deren Kontingenz zu bewältigen, hat sich Tamara einen virtuellen Hintergrundhorizont im Fantasy-Bereich geschaffen. Um diesen auszuleben und zu gestalten, nutzt Tamara multiple Möglichkeiten des Mediums Computer. Sie unternimmt Phantasie-Reisen und unterhält eine virtuelle Peergroup. Auch bei Tamara findet sich wiederum die Dopplung von Fantasy-Bereich und computergestützter Virtualität, eine Form doppelter Transzendierung.[947]

9.3.3 Der Computer als Distributionsinstrument von Auswahlmöglichkeiten in einer postmodernen Konsumgesellschaft

Der Computer wird zudem zum signifikanten Distributionsinstrument von Auswahlmöglichkeiten in einer postmodernen Konsumgesellschaft. Mit ihm sind multiple Anwendungs- und Auswahlmöglichkeiten verbunden, die – wie im Fall der 14-jährigen Sonja – jeweils phasenweise bestimmte Adoleszenzabschnitte begleiten.

Zur biographischen Situation:

Die 14-jährige Sonja kommt ursprünglich aus Rußland: »O.k., also ich komme ursprünglich aus Russland, bin dort in Thule geboren, das ist ungefähr so 350 Kilometer südlich von Moskau und dann sind wir halt hierher gezogen, als ich sechs war. Da bin ich auch gleich in die Schule gegangen, das war am Anfang schwierig, aber jetzt bin ich auf dem Gymnasium ... und

---

947 Vgl. dazu Kapitel 10.3 »Dimensionen religiöser Valenz« sowie die Einzelfallstudie »Sabine« in Kapitel 9.1.4 »Einzelbeobachtung: Der Besuch einer Chat-Night«.

da läuft es bis jetzt normal. Die Lehrer sind nicht so toll, aber sonst geht es schon«. Sonja berichtet von anfänglichen Schulschwierigkeiten, die sie aber überwinden konnte, und daß sie jetzt die 9. Klasse eines Gymnasiums besucht. Diese Schwierigkeiten im schulischen Bereich markieren die komplizierte Eingewöhnungsphase in Deutschland. Sonjas Eltern sind geschieden und sie lebt bei ihrer Mutter, die sich mit Gelegenheitsjobs über Wasser hält und bei der Volkshochschule einen Kurs für Sekretariatsarbeiten machen möchte, um in diesem Berufsfeld Arbeit zu finden. Geschwister hat Sonja keine. Ebenso besteht kein Kontakt mehr zum Vater.

Markant für Sonjas aktuelle Entwicklungsphase ist, daß bei ihr bestimmte Interessen zwischenzeitlich einen hohen Stellenwert einnehmen und dann schnell wieder nachlassen. Sie ist sich dieses Phänomens aber bewußt: »Ich habe mehrere Interessen. Jetzt gerade bin ich so in der Phase, irgend etwas im Musikgeschäft ... Manager irgendwie so etwas«. Ähnlich fluktuierend gestalten sich ihre Hobbys: »Ja, das ändert sich auch oft. Also im Moment, ich male gerne Graffitis in den Freistunden in der Schule und auch daheim und je nach Jahreszeit im Sommer gehe ich auch oft ins Schwimmbad oder so. Und mit meinen Freunden spiele ich dann oft Fußball auf unserem Bolzplatz dann. Und sonst den Rest der Freizeit bin ich mit meinen Freunden unterwegs in der Stadt«. Zu ihren Hobbys gehört auch der Besuch des Mädcheninternet-Cafes, in dem Sonja ihren eigentlichen Zugang zum Medium Computer gefunden hat. An dem Internet-Cafe schätzt Sonja auch die Tatsache, daß es sich um einen geschlechterhomogenen Raum handelt: »Ich weiß nicht, ich kann mir vorstellen, daß die Jungen sich immer nur wichtig machen und so und dann einen niedermachen, wenn man etwas nicht weiß. Ich glaube, die würden dann auch immer hauptsächlich Spiele spielen, zum Beispiel so Internetcafes, ... da sind auch nur Jungen und die spielen dann auch nur Counterstrike, die gehen nicht ins Internet. Und wenn einem langweilig wird, kann man auch die anderen Mädchen fragen, wo sie gerne hingehen, ich glaube, ... denn die Jungen gehen dann irgendwo anders hin«. Im privaten Bereich hat Sonja keinen Internet-Zugang.

Zum Computerumgang:

Auch im Zusammenhang ihres Computerumgangs zeigt sich bei Sonja das Phänomen, daß ihre Interessen schnell wechseln: »Also, das ändert sich dann halt auch ständig. Also am Anfang als ich da war, habe ich eigentlich nur so Seiten gesucht von meinen Lieblingsstars und so. Dann hat mir meine Freundin mal den Chat gezeigt, dann war ich auch öfters im Chat drin und dann habe ich auch irgendwo bestimmte Seiten ... meine Freundin hat mir auch ein paar Seiten gesagt, ein paar gute, auch verschiedene. Da war ich dann mal länger auf der Seite zum Beispiel Fun-City, glaube ich, hieß die und ich hatte halt öfters mehrere Lieblingsseiten, auf die ich dann öfters hingegangen bin.

9.3 Einzelfallstudien: Weibliche Computeruser zu Beginn des 21. Jahrhunderts

Im Moment ist es E-bay, da ersteigere ich oft was und kaufe auch was und es war auch eine Zeit lang, da war ich dauernd im Chat drin, aber jetzt eigentlich nicht mehr so, weil der Raum, in dem ich da war, im Treffpunkt, der ist jetzt irgendwie schlecht geworden, also die ganzen Stamm-Chatter und so, sind jetzt alle raus und durcheinander und es macht keinen Spaß mehr«. Sonja hat zunächst für sie interessante Internet-Seiten besucht, um Informationen zu gewinnen. An diese Nutzungsform des Computers schließt sich eine Phase an, in der Sonja vor allem gechattet hat. Jetzt gilt ihr Hauptinteresse der Internet-Börse E-bay. Hier zeigt sich wiederum die Ausrichtung einzelner Elemente der Computernutzung an unterschiedlichen Adoleszenzphasen, in denen diese zum Interessensschwerpunkt werden.

Computerspiele und LAN:

Ihren Computer zu Hause – ein einfacheres Gerät ohne Internet-Zugang – nutzt Sonja auch für die unterschiedlichsten Computerspiele: »Ganz verschiedene halt. Da habe ich eine Top 100 CD und da geht es rauf und runter von Action über Jump und Run und Pin Ball und Break-Out, da habe ich bei jeder Kategorie so mein Lieblingsspiel«. Gerne spielt sie zudem Tomb Rider mit der Hauptfigur Lara Croft. Diesbezüglich ist ihr auch wichtig, daß Lara Croft eine Frau ist. Sie bemerkt: »Ja, da kann man sich besser reinversetzen, weil ich habe dann immer Angst, zu verlieren, weil die mir halt leid tut«. Strategiespiele interessieren Sonja ebenso, wenngleich ihr Interesse in diesem Bereich wiederum einen stark phasenartigen Charakter besitzt: »Also, wenn es um Strategie geht, wenn man irgendwelche Städte aufbauen muß, wie bei Caesar, das mag ich schon. Ich hatte dann auch so eine Phase, da habe ich Tag und Nacht nur Caesar gespielt und da bin ich jetzt auf irgendeinem Level, da komme ich jetzt nicht mehr weiter, das habe ich jetzt alles wieder vergessen«.

Chatten:

Beim Chatten orientiert sich Sonja vor allem an den lokalen Räumen, in denen sie ihr bekannte Leute trifft. Hier zeigt sich wiederum die enge Vernetzung von realen und virtuellen Begegnungsformen. In dem Sinne bemerkt Sonja. »Das finde ich jetzt spannender irgendwie, weil da kenne ich auch ein paar Leute und wenn nicht, dann könnte ich mich auch mit denen treffen und so«. Ein reales Treffen hat sie zwar noch nicht verwirklicht, aber sie betrachtet es als positiv, »daß die irgend etwas über sich erzählen« und sie sich dann erinnert und denkt, »ach, das ist der, den kenne ich schon«. Grundsätzlich expliziert Sonja jedoch ihre Bereitschaft, auch neue Leute kennenzulernen.

9 Jugendliche am Computer zu Beginn des 21. Jahrhunderts

Zum Stellenwert des Computers:

Sonja betont, daß der Computer für sie ein wichtiges Medium darstellt. So würde ihr auch einiges fehlen, wenn es den Computer nicht gäbe: »Also, erstmal im Internet, da kann man auch viel machen, da ist man zum Beispiel daheim und dann fällt einem irgend etwas ein, was man zum Beispiel nicht weiß, das kann man im Internet nachschauen und e-mails schreiben mit Freunden, dann im Moment eben E-bay und alles Mögliche. Also, da habe ich auch mal nach einer Telefonnummer von einem Freund gesucht, die habe ich dann auch im Internet gefunden, also hauptsächlich, um etwas herauszufinden und irgend etwas kennenzulernen und für die Schule braucht man das Internet auch«. Für den schulischen Bereich schätzt Sonja vor allem die Möglichkeit, an Informationen kommen zu können. Wichtig ist ihr in diesem Zusammenhang wiederum die große Auswahl. »Hauptsächlich für Informationen, finde ich das Internet total gut. Bei Google, wenn man da sucht, da findet man alles Mögliche. Eine große Auswahl ...«. Die Thematik der Auswahl wird zum entscheidenden Paradigma für Sonja in multiplen Lebensbereichen. So betont sie bei der PC-Arbeit in der Schule zwar Auswahl zu finden, aber dennoch an den entsprechenden Computeranwendungen wenig Freude zu haben: »Ja, das haben wir zwar zur Auswahl, da geht man aber eher nicht ins Internet, da macht man so Programmieren und so, das macht mir nicht so Spaß, ... Tabellen erstellen und so«.

Sonja kennt im außerschulischen Bereich das Phänomen, am Computer völlig Raum und Zeit zu vergessen: »Also bei den Spielen, ... da einmal wo ich in meinem Tomb Rider-Fieber war, dann Caesar, dann wo ich für ein halbes Jahr ständig in dem Chat drin war, da habe ich in meiner Freizeit auch ständig SMS mit den Leuten vom Chat geschrieben und mit meiner Freundin habe ich mich nur über den Chat unterhalten und meine Freundin hat dann auch einen Freund dort gefunden und bis jetzt hat sie auch noch zu einigen Kontakt und ja die Zeit eben und im Moment bin ich ständig nur am Überweisen für E-bay und mache da noch ein paar Nebenjobs, damit ich auch Geld dafür habe«. Wieder ist die starke Phasenhaftigkeit von Sonjas Interessen zu erkennen.

Die wichtigste Computeranwendung ist für sie aktuell E-bay. Sonja verdient zusätzliches Geld, um bei E-bay einkaufen zu können. Sie zieht den Einkauf bei E-bay sogar einem realen Stadtbummel vor: »Weil es auch vor allem billiger ist. Da findet man auch mehr, da gibt man es einfach ein und dann hat man es gefunden und vor allem hier ... finde ich jetzt nicht, daß man so eine große Auswahl hat. Ich kenne jetzt schon alle Geschäfte in- und auswendig zum Beispiel, wenn ich jetzt neue Kleidung will, dann gehe ich zum Beispiel in ein Geschäft und finde nichts und dann komme ich einen Monat später wieder und dann ist es immer noch das gleiche«.

9.3 Einzelfallstudien: Weibliche Computeruser zu Beginn des 21. Jahrhunderts

Der Computer unterstützt die Befriedigung von Sonjas Konsumbedürfnissen und bietet ihr die maximale Bandbreite an Auswahl, die sie selbst für sich als extrem wichtig erachtet. Diese Auswahlthematik wird auch deutlich, als Sonja meint, daß sie sich nicht unbedingt vorstellen könne, beruflich mit dem Computer zu arbeiten, da sie nicht dauerhaft am Schreibtisch arbeiten möchte. Allerdings räumt sie ein, nicht genau informiert zu sein, was es in diesem Bereich für berufliche Angebote gibt: »Was es da so gibt, weiß ich nicht, was es da für eine Auswahl gibt«. Wieder ist es die Auswahlthematik, die für sie auch die wichtige Fragestellung der Berufswahl bestimmt.

Bei Sonja wird eine Subjektstruktur erkennbar, die paradigmatisch für eine radikale Form von Wahlidentität im Sinne postmoderner Theoriebildung ist, der eine echte Festigung zumindest im Moment fehlt. Alle Bereiche ihres Lebens betrachtet sie unter dem Aspekt der Auswahl. Der Computer ist eng mit dieser Grundstruktur verbunden und wird für sie vor allem als Medium wichtig, das ihr in den unterschiedlichsten Kontexten eine entsprechende Auswahl ermöglicht. Aktuell liegt ihre Hauptinteresse dabei auf durch den Computer vermittelten Konsummöglichkeiten. Bei Sonja lassen sich deutlich mit ihrer Individualentwicklung verbundene, sich ablösende Phasen unterschiedlicher Interessen- und Nutzungsschwerpunkte hinsichtlich des Mediums Computer verzeichnen. So waren bei ihr Phasen des intensiven Spielens von Computerspielen und des Chattens zu erkennen, die sie aber bereits wieder hinter sich gelassen hat.

9.3.4 Der Computer als neben- bis nachgeordnetes Medium

Es zeigt sich auch, daß der Computer in bestimmten Fällen eine neben- bis nachgeordnete Rolle im Leben weiblicher Jugendlicher spielt, zu ihm wenig emotionale Bindung besteht und er vor allem dazu dient, niederschwellig Langeweile zu zerstreuen. Dies verdeutlicht z.B. die Fallstudie von Sandra:

Zur biographischen Situation:

Sandra besucht die achte Klasse eines Gymnasiums. Ihre Eltern leben getrennt und ihr Vater wohnt mit einer neuen Lebenspartnerin zusammen. Sandras Mutter macht gerade eine Umschulung zur Steuerkauffrau und ihr Vater – zu dem Sandra wenig Kontakt hat – ist der Inhaber eines Geschäfts. Sandra hat einen 12-jährigen Bruder, zu dem sie, wohl auch bedingt durch ihre Lebensphase, kein wirklich enges Verhältnis besitzt.

Sandras eigentliche Freizeitinteressen liegen mehr im »realen Bereich«, wobei Sandra das, was sie favorisiert, nicht wirklich explizieren kann. Sie erklärt diesbezüglich: »Mit Freunden irgendwie herumgehen, mehr so schwimmen oder irgendwie, ja ich weiß auch nicht«. Auch zu lesen begeistert Sandra weniger: »Wenn mich ein Buch interessiert, dann lese ich schon, aber sonst eigentlich nicht ... mich interessieren so Phantasie-Geschichten«.

Beruflich hofft Sandra momentan, Modedesignerin werden zu können: »Ich denke mir so Modedesignerin oder so, weil mich Klamotten stark interessieren und Mode und so, das würde mir schon gefallen«. Um diesen Wunsch, der wiederum wenig ausgeprägt wirkt, zu verwirklichen, schneidert Sandra zu Hause, wobei sich dies in engen Grenzen bewegt: »Ja, also ich habe eine Nähmaschine zu Hause und dann tue ich manchmal so, aber nicht richtig. Und Kunst und so das gefällt mir auch ... Manchmal tue ich so Bilder malen und so, nicht richtig«. Den Computer nutzt sie dafür nicht.

Zum Computerumgang:

Sandra hat in der vierten Klasse einen Einführungskurs zum Computerumgang besucht und zu Hause seit dieser Zeit einen Zugang zu einem Computer und zum Internet. Allerdings nutzt sie den Computer im häuslichen Bereich nicht, sondern ihr eigentlicher Umgang mit dem Computer bleibt auf das Mädchen-Internet-Projekt beschränkt. Dabei bevorzugt sie es vor allem zusammen mit ihren Freundinnen am Computer zu agieren. Zu chatten schätzt Sandra nicht: »Chatten macht mir persönlich nicht so viel Spaß, weil ich weiß nicht, man weiß ja nicht, mit wem man chattet und meistens sind das ja total blöde Arschlöcher«.

Im Umgang mit dem Computer hat Sandra wenig Probleme. Vielmehr bemerkt sie: »Ich weiß nicht, ich kann mit diesen Sachen eigentlich gut umgehen, wenn ich es sehe, weiß ich es sofort«. Korrespondierend bevorzugt sie Schulfächer wie Mathematik und Physik und erlebt sich im sprachlichen Bereich als weniger kompetent.

Sandra schätzt das geschlechterhomogene Setting in dem Mädchen-Internet-Cafe, besucht dieses aber nicht wirklich wegen der Möglichkeiten der Computernutzung. Sie betont, daß sie in dem gleichen sozialen Setting ebenso gerne an einem Mädchen-Kochclub teilnehmen würde. Sandra bemerkt: »Ich bin eigentlich nur dazugekommen, weil meine ganzen Freundinnen aus der Klasse hierher gehen. Die haben gesagt, geh halt einmal mit und da bin ich immer mitgegangen und seitdem gefällt es mir«.

Beruflich mit dem Computer zu arbeiten, kann sich Sandra zwar vorstellen, allerdings stellt sie sich derartige Berufe extrem kompliziert vor, obwohl sie eigentlich keine Probleme im konkreten Umgang mit der Computertechnik hat. Sandra merkt diesbezüglich an: »Eigentlich schon, aber ich glaube, daß das ziemlich kompliziert ist. Ich stelle mir das so kompliziert vor, wenn die irgendwas erstellen am Computer so 3-D oder so. Das schaut immer so kompliziert aus«. Sandra meint zwar, sich diese Fertigkeiten aneignen zu können, entgegnet aber, daß sie lieber zeichnet, ohne das Medium Computer zu nutzen: »Ich denke schon, ich glaube schon, daß ich das lernen könnte, aber ich mag halt lieber mit dem Stift zeichnen«.

9.3 Einzelfallstudien: Weibliche Computeruser zu Beginn des 21. Jahrhunderts

Computerspiele und LAN:

Computerspiele interessieren Sandra nicht wirklich: »Ich höre sie (die Jungen) immer reden, wenn sie immer Computerspiele spielen, aber Computerspiele interessieren mich überhaupt nicht, weil, weil so Nintendo so, das finde ich total langweilig«. Auch die Begeisterung ihres Bruders für Computerspiele teilt Sandra nicht und steht diesem Genre ablehnend gegenüber: »Der setzt sich oft hin und spielt so Strategiespiele und spielt dann die ganze Zeit und das regt mich so auf. Den ganzen Tag sitzt der davor und tut da herum ... Nein, der macht halt so Zeug«.

Chatten:

Sandra kann nicht genau angeben, was sie mit dem Computer eigentlich macht, obwohl ihr der Umgang mit diesem Medium leicht fällt: »Ich weiß auch nicht so ... zu Hause mache ich sehr wenig am Computer im ... (Mädchen-Internet-Cafe), wenn mir ganz langweilig ist, dann tue ich chatten oder irgendwelche Sachen suchen, so im Google irgendwelche Wörter eingeben und dann schauen, ob man sie findet oder so«. Beim Chatten kommuniziert sie hauptsächlich mit den real neben ihr im Mädchen-Internet-Cafe sitzenden Mädchen, wobei diese Kommunikation eher spaßhaften Charakter besitzt (»verarschen«).

Zum Stellenwert des Computers:

Insgesamt beurteilt Sandra den Computer als nicht so wichtig für ihr Leben: »Er ist nicht so wichtig. Ohne Computer wäre es irgendwie langweilig oder so, denn manchmal ist es ganz lustig irgend etwas zu machen, so oder so im Chat andere Leute zu verarschen, zu sagen, daß man so und so alt ist und so, oder sonst Informationen suchen und so oder es gibt auch so klamottenmäßig im Internet, das kann man auch ... Ja, da schaue ich schon immer gerne durch und so, was es gibt, aber meistens kaufe ich mir es nicht«. Insgesamt dient der Computer für Sandra als Medium, um keine Langeweile aufkommen zu lassen und sich niederschwellig zu zerstreuen. Ein wichtiger Stellenwert kommt ihm in Sandras Leben nicht zu. Allerdings ist auffallend, daß Sandra über die meisten Aspekte ihres Lebens wenig emphatisch berichtet.

Trotz dieser emotionalen Distanz gegenüber der Computernutzung kennt jedoch auch Sandra das Gefühl, während der Arbeit am Computer Raum und Zeit zu vergessen: »Ich war mal die ganze Nacht hindurch im Internet, da gibt es, da kann man so eine Homepage erstellen, das geht dann nach einer dreiviertel Stunde wieder weg. Da haben wir dann ganz viel gemacht und so und dann haben wir die ganze Nacht, und irgendwann um 5.00 Uhr in der Früh haben wir dann gesagt, ›Scheiße, jetzt müssen wir mal ins Bett gehen‹

und so«. Dieses Erstellen von Homepages war wiederum eine Tätigkeit am Computer, die Sandra zusammen mit anderen weiblichen Jugendlichen durchführte. Ihr geht es vor allem darum, Geselligkeit zu erleben. In welchem Kontext dies geschieht, ist ihr nicht so wichtig.

Sandra nutzt den Computer zur Zerstreuung ihrer Langeweile. Für sie besitzt der Computer eine weniger wichtige Rolle in ihrem Alltagsleben und steht neben- bis nachgeordnet an der Seite ihrer anderen Hobbys. Allerdings zeigt Sandra auch ihren anderen Hobbys gegenüber nur eine geringe emotionale Bindung und läßt insgesamt ein eingeschränktes Selbstbewußtsein erkennen. Das Mädcheninternetprojekt besucht sie vor allem, um ihre Sozialkontakte zu pflegen. Bei Sandra zeigt sich zudem eine geschlechtsspezifisch orientierte Ablehnung der männlichen Computerspielkultur, die auch ihr Bruder verkörpert.

9.3.5 Der Computer als Medium globaler Kommunikation jugendlicher Eliten

Der Computer wird inzwischen – wie bereits der Fall Peter[948] bei den männlichen Jugendlichen gezeigt hat – infolge seiner vielfältigen Anwendungsmöglichkeiten gerade von jugendlichen Eliten in multipler Weise genutzt.[949] Diese besitzen optimale Nutzungsfähigkeiten und haben einen fast uneingeschränkten Zugriff auf entsprechende Geräte. Dabei pflegen derartige Jugendliche ihre internationalen Kontakte gerade auch durch den Computer. Letzteres Phänomen ist jedoch nicht allein für die männlichen Jugendlichen zu verzeichnen, sondern findet sich auch unter den weiblichen Jugendlichen, wie der Fall der 17-jährigen Larissa zeigt.

Zur biographischen Situation:

Die 17-jährige Larissa besucht die 11. Klasse eines Gymnasiums. Ihr Vater ist Steuerberater und hat eine eigene Firma, ihre Mutter ist selbständige Einzelhandelskauffrau. Larissas Bruder ist 15 Jahre alt und besucht die 10. Klasse desselben Gymnasiums. Außerdem hat Larissa noch eine 32-jährige Schwester, die Diplom-Biologie studiert hat, und gerade mit dem zweiten Kind in Mutterschutz ist. Larissas Schwager ist Arzt. Auffallend an Larissas Schilderungen ist, daß das Thema beruflicher Sozialstatus für sie einen hohen Stellenwert besitzt, sie sich der Exklusivität ihres sozialen Umfeldes durchaus bewußt ist und dieses auch betont.

Als Hobbys nennt Larissa das Schreiben für eine Schülerzeitung, Schreiben generell, Boxen, Tennis, das Weggehen mit Freunden und Musik. Larissa spielt Klavier und nimmt Gesangsunterricht. Das Boxen praktiziert Larissa in

---

948 Vgl. dazu Kapitel 9.2.2 »Jugendliche Eliten als Multiuser«.
949 Vgl. dazu Kapitel 9.2.2 »Jugendliche Eliten als Multiuser«.

9.3 Einzelfallstudien: Weibliche Computeruser zu Beginn des 21. Jahrhunderts

geschlechtergemischten Gruppen. Sie ist zu diesem außergewöhnlichen Hobby gekommen, weil sie – auf Wunsch der Mutter – etwas für den Aufbau ihres Selbstbewußtseins machen sollte: »Ja, das fing vor etwa drei Jahren an, daß meine Mutter sagte, ich muß etwas mit Selbstverteidigung machen, weil ich auch nicht gerade mit Selbstbewußtsein oben auf war. Das war schon in der Grundschule ganz schlimm und dann wurde es aber besser. Dann hat sie gesagt, ich muß etwas mit Selbstverteidigung machen und ich wollte aber nichts machen. Ich wollte nicht Taekwondo machen, diese ganzen Sachen, das hat mich nicht interessiert und Karate finde ich total schrecklich auch ... . Und irgendwann habe ich dann gesagt, o.k., ich gehe boxen und es hat keiner geglaubt, daß ich das durchhalte, weil die kannten mich ja und dann, ja... . Das hat mich irgendwie fasziniert. Und auch wenn der Trainer sehr streng ist und halt sehr rabiat manchmal, also nicht jetzt brutal, aber geradeaus, aber das hat mich positiv beeinflußt«. Man merkt Larissas aktueller Performanz nicht an, daß sie jemals Probleme mit dem Selbstbewußtsein hatte.

Zum Computerumgang:

Larissas Tätigkeiten am Computer sind relationiert zu ihrem Hobby, dem Schreiben von Texten: »Ja, das Schreiben generell, auch was am Computer. Der ist den ganzen Tag bei mir an im Zimmer, weil wenn mir dann etwas einfällt, daß ich dann nicht erst anmachen muß. Da gehe ich dann gleich dran, ... ja, das ist der bei mir im Zimmer. Also, wenn ich da bin, mache ich meistens aus reiner Gewohnheit einfach an, und ja, und, wenn ich halt Zeit hab, Lust hab, dann setze ich mich hin und mache was, weil es ist einfach entspannend für mich, bevor ich irgend etwas anderes mache, mich vor die Glotze hocke und irgendeinen Mist gucke, setze ich mich lieber da dran und mache halt irgendwas ... «. Larissa nutzt den Computer – ähnlich wie Sandra – einerseits zur Zerstreuung gegen Langeweile. Andererseits schreibt Larissa mit dem Computer gezielt in ihrer Freizeit Texte: »Also, was mir gerade so einfällt für die Schülerzeitung das auch und generell und ja irgendwelche Geschichten«. Diese Geschichten entstammen eher dem Alltagsbereich. An Phantasiewelten hat Larissa kein Interesse.

Zu Anfang hatte Larissa einige Probleme, Zugang zum Computer zu finden und stand dem Medium auch ablehnend gegenüber. Dies hat sich inzwischen geändert: »Also am Anfang konnte ich überhaupt nichts, da wußte ich auch gerade wie man Word öffnet, aber da war ich dann auch, ... ich habe mich auch nicht dafür interessiert und ich hab mich auch dagegen geblockt. Ich habe gesagt, das ist eh alles Scheiße, ich brauche das nicht. Dann hab ich dann irgendwann einen anderen Bezug dafür gehabt, dann habe ich auch gelernt, wie man Sachen kopiert, wie man einfügt, was ausschneidet und Grafiken verändert und das lernt man sich dann einfach irgendwann an. Mein Vater, mein Bruder sind darin ganz gut bewandelt da und die haben es mir dann auch gezeigt ...«. Diese Öffnung zum Computer hin hat nach Larissas Einschätzung auch damit zu tun, daß sich ihr Aktionsradius verändert hat und sie sich mehr nach außen hin orientiert: »Es kam so mit der Zeit, als ich dann auch mehr halt Bezug zu auch zur Außenwelt, sag ich mal, hatte, also Leute auch von woanders kennengelernt hab und das kam einfach so, als ich auch mehr mit dem Schreiben angefangen habe, dann kam das«. Erste Orientierungshilfen im Computerbereich hat sie von ihrem Vater und ihrem Bruder erhalten. Da die Familie über umfangreiche finanzielle Ressourcen verfügt, hat Larissa auch mehrere Zugangsmöglichkeiten zu Computern im häuslichen Bereich: »Dann habe ich aber mir einen Computer gewünscht für mein Zimmer. Das war, das müßte vor ungefähr vier Jahren gewesen sein und da habe ich jetzt keinen Internet-Anschluss dran. Der ist am anderen Computer halt und da bin ich halt, wenn es geht, jeden Tag eigentlich, also immer, wenn ich Zeit habe und da mache ich eigentlich alles Mögliche dran, ich verschicke auch Bilder und lade auch Sachen runter. Also ich weiß da mittlerweile ganz gut Bescheid«. Den Kindern Fertigkeiten im Computerbereich zu ermöglichen, liegt explizit im Interesse von Larissas Eltern: »Es war ihnen halt wichtig, weil sie halt gemerkt haben, aus den Zeitungen erfährt man heute zwar viel, aber was wir brauchen, also auch für Schule und so, das kriegt man heute einfach nirgendwo anders mehr. Bibliothek das wird auch immer weniger und das haben sie schon gemerkt, daß man das halt auch braucht«.

Larissa nutzt den Computer intensiv für den schulischen Bereich: »Ja, das ist klar, wenn ich im Internet mal etwas brauche, Suchmaschinen und so und ich gucke halt immer bei T-Online, wenn man reinkommt das Startprogramm halt immer, Nachrichten guck ich halt so drüber, wenn ich mal grad irgendwie keine Lust habe, Zeitung zu lesen, dann, wenn ich das anmache, guck ich halt immer, was so ist und lese halt alles mal so durch, daß ich wenigstens oberflächlich halt einfach informiert bin, abgesehen halt von Fernsehen und Zeitungen und so. Und dann halt die Referate, das ist klar. Suchmaschinen, es gibt ja bestimmte Seiten, wo man schon fertige Referate kriegt, die nimmt man dann nicht wenn man nicht sehr blöd ist, weil die Lehrer kennen halt die Seiten, aber das ist halt schon manchmal hilfreich, auch vor Klassenarbeiten, wenn man für Bücher irgendwelche Fragen hat, da sind meistens schon die fertigen Sachen drin, das ist halt schon gut«. Larissa schöpft die multiplen Möglichkeiten, die der Computer bietet, für schulische Zwecke intensiv aus. Um die aus dem Internet gewonnenen Informationen zu bewerten, greift Larissa auf mehrere Datenquellen zurück, die sie miteinander vergleicht. Dadurch hofft sie, Fehler ausschließen zu können: »Also ich gucke mir meistens mehrere Sachen an, ... also, nicht nur eins dann, ... ja, und meistens weiß ich ja schon ein bißchen darüber. Da kann ich schon gucken, kann das jetzt hinkommen oder hat da irgendwer einfach Quatsch geschrieben. ... Also bisher war das alles eigentlich brauchbar«.

9.3 Einzelfallstudien: Weibliche Computeruser zu Beginn des 21. Jahrhunderts

Beruflich möchte sich Larissa zum Medien-Bereich hin orientieren und denkt, ihre Computerkompetenz dort sinnvoll einsetzen zu können: »Ja, ich möchte sowieso eher in den Medien-Radio-Bereich gehen, so etwas also. Irgend etwas, wo ich auch sprechen kann, sag ich mal. Da braucht man ihn, glaube ich, auch und ich denke das wäre schon ...«.

Manchmal verbringt Larissa mit ihren Freundinnen zusammen Zeit am Computer. Ihr Hauptinteresse gilt dabei aktuell dem Herunterladen von Musik aus dem Internet: »Ja, für die Schule etwas abtippen oder früher hat man etwas gezeichnet mit diesem Paint-Programm, das habe ich oft gemacht, aber sonst ja jetzt natürlich, wenn eine Freundin zu mir kommt, dann gucken wir mal, was es Neues gibt, laden wir mal Musik runter, ist zwar illegal mittlerweile ... . Aber, ich muß dazu sagen, ich guck jetzt, brauche ich dieses Lied, will ich das wirklich haben. Wenn nicht, dann lasse ich es ...«. Hier zeigt sich wiederum die Selbstverständlichkeit, mit der in der aktuellen Jugendkultur Daten aus dem Musik- und Filmbereich heruntergeladen werden. Allerdings verdeutlicht der Fall Larissa, daß die Jugendlichen inzwischen ihr Verhalten in diesen Zusammenhängen reflektieren und modifizieren.

Computerspiele und LAN:

Larissa spielt auch Computerspiele. Dabei bevorzugt sie – dem weiblichen Geschlechterspektrum entsprechend – Spiele wie »Sims« und »Solitär«: »Also, ich habe früher oft Sims gespielt. ... Ja, das habe ich aus Amerika damals mitgebracht. Da gab es das hier noch gar nicht und da hab ich jeden Tag drangehangen. Es war total cool irgendwie, aber mittlerweile gar nicht mehr. ... Ah, ich fand es cool, da die Familie zusammenzustellen und dann die immer irgend etwas machen zu lassen und wie die sich dann entwickelt haben, das fand ich furchtbar interessant, wenn die sich dann angefreundet haben und wenn man das selber machen muß, dann hat man eben gemerkt manchmal ging es nicht, obwohl man es wollte und das fand ich total faszinierend mit dem Einrichten und so, ... also das hat mir ziemlich viel Spaß gemacht«. Die Phase, in der Larissa »Sims« gespielt hat, ist vorbei. Auch hier zeigt sich wiederum, daß bestimmte mediengestützte Einzelelemente unterschiedliche Adoleszenzphasen begleiten. Bemerkenswert ist, daß Larissa durch das Spiel »Sims« Einsichten über bestimmte soziodynamische Prozesse gewinnt. Sie erkennt, daß Freundschaften zwischen bestimmten virtuellen Personen scheitern, obwohl das soziale Setting von ihr anders geplant war. Eine derartige Simulation von sozialen Realitäten fasziniert Larissa.

Das Spiel von Solitär dient eher Larissas Zerstreuung: »Ach so Solitär spiele ich auch ... Das spiele ich ziemlich oft. Auch so zwischen den Hausaufgaben, wenn ich merke o.k., es geht irgendwie nicht mehr, dann spiele ich eine Runde Solitär. Das mache ich gerne«. Larissa spielt Solitär, wenn sie mit den Hausaufgaben nicht weiterkommt. Dabei erfährt sie durch das Spielen ein unterschiedliches Gefühlserleben: »Also, es kommt darauf an. Manchmal, wenn es besonders schwer war, entweder gebe ich entnervt auf und mach dann einfach weiter mit den Hausaufgaben, das geht dann ganz gut oder was ich auch immer gemacht habe, manchmal bin ich irgendwie total blockiert danach, da geht dann gar nichts mehr. Aber meistens ist es eigentlich o.k., meistens schalte ich das dann ab und mache dann weiter, ... ja, das geht ganz gut«. So löst das Spielen von Solitär in manchen Fällen Larissas Blockaden. In anderen ist ihr ein konzentriertes Weiterarbeiten jedoch danach nicht mehr möglich. Damit unterhält Larissa einen einfach strukturierten, virtuellen Hintergrundhorizont zu ihrem Arbeitsalltag am Schreibtisch, in den sie nach Belieben abtaucht. Auch bei ihr stellen sich die bereits beschriebenen Flow- bzw. Frustrationsschleifen[950] ein, die eine emotionale Rückkopplung zu ihren »realen« Arbeitsabläufen besitzen und diese entweder stimulieren oder auch blockieren.

Eine LAN-Party hat Larissa noch nicht besucht und lehnt die hauptsächlich dort praktizierten Computerspiele zudem vehement ab. LAN-Partys und die entsprechenden Computerspiele sind Larissa jedoch nicht unbekannt, weil diese intensiv von ihrem Bruder praktiziert werden: »Ah furchtbar, mein Bruder macht das immer mit zehn Leuten, den ganzen Tag und ich finde es furchtbar vor allem diese Kriegsspiele ... das. Da bin ich halt total dagegen, da kann ich gar nichts mit anfangen und das finde ich total furchtbar und langweilig. Also, ich kann mir nicht vorstellen, daß man da irgendwie Gefallen daran haben kann. Also es ist gar nicht mein Ding«. Auch das häufig vertretene Fantasy-Genre im Kontext vernetzter Computerspiele trifft nicht Larissas Interessen.

Chatten:

Das klassische Chatten mit unbekannten Partnern spielt bei Larissa nur eine untergeordnete Rolle: »Ab und zu. Aber nicht so wirklich, weil das ist nicht so mein Ding, weil jeder erzählt irgendwas, ob es wahr ist oder nicht, weiß man nicht und ich bin ein ziemlich realistischer Mensch, also ich brauche meine Grundlagen im Grunde genommen und deshalb ist das nicht so mein Ding, aber was so Musik anbelangt, ja, weil ich finde eine Band ziemlich gut ... Natural heißen die. Aber halt wegen der Musik und nicht so, oh mein Gott, das ist eine Boy-Group, wegen der Typen, sondern halt wegen der Musik, weil mir das einfach gefällt und da redet man halt mit so anderen, die das auch gut finden und nicht so auf diese Teenie-Art halt und das ab und zu – per ICQ ist das – mit Freunden halt, die man halt eigentlich nicht sieht, das ist schon praktisch, aber nicht in diesen Chat-Rooms, da bin ich ...«. Larissa versucht ihren Chat-Anwendungen wiederum einen exklusiveren Charakter zu verleihen. Sie besucht bestimmte Fan-Chatrooms, deren Teil-

---

950 Vgl. dazu Kapitel 10.3 »Dimensionen religiöser Valenz«.

9.3 Einzelfallstudien: Weibliche Computeruser zu Beginn des 21. Jahrhunderts

nehmer sie als »ihre Freunde« ansieht. Einfaches Ausprobieren der eigenen Person interessiert Larissa nicht und sie ordnet einen solchen Zugang auch eher früheren Adoleszenzphasen zu: »Nein, das ist überhaupt nicht so mein Geschmack, das hat man vielleicht früher einmal gemacht mit einer Freundin zusammen. Das hat man gemacht und dann hat man gemerkt, o.k., das wird langweilig, weil entweder das sind dann die Typen, die fragen wie groß bist du, welche Haarfarbe und das wird langweilig irgendwann, ... ja, das hat man einmal gemacht und dann gar nicht...«. Ihre eigentliche Chatkommunikation besteht jedoch im Kontakt zu einer Freundin, die lange Zeit in den USA gelebt hat und nun in der Schweiz wohnt: »Ja, eine Freundin von mir, die ist vor sechs Jahren nach Kalifornien gezogen, also das ist wie eine Schwester für mich, weil ihre Mutter ist meine Patentante, mein Vater ist ihr Patenonkel und die sind jetzt vor zwei Jahren in die Schweiz gezogen und die sehe ich halt eigentlich gar nicht. Also ich sehe sie öfters als früher, wo sie in Amerika gewohnt hat, aber ich sehe sie halt fast gar nicht und wir telefonieren halt oft und halt per ICQ, wenn es halt geht, das ist halt praktisch«. Larissa gehört zu den Cyber-Eliten, die durch die neuen Medien ihre internationalen Kontakte pflegen. Daß es zahlreiche Menschen gibt, die keinen Zugang zu derartigen Medien haben, hat Larissa weniger im Blick: »Ja, also das denke ich auf jeden Fall. Wer heute einfach kein Internet hat, ist schon eher eine Seltenheit, würde ich sagen«.

Zum Stellenwert des Computers:

Obwohl Larissa mit bestimmten Computeranwendungen – wie z.B. Computerspielen aus dem Fantasy-Genre – wenig anfangen kann, nimmt der Computer in ihrem Leben einen wichtigen Stellenwert ein: »Ja, absolut, ... erstens mal müßte ich überlegen, was ich sonst mache und Handschreiben generell wird auf die Dauer sehr anstrengend und ja, also mir würde einfach der Bezug so ein bißchen nach außen auch fehlen, weil ich habe hier meine Leute, das ist klar, ich hab mein Telefon, aber viele bildliche Sachen, also Bilder zum Angucken halt von Konzerten, wo andere waren, sagen, da sagen, guck mal, was ich da hab und so, also das würde mir fehlen und die Nachrichten auch, weil ich bin nicht so der Zeitungsleser, die sind mir oft zu theoretisch und im Internet ist halt alles ganz klar dargestellt und ganz kurz nur und das würde mir schon fehlen und für die Schule, das ist klar, ... also ohne Internet und ohne Computer sein, weiß ich nicht, was ich da machen würde, ... weil Lexikon ist dann auch irgendwo nicht mehr nützlich, dann, bis zu einem gewissen Punkt nur und also da würde mir das schon fehlen«. Es zeigt sich, daß Larissa den Computer gezielt nutzt. Er stellt für Larissa vor allem ein Arbeitsmittel gerade für die Schule, ein globales Kommunikationsmedium auch im visuellen Bereich[951] und ein Informationsmedium für politische Themen, aber auch einen Lexikon- und Bibliotheksersatz dar.

Das Phänomen, Raum und Zeit beim Arbeiten mit dem Computer zu vergessen, kennt Larissa nicht. Zeitbezogenheit und Zeitmanagement sind für sie vielmehr grundlegende Aspekte ihrer Lebensgestaltung. So antwortet Larissa auf die Frage, ob sie Raum und Zeit am Computer vergißt: »Nein, ich habe oben links eine Uhr und unten auf dem Desktop eine Uhr, da habe ich eigentlich immer so einen Blick drauf ... Ich bin ein sehr zeitbezogener Mensch. Ich brauche immer meine Uhr, also ohne Uhr am Handgelenk, da würde ich verrückt werden. ... Auch im Sport, wenn ich da keine Uhr hab und die aus hab, ich muß immer da oben auf die Hallenuhr gucken, weil ich, also ich hab da immer so einen kleinen Blick drauf«. Insgesamt präsentiert sich Larissa als souveräne Userin neuer Medien mit guten Zugriffsmöglichkeiten auf entsprechende Geräte und Software.

Larissa verkörpert eine jugendliche Elite, die multiple Zugangsmöglichkeiten zum Medium Computer und dem Internet besitzt und in der Lage ist, die damit verbundenen medialen Möglichkeiten entsprechend auszuschöpfen. Auch berufliche Perspektiven sind für Jugendliche wie Larissa mit ihrem Computerumgang verbunden. So glaubt Larissa, ihre Kenntnisse im Computerbereich hinsichtlich ihres Berufwunsches, Journalistin zu werden, entsprechend einbringen zu können. Larissa nutzt den Computer schon jetzt intensiv als Informationsquelle und als Arbeitstool für den schulischen Bereich. Sie kommuniziert global über das Medium Computer. Allerdings geht auch bei Larissa ihrer globalen virtuellen Kommunikation eine entsprechende Realbegegnung voraus. In Larissas Fall findet sich ein einfach strukturierter virtueller Hintergrundhorizont in Form des Solitärspielens, der vor allem der Zerstreuung ihrer Langeweile dient. Zudem ist bei Larissa ebenfalls das Phänomen zu erkennen, daß bestimmte Formen der Computernutzung einen bestimmten Abschnitt der Adoleszenzentwicklung begleiten und dann wieder in den Hintergrund treten.

9.3.6 Der Computer als Medium anonymer Kommunikation in schwieriger Lebenssituation

Der Computer wird auch zum Medium anonymer Kommunikation in einem schwierigen Lebensumfeld, das ermöglicht, über individuelle Probleme zu sprechen. Dabei ist eine derartige Form des Computerumgangs – wie die Fallstudie von Andrea zeigt, die die achte Klasse eines Gymnasiums besucht – eingebettet in ein ganzes Feld von Anwendungsweisen dieses Mediums.

---

951 Vgl. dazu Kapitel 5.8 »Imago – Bild – Bildung«.

9.3 Einzelfallstudien: Weibliche Computeruser zu Beginn des 21. Jahrhunderts

Zur biographischen Situation:

Andreas Eltern sind geschieden und ihre Mutter hat einen Freund. Andrea hat eine elfjährige Schwester, zu der sie ein gutes Verhältnis besitzt. Andreas Mutter ist Sekretärin bei einer kirchlichen Einrichtung, ihr Vater arbeitet bei einer Versicherung. Ihr Vater hat längere Zeit in einer anderen Stadt gelebt und ist nun wieder zurückgekehrt. Das Verhältnis zu ihrem Vater ist von Andreas Seite her angespannt: »Ja, sagen wir es so, wir hatten früher eine feste Regelung gehabt alle vier Wochen, äh zwei Wochen und dann hat es sich auf alle drei Wochen, und vier Wochen, und jetzt haben wir keine feste Regelung, einfach wenn wir Zeit haben, das ist jetzt nicht mehr so oft, weil immer, wenn ich mit ihm zusammen bin, streite ich mit ihm, weil er meiner Mutter ziemlich viel angetan hat. Das kann ich ihm nicht verzeihen. Ja, weil er sie immer so anmacht, weil er zahlt kaum etwas für uns, weil er selber so viel Schulden hat und was er meiner Mutter da teilweise angetan hat, weil meine Mutter hat wegen ihm einen Nervenzusammenbruch gehabt, und so. Das kann ich ihm einfach nicht verzeihen, wenn er meine Mutter blöd anredet«. Andreas familiäres Setting gestaltet sich extrem schwierig. Halt findet sie bei ihrer Mutter und ihrer Schwester sowie ihren Freunden: »Ja, meine Mutter und meine Schwester sind für mich die wichtigsten Personen in meinem Leben und meine Freunde eigentlich auch. Meine Mutter, ich wüßte nicht, was ich tun würde, wenn sie nicht mehr da wäre, ich würde ... wir streiten mal öfters, wenn ich mal weg möchte und meine Mutter sagt, nein, du mußt lernen, aber ich könnte es mir ohne sie nicht vorstellen«. Diese Ausgangslage ist der Hintergrund, auf dem sich Andreas – zunächst normal erscheinendes – Alltagsleben gestaltet, das an entscheidenden Punkten mit diesem schwierigen familiären Setting vernetzt ist.

Eine zentrale Stellung in Andreas Leben kommt dem Kontakt zu Freunden zu: »Ja und ich spiele Schlagzeug, ja so ... ja und Freunde, mehr Freunde. Das Schlagzeug ist nicht so, ... ich spiele zwar gern, aber üben ist nicht so ...«. Andrea besucht das Mädchen-Internet-Cafe eigentlich vor allem wegen der Kontakte zu ihren Freundinnen. Ihr geht es weniger um die Möglichkeiten der Computernutzung, sondern um die sozialen Beziehungen. So würde Andrea sich auch vehement einsetzen, um das von der Schließung bedrohte Mädchen-Internet-Projekt zu retten: »Auf jeden Fall, wenn ich Weihnachten Geld kriegen würde, würde ich das alles hier reinstecken, damit es offen bleiben würde, weil es ziemlich das Wichtigste neben meiner Familie für mich ist, weil ich würde es ziemlich schade finden, weil es hier nicht viel gibt, weil jetzt sind wir doch eine größere Gruppe, die wo sich hier angefreundet hat. Ich habe auch sehr gute Freunde hier gefunden, die habe ich zuvor nicht so gekannt und die sind ein sehr wichtiger Teil meines Lebens und ich wüßte nicht, wo ich mit denen, weil in den Jugendtreff möchte ich nicht gehen, da bin ich einmal halb zusammengeschlagen worden und da habe ich einfach, ... ich möchte nicht weg, weil in ein Cafe kannst du dich auch nicht jeden Freitag oder so hineinsetzen und deshalb bin ich eigentlich dafür, daß es offen bleibt. Ich wüßte gar nicht, was ich machen täte, wenn es zumachen würde«. Die Sozialbeziehungen sind das Gefüge, das Andreas Leben – trotz der Schwierigkeiten mit ihrem Vater – Stabilität verleiht. Dabei hat eine prozeßhafte Veränderung stattgefunden. Hatten sich Andreas Sozialkontakte zunächst vor allem auf ein männliches Umfeld beschränkt, so ist sie nun auch Teil einer weiblichen Peergroup.

Andrea berichtet von einer Phase, in der sie sich in einer männlichen Peergroup bewegte: »Da war früher halt Internet, wir waren halt immer im Internet und haben da gespielt oder so und das war und das war eine Zeitlang, das war irgendwie, aber nie so. ... Da waren wir immer am Fluß unten und haben eher so gespielt und so herumgebaut und geforscht, alles mögliche Zeug gesammelt und Lagerfeuer gemacht. Das war eher das Abenteuerliche, das war nämlich, da war ich eine Zeitlang nicht im Internet-Cafe und jetzt ist das wieder so, jetzt ist das nicht mehr so wichtig, jetzt bin ich lieber im Internet-Cafe«. In dem Sinne schätzt sie jetzt auch den geschlechterhomogenen Raum weiblicher Ausprägung: »Das finde ich ziemlich cool. Ich war immer so der Typ, der immer gut mit Buben, ich habe immer Buben gehabt als Freunde. Das hat sich ein wenig verändert, jetzt wo ich älter geworden bin, weil mein bester Freund, den habe ich bis vor zwei Jahren gehabt. Ich bin bei der Feuerwehr gewesen. Ich mache eigentlich nur Sachen, die Buben machen, ich schaue auch selber aus wie einer, aber dadurch, daß das Internet-Cafe nur für Mädchen ist, vertrage ich mich jetzt besser mit Mädchen und es ist ein anderes Klima. Irgendwie weil, wenn Buben da wären, dann würden die dich blöd anmachen und Buben, das würde den Buben gehören und so ist es jetzt so, daß es für uns ist, das finde ich eigentlich besser«. Für Andrea haben die Freundschaften im Internet-Cafe einen besonders hohen Stellenwert: »Ja, das sind die besten. Die sind mir halt am wichtigsten und ein paar Leute, die habe ich hier kennengelernt. Ich mache schon noch viel mit Buben, aber nicht mehr so extrem stark wie früher«. So ist bei Andrea deutlich eine spezifische Veränderung im Hinblick auf unterschiedliche Adoleszenzphasen zu erkennen. Diese betrifft vor allem den Bereich der Entwicklung ihrer Geschlechterrolle. Andrea inszeniert sich zunächst eher in männlicher Weise, was durchaus in Zusammenhang mit ihrem schwierigen familiären Umfeld stehen kann. Gerade das Mädchen-Internet-Cafe eröffnet ihr jedoch einen besseren Zugang zu einer weiblichen Selbstdefinition.

Zum Computerumgang:

Durch Andreas eher männlich ausgerichtete Selbstdefinition sind ihr Vorbehalte gegenüber dem Medium Computer unbekannt: »Ich habe schon immer computert, seit wir einen daheim haben. Ich bin seit drei Jahren im Inter-

9.3 Einzelfallstudien: Weibliche Computeruser zu Beginn des 21. Jahrhunderts

net-Cafe, seit die umgebaut haben. Vorher war ich eine Zeitlang nicht und jetzt bin ich aber fast wieder jeden Tag«. Schwierigkeiten im Umgang mit dem Computer hat Andrea dabei nicht: »Ich meine, ich hab, ich hab, ich hab länger gebraucht bis ich dahinter gestiegen bin, immer ausmachen und was die Dateien sind, was das für ein Laufwerk das ist und wie man das alles bezeichnet, habe ich länger gebraucht. Aber ich habe es letztendlich hingebracht, das mit dem Internet ist eigentlich auch nicht so schwer. Ich habe zwar eine Zeitlang gebraucht, aber jetzt geht es eigentlich von selber«. Dabei hat sie sich die wichtigsten Grundlagen durch Ausprobieren selbst beigebracht: »Nein, ich habe es mir eigentlich so ziemlich selber beigebracht. ... Ich habe mich einfach hingesetzt und hab einfach so Spiele und so probiert, ... ja, ich hab das beeindruckend gefunden und dann habe ich es einfach mal gemacht«.

Zu Hause hat Andrea nur beschränkte Möglichkeiten der Computernutzung: »Ja, wir hatten einen zu Hause, wie ich fünf Jahre alt war, wir hatten immer so ein Glumpzeug zu Hause, aber halt immer nur Spiele und Karten einfach, nur. Aber nie Internet, oder so ... Wir haben eigentlich nie so Spiele zu Hause gehabt, aber irgendwie so die Kartenspiele oder was auf dem Computer oben ist«. So hat Andrea zu Beginn vor allem einfache Spiele – wie Kartenspiele – am häuslichen Computer gespielt und diesen auch zum Schreiben von Texten und Geschichten genutzt.

Für den schulischen Bereich nutzt Andrea den Computer auch: »Wenn wir ein Referat haben, bereite ich mein ganzes Zeug auf einer Diskette vor und tu mein ganzes Zeug auf eine Diskette, weil dann kann ich es am Schluß alles ausdrucken. Das ist dann schon vorbereitet«. Außerdem holt sich Andrea für Referate entsprechende Informationen aus dem Internet: »Ja auf jeden Fall, es kommt halt ganz aufs Thema an. Wenn ich so Themen habe, wie Ägypten – weil ich möchte Ägyptologe werden – dann habe ich das ganze Zeug, die Bücher ganz viel daheim, aber wenn es über spezielle Themen wie eine Sportart oder so geht, wo ich mich nicht so auskenne, dann suche ich aus dem Internet«.

An der Ägyptologie fasziniert Andrea, daß die Ägypter eine Hochkultur ohne moderne Hochtechnologie geschaffen haben: »Ich weiß nicht, eigentlich. Eher so, weil ein Freund, der hat einmal irgend etwas gesagt über Ägypten. Da war ich vielleicht vier Jahre alt. Seitdem möchte ich das werden, weil ich es so beeindruckend finde. Die bringen etwas zustande, was wir heute ohne Computer und ohne irgend etwas heute nicht mehr zustande bringen würden, das finde ich beeindruckend«. Die Tatsache, daß sie etwas »beeindruckend« findet, ist für Andrea ein wichtiger Motivationsfaktor. Gleiches galt auch für Andreas erste Annäherung an den Computer. Daher kann sie sich auch vorstellen, ihre Fähigkeiten im Computerbereich beruflich zu nutzen und auszubauen: »Ja, das könnte ich mir vorstellen, aber dann möchte ich irgendwie so was, so Chips entwickeln oder so neue Programme oder so etwas. Also so richtig programmieren, ja oder so Spiele entwickeln, das fände ich toll. ... Ich täte das machen«.

Computerspiele und LAN:

Komplexere Computerspiele spielt Andrea im Mädchen-Internet-Cafe. Dabei gefällt Andrea an Fantasy-Spielen wie dem Spiel Zanzarah, daß sie sich direkt hineinversetzen kann in die Figuren: »Ja, weil man sich so hineinversetzen kann, man kann sich direkt in die Figur hineinversetzen und es ist nicht so das typische Ballerspiel und so, aber es ist, es macht einfach Spaß, es ist so etwas wie der Herr der Ringe und da bin ich ein großer Fan davon. Und Harry Potter und so Zauberwelten und so, find ich ziemlich gut«. Das imaginative Abtauchen in virtuelle Phantasiewelten ist etwas, was Andrea durchaus schätzt.

Auch Ego-Shootern wie Counterstrike steht sie nicht vollständig ablehnend gegenüber: »Ich wollte es einmal ausprobieren, aber da hat man dann irgendwie seine Ausweisnummer angeben müssen, das habe ich dann auch gemacht und dann habe ich gespielt, das war eigentlich schon cool. Ich finde solche Spiele eigentlich schon, ich find sie nicht so schlimm, aber nach einer gewissen Zeit denkst du dir, das ist ein Schmarrn, einfach Leute abzuschießen«. Andrea hat die Ego-Shooter ausprobiert und kommt zu einem ambivalenten Urteil. An einfachen »Ballerspielen« wie dem Moorhuhn-Spiel, das sie selbst diesem Bereich zuordnet, findet sie durchaus Gefallen: »Ja, also ich finde schon, also zum Beispiel Moorhuhn, das finde ich schon lustig. Ich könnte es aber nicht immer spielen, weil es einem nach einer gewissen Zeit auf die Nerven geht«. Je nach Stimmung wählt Andrea dann ein bestimmtes Spiele-Genre aus.

Chatten:

Andreas eigentlicher Nutzungsschwerpunkt im Computerbereich ist das Chatten. So unterhält Andrea einige virtuelle Freundschaften, die ihr helfen, ihre schwierige Familiensituation zu bewältigen. Dennoch erscheinen ihr ihre realen Kontakte wichtiger: »Ja, ziemlich viel eigentlich, aber das ist halt so, ich chatte, aber manchmal ist es halt so, da habe ich einen Computer reserviert und gebe ihn an jemand anderen weiter, weil ich lieber mit den Leuten zusammen sitze. Aber wenn ich chatte, dann bin ich ziemlich lange am Chatten«. In der Realität getroffen hat sie ihre Chat-Bekanntschaften noch nicht: »Nein, also getroffen nicht, aber ich habe zum Beispiel einen kennengelernt, den kenne ich jetzt seit ungefähr einem halben Jahr, mit dem treffe ich mich regelmäßig. Es ist einfach Freundschaft irgendwie mit dem geworden und das so, ich habe ihn zwar schon gesehen, aber nie so getroffen, wir treffen uns halt immer so regelmäßig und schreiben uns«. Es wird deutlich, daß die virtuellen Beziehungen für Andrea annähernd den gleichen Stellenwert haben

9.3 Einzelfallstudien: Weibliche Computeruser zu Beginn des 21. Jahrhunderts

wie ihre realen Freundschaften. So bezeichnet der Terminus »treffen« für Andrea sowohl ihre realen wie auch ihre virtuellen Begegnungen. Die Ebenen scheinen geradezu ineinander zu fließen, wobei Andrea die realen Freundschaften bei direkter Nachfrage höher bewertet und sich hier bei ihr eine gewisse Ambivalenz zeigt. So nimmt der Computer in seiner Funktion als anonymes Kommunikationsmittel für Andrea einen gewissen Stellenwert in ihrem Leben ein: »Eher so die Bekanntschaften im Internet, sich austauschen mit anderen Leuten, weil du kannst denen manchmal etwas erzählen und du weißt nicht wie er ausschaut und dann brauchst du dir keine Gedanken machen, weil er dich einfach nicht kennt. Und das finde ich einfach ganz cool und so. Ich weiß nicht, aber das ist nicht das Wichtigste in meinem Leben. Er ist zwar wichtig, aber nicht so, daß ich sage, wenn er jetzt nicht mehr da wäre, würde die Welt untergehen, es würde halt irgend etwas fehlen, genauso, wie wenn der Fernseher weg wäre«. Wieder sind es die realen Freundschaften, denen Andrea einen höheren Stellenwert einräumt. Allerdings schätzt sie durchaus die Möglichkeiten anonymer Kommunikation, die der Computer bietet.

Einen virtuellen Rollenwechsel bis hin zur Geschlechtsveränderung hat Andrea nur zu Anfang ihrer Chattätigkeiten und auch nur zum Spaß praktiziert: »Wenn nur zur Verarschung, aber das war, das habe ich einmal gemacht, aber das macht nicht so Spaß, aber jetzt eigentlich nicht mehr«.

Zum Stellenwert des Computers:

Das Schwanken zwischen einer Präferenz für ihre realen Beziehungen und einer hohen Wertschätzung des Computers sowie der mit ihm verbundenen Möglichkeiten zeigt sich bei Andrea auch hinsichtlich einer Gesamtbeurteilung des Stellenwerts des Computers in ihrem Leben. So gibt sie realen Begegnungen zwar den Vorzug, möchte den Computer aber auch nicht missen: »Ich finde es wichtig Internet, aber wenn es jetzt nicht mehr da wäre und das Internet-Cafe einfach ohne Computer einfach eher so da wäre, so mit Spielen und so, dann würde ich ihn auch nicht so stark vermissen, aber ich könnte mir nicht vorstellen, daß er nicht mehr da wäre«. Andrea betont zwar immer wieder ihre Distanz gegenüber dem Medium Computer, aber sie unterscheidet in letzter Konsequenz nicht wirklich zwischen ihren realen Kontakten und den virtuellen. Zudem sind es gerade die virtuellen Kontakte, deren Anonymität sie schätzt. Dementsprechend häufig kommt es vor, daß Andrea am Computer Raum und Zeit vergißt: »Ja, das gibt es oft einmal, da ist man so vertieft und meistens, wenn ich mit dem anderen chatte, den ich kennengelernt habe. Dann bin ich so vertieft, dann vergehen drei Stunden wie zehn Minuten, oder so. Da bin ich am Computer gesessen, weil da, also bei meiner Tante auf Kinder aufgepaßt und dann war es so, dann bin ich um neun Uhr im Chat gewesen und auf einmal war es schon eins und da vergeht die Zeit dann ziemlich, und so ...«.

Ähnlich ambivalent ist auch Andreas Beurteilung ihrer Gefühle nach Beendigung ihrer Tätigkeiten am Computer: »Schlecht, manchmal denke ich mir, was für eine Zeitverschwendung oder, es war heute etwas langweilig. Bereuen oder so tue ich es nie. Für mich ist es halt natürlich und selbstverständlich, daß der Computer da ist, darum fühle ich mich auch nicht schlecht oder so«. So zeigt sich bei Andrea eine permanente Ambivalenz in der Einschätzung des Stellenwertes des Mediums Computer für ihr Leben. Einerseits ist zu erkennen, daß sie diesem Medium einen wichtigen Stellenwert zurechnet und im Computerbereich auch multiple Möglichkeiten ausprobiert, andererseits äußert sie sich immer wieder kritisch zu diesem Bereich und betont auch, Realbegegnungen höher zu bewerten. Dennoch sind bestimmte charakteristische Eigenschaften von Andreas Computerumgang zu erkennen, wie z.B. die Tatsache, daß Andrea virtuelle und reale Bekanntschaften nicht unterscheidet, wodurch der Eindruck entsteht, daß der Computer für Andrea einen höheren Stellenwert besitzt, als sie zunächst bereit ist, einzugestehen.

Der Computer stellt einen Teil von Andreas komplexer Alltagsstruktur dar, die sie bewußt so gestaltet hat, daß sie ihr schwieriges familiäres Umfeld kompensieren kann. Dabei ist für sie die anonyme Chatkommunikation besonders wichtig, in deren Rahmen sie virtuell frei über ihre Probleme sprechen kann. Wegen dieses wichtigen Stellenwertes der Chatkommunikation unterscheidet Andrea auch nicht zwischen realen und virtuellen Freundschaften. Allerdings betont sie immer wieder den Wert ihres realen sozialen Umfeldes und spielt die Rolle des Computers in ihrer Eigenreflexion explizit herunter. Andrea hatte keinerlei Probleme, Zugang zum Medium Computer zu bekommen, sondern versteht diesen als Teil ihrer lange Zeit eher männlich ausgerichteten Geschlechterperformanz. Andrea nutzt den Computer zudem effektiv als Informations- und Arbeitstool für die Schule. Überdies kennt sie auch das Abtauchen aus ihrer bedrängten familiären Situation in virtuelle Horizonte wie Fantasy-Spiele.

9.3.7 Auswertung: Selbstbildung, Identitätsgenese und religiöse Valenz

Die vorliegenden Fälle weiblicher Jugendlicher lassen multiple Dimensionen von Identitäts- bzw. Selbstbildungsprozessen und auch Phänomene von religiöser Valenz erkennen.

In den Zusammenhang der über das Medium Computer vermittelten Identitäts- und Selbstbildungsprozesse gehört vor allem das Spiel mit der eigenen Identität in den Chats und auf persönlichen Web-Seiten, wobei die virtuelle Performanz – wie im Fall von Anna – von der Realität stark abweichen kann. Es ist für die weiblichen Jugendlichen möglich, durch die virtuelle Performanz spielerisch Rollen einzunehmen und – wie im Fall von Anna – Seiten der eigenen Persönlichkeit auszuleben, zu denen den weiblichen Jugendlichen in der Realität der Mut fehlt. Es geht vor allem darum, sich selbst interessant zu inszenieren und die Begrenztheiten des eigenen Lebens zumindest virtuell zu überwinden. Damit wird der Computer gerade in seiner neumedialen Form zum Instrument der Identitätssimulation bzw. -präsentation.

Im Fall von Sonja bietet der Computer ein breites Spektrum an Auswahlmöglichkeiten, die von ihr jeweils phasenweise gezielt genutzt werden. Was sich in Sonjas Fall zeigt, ist die ausgeprägte Form einer postmodernen, fragmentierten Identität, der eine wirkliche Festigung fehlt und die in radikaler Form der Selbstgestaltung durch Wahl ausgeliefert ist. Der Computer wird in diesem Zusammenhang zum Katalysator derartiger Auswahlprozesse.

Im Fall von Andrea wird der Computer zu einem wichtigen Forum für anonyme Kommunikation, das ihr hilft, ihre familiären Probleme zu bewältigen. Für Andrea haben die virtuellen Freunde annähernd den gleichen Stellenwert wie ihre realen.

Bei den weiblichen Jugendlichen deutet sich im Vergleich zu den männlichen Jugendlichen ein höherer Stellenwert des Chattens an. So ist es bei den weiblichen Jugendlichen verbreiteter, das »freie Chatten« auch ohne vorausgehende Realbegegnung zu praktizieren und die Chat-Bekanntschaften durchaus als reale Freunde zu betrachten.

Zudem nutzen weibliche Jugendliche wie Andrea und Larissa den Computer im schulischen und im privaten Bereich als Informations- und Arbeitsstool, betreiben so selbstgesteuert inhaltlich gestüzte Bildungsprozesse[952] bzw. erweitern ihre Kompetenzen und Chancen im Hinblick auf ihre zukünftigen beruflichen Möglichkeiten.

Der Fall von Larissa zeigt überdies, daß gesellschaftliche Eliten sich mit Hilfe des Computers ein globales soziales Netz aufbauen können.

Von Relevanz für die Identitätsbildungsprozesse weiblicher Jugendlicher ist der Computer auch insofern, als phasenweise abwechselnde Nutzungsschwerpunkte bestimmte Adoleszenzphasen begleiten und hier bei einem Großteil der weiblichen Jugendlichen gewisse Parallelen zu erkennen sind. So fällt das Chatten vor allem in den Bereich der frühen bis mittleren Adoleszenz. Das Phänomen des Geschlechterwechsels wird zumeist spaßhaft in der Frühadoleszenz praktiziert.

Die weiblichen Jugendlichen bevorzugen es, in geschlechterhomogenen Gruppen zu agieren, da sie sich durch die Anwesenheit von männlichen Jugendlichen verunsichert fühlen. So empfinden die meisten weiblichen Jugendlichen eine gewisse Scheu gegenüber der Computertechnik, die sie erst ablegen müssen. Anders gestaltet sich dies für die weiblichen Jugendlichen, die sich eher an männlichen Rollenmustern orientieren.

---

952 Vgl. dazu Kapitel 5 »Identität und Bildung« und Kapitel 10.2 »Dimensionen der Bildung am Allgemeinen als Element strukturaler Bildungsprozesse«.

9 Jugendliche am Computer zu Beginn des 21. Jahrhunderts

Zudem lassen sich bei den weiblichen Jugendlichen geschlechterspezifische Nutzungsschwerpunkte wie Chatten, Kommunikation und das Spielen bestimmter Computerspiele erkennen. Hier wird von den weiblichen Jugendlichen nach ihren eigenen Interessen angemessenen Nutzungsmöglichkeiten des Mediums Computer in einem angstfreien Setting gesucht. In diesen Zusammenhang kann – wie im Fall von Sandra – auch gehören, daß dem Computer eine nachgeordnete Rolle zukommt.

Insgesamt ist jedoch auffallend, daß das Spektrum der PC-Nutzung weiblicher Jugendlicher – unter dem Fokus der Identitäts- und Selbstbildung – eine etwas breitere Ausprägung an Einzeltypen als die der männlichen Jugendlichen besitzt. Dies kann damit zusammenhängen, daß der Computer als technisches Artefakt als notwendiger Teil männlicher Adoleszenz gilt, während die weiblichen Jugendlichen ihre Korrelation zum Medium Computer zunächst selbst bestimmen müssen.

Innerhalb der untersuchten Fälle weiblicher Jugendlicher sind auch Phänomene erkennbar, die Dimensionen religiöser Valenz aufweisen.[953] So nutzt Tamara das Medium Computer – ähnlich wie Sabine[954] – , um in bestimmte Fantasy-Welten abtauchen zu können. Innerhalb dieser virtuellen Fantasy-Welten besitzen sowohl Sabine wie auch Tamara eine spezifische virtuelle Peergroup. Auch Andrea betreibt – durch bestimmte Computerspiele vermittelt – eine virtuelle Hintergrundfolie zu ihrem Leben, die aber einfacher strukturiert ist als im Fall von Sabine[955] und Tamara, die gezielt die Möglichkeiten neuer Medien nutzen, um zusammen mit ihren virtuellen Freunden und Freundinnen eine virtuelle Fantasy-Welt zu erschaffen bzw. an dieser aktiv teilzuhaben. Im Fall von Sabine und Tamara ist von einer verdoppelten Form von Virtualität ausgehen.[956] All diesen Fällen ist gemeinsam, daß jene virtuellen Horizonte der Bewältigung eines schwierigen realen, familiären oder schulischen Hintergrundes dienen, der für die Jugendlichen auch mit einem erheblichen Kontrollverlust über ihre Lebensgestaltung verbunden ist. So steht bei Tamara durch ihr schulisches Versagen ihre gesamte erhoffte berufliche Zukunft in Frage. Andrea und Sabine suchen wiederum ihre schwierige familiäre Situation zu bewältigen.

Alle drei weiblichen Jugendlichen kennen das Abtauchen aus der Realität im Sinne von Flow-Erlebnissen, bei denen die Zeit stillzustehen scheint. Ein solches Abtauchen aus der Realität, verbunden mit Flow-Phänomenen, ist auch in anderen Fällen bei weiblichen Jugendlichen für das Chatten wie auch für einfache Spiele (z.B. Solitär) zu verzeichnen.

---

953 Vgl. dazu Kapitel 6 »Religion und religiöse Valenz«.
954 Vgl. dazu Kapitel 9.1.4 »Einzelbeobachtung: Der Besuch einer Chat-Night«.
955 Vgl. dazu Kapitel 9.1.4 »Einzelbeobachtung: Der Besuch einer Chat-Night«.
956 Vgl. dazu Kapitel 10.3 »Dimensionen religiöser Valenz«.

Auffallend ist überdies, daß im Fall von Anna auch explizit religiöse Interpretamente (gekreuzigter Rapper; Eminem [»Mein Gott«]) auftauchen. Diese sind Teil von Annas Selbstinszenierung als »Femme fatale«. Dieser Fall, aber auch die Selbstinszenierung von Sabine als Hexe, machen deutlich, daß Formen religiöser Valenz – die zunächst nicht in den medialen Bereich fallen (Fantasy; Schwarze Magie; Hexenkult) – nun explizit im Zusammenhang mit dem Medium Computer auftauchen und gerade durch die Simulationsmöglichkeiten neuer Medien ganz neue Dimensionen erhalten. In letzterem Fall kommt es zu einer Verbindung rituell-performativer Dimensionen von Religion, wie sie für die Flow-Erlebnisse zu verzeichnen sind, mit explizit semantischen Formen der Ausprägung von Religion.[957]

9.4 Entwicklungen vom Ende der 80-er Jahre bis zum Beginn des 21. Jahrhunderts

Vergleicht man die Analysen zum Computerumgang Jugendlicher unter dem Fokus der Selbst- und Identitätsbildung sowie religiöser Valenz vom Ende der 80-er und vom Anfang der 90-er Jahre – orientiert an der Re-Analyse der Baerenreiter-Studie und der Ritter-Studie[958] – mit den Ergebnissen meiner eigenen Feldstudie vom Beginn des 21. Jahrhunderts, so zeigt sich, daß viele Nutzungsmöglichkeiten des Mediums Computer im Hinblick auf Identitätssimulation erst durch das Internet bzw. eine potentielle Vernetzung der Computer entstanden sind. So haben weibliche Jugendliche durch Chatten, E-bay und Web-Seiten-Herstellung bzw. eine Nutzung des Computers als Arbeitstool Umsetzungsbereiche gefunden, die ihren Interessen entsprechen. Es sind nun zahlreiche Angebote für medial gestützte Kommunikation zu finden, wodurch jetzt sogar globale Kontakte entstehen bzw. gepflegt werden können. Letztere Nutzungsoptionen des Mediums Computer werden ebenso von den männlichen Jugendlichen aufgegriffen.

Zudem stellen die Chats für die weiblichen Jugendlichen ein Forum zur Rollenexploration bis hin zum sexuellen Bereich dar und werden überdies in seelsorgerlichen Zusammenhängen als »anonymer Kummerkasten« genutzt. Auch die Erweiterung der eigenen technischen Kompetenzen, zur Verbesserung der beruflichen Chancen, ist zu Beginn des 21. Jahrhunderts noch stärker im Blick. Insgesamt wirkt der Zugang der weiblichen Jugendlichen zum Computer aktuell entspannter. Es ist immer noch eine gewisse Unsicherheit gegenüber der – für zahlreiche weibliche Jugendliche nach wie vor männlich besetzten – Technik zu verzeichnen. Diese hält sich jedoch in einem sehr

---

957 Vgl. dazu Kapitel 10.3 »Dimensionen religiöser Valenz«.
958 Vgl. dazu Kapitel 8.1 »Die Baerenreiter-Studie (1990): Männliche Computeruser in der zweiten Hälfte der 80-er Jahre: Eine Re-Analyse« sowie Kapitel 8.2 »Die Ritter-Studie (1994): Weibliche Computeruser zu Beginn der 90-er Jahre: Eine Re-Analyse«.

moderaten Rahmen und ist nicht mehr dramatisch überhöht, wie am Anfang der 90-er Jahre, als es bei der Computernutzung um das Besiegen dämonischer Mächte ging. Nach wie vor läßt sich aber beobachten, daß weibliche Jugendliche, die sich gezielt an einem eher männlichen Rollenmuster orientieren, einen leichteren Zugang zum Medium Computer finden und auch gegenüber komplexeren Anwendungen – wie dem Zusammenbau eines Computers und dem Programmieren – kaum Hemmungen haben.

Bestimmte Nutzungsweisen und Nutzungselemente im Hinblick auf den Computer begleiten jeweils eigene Entwicklungsphasen. Auch explizite »Hardware-Biographien« sind zu verzeichnen. Dadurch wird der Computer zu einem Übergangsobjekt, wobei dieses Phänomen für beide Geschlechter gleichermaßen gilt.

Bezogen auf die Thematik der »religiösen Valenz« sind nach wie vor Flow-Erlebnisse zu verzeichnen, die im Sinne von »Alltagsflips« Kontingenzen im Leben der weiblichen Jugendlichen bewältigen helfen. Hierbei hat sich der Schwerpunkt vom Ende der 90-er Jahre vom Programmieren zum Chatten und zu einfachen Spielen hin verlagert. Bemerkenswert ist, daß nun gerade bei den weiblichen Jugendlichen eine enge Verbindung von Fantasy-Welten mit der Nutzung neuer Medien zu finden ist und ein solches Eintauchen in die Fantasy-Welten erst durch eine entsprechende computergestützte Virtualisierung wirklich möglich wird. Für das Ende der 80-er Jahre ließ sich bereits im Rahmen der Baerenreiter-Studie eine Parallelität zwischen dem Programmieren als virtuellem Horizont, der den Alltag transzendiert, und dem Abtauchen in Fantasy-Bücher bzw. -Filme (Alltags-Flips) erkennen.[959] Durch die Kopplung von Fantasy und neuen computergestützten Medien hat diese Relation nun ganz neue Formen angenommen. Die Imagination wird nun abbildbar und vor allem interaktiv. So kommt es zu einer doppelten Transzendierung der Realität durch die Fiktion der Fantasy-Welten und deren computergestützte Simulation. Ein Eintauchen in diese virtuellen Fantasy-Welten hat dann für die weiblichen Jugendlichen einen erheblichen Einfluß auf die Verarbeitung ihrer alltäglichen Probleme und Kontingenzen. Hier ist dann eine Vernetzung von rein strukturell-religiösen Phänomenen im Zusammenhang der Flow-Erlebnisse mit explizit religiöser Semantik, wie sie die Fantasy-Welten prägen, zu verzeichnen.[960]

Der Computer stellt nach wie vor ein typisches Artefakt der männlichen Adoleszenz dar. So läßt sich bei den männlichen Jugendlichen im Vergleich mit dem Ende der 80-er Jahre nach wie vor eine klassische Spielerstruktur erkennen, die auf entsprechende Flow-Phänomene und Erfolgserlebnisse abzielt und oftmals eine virtuelle Hintergrundfolie zum erfolgsarmen Alltags-

---

959 Vgl. dazu Kapitel 8.1.3 »Zur Bedeutung des Programmierens im Leben männlicher Jugendlicher«.
960 Vgl. dazu Kapitel 10.3 »Dimensionen religiöser Valenz«.

9.4 Entwicklungen vom Ende der 80-er Jahre bis zum Beginn des 21. Jahrhunderts

leben bildet. Durch das vernetzte Spiel im Internet bzw. im LAN haben sich die Dimensionen des Spielerlebens nun erweitert. Gemeinschaftlicher Wettbewerb und Kollektivekstasen werden nun möglich.

Dem Programmieren von eigenen Computerprogrammen kommt bei den männlichen Jugendlichen zu Beginn des 21. Jahrhunderts gegenüber dem Ende der 80-er Jahre eine nachgeordnete Rolle zu. Vielmehr werden jetzt im kommerziellen Rahmen Web-Seiten erstellt, wodurch der Computerumgang der männlichen Jugendlichen nach wie vor an einem gewissen Werksinn orientiert ist und vor allem der Aufbesserung ihrer finanziellen Ressourcen dient. Bei der Erstellung der Web-Seiten für Firmen spielt der Aspekt des Geldverdienens zur Befriedigung der individuellen Konsumbedürfnisse eine entscheidende Rolle. Dieses Erarbeiten von Web-Seiten ist nicht mehr zwingend – wie am Ende der 80-er Jahre – als erster Schritt hin zur Integration in den Berufsalltag des Erwachsenenlebens zu verstehen, besitzt aber durchaus einen professionell-rationellen Charakter und hat einen Bezug zu weitergehenden Berufswünschen.

Derartige halbprofessionelle Zusammenhänge sind auch bei der Organisation von LAN-Partys zu erkennen. Hier wird der Computer als ein Artefakt, das zunächst den Freizeitbereich prägt, zum Katalysator von sozialen Prozessen, die mit dem Erwerb wichtiger organisatorischer Fähigkeiten und sozialem Lernen korreliert sind. Diese halbprofessionellen Zusammenhänge weisen durchaus eine gewisse Vergleichbarkeit mit den Phänomenen im Rahmen des Computerumgangs männlicher Jugendlicher am Ende der 80-er Jahre auf, wenngleich für die heutigen Jugendlichen jedoch ohne weitere Ausbildung keine ernsthaften beruflichen Aufstiegschancen mehr damit verbunden sind. Dies wird von den Jugendlichen auch explizit so wahrgenommen: Computerkenntnisse sind für die weitere berufliche Laufbahn nützlich, ersparen jedoch nicht die eigentliche Qualifikation.

Es finden sich bei männlichen Jugendlichen auch Anwendungsschwerpunkte des Computers, bei denen dieser im Freizeitbereich das eigentliche Freizeithobby – wie z.B. Skaten oder Musik zu machen – unterstützt. So dient der Computer in diesem Zusammenhang u.a. als Kommunikationsplattform für entsprechende Peergroups und als Medium der Selbstpräsentation im Rahmen von Web-Seiten.

Bereits hinsichtlich der Computerspiele läßt sich erkennen, daß sich männliche Jugendliche nach wie vor virtuelle Horizonte zu ihrem Alltagsleben schaffen, die im Zusammenhang mit dem LAN-Spiel kollektiven Charakter besitzen und immer mit Flow-Elementen gekoppelt sind. Dagegen nimmt das Programmieren von Computerprogrammen und Programmelementen nur noch eine nachgeordnete Rolle ein.

Innerhalb der virtuellen Horizonte lassen sich verschiedene Strukturen differenzieren: Solche, die ganz von der Realität abgekoppelt sind, wie die Fantasy-Welten, aber auch realitätsorientierte virtuelle Umwelten wie diverse

Simulationen (Flugzeug, Auto). Bemerkenswert ist, daß gerade der männliche Jugendliche, der gezielt versucht, in virtuelle Horizonte in Gestalt von Fantasy-Welten abzutauchen, auch mit weiblichen Rollenmustern experimentiert. Bei ihm – aber auch bei anderen männlichen Jugendlichen – finden sich im Rahmen der Deutung ihres Computerumgangs zudem explizit metaphysische Implikationen, die vor allem die Schönheit und Vielfalt technisch erzeugter Welten und die Schöpfungsmöglichkeiten in denselben hervorheben. Generell zeigen sich Phänomene von religiöser Valenz bei den männlichen Jugendlichen vor allem im Zusammenhang mit den Flow-Erlebnissen.[961]

So ist zusammenfassend festzuhalten, daß bestimmte Grundstrukturen der Relation Subjekt – Medium in Bezug auf den Computer seit dem Ende der 80-er Jahre unverändert erhalten geblieben sind (z.B. beim Computerspielen), jetzt aber ganz neue Nutzungsmöglichkeiten entstanden sind, wodurch der Computer inzwischen einen wesentlich etablierteren Stellenwert im Alltagsleben besitzt.

9.5 Zum Vergleich der empirischen Feldstudie mit JIM 2002

Der Vergleich der im Rahmen der vorliegenden Feldstudie qualitativ erarbeiteten Ergebnisse mit den Daten der quantitativen Untersuchung des medienpädagogischen Forschungsverbunds Südwest »JIM 2002. Jugend, Information, (Multi-) Media. Basisstudie zum Medienumgang 12- bis 19-Jähriger in Deutschland«[962] unterstreicht die qualitativ gewonnenen Einsichten in die Computernutzung Jugendlicher. Demgegenüber kann die quantitative Untersuchung nur sehr bedingt einen Einblick in die Hauptfragestellungen der vorliegenden Studie nach Identitäts- und Selbstbildung sowie religiöser Valenz ermöglichen.

Die quantitative Studie weist Internet, Computer und Technik allgemein nach wie vor als eher von männlichen Jugendlichen favorisierte Themen aus, wenngleich die Prozentzahlen der Computernutzung durch die weiblichen Jugendlichen sich fast gleichwertig gestalten (m 94 % / w 92 %). Zudem besitzen die männlichen Jugendlichen – der quantitativen Studie zufolge – die bessere Computerausrüstung. Insgesamt ist jedoch für die qualitative wie für die quantitative Studie JIM 2002 festzuhalten, daß Medienbesitz und Mediennutzung zu einem Kennzeichen moderner Adoleszenz geworden sind. Allerdings ist gerade für den Computerbereich ein Gefälle zwischen den Bildungsschichten zu erkennen, den auch die beiden Studien – die qualitative wie die quantitative – dokumentieren. Die quantitative Studie zeigt überdies einen höheren Stellenwert des Computers im Leben männlicher Jugendlicher sowie eine geschlechterdifferenzierte Gestaltung der Nutzungsauswahl (m »Computerspiele« / w »Schule und Arbeit« und »Kommunikation«) auf. Eine

---
961 Vgl. dazu Kapitel 6 »Religion und religiöse Valenz«.
962 Vgl. dazu Kapitel 3.3 »JIM 2002: Jugend, Information, (Multi-)Media«.

solche Differenzierung der Nutzungsauswahl dokumentiert auch die qualitative Studie. Wie in der quantitativen Studie liegen die Nutzungsschwerpunkte in der qualitativen Studie bei den weiblichen Jugendlichen im Bereich von »Kommunikation« bzw. von »Schule und Arbeit«, während die männlichen Jugendlichen Computerspiele favorisieren. Allerdings weist die qualitative Studie noch ein breiteres Spektrum des Computerumgangs im Alltagsleben männlicher Jugendlicher (z.B. Programmieren, Informationssuche) wie weiblicher Jugendlicher aus (z.B. Web-Seiten, Chatten). Ebenso wie die quantitative Studie zeigt die qualitative Studie bei den weiblichen Jugendlichen zumeist eine geringere emotionale Bindung an das Medium Computer als bei den männlichen Jugendlichen auf.

Die Thematik der Computerspiele wird nach der quantitativen Studie des Medienverbunds Südwest JIM 2002 auch für die weiblichen Jugendlichen relevant (m 52 % / w 47 %), wobei bei der Spieleauswahl eine deutliche geschlechterspezifische Differenzierung zu vermerken ist. Beide Aspekte lässt ebenso die qualitative Studie erkennen. Hinsichtlich der Thematik der Computerspiele deutet sich in der quantitativen Studie JIM 2002 zudem das Phänomen der phasenweisen Nutzung des Mediums Computer mit einer entsprechenden Altersabhängigkeit an, die die qualitative Studie deutlich herausarbeitet und die in dieser nicht allein auf den Bereich der Computerspiele beschränkt bleibt.

Männliche wie weibliche Jugendliche wünschen sich gemäß der quantitativen Studie eine stärkere Einbindung des Mediums Computer in den Schulalltag, was die qualitative Studie entsprechend unterstreicht. Die in der quantitativen Studie für jugendliche Computernutzung irrelevant eingeschätzten Orte – wie öffentliche Internetprojekte – erweisen sich im Rahmen der qualitativ-ethnographisch orientierten Feldstudie als wichtig für jugendliches Alltagsleben. Derartigen Einrichtungen kommt ein entscheidender Stellenwert für die Integration sozial benachteiligter Jugendlicher zu. Vor allem werden diese Einrichtungen als Räume favorisiert, in denen es nicht allein um Computernutzung geht. In dem Sinne beobachtet die qualitative Studie gerade bei den weiblichen Jugendlichen in den öffentlichen Internetprojekten eine starke soziale Einbindung ihres Computerumgangs, wobei die Bedeutung der nicht auf das Medium Computer bezogenen sozialen Interaktionen für die weiblichen Jugendlichen höher sein kann als das spezifische Interesse an diesem Medium. Allerdings ist im Rahmen der qualitativen Studie bei den weiblichen Jugendlichen – auch für den Kontext öffentlicher Internetprojekte – eine Verschiebung von einer gemeinsamen Computernutzung mit Freundinnen hin zu einem individuellen Computergebrauch zu verzeichnen.

Für das Internet weist die quantitative Studie mit den Themen »Radioersatz«, »berufliche und schulische Informationsquelle«, »e-mails«, dem »Herunterladen von Musik« und »Chatten« zahlreiche Aspekte aktueller jugendlicher Internetnutzung aus, die auch die qualitative Studie kennzeichnen. Allerdings zeigt die qualitative Studie, daß diese Bereiche auch gerade signifikant für das Leben von weiblichen Jugendlichen geworden sind. Dies gilt insbesondere für das Chatten, das im Rahmen der qualitativen Studie einen entscheidenden Nutzungsaspekt bei den weiblichen Jugendlichen – jedoch in geringerem und weniger bedeutendem Maße bei den männlichen Jugendlichen – darstellt. Die männlichen Jugendlichen erreichen im Rahmen der quantitativen Studie dagegen beim Chatten sogar einen etwas höheren Prozentsatz als die weiblichen Jugendlichen (m 26 % / w 25 %). Hier konnte erst durch die qualitative Studie erschlossen werden, wie sich das Chatten eigentlich gestaltet und welchen Stellenwert es im Alltagsleben der männlichen bzw. weiblichen Jugendlichen einnimmt.

Insgesamt hat sich bei der qualitativen wie bei der quantitativen Studie JIM 2002 gezeigt, daß die Relevanz des Mediums Computer bei den männlichen wie bei den weiblichen Jugendlichen sehr hoch ist und dieses Medium bei geringeren Unkosten noch weitaus häufiger und breiter genutzt werden würde.

D) Jugendliche am Computer: Ergebnisse und Implikationen

10 Jugendliche am Computer: Ergebnisse der Prozesse abduktiver Korrellierung von Theorie und Empirie

Die im folgenden präsentierten Analysen zu Dimensionen von Identitäts- und Selbstbildung, der Bildung am Allgemeinen als Element strukturaler Bildungsprozesse und religiöser Valenz hinsichtlich des Computerumgangs Jugendlicher entstammen dem bereits beschriebenen Verfahren abduktiver Korrellierung von induktiv operierenden materialen Theorieelementen und deduktiv operierenden formalen Elementen der Metatheorie. Die Analysen selbst stellen Theorieelemente mittlerer Ebene dar.[963]

10.1 Dimensionen von Identitäts- und Selbstbildung

Die Identitätsgenese ist – wie sich gezeigt hat – heute zu einem entscheidenden Faktor für Bildung geworden: »Die Identitätsfrage ist zu einer der großen Herausforderungen der Gegenwart geworden. Identitätskompetenz (ist) als vorrangiges Lernziel in einer Welt gesellschaftlicher Umbrüche« zu verstehen.[964] Damit kommen wiederum Grundelemente des Bildungsbegriffs in den Blick:

> »Bildung ist keine Frage der Vollständigkeit, auch nicht auf Gebieten des Wissenswerten und Kulturellen, sondern ein allmähliches Wachsen von innen heraus in geistiger Auseinandersetzung mit den Gegebenheiten der Umwelt. Sie ist geistige Bewältigung des Menschseins und zwar auf allen Ebenen des Menschseins«.[965]

Innerhalb dieser Subjektwerdungsprozesse, die den beschriebenen Freiraum der Ich-Werdung ausfüllen, nimmt das Medium Computer dann eine nicht zu vernachlässigende Rolle ein. Allerdings umgreifen die für den Identitäts- bzw. für den Bildungsbegriff wichtigen Aspekte der Computernutzung Jugendlicher nur einzelne Facetten dieser Begriffe und erschöpfen nicht ihr gesamtes Spektrum. Welche Elemente der Computernutzung Jugendlicher können im Rahmen der dargelegten Überlegungen bezüglich Identität und

---

963 Vgl. dazu Kapitel 4 »Zur Relation von Theorie und Empirie« und 6.2 »Zur Relation von Theorie und Empirie«.
964 Vgl. Schachtner, Lernziel Identität, S. 4–5 und dazu Negt, Lernen in einer Welt gesellschaftlicher Umbrüche, S. 34ff.
965 Schachtner, a.a.O., S. 7 und dazu Keilhacker, Pädagogische Orientierung im Zeitalter der Technik, S. 118.

10 Jugendliche am Computer: Ergebnisse der Prozesse abduktiver Korrellierung

Bildung als subjektfördernd, ich-entwickelnd und zukunftsrelevant wahrgenommen werden? Und welche Bereiche sind dem Zusammenhang der die Relation von Subjekt und Welt betreffenden Sinnfindung zuzurechnen?[966]

Bezogen auf die Modelle flexibler und fragmentarischer Identitätskonstruktionen bietet der Umgang mit dem Computer zu Beginn des 21. Jahrhunderts gerade hinsichtlich der Entwicklungsphase der Adoleszenz multiple Möglichkeiten der Identitätsmodulation bzw. Identitätsstabilisierung. Selbstpräsentation und Selbstexplikation sind ein entscheidendes Element jugendlicher Web-Seiten-Gestaltung. Selbststabilisierung und Selbstexplorationen sind aber auch im Rahmen erfolgreichen Spielens und Programmierens zu beobachten. So nutzen gerade männliche Jugendliche den Computer als Plattform, um über kommerzielles Web-Seiten-Design und Programmierung am Leben der Erwachsenen zumindest punktuell zu partizipieren.[967] Gleichzeitig gelingt es ihnen, die für das Jugendalter typischen Größen- und Allmachtsphantasien auszuleben.[968] So werden die selbsterstellten, durch Technik erzeugten Produkte sowohl von männlichen wie weiblichen Jugendlichen als besonders großartige Eigenleistung gewertet. In diesem Sinne bemerkt Christina Schachtner:

> »Arbeit und Größenphantasien können sich, was sonst in der Arbeitswelt nur selten möglich ist, beim Programmieren miteinander verbinden«.[969]

Die intensive Gefühlsbewegung, die mit derartigen Erfolgen in der virtuellen Welt verbunden ist, hängt eng mit der Auseinandersetzung und Beherrschung von nichtmenschlicher, komplexer Technik zusammen.

Außerdem dient der Umgang mit derartiger Technik auch dem Einüben von spezifischen Rationalitäten, durch die die Jugendlichen hoffen, ihr reales Leben effektiver bewältigen zu können. Dabei werden stratifizierte Muster aus der virtuellen Welt übernommen und in die Alltagsrealität transferiert. Diese können im Rahmen der Identitätsgenerierung spezifische Syntheseleistungen unterstützen, aber auch gewisse Gefährdungen der jugendlichen Subjekte mit sich bringen.[970]

Direkte Identitätsmodulation wird zudem im Zusammenhang des Spielens von Computerspielen und der Partizipation an MUDs erkennbar.[971] So werden von den Jugendlichen internetgestützte Rollenspiele genutzt, um ver-

---

[966] Vgl. dazu Kapitel 6 »Religion und religiöse Valenz«.
[967] Vgl. dazu Kapitel 8.1.5 »Der Computer als Symbol der Leistungsgesellschaft«.
[968] Vgl. dazu Erdheim, Psychoanalyse und das Unbewußte in der Kultur, S. 306 und Schachtner, Einübung in die Zukunft, S. 16.
[969] Vgl. Schachtner, a.a.O., S. 17.
[970] Vgl. dazu Kapitel 8.2.3 »Programmieren als kontrollierte Selbststabilisierung in einer unkontrollierbaren Welt«.
[971] Vgl. dazu u.a. Kapitel 8.1.2 »Zur Bedeutung von Computerspielen im Leben männlicher Jugendlicher«.

schiedene Rollen und Charaktere auszuprobieren. Dabei ist der Wechsel des Geschlechts – im Kontext der Rollenspiele – ein praktizierter Usus, wobei ein solches exploratives Vorgehen neue Perspektiven ermöglichen soll und damit identitätsstiftend wird.

Auch von metaphysischen Konnotationen geprägte Schlußfolgerungen und Sinndeutungen sind hinsichtlich des Computerumgangs Jugendlicher zu erkennen. Diese sind Teil der aktuell stattfindenden Prozesse der Genese von Welt- und Sinndeutung in einer Zeit, in der klassische Trägersysteme von Weltbildern immer weniger relevant sind.[972] In diesen Zusammenhang gehören auch die mit dem Computerumgang Jugendlicher verbundenen Flowerlebnisse, Zustände, bei denen während der medialen Nutzung Raum und Zeit vergessen werden und die in einen Bereich fallen, den Dieter Baacke als »stille Ekstasen« der Jugend beschreibt.[973]

Die praktizierten Computerspiele weisen oftmals einen strukturell-lebensweltlichen Verweisungscharakter auf. So sind bei der Wahl der Spiele Präferenzen zu erkennen, die mit der Gestaltung der eigenen Individualität verbunden sind und insofern lebensweltliche Rückbezüge aufweisen, als sie auf bestimmte Bedürfnislagen bezogen sind:

> »Durch die Spiele besteht die Möglichkeit, an ... wichtige Lebenskontexte anzuknüpfen und sie im Spiel fortzuführen (parallele Kopplung). Aber auch der andere Fall ist denkbar: Es werden die Spiele gewählt, die Möglichkeiten schaffen, die für die Spieler in der realen Welt nicht umsetzbar sind, aber gleichwohl von ihnen gewünscht werden (kompensatorische Kopplung)«.[974]

Die Feldforschung zeigt auf, daß derartige Zusammenhänge jedoch zumeist funktional orientiert sind und weniger Bezüge auf eine spezifische Oberflächensemantik besitzen.[975]

Im Kontext der Computerspiele, aber auch beim Erstellen von Computerprogrammen, werden die Dimensionen Macht, Herrschaft und Kontrolle entscheidend.[976]

> »Die Spieler nutzen die Spiele zwar als Mittel gegen Langeweile und mangelnde Anregungen in ihrer Lebenswelt. Im Wesentlichen dienen sie jedoch zur ›Selbstmedikation‹ gegen Misserfolgsängste, mangelnde Le

---

[972] Vgl. dazu Kapitel 8.1.8 »Metaphysische Implikationen der Computernutzung« und Kapitel 6 »Religion und religiöse Valenz«.

[973] Vgl. Baacke, Die stillen Ekstasen der Jugend, S.3ff. und dazu Kapitel 6 »Religion und religiöse Valenz«.

[974] Vgl. Fritz / Fehr, Identität durch Spiel, S. 31.

[975] Vgl. dazu Kapitel 9.2.7 »Auswertung: Selbstbildung, Identitätsgenese und religiöse Valenz« und 9.3.7 »Auswertung: Selbstbildung, Identitätsgenese und religiöse Valenz«.

[976] Vgl. dazu Fritz / Fehr, a.a.O., S. 30–32.

benszuversicht und gegen das Gefühl, ihr eigenes Leben nicht beherrschen und kontrollieren zu können«.[977]

Damit werden die Spiele – aber auch die Programmiererfolge – zum Katalysator der Selbststabilisierung der jugendlichen Subjekte. Überdies sind im Spielebereich bei Rollenspielen sowie beim Spielen mit vernetzten Computern in LAN-Einheiten Phänomene sich virtuell neu organisierender Sozialität zu beobachten. Es läßt sich zudem eine Geschlechtertypik feststellen: So ist u.a. – neben einer geschlechtsspezifisch orientierten Wahl der Spiele – eine geschlechterdifferenzierte Identifikation mit Spielfiguren wie Lara Croft zu beobachten.[978]

Ein weiterer wichtiger Bereich des Computerumgangs Jugendlicher, der identitätsformierende Relevanz besitzt, ist das Chatten. Dieses wird – in einer freien, anonymen Form – vor allem von weiblichen Jugendlichen – aber nicht nur von diesen – praktiziert. So bietet das Chatten Möglichkeiten zur Selbstpräsentation, die nicht unbedingt der Realität entsprechen. Die körperbezogene Verbindlichkeit der face-to-face-Begegnung wird beim Chatten aufgehoben.[979] Dadurch entstehen Optionen der virtuellen Selbstgestaltung, die oftmals in den sexuellen Bereich reichen. So werden virtuell sexuelle Ersterfahrungen möglich. Auch der Geschlechterwechsel wird im Zusammenhang des Chattens praktiziert. Allerdings bleibt dieser beim Chatten zumeist ein exploratives Moment der Frühadoleszenz. Damit dient das Chat-Verhalten der Jugendlichen im Wechselspiel der Generierung virtueller Charaktere und Selbstdarstellungsformen sowie einer sich entwickelnden Erwachsenenidentität der Persönlichkeitsentwicklung und -stabilisierung, erfüllt seelsorgerliche Funktionen durch anonyme Austauschmöglichkeiten und erschließt neue Sozialitätsformen. So nutzen die Jugendlichen die Chats, um ihr soziales Umfeld auszudehnen und ihre Kontakte bis hin zur globalen Begegnung auszuweiten.

In den Zusammenhang der Selbstpräsentation, die wiederum identitätsstiftende Funktion hat, gehören die bei den Jugendlichen beiderlei Geschlechts beliebten persönlichen Web-Seiten, auf deren Erstellung von diesen viel Mühe verwendet wird und die einen Einblick in reale, aber vor allem auch erträumte Lebenswelten und Selbstinszenierungsformen ermöglichen. Auf den Web-Seiten ist es den Jugendlichen möglich, die eigene Außenpräsentation in Formen zu gestalten, die ihnen sonst in der Realität verwehrt bleiben oder zu denen den Jugendlichen in der Realität der Mut fehlt.

Damit vollzieht sich Identitätsmodulation bzw. –simulation im Kontext der Web-Seiten-Gestaltung, aber auch beim Rollenspiel und beim Chatten an

---

977 Vgl. Fritz / Fehr, a.a.O., S. 31.
978 Vgl. dazu Fritz / Fehr, ebd.
979 Vgl. dazu Schmidt, Chatten, S. 17–22.

der Personmaske, der externen Präsentationsform des Selbst, die zum Interface wird. Dadurch verschmelzen Person und Computeroberfläche.[980]

Alle diese beschriebenen Elemente jugendlicher Computernutzung sind dem Bereich struktureller Bildungsprozesse zuzuordnen, die auf Subjektwerdung abzielen.[981]

10.2 Dimensionen der Bildung am Allgemeinen als Element strukturaler Bildungsprozesse

Es sind noch weitere Dimensionen jugendlichen Computerumgangs zu verzeichnen, die – da Bildung selbst im Zeichen der Post- bzw. Spätmoderne immer auf ein Allgemeines bezogen bleibt und damit eine Inhaltsorientierung besitzt – in den Bereich des Bildungsbegriffs fallen. Der Bildungsbegriff, der auf das Allgemeine zielt, wird in der Perspektive der inhaltlichen Vermittlung im Rahmen eines »Bildungskanons« entfaltet. Durch die Fragmentierung, die postmoderne gesellschaftliche Strukturen ausmacht, wird aber eine individuelle Aneignung und Auswahl von Inhalten notwendig, weshalb der Gedanke des »Bildungskanons« ein rein formaler bleibt und ein solcher nicht a priori festzulegen ist.

Hinsichtlich des Computerumgangs Jugendlicher sind Phänomene zu finden, die Teil eines Bildungsprozesses sind, der auf Subjektwerdung gerichtet ist, auch wenn sie auf der basaleren Ebene der Begriffe des Lernens bzw. des Selbstlernens verortet werden müssen. Diese Phänomene zielen ab auf Erkenntnisgewinn durch Bildung am Allgemeinen und auf die Ausbildung gelingender Sozialität. In dem Sinne ist der Lernbegriff als basalere Dimension des Bildungsbegriffs zu verstehen. Somit wird die Bildung am Allgemeinen in ihrer inhaltlichen Ausprägung zu einem Element »strukturaler Bildung«.

Phänomene, die in diesen Bereich des Bildungsbegriffs fallen, sind im Rahmen konstruktivistischer Selbstlern- und Informationsprozesse zu verzeichnen.[982] Die kognitivistische Lernauffassung nimmt an, daß zum erfolgreichen Lernen die Wissensinhalte möglichst organisiert und systematisch dargeboten werden müssen und der Aspekt des Lehrens im Vordergrund steht. Konstruktivistische Ansätze zeichnen sich dagegen dadurch aus, daß der Lernende und die Lernprozesse im Mittelpunkt stehen und der Fokus auf dem Lernen liegt. Bezogen auf das Medium Computer umfassen derartige Lernprozesse einerseits eine entsprechende technische Anwendung sowie die Entwicklung multipler Fähigkeiten im Umgang mit dem Medium Computer und andererseits den Zugang zu differenzierten Formen von Information, die

---

980 Vgl. dazu Kapitel 5.3 »Von der Personmaske und dem Interface«.
981 Vgl. dazu Kapitel 5.7 »Von der Gestaltung von Selbstbildungsprozessen: Zur Theorie strukturaler Bildung«.
982 Vgl. dazu Reinmann-Rothmeier, Bildung mit digitalen Medien, S. 275–300.

10 Jugendliche am Computer: Ergebnisse der Prozesse abduktiver Korrellierung

von den Jugendlichen gerade auch für den schulischen Bereich genutzt werden. Zentral für die Relation von Bildung und neuen Medien wird in diesem Zusammenhang der Aspekt der Informationsbewertung. Bildung am Allgemeinen bzw. inhaltlich orientierte Bildung kann nur dann sinnvoll geschehen, wenn entsprechende Inhalte nicht falsch, deformiert und erfunden sind oder von Jugendlichen als solche nicht erkannt werden können.[983]

Bildungs- bzw. Selbstbildungprozesse im Kontext neuer Medien unterliegen multiplen Gefährdungen, die deutlich über ein Missverstehen von Information hinausgehen. So ist die Grenze zwischen positiv fördernder und persönlichkeitszerstörender Relation von Subjekt und Medium oftmals fließend. Kinder und Jugendliche sind durch die Internet-Nutzung virtuellen und im schlimmsten Fall realen sexuellen Übergriffen ausgesetzt. In bestimmten ungünstigen Konstellationen schlägt der Computerumgang um in suchtähnliche Szenarien, bei denen sich die Jugendlichen von jeglicher Sozialität isolieren und in eine abgesonderte, virtuelle Welt abwandern. In diesen Fällen kann die Relation von realer und virtueller Welt in einem besonders ungünstigen sozialen Hintergrundsetting fließend werden. Daher wird für das Subjekt in der modernen Informationsgesellschaft eine entsprechende Aneignung von Medienkompetenz nötig, um sich konstruktiv mit den beschriebenen Gefahren auseinandersetzen zu können. Sonst droht die Gefahr der Zerstörung jeglicher Bildungsbemühung und die Destruktion und Desorientierung des Subjektes. Zudem geht mit den Bildungsangeboten durch die neuen Medien die Gefahr der sozialen Diskriminierung einher, da Jugendliche aus einem unterprivilegierten Umfeld von der Computernutzung ausgeschlossen werden und Bildungsprozesse in diesem Zusammenhang nur bestimmten privilegierten Schichten zukommen.[984]

Medienkompetenz wird »deshalb in den Rang einer vierten Kulturtechnik erhoben. Damit soll für künftige Generationen neben Lesen, Schreiben und Rechnen auch der Umgang mit dem Computer und Multimedia zu einer Selbstverständlichkeit werden«.[985] Für Dieter Baacke ist Medienkompetenz eine »Teilmenge der kommunikativen Kompetenz«.[986] Baacke unterscheidet bezüglich der Medienkompetenz vier unterschiedliche Dimensionen: Medienkritik, Medienkunde, Mediennutzung und Mediengestaltung. Medienkompetenz umfaßt im Sinne Baackes nicht allein den technischen Umgang mit neuen Technologien. Vielmehr soll sich der Mediennutzende auch gedanklich und kritisch mit den Medien sowohl in bezug auf die Gesellschaft

---

983 Vgl. dazu Mertin, Internet im Religionsunterricht, S. 14–15.
984 Vgl. dazu Döring, Lernen und Lehren im Internet, S. 471ff.
985 Vgl. Vogelsang, Kompetentes und selbstbestimmtes Medienhandeln in Jugendszenen, S. 241.
986 Vgl. Baacke, Zum Konzept und zur Operationalisierung von Medienkompetenz, S. 2.

(analytisch) als auch auf die eigene Person (reflexiv) auseinandersetzen (Medienkritik) und so zu ethischen Urteilen hinsichtlich eines sinnvollen medialen Umgangs kommen. Zudem muß Medienkompetenz auf ein Wissen über Medien (informativ) bzw. auf Kenntnisse über deren Nutzung (instrumentell-qualifikatorisch) abzielen. Dies beinhaltet sowohl die Möglichkeit zur Mediennutzung (rezeptiv), wie auch die Fähigkeit zu medialer Interaktion (interaktiv-anbietend). Die Medien gestalterisch nutzen zu können (Mediengestaltung), umfaßt dann nach Baacke, Medien innovativ weiterzuentwickeln bzw. deren Potential kreativ zu ästhetischer Gestaltung auszuschöpfen und auszubauen.[987]

Damit läßt sich das Angebot an Bildungsoptionen durch neue Medien aus lerntheoretischer bzw. aus didaktischer Perspektive auf zweifache Weise bestimmen:

Erstens bietet das Medium Computer multivalente virtuelle Lernumgebungen und dient so als Bildungsraum. Dies korreliert konzeptionell mit dem Gedanken der Lernumgebung im Sinne Rousseaus, der davon ausgeht, daß sich in Lernumgebungen freie Bürger heranbilden können und der Erziehungsprozeß keinen hierarchischen Zwangsverhältnissen unterliegt, weil das Bildungsziel der Freiheit in keinem unfreien Setting zu erreichen ist. Solche Lernarrangements versteht Rousseau als negative Erziehung, weil jeglicher direkte erzieherische Einfluß negiert wird bzw. als indirekte Erziehung, weil so über den Umweg der Lernumgebung notwendige Entwicklungsbedingungen geschaffen werden.[988] Damit weisen Rousseaus Überlegungen enge Parallelen zu den Vorstellungen konstruktivistischer Lernumgebungen auf. Bezogen auf das Medium Computer gilt es dann, sich innerhalb dieser virtuellen Lernumgebungen medienkompetent bewegen zu können.

So stellen neue Medien Informations- bzw. Kommunikationsräume zur Verfügung, in denen Informationen gesucht, gespeichert, verwaltet und entsprechend aufbereitet werden können und in denen sich intensive Kommunikationsprozesse ereignen.[989] Diese Grundfunktionen lassen sich explizit in den aus der Lebenswelt kommenden Nutzungsformen des Computers durch männliche und weibliche Jugendliche nachweisen. Die genannten Kommunikationsprozesse bleiben jedoch nicht allein auf Informationsaustausch bezogen, sondern eröffnen Möglichkeiten für das sogenannte »collaborative learning«[990], das »Ziele wie die individuelle Entwicklung und Reifung der beteiligten Personen, ihre soziale Interaktion, soziale Mitverantwortung, ihre

---

987 Vgl. dazu Baacke, a.a.O., S. 3–5.
988 Vgl. dazu Meder, Wissen und Bildung im Internet, S. 38–39.
989 Vgl. dazu auch Kapitel 2 »Religionspädagogische Entwürfe zum Thema ›Computer und Internet‹«.
990 Vgl. dazu Kapitel 13 »Glossar«.

Selbstverwirklichung durch Interaktionen in einem relativ herrschaftsfreien Raum sowie Hilfe bei der Daseinsbewältigung« anstrebt.[991]

Derartige Lernprozesse müssen nicht allein in computergestützter Form erfolgen, sondern es finden sich immer auch im Sinne des »blended learning«[992] entsprechende virtuelle und reale Mischformen, wie sie z.B. im Umfeld der Organisation von bzw. der Partizipation an LAN-Partys zu verzeichnen sind.

Zweitens können auch gezielt vorgeprägte Lernstrukturen im Kontext neuer Medien verwirklicht werden, die an einer Lehrperson orientiert oder dem Konzept programmierten Unterrichts zuzurechnen sind.[993] Hier fokussiert sich die Bildungsfunktion für den Mediennutzer auf Empfangen bzw. Aufnehmen. Zwischen dem unter erstens beschriebenen freien Lernarrangement der Lernumgebung, die auf entdeckende und selbstständig erarbeitete Lernaktivitäten des Subjektes abzielt, und derartigen gelenkten Lernformen, steht als Mittelweg das Lernen durch Exploration, bei dem wie bei »guided tours«[994] Lernpfade angegeben werden und so keine völlige konzeptionelle Freiheit besteht.

Dieser doppelte didaktische Fokus, der die Dimensionen sozialen Lernens mit im Blick hat, läßt die entscheidende Bedeutung neuer Medien deutlich werden: Sie sind zu wichtigen Elementen von Bildungsprozessen geworden, die auf Subjekt- und Identitätsbildung bzw. Sinnfindung abzielen. Wie diese Prozesse der Identitäts- und Selbstbildung in Korrelation zum Medium Computer theologisch zu bewerten sind und vor allem wie sie religionspädagogisch begleitet werden können, wird genauer zu beleuchten sein.[995]

10.3 Dimensionen religiöser Valenz

Auf dem Hintergrund der Analyse der entsprechenden Theorieentwürfe zur Deutung »impliziter Religion«[996] soll im folgenden genauer expliziert werden, an welchen Stellen Phänomene religiöser Valenz im Kontext des Computerumgangs Jugendlicher zu verzeichnen sind und wie sich diese strukturell ausdifferenzieren. Hierbei werden – wie bereits dargelegt wurde – vor allem die theoretischen Überlegungen von C. Geertz, V. Turner und T. Luckmann relevant.[997]

---

991 Vgl. Peters, Ein didaktisches Modell für den virtuellen Lernraum, S. 171.
992 Vgl. dazu Kapitel 13 »Glossar«.
993 Vgl. dazu Peters, a.a.O., S. 159–187.
994 Vgl. dazu Kapitel 13 »Glossar«.
995 Vgl. dazu Kapitel 11 »Religionspädagogische Implikationen der Computernutzung Jugendlicher« und die entsprechenden Unterkapitel.
996 Vgl. dazu Kapitel 6 »Religion und religiöse Valenz«.
997 Vgl. dazu Kapitel 6 »Religion und religiöse Valenz«.

Im Zusammenhang der Computernutzung Jugendlicher tauchen – sowohl bei männlichen als auch bei weiblichen Jugendlichen – explizit metaphysische Deutungen auf. Dabei formulieren diese – ausgehend vom Bericht über die Bedeutung ihres Computerumgangs für ihre Lebenszusammenhänge – Fragen nach der Letztverursachung der Wirklichkeit, nach der Relation von Mathematik und technischer Schöpfung. Sie staunen angesichts der Schönheit technisch generierter virtueller Welten, ziehen Schlußfolgerungen im Hinblick auf ihre eigene Schöpferleistung und berichten von der Übernahme rationaler Handlungsmuster zur eigenen Lebensbewältigung.[998] Im Sinne von Cliffort Geertz sind damit Themen basaler Grundkosmologien zu verzeichnen. Das Dasein wird von bestimmten Jugendlichen immer wieder als ein gefährdetes und von Kontingenz bedrohtes erlebt. Da finden sich das schwierige familiäre Umfeld, das Versagen in der Schule, die fehlenden Zukunftsperspektiven, die Unzufriedenheit mit der Ausbildung, usw.. Um diesen Gefährdungen und der Alltagsfrustration zu wehren, sich selbst als machtvoll zu erleben, derartige Kontingenzeinbrüche zu bewältigen und Ordnung wieder herzustellen, hilft dann das Eintauchen in die virtuellen, computermodellierten Welten. In anderen Fällen, denen die eher privilegierten Jugendlichen zuzurechnen sind, geht es darum, im Sinne von »Alltagsflips« den Alltag, der immer wieder als langweilig oder streßbelastet empfunden wird, zu verlassen. Hier liegen weniger Kontingenzszenarien vor, die die Existenz der einzelnen Jugendlichen gefährden, als vielmehr niederschwelligere Kontingenzformen, die nach einem Ausstieg aus dem Alltag verlangen, aber symptomatisch mit den Lebensverhältnissen in der postmodernen Industrie- und Leistungsgesellschaft verknüpft sind.[999]

Auffallend für derartige Ausstiegsszenarien sind vor allem die rituellen Bezüge: Immer wieder sind explizite Flow-Erlebnisse zu verzeichnen. Die Jugendlichen konstruieren sich genau angepaßte virtuelle Hintergrundfolien, die wiederum Flußerfahrungen ermöglichen. Die jugendlichen Computeruser verschmelzen mit ihrer Computertätigkeit, sie gehen darin auf, haben Schwierigkeiten aufzuhören und »vergessen« die Zeit.[1000] In dem Sinne treten die Jugendlichen aus ihrer Alltagszeit in einen Zustand heraus, der außerhalb der Zeit liegt.[1001] Derartige Vorgänge des Heraustretens aus der Alltagszeit sind ebenfalls signifikant für die Zeitdimensionen von Ritualstrukturen.

Dem beschriebenen Phänomen des Verschmelzens beim Computerumgang korreliert notwendig eine körperliche Reaktion.[1002] In dem Sinne ist

---

998 Vgl. dazu auch Kapitel 8.1.8 »Metaphysische Implikationen der Computernutzung«.
999 Vgl. dazu auch Kapitel 6.6 »Exkurs: ›Spielräume‹«.
1000 Vgl. auch Fritz, Langeweile, Streß und Flow, S. 207–216 und Kapitel 6.6 »Exkurs: ›Spielräume‹«.
1001 Vgl. dazu auch Kapitel 6.6 »Exkurs: ›Spielräume‹«.
1002 Vgl. dazu auch Kapitel 6.6 »Exkurs: ›Spielräume‹«.

auch nicht von einer »sekundären Ritualisierung« auszugehen, der jeglicher Körperbezug fehlt. Allerdings besitzen die körperlichen Erfahrungen eine andere Qualität als die »Realerfahrungen«. So bleibt der virtuell verursachte Streß des »Bildschirmtodes« zwar eine Form von Streß, die körperliche Folgen hat, ist aber immer noch deutlich qualitativ vom realen Tod zu unterscheiden.[1003] Am Ende derartiger Phänomene des Verschmelzens steht die körperliche Erschöpfung, die teilweise mit Gefühlen einer kathartischen Reinigung verbunden ist.[1004]

Letztere stellt sich vor allem dann ein, wenn der Verlauf nicht durch Frustrations- bzw. Versagenserlebnisse geprägt war. Positive Erlebnisse bringen eine hohe selbstverstärkende Wirkung mit sich, ebenso wie negative Erlebnisse zu erheblicher Frustration führen. Derartige Erscheinungen sind vor allem für das Spielen von Computerspielen, aber auch für das Erstellen von Computerprogrammen wie für das Chatten sowohl bei männlichen wie auch bei weiblichen Jugendlichen zu beobachten.

So sind die psychischen Stabilisierungszyklen zumeist unabhängig von den Details der Oberflächensemantik der erarbeiteten Computerprogramme bzw. der Computerspiele, die ein mythisches oder auch ein bestimmtes kriegerisches Setting umfassen können. Vielmehr geht es den Jugendlichen darum, in der virtuellen Welt genau dosierte Erfolge zu erleben, die ihnen in ihrem tatsächlichen Leben oftmals versagt bleiben. Dabei wird die Spielgestaltung und Spieleauswahl speziell auf die individuellen Bedürfnisse abgestimmt. So wünschen Jugendliche eine gewisse Herausforderung, um ihre eigenen Fähigkeiten ausprobieren zu können, schrecken aber vor zu komplexen Anforderungen zurück. Der Spielerfolg darf nicht zu leicht, aber auch nicht zu schwer zu erreichen sein.

Beim Programmieren ist es das Erlebnis, die technische Herausforderung bewältigt zu haben, das zu Erfolgsgefühlen führt, in deren Gefolge wiederum eine Eigenstabilisierung eintritt. Den Jugendlichen gelingt es, sich jenseits des Alltags im virtuellen Raum – ähnlich wie bei den Spielen – als kompetent und machtvoll zu erleben.[1005] Dieses Erleben von Kompetenz und Macht besitzt wiederum eine nicht zu unterschätzende Bedeutung für die Identitäts- und Selbstbildungsprozesse im Jugendalter. Es ist – im Sinne der liminoiden Phänomene Turners – zunächst eher individuell orientiert.

Die Vernetzung von Computern im Kontext neuer Medien, in den Chats und in den MUDs sowie beim Spielen im LAN läßt dann Elemente von Erfahrungen von Communitas – also Gemeinschaftsekstasen – erkennen.

1003 Vgl. dazu Kapitel 5.8 »Imago – Bild – Bildung« und Kapitel 6.5 »Exkurs: Zur Diskussion um ›Medienreligion‹«.
1004 Vgl. dazu auch Kapitel 6.6 »Exkurs: ›Spielräume‹«.
1005 Vgl. dazu auch Kapitel 6.6 »Exkurs: ›Spielräume‹«.

Die rituellen Vollzüge im Zusammenhang der Flow-Erlebnisse dienen als alltagskulturelle Bewältigungsmechanismen der Gefährdung der geschlossenen Sinnzuschreibung des Alltags, wie auch Cliffort Geertz sie kennt. In dem Maße sind sie als wichtige Formen der Bewältigung grundlegend existentieller Kontingenzen, aber auch niederschwelliger Kontingenzformen anzusehen. Bei den rein strukturell-performativen Bearbeitungsvollzügen von Kontingenz handelt es sich jedoch nicht allein um ästhetische Erfahrungen, obwohl die derartigen Vollzüge sich abgelöst von einer entsprechenden substantiell-religiösen Semantik vollziehen. Vielmehr weist gerade die im empirischen Material ersichtliche enge Verbindung von bedrohlichen Kontingenzeinbrüchen in die Alltagserfahrung und ihre Bearbeitung durch einen Rückzug in ekstatisch-rituelle Transzendenzformen deutlich über rein ästhetische Zusammenhänge hinaus auf explizite Sinnstiftung hin.[1006]

Im Sinne Luckmanns sind ekstatische Erlebnisse generell den großen Transzendenzen zuzuordnen, die die Alltagserfahrung durchbrechen und eine religiöse Bearbeitung erfahren müssen, damit die Sinnhaftigkeit des Lebens wiederhergestellt und gewährleistet wird. Im Kontext des Computerumgangs Jugendlicher werden derartige Formen großer Transzendenzen in Gestalt von Ekstasen sozusagen bewußt herbeigeführt, wobei der »Flow« und entsprechende Machtgefühle – wie Csikszentmihalyi verdeutlicht – sich nur in einem vom jeweiligen Subjekt kontrollierten Setting einstellen und diese künstlich-ekstatischen Transzendenzformen dann gerade die unkontrollierbaren, aber auch die niederschwelligen Kontingenzen wie Streß und Langeweile des täglichen Alltags zu bewältigen helfen. In dem Sinne bearbeitet die künstlich erzeugte Transzendenz die existentielle Kontingenz. Allerdings bleibt innerhalb des rituellen Geschehens trotz der notwendigen Kontrolle insofern eine Grundspannung erhalten, als die von den Jugendlichen virtuell zu bewältigenden Aufgaben nicht zu einfach gestaltet sein dürfen, da sonst die Genese entsprechender Machtgefühle, wie auch das Flow-Erleben insgesamt ausbleibt. So findet die Sinngenese rituell-performativ bereits im Akt virtueller Transzendenzerzeugung – also dem technisch-maschinell gestützten ekstatischen Abtauchen in künstliche Welten – statt und ist gekoppelt mit einer Bearbeitung realer Kontingenzformen des Alltags – also einer Kompensation der den Alltag übersteigenden, unkontrollierbaren Elemente des Daseins.[1007] Eine solche rituell-performative Sinngenese ist nicht notwendig explizit religiös-semantisch kodiert. Damit verdichtet sich empirisch die Grundüberlegung Hans-Günter Heimbrocks zum Religionsbegriff:

> »Von Ekstasen zu sprechen bedeutet, daß man Sinnsuche nicht als nüchterne Erforschung der Tatsachen, dessen ›was der Fall ist‹ betreibt, sondern eher als innerliches Überschreiten des alltäglich erlebten Langewei-

---

1006 Vgl. dazu Gräb, Lebensgeschichten, S. 48 ff.
1007 Vgl. dazu Luckmann, Die unsichtbare Religion, Frankfurt 1991.

lebetriebes versteht. Das hat durchaus religiöse Qualität, allerdings wohl nicht immer christlich-religiöse und schon gar nicht kirchliche«.[1008]

Im Zusammenhang der Sinngenese kommt dann auch der Identitätsbegriff in den Blick: Postmoderne Identitätsbegriffe wie der von Heiner Keupp sind auf Sinngenese angewiesen, um einem völligen Zerfall des Subjektes zu wehren und Identität erst zu ermöglichen.[1009] Gerade mit den rituellen Elementen der Computernutzung ist dann eine solche Sinngenese verbunden, wodurch ein wichtiger Beitrag zur Selbst- und Identitätsbildung geleistet wird. Diese ist jedoch nicht an religiös-semantischen Sinnkodierungen orientiert, sondern hängt an der rituellen Performanz.

Aber auch eine Vernetzung mit semantisch-inhaltlich, religiös kodierten Bewältigungsstrategien ist vor allem bei den weiblichen Jugendlichen zu verzeichnen. So sind Kopplungen mit metaphysischen Deutungen und das Eintauchen in mythisch-religiös geprägte Welten zu beobachten. Hier wird insbesondere das Fantasy-Genre wichtig. Bei den Phänomenen des Abtauchens in explizit mythisch-religiös geprägte Fantasy-Welten, laufen sowohl funktionale als auch substantielle Elemente des Religionsbegriffs zusammen. Motive archetypischer Ursprungsmythen und Grundkosmologien – wie der dualistisch geprägte Kampf des Guten gegen das Böse – erhalten nun einen spezifischen Stellenwert.[1010] Es findet insofern eine doppelte Virtualisierung statt, als modelliert durch die Computertechnik eine künstliche Welt am Bildschirm entsteht, die nicht Realität simuliert, sondern im rein Imaginativen verbleibt, das im Fall der Fantasy-Welten wiederum stark mythischen Charakter trägt.[1011] So tauchen Formen religiöser Valenz aus dem außermedialen Bereich (Fantasy; Schwarze Magie; Hexenkult) nun explizit im Zusammenhang mit dem Medium Computer auf und erhalten gerade durch die Simulations- und Modulationsmöglichkeiten neuer, computergestützter Medien eine ganz andere Qualität.

Dem Kontext der semantisch-religiösen Besetzung des Computerumgangs ist überdies die Tatsache zuzurechnen, daß die Jugendlichen ihre Auseinandersetzung mit dem Computer als Kampf mit der dämonisierten Technik verstehen. Kommt es zum Erfolg gegenüber dieser dämonisierten Technik, so sind wiederum Phänomene der Selbststabilisierung zu verzeichnen.

Daher läßt sich zusammenfassend für die religiösen Valenzen im Kontext jugendlicher Computernutzung mit Wilhelm Gräb festhalten:

1008 Vgl. Failing / Heimbrock, a.a.O., S. 245.
1009 Vgl. dazu Kapitel 5 »Identität und Bildung«.
1010 Vgl. dazu Röll, F. J., Mythen und Symbole in den populären Medien, Frankfurt 1998 und dazu Kapitel 6.6 »Exkurs: ›Spielräume‹«.
1011 Vgl. zur Bedeutung archaischer Motive für Spielräume auch Adamowsky, a.a.O., S. 240ff.

10.3 Dimensionen religiöser Valenz

»Der virtuelle Raum des Cyberspace ist zu einem auch religiös besetzten Zufluchtsort geworden. Und dabei dürften nicht so sehr die explizit religiösen Angebote, die Informations- und Seelsorgeangebote von Kirchen und religiösen Gemeinschaften, die sich in ihm zahlreich finden, eine Rolle spielen. Das Internet schafft ein neues Kommunikationsverhalten, ganz unabhängig von seinen wie auch immer beschaffenen inhaltlichen Angeboten. Dadurch realisiert es auch eine neue Religionskultur«.[1012]

Diese neue Religionskultur bleibt jedoch nicht allein auf Kommunikation ausgerichtet, sondern trägt einen stark rituellen Charakter.[1013]

Es stellt sich die Frage, wie derartige Formen der rituell-performativen Sinngenese im Rahmen des Computerumgangs Jugendlicher zu bewerten sind. Wie differenziert sich in diesem Zusammenhang die Wahrheitsfrage aus oder mit den Worten Victor Turners formuliert »Sind aber alle ›Flüsse‹ eins oder weisen die Symbole auf verschiedene Arten und Tiefen des ›Flusses‹ hin?«[1014]. Zunächst ist diesbezüglich die phänomenologische Grundüberzeugung im Sinne Husserls festzuhalten, »daß das Objektive selbst nicht erfahrbar, sondern Erfahrung eine Evidenz der Lebenswelt sei«[1015]. So ist »Realität« nur als Wirklichkeit des Subjektes in Relation zu demselben existent und von der entsprechenden Modulationsleistung des Subjektes abhängig, die sowohl kognitiven wie auch emotionalen Charakter besitzen kann. Die Wahrheitsfrage differenziert sich dann auf dem Hintergrund dieser Überlegungen in Form des Gewißheitsproblems aus. So ist die Wahrheitsfrage für die Moderne im Hinblick auf die differenzierten Wahrheitsansprüche der Religionen und die religiösen Sinnüberzeugungen von dem Glaubensinhalt (fides quae) abzulösen und auf die formalen Bedingungen des Glaubensvollzugs (fides qua) und die Gewißheitsproblematik hin zu orientieren. In dem Sinne ist nach Schleiermacher die Glaubensgewißheit im Gefühl zu verorten und mit dem Inhalt der »frommen Erregungen« dann erst die Annahme eines Wahrheitswertes verbunden.[1016] Der beschriebenen Problemstellung korrespondiert die Tatsache, daß im vorliegenden Fall des Computerumgangs Jugendlicher funktionale Momente von religiöser Valenz zu finden sind, denen durch ihre Bindung an Kontingenzbewältigung deutlich mehr als eine ästhetische Bedeutung zukommt, wenngleich sie im vorbegrifflichen Bereich des Gefühls verbleiben. Diese werden erst in Kontrastierung mit dem lebensweltlichen Hintergrund im Rahmen der biographischen Vernetzung des Computerumgangs erkennbar.

1012 Vgl. Gräb, Sinn fürs Unendliche, S. 166.
1013 Vgl. dazu Dinter, Identität, Religion und neue Medien, S. 344–357.
1014 Vgl. Turner, Vom Ritual zum Theater, S. 94.
1015 Vgl. Marotzki, Entwurf einer strukturalen Bildungstheorie, S. 84 und dazu Husserl, Die Krisis der europäischen Wissenschaften, S. 131.
1016 Vgl. dazu Linde, G., Der Begriff der Gewißheit als Zentralbegriff evangelischer Theologie, Frankfurt 2005.

11 Religionspädagogische Implikationen der Computernutzung Jugendlicher

11.1 Adoleszente Subjektwerdung und Computer
Eine Herausforderung für Bildung in ihrer religiösen Dimension

Es hat sich gezeigt, daß sich innerhalb des beschriebenen Settings der Computernutzung Jugendlicher breitgefächerte Selbst- und Identitätsbildungsprozesse finden. So geschehen Selbststabilisierung und virtuell spielerische Selbstexplorationen durch entsprechende Rollenübernahme beim individuellen Computerspielen, beim Spiel im LAN, beim Agieren in MUDs, im Rahmen der eigenen Web-Seiten-Gestaltung sowie beim Chatten. Es finden sich komplexe Prozesse sozialer Interaktion im virtuellen Raum oder die Kopplung von virtuellen und realen Sozialprozessen sowie explizite inhaltsorientierte Informationsgewinnung. Auch Elemente religiöser Valenz waren hinsichtlich der Computernutzung Jugendlicher deutlich nachweisbar. Sie beziehen sich vor allem auf die individuellen bzw. kollektiven Flow-Erlebnisse, die liminoide Phänomene von rituellem Charakter darstellen und hinsichtlich des Kollektivaspekts Communitas-Dimensionen aufweisen. Überdies sind spezifisch metaphysische Implikationen bezüglich der Computernutzung Jugendlicher anzutreffen. Diese gründen im Staunen über die Gestaltung der virtuellen Welten sowie über die eigenen Schöpfungsmöglichkeiten, in der Faszination durch die Technik allgemein und in einer wettkampfartigen Auseinandersetzung mit derselben. Zudem besteht eine Begeisterung für Fantasy-Elemente, wobei die virtuellen Gestaltungen wiederum in ein größeres Feld der Rezeption von derartigen Elementen durch das jeweilige jugendliche Subjekt eingebettet sind. Diese zentralen Aspekte der Identitätsbildung und Subjektgestaltung Jugendlicher in Relation zum Medium Computer und den neuen Medien hat die Religionspädagogik im 21. Jahrhundert notwendig in ihre Reflexionen hinsichtlich Theorie und Praxis einzubeziehen, da sie zu Elementen der jugendlichen conditio humana geworden sind.

Für die beschriebenen Elemente moderner verflüssigter Religionsformen innerhalb der Jugendkultur ist aus religionspädagogischer Perspektive zu fragen, welcher Stellenwert diesen Phänomenen, die sich im Verhältnis jugendlicher Subjekte zum Medium Computer zeigen, zukommt und wie diese zu bewerten sind. Jugendliche Spiritualität und Sinngenese vollzieht sich heute gerade in den Großstädten (aber nicht nur in diesen) für die breite Masse der Jugendlichen abgelöst von der überlieferten christlich-traditionellen

Glaubenslehre. Die klassischen christlichen Überlieferungsbestände sind aus dem Blick geraten und gehören nicht mehr zum Gemeingut des Common Sense. Dennoch sind auch die Jugendlichen, die die traditionellen Horizonte verlassen haben oder nie einen Zugang zur traditionellen Religiosität gefunden haben, für ihre Identitätsgenese und Selbstbildung auf Sinnfindungsprozesse angewiesen, die ein zentrales Element der Konstitution des Personseins darstellen und an unterschiedlichsten Stellen in ihrem Alltag erkennbar werden.[1017] Dabei bleibt die Hauptaufgabe von Bildung – vor allem in ihrer religiösen Dimension – im Sinne Peter Biehls, im Bewußtsein des schon immer vorlaufenden Personseins »eine Ich-Identität zu gewinnen«.[1018] Religiöse Momente dieses Bildungsprozesses zeigen sich nicht allein in außeralltäglichen, das normale Leben vollständig aufhebenden Zusammenhängen, sondern gerade da, wo sich »existentielle Bedürfnisse und Suchbewegungen«[1019] im Rahmen des Alltags finden. Die religiöse Dimension von Bildung ist untrennbar strukturell mit allgemeiner Bildung verbunden. In dem Sinne sind auch allgemeine schulische Bildungsprozesse nicht von religionspädagogischen zu trennen, sondern immer gemeinsam im Blick zu behalten. Bildung – gerade auch in ihrer religiösen Dimension – geht nachhaltig über einfache Inhaltsvermittlung hinaus und integriert komplexe Zusammenhänge wie die Begleitung von Prozessen der Identitätsgenese und Sinnfindung.[1020]

Aktuell steht die religiöse Dimension von Bildung in einem notwendig zu beachtenden gesellschaftlichen Problemhorizont. Die Ereignisse um und im Gefolge des 11. Septembers und die Problematik eines multikulturellen Zusammenlebens in aller Verschiedenheit haben auch gesamtgesellschaftlich die Bedeutung von Religion im Rahmen von Kultur und damit den Wert und die Notwendigkeit der religiösen Dimension von Bildung wieder in den Blick gerückt. Es stellt sich jedoch die Frage, wie sich eine solche religiöse Dimension von Bildung gestaltet. Geht es darum, gefährdete, traditionell-christliche Wissensbestände – die in jedem Fall von hoher kultureller Relevanz sind und deren Kenntnis Teil einer allgemeinen kulturellen Dekodierungsfähigkeit darstellt – abzusichern, und wie ist eine derartige Absicherung möglich? Gibt es eine Bezüglichkeit der sich in freien Formen gestaltenden Spiritualität und Sinngenese auf christliche Tradition, und wie sind beide Aspekte didaktisch zu vermitteln? Wichtig innerhalb des genannten Problemfeldes ist es, die Bedeutung des Religionsunterrichts als eines allgemein in der Schule verorte-

---

1017 Vgl. dazu Kapitel 5 »Identität und Bildung«.
1018 Vgl. Biehl, Erfahrung, Glaube und Bildung, S. 187 und dazu Kapitel 5 »Identität und Bildung«.
1019 Vgl. Failing / Heimbrock, Gelebte Religion wahrnehmen, S. 243.
1020 Vgl. zur komplexen Relation von Sinngenese, Personalität, Identität und Bildung sowie ihrer Bezüglichkeit auf die christliche Anthropologie und zu einer genaueren Ausdifferenzierung des Bildungsbegriffs Kapitel 5 »Identität und Bildung« sowie die entsprechenden Unterkapitel.

ten Lehrfaches, das in seiner Grundkonstruktion als gewinnbringend für Bildung insgesamt gelten kann, zu berücksichtigen. Dabei tritt im Kontext der Diskussion der Ergebnisse der PISA-Studie die Grundstruktur von Lernen überhaupt ins Zentrum pädagogischen Nachdenkens. Lernen lebt eben von der »doppelseitigen Erschließung« von lebensweltlichen Erfahrungen und Problemhorizonten von Schülerinnen und Schülern sowie dem Allgemeinen, das sich in entsprechenden »Inhalten und Anlässen« artikuliert. Der Verlust dieser notwendig doppelseitigen Erschließung ist – selbst in den naturwissenschaftlichen Fächern – als eine der Ursachen der deutschen PISA-Problematik zu erkennen. Es ist innerhalb des deutschen Schulsystems zu einer unkontrollierten Stoffakkumulation gekommen, bei der Inhalte immer weniger ernsthaft durchdrungen und angeeignet werden und Grundkompetenzen nicht wirklich entwickelt werden können. Daher hat die Religionspädagogik aus lerntheoretischer Perspektive die Erfahrungen und Problemhorizonte der Schülerinnen und Schüler ins unterrichtliche Geschehen einzubeziehen.[1021] In den Kontext dieser Erfahrungen und Problemhorizonte – resultierend aus der Lebenswelt der Schülerinnen und Schüler – gehören auch die verflüssigten Formen von Sinngenese und Spiritualität. Diese berühren religiöse Dimensionen von Bildung und werden daher notwendig zum Thema religionspädagogischen Nachdenkens und Handelns. Kritische Bezüglichkeiten auf diese verflüssigten Formen der Sinngenese – ausgehend von den christlichen Traditionsbeständen – sind möglich und können geboten sein. Der erste Schritt muß jedoch immer in der didaktisch kommunizierten Annahme der Schüler und Schülerinnen liegen, die ihren Grund im zentralen Paradigma protestantischer Anthropologie – der Rechtfertigungslehre und der vorlaufenden Annahme der Person durch Gott – hat. So kann es nicht um ein gegenseitiges Ausspielen der Aspekte »verflüssigte Formen von Sinngenese« versus »christliche Traditionsbestände« bzw. »lebensweltliche Erfahrungshorizonte der Schülerinnen und Schüler« versus »Inhalte« gehen. Vielmehr ergibt sich für die Religionspädagogik die Notwendigkeit, den Wert der religiösen Dimension von Bildung in ihrer individuellen wie auch in ihrer gesellschaftlichen Ausformung im gesamtgesellschaftlichen Diskurs deutlich zu machen (und diese Notwendigkeit ist angesichts der aktuell anstehenden globalen Problemlagen wieder explizit erkennbar geworden).[1022] So sollte der Religionsunterricht ein Schulfach bleiben, das – im Bewußtsein der Relevanz des eigenen religionspädagogischen Nachdenkens und Handelns – nicht seine Bezogenheit auf ein breites Spektrum an Schülerinnen und Schülern aus den unterschiedlichsten lebensweltlichen Bezügen verliert. In diesem Sinne sollten alle Schülerinnen und Schüler im Religionsunterricht gewinnbringend

---

1021 Vgl. dazu Kapitel 1 »Einleitung«.
1022 Vgl. dazu Kapitel 1.4 »Zum Defizit einer lebensweltlichen Orientierung am Lernort ›Schule‹ – ein religionspädagogisches Desiderat«.

lernen können – auch Schülerinnen und Schüler, deren Sinngenese sich heute immer mehr in von der Tradition abgelösten Formen gestaltet. Zu diesen gehören auch diejenigen Jugendlichen, für die Prozesse der Sinngenese und der Selbst- und Identitätsbildung sich vor allem im Kontext neuer Medien vollziehen.

11.2 Adoleszente Subjektwerdung und Computer
Ein exemplarisches Element »religiöser Grundbildung«

Wegen des angezeigten Stellenwerts jugendlicher Computernutzung wird diese Thematik zu einem exemplarischen Element von »Grundbildung« bzw. »religiöser Grundbildung« im 21. Jahrhundert. Der Begriff der »religiösen Grundbildung« resultiert aus der aktuell im Gefolge der PISA- und der ' IGLU-Studie geführten Debatte um allgemeine Bildungsstandards und ihrer Evaluierbarkeit.[1023] Die Vorstellung von Grundbildung impliziert eine Konzentration auf spezifische Aspekte innerhalb eines breiten Spektrums des Bildungsbegriffs:

> »Egal, wie man religiöse Grundbildung verstehen mag, in einem werden wir uns wohl alle einig sein: Es geht um Beschränkung und gezielte Auswahl von möglichen Themen«.[1024]

Dabei geht es um eine Reduktion, die der Konzentration dient, so eine gesicherte Basis bieten soll und in dem Sinne dem Zerfall von Bildungsprozessen wehrt:

> »Unübersehbar steht also hinter der Frage nach Grundbildung die Suche nach einem Grund, der einen dauerhaften Halt gibt, der überschaubar ist, den man sich zur nützlichen Verwendung aneignen kann«.[1025]

Angesichts der entfalteten Zusammenhänge von Adoleszenz und Computern bzw. neuen Medien stellt sich die Frage, wie sich eine solche »religiöse Grundbildung« im Hinblick auf die explizierte Thematik »Adoleszenz und Computer« ausdifferenziert. Letztere Thematik ist damit einzugruppieren in den größeren Zusammenhang »religiöser Grundbildung« bzw. des Erwerbs »religiöser Kompetenz«[1026]. Sie macht ein Element dieses Zusammenhangs aus, wobei ihre Einbettung bzw. ihre Ausgestaltung, die im folgenden expliziert werden soll, dreifach gestaffelte Implikationen nach sich zieht[1027]:

1023 Vgl. dazu Schröder, Mindeststandards religiöser Bildung und Förderung christlicher Identität, S. 95 ff. sowie Elsenbast, V. / Fischer, D. / Schreiner, P. (Hrsg.), Zur Entwicklung von Bildungsstandards, Münster 2004.
1024 Vgl. Pirner, Religiöse Grundbildung zwischen Allgemeinwissen und christlicher Lebenshilfe, S. 116.
1025 Vgl. Pirner, ebd.
1026 Vgl. dazu Hemel, U., Ziele religiöser Erziehung, Frankfurt 1988.
1027 Wie sich dieses Feld genauer gestaltet, entfaltet M. Pirner im oben genannten Papier in sechs Thesen. Das Arbeitspapier der Arbeitsgruppe des Comenius-

1. Erstens sollten die medial gekoppelten, nicht immer risikofreien Identitäts- und Selbstbildungsprozesse Unterstützung und Begleitung finden, was gerade den Religionsunterricht in seiner sozialisationsbegleitenden Funktion herausfordert. In dem Sinne ist M. Pirner zu folgen, wenn er bemerkt: »Religiöse Grundbildung muß in wesentlichen Aspekten vom sich bildenden Subjekt, seinem Lebenskontext und seinen Erfahrungen her bestimmt werden«.[1028] Diese identitätsstiftenden, medial gekoppelten Strukturen sind in einem dialogisch orientierten, pädagogischen Prozeß mäeutischen Charakters offenzulegen, der zunächst auf Wahrnehmung der bestehenden Alltagspraxis abzielt. Innerhalb dieses Prozesses spielt die Dimension der vorlaufenden Anerkennung – der die vorausgehende Annahme durch Gott korrespondiert, wie sie die Rechtfertigungslehre formuliert – eine entscheidende Rolle. Gerade die Dimension der Anerkennung wird im Gefolge von Charles Taylor[1029] zum zentralen Kriterium für gelingende Identitäts- und Selbstbildung.
2. Responsiv auf diesen mäeutischen Prozeß reagierend kommt dann eine Auseinandersetzung mit inhaltlich-religiösen Elementen in den Blick. Wie verhält sich die klassische christliche Anthropologie zu dem Menschenbild, das sich im Kontext der Nutzung des Mediums Computer zeigt? Welche Körperbilder tauchen auf? Welche schöpfungstheologischen Implikationen sind zu finden, wie sind diese zur Thematik der Macht relationiert? An welchen Stellen werden die Themen Kontingenz und Ordnung bzw. das Thema der Endlichkeit relevant? Aus einem derartigen Prozeß, der auch traditionelle Inhalte einspielt, können dann entsprechende selbst- und allgemeinbewertende Schlußfolgerungen gezogen werden. Dabei geht es darum, die impliziten Axiome und Paradigmen der eigenen Computernutzung bzw. des allgemeinen Diskurses um neue Medien und künstliche Intelligenz offenzulegen und entsprechende Umformulierungen bestehender destruktiver Paradigmen vorzunehmen.[1030] Dieser Prozeß der Freilegung und der Reformulierung impliziter Axiome und Paradigmen besitzt damit eine dreifach gestaffelte Struktur, wobei der Staffelung ein allein heuristischer Charakter zukommt. Auf einer ersten Ebene sind implizite Axiome und entsprechende Vorannahmen in einem mäeutischen Prozeß freizulegen, den immer eine lebensweltliche Ausrichtung charakterisieren sollte und der seinen Fokus auf Wahrnehmung richtet. Auf einer zweiten Ebene kommt es zur Reformulierung der entsprechenden Vorannahmen

---

Instituts zur Entwicklung von Bildungsstandards benennt hinsichtlich der Ausbildung »religiöser Kompetenz« im Gefolge U. Hemels fünf Dimensionen. Vgl. dazu Pirner, a.a.O., S. 123 ff sowie Elsenbast / Fischer / Schreiner, a.a.O., S. 16.
1028 Vgl. Pirner, a.a.O., S. 123.
1029 Vgl. dazu Taylor, Ch., Quellen des Selbst, Frankfurt 1994.
1030 Vgl. zum Begriff der »impliziten Axiome« Kapitel 1 »Einleitung«.

und Axiome, wobei hier auch traditionelle Inhalte biblischer und dogmatischer Natur ins Gespräch eingebracht werden können. Dieses Vorgehen kann dann im Sinne eines dritten Schrittes zur Korrektur verkrusteter Alltagspraxen, zur Revision der eigenen Vorannahmen und zur Entwicklung einer allgemeinen ethischen Urteilsbildung im Zusammenhang der Thematik »Computer und neue Medien« führen.[1031]

3. Zudem hat die Religionspädagogik Anteil an der medienerzieherischen Gesamtaufgabe schulischer Bildung, einem entscheidenden Element von Grundbildung im 21. Jahrhundert.[1032] Dies gilt gerade auch für die Erarbeitung von Medienkompetenz im Bereich neuer Medien. Medienkompetenz kann im Sinne Baackes eben nicht allein mit dem technischen Umgang mit neuen Technologien gleichgesetzt werden. So unterscheidet Baacke bezüglich der Medienkompetenz – wie bereits entfaltet wurde – vier unterschiedliche Dimensionen: Medienkritik, Medienkunde, Mediennutzung und Mediengestaltung. Der Mediennutzende soll sich gedanklich und kritisch mit den Medien sowohl in bezug auf die Gesellschaft als auch in bezug auf die eigene Person auseinandersetzen und dadurch zu angemessenen Urteilen in medienethischen Fragen kommen können. Medienkompetenz muß zudem auf ein Wissen über Medien bzw. auf Kenntnisse über deren Nutzung abzielen und dazu führen, Medien innovativ weiterzuentwickeln bzw. kreativ deren Potential zu ästhetischer Gestaltung auszuschöpfen und auszubauen.[1033]

So sind Computer und neue Medien zu Katalysatoren von Bildungsprozessen geworden, in denen es um nichts weniger als um Subjekt- und Identitätsbildung bzw. um Sinnfindung geht. Dem hat sich die Religionspädagogik bei ihrer Bestimmung der Elemente einer »religiösen Dimension von Bildung« bzw. von »religiöser Grundbildung« zu stellen.

1031 Wie derartige Prozesse pädagogisch konkret zu gestalten sind, zeigt z.B. J. Röll in seinem Beitrag »Medienpädagogik der Unschärfe oder sinnlich-ästhetisches Lernen mit Low-Budget-Medien« (vgl. dazu http://www.medienpaedagogik-online.de/mkp). Dort entfaltet er, wie Medienerfahrung in Erlebnisstationen mit Fotobatik, Tesafilm-Dias, Schminke, Video, Tanz und Theater zur Darstellung kommt und so Wahrnehmungsschulung geschieht. Allerdings verzichtet Röll im Rahmen seines offenen, wahrnehmungsorientierten Ansatzes auf jegliche normative Auseinandersetzung. Diese ist jedoch durch eine thematisch orientierte Filmvorgabe, in der ein Junge mit seiner Medienabhängigkeit konfrontiert wird, dennoch indirekt präsent.

1032 Vgl. dazu Pirner, Fernsehmythen und religiöse Bildung, S. 30 ff.

1033 Vgl. dazu Baacke, Zum Konzept und zur Operationalisierung von Medienkompetenz, S. 3–5 und Kapitel 10.2 »Dimensionen der Bildung am Allgemeinen als Element struktureller Bildungsprozesse«.

11.3 Adoleszente Subjektwerdung und Computer: Konkrete Gestaltungselemente

Welche Punkte sind korrespondierend zu den Überlegungen zur religiösen Grundbildung hinsichtlich einer konkreten pädagogischen Gestaltung im Blick auf die Thematik »Computer und neue Medien« festzuhalten? Es wurde deutlich, daß im Rahmen des Lernens mit Computern und neuen Medien Lernumgebungen immer entscheidender werden, die in enger Relation zu einem konstruktivistischen Lern- und Bildungsverständnis stehen.[1034]

Wie derartige Lernformen aussehen könnten, zeigt z.B. das Mädchen-Internet-Projekt in einer Stadt mittlerer Größe in Bayern. Hier werden offene pädagogische Angebote gemacht und eine entsprechende Computerausrüstung zur Verfügung gestellt. Innerhalb dieses Settings finden dann auf freiwilliger Basis zahlreiche Lernprozesse statt, die von den Pädagoginnen beratend begleitet werden. Derartige Modelle sind nicht nur beispielhaft für die offene Jugendarbeit, sondern sollten auch im schulischen Bereich Berücksichtigung finden. Innerhalb von Konzepten wie der angestrebten Schulform der Ganztagsschule werden solche Modelle in jedem Fall leichter umsetzbar sein und zu einem notwendigen Teil pädagogischer Gestaltung werden.[1035] Bei den beschriebenen Lernprozessen geht es sowohl um den Erwerb multipler Fähigkeiten im Umgang mit dem Medium Computer als auch um den Zugang zu differenzierten Formen von Information. Entscheidend werden aber vor allem auch soziale Lernprozesse innerhalb von Gruppen sowie Bildungsprozesse, die zur individuellen Entwicklung und Reifung beitragen. Derartige Lernprozesse sind inzwischen immer weniger allein auf das Lernen mit dem Computer konzentriert, sondern es handelt sich im Sinne des »blended learning« um pädagogische Mischkonzepte.

So arbeiten z.B. G. Klarner und L. Hanisch vom Verein »Insyde« (Institut für Interdisziplinäre System-Bildung) mit einer Kombination von Umwelt-, Kunst- und Medienpädagogik.[1036] Kinder und Jugendliche erzeugen in einem Bach mit Spiegeln Wasserwirbel, heben diese hervor bzw. verfremden diese

---

1034 Vgl. dazu Kapitel 10.1 »Dimensionen von Identitäts- und Selbstbildung« und Kapitel 10.2 »Dimensionen der Bildung am Allgemeinen als Element struktureller Bildungsprozesse«.

1035 Vgl. zum Konzept der Ganztagsschule »Kirche und Ganztagsschule. Chancen der Zusammenarbeit«, April 2003. In der vorliegenden Schrift wird auch speziell auf die Aufgabenbereiche, die der Religionspädagogik in einem derartigen Konzept zukommen, hingewiesen. Innerhalb des angestrebten Ganztagsschulkonzeptes kommt es zur Überschneidung von bisher getrennten Bereichen schulischen Lernens und offeneren Bildungsprozessen, wie sie innerhalb der Jugendarbeit zu finden sind.

1036 Vgl. dazu Klarner / Hanisch, Am Bach und im Netz. Umweltbildung zwischen Ästhetik und digitalen Welten, S. 155ff. sowie http://www.insyde.org und www.umweltforscher.de.

11 Religionspädagogische Implikationen der Computernutzung Jugendlicher

ästhetisch und dokumentieren diese Gestaltungsvorgänge mit einer Digitalkamera. Die Bilder werden anschließend am Computer eingelesen und im Rahmen eines Online-Magazins im Anschluß an eine entsprechende redaktionelle Bearbeitung, bei der sie mit Texten bzw. Graphiken versehen werden, im Internet veröffentlicht. In den Kontext der Wasser-Thematik gehört auch das Sammeln von Kleinstlebewesen, die über einfache Mikroskope mit digitaler Kopplung am Computerbildschirm von den Kindern und Jugendlichen betrachtet werden können. Auch hier ist es möglich, digitale Einzelaufnahmen anzufertigen, die weiter verarbeitet werden können. Alle diese Projekte, wie auch vergleichbare zur Verfremdung von Landschaften, wären durchaus im Rahmen des Religionsunterrichts im Sinne wahrnehmenden Lernens einsetzbar. Innerhalb dieser Projekte wird auch der Gedanke der »Entbildung« deutlich. Wahrnehmung soll am Naturmaterial geschult werden, um den eingeübten Formen medial verflachter Perzeption entgegenzuwirken. Ein solches Vorgehen führt jedoch nicht notwendig zu einem Ausschluß jeglicher Mediennutzung.[1037]

Aus religionspädagogischer Sicht wird es entscheidend sein, die Bildungsverlierer gerade im Hinblick auf das Themenfeld »Computer und neue Medien« nicht aus den Augen zu verlieren. Hinsichtlich Hard- und Softwarebesitz, Nutzungsfertigkeiten und -möglichkeiten, aber auch hinsichtlich einer entsprechenden notwendigen Metareflexion sind schon jetzt für die Jugendlichen aus sozial benachteiligten Milieus erhebliche Schwierigkeiten und Defizite zu erkennen.[1038] In dem Sinne bemerkt Nicola Döring: »Völlig ohne didaktische und pädagogische Begleitung können nur die Lernstärksten vom Netz profitieren«.[1039] Auch die Dimension der Genderdifferenzierung hinsichtlich des Themenfeldes »Computer und neue Medien« wird die Religionspädagogik zu berücksichtigen haben. Nach wie vor ist eine gewisse Verunsicherung weiblicher Jugendlicher gegenüber technischen Artefakten wie dem Computer zu erkennen. Zudem muß die jeweils unterschiedliche geschlechterspezifische Interessenlage gegenüber dem Computer reflektiert werden, um nicht eine Gruppe vollends aus entsprechenden Bildungsprozessen auszuschließen. Hier kann sogar ein geschlechtergetrenntes, computergestütztes Lernen am und mit dem Computer ratsam sein. So sollte die Religionspädagogik gerade mit Blick auf die sozial benachteiligten Jugendlichen bzw. mit Blick auf die bestehende Genderproblematik hinsichtlich des Mediums Computer einen Beitrag zur Verbesserung der bestehenden Situation leisten und hier Verantwortung übernehmen. Für den Religionsunterricht bedeutet das, teilzuhaben am allgemeinen schulischen Bildungsauftrag. Vor

---

1037 Vgl. dazu Kapitel 5.8 »Imago – Bild – Bildung«.
1038 Vgl. Zur Problematik sozial benachteiligter Jugendlicher auch Haese, »Und sie surften nur einen Sommer«, S. 45ff.
1039 Vgl. Döring, Lernen und Lehren im Internet, S. 471.

11.3 Adoleszente Subjektwerdung und Computer: Konkrete Gestaltungselemente

allem aber sollte sich die Religionspädagogik dieser Verantwortung bewußt stellen, um in ihr theologisch tief verwurzelte Kriterien – wie »Gerechtigkeit« – praktisch umzusetzen und zu kommunizieren.

Innerhalb der Gruppe der sozial benachteiligten Jugendlichen, aber in Einzelfällen auch unter den Jugendlichen aus sozial privilegierten Schichten, sind immer wieder solche zu finden, für die der Umgang mit dem Medium Computer der Verdrängung ihrer Alltagssorgen dient und deren Umgang mit dem Computer zum Teil eine suchtähnliche Struktur besitzt.

Wie sich ein solcher Problemzusammenhang im Leben eines Jugendlichen gestaltet, dokumentiert beispielhaft der folgende kurze Interviewausschnitt[1040]:

Ich: Kennen Sie Leute, die völlig am Computer versinken?

Max: Ja, das glaube ich schon. Also, einen auf jeden Fall, der chattet auch ununterbrochen, sag ich mal, wenn er daheim ist. Vorsichtig ausgedrückt also, teilweise kann es schon zur Sucht werden.

Ich: Wissen Sie, was ihn denn so reizt am Chatten?

Max: Äh ja, ich denk mal, das ist auch das Anonyme oder so, und ich würde sagen, er sieht jetzt nicht so gut aus und deswegen ... ich weiß nicht.

Ich: Fühlt er sich in der realen Welt wohl nicht so angenommen und hat sich da einen Platz gesucht?

Max: Ich würde mal sagen, er fühlt sich da sicherer, sag ich mal.

Der dargestellte Fall zeigt, daß eine pädagogische Begleitung der Selbst- und Identitätsbildungsprozesse von Jugendlichen in Korrelation zum Medium Computer dringend geboten ist und hier der Religionsunterricht in seiner Verantwortung herausgefordert wird.

Zudem droht – wie bereits expliziert wurde – in seltenen Fällen ein Verschmelzen von virtueller und realer Welt. So ist mit der Erweiterung der Nutzungsmöglichkeiten des Mediums Computer für bestimmte soziale Konstellationen auch eine Erhöhung des Gefährdungspotentials durch den Computerumgang verbunden. Es lassen sich komplexe und schwierige Lebenssituationen von Jugendlichen finden, in denen es dann zu einem solchen Verschmelzen der virtuellen und der »realen« Welt kommt, Inhalte und Verhaltensweisen aus der virtuellen Welt in die reale hinübertransportiert werden und sich Eskalationsszenarien – wie im Fall des Robert Steinhäuser in Erfurt – ereignen.[1041] Derartige Szenarien sind nicht allein auf eine ent-

---

1040 Es ist auffallend, daß trotz intensiver Bemühungen keiner der Extrem-User zu einem Interview bereit war.

1041 Die Re-Analysen der Baerenreiter- und der Ritter-Studie haben gezeigt, daß ein Transfer von Schemata von der Virtualität ins reale Leben geschieht. So werden feste logische Patterns eingeübt, die zur Lebensbewältigung genutzt werden. Daher ist die Aussage von J. Fritz »Daraus folgt, daß die in virtuellen Welten und für virtuelle Welten entwickelten Schemata grundsätzlich keine Transfereignung für die reale Welt besitzen« (vgl. Fritz, Schemata und Com-

sprechende Mediennutzung zurückzuführen, sondern sind eng verbunden mit einer ausweglosen Lebenssituation im familiären und schulischen Alltag einer Leistungsgesellschaft. In einem derartigen Setting kann die Nutzung des Mediums Computer zu einem gefährlichen Katalysator werden – vergleichbar der Drogennutzung. Die beschriebenen Konstellationen sind selten. Dennoch wird genau darauf zu achten sein, wo Jugendliche gefährdet erscheinen. Daraus resultiert die Frage, an welcher Stelle innerhalb eines derartigen Szenarios eingegriffen werden sollte: im Bereich der Probleme des Alltagslebens oder durch ein Verbot des weiteren Zugangs zu den virtuellen Welten. Letzteres kann durchaus geboten sein, wird aber die Probleme der Jugendlichen nur auf ein anderes Kompensationsfeld verlagern. So muß die Gewaltthematik und ihre mediale Vermittlung notwendig pädagogische bzw. religionspädagogische Berücksichtigung finden, um prospektiv Fälle wie den des Robert Steinhäuser zu vermeiden.[1042]

Ingesamt ist jedoch zu betonen, daß die Nutzung der neuen Informationstechnologien, die ein nicht reversibles Element der aktuellen Jugendkultur darstellt, nicht vorschnell einem Generalverdacht unterzogen werden sollte. Vielmehr ist es wichtig, die sich alltagsweltlich im Umgang mit den neuen Informationstechnologien zeigenden Phänomene zunächst einmal – aus Sicht der Jugendlichen – wahrzunehmen und sie erst in einem zweiten, folgenden Schritt einer kritischen Prüfung zu unterziehen. So lassen sich einige potentielle Gefahren erkennen (Abtauchen in virtuelle Welten, schicht- und geschlechtsspezifische Diskriminierung, medial vermittelte Formen von Sexualdelikten, politischer Mißbrauch und Manipulation durch neue Medien). Dennoch ist auch zu beobachten, daß eine gezielte Schulung der »Medienkompetenz« Jugendlichen einen souveränen Umgang mit modernen Informationstechnologien ermöglicht, der nicht notwendig mit extremen Gefährdungsszenarien verbunden sein muß. Daher besteht die Herausforderung für die Religionspädagogik sowohl im schulischen Bereich als auch bezüglich der außerschulischen Jugendarbeit darin, die genannten Phänomene im Kon-

---

puterspiel, S. 25) in Frage zu stellen. Letztere These wäre an der Empirie gerade für den Kontext der Gewaltspiele noch genauer zu prüfen. Aber bereits jetzt zeichnen sich spezifische Transfers von Schemata im Bereich jugendlichen Computerumgangs ab.

Vgl. dazu Kapitel 8.1 »Die Baerenreiter-Studie (1990): Männliche Computeruser in der zweiten Hälfte der 80-er Jahre: Eine Re-Analyse« sowie Kapitel 8.2 »Die Ritter-Studie (1994): Weibliche Computeruser zu Beginn der 90-er Jahre: Eine Re-Analyse«.

1042 Vgl. dazu Kapitel 1 »Einleitung« und 9.4 »Entwicklungen vom Ende der 80-er Jahre bis zum Beginn des 21. Jahrhunderts«.

Dies gilt auch für eine pädagogische bzw. religionspädagogische Auseinandersetzung mit rechtsradikalem Gedankengut bzw. Pornographie, die die virtuellen Welten der neuen Medien prägen.

text der Computernutzung Jugendlicher unterstützend und aufklärend zu begleiten.

Dabei wird die Etablierung von Schulseelsorge und einer entsprechenden Beratung unerläßlich sein.[1043] Aber auch in den offenen Jugendprojekten sind die pädagogischen Begleiter, wie die teilnehmende Beobachtung in den Internetprojekten gezeigt hat, gerade in ihrer seelsorgerlichen Funktion gefordert und leisten hier einen wichtigen Beitrag zur pädagogischen bzw. religionspädagogischen Bildung. Der Bereich »Seelsorge« wird durch die Einführung der Ganztagsschule zu einem zentralen Element pädagogischen Handelns, das auch mit neuen Möglichkeiten verbunden ist.

Alle aufgezeigten Dimensionen der Gestaltung von Schule im Hinblick auf die Herausforderungen computergestützter neuer Medien könnten Teil eines Konzeptes von Schulentwicklung sein, wie es das kanadische Durham District School Board in Ontario bereits verwirklicht hat. Innerhalb eines Ganztagsschulkonzepts lernen die Lehrer auch von den Schülern und es findet eine starke Orientierung an den individuellen Kompetenzen und Bedürfnissen der Schüler und Schülerinnen statt. Derartige gegenseitige Lernprozesse fallen vor allem auch in den Bereich des Arbeitens mit dem Computer. So ist gerade der selbstverständliche Umgang mit dem Computer Teil dieses Schulkonzepts und wird bereits frühzeitig eingeübt. In allen Klassenräumen findet sich eine entsprechende Computerausstattung. Dieses Schulkonzept zielt darauf ab, Kinder und Jugendliche auf die Anforderungen, die das Leben im 21. Jahrhundert mit sich bringt, vorzubereiten. Die Schule wird zum Lebensraum, in dem Lernen und Freizeit miteinander verschmelzen, was gerade den Kindern und Jugendlichen aus sozial benachteiligten Milieus zugute kommt. Im Zentrum der pädagogischen Gestaltung stehen Projektorientierung und Teamarbeit. Ästhetische Lern- und Arbeitsformen finden Berücksichtigung. Eine Teamorientierung gilt auch für die Zusammenarbeit innerhalb des Lehrerkollegiums wie für die Elternarbeit. Die Eltern können Erziehungsberatungsangebote wahrnehmen, was gerade für Alleinerziehende und Problemfamilien besonders hilfreich ist.

Innerhalb eines derartigen Schulkonzepts wäre der Einsatz von Computern und neuen Medien, eine Integration sozial Benachteiligter, die Gestaltung von entsprechenden Lernlandschaften und Lernarrangements, die Vernetzung von Schulseelsorge und Beratung wie auch die grundsätzliche Schulung der Medienkompetenz gut zu verwirklichen.[1044] Im Gefolge der PISA-Problematik sucht das deutsche Bildungssystem nach Lösungen und einer Neuorientierung. Zumindest die Umsetzung eines Ganztagsschulkonzepts

---

1043 Vgl. dazu Heimbrock, Evangelische Schulseelsorge auf dem Weg zu »gelebter Religion«, S. 45–68 und Dam, Wenn der RU den Rahmen sprengt, S. 60–68.
1044 Vgl. dazu auch Tulodziecki, G. / Herzig, B., Computer & Internet im Unterricht. Medienpädagogische Grundlagen und Beispiele, Berlin 2002.

scheint bevorzustehen. Die Realisierung derartiger Konzepte wird dazu führen, daß sich die Religionspädagogik neu verorten muß. Aber auch innerhalb des bestehenden Schulsystems darf sie sich den Herausforderungen zu Beginn des 21. Jahrhunderts, einer Zeit, in der Computer und neue Medien eine entscheidende Rolle spielen, nicht entziehen und hat einen entsprechenden Beitrag zum Wohl der ihr anvertrauten Kinder und Jugendlichen zu leisten. »Wenn es für die humane Schule von morgen auch um Profilierung von Schulkultur als gestaltetem Zusammenleben vor Ort geht, so können und müssen alle an RU beteiligten Partner in der Schule ihren erkennbaren Beitrag leisten«.[1045]

1045 Vgl. Heimbrock, Religionsunterricht im Kontext Europa, S. 87.

12 Adoleszente Subjektwerdung und Computer
Grundeinsichten zur Gestalt Praktischer Theologie bzw. Religionspädagogik

Die vorliegende Studie läßt – abgesehen von den spezifischen Einsichten zur Thematik jugendlicher Computernutzung und ihrer Implikationen – einige Grundeinsichten hinsichtlich der Gestalt und Struktur Praktischer Theologie bzw. Religionspädagogik und der mit ihr verbundenen Forschung und Praxis erkennen:

1. Praktische Theologie bzw. Religionspädagogik sollten immer eine empirische Ausrichtung besitzen. In dem Sinne wird Feldforschung zu einem notwendigen Element theologischer Theoriebildung. So sind induktiv operierende materiale Theorieelemente und deduktiv operierende formale Elemente der Metatheorie zu unterscheiden und treten in ein Wechselspiel abduktiver Korrelierung ein, aus dem Theorieelemente mittlerer Ebene resultieren.[1046] Erst diese abduktiven Verfahren der Verflechtung differenzierter Theorieebenen – von Theorie und Empirie[1047] – ermöglichen einen Theoriefortschritt. So werden allein normativ abgeleitete, a priori deduktiv generierte Theoriemodelle transformiert. Innerhalb einer derartigen abduktiv-vernetzten Struktur differenzierter Theorieebenen sind die metatheoretischen Cluster für die jeweiligen Einzelphänomene – ausgehend vom Feld – immer wieder neu zu bestimmen und nicht a priori für alle Fälle definitorisch festzulegen, obwohl sich gewisse Familienähnlichkeiten abzeichnen.[1048]

2. Folgt man einer derartigen abduktiv-vernetzten Forschungsstruktur, so wird die Notwendigkeit der Revision bestehender Theoriemodelle erkennbar. Es wurde deutlich, daß die Entscheidung, ob es sich bei den performativ-rituellen Phänomenen im Kontext der Computernutzung Jugendlicher um allein ästhetische oder um religiös valente handelt, nur in Relation mit einer entsprechenden empirischen Forschung möglich ist. Erst der biographische Hintergrund ließ die enge Verbindung von ritueller Performanz

---

1046 Vgl. dazu Kapitel 4 »Zur Relation von Theorie und Empirie« und Kapitel 6.2 »Zur Relation von Theorie und Empirie«.
1047 Vgl. dazu Kapitel 4 »Zur Relation von Theorie und Empirie« und Kapitel 6.2 »Zur Relation von Theorie und Empirie«.
1048 Vgl. dazu Kapitel 4 »Zur Relation von Theorie und Empirie« und Kapitel 6.2 »Zur Relation von Theorie und Empirie«.

und Kontingenzbewältigung erkennen.[1049] Gleiches galt für die Analyse und Bewertung der Relation Körper – Medium. Auch hier konnte erst die Feldforschung aufzeigen, daß die theoretische Annahme einer »sekundären Ritualisierung« – einer vollständigen Ablösung der performativ-rituellen Phänomene von jeglichem Körperbezug – im Hinblick auf das Medium Computer zu kurz greift und vielmehr von einer Transformation körperlicher Erfahrungsqualität auszugehen ist, in der Weise, daß zwar körperliche Reaktionen zu finden sind, diese aber eine eigenständige Qualität besitzen.[1050] Dies trifft auch für die komplexe theologische Fragestellung der Relation von Wahrheit und Gewißheit zu. Hier zeigte die empirische Forschung auf, daß sich die Wahrheitsfrage innerhalb »gelebter Religion« hin zur Gewißheitsproblematik verschoben hat, wie die Relation von ritueller Performanz des Subjekts und der Kontingenzbewältigung aufzeigt.[1051] Dies verdeutlicht, daß empirische Feldforschung einen notwendigen Teil theologischer Theorieentwicklung darstellt. So ist immer eine Beziehung zwischen Grand Theory und Grounded Theory herzustellen.

3. Die vorliegende Studie lässt zudem erkennen, daß eine »Lebensweltvergessenheit« der Praktischen Theologie bzw. Religionspädagogik – nicht allein hinsichtlich der Thematik des Computerumgangs Jugendlicher – erhebliche Probleme mit sich bringt, bis hin zur Unmöglichkeit jeglicher Form religiösen Lernens bzw. von Lernen überhaupt.[1052] Um einer derartigen »Lebensweltvergessenheit« entgegenzustehen, wird eine entsprechende empirische Forschung notwendig. Diese muß jedoch zunächst auf Wahrnehmung bzw. Annahme gerichtet sein, bevor sie Bewertungen vornimmt oder vorschnell eine praktische Applikation anstrebt. In dem Sinne ist H. G. Ziebertz zuzustimmen, der bemerkt: »Das direkte wissenschaftliche Ziel (der Praktischen Theologie) ist Theoriebildung, das indirekte Aufklärung und Handlungsorientierung«.[1053] In dem Sinne ist die praktische Theologie bzw. die Religionspädagogik eine Wahrnehmungswissenschaft: »Die Wahrnehmung der Wirklichkeit liegt dem Handeln voraus«.[1054]

1049 Vgl. dazu Kapitel 10.3 »Dimensionen religiöser Valenz«.
1050 Vgl. dazu Kapitel 10.3 »Dimensionen religiöser Valenz«.
1051 Vgl. dazu Kapitel 10.3 »Dimensionen religiöser Valenz«.
1052 Vgl. dazu Kapitel 1.4 »Zum Defizit einer lebensweltlichen Orientierung am Lernort ›Schule‹ – ein religionspädagogisches Desiderat« sowie zur Diagnose der »Lebensweltvergessenheit« auch Husserl, E., Die Krisis der europäischen Wissenschaften und die transzendentale Philosophie, 2. Aufl., Den Haag 1962.
1053 Vgl. Ziebertz, Empirische Forschung in der Praktischen Theologie als eigenständige Form des Theologie-Treibens, S. 49.
1054 Vgl. Biehl, Der phänomenologische Ansatz in der deutschen Religionspädagogik, S. 15.

4. Durch eine Orientierung an der Wahrnehmung des Fremden, des Marginalisierten bzw. des Befremdlichen im scheinbar Vertrauten kennzeichnet die phänomenologisch-wahrnehmungsorientierte Form empirischer Theologie eine ihr zugrundeliegende Normativität.[1055] Diese Orientierung macht immer eine vorlaufende Annahme im Sinne kommunizierten Rechtfertigungsglaubens erforderlich. Sie wird wiederum in eine entsprechende Praxis umgesetzt, die ebenfalls wiederum vom Grundprinzip der Wahrnehmung in Verbindung mit einer vorlaufenden Annahme ausgeht. Zur normativen Grundausrichtung eines derartigen Ansatzes gehört auch, daß er jegliche positivistischen Übergriffe abwehrt und sich der eigenen »impliziten Axiomatik« in Theorie wie in seiner Praxis bewußt ist. Diese Axiomatik gilt es zu reflektieren, freizulegen, auf dem Hintergrund christlicher Grundüberzeugungen zu prüfen und gegebenenfalls zu reformulieren.
5. Ein derartiger phänomenologisch-wahrnehmungsorientierter Ansatz weiß um die eigene subjektive Gerichtetheit, die in dem Sinne eine notwendig zu reflektierende darstellt. Dabei geht es darum, die eigene Rolle in Theorie und Praxis zu berücksichtigen, aber auch die Chancen einer personalen Beziehung zu nutzen. »Phenomenology states that there is always a subject, who is perceiving«.[1056]
6. Ein personales Beziehungsgefüge bildet sich gerade auch in der Art und Weise empirischer theologischer Forschung ab und macht den Unterschied zwischen einer an empirischer Sozialforschung bzw. an empirischer Theologie ausgerichteten Forschung deutlich. So ließ die Forschungspraxis eine enge Beziehung von Interview und Seelsorgegespräch und vor allem die Begrenztheit des Interview-Settings erkennen. In dem Sinne ist innerhalb der Forschungspraxis eine Bearbeitung der sich zeigenden Probleme des jeweilgen Subjekts unmöglich, wenngleich diese deutlich vor Augen liegen. Dieser Zusammenhang weist auf einen Problemhorizont hin, der eine weitere forschungsethische Reflexion im Kontext qualitativ-empirischer Erhebungsmethoden bzw. eine damit verbundene theologische Reflexion über die dahinterstehenden anthropologischen Grundlagen nötig macht. Es ist zu fragen, ob es forschungsethisch angemessen ist, bei den untersuchten Individuen tief sitzende seelische Probleme anzureißen, die keine wirkliche Bearbeitung erfahren, aber durch das Gespräch unkontrolliert an die Oberfläche dringen. Eine gegenteilige Position vertritt z.B. der Soziologe U. Flick:

> »Tiefgründigkeit und personaler Bezugsrahmen auf Seiten des Interviewten meint, daß der Interviewer erreichen soll, daß affektive Reaktionen in der Behandlung im Interview möglichst über einfache Wertungen

---

1055 Vgl. dazu Kapitel 1.5 »Phänomenologisch-wahrnehmungsorientierter Forschungsansatz, Normativität und empirische Theologie«.
1056 Vgl. Heimbrock, From Data to Theory, S. 8.

wie ›erfreulich‹ oder ›unerfreulich‹ hinausgehen. Ziel ist es eher, ›ein Höchstmaß an selbstenthüllenden Kommentaren des Informanten darüber, wie er das Stimulusmaterial erfahren hat, zu erhalten‹‹.[1057]

Wo die Grenzen eines derartigen Vorgehens liegen und wie die Relation von Seelsorgegespräch und Interviews im Zusammenhang eines Forschungsprojekts zu bestimmen ist, wäre jedoch gerade für empirische Forschung im Rahmen des Paradigmas empirischer Theologie genauer zu prüfen.

7. Es hat sich gezeigt, daß die Identitätsthematik – verbunden mit dem Umgang mit Fragmentarität und notwendiger Sinnfindung – zu einem zentralen Thema adoleszenter Subjektwerdung zu Beginn des 21. Jahrhunderts geworden ist. Identitätsbildung ist, wenn sie gelingen soll, auf Sinngenese und Annahme angewiesen. Derartige komplexe Prozesse der Subjektgenese zu begleiten, wird Aufgabe der Praktischen Theologie wie auch der Religionspädagogik zu Beginn des 21. Jahrhunderts sein. Dabei ist jedoch anzuerkennen, daß sich Religion von der Tradition weg zu anderen Grundfaktoren der Gesellschaft – wie zum Medienbereich hin – verlagert. Diese Formen sind für die Praktische Theologie wie auch für die Religionspädagogik nicht allein im Hinblick auf die Jugendkultur von Relevanz, sondern sie markieren deren notwendige Alltagsorientierung. Dabei spielt die Medienthematik und in deren Zusammenhang speziell die Auseinandersetzung mit dem Universalmedium »Computer« eine zentrale Rolle, die die Praktische Theologie wie auch die Religionspädagogik sowohl in ihrer Theoriebildung als auch hinsichtlich einer entsprechenden praktischen Umsetzung zu berücksichtigen hat. Darin liegt die grundlegende Herausforderung für die Praktische Theologie wie auch die Religionspädagogik zu Beginn des 21. Jahrhunderts.

1057 Vgl. dazu Flick, Qualitative Sozialforschung, S. 121 und dazu Merton / Kendall, Das fokussierte Interview, S. 197.

13 Glossar

Avatar: Repräsentant des eigenen Selbst in virtuellen Welten; im Hinduismus ist der Avatar die Inkarnation einer Gottheit, die Menschengestalt annimmt (vgl. dazu Tully, Mensch – Maschine – Megabyte, S. 231)

Blended Learning: Kombination aus Online-Lernen, Präsenzschulung und tutorieller Begleitung (vgl. dazu Ablass / Rosenthal, Alles eLearning? S. 24ff.)

Collaborative Learning / Cooperative Learning: Das »collaborative learning« ist auf Interaktionen ausgerichtet, bei denen Individuen für ihr Handeln Verantwortung tragen. Davon ist das »cooperative learning« zu unterscheiden. Das »cooperative learning« ist daran orientiert, daß Individuen in Gruppen interagieren, um ein bestimmtes Ziel leichter zu erreichen. Beim »collaborative learning« und beim »cooperative learning« haben die Lehrenden unterschiedliche Funktionen. Zielt die erstere Lernform auf eigenverantwortliches Lernen in Gruppen ab, so gibt die Lehrperson beim »cooperative learning« den Rahmen vor (vgl. dazu Panitz, T., A Definition of Collaborative versus Cooperative Learning, 1996, www.city.londonnet.ac.uk/ deliberations/collab.learning/panitz2.html)

Computer: Ein Computer ist ein technisches Artefakt, das Information in digitaler Form verarbeitet oder speichert. Dabei basiert seine Arbeitsweise auf einem Programm oder einer Instruktionssequenz, die beschreibt, wie die Daten verarbeitet werden sollen. Dieses Programm stellt selbst auch eine Form von Daten dar. Mit der Einführung des Internet kam es zum Austausch und zur Verarbeitung von Daten im Netzwerk. Letzterer Zusammenhang verschiebt die Grenzen des Mediums Computer. Nun gilt: »Das Netzwerk ist der Computer« (vgl. dazu Tully, Mensch – Maschine – Megabyte, S. 231–232).

Chat-Room: Virtueller Raum, der als Treffpunkt für unterschiedliche zwischenmenschliche Kommunikationsformen dient.

Ego-Shooter: Eine Kategorie von Computerspielen, bei denen die Darstellung einer virtuellen Spielwelt aus dem Blickwinkel eines menschlichen Spielcharakters erfolgt und der Spielverlauf schwerpunktmäßig durch den Kampf mit verschiedenen Schußwaffen gegen eine Vielzahl von unterschiedlichen Gegnern geprägt ist.

E-Learning: Lernen mit Hilfe der elektronischen Medien (vgl. dazu Ablass / Rosenthal, Alles eLearning?, S. 25.)

Guided Tour: geführter Lernweg durch ein Lernprogramm (vgl. dazu Ablass / Rosenthal, Alles eLearning?, S. 24ff.)

Informationstechnologien: Informationstechnologien gewährleisten die Kommunikation zwischen Menschen und Maschinen und sind auf Datenübertragung bezogen. Sie verarbeiten Information, sind mit Prozessen komplexer Interaktion verbunden und besitzen eine universelle Wirkung (vgl. dazu Castells, Der Aufstieg der Netzwerkgesellschaft I, S. 75 ff.).

Internet: Aus dem 1969 gegründeten ARPANET hervorgegangen, basiert das Internet auf dem sogenannten Internet Protocol, dessen Entwicklung entscheidend von der Internet Society vorangetrieben wurde. Das Internet Protocol adressiert einzelne Computer im Internet über Domainnamen (vgl. dazu Döring, Sozialpsychologie des Internet, S. 2–5).

Künstliche Intelligenz: Der Begriff künstliche Intelligenz (KI) bezieht sich sowohl auf die Konstruktion informationsverarbeitender Systeme, die »intelligente« Leistungen erbringen (schwache KI), als auch auf die Modellierung menschlicher kognitiver Fähigkeiten mit Hilfe informationsverarbeitender Systeme (starke KI). Zur Bewertung künstlicher Intelligenz werden Kriterien-Cluster angewendet (z.B. Mustererkennung, Spracherkennung).

Medien: Medien sind nach dem Medientheoretiker Marshall McLuhan Körperextensionen, die biologische Defizite des Menschen überwinden helfen und dessen Zugangs- und Wirkungsbereich erweitern. Zudem dienen Medien als Interaktionskoordinatoren, insofern sie die Abstimmung menschlicher Interaktion ermöglichen. In diesem Sinne werden sie zu Nachrichtenträgern von Kommunikation. Zudem besitzen Medien einen Charakter der Aufgeladenheit in Richtung Sinnstiftung. Dies drückt sich z.B. in dem berühmten Votum McLuhans aus: »The medium is the message«. Für N. Luhmann werden sie dann zu »Unwahrscheinlichkeitsverstärkern«, indem sie die Wahrscheinlichkeit des Eintritts des Unwahrscheinlichen verdichten. Dabei ist der Luhmannsche Medienbegriff grundlegender und bezieht sich zunächst auf bestimmte Teilsysteme, denen Medien wie Geld, Macht usw. als Kommunikationsmittler dienen. Den spezifischen Massenmedien kommt dann nach Luhmann die Funktion zu, die Welt von einem scheinbar außerweltlichen Standpunkt als Einheit zu beschreiben (vgl. dazu Gräb, Sinn fürs Unendliche, S. 150–151 und Meder, Wissen und Bildung im Internet, S. 52–53 sowie Thomas, Medien – Ritual – Religion, S. 518ff.).

LAN-Party: Event zum Computerspielen mit vernetzten Computern in einem begrenzten Rahmen (Local Area Network); wichtiges Element der männlichen Jugendkultur

Multi User Dungeons (MUDs und MOOs): Künstliche Welten, in die man sich einloggen kann, um in einer interaktiven, textuellen oder graphischen Umwelt zu agieren (vgl. dazu Döring, Sozialpsychologie des Internet, S. 98 ff.).

Netiquette: Die Netiquette ist die Etikette im Internet. Durch den schnellebigen Wechsel des Internet verändert sich auch die Netiquette. So haben sich gerade in den Newsgroups, Mailinglisten und vor allem beim Chatten bestimmte soziale Umgangsformen innerhalb der virtuellen Welt herausgebildet (vgl. dazu Tully, Mensch – Maschine – Megabyte, S. 233).

Neue Medien: Der Begriff »Neue Medien« wird in der Fachliteratur nicht einheitlich verwendet. Oftmals wird davon ausgegangen, daß es sich bei neuen Medien um weiterentwickelte alte Medien handelt, um »neue Distributionsformen längst bekannter und entwickelter Medien«. Es geht um neue Methoden der

Vervielfältigung, des Transports und der Verteilung von Information. Dies trifft für unterschiedliche mediale Bereiche wie Videokassetten, Breitbandkabel, Satellitenübertragung und innovative Methoden der Textübermittlung zu. Eine besondere Rolle kommt beim Begriff neuer Medien dem Computer zu, weshalb der Begriff »neue Medien« teilweise auf die Übertragung computerlesbarer Daten fokussiert und in der Fachdiskussion mitunter allein auf das Internet bzw. im Rahmen eines breiteren Verständnisses auf den Computer als »elektronisches Speichermedium« bezogen wird. In der vorliegenden Studie konzentriert sich der Begriff »neue Medien« auf das Medium Computer, hat aber den erweiterten Kontext neuer Medien im Blick. Die Digitalisierung der Medien hat wiederum breite Innovationen der bestehenden medialen Strukturen mit sich gebracht. Information wird nun nicht mehr analog – also in einem erkennbaren proportionalen Verhältnis zum ursprünglichen Informationsobjekt – aufgezeichnet, sondern digital, d.h. in diskreten Einheiten, denen die Zahlenwerte 1 und 0 zugeordnet werden können (vgl. dazu Koring, Probleme internetbasierter Bildung, S. 137).

News-Groups / Mailing-Listen: Die News-Groups unterscheiden sich von den Mailing-Listen insofern, als inhaltliche Beiträge in den News-Groups durch Eigeninitiative abgerufen werden müssen, während bei den Mailing-Listen eine Direktverteilung an die Mitglieder der Liste erfolgt.

Online-Lernumgebung: Methodisch-didaktisch gestaltete, mediale Lernumgebung, in die ein bestimmter Lernprozess eingebettet ist (vgl. dazu Ablass / Rosenthal, Alles eLearning?, S. 24ff.).

Virtuelles Klassenzimmer: Als virtuelles Klassenzimmer wird ein Online-Lernraum bezeichnet, den die Teilnehmer und Teilnehmerinnen zeitgleich betreten und benutzen können. In der Regel können die Lernenden an einem Live-Vortrag teilnehmen. Meist sind auch Interaktionen durch die Lernenden (Fragen stellen, Zeichen geben, Geschwindigkeit beeinflussen) möglich (vgl. dazu Ablass / Rosenthal, Alles eLearning?, S. 26).

Virtuelle Realität: Virtuelle Realität wird als Begriff für die unterschiedlichsten Formen computergenerierter Nachbildungen der Wirklichkeit verwendet. Der Begriff der virtuellen Realität ist eng mit der Vorstellung vom »Cyberspace«, einem Raum hinter der Bildschirmoberfläche, verbunden. Der Terminus »Cyberspace« selbst stammt aus dem Roman »Neuromancer« von William Gibson (1986) (vgl. dazu Münker, Was heißt eigentlich: »Virtuelle Realität«?, S. 108–109).

Website: Die Gesamtheit aller von einem Anbieter zur Verfügung gestellten und betreuten, zusammenhängenden Webseiten nennt man Website, Internetauftritt oder Online-Auftritt, manchmal auch Homepage, obwohl die Homepage im engeren Sinne nur die Startseite einer Website meint. Persönliche Homepages werden einerseits genutzt, um bestimmte Themen zu behandeln oder Services anzubieten (instrumentelle Homepage) oder um die eigene Person darzustellen (expressive Homepage). Auch Kombinationen beider Arten von Homepages sind möglich (vgl. Döring, Sozialpsychologie des Internet, S. 73ff.).

14 Literatur

Die im folgenden aufgelistete Literatur ist in den Fußnoten mit dem jeweiligen Kurztitel verzeichnet.

ABLASS, D. / ROSENTHAL, K., Alles eLearning? Vom CBT zur Lernplattform im Cyberspace – eine Führung durch Begriffe und Konzepte, in: Schindler, W. (Hrsg.), Bildung und Lernen online. eLearning in der Jugendarbeit, München 2004, S. 9–20.

AHN, G., Art. Religion I. Religionsgeschichtlich, in: Müller, G. (Hrsg.), Theologische Realenzyklopädie (TRE), Bd. 28, Berlin / New York 1997, S. 513–522.

ADAMOWSKY, N., Spielfiguren in virtuellen Welten, Frankfurt 2000.

ALBRECHT, H., Die Religion der Massenmedien, Stuttgart 1993.

ANDERS, G., Die Antiquiertheit des Menschen, Bd.1, Über die Seele im Zeitalter der zweiten industriellen Revolution, Nachdruck der 7. unveränderten Aufl., München 1994.

ASBRAND, B., Zusammen Leben und Lernen im Religionsunterricht. Eine empirische Studie zur grundschulpädagogischen Konzeption eines interreligiösen Religionsunterrichts im Klassenverband der Grundschule, Frankfurt 2000.

dies., Beobachten und Analysieren einer Unterrichtsepisode. Teilnehmende Beobachtung und Qualitative Inhaltsanalyse in der empirischen Unterrichtsforschung, in: Fischer, D. / Elsenbast, V. / Schöll, A. (Hrsg.), Religionsunterricht erforschen, Münster 2003, S. 65–84.

ASBRAND, B., Unsicherheit in der Globalisierung. Orientierungen von Jugendlichen in der Weltgesellschaft, in: Zeitschrift für Erziehungswissenschaft (ZfE) 2 / 2005, S. 223–239.

AUGST, K., Unerhörte Geschichten. Religion in der Lebenswelt junger Frauen aus sozialen Unterschichten, in: Franke, E. / Matthiae, G. / Sommer, R. (Hrsg.), Frauen – Leben – Religion, Stuttgart / Berlin / Köln 2002, S. 83–98.

BAACKE, D., Die stillen Ekstasen der Jugend, in: Jahrbuch der Religionspädagogik, Bd. 6, Neukirchen-Vluyn 1990, S. 3–25.

ders., Zum Konzept und zur Operationalisierung von Medienkompetenz, http://www.pädagogik.uni-bielefeld.de/agn/ag9/MedKomp.htm, 1998, S. 1–5.

BAERENREITER, H. / FUCHS-HEINRITZ, W. / KIRCHNER, R., (Hrsg.), Jugendliche Computer-Fans: Stubenhocker oder Pioniere? Opladen 1990.

BAKKER, C, Media in het Godsdienstonderwijs. Een onderzoek naar de betekenis van de informatietechnologie voor het godsdienstonderwijs op scholen voor voortgezet onderwijs, Zoetermeer 1994.

BAKKER, T. C. / BAKKER, C., Godsdienstonderwijs en multimedia. Een onderzoek onder docenten naar hun wensen verwachtingen en ideeën, Utrecht 1995.

BALKE, F., Medien und kulturelle Kommunikation (Orientierungspapier des SFB / FK 427), Köln 2004.

BANGERT, M., / SCHINDLER, W., Zukunftsfähige Bildung: Herausforderung an Jugendarbeit und Kirche, in: Schindler, W. / Bader, R., u.a. (Hrsg.), Bildung in virtuellen Welten. Praxis und Theorie außerschulischer Bildung mit Internet und Computer, Frankfurt 2001, S. 347–355.

BEUSCHER, B., »Homuter« oder »Anschluß gesucht!«, in: ders. (Hrsg.), Schnittstelle Mensch. Mensch und Maschine – Erfahrungen zwischen Anthropologie und Technologie, Heidelberg 1994, S. 9–37.

ders., Remedia, Religion – Ethik – Medien, Norderstedt 1999.

ders., Die Dinge liegen nicht so einfach. Gegen die Neuformatierung des Menschen – Für Menschen mit Format. Ein Beitrag der Religionspädagogik zur Medienkompetenz, in: Dungs, S. / Gerber, U. (Hrsg.), Der Mensch im virtuellen Zeitalter. Wissensschöpfer oder Informationsnull, Frankfurt a. Main 2003, S. 81–91.

BERG, Ch., Ptolemäus und Kopernikus, in: Brandt, S. / Oberdorfer, B. (Hrsg.), Resonanzen, Wuppertal 1997, S. 84–95.

BERG-PEER, J., Ausschluß von Frauen aus den Ingenieurwissenschaften, Bildung und Gesellschaft, Bd.7, Berlin 1989.

BIEHL, P., Erfahrung – Glaube – Bildung. Studien zu einer erfahrungsbezogenen Religionspädagogik, Gütersloh 1991.

ders., Der phänomenologische Ansatz in der deutschen Religionspädagogik, in: Heimbrock, H.-G. (Hrsg.), Religionspädagogik und Phänomenologie, Weinheim 1998, S. 15–46.

BIEHL, P. / NIPKOW, K. E., Bildung und Bildungspolitik in theologischer Perspektive, Münster 2003.

BOBERT-STÜTZEL, S., Zukunft E-Learning? Vernetztes Lernen im Religionsunterricht, in: medien praktisch 2 / 2002, S. 37–38.

dies., »The medium is the message«. Zum medialen Wandel der Predigt im Internet, in: PTh 91 / 2002, S. 26–44.

BOHNSACK, R., Rekonstruktive Sozialforschung. Einführung in Methodologie und Praxis qualitativer Forschung, 4. Aufl., Opladen 2000.

BOHNSACK, R. / Nentwig-Gesemann, I. / Nohl, A., Die dokumentarische Methode und ihre Forschungspraxis. Grundlagen qualitativer Sozialforschung, Opladen 2001.

BOLLNOW, O. F., Die anthropologische Betrachtungsweise in der Pädagogik, Essen 1965.

BRENNER, Ch., Der Computer als Medium im Religionsunterricht? Ein Fachdidaktischer Beitrag zur Mediendidaktik im Zeitalter von Multimedia, Münster 2003.

BRUNNER, K.-M., Zweisprachigkeit und Identität. Probleme sprachlicher Identität von ethnischen Minderheiten am Beispiel der Kärtner Slowenen, in: Psychologie und Gesellschaftskritik 11, 4 / 1987, S. 57–76.

BÜHLER-NIEDERBERGER, D., Analytische Induktion als Verfahren qualitativer Methodologie, Zeitschrift für Soziologie 14 / 1985, S. 475–485.

CALLOIS, R., Man, Play and Games, New York 1961.

CASSIRER, E., Philosophie der Symbolischen Formen, Bd. 2, Das mythische Denken, 8. Aufl., Darmstadt 1987.

CASTELLS, M., Das Informationszeitalter (Bd. 1: Der Aufstieg der Netzwerkgesellschaft / Bd. 2: Die Macht der Identität / Bd. 3: Jahrtausendwende), unveränderte Studienausgabe der 1. Aufl. von 2002, Opladen 2003 / 2004.

CIKSZENTMIHALYI, M., Das flow-Erlebnis. Jenseits von Angst und Langeweile im Tun aufgehen, 8. Aufl., Stuttgart 2000.

DALFERTH, I. / JÜNGEL, E., Person und Gottebenbildlichkeit, in: Raffelt, A. (Hrsg.)., Christlicher Glaube in moderner Gesellschaft, Bd. 24, Freiburg 1981, S. 58–99.

DALFERTH, I., Kirche in der Mediengesellschaft – Quo vadis? Eine Anfrage, in: Theologia Practica 20 / 1985, S. 183–194.

DAM, H., Wenn der RU den Rahmen sprengt. Die Arbeitsformen der Schulseelsorge, in: ders. / Zick-Kuchinke, H. (Hrsg.), Evangelische schulnahe Jugendarbeit, Neukirchen-Vluyn 1996, S. 60–68.

DENZIN, N. K., The Research Act. A Theoretical Introduction to Sociological Methods, 3. Aufl., Englewood Cliffs N. J. 1989.

Deutsche Shell (Hrsg.), Jugend 2000 – 13. Shell Jugendstudie, Opladen 2000. Deutsche Shell (Hrsg.), Jugend 2002 – 14. Shell Jugendstudie. Zwischen pragmatischem Idealismus und robustem Materialismus, Frankfurt 2002.

DINTER, A., Vom Glauben eines Physikers. John Polkinghornes Beitrag zum Dialog zwischen Theologie und Naturwissenschaften, (Matthias-Grünewald-Verlag), Mainz 1999.

dies., Informationstechnologie, Virtualität und Lebenswelt. Eine religionspädagogische Skizze, in: Dungs, S. / Gerber, U. (Hrsg.), Der Mensch im virtuellen Zeitalter. Wissensschöpfer oder Informationsnull, Frankfurt a. Main 2003, S. 91–103.

dies., Religiöse Erziehung im genetischen Zeitalter, in: Bioethik, RU 3 / 2003, S. 101–105.

dies., »...ohne dass es jemand merkt«. Schule und Lebenswelt – vom Gegenüber zum Miteinander? in: Schule und Religion, Lernort Gemeinde 4 / 2003, S. 18–21.

dies., Models of how to relate science and theology and their implications for the ongoing debate on genetic engineering, in: Synthesis Philosophica 2004, S. 245–257.

dies., Adoleszenz – Computer – Bildung. Ein exemplarisches Element »religiöser Grundbildung« im 21. Jahrhundert, in: Rothgangel, M. / Fischer, D. (Hrsg.),

Standards für religiöse Bildung? Zur Reformdiskussion in Schule und Lehrerbildung, Münster 2004, S. 200–217.

dies., Identität, Religion und neue Medien. Formen verflüssigter Religion in der Jugendkultur, in: Zeitschrift für Erziehungswissenschaften 7. Jahrg., (ZfE) 3 / 2004, S. 344–358.

dies., Methoden der Website-Analyse. Ein Element visueller Forschungszugänge, in: Dinter, A. / Heimbrock, H. G. / Söderblom, K. (Hrsg.), Einführung in die empirische Theologie. Gelebte Religion erforschen, Göttingen 2007.

DINTER, A. / HEIMBROCK, H. G. / SÖDERBLOM, K. (Hrsg.), Einführung in die empirische Theologie. Gelebte Religion erforschen, Göttingen 2007.

DÖRING, N., Lernen und Lehren im Internet, in: Batinic, B. (Hrsg.), Internet für Psychologen, Göttingen 1997, S. 359–393.

dies., Sozialpsychologie des Internet. Die Bedeutung des Internet für Kommunikationsprozesse, Identitäten, soziale Beziehungen und Gruppen, 2. überarbeitete Aufl., Göttingen / Bern / Toronto / Seattle 2003.

DOHMEN, G., Bildung und Schule, Bd. 1, Der religiöse und der organologische Bildungsbegriff, Weinheim 1964.

DUDEK, P., Jugend als Objekt der Wissenschaften. Geschichte der Jugendforschung in Deutschland und Österreich, Opladen 1990.

DURKHEIM, E., Die elementaren Formen des religiösen Lebens, übersetzt von Schmidts, L., Frankfurt 1994.

EBERTZ, M., Erosion der Gnadenanstalt. Zum Wandel der Sozialgestalt von Kirche, Frankfurt 1998.

ELIADE, M., Das Heilige und das Profane, Frankfurt 1984.

ELLRICH, L., Nach den Bildern? in: Schuhmacher-Chilla, D. (Hrsg.), Im Banne der Ungewißheit. Bilder zwischen Medien, Kunst und Menschen, Oberhausen 2004, S. 13–36.

ELSENBAST, V. / FISCHER, D. / SCHREINER, P. (Hrsg.), Zur Entwicklung von Bildungsstandards. Positionen, Anmerkungen, Fragen, Perspektiven für kirchliches Bildungshandeln, Münster 2004.

ERDHEIM, M., Psychoanalyse und das Unbewußte in der Kultur. Aufsätze 1980–1987, Frankfurt 1988.

ERIKSON, E., Identität und Lebenszyklus. Drei Aufsätze, Frankfurt 1966.

EURICH, C., Computerkinder. Wie die Computerwelt das Kindsein zerstört, Reinbek bei Hamburg 1985.

FAILING, W. / HEIMBROCK, H. G., Gelebte Religion wahrnehmen. Lebenswelt – Alltagskultur – Religionspraxis, Stuttgart / Berlin / Köln 1998.

FEIL, Ch. / DECKER, R., u.a. (Hrsg.), Wie entdecken Kinder das Internet? Qualitative Studie zum Erwerb von Internetkompetenzen, Wiesbaden 2004.

FERCHHOFF, W. / NEUBAUER, G., Patchwork-Jugend. Eine Einführung in Postmoderne Sichtweisen, Opladen 1997.

FERMOR, G., Ekstasis. Das religiöse Erbe in der Popmusik als Herausforderung an die Kirche, Stuttgart 1999.

FINK, G. / KAMMERL, R., Virtuelle Identitäten als Ausdruck zeitgemäßer Identitätsarbeit?, in: medien praktisch 1 / 2001, S. 10–17.

FISCHER, H., Zur Theorie der Feldforschung, in: Schmied-Kowarzik, W. / Stagl, J. (Hrsg.), Grundfragen der Ethnologie, Berlin 1981, S. 63–78.

FLICK, U., Triangulation in der qualitativen Forschung, in: Flick, U. / von Kardorff, E. / Steinke, I. (Hrsg.), Qualitative Forschung, Reinbek bei Hamburg 2000, S. 109–117.

ders., Qualitative Sozialforschung. Eine Einführung, Reinbek bei Hamburg 2002.

FRAAS, H.-J., Glaube und Identität. Grundlegung einer Didaktik religiöser Lernprozesse, Göttingen 1983.

ders., Bildung und Menschenbild in theologischer Perspektive, Göttingen 2000.

FRANKE, E. / MATTHIAE, G. / SOMMER, R. (Hrsg.), Frauen – Leben – Religion. Ein Handbuch empirischer Forschungsmethoden, Stuttgart / Berlin / Köln 2002.

FRITZ, J., Langeweile, Streß und Flow, in: Bundeszentrale für politische Bildung (Hrsg.), Handbuch Medien: Computerspiele, Bonn 1997, S. 207–216.

ders., Schemata und Computerspiel, in: Bundeszentrale für politische Bildung (Hrsg.), Computerspiele auf dem Prüfstand, Staffel 12 / 94–98, Bonn 2000, S. 1–28.

ders. (Hrsg.), Computerspiele. Virtuelle Spiel- und Lernwelten, Bonn 2003.

FRITZ, J. / FEHR, W., Identität durch Spiel. Computerspiele als Lernanreize für die Persönlichkeitsentwicklung, in: medien praktisch 4 / 1999, S. 30–32.

dies., Virtuelle Gewalt: Modell oder Spiegel? in: dies. (Hrsg.), Handbuch Medien: Computerspiele, http.www.medienpaedagogik-online.de/cs/00803, 2001.

dies., Computerspiele als Fortsetzung des Alltags, in: dies. (Hrsg.), Handbuch Medien: Computerspiele, http.www.medienpaedagogik-online.de/cs/00785, 2001.

dies., Computerspieler wählen lebenstypisch, in: Bundeszentrale für politische Bildung (Hrsg.), Handbuch Medien: Computerspiele, Bonn 1997, S. 67–76.

FRITZ, J. / HÖNEMANN, H. / MISEK-SCHNEIDER, K. / OHNEMÜLLER, B., Vielspieler am Computer, in: Bundeszentrale für politische Bildung (Hrsg.), Handbuch Medien: Computerspiele, Bonn 1997, S. 197–206.

GEERTZ, C., Religion als kulturelles System, in: ders., Dichte Beschreibung, Beiträge zum Verstehen kultureller Systeme, übers. von B. Luchesi u. R. Bindemann, Frankfurt 1987, S. 261–288.

ders., Dichte Beschreibung. Bemerkungen zu einer deutenden Theorie der Kultur, in: ders., Dichte Beschreibung, Beiträge zum Verstehen kultureller Systeme, übers. von Luchesi, B. u. Bindemann, R., Frankfurt 1987, S. 7–43.

GEHRING, H.-U., Seelsorge in der Mediengesellschaft. Theologische Aspekte medialer Praxis, Neukirchen-Vluyn 2002.

Gesamtkirchlicher Ausschuß für den evangelischen Religionsunterricht der EKHN (Hrsg.), Kirche und Ganztagsschule. Chancen der Zusammenarbeit, überarbeitete Fassung, http.www.03-schul-ganzt-rhlpf.pdf, April 2003.

GEULEN, D., Sozialisation in einer computerisierten Welt – ein Diskussionsbeitrag, Zeitschrift für Sozialisationsforschung und Erziehungssoziologie 5 / 1985, S. 255–269.

GLASER, B., Basics of grounded theory analysis: Emergence vs. forcing, Mill Valley 1992.

GLASER, B. / STRAUSS, A., Grounded Theory. Strategien qualitativer Forschung, Bern 1998.

GLOCK, Ch., Über die Dimensionen der Religiosität, in: Matthes, J., Kirche und Gesellschaft, Reinbek bei Hamburg 1969, S. 150–168.

GOFFMAN, E., Das Individuum im öffentlichen Austausch. Mikrostudien zur öffentlichen Ordnung, Frankfurt 1974.

GRÄB, W., 1998, Lebensgeschichten – Lebensentwürfe – Sinndeutungen. Eine praktische Theologie gelebter Religion, Gütersloh 1998.

ders., Sinn fürs Unendliche. Religion in der Mediengesellschaft, Gütersloh 2002.

GRIMM, A. (Hrsg.), Mit der Jugendforschung zur besseren Praxis? Oder: Welche Forschung braucht die Jugendarbeit? Loccumer Protokolle 63/00, Loccum 2002.

HABERMAS, J., Theorie des kommunikativen Handelns, Bd. 1, Handlungsrationalität und gesellschaftliche Rationalisierung, Frankfurt am Main 1981.

ders., Theorie des kommunikativen Handelns, Bd. 2, Zur Kritik der funktionalistischen Vernunft, Frankfurt am Main 1981.

HAESE, B.-M., »Und sie surften nur einen Sommer«. Die jugendliche »Internetflucht« und ihre gemeindepädagogischen Folgen, in: Pastoraltheologie 91 / 2002, S. 45–62.

HECKMANN, F., Interpretationsregeln zur Auswertung qualitativer Interviews und sozialwissenschaftlich relevanter »Texte«. Anwendungen der Hermeneutik für die empirische Sozialforschung, in: Hoffmeyer-Zlotnik, J. (Hrsg.), Analyse verbaler Daten: über den Umgang mit qualitativen Daten, Opladen 1992, S. 142–167.

HEINMANN, P. / OTTO, G. / SCHULZ, W. (Hrsg.), Unterricht. Analyse und Planung, 5. Aufl, Hannover 1970.

HEIL, St. / ZIEBERTZ, H.-G., Eine Religions-Stunde – abduktiv erforscht, in: Fischer, D. / Elsenbast, V. / Schöll, A. (Hrsg.), Religionsunterricht erforschen, Münster 2003, S. 65–84.

HEIMBROCK, H. G., Gottesdienst. Spielraum des Lebens. Sozial- und kulturwissenschaftliche Analysen zum Ritual in praktisch-theologischem Interesse, Kampen / Weinheim 1993.

ders., Evangelische Schulseelsorge auf dem Weg zu »gelebter Religion«, in: Gräb, W. (Hrsg.), Unterricht und Predigt. FS C. Bizer, Neukirchen-Vluyn 1996, S. 45–68.

ders., Gottesdienst in der Unterhaltungsgesellschaft, in: Ratzmann, W. (Hrsg.), Der Kirchentag und seine Liturgien, Berlin 1999, S. 11–32.

ders., »Religious Identity«. Between Home and Transgression, in: International Journal of Education and Religion II / I / 2001, S. 63–78.

ders., Wahrnehmung als Element der Wahr-Nehmung, in: A. Grözinger / G. Pfleiderer (Hrsg.), »Gelebte Religion« als Programmbegriff Systematischer und Praktischer Theologie, Zürich 2002, S. 65–90.

ders., Religionsunterricht im Kontext Europa. Einführung in die kontextuelle Religionsdidaktik in Deutschland, Stuttgart 2004.

ders., Beyond Secularisation. Experiences of the sacred in childhood and adolescence as a challenge for RE development theory, in: British Journal of Religious Education, 26 (2) / 2004, S. 119–130.

ders., Given Through the Senses, S. 59–83, in: van der Veen, H., / Scherer-Rath, M. (Hrsg.), Normativity and Empirical Research in Theology, Leiden 2005, S. 59–84.

ders., From Data to Theory. Elements of Methodology in Empirical Phenomenological Research in Practical Theology, in: International Journal for Practical Theology 2005.

HEMEL, U., Ziele religiöser Erziehung. Beiträge zu einer integrativen Theorie, Frankfurt 1988.

HEINEMANN, H., Programmiertes Lernen im Religionsunterricht? Entstehung, Erprobung und Einsatz eines Lernprogramms, Hannover 1973.

HEINRICHS, G., Identität oder nicht? Pädoyer für ein Denken der Differenz in der (Religions)Pädagogik, in: Feuervogel 4 / 1998, S. 31–37.

HERRMANN, J., Sinnmaschine Kino. Sinndeutung und Religion im populären Film, Gütersloh 2001.

HERMS, E. Theologie – Eine Erfahrungswissenschaft, München 1978.

HEYDORN, H. J., Erziehung, in: Otto, G. (Hrsg.), Praktisch-theologisches Handbuch, 2. Aufl., Hamburg 1975, S. 152–177.

HITZLER, R., Ethnographie – Die Erkundung fremder Lebenswelten, in: Grimm, A. (Hrsg.), Mit der Jugendforschung zur besseren Praxis? Oder: Welche Forschung braucht die Jugendarbeit? Loccumer Protokolle 63/00, Loccum 2002, S. 15–36.

HITZLER, R. / EBERLE, T., Phänomenologische Lebensweltanalyse, in: Flick, U. / von Kardorff, E. / Steinke, I. (Hrsg.), Qualitative Forschung, Reinbek bei Hamburg 2000, S. 109–117.

HONER, A., Lebensweltanalyse in der Ethnographie, in: Flick, U. / von Kardorff, E. / Steinke, I. (Hrsg.), Qualitative Forschung, Reinbek bei Hamburg 2000, S. 194–203.

HUGGER, K.-U., Medienpädagogik im ausgehenden 20. Jahrhundert. Theoretische Orientierungen, Ziele und neue Herausforderungen, in: Praktische Theologie 31 / 1996, S. 279–287.

HUBER, W., Implizite Axiome. Tiefenstrukturen des Denkens und Handelns, München 1990.

HUIZINGA, J., Homo Ludens. Vom Ursprung der Kultur im Spiel, 19. Aufl., Reinbek bei Hamburg 2004.

HUSSERL, E., Die Krisis der europäischen Wissenschaften und die transzendentale Phänomenologie, hrsg. von W. Biemel, Husserliana Bd. VI., 2. Aufl., Den Haag 1962.

JAKOBS, M., Kindliche und jugendliche Lebenswelt(en) im Religionsunterricht, in: Schreijäck, T. (Hrsg.), Christwerden im Kulturwandel, Freiburg / Basel / Wien 2001, S. 492–506.

JANOWSKI, B., Tempel und Schöpfung. Schöpfungstheologische Aspekte der priesterschriftlichen Religionskonzeption, in: Jahrbuch biblische Theologie, Schöpfung und Neuschöpfung, Bd. 5, Neukirchen-Vluyn 1990, S. 37–69.

JANOWSKI, H. N., Die kanalisierte Botschaft. Religion in den Medien – Medienreligion, Zeitzeichen, Bd. 2, Gütersloh 1987.

JANOWSKI, H. N. / SCHMIDT, W.-R., Medien, in: Müller, G. (Hrsg.), Theologische Realenzyklopädie (TRE), Bd. 22, Berlin / New York 1992, S. 318–328.

JOSUTTIS, M., Beim Sport wie in der Religion, in: Evangelische Kommentare 11 / 1978, S. 144–146.

ders., Fußball ist unser Leben, in: Fechtner, Ch., u.a. (Hrsg.), Religion wahrnehmen, Marburg 1996, S. 211–218.

Keilhacker, M., Pädagogische Orientierung im Zeitalter der Technik, Stuttgart 1958.

KEHRER, G., Art. Definitionen der Religion, in: Cancik, H., u.a., Handbuch religionswissenschaftlicher Grundbegriffe, Bd. 4, Stuttgart 1998, S. 418–425.

KELLE, U., Computergestützte Analyse qualitativer Daten, in: Flick, U. / von Kardorff, E. / Steinke, I. (Hrsg.), Qualitative Forschung, Reinbek bei Hamburg 2000, S. 485–501.

KEUPP, H., Diskursarena Identität: Lernprozesse in der Identitätsforschung, in: Keupp, H. / Höfer, R. (Hrsg.), Identitätsarbeit heute, Frankfurt 1997, S. 11–39.

ders., Jeder nach seiner Façon? in: Ethik & Unterricht 4 / 2002, S. 9–11.

ders., Identitätskonstruktionen. Das Patchwork der Identitäten in der Spätmoderne, 2. Aufl., Reinbek 2002.

Kirchenamt der EKD (Hrsg.), Die neuen Informations- und Kommunikationstechniken. Chancen, Gefahren, Aufgaben, Hannover 1985.

Kirchenamt der EKD (Hrsg.), Identität und Verständigung. Standort und Perspektiven des Religionsunterrichts in der Pluralität. Eine Denkschrift der Evangelischen Kirche in Deutschland, Gütersloh 1994.

Kirchenamt der EKD / Sekretariat der Deutschen Bischofskonferenz (Hrsg.), Chancen und Risiken der Mediengesellschaft. Gemeinsame Erklärung, Hannover / Bonn 1997.

Kirchenamt der EKD (Hrsg.), Maße des Menschlichen. Evangelische Perspektiven zur Bildung in der Wissens- und Lerngesellschaft, 2. Aufl., Gütersloh 2003.

KIRK, J. / MILLER, M., Reliability and Validity in Qualitative Research, Beverly Hills 1986.

KIRSNER, I., Erlösung im Film. Praktisch-theologische Analysen und Interpretationen, Stuttgart 1996.

KLAFKI, W., Neue Studien zur Bildungstheorie und Didaktik. Beiträge zur Kritisch-konstruktiven Didaktik, Weinheim / Basel 1985.

KLARNER, G. / HANISCH, L., Am Bach und im Netz. Umweltbildung zwischen Ästhetik und digitalen Welten, in: Schindler, W. (Hrsg.), Bildung und Lernen online. eLearning in der Jugendarbeit, München 2004, S. 155–160.

KLINKHAMMER, G., Bedarf die Erforschung nichtchristlicher gelebter Religion in europäischer Kultur eigener Methoden? Erfahrungen mit einer Untersuchung zur Religiosität von Musliminnen in Deutschland, in: Franke, E. / Matthiae, G. / Sommer, R. (Hrsg.), Frauen – Leben – Religion, Stuttgart / Berlin / Köln 2002, S. 83–98.

KNAPP, G., Vom Flipperkasten zum Computerspiel, Kursbuch 75 / 1984, S. 153–160.

KNOBLAUCH, H., Die Verflüchtigung der Religion ins Religiöse, in: Luckmann, T., Die unsichtbare Religion, Frankfurt 1991, S. 7–41.

ders., Die unsichtbare Religion der Jugendkultur, in: Kunst und Kirche 4 / 1995, S. 245–249.

ders., Religionssoziologie, Berlin / New York 1999.

KOCH, K., Gestaltet die Erde, doch heget das Leben! Einige Klarstellungen zum dominium terrae in Genesis 1, in: FS Kraus, H. J., Wenn nicht jetzt, wann denn? Neukirchen-Vluyn 1983, S. 223–237.

KÖRTNER, U., Unverfügbarkeit des Lebens? Grundfragen der Bioethik und der medizinischen Ethik, Neukirchen-Vluyn 2001.

KORING, B., Probleme internetbasierter Bildung, in: Marotzki, W., u.a. (Hrsg.), Zum Bildungswert des Internet, Opladen 2000, S. 137–158.

KRAPPMANN, L., Soziologische Dimensionen der Identität. Strukturelle Bedingungen für die Teilnahme an Interaktionsprozessen, 4. Aufl., Stuttgart 1979.

ders., Die Identitätsproblematik nach Erikson aus einer interaktionistischen Sicht, in: Keupp, H. / Höfer, R. (Hrsg.), Identitätsarbeit heute, Frankfurt 1997, S. 66–93.

KRAUS, W. / MITZSCHERLICH, B., Abschied vom Großprojekt. Normative Grundlagen der empirischen Identitätsforschung in der Tradition von James E. Marcia und die Notwendigkeit ihrer Reformulierung, in: Keupp, H. / Höfer, R. (Hrsg.), Identitätsarbeit heute, Frankfurt 1997, S. 149–173.

KRÜGER, O., Virtualität und Unsterblichkeit. Die Visionen des Posthumanismus, Freiburg 2004.

KÜBLER, H.-D., Vom Gewaltvoyeur zum virtuellen Täter? Gewaltforschung bei Ego-Shootern, in: medien praktisch 1 / 03, S. 4–12.

ders., Medienreligion, in: Evang. Theol. 63 (6) / 2003, S. 405–420.

LÄMMERMANN, G. / NAURATH, E. / POHL-PATALONG, U., Arbeitsbuch Religionspädagogik. Ein Begleitbuch für Studium und Praxis, Gütersloh 2005.

LANGER, S., Philosophie auf neuem Wege. Das Symbol im Denken, im Ritus und in der Kunst, (Original 1942), Frankfurt 1984.

LÄMMERMANN, G., Grundriß der Religionsdidaktik, 2. durchgesehene und ergänzte Aufl., Stuttgart 1998.

LEECH, A., Another Look at Phenomenology and Religious Education, in: Heimbrock, H.-G. (Hrsg.), Religionspädagogik und Phänomenologie, Weinheim 1998, S. 93–100.

LEGEWIE, H., Feldforschung und teilnehmende Beobachtung, in: Flick, U. / von Kardorff, E. / Keupp, H., u.a., Handbuch Qualitative Sozialforschung, 2. Aufl., Weinheim 1995, S. 189–193.

LINDE, G., Der Begriff der Gewißheit als Zentralbegriff evangelischer Theologie, Habilitationsschrift, Frankfurt 2005.

LINK, Ch., Schöpfung. Schöpfungstheologie angesichts der Herausforderungen des 20. Jahrhunderts, Handbuch Systematischer Theologie, Bd. 7 / 2, Gütersloh 1991.

LIPPITZ, W., »Lebenswelt« oder die Rehabilitierung vorwissenschaftlicher Erfahrung, in: ders., Phänomenologische Studien in der Pädagogik, Weinheim 1993, S. 160–176.

LÖCHEL, E., Zur psychischen Bedeutung virtueller Welten, Wege zum Menschen 54 / 2002, S. 2–20.

LOTZ, T., Viertel nach zwölf bis eins: Gott usw., in: Heimbrock, H. G. (Hrsg.), Religionspädagogik und Phänomenologie, Weinheim 1998, S. 178–201.

LUCKMANN, T., Religion in der modernen Gesellschaft, in: Wössner, J. (Hrsg.), Religion im Umbruch, Stuttgart 1972, S. 3–15.

ders., Grenzen der Alltagserfahrung und Transzendenz, in: Kolleritzsch, O. (Hrsg.), Entgrenzungen in der Musik, Wien / Graz 1978, S. 11–28.

ders., Über die Funktion der Religion, in: Koslowski, P. (Hrsg.), Die religiöse Dimension der Gesellschaft, Tübingen 1985, S. 26–41.

ders., Die unsichtbare Religion. Mit einem Vorwort von H. Knoblauch, Frankfurt 1991.

ders., Nachtrag, in: ders., Die unsichtbare Religion. Mit einem Vorwort von H. Knoblauch, Frankfurt 1991, S. 164–183.

ders., Kultur und Kommunikation, in: Haller, M. / Hoffmann-Nowottny, H.-J. / Zapf, W. (Hrsg.), Kultur und Gesellschaft, Frankfurt / New York 1989, S. 33–45.

LUHMANN, N., Religion als System. Thesen. Religiöse Dogmatik und Gesellschaftliche Evolution, in: Dahm, K.-W. / Luhmann, N. / Stoodt, D., Religion – System und Sozialisation, Darmstadt / Neuwied 1972, S. 11–132.

ders., Society, Meaning, Religion – Based on Self-Reference, in: Sociological Analysis 46 / 1985, S. 5–20.

LUHMANN, N., »Distinctions directrices«. Über Codierung von Semantiken und Systemen, in: Luhmann, N., Soziologische Aufklärung, Bd. 4, Beiträge zur funktionalen Differenzierung der Gesellschaft, Opladen 1987, S. 13–31.

ders., Die Realität der Massenmedien, 2. Aufl., Opladen 1996.

ders., Die Gesellschaft der Gesellschaft, Frankfurt 1997.

ders., Die Religion der Gesellschaft, Frankfurt 2002.

ders., Das Erziehungssystem der Gesellschaft, Frankfurt 2002.

LUTHER, H., Religion und Alltag. Bausteine zu einer Praktischen Theologie des Subjekts, Stuttgart 1992.

LYOTARD, J.-F., Das postmoderne Wissen. Ein Bericht, hrsg. von Engelmann, P., 3. unveränderte Neuauflage, Wien 1994.

ders., Der Widerstreit, 2. Aufl., München 1989.

MAAR, Ch. / BURDA, H. (Hrsg.), Iconic Turn. Die neue Macht der Bilder, 3. Aufl., Köln 2005.

MÄDLER, I., »Habeo ergo sum« oder Besitz muss nicht vom Teufel sein – Praktisch-theologische Anmerkungen zu einer Kultur des Habens, in: Witte, M., Religionskultur – Zur Beziehung von Religion und Kultur in der Gesellschaft, Würzburg 2001, S. 367–411.

dies., Transfigurationen. Materielle Kultur in praktisch-theologischer Perspektive, Habilitationsschrift, Frankfurt 2004.

dies., Grounded Theory, erscheint in: Dinter, A. / Heimbrock, H. G. / Söderblom, K. (Hrsg.), Einführung in die empirische Theologie. Gelebte Religion erforschen, Göttingen 2007.

MARCIA, J. E., Identity diffusion differentiated, in: Luszcz, M. A. / Nettelbeck, T. (Hrsg.), Psychological development across the life-span, North-Holland 1989, S. 289–295.

MAROTZKI, W., Entwurf einer strukturalen Bildungstheorie. Biographietheoretische Auslegung von Bildungsprozessen in hochkomplexen Gesellschaften, Weinheim 1990.

MARTINS, N., Denn sie wissen nicht, was sie tun, in: Geo Wissen: Intelligenz und Bewußtsein, 20 / 1994, S. 134–145.

MATTHES, J., Auf der Suche nach dem »Religiösen«, in: Sociologia Internationalis 2 (30) / 1992, S. 129–142.

MEAD, G. H., Mind, Self and Society. From the Standpoint of a Social Behaviorist, Chicago / London 1934.

MEDER, N., Wissen und Bildung im Internet – in der Tiefe des semantische Raumes, in: Marotzki, W. / Meister, D. / Sander, W. (Hrsg.), Zum Bildungswert des Internet, Opladen 2000, S. 33–58.

Medienpädagogischer Forschungsverbund Südwest (Hrsg.), JIM 2002. Jugend, Information, (Multi-) Media. Basisstudie zum Medienumgang 12- bis 19-Jähriger in Deutschland, Baden-Baden 2003.

MEISTER ECKHART, Intravit Jesus in quoddam castellum, in: Mieth, D. (Hrsg.), Meister Eckhart. Einheit mit Gott, Düsseldorf 2002, S. 113–120.

MENZE, C., Bildung, in: Lenzen, D. / Mollenhauer, K. (Hrsg.), Enzyklopädie Erziehungswissenschaft, Bd. 1, Stuttgart 1983, S. 350–356.

MERTIN, A., Internet im Religionsunterricht, Göttingen 2000.

ders., Nullstellung der Wahrnehmung? Zur Herausforderung des Cyberspace für den Religionsunterricht, in: Dungs, S. / Gerber, U. (Hrsg.), Der Mensch im virtuellen Zeitalter. Wissensschöpfer oder Informationsnull, Frankfurt a. Main 2003, S. 105–124.

ders., Neue Medien im Religionsunterricht, forum religion 2 / 2003, S. 2.

MERTON, R. / KENDALL, P., Das fokussierte Interview, in: Hopf, C. / Weingarten, E. (Hrsg.), Qualitative Sozialforschung, Stuttgart 1979, S. 171–204.

MORAVEC, H., Robot. Mere Machine to Transcend Mind, New York 1999.

MOXTER, M., Kultur als Lebenswelt. Studien zum Problem einer Kulturtheorie, Tübingen 2000.

METTE, N., Identitätsbildung heute – im Modus christlichen Glaubens, in: Katechetische Blätter 124 / 1999, S. 397–403.

ders., Identität, in: Mette, N. / Rickers, F. (Hrsg.), Lexikon der Religionspädagogik, Bd. 1, Neukirchen-Vluyn 2001, S. 847–854.

MEUSER, M. / NAGEL, U., ExpertInneninterviews – vielfach erprobt, wenig bedacht. Ein Beitrag zur qualitativen Methodendiskussion, in: Garz, D. / Kraimer, K. (Hrsg.), Qualitative Sozialforschung, Opladen 1991, S. 441–471.

MIER, R., Las nuevas technologias. Las plegarias tenues, in: David y Goliath, CLACSO 17 / 51, 1987, S. 13–17.

MIKOS, L., Wie das Leben wirklich ist. Perspektiven qualitativer Medien- und Kommunikationsforschung, in: medien praktisch 3 / 1998, S. 4–8.

MOLLENHAUER, K., Erziehung und Emanzipation. Polemische Skizzen, 7. Aufl., München 1977.

MOSER, H., Einführung in die Medienpädagogik. Aufwachsen im Medienzeitalter, Opladen 1999.

MÜLLERT, N., Wenn die Welt auf den Computer zusammenschrumpft, Westermanns Pädagogische Monatshefte 36 / 1984, S. 420–425.

MÜNKER, St., Was heißt eigentlich: »Virtuelle Realität«? in: ders. / Roesler, A. (Hrsg.), Mythos Internet, Frankfurt 1997, S. 108–127.

NEGT, O., Lernen in einer Welt gesellschaftlicher Umbrüche, in: Dichanz, H. / Schachtsieck, B. (Hrsg.), Lernkonzepte im Wandel. Die Zukunft der Bildung, Stuttgart 1998, S. 21–44.

NEUß, N., Bilder des Verstehens, in: medien praktisch 3 / 1998, S. 19–22.

NIESYTO, H., Jugendforschung mit Video, in: ders. (Hrsg.), Selbstausdruck mit Medien. Eigenproduktionen mit Medien als Gegenstand der Kindheits- und Jugendforschung, München 2001, S. 89–102.

ders., Bildung in einer pluralen Welt, Bd. I / II, Gütersloh 1998.

NOLLER, P. / PAUL, G., Jugendliche Computerfans. Selbstbilder und Lebensentwürfe, Frankfurt / New York 1991.

OERTEL, H., »Gesucht wird Gott?«. Jugend, Identität und Religion in der Spätmoderne, Gütersloh 2004.

OERTER, R., Lebensthematik und Computerspiel, in: Bundeszentrale für politische Bildung (Hrsg.), Handbuch Medien: Computerspiele, Bonn 1997, S. 59–66.

OKSENBERG-RORTY, A., The Identity of Persons, Berkley 1976.

OSTNER, I., Die Entdeckung der Mädchen. Neue Perspektiven für die Jugendsoziologie, Kölner Zeitschrift für Soziologie und Sozialpsychologie 38 / 1986, S. 560–580.

OTTO, R., Das Heilige. Über das Irrationale in der Idee des Göttlichen und sein Verhältnis zum Rationalen, München 1987.

Päpstlicher Rat für die sozialen Kommunikationsmittel (Hrsg.), Communio et Progressio. Pastoralinstruktion über die Instrumente der sozialen Kommunikation, veröffentlicht im Auftrag des II. Vatikanischen Konzils, 1971.

PANITZ, T., A Definition of Collaborative verus Cooperative Learning, www.city.londonnet.ac.uk/deliberations/collab.learning/panitz2.html, 1996.

PANNENBERG, W., Gottebenbildlichkeit und Bildung des Menschen, in: ders., Grundfragen Systematischer Theologie, Bd. 2, Göttingen 1980, S. 207–225.

ders., Anthropologie in theologischer Perspektive, Göttingen 1983.

PETERS, O., Ein didaktisches Modell für den virtuellen Lernraum, in: Marotzki, W. / Meister, D. / Sander, W. (Hrsg.), Zum Bildungswert des Internet, Opladen 2000, S. 159–188.

PIERCE, Ch. S., Reasoning and the Logic of Things, Cambridge 1992.

PIRNER, M., Fernsehmythen und religiöse Bildung. Grundlegung einer medienerfahrungsorientierten Religionspädagogik am Beispiel fiktionaler Fernsehunterhaltung, Frankfurt 2001.

ders., »Religion« und »Religiosität«, in: Theo-Web Wissenschaft 1 (1) / 2002.

ders., Religiöse Grundbildung zwischen Allgemeinwissen und christlicher Lebenshilfe, in: Theo-Web 2 / 2003, S. 116–135.

POLLACK, D., Was ist Religion? Probleme der Definition, in: Zeitschrift für Religionswissenschaft, 3 / 1995, S. 163–190.

PRICE, C., Computers and Religious Education. The application of computer technology, computer software and information technology applied to teaching Religious and Moral education in schools and colleges in England and Wales, Bradford 1986.

PREUL, R., Religion, Alltagswelt und Ich-Konstitution. Bemerkungen anläßlich einer Neuerscheinung zur religiösen Sozialisation, in: Wege zum Menschen 28 / 1976, S. 177–190.

ders., So wahr mir Gott helfe! Religion in der modernen Gesellschaft, Darmstadt 2003.

REICHERTZ, J., Abduktion, Deduktion und Induktion in der qualitativen Forschung, in: Flick, U. / von Kardorff, E. / Steinke, I. (Hrsg.), Qualitative Forschung, Hamburg 2000, S. 276–285.

ders., Die Frohe Botschaft des Fernsehens. Kultursoziologische Untersuchung medialer Diesseitsreligion, Konstanz 2000.

REINMANN-ROTHMEIER, G., Bildung mit digitalen Medien. Möglichkeiten und Grenzen für Lehren und Lernen, in: Schindler, W. / Bader, R., u.a. (Hrsg.), Bildung in virtuellen Welten. Praxis und Theorie außerschulischer Bildung mit Internet und Computer, Frankfurt 2001, S. 275–300.

RITSCHL, D., Zur Logik der Theologie. Eine kurze Darstellung der Zusammenhänge theologischer Grundgedanken, München 1984.

RITTER, M., Computer oder Stöckelschuh? Eine empirische Untersuchung über Mädchen am Computer, Frankfurt / New York 1994.

RÖTZER, F., Ästhetische Herausforderungen von Cyberspace, in: Huber, J. / Müller, A. M. (Hrsg.), Raum und Verfahren, Zürich 1993, S. 29–43.

ders., Vom Bild zur Umwelt oder Die Zukunft der Bilder, in: Pfennig, G., u.a. (Hrsg.), Die Zukunft der Bilder, München 1993, S. 82–105.

RÖLL, F.-J., Mythen und Symbole in populären Medien, Frankfurt 1998.

ders., Medienpädagogik der Unschärfe oder sinnlich-ästhetisches Lernen mit Low Budget Medien, in: Baacke, D. / Kornblum, S. / Lauffer, J., u.a., Handbuch Medienkompetenz, http://www.medienpaedagogik-online.de/mkp/00451, 1999.

ROGERS, C., Entwicklung der Persönlichkeit. Psychotherapie aus der Sicht des Therapeuten, Stuttgart 1973.

SANDBOTHE, M., Interaktivität – Hypertextualität – Transversalität, in: Münker, S. / Roesler, A., (Hrsg.), Mythos Internet, Frankfurt 1997, S. 56–84.

SANDER-GAISER, M., Lernen mit vernetzten Computern in religionspädagogischer Perspektive. Theologische und lernpsychologische Grundlagen, praktische Modelle, Leipzig 2001.

SCHACHTNER, Ch., Geistmaschine. Faszination und Provokation am Computer, Frankfurt 1993.

dies., Einübung in die Zukunft? Computer als Medium der Bildung in der Lebenswelt Jugendlicher, in: medien praktisch 5 / 1996, S. 16–19.

dies., Lernziel Identität, in: medien praktisch 1 / 2001, S. 4–9.

SCHÄFER, G. / WULFF, Ch. (Hrsg.), Bild – Bilder – Bildung, Weinheim 1999.

SCHÄFERS, B., Jugendsoziologie. Einführung in Grundlagen und Theorien, 7. aktualisierte und überarb. Aufl., Opladen 2001.

SCHALLER, H.-J., Zur pädagogischen Theorie des Spiels. Eine Untersuchung bildungstheoretischer Modelle des Spiels und der Möglichkeiten gegenwärtiger Spielerziehung, Schriftenreihe für Sportwissenschaft und Sportpraxis, Bd. 13, Ahrensburg bei Hamburg 1973.

SCHECHNER, R., Theater-Anthropologie. Spiel und Ritual im Kulturvergleich, aus dem Amerikanischen von Winnacker, S., Reinbek 1990.

ders., Environmental Theatre, New York 1973.

SCHIEFELE, H., Konkurrenz für Lehrer? Vom Programmierten Unterricht zum Computerlernprgramm, in: Medien + Erziehung 43 (4) / 1999, S. 37–38.

SCHILSON, A., Medienreligion. Zur religiösen Signatur der Gegenwart, Tübingen 1997.

SCHINDLER, W. (Hrsg.), Spieglein, Spieglein, in der Hand ... Kritische Texte zur Aneignung Persönlicher Computer, Stuttgart 1990.

SCHINDLER, W. / BADER, R. (Hrsg.), Menschen am Computer. Zur Theorie und Praxis der Computermedienpädagogik in Jugendarbeit und Erwachsenenbildung, Frankfurt 1995.

SCHINDLER, W. / BADER, R. / ECKMANN, B. (Hrsg.), Bildung in virtuellen Welten. Praxis und Theorie außerschulischer Bildung mit Internet und Computer, Frankfurt 2001.

SCHINDLER, W. (Hrsg.), Bildung und Lernen online. eLearning in der Jugendarbeit, München 2004.

SCHIERSMANN, Ch., Zugangsweisen von Mädchen und Frauen zu den neuen Technologien, in: Frauenforschung, Informationsdienst des Forschungsinstituts Frau und Gesellschaft, 5. Jg., Hannover 1987.

SCHLAPKOHL, C., Persona est naturae rationabilis individua substantia. Boethius und die Debatte über den Personbegriff, Marburg 1999.

SCHLEIERMACHER, F., Über die Religion. Reden an die Gebildeten unter ihren Verächtern, 7. Aufl., Göttingen 1991.

SCHMIDT, A., Chatten. Spiel ohne Grenzen – Spiel mit Grenzen? in: medien praktisch 3 / 2000, S. 17–22.

SCHOLTZ, Ch., Religionspädagogisches Lernen mit dem Computerspiel Zelda? in: Pirner, M. / Breuer, T. (Hrsg.), Medien – Bildung – Religion, München 2004, S. 145–153.

ders., Fascinating technology: computer games as an issue for religious education, in: British Journal of Religious Education, 27 (2) / 2005, S. 173–184.

SCHRÖDER, B., Mindeststandards religiöser Bildung und Förderung christlicher Identität, in: Theo-Web 2 / 2003, S. 95–115.

SCHÜTZ, A., Gesammelte Aufsätze, Bd. 1, Das Problem der sozialen Wirklichkeit, Den Haag 1971.

ders., Der sinnhafte Aufbau der sozialen Welt. Eine Einleitung in die verstehende Soziologie, 6. Aufl., Frankfurt 1993.

SCHÜTZE, F., Prozeßstrukturen des Lebensablaufs, in: Matthes, J. / Pfeifenberger, A. / Stosberg, M. (Hrsg.), Biographie in handlungswissenschaftlicher Perspektive, Nürnberg 1981, S. 67–156.

SCHULZE, G., Die Erlebnisgesellschaft. Kultursoziologie der Gegenwart, 2. Aufl., Frankfurt / New York 1992.

SCHULZE, T., Bilder zur Erziehung. Annäherungen an eine Pädagogische Ikonologie, in: Schäfer, G. / Wulff, Ch. (Hrsg.), Bild – Bilder – Bildung, Weinheim 1999, S. 59–88.

SCHUHMACHER-CHILLA, D., »Nie gesehene Bilder«. Das technisierte Bild von Ganzheit, in: Schäfer, G. / Wulff, Ch. (Hrsg.), Bild – Bilder – Bildung, Weinheim 1999, S. 263–280.

SCHWARKE, Ch., Demonic Spirit? in: Gregersen, N. / Nielsen, M. (Hrsg.), Preparing for Future: The Role of Theology in the Science-Religion Dialogue, Aarhus 2004, S. 79–94.

SCHWEITZER, F., Identität und Erziehung. Was kann der Identitätsbegriff für die Pädagogik leisten? Weinheim / Basel 1985.

SIEMANN, J., Jugend und Religion im Zeitalter der Globalisierung. Computer / Internet als Thema für Religion(sunterricht), Münster 2002.

SIMMEL, G., Zur Soziologie der Religion, in: Rammstedt, O. (Hrsg.), Georg Simmel Gesamtausgabe, Bd. 5, Frankfurt, 1992, S. 266–286.

ders., Die Religion, in: Rammstedt, O. (Hrsg.), Georg Simmel Gesamtausgabe, Bd. 10, Frankfurt, 1995, S. 367–384.

ders., Das Problem der religiösen Lage, in: Rammstedt, O. (Hrsg.), Georg Simmel Gesamtausgabe, Bd. 14, Frankfurt 1996, S. 148–162.

SINGER, P., Praktische Ethik, Stuttgart 1994.

SKINNER, B. F., The science of learning and the art of teaching, in: Harvard Education Review 34 (2) / 1954, S. 86–97.

SÖDERBLOM, N., Das Heilige, in: Colpe, C. (Hrsg.), Die Diskussion um das Heilige, Darmstadt 1977, S. 76–116.

SPAEMANN, R., Personen. Versuche über den Unterschied zwischen »etwas« und »jemand«, Stuttgart 1996.

SPLETT, J., Art. Religion, in: Görres-Gesellschaft (Hrsg.), Staatslexikon. Bd. 4, 7. Aufl., Herder 1995, Sp. 792–799.

STEGBAUER, Ch., Von den Online Communities zu den computervermittelten sozialen Netzwerken. Eine Reinterpretation klassischer Studien, in: Zeitschrift für qualitative Bildungs-, Beratungs- und Sozialforschung 2 / 2001, S. 151–174.

STOCK, E., Menschliches Leben und Organtransplantation, in: Härle, W. / Preul, R. (Hrsg.), Marburger Jahrbuch Theologie IX, Leben, Marburg 1997, S. 83–110.

STOLL, C., Die Wüste Internet. Geisterfahrten auf der Datenautobahn, Frankfurt a. Main 1996.

STOLZ, F., Grundzüge der Religionswissenschaft, 2. überarb. Aufl., Göttingen 1997.

STRAUSS, A., Grundlagen qualitativer Sozialforschung. Datenanalyse und Theoriebildung in der empirischen soziologischen Forschung, München 1991.

STRAUSS, A. / CORBIN, J., Grounded Theory. Grundlagen Qualitativer Sozialforschung, Weinheim 1996.

STRAWSON, P. F., Individuals. An Essay in Descriptive Metaphysics, 10. Aufl., London 1993.

TAYLOR, Ch., Quellen des Selbst. Die Entstehung der neuzeitlichen Identität, Frankfurt 1994.

TEICHMANN, J., Wandel des Weltbildes. Astronomie, Physik und Meßtechnik in der Kulturgeschichte, 3. durchgesehene Aufl., Stuttgart / Leipzig 1996.

TENBRUCK, F., Die Religion im Maelstrom der Reflexion, in: Bergmann, J. / Hahn, A. / Luckmann, T. (Hrsg.), Religion und Kultur, Opladen 1993, S. 31–67.

THOMAS, G., Medien – Ritual – Religion. Zur religiösen Funktion des Fernsehens, Frankfurt 1998.

ders., Liturgie und Kosmologie. Religiöse Formen im Kontext des Fernsehens, in: ders. (Hrsg.), Religiöse Funktionen des Fernsehens? Wiesbaden 2000, S. 91–106.

ders., Implizite Religion. Theoriegeschichtliche und theoretische Untersuchungen zum Problem ihrer Identifikation, Würzburg 2001.

THORNDIKE, E. L., Education. A first book, New York 1923.

TREML, A., Religion aus systemtheoretischer Sicht, in: Scheunpflug, A. / Treml, A. (Hrsg.), In Gottes Namen: Religion, Ethik & Unterricht 11 / 2003, S. 6–12.

TULODZIECKI, G. / HERZIG, B., Computer & Internet im Unterricht. Medienpädagogische Grundlagen und Beispiele, Berlin 2002.

TULLY, C., Aufwachsen in technischen Welten. Wie moderne Techniken den Jugendalltag prägen, in: Aus Politik und Zeitgeschichte. Beitrag zur Wochenzeitung »Das Parlament« B 15 / 2003, S. 32–40.

ders., Mensch – Maschine – Megabyte. Technik in der Alltagskultur – Eine sozialwissenschaftliche Hinführung, Opladen 2003.

TURCHIN, V., »Cybernetic Immortality«, in: Herzfeld, N., More than Information: A Christian Critique of Cybernetic Humanism, Barcelona 2004, S. 1–7.

TURKLE, Sh., Wunschmaschine. Vom Entstehen der Computerkultur, Hamburg 1986.

dies., Leben im Netz. Identität in Zeiten des Internet, Reinbek bei Hamburg 1999.

TURNER, R., Role-Taking. Process versus Conformity, in: Brisset, D. / Edgley, Ch. (Hrsg.), Life as Theatre, 2. Aufl, New York 1990, S. 85–100.

TURNER, V., Play and Drama. The Horns of a Dilemma, in: Manning, F. (Hrsg.), The World of Play. Proceedings of the 7th Annual Meeting of the Association of the Anthropological Study of Play, West Point 1983, S. 217–224.

ders., Vom Ritual zum Theater. Der Ernst des menschlichen Spiels, Frankfurt 1989.

ders., Das Ritual. Struktur und Anti-Struktur, Frankfurt / NewYork 2000.

TYRELL, H., »Das Religiöse« in Max Webers Religionssoziologie, in: Saeculum 43 / 1992, S. 172–230.

VAN GENNEP, A., Übergangsriten, Frankfurt 1986.

VAN DER LEEUW, G., Phänomenologie der Religion, 2. Aufl., Tübingen 1956.

VAN DER VEN, H., Entwurf einer empirischen Theologie, 2. Aufl., Kampen 1994.

ders., An empirical or a normative approach to practical-theological research, in: Journal of Empirical Theology 15 (2) / 2002, S. 5–33.

VIOLA, B., Katalog »Unseen Images«. Katalog der Ausstellung »Buried Secrets« in Düsseldorf 1992, Hannover 1994.

VOGEL, W., Religion digital. Computer im Religionsunterricht, Innsbruck / Wien 1997.

ders., Religionspädagogik im Internetzeitalter, in: Porzelt, B. / Güth, R., Empirische Religionspädagogik. Grundlagen – Zugänge – Aktuelle Projekte, Münster 2000, S. 205–218.

ders., Religionspädagogik kommunikativ-vernetzt. Möglichkeiten religionspädagogischer Arbeit im Internet, Münster 2001.

VOGELGESANG, W., Kompetentes und selbstbestimmtes Medienhandeln in Jugendszenen, in: Schell, F. / Stolzenberg, E. / Theunert, H. (Hrsg.), Medienkompetenz, München 1999, S. 237–243.

VOLLBRECHT, R. / MÄGDEFRAU, J., Medienkompetenz als Ziel schulischer Medienpädagogik, in: medien praktisch 23 (1) / 1999, S. 54–56.

Volpert, W., Denkmaschinen und Maschinendenken. Computer Programmieren Menschen, Psychosozial 18 (Technologie und Kultur), 1983, S. 11–29.

ders., Zauberlehrlinge. Die gefährliche Liebe zum Computer, Weinheim / Basel 1985.

WAARDENBURG, J., Religionen der Gegenwart im Blickfeld phänomenologischer Forschung, in: Neue Zeitschrift für Systematische Theologie und Religionsphilosophie 15 / 1973, S. 304–325.

ders., Religionen und Religion. Systematische Einführung in die Religionswissenschaft, Berlin / New York 1986.

ders., Art. Religionsphänomenologie, in: Theologische Realenzyklopädie (TRE), Bd. 29, Berlin / New York 1999, S. 731–749.

WAGNER, F., Was ist Religion? Studien zu ihrem Begriff und Thema in Geschichte und Gegenwart, Gütersloh 1986.

WAGNER, F., Art. Religion II. theologiegeschichtlich und systematisch-theologisch, in: Müller, G. (Hrsg.), Theologische Realenzyklopädie (TRE), Bd. 28, Berlin / New York 1997, S. 522–545.

WAITE, M., Wieviel Multimedia hält die Bibel aus? Ein multimediales Experiment im Religionsunterricht einer 9. Hauptschulklasse, in: Schindler, W. / Bader, R., u.a. (Hrsg.), Bildung in virtuellen Welten. Praxis und Theorie außerschulischer Bildung mit Internet und Computer, Frankfurt 2001, S. 48–53.

WALTEMATHE, M., Virtuelle religiöse Räume, in: Entwurf 2 / 2003, S. 45–50.

WEINBERG, S., Der Traum von der Einheit des Universums, München 1993.

WEIZSÄCKER, K. F., Der Garten des Menschlichen. Beiträge zur geschichtlichen Anthropologie, München / Wien 1977.

WELKER, M., Gottes Geist. Theologie des Heiligen Geistes, Neukirchen-Vluyn 1995.

WHITEHEAD, A. N., Prozeß und Realität. Entwurf einer Kosmologie, Frankfurt 1987.

ders., Wissenschaft und Moderne Welt, Frankfurt 1988.

WINNICOTT, D. W., Vom Spiel zur Kreativität, Stuttgart 1973.

WINTER, R., Andere Menschen – andere (Medien-)Welten, in: medien praktisch 3 / 1998, S. 14–18.

WIPPERMANN, C., Religion, Identität und Lebensführung. Typische Konfigurationen in der fortgeschrittenen Moderne; mit einer empirischen Analyse zu Jugendlichen und jungen Erwachsenen, Opladen 1998.

WITZEL, A., Das problemzentrierte Interview, in: Jüttemann, G. (Hrsg.), Qualitative Forschung in der Psychologie, Weinheim 1985, S. 227–255.

WOLFF, S., Clifford Geertz, in: Flick, U. / von Kardorff, E. / Steinke, I. (Hrsg.), Qualitative Forschung, Reinbek bei Hamburg 2000, S. 84–95.

ZIEBERTZ, H. G., Religionspädagogik als empirische Wissenschaft. Beiträge zur Theorie und Forschungspraxis, Weinheim 1994.

ders., Empirische Forschung in der Praktischen Theologie als eigenständige Form des Theologie-Treibens, in: Praktische Theologie 39 (1) / 2004, S. 47–55.

ZIEBERTZ, H.-G. / HEIL, S. / PROKOPF, A. (Hrsg.), Abduktive Korrelation. Religionspädagogische Konzeption, Methodologie und Professionalität im interdisziplinären Dialog, Münster 2002.

ZIEHE, T., Pubertät und Narzißmus. Sind Jugendliche entpolitisiert? Frankfurt 1975.

ZIRFAS, J., Bildung als Entbildung, in: Schäfer, G. / Wulff, Ch. (Hrsg.), Bild – Bilder – Bildung, Weinheim 1999, S. 159–194.